W0405325

Géopolitique

La longue histoire d'aujourd'hui

NOUVELLE ÉDITION :

DIRECTION ÉDITORIALE
Carole Bat

ÉDITION ET SUIVI DE LA CARTOGRAPHIE
Véronique Tahon

DIRECTION ARTISTIQUE
Cynthia Savage

MISE EN PAGE
Anne-Marie Rœderer

CARTOGRAPHIE
Légendes cartographie / Frédéric Miotto,
Marie-Sophie Putfin

FABRICATION
Anne Raynaud

ÉDITION ORIGINALE :

DIRECTION ÉDITORIALE
Jules Chancel

PRINCIPE DE MAQUETTE
Bernard Van Geet

DIRECTION ARTISTIQUE
Henri-François Serres-Cousiné

© Larousse 2009 pour la présente édition
© Larousse 2006
Toute reproduction ou représentation intégrale ou partielle, par quelque procédé que ce soit, de la nomenclature et/ou du texte et des cartes contenus dans le présent ouvrage, et qui sont la propriété de l'Éditeur, est strictement interdite.

ISBN : 978-2-03-584815-4
Dépôt légal : octobre 2009
Imprimé en Espagne par Graficas Estella
303600-projet 11009457

Yves Lacoste

Géopolitique

La longue histoire d'aujourd'hui

LAROUSSE

SOMMAIRE

Ire PARTIE

La géopolitique aujourd'hui 6

Un terme aux multiples interprétations 8

Pouvoirs et territoires 14

Rivalité géopolitique des idéologies 17

La stratégie commune des mouvements révolutionnaires mondiaux : la prise de pouvoir par la violence 20

Questions de méthode 25

Les différents niveaux d'analyse spatiale 26

Géopolitique et Histoire 33

Une étude de cas : 1990-2009 34

IIe PARTIE

Les États-Unis, l'hyperpuissance en difficultés 42

Les États-Unis : l'hyperpuissance au centre du système monde 44

Une nation confrontée à une succession de conflits 48

À l'aube du XXIe siècle : de nouvelles difficultés géopolitiques 70

La « destinée manifeste » de l'Amérique : rester l'hyperpuissance ? 75

IIIe PARTIE

La géopolitique des grandes nations 84

L'Union européenne et l'OTAN 86
La France, carrefour d'Europe occidentale 103
L'Allemagne : au centre de l'Europe 116
La Grande-Bretagne :
le choix de la mondialisation financière 122
L'Italie : un état européen de formation récente 129
L'Espagne : le danger des mouvements nationaux 133
L'Amérique latine : le rêve impossible de l'unité 138
Le Brésil : un nouveau « grand » en puissance 148
La Russie : un lourd héritage pour quel avenir ? 155
Le Japon : une croissance spectaculaire,
aujourd'hui à l'arrêt 168
La Chine : la deuxième puissance économique mondiale 173
L'Indonésie : le plus peuplé des États musulmans 195
L'Union indienne : l'unité dans la diversité 200

IVe PARTIE

Les points chauds du globe 216

L'Afrique : le nouvel eldorado 218
La Méditerranée, grande zone des tensions mondiales 234
Les Balkans : passions des peuples, intérêts des empires 262
La périphérie de l'ex-Union soviétique :
rivalités anciennes, nouveaux enjeux 270
L'Afghanistan : grand jeu et logiques tribales 284
L'Irak et l'Iran : deux points chauds étroitement liés 294
Israël-Palestine :
un problème crucial toujours sans solution 304
Géopolitique du pétrole :
spectre de la pénurie, force des intérêts 319

INDEX 332

UN TERME AUX MULTIPLES INTERPRÉTATIONS 8

POUVOIRS ET TERRITOIRES 14

RIVALITÉ GÉOPOLITIQUE DES IDÉOLOGIES 17

LA STRATÉGIE COMMUNE DES MOUVEMENTS RÉVOLUTIONNAIRES MONDIAUX : LA PRISE DE POUVOIR PAR LA VIOLENCE 20

QUESTIONS DE MÉTHODE 25

LES DIFFÉRENTS NIVEAUX D'ANALYSE SPATIALE 26

GÉOPOLITIQUE ET HISTOIRE 33

UNE ÉTUDE DE CAS : 1990-2009 34

La **géopolitique** aujourd'hui

QU'EST-CE QUE LA GÉOPOLITIQUE AUJOURD'HUI ?

Après avoir été longtemps ignoré voire même rejeté – notamment en raison de l'utilisation faite par certains régimes totalitaires –, le terme de « géopolitique » depuis une vingtaine d'années est de plus en plus utilisé, tout particulièrement en France. Son succès dans les médias ne traduit pas seulement une curiosité intellectuelle à l'égard de drames politiques que connaissent des pays plus ou moins lointains, mais surtout par l'inquiétude d'une notable partie de l'opinion, qui se rend ainsi compte des répercussions possibles de ces drames directement ou indirectement en Europe occidentale, jusque dans les banlieues de certaines grandes villes.

I. Un terme aux multiples interprétations

Le terme « géopolitique », dont il est fait aujourd'hui de multiples usages, désigne, en premier lieu, tout ce qui concerne les rivalités de pouvoirs ou d'influences sur des territoires et sur les populations qui y vivent, qu'il s'agisse de rivalités entre des pouvoirs politiques de toutes sortes (et pas seulement entre des États ou des nations), mais aussi entre les États et des mouvements politiques ou des groupes armés plus ou moins clandestins – toutes ces rivalités ayant pour objectif le contrôle, la conquête ou la défense de territoires de grande ou de petite taille.

Parce qu'il était oublié ou proscrit, le mot « géopolitique » n'a pas vraiment servi à désigner la rivalité au plan mondial des deux superpuissances à l'époque de la « guerre froide » ; mais, depuis vingt ans, il est utilisé surtout pour analyser un grand nombre de conflits de moindre ampleur, à l'instar de ceux qui se sont déroulés depuis des siècles où, si les rivalités idéologiques ne paraissaient pas évidentes, l'enjeu majeur entre des forces politiques territorialement voisines était, par le biais de la guerre, la conquête ou la défense d'un territoire.

De tels conflits, innombrables, se sont déroulés depuis des millénaires, et l'Histoire telle que nous la concevons aujourd'hui ne rapporte que les plus notables d'entre eux. Cependant, le terme « géopolitique » par lequel, de nos jours, on les désigne globalement, n'a qu'un peu plus d'un siècle. Le préfixe « géo » – qui est évidemment une vigoureuse contraction de « Géographie » (terme associé à l'Histoire dès leur origine) – indique que la géopolitique porte une attention spéciale aux territoires considérés comme les enjeux majeurs des rivalités de pouvoirs formant la politique, tant au sein des empires qu'entre les États.

Actuellement, les conflits géopolitiques les plus graves ne sont pas toujours ceux qui ont pour enjeu de vastes zones du monde. Des espaces de très petites dimensions, comme la Palestine, ou plus petit encore, comme Jérusalem que se disputent depuis plus d'un demi-siècle les juifs et les musulmans, contribuent, par contrecoup, à entretenir de graves tensions entre le monde arabe et ce qui apparaît comme l'hyperpuissance mondiale, les États-Unis.

Une expression « à la mode »

Depuis quelques années, le terme « géopolitique » est utilisé pour attirer l'attention médiatique sur des rivalités qui n'ont à l'origine rien à voir, sinon par métaphore, avec la conquête ou la défense d'un territoire : ainsi peut-on entendre parler de « géopolitique du football » (pour évoquer les rivalités des grandes équipes nationales), de « géopolitique de la cuisine » (pour défendre la « grande » cuisine française contre des influences extérieures) ; certains psychanalystes en viennent même à disserter sur la « géopolitique des frustrations sexuelles » (pour désigner des sociétés politiques peu permissives à l'égard des homosexuels ou des femmes portant le voile)... Cette véritable inflation aboutit à dédramatiser la notion même de géopolitique pour en faire une sorte de gadget publicitaire, en cherchant à tirer profit de l'attention que l'opinion accorde depuis deux décennies aux réels et dangereux problèmes géopolitiques.

Une situation géopolitique mondiale inédite

Cette évolution de la géopolitique peut s'expliquer par le fait que, depuis quelque temps, les fortes rivalités de pouvoirs sur des territoires – comme celles qui ont provoqué en Europe un grand nombre de guerres fondées notamment sur la défense du territoire de la Nation – semblent appartenir au passé et relever d'une histoire dont les conséquences mémorielles s'estomperaient définitivement. Au lendemain de la Seconde Guerre mondiale, plusieurs nationalités européennes jusqu'alors divisées en plusieurs pays furent refoulées chacune dans l'État où elle était déjà majoritaire (comme les treize millions d'Allemands expulsés d'Europe orientale). Cette résolution mit fin entre les États aux nombreux contentieux territoriaux qui étaient à l'origine de discours géopolitiques et de multiples guerres. Ainsi, l'Union européenne a pu être formée par des États-nations entre lesquels, par principe, les rivalités territoriales ne devaient plus exister – même si celles-ci restent encore aujourd'hui très compliquées entre les nations de l'ex-Yougoslavie et dans le Caucase.

Par ailleurs, la fin des empires coloniaux et l'indépendance de leurs colonies mirent un terme à toute une série de rivalités de pouvoirs sur des territoires, entre chaque puissance coloniale et chacun des peuples colonisés. Toutefois, si ces rivalités géopolitiques appartiennent certes au passé, certaines relations migratoires post-coloniales du Sud vers le Nord ont pris une telle ampleur qu'elles sont aujourd'hui à l'origine de problèmes géopolitiques dans les grandes villes d'Europe occidentale et d'Amérique du Nord.

Enfin, en Europe, la dissolution en 1989 des régimes communistes qui avaient été imposés depuis quarante ans à de nombreux États situés à l'est du « rideau de fer » et la soudaine dislocation de l'URSS fin 1991 firent disparaître, de part et d'autre de l'Atlantique, de grandes inquiétudes géopolitiques. En effet, « la guerre froide », à laquelle se sont livrées les deux superpuissances depuis 1947, avait failli à plusieurs reprises se réchauffer dangereusement, par le biais de contrecoups occasionnés par des conflits lointains (la Corée, Cuba, le Vietnam, l'Afghanistan) dans lesquels chacune d'elles s'était impliquée en veillant toutefois à ne pas s'y affronter directement.

Le 11-Septembre

De grandes inquiétudes géopolitiques inattendues sont brusquement apparues en Amérique du Nord, en Europe et même au Japon, avec les spectaculaires attentats du 11 septembre 2001 sur New York et Washington. L'opinion publique avait certes déjà entendu parler dès 1983 d'attentats suicides provoqués par des terroristes islamistes contre des forces américaines et françaises de maintien de la paix à Beyrouth ravagée depuis des années par la guerre civile ; d'actes terroristes à Moscou en contrecoup de la guerre de Tchétchénie, contre des touristes en Égypte en 1997, ou encore et surtout dans la terrible guerre civile qui ravagea l'Algérie de 1991 à 2002.

Néanmoins, les attentats du 11-Septembre, provoqués par deux avions se lançant contre les tours du World Trade Center et faisant plus de 3 000 morts, sont ceux dont les conséquences sont les plus grandes et les plus nombreuses. Bien que cette attaque suicide soit le résultat de rivalités géopolitiques compliquées se déroulant depuis plus de cinquante ans au Moyen-Orient et bien qu'elle ait été précédée par des signes avant-coureurs qui n'ont alors guère été pris en compte, elle a ouvert de manière spectaculaire une page nouvelle dans l'histoire du monde, ne serait-ce que par son énorme retentissement parmi le milliard de musulmans.

Lorsque l'enquête eut démontré que les responsables de ce terrible raid était une organisation islamiste secrète baptisée al-Qaida et basée en Afghanistan avec l'accord d'un pouvoir islamiste (celui des talibans, des religieux guerriers), le président des États-Unis alors en exercice, George W. Bush, lança contre eux, avec l'accord de l'ONU, une offensive qui aboutit, fin 2001, à la prise de contrôle de Kaboul puis à celle (théoriquement) des régions voisines.

Le leader d'al-Qaida, Oussama Ben Laden, demeurant introuvable et sans doute réfugié au Pakistan – pourtant vieil et puissant allié des États-Unis –, George W. Bush et ses conseillers estimèrent alors que d'autres dangers plus grands encore les menaçaient, notamment en Irak où se trouvaient sans doute selon eux des armes de destruction massives à la disposition d'un dictateur sanguinaire, Saddam Hussein. Si ce dernier n'était pas un islamiste – même s'il avait des liens avec certains de leurs réseaux –, c'était assurément un vieil adversaire de l'Amérique : dix ans auparavant, le président Bush père lui avait magistralement fait la guerre avec l'accord de l'ONU, pour l'obliger à évacuer le Koweït qu'il avait envahi et annexé en 1990.

Pour Bush fils et ses conseillers néoconservateurs, refaire la guerre à l'Irak semblait être une opération doublement profitable : elle allait selon eux « libérer le peuple irakien » et supprimer la menace que ces soi-disant « armes de destruction massive » faisait peser sur l'Amérique. L'opinion américaine, traumatisée par les images des tours en feu du World Trade Center, approuva alors un tel plan qui lui paraissait sans grand danger, en raison de la puissance et de la sophistication des armes guidées par satellites que l'armée américaine allait mettre en œuvre. Les mises en garde de la France à l'ONU n'eurent pas l'effet escompté et furent l'objet d'insultes dans la presse américaine.

Une guerre en Irak qui a mal tourné

La guerre officiellement et naïvement dénommée « Liberté pour l'Irak » lancée en mars 2003 fut deux mois plus tard, suite à la très facile prise de Bagdad, proclamée « Mission accomplie » par George W. Bush. En fait, elle a très mal tourné et se poursuit encore six ans plus tard. Les troupes américaines (150 000 hommes et 50 000 mercenaires) se trouvent toujours empêtrées dans de multiples et graves difficultés, notamment à cause des attentats islamistes et des rivalités sanglantes entre les différentes populations irakiennes (chiites, sunnites, kurdes). Le rythme des attentats suicides s'étant ralenti et un gouvernement irakien ayant été mis en place, l'essentiel des troupes américaines devrait partir en 2010. On pouvait penser qu'après coup cette crise irakienne, bien plus longue que prévue, n'aurait pas de trop graves conséquences pour l'avenir et que les dirigeants américains sauraient en tirer la leçon – d'autant plus que la situation économique des États-Unis s'est brusquement obscurcie suite à l'énorme crise bancaire d'octobre 2008.

Répercussions au Pakistan

Pendant que la majeure partie des troupes américaines disponibles combattait en Irak, les talibans afghans, aidés désormais par les trafiquants d'opium et d'héroïne (l'Afghanistan serait à l'origine de 93 % de leur production mondiale), ont repris le contrôle de l'Afghanistan, à l'exception de la capitale, Kaboul, où un gouvernement afghan se maintient tant bien que mal sous la protection de contingents fournis par l'OTAN.

Contre les talibans ou du moins dans des régions montagneuses de statut autonome

L'ISLAMISME DANS LE MONDE

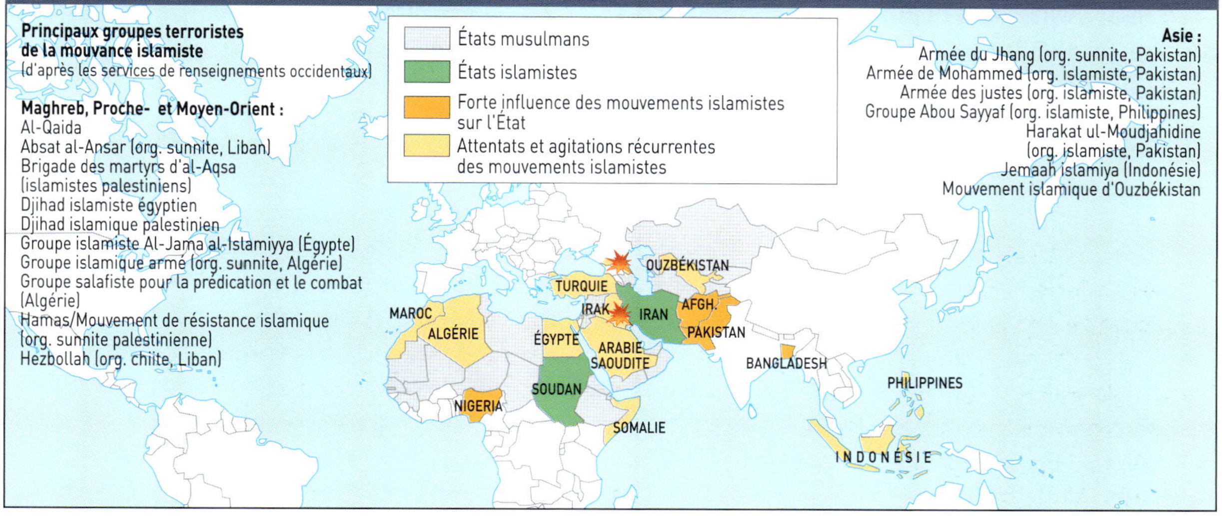

D'est en ouest, le monde musulman va des côtes africaines de l'océan Atlantique jusqu'à celles du Pacifique, dans le sud des Philippines, avec toutefois une interruption presque complète de plus de 3 000 kilomètres correspondant au monde indien et à l'Indochine. Du nord au sud, il se déploie sur plus de 8 000 kilomètres, du centre de la Russie (depuis l'Oural et la vallée de la Volga) jusqu'aux côtes nord du Mozambique et jusqu'à l'archipel des Comores. Le monde musulman s'étend donc sur trois continents, grosso modo la moitié septentrionale de l'Afrique, les marges de l'Europe, et deux parties de l'Asie, d'une part le Moyen-Orient et l'Asie centrale, d'autre part le Sud-Est asiatique avec le monde malais.

situées aux confins du Pakistan où nombre de talibans se sont repliés, les Américains procèdent à des bombardements aériens ou à des attaques de drones provoquant de graves « dommages collatéraux » en tuant un grand nombre de femmes et d'enfants, ce qui scandalise les Afghans et suscite la fureur de talibans pakistanais de plus en plus nombreux.

Depuis le printemps 2009, les talibans se rapprochent de la capitale dont la défense semble mollement assurée par une armée certes puissante, mais où l'influence des islamistes est de plus en plus importante. Le risque que le Pakistan (170 millions de personnes, huit fois l'Irak) passe avec ses armes nucléaires sous le contrôle d'al-Qaida est sérieusement envisagé par le nouveau président américain Barack Obama. Cependant, celui-ci n'a pas la possibilité de mobiliser un plus grand nombre de soldats américains et doit parallèlement veiller à ce que l'Iran – adversaire principal des États-Unis depuis la révolution islamiste de Khomeiny il y a trente ans – ne profite de son embarras pour accélérer la mise au point de sa force nucléaire.

On ne peut que constater que, depuis 2001, les données de la grande géopolitique impliquant l'hyperpuissance américaine et les rivalités de pouvoirs dans une très vaste partie du monde ont donc été profondément transformées.

Les difficultés évidentes que connaissent les Américains de l'Irak au Pakistan suscitent la multiplication et l'enthousiasme de groupes islamistes clandestins depuis le nord de l'Afrique en passant par l'Afrique noire musulmane jusqu'à l'Oural, l'Asie centrale, l'Indonésie et les Philippines, sans oublier nombre de villes européennes, où sont implantés des quartiers à forte immigration musulmane.

Les mouvements révolutionnaires islamistes : des forces géopolitiques « originales »

Depuis 2001, les mouvements révolutionnaires islamistes – à ne surtout pas confondre avec l'ensemble des musulmans – apparaissent comme une des données majeures de la géopolitique mondiale. Ils entendent imposer partout par la lutte armée (le *djihad*) un même modèle politique et sociétal, celui de la *charia*, plus ou moins esquissé dans le Coran et complété dans la *sunna*, les traditions qui font jurisprudence. Officiellement, les révolutionnaires islamistes ne sont au pouvoir qu'en Iran (seul État chiite se fondant sur une autre Tradition) mais ils cherchent à le prendre dans tout le monde musulman bien qu'ils n'y soient pas majoritaires.

La stratégie de chacun de ces mouvements révolutionnaires islamistes ne se fonde qu'exceptionnellement sur des campagnes électorales ; elle s'appuie bien davantage sur des coups de force locaux appuyés par une partie de l'armée ou de la police et sur de grands mouvements de foule urbaine (sous l'effet d'une émotion créée par un événement dramatique). Viendra ensuite le temps de procéder à des élections.

À vocation internationale, cette stratégie se fonde non sur l'existence de nations disposant chacune de son territoire, mais sur l'idée de l'unité du monde musulman : l'*umma*, la communauté des croyants. Selon eux, une fois la victoire remportée dans tous les pays, tous les musulmans parleront l'arabe – bien que ceux-ci parlent des langues très différentes les unes des autres.

L'originalité géopolitique de ces mouvements tient au fait qu'ils n'ont pas, en tant que tels, de revendications territoriales précises : leur volonté est de prendre le pouvoir dans tous les pays musulmans, voire même au plan mondial lorsqu'ils parlent de « *djihad* universel ».

Si le Hamas, mouvement révolutionnaire islamiste palestinien radical, revendique pour le moment tout le territoire d'Israël et non pas telle ou telle de ses parties, d'autres entretien-

LA THÉORIE DU « CHOC DES CIVILISATIONS » REPRISE PAR LES ISLAMISTES

En 1996, un politologue américain réputé, Samuel P. Huntington, qui travaille depuis longtemps pour les dirigeants américains, publie un livre, *The Clash of Civilisations* (« *le Choc des civilisations* », traduit en français en 2000). Cet ouvrage a suscité d'abord de vives critiques et un grand malaise aux États-Unis (y compris dans les milieux officiels), puis en Europe occidentale et notamment en France où il a été pris pour l'expression même de l'idéologie impérialiste américaine. Au lendemain du 11-Septembre, Huntington, échaudé par les diatribes lancées contre lui, n'a pas voulu voir, dans ces attentats, la confirmation de sa théorie qu'il avait établie en constatant le nombre de conflits dans la zone de contacts (notamment en Méditerranée et en Russie) entre le monde chrétien et le monde musulman comme s'il s'agissait de chocs entre deux plaques géologiques poussées l'une contre l'autre par de puissants courants dans les profondeurs de notre planète. Les attentats de New York et de Washington étaient pourtant bien loin de cette zone.

En revanche, cette thèse du « choc des civilisations » a été reprise avec enthousiasme par les islamistes qui y ont vu la confirmation par leurs adversaires des raisons fondamentalement « naturelles » du *djihad*, de la guerre menée par l'islam contre le « monde judéo-chrétien ». En effet, sous le terme de « civilisation », Huntington désigne en fait le conflit entre des ensembles religieux (sans évoquer celui des juifs) qu'il combine avec des phénomènes démographiques. L'augmentation particulièrement rapide du nombre des musulmans, au XXe siècle, explique selon lui l'affrontement avec le monde chrétien, en phase de ralentissement démographique. La comparaison implicite que fait Huntington entre des civilisations qui se heurtent et de rigides plaques géologiques qui se chevauchent (certaines pourtant s'écartent) renforce la thèse des islamistes, selon laquelle leur lutte contre le monde judéo-chrétien est en fait menée ou soutenue par tous les musulmans. Mais cette théorie soi-disant naturelle (géologique) du conflit passe sous silence la violence des conflits internes au monde musulman (comme en Afghanistan ou en Algérie) entre les islamistes et la masse des musulmans qui ne veut pas passer sous leur pouvoir – conflits que les islamistes minimisent et imputent aux manœuvres sournoises de « l'impérialisme judéo-chrétien ».

nent des revendications sur l'Andalousie, arrachée au monde musulman par la *Reconquista* chrétienne depuis la grande défaite des musulmans à La Navas de Tolosa en 1212 (qui entraîna la prise de Séville par les Castillans) et la prise de Grenade en 1492.

La lutte contre le « monde judéo-chrétien »

Selon ces mouvements révolutionnaires islamistes, l'objectif du monde judéo-chrétien serait de subvertir les musulmans en leur faisant abandonner les principes de l'islam, en pervertissant leurs filles et leurs femmes et en leur faisant croire aux valeurs de la démocratie, cette dernière n'étant pas selon eux mentionnée dans le Coran.

Pour cette même raison, ils se considèrent comme des adversaires de l'Union indienne, qui pratique un régime démocratique où les musulmans sont nombreux.

Les révolutionnaires islamistes n'étant majoritaires dans aucun des pays du monde musulman (même pas semble-t-il en Iran où la révolution de Khomeiny s'est imposée par la force du clergé chiite et par une alliance momentanée avec des mouvements laïques éliminés ensuite), leur action repose sur l'organisation de réseaux clandestins qui reçoivent aide financière et armes de divers gouvernements (ou plutôt de leurs services secrets) plus ou moins rivaux les uns des autres, chacun d'eux espérant ainsi créer des difficultés à un État rival et se concilier tel ou tel groupe islamiste dont on peut craindre l'action subversive.

L'influence des réseaux clandestins et des services secrets

En raison du rôle croissant de ces mouvements dans les rivalités internationales, l'analyse géopolitique doit s'efforcer d'accorder, bien plus que précédemment, une attention particulière aux rôles de ces différents réseaux clandestins. Encore faut-il après coup et parfois bien plus tard avoir quelques indices de leurs actions.

Fondamentalement politiques, ces appareils de pouvoirs disposent chacun d'une branche armée (dont le rôle est souvent prépondérant) et de services de renseignements. Ces derniers ne doivent pas être confondus avec les services secrets qui sont eux au service de grands États qui publient la liste et les configurations des réseaux de leurs appareils de pouvoirs officiels et qui ont également un rôle important dans les politiques extérieures comme aux États-Unis, en Russie, en Chine et dans quelques grands pays européens. Néanmoins, dans les États démocratiques, ces « services » sont en principe « contrôlés » par les chefs d'État, ces derniers ne restant que quelques années au pouvoir, les Constitutions limitant leur réélection.

Dans les pays musulmans – qui n'ont encore que rarement des régimes vraiment démocratiques –, les pouvoirs dictatoriaux de la plupart des chefs d'État donnent un rôle majeur à leurs « services secrets » (comme en Algérie avec la « Sécurité militaire »).

Mais ceux-ci peuvent eux aussi être infiltrés par des agents des mouvements révolutionnaires islamistes pour fomenter le coup d'État qui leur procurera enfin le pouvoir sur l'ensemble de la population. De telles actions d'envergure ont souvent pour effet de provoquer des « contrecoups » dans des États voisins voire plus ou moins lointains – les plus grands contrecoups au raid du 11-Septembre ont ainsi porté sur l'Afghanistan et l'Irak.

Dans le monde musulman comme dans les autres parties du monde, les États existent malgré la contestation exercée par les groupes révolutionnaires islamistes, qui, au nom du primat de l'*umma* (la communauté musulmane), n'ont pas de revendications territoriales précises. Les États disposent chacun de leur territoire, même si certains estiment que leurs frontières ont été tracées sans tenir suffisamment compte des droits historiques et n'incluent qu'une partie seulement de la nation.

II. Pouvoirs et territoires

Ces termes sont fondamentaux en géopolitique, qu'il s'agisse de rapports de forces sur de vastes étendues ou sur de petits territoires.

En termes de droit international et dans toutes les sociétés, pouvoir et territoire sont étroitement liés car tout pouvoir politique officiel (qu'il s'agisse de celui d'un État ou d'une tribu) a son territoire, c'est-à-dire en principe une étendue clairement délimitée sur laquelle s'exerce sa souveraineté et où il est responsable de l'ordre public.

Durant des siècles, les dirigeants de chaque État ont eu comme premier souci d'assurer la défense de leur territoire contre les menaces éventuelles de forces extérieures provenant des pillards ou des États voisins. Depuis des millénaires, des chefs de guerre ont voulu conquérir des terres nouvelles pour y prendre des richesses et ont ainsi provoqué d'innombrables guerres dont le nombre des combattants et des victimes n'ont cessé d'augmenter au XIXe siècle pour se poursuivre dans la première moitié du XXe siècle avec deux conflits mondiaux.

La création de l'ONU

L'Organisation internationale des Nations unies a été fondée à New York en 1945, après la Seconde Guerre mondiale, par 51 pays déterminés à maintenir la paix et la sécurité internationales, à développer des relations amicales entre les nations, à promouvoir le progrès social, à instaurer de meilleures conditions de vie et à accroître le respect des droits de l'homme.

Parmi ces pays figuraient bien évidemment en bonne place les puissances victorieuses. Le choix de cette appellation est en quelque sorte l'antithèse de la géopolitique, celle-ci étant définie par des rivalités de pouvoirs. Cette référence aux nations laissait entendre que ces dernières pouvaient s'entendre, les États symbolisant les guerres et les peuples, les victimes. Déjà, en 1919, au lendemain de la Première Guerre mondiale, les vainqueurs avaient constitué à Genève une Société des nations, ce qui n'empêcha pas toutefois un second conflit international.

Dans sa charte de 1948, l'Organisation des Nations unies proclama l'interdiction pour tout État de s'emparer d'une portion et *a fortiori* de la totalité du territoire d'un autre État. Un conseil de sécurité (formé par les cinq États vainqueurs du dernier conflit mondial) doit y veiller et au besoin envoyer des « casques bleus » pour s'interposer sur le terrain entre adversaires. Mais cette organisation n'a pu empêcher le déroulement de nombreux conflits dénommés « régionaux » dont certains furent et sont encore très graves, les rapports entre de multiples pouvoirs et les territoires étant compliqués. Seul « l'équilibre de la terreur » entre deux superpuissances, disposant chacune d'un gros stock d'armes nucléaires, d'avions puis de fusées intercontinentales pour les projeter, est parvenu à éviter l'éclatement d'un troisième conflit mondial qui pourrait être fatal à l'Humanité.

Et lorsqu'en 1990, l'ONU condamna l'Irak dont l'armée venait d'envahir le territoire du Koweït pour l'annexer, elle chargea les États-Unis de diriger une coalition de forces essentiellement américaines (mais aussi fournies par de nombreux pays) pour l'en chasser.

Différents types de pouvoirs

De façon générale, les types de pouvoirs peuvent être classés et répertoriés en fonction de leurs rapports au territoire : États centralisés ou fédéraux, démocraties ou dictatures, tribus ou confréries religieuses, etc. On pourrait aussi chercher à définir théoriquement et même philosophiquement la notion même de pouvoir territorial d'un État, d'un peuple ou d'un groupe tribal. Mais si certains pouvoirs paraissent bien établis, d'autres peuvent disparaître brutalement plus ou moins complètement. Le cas le plus spectaculaire est celui de l'Union soviétique qui, en 1991, sans aucune attaque extérieure, se disloqua en quelques semaines. La disparition de cet immense État provoqua conjointement celle d'une grande partie de son appareil politique sans qu'une force politique nouvelle y prenne clairement le pouvoir.

Si les différents types de pouvoirs ne peuvent être distingués que par un effort d'abstraction et de façon théorique, les territoires et leurs frontières peuvent, eux, être représentés par la cartographie de façon très précise, en combinant différentes sortes de cartes montrant chacune l'extension particulière des phénomènes nationaux indispensables à la compréhension des conflits géopolitiques.

États, territoires, ensembles spatiaux et réseaux

Les territoires dont il est question ici sont principalement ceux des États. Chacun d'eux est un **ensemble spatial** dont la superficie est délimitée par une frontière officiellement définie et reconnue par les autres États. Les formes de ces ensembles de différents ordres de grandeur territoriale sont diverses (schématiquement, le fameux hexagone pour la France, le rectangle pour la Russie ou les États-Unis, le triangle pour l'Inde...).

Ces frontières – en incluant celles qui, sur une portion de leur contour, suivent des ensembles naturels (fleuves, chaînes de montagnes ou ensembles littoraux) – résultent de rapports de forces plus ou moins anciens entre les États. Il n'y a pas en effet véritablement de « frontières naturelles », bien que l'expression soit souvent utilisée comme arguments de revendications. Des îles, des ensembles d'îles peuvent avoir été, en tout ou en partie, conquises et englobées dans un même État – ce sont alors des États archipels comme le Japon, le Royaume-Uni, l'Indonésie. Ces ensembles archipels ont chacun leur superficie et les limites de leurs eaux territoriales.

Les ensembles spatiaux que sont les États comprennent des subdivisions administratives ou des sous-ensembles culturels ou linguistiques dont les significations géopolitiques sont importantes.

Ces considérations sur les ensembles spatiaux que sont les États peuvent sembler assez académiques. Cependant, leur intérêt pour l'analyse géopolitique apparaît si l'on tient compte de l'extrême importance aujourd'hui d'un autre type d'ensembles : celui des réseaux et particulièrement ceux, clandestins, des mouvements révolutionnaires islamistes comme al-Qaida qui, par leur organisation des attentats du 11-Septembre, sont à l'origine des grandes guerres actuelles – celles d'Irak, d'Afghanistan, où la plus puissante armée du monde se trouve empêtrée depuis des années avant peut-être de devoir aller combattre au Pakistan. Ces organisations cherchent maintenant à développer leurs réseaux dans plusieurs parties du monde.

La particularité des ensembles linéaires

Évidemment, il est particulièrement difficile d'établir une cartographie des réseaux secrets. Il s'agit néanmoins d'ensembles spatiaux linéaires. Innombrables, ils forment une importante catégorie de phénomènes géographiques. S'ils ne peuvent être caractérisés dans un premier temps par leur superficie et par leurs contours (comme on le fait classiquement par exemple pour les réseaux hydrographiques), d'autres facteurs comme la longueur de leurs lignes principales et leur hiérarchie, le nombre de leurs points nodaux et de leurs embranchements permettent de les étudier précisément.

Ces ensembles linéaires, qu'il s'agisse de réseaux routiers ou ferrés, de réseaux hiérarchisés des appareils d'États, se combinent classiquement dans le cadre des limites de l'ensemble spatial que représente chaque État – ensemble que l'on pourrait surnommer « patate » selon l'expression humoristique de mathématiciens. Des réseaux linéaires, comme ceux du grand commerce, des affaires et des banques ou des lignes aériennes, se sont étendus au-delà des limites de l'ensemble spatial de leur État d'origine et leur importance n'a cessé de grandir. Grâce à ces réseaux officiels

« PRENDRE LE POUVOIR »

Cette expression devenue classique désigne des types de conflits qui se déroulent chacun au sein d'un même État, entre les dirigeants officiels de celui-ci et une ou plusieurs forces politiques qui, au nom d'une cause qu'elles estiment légitime, veulent, par la force, s'emparer du pouvoir d'abord dans la capitale, puis contrôler les appareils d'autorité policiers et militaires dans l'ensemble du pays. Dans des sociétés véritablement démocratiques, certaines procédures organisent les changements des forces politiques à la tête de l'État : les élections permettent à de nouvelles forces politiques de parvenir au pouvoir, ces changements étant réversibles après chaque nouvelle élection. En revanche, les mouvements politiques qui prennent le pouvoir par la force, par une révolution, entendent bien ensuite ne pas le laisser à d'autres.

Ces rivalités de pouvoirs, ces luttes qui se déroulent au sein d'un même État, de prime abord, ne sont pas géopolitiques puisqu'elles n'ont pas d'enjeux territoriaux. Pourtant, les forces qui contestent l'autorité au pouvoir se localisent en début de conflit de façon relativement précise sur le territoire de l'État : dans la capitale ou plutôt dans certains quartiers de celle-ci, dans une ou plusieurs villes de province, dans une région d'accès relativement difficile aux forces gouvernementales (sous forme de maquis). À ce niveau, il s'agit bien de luttes tout à fait géopolitiques. Ces rivalités de pouvoirs sur un même territoire relèvent de ce que l'on peut appeler la **géopolitique interne**. Elles peuvent avoir ensuite de grandes conséquences dans les rivalités entre États, c'est-à-dire en matière de ce que l'on pourrait appeler la **géopolitique externe**, s'il n'était pas préférable de parler de géopolitique tout court, dans ses acceptions les plus larges.

Dans un État, les forces politiques qui cherchent à prendre le pouvoir se proclament porteuses d'une cause plus juste, plus morale que celle à laquelle se réfèrent ceux qui détiennent l'appareil d'État. L'enjeu est d'en faire la réforme complète ou d'y procéder à une révolution, en fonction d'une autre **représentation** du monde, de lutter contre la concentration de pouvoirs. De telles rivalités idéologiques peuvent se transformer en conflits géopolitiques plus ou moins compliqués entre appareils d'État. Ce fut, par exemple, le cas au XVIe siècle, au nom de Dieu, lorsque la Réforme de Luther a conduit à la guerre de Trente Ans, d'abord entre révoltés protestants et États ou principautés catholiques, puis entre États protestants ou catholiques – ce qui n'exclut pas des alliances triangulaires. Prendre le pouvoir fut aussi l'objectif des républicains protestants dans la révolution anglaise au XVIIe siècle, la première de celles qui se dérouleront plus tard en Amérique du Nord, puis en France, dans des situations géopolitiques tout à fait différentes.

Un autre exemple encore : durant une grande partie du XXe siècle, le marxisme fut la grande représentation révolutionnaire du monde et ses leaders en proclamèrent les fondements soi-disant « scientifiques » (matérialistes) et ses objectifs de justice planétaire. Leur parti militarisé se proclamant comme « l'avant-garde de la classe ouvrière » parvint à prendre le pouvoir en Russie, en profitant des défaites de l'Empire lors la Première Guerre mondiale, au prix d'une guerre civile et ensuite d'une longue « dictature du prolétariat ». La diffusion en Europe, en Asie, en Amérique latine et en Afrique de cette idéologie révolutionnaire par des intellectuels et militants fort dévoués entraîna de fortes tensions dans de très nombreux États dont les gouvernants redoutèrent longtemps que les communistes prennent le pouvoir.

Aujourd'hui, c'est au nom de Dieu et pour défendre l'islam et imposer aux musulmans les règles du Coran que des mouvements révolutionnaires islamistes tentent de prendre le pouvoir dans tous les pays musulmans et d'y imposer le rejet de toutes influences culturelles occidentales provoquant l'inquiétude de l'opinion publique dans de nombreux États. ■

et clandestins, de grandes puissances exercent leur influence sur de vastes parties du monde.

Des philosophes, des sociologues, des économistes se sont récemment empressés de proclamer que le développement et la multiplication de ces réseaux marquaient « la fin de la géographie ». Néanmoins, ces réseaux linéaires forment une des multiples catégories d'ensembles spatiaux de la géographie, comme de la géopolitique. En effet, outre les réseaux terroristes internationaux, c'est par eux (lorsqu'ils sont clandestins) que se déroulent les rivalités de pouvoir sur certaines portions de territoires étatiques, comme en Italie du Sud et en Sicile entre les appareils d'État et ceux des mafias. L'usage du terme de « mafia » s'est généralisé pour désigner les réseaux internationaux des trafiquants de drogue ou de la prostitution, dont l'influence géopolitique est loin d'être négligeable – d'autant plus que les cartes de ces réseaux, plus ou moins rivaux, sont changeantes au fur et à mesure de leurs rivalités et de la répression policière.

Contrecoups et rapports de forces à différentes distances

Les conflits géopolitiques les plus nombreux et les plus durs en Europe se sont déroulés entre des forces territorialement proches les unes des autres, entre des États voisins, de part et d'autre de frontières.

Autrefois, les conquêtes coloniales et les rivalités entre puissances coloniales furent des projections de forces à grande distance.

Plus récemment, des rapports de forces extrêmement graves ont eu lieu entre des États séparés par de très grandes étendues marines ou continentales. Ce fut le cas durant la Seconde Guerre mondiale lorsque les États-Unis, attaqués par le Japon et à qui Hitler déclara la guerre, projetèrent leurs forces de l'autre côté de l'Atlantique, puis du Pacifique. En 1945, les armées américaine et soviétique se rencontrent en Allemagne, puis en Corée, pays qu'elles divisent en deux zones d'occupation.

Deux ans après la fin de cet épouvantable conflit, les deux seules puissances qui en étaient sorties victorieuses devenaient des « superpuissances » malgré les terribles pertes humaines de la Russie et elles ont commencé à s'affronter au plan mondial, par la propagande et la course aux armements.

Cet affrontement devait durer jusqu'en 1991, année de l'implosion de l'URSS et de la dissolution du Pacte de Varsovie.

La guerre froide

De part et d'autre de l'océan Glacial Arctique, l'URSS et les États-Unis augmentèrent le nombre et la puissance de leurs armes nucléaires comme la portée et la précision des fusées intercontinentales pour anéantir les grandes villes de l'adversaire. Ainsi s'établit un « équilibre de la terreur » fondé sur leur mutuelle dissuasion. Cette forte rivalité géopolitique se déroula pour une grande part de façon indirecte, dans d'autres pays ou, par contrecoup, sur des conflits locaux. De longues guerres se déroulèrent qu'il s'agisse de la Corée, du Vietnam ou de l'Afghanistan, chacune des deux superpuissances y intervenant séparément pour éviter d'y rencontrer l'autre, ce qui aurait pu provoquer une catastrophe planétaire. Cette « guerre froide » devait durer quarante ans. Mais elle ne fut pas « froide » pour de nombreux pays où se déroulèrent des combats acharnés, comme les guerres civiles entre Coréens, entre Vietnamiens ou entre Afghans, chaque nation étant divisée en deux camps soutenus l'un par les Soviétiques, l'autre par les Américains.

Au plan mondial, la rivalité des deux superpuissances s'est déroulée aussi bien sur le plan politique qu'idéologique, entre la célébration du « modèle socialiste » (communiste) où économie et société sont « planifiées » afin d'éviter les crises et le chômage, et celui du « monde libre » où chacun peut faire des affaires s'il en a les moyens et exprimer diverses formes de contestation politique.

III. Rivalité géopolitique des idéologies

Bien que le mouvement communiste n'existe plus aujourd'hui en tant que force géopolitique d'envergure mondiale, il est d'autant plus utile de l'évoquer pour le confronter à un autre mouvement révolutionnaire actuellement en plein développement mondial : le mouvement révolutionnaire islamiste.

Au milieu du XXe siècle, ces deux mouvements ont été d'ailleurs en rivalité au Proche-Orient, de l'Égypte à l'Afghanistan, dans un vaste ensemble de pays où les problèmes géopolitiques sont très compliqués et ne s'expliquent pas seulement par la rivalité entre l'influence des États-Unis et celle de l'Union soviétique. En Amérique latine et en Afrique, la diffusion d'idées marxistes dans un pays et des réseaux la sous-tendant a longtemps représenté un risque en cas de prise du pouvoir par coup d'État ou à l'occasion d'un large mouvement démocratique dont une minorité radicale et organisée prend le contrôle.

Dans les États communistes – où tous les réseaux d'information, d'éducation, toutes les organisations syndicales, culturelles étaient ou sont encore dirigés par le Parti communiste –, les idées « occidentales » ont été systématiquement pourchassées au point que le seul soupçon de leur présence servait dans les luttes internes au Parti à discréditer les rivaux possibles de ceux qui exerçaient le pouvoir. Hors de l'URSS, les communistes ou présumés comme tels ont été combattus dans diverses parties du monde par des mouvements anticommunistes pour différentes raisons essentiellement géopolitiques.

Les mouvements révolutionnaires islamistes, qui cherchent d'abord à prendre le pouvoir par la force dans les pays musulmans, sont eux aussi dénoncés pour leurs actions politiques ou terroristes (la plus spectaculaire étant le raid du 11-Septembre) dans les pays non musulmans. D'un autre côté, dans leur ensemble, les musulmans se plaignent d'être victimes en Europe d'un mouvement général d'islamophobie sous-tendu par des représentations racistes ou sociétales – *a contrario* de l'anticommunisme qui a caractérisé une notable partie de l'opinion européenne et américaine durant une grande partie du XXe siècle.

La crainte de la subversion

Depuis la révolution communiste en Russie de 1917 jusqu'aux années 1990 et la dislocation de l'URSS, les sentiments anticommunistes ont eu un rôle important dans les opinions publiques d'Europe, des États-Unis et d'Amérique latine. Entre les deux guerres, ces sentiments s'opposent aux discours enflammés qui dénoncent le capitalisme et la bourgeoisie pour « les crimes » dont « le prolétariat international est victime ». Pour les anticommunistes, ces discours marxistes préparent l'invasion des pays capitalistes ou leur subversion par des révoltes populaires – ce que voulaient d'ailleurs Lénine et Trotski.

Évidemment, cette crainte de l'invasion communiste n'est pas partagée par une partie de l'opinion, notamment par les ouvriers, les petites gens et certains intellectuels séduits par la théorie marxiste et pour qui le communisme représente alors une grande espérance. En revanche, pour les classes moyennes, les chrétiens (à cause des persécutions religieuses en URSS), les paysans (qui craignent « le

LA GUERRE CIVILE EN ESPAGNE ET SES CONSÉQUENCES EN FRANCE

Dans la jeune République espagnole, en 1936, une guerre civile éclate entre un Front populaire qui a obtenu une légère majorité aux élections, et le général Franco qui refuse que le gouvernement républicain accorde l'autonomie, une quasi-indépendance, au Pays basque et à la Catalogne. Voilà pourquoi les forces de Franco (une partie de l'armée, de la droite et de l'Église) sont dénommées « nationalistes », car elles sont résolues à tout faire pour défendre l'unité de l'Espagne. Cependant, les revendications basques et catalanes sont aussi le fait de nationalistes qui exigent l'indépendance. La guerre civile des nationalistes contre les républicains va s'internationaliser avec l'arrivée de troupes fournies par l'Italie fasciste et l'Allemagne nazie à Franco, mais également du côté des républicains avec des renforts provenant de Brigades internationales communistes et la fourniture d'armes par l'Union soviétique. On craint alors l'extension de ce conflit dans le pays voisin qu'est la France. Nombre de Français redoutent que les communistes, profitant du Front populaire (qui gouvernera en France de 1936 à 1938), s'emparent du pouvoir, crainte évidemment encore plus grande dans les classes dirigeantes françaises. Tous ces événements feront le jeu de Hitler. Lorsque la guerre éclate en septembre 1939 (après l'invasion de la Pologne), s'ensuit une « drôle de guerre » où des mois durant il ne se passe rien sur le front. Les classes dirigeantes françaises en viennent à penser qu'un accord sera bientôt possible avec Hitler. Mais celui-ci lance soudain l'attaque de mai 1940 sur les Pays-Bas et la Belgique, stratagème dans lequel s'engouffre une partie de l'armée française qui se retrouve en juin prise au piège à Dunkerque. La guerre d'Espagne et surtout l'anticommunisme qu'elle a propagé ont été la cause majeure du désastre de la France en 1940.

partage des terres »), les gens de droite mais également les socialistes, le communisme en URSS est le pur symbole de la tyrannie. De rares témoignages commencent à circuler sur l'existence en URSS de camps de concentration, de terribles famines et d'exécutions massives, témoignages totalement réfutés par les sympathisants communistes.

Dans l'entre-deux-guerres, la crainte d'une subversion communiste était moins marquée de l'autre côté de l'Atlantique. À cette époque, d'ailleurs, les États-Unis n'entretiennent pas de mauvaises relations avec l'URSS ; de grandes entreprises américaines lui fournissent même une aide technique dans différents domaines.

De nouvelles raisons géopolitiques provoquèrent soudain une forte baisse de l'anticommunisme. En juin 1941, lorsque Hitler, attaque par surprise l'Union soviétique, le rôle de l'Armée rouge, une fois ressaisie, est célébré par ceux qui, en Angleterre (comme Churchill) et aux États-Unis, étaient jusqu'alors de grands adversaires du communisme. Cependant, une fois la victoire remportée sur le nazisme, le fait que l'Armée rouge décide de ne pas évacuer les pays d'Europe de l'Est qu'elle venait d'occuper dans sa lutte contre Hitler et qu'elle y impose des régimes communistes suscite bientôt la méfiance des Anglais et des Américains. Le « coup de Prague » en 1948 – les communistes prennent le pouvoir brusquement par la force en Tchécoslovaquie où l'armée américaine s'était déjà retirée – achèvera de les convaincre et va avoir pour effet de faire renaître dans l'opinion la crainte de l'invasion ou de la subversion communistes.

Un anticommunisme violent et acharné

C'est aux États-Unis que l'anticommunisme prend les formes les plus violentes. Et le fait que l'URSS fasse exploser une bombe atomique, bien plus tôt que les experts ne l'avaient prévu, accrédite l'idée que des savants américains lui ont fourni les secrets scientifiques et techniques permettant de rivaliser très vite avec l'Amérique dans le domaine nucléaire. Une campagne virulente menée par un sénateur américain, Joseph McCarthy, est lancée contre tous les Américains (cinéastes, savants, écrivains...) soupçonnés de sympathie pour l'URSS et qui auraient facilité le travail des espions. Seul le général en chef Eisenhower, devenu président des États-Unis, arrivera à mettre fin en personne à cette campagne de persécutions, qui n'eurent pas d'équivalent dans les pays d'Europe occidentale, soit parce qu'il n'y avait guère de marxistes (comme en Scandinavie ou en Angleterre), soit parce que des partis communistes y étaient déjà bien représentés (en France ou en Italie), ou encore parce que les dictatures en place les interdisaient (comme en Espagne, en Grèce ou au Portugal).

Hors d'Europe, notamment en Amérique latine, en raison de fortes inégalités sociales, les milieux populaires étaient très favorables aux idées communistes. L'anticommunisme y fut très fort et très violent dans les classes dirigeantes et dans les armées et fut encore accentué lorsque la révolution menée par Fidel Castro (1959) à Cuba, tout près de la Floride – que les États-Unis avaient d'abord accueilli avec sympathie –, a brusquement viré en 1961 vers l'Union soviétique. Dès lors, dans toute l'Amérique latine, à l'instar de la révolution cubaine – qui débuta par un « foyer » dans une montagne (Sierra Maestra) à l'écart des régions les plus peuplées –, les communistes essayèrent de créer des maquis dans certaines zones isolées. En vain. De ce fait, des dictatures anticommunistes prirent le pouvoir dans différents pays, par le biais de coups d'État militaires, plus ou moins soutenus par les États-Unis (comme au Chili en 1973). Toutefois, plus cette répression contre les communistes ou suspectés de l'être augmentait en Amérique latine, plus l'opinion en Europe occidentale devenait hostile aux États-Unis – sans pour autant devenir favorable à l'URSS.

Le début de la fin

Lorsqu'en 1956, l'Armée rouge réprima violemment et écrasa l'insurrection de Budapest en Hongrie (une révolte spontanée contre le régime stalinien en place qui, depuis dix ans, exerçait un pouvoir tatillon), l'image de l'URSS en fut sérieusement ternie. Elle le sera encore plus lorsqu'en 1973 fut publié en France puis dans le monde entier, *l'Archipel du Goulag* d'Alexandre Soljenitsyne dans lequel il décrit, dans le secret, le système concentrationnaire soviétique mis en place par Staline, qu'il avait lui-même subi et observé avec précision (il utilise le terme « archipel » pour désigner l'ensemble formé par les camps de concentration du Goulag, la direction des camps). Ce livre eut un retentissement mondial car il dénonçait le système d'oppression communiste de façon bien plus précise que ce que les anticommunistes les mieux informés avaient pu en dire. Ces événements relèvent aussi de la géopolitique, car ils ont eu pour effet de changer l'état de l'opinion dans les pays où des mouvements communistes espéraient un jour prendre le pouvoir.

En Europe occidentale, les partis communistes n'allaient pas tarder à décliner, remplacés par de petits partis communistes « antistaliniens » se réclamant de Trotski, adversaire de Staline, qui ne fut pour autant pas moins brutal lorsqu'il était au pouvoir. Bien avant la dislocation de l'URSS, le marxisme avait déjà perdu son aura libératrice d'autrefois. L'anticommunisme et la controverse idéologique avec le marxisme n'ont pour le moment, semble-t-il, plus grande raison d'être. La contestation et le contrôle du système capitaliste et de ses injustices n'ont plus guère d'efficacité. Cependant, la crise financière puis économique déclenchée en août 2008 peut, en raison des scandales révélés et de la masse des chômeurs provoquée, redonner du sens aux idées marxistes.

En revanche, en Europe comme dans les pays musulmans, le mouvement d'opposition à l'idéologie révolutionnaire des islamistes a plus que jamais de raisons d'être, tant sur le plan géopolitique que sur celui de la rationalité. Cette opposition intellectuelle aux islamistes – selon ces derniers de l'« islamophobie » – doit veiller à ne pas tomber dans la facilité des critiques et des plaisanteries de type raciste, celles-ci ayant finalement pour effet de rallier l'ensemble des musulmans aux islamistes les plus xénophobes.

IV. La stratégie commune des mouvements révolutionnaires mondiaux : la prise de pouvoir par la violence

Le phénomène révolutionnaire islamiste – à bien distinguer de ce que l'on peut appeler la civilisation musulmane – a pris ces dernières années beaucoup d'ampleur, alors que divers spécialistes de l'islam l'avaient dit en déclin. Il concerne désormais une grande partie du monde. Ce fort mouvement politique fait penser à certains égards à la poussée des idées marxistes au lendemain de la Seconde Guerre mondiale.

L'un et l'autre sont des mouvements révolutionnaires parce que leurs partisans et leurs chefs veulent prendre par la force le pouvoir (ou l'ont d'ores et déjà pris par la force) dans tous les pays en chassant ceux qui l'exerçaient jusqu'alors. Après leur victoire, ces mouvements continuent d'accorder une grande valeur à cette prise de pouvoir « révolutionnaire ». Si celle-ci s'est effectuée dans la violence, c'est selon eux parce qu'il n'a pas été possible de vaincre autrement les soi-disant « représentants du Mal ». Se disant internationalistes, ils se réfèrent à de grands textes dogmatiques de valeur mondiale et s'appuient sur une foi religieuse ou quasi religieuse (comme la « révolution libératrice et le socialisme ») de militants fanatiques persuadés de devoir assurer les uns par l'islam, les autres par le socialisme, le vrai bonheur de l'Humanité, en détruisant un même adversaire : le capitalisme judéo-chrétien – quitte à briser la résistance de ceux qui n'adhèrent pas immédiatement à leur projet.

Des différences fondamentales

Avant l'ère de la mondialisation, le marxisme promettait d'apporter aux peuples la démocratie, le bien-être, la culture, le sport, l'éducation, les loisirs, la liberté dans le travail, l'égalité entre les hommes et les femmes, en somme tous les avantages dont disposait jusqu'alors « la bourgeoisie ». Il s'avère que ces promesses ne furent guère tenues et pas seulement en raison de circonstances imprévues.

Les mouvements islamistes issus des Frères musulmans se définissent, eux, comme fondamentalement réactionnaires au sens précis du terme. Ils rejettent pour des raisons religieuses les habitudes prises par un grand nombre de musulmans depuis des décennies, en fait depuis la mondialisation : la radio, la musique occidentale, le cinéma, la télévision, la publicité, les vêtements d'allure européenne, les compétitions sportives, mais également les journaux, les discussions politiques et les campagnes électorales des régimes démocratiques. Ils considèrent que, par ces moyens, « l'Occident judéo-chrétien » cherche à affaiblir les musulmans, notamment en pervertissant leurs femmes et les filles.

Autre différence, de nature géopolitique cette fois, entre ces deux grands mouvements : le marxisme internationaliste s'est appuyé dès l'entre-deux-guerres sur un très vaste État, l'Union soviétique ; mais celui-ci était alors ruiné par la guerre civile et l'exode ou le massacre de ses cadres. Si le mouvement islamiste ne dispose pas encore d'un grand État (l'Iran, bien qu'islamiste, est isolé par son chiisme), il lutte toutefois pour un grand projet géopolitique : reconstituer l'unité territoriale de l'*umma* islamique que le colonialisme européen aurait morcelé et rétablir la communauté des musulmans, en dépit de sa

La carte des attentats islamistes regroupe plusieurs types de situations : actions contre l'« ennemi principal », les États-Unis (New York, mais aussi Irak ou Afghanistan), ou contre leurs forces à l'étranger (Yémen, 2003) ; actions contre leurs alliés en Irak (Madrid, 2004, et Londres, 2005) ; actions contre les touristes occidentaux (Indonésie, Égypte, Kenya), contre des agents économiques occidentaux (Yémen, techniciens français au Pakistan), contre des communautés juives (Maroc, Tunisie, Turquie) ; action contre des gouvernements jugés inféodés à Washington (Irak, Afghanistan, Arabie saoudite, Philippines) ; actions de portée régionale (Russie et question tchétchène, Inde et question du Cachemire).

LES ATTENTATS ISLAMISTES DANS LE MONDE (2001-2009)

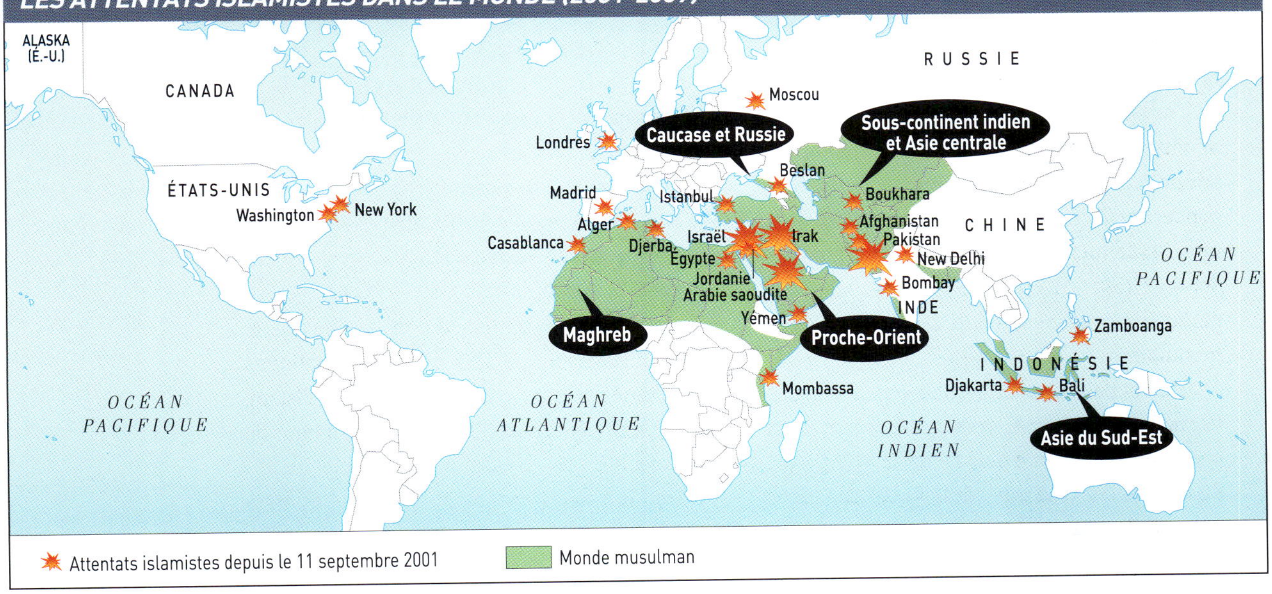

division en de multiples nations. Pour réaliser un si vaste projet, les islamistes comptent bien sûr sur l'aide de Dieu mais aussi sur les énormes revenus fournis par l'exploitation des grands gisements pétroliers qu'« Il a placés dans le monde musulman ».

Aux origines du mouvement réactionnaire révolutionnaire islamiste

L'association de ces deux adjectifs peut sembler abusive ; néanmoins, le choix du premier se réfère précisément à l'origine historique du mouvement islamiste sunnite, celui des Frères musulmans en Égypte en 1928. Après la Première Guerre mondiale, ce pays est encore sous tutelle britannique (pour le contrôle du canal de Suez), mais cependant en pleine évolution démocratique. Une bourgeoisie égyptienne née du développement économique (grâce aux progrès de l'irrigation dans la culture du coton), antérieure au contrôle colonial, a imposé au souverain un Parlement où un parti dit « bourgeois » – le Wafd – met peu à peu en place des réformes inspirées par les pays d'Europe occidentale. Ceux qui se proclament brusquement islamistes vont alors se dresser contre ces changements et ces progrès démocratiques.

L'expression de mouvement réactionnaire révolutionnaire par laquelle on peut désigner les Frères musulmans peut aussi s'appliquer aux mouvements communistes du passé, une fois ceux-ci parvenus à s'établir comme appareils d'État. Ainsi, en Russie – alors que la guerre civile s'est terminée en 1921 par la victoire des bolcheviks –, dès 1923, Lénine transforme les monastères des îles Solovki dans la mer Blanche en un camp de concentration pour de nombreux intellectuels plus ou moins de gauche. Depuis la fin du XIXe siècle et la révolution de 1905, en raison de ses contacts croissants avec l'Europe occidentale, la Russie avait connu une relative liberté d'expression et une grande éclosion de talents, d'écrivains, de poètes, de savants, qui avaient accueilli avec sympathie le nouveau mouvement révolutionnaire. Pourtant, nombre d'entre eux partiront en exil et bien d'autres – tels certains marxistes considérés comme des rivaux – seront emprisonnés une fois les communistes au pouvoir. Près du cercle polaire, les îles Solovki inaugurent ce qui deviendra le grand ensemble des bagnes du Goulag.

Outre la prise violente du pouvoir, les révolutionnaires qui veulent radicalement changer la société, en viennent à sous-estimer, sinon à nier, puis à proscrire tous les progrès politiques et culturels qui avaient pu être réalisés sous le régime précédent. Dans le mouvement communiste international, le dédain était grand à l'encontre de ce qu'on appelait les « libertés bourgeoises ». Ainsi s'expliquent les pratiques absolument réactionnaires du

LES ATTENTATS SUICIDES

Les mouvements révolutionnaires islamistes ont « innové » de façon gravissime dans leurs formes de lutte, notamment en généralisant la pratique des attentats suicides contre laquelle la plupart des mesures de défense sont inefficaces. Le terme de « kamikaze » ne peut être ici utilisé : il était attribué à des militaires tandis que les attentats suicides sont le fait de civils (de très jeunes gens voire même de femmes).

Les premiers attentats suicides spectaculaires ont été perpétrés en 1983 au Liban à Beyrouth par le Hezbollah (chiite) contre l'ambassade américaine (en avril), contre le quartier général des forces américaines (en octobre), puis contre des forces françaises venues avec l'objectif de mettre un terme à une guerre civile (entre Libanais, Palestiniens et Syriens) qui durait depuis 1975. Les attentats suicides ont été par la suite de plus en plus pratiqués par des musulmans en Israël, en Turquie, au Pakistan, en Tchétchénie, en Russie. Cependant, il ne s'agit pas d'une spécificité islamiste : le mouvement hindouiste des Tigres tamouls au Sri Lanka et en Inde en a lui aussi fait un large usage. Toujours est-il que la plupart de ces attentats suicides ont été et sont de plus en plus le fait de mouvements islamistes révolutionnaires. Ce genre d'attentats, inconnu durant la guerre contre les Soviétiques en Afghanistan, est désormais fréquemment « pratiqué ». Ceux du 11-Septembre ont été les plus meurtriers (plus de 3 000 morts) et les plus spectaculaires. 80 % des attentats suicides perpétrés depuis les années 1970 auraient été commis après cette date. Cette pratique qui se banalise pose de façon dramatique la question des droits de l'homme et en soulève bien d'autres comme : comment convainc-t-on ces candidats de plus en plus nombreux au suicide ? Quels moyens sont utilisés ? drogue ? chantage ? argent pour la famille ou promesse du Paradis et de ses délices ?

LES FRÈRES MUSULMANS

C'est en 1928 dans la ville nouvelle d'Ismaïlya, sur le canal de Suez, qu'un instituteur, Hassan al-Banna, fonde la confrérie des Frères musulmans dont l'objectif explicitement réactionnaire est de s'opposer à l'évolution occidentale de l'Égypte (souhaitée par le parti Wafd) et d'y imposer la *charia*, la loi coranique fondée sur le Coran et la Tradition établie (la *sunna*), autant dans la vie privée que dans l'organisation de l'État et de la société.

Ce mouvement est aussi le contrecoup de changements connus par la Turquie après la défaite de l'Empire ottoman en 1918. Après avoir sauvé la Turquie du démantèlement, le général Mustafa Kemal impose à celle-ci de grandes réformes à l'occidentale pour opérer sa modernisation : abandon obligatoire de l'alphabet arabe pour l'alphabet latin (la révolte arabe de 1916 avait été ressentie comme un « coup de poignard » dans le dos de l'armée turque), droit de vote accordé aux femmes, laïcisation de l'État et surtout suppression du califat qui régnait symboliquement depuis des siècles sur l'ensemble du monde musulman – autrefois centré sur Damas puis sur Bagdad, le califat s'était établi à Istanbul, capitale de l'Empire ottoman. Les réformes modernisatrices de Mustafa Kemal eurent certes un grand retentissement dans le monde musulman, mais elles firent aussi affluer au Caire de nombreux imams que l'abolition du califat privait de leurs prébendes et qui étaient évidemment très hostiles à toute modernisation inspirée par l'Europe occidentale.

Dès 1934, le mouvement des Frères musulmans compte plus de 40 000 frères. En 1935, il prend contact avec le grand mufti de Jérusalem, Amin al-Husseini, qui, pour faire partir les Juifs, soutient la révolte palestinienne contre les Britanniques. Celui-ci nouera ensuite des rapports étroits avec Adolf Hitler et s'installera à Berlin en 1942, après avoir contribué à la création d'une formation SS avec des musulmans de Bosnie. À leur discours fondamentaliste réactionnaire et aux menaces de mort contre les intellectuels progressistes, les Frères musulmans ajoutent un projet révolutionnaire : dénoncer l'impiété du roi au moyen d'une série d'attentats et prendre le pouvoir. En 1948, la défaite surprenante des armées arabes contre les sionistes dramatise la situation au Caire d'autant plus que les Égyptiens exigent que les Anglais évacuent la zone du canal de Suez : deux Premiers ministres sont assassinés successivement, ce qui provoque par vengeance l'assassinat d'Hassan el-Banna en 1949. Le 26 janvier 1952, une grève générale paralyse Le Caire ; parmi les émeutiers, un grand nombre de Frères musulmans dynamitent et incendient des heures durant le centre de la ville et les quartiers modernes. Ce « grand incendie du Caire » marquera longtemps les esprits, mais ce sont surtout des militants communistes et du Wafd qui sont emprisonnés.

En 1950 arrive à la tête des Frères musulmans un leader plus radical encore, Sayyid Qutb, qui légitimisera au nom du *djihad* l'assassinat d'intellectuels libres penseurs : d'abord instituteur, puis journaliste, il revient d'un séjour aux États-Unis où il a été scandalisé par ce qu'il y a vu de la culture américaine. Considéré aujourd'hui comme le maître à penser du mouvement révolutionnaire islamiste et comme le principal inspirateur d'al-Qaida (et notamment de l'Égyptien al-Zawahiri, le second de Ben Laden), Sayyid Qutb publie en 1949 *Justice sociale dans l'Islam*, puis *Règne et autorité de Dieu* (4 000 pages de commentaires du Coran par le Coran, sourate par sourate) ; ce dernier ouvrage, considéré comme le Coran du radicalisme islamique, est connu dans tout le monde musulman. L'auteur y développe l'idée de *hakimiya* selon laquelle le règne et l'autorité de Dieu doivent s'exercer sur la terre entière, aussi bien dans le domaine politique que dans les affaires privées.

En 1952, Sayyid Qutb se rapproche des « officiers libres » après leur coup d'État – il en aurait été d'ailleurs l'un de leurs conseillers. Mais il rejette le projet d'unité arabe qui est la grande idée de Nasser. C'est la rupture. Qutb aurait alors tenté de faire assassiner Nasser et se retrouve incarcéré. Lors d'une brève libération, il fait diffuser un texte au vitriol contre le « tyran » (*taghout*) ; il est pendu dans sa prison en 1966. Considérés comme les instigateurs de l'assassinat du président Sadate en 1981, les Frères musulmans sont devenus depuis (en acceptant de participer à des élections) un des principaux partis politiques égyptiens. Paradoxalement, ils contrôlent aujourd'hui les syndicats de diverses professions libérales. ■

régime soviétique tant en matière de liberté d'expression et de droits de l'homme (comme le retour aux pratiques du servage aboli par le tsar en 1861) que dans le domaine artistique. Les règles du « réalisme soviétique » en matière de peinture peuvent faire penser à ce que pourrait être un art pictural islamiste – si le Coran n'interdisait pas la représentation des êtres vivants. En dépit de tout cela, les révolutionnaires communistes continuaient de s'affirmer progressistes pour tout ce qui concernait la culture et les droits de l'homme. En réalité, ils étaient terriblement bafoués mais, longtemps, ce secret fut soigneusement caché.

L'expansion des mouvements islamistes

Les révolutionnaires islamistes ont une attitude spécifiquement réactionnaire vis-à-vis des pratiques sociétales qui, du fait de la mondialisation et des habitudes prises à l'époque coloniale, sont désormais familières à une grande partie de la population du monde musulman. Dans sa majorité, cette dernière n'est pas favorable à une prise de pouvoir des islamistes. Les intellectuels, notamment, sont déconcertés par l'hostilité de ce mouvement à l'encontre des principes du fonctionnement démocratique ou à l'interdiction de faire référence à des œuvres occidentales en matières de sciences humaines. Néanmoins le Coran n'ayant pas légiféré en matière de sciences exactes (à plus forte raison en informatique), nombre de scientifiques sont plutôt favorables aux projets islamistes. Les cadres des appareils d'État y sont évidemment très hostiles, mais la corruption dont ils sont accusés fait le jeu de ceux qui réclament l'application de la *charia*.

Pour toutes ces raisons, la volonté de refonder les sociétés musulmanes sur la *charia* suscite les réserves, sinon l'hostilité des populations. En Afghanistan, les partis les plus islamistes, puis les talibans venus du Pakistan n'ont pu imposer leur pouvoir en 1996 qu'après avoir longuement et très durement combattu la plupart des groupes qui avaient déjà été aux prises avec les Soviétiques de 1980 à 1988. En 1992, la tentative des islamistes de prendre le pouvoir en Algérie, après des élections qui leur avaient été favorables, s'est heurtée à la fois à l'armée qui n'a pas voulu leur laisser le pouvoir, mais également à la résistance d'une grande partie de la population. Durant huit ans, une terrible guerre civile s'est déroulée qui aurait fait près de 200 000 morts.

Que ce soit en Algérie, en Irak ou en Afghanistan (de 1988 à 1996), les islamistes ont tué un nombre bien plus considérable de musulmans que de non-musulmans – pour triste comparaison, le nombre de Russes tués en Afghanistan ou d'Américains en Irak serait à peu près de 3 000, soit autant que le 11-Septembre au World Trade Center.

STRATÉGIE ET TACTIQUE

Cette méthode de raisonnement qui associe des observations géographiques portant sur l'ensemble d'un grand territoire avec d'autres concernant des lieux de petites dimensions est, en fait, depuis des siècles, celle adoptée par des chefs de guerre, qui combine la stratégie et la tactique. Une stratégie militaire (du grec *stratos*, « armée » et *agein*, « conduire ») se conçoit sur des étendues de relativement grandes dimensions, en tenant à la fois compte du nombre et de la localisation des forces en présence mais aussi de la stratégie adverse que concevra peut-être l'adversaire. La tactique (de *taktikhé*, « art de ranger ») se mène dans des temps plus courts, sur des espaces de bien plus petites dimensions dont les formes du relief ou de l'habitat offrent des conditions géographiques plus ou moins favorables aux défenseurs ou, à l'inverse, aux attaquants. Toutefois, ces stratégies et ces tactiques sont des *plans* d'hommes de guerre. Si le terme de « plan » (du latin *planus*) est éminemment géographique, ses définitions peuvent être multiples. S'il désigne tout d'abord une étendue plate (une plaine par exemple), pour les mathématiciens, il s'agit d'une surface contenant toute droite entre deux points ; pour d'autres, un projet de construction importante qui sera effectuée selon un plan ; ou encore un ensemble de dispositions arrêtées pour l'exécution d'un projet. Pour le photographe et le cinéaste, les différents plans désignent des images définies par leur éloignement de l'observateur ou de l'objectif de l'appareil (les différents plans d'un paysage). ■

Des stratégies adaptées aux territoires

Pas plus que le marxisme-léninisme n'a été l'expression de la culture européenne, les groupes révolutionnaires islamistes ne le sont de la civilisation musulmane. Il n'y a pas en vérité de « choc des civilisations » entre les musulmans, les chrétiens plus ou moins laïcisés, les hindouistes ou les Chinois, mais une réelle volonté des islamistes d'imposer leur modèle politique et surtout aux musulmans. Comme les communistes qui, une fois arrivés au pouvoir, ont adopté diverses politiques selon qu'il s'agisse d'un petit pays comme l'Albanie ou d'un immense empire aux multiples nationalités (grandes ou petites, très différentes les unes des autres), les mouvements islamistes révolutionnaires adaptent leurs stratégies selon s'ils cherchent à prendre le pouvoir dans un petit émirat pétrolier ou dans un très vaste État fort religieux comme l'Arabie saoudite, ou encore dans des enclaves palestiniennes – comme la « bande de Gaza » (10 km de large, 40 km de long, un million et demi d'habitants). L'expansion islamiste s'installe également dans les banlieues des villes européennes où se concentrent nombre d'immigrés musulmans et leurs enfants. Si les islamistes furent longtemps hostiles à ce que des musulmans aillent vivre dans des pays chrétiens, ils s'y résolvent de nos jours, estimant cela comme la première étape du *djihad universel*. Le raisonnement géopolitique doit donc tenir le plus grand compte de la taille des territoires et de leurs configurations géographiques, celles-ci intégrant des données culturelles, politiques, économiques et sociales.

V. Questions de méthode

Enjeux de rivalités géopolitiques, les territoires sont de tailles très différentes et sur de très petits, les antagonismes sont parfois très violents : c'est le cas de Jérusalem entre Israéliens et Palestiniens. S'il est indispensable de se référer à l'Histoire pour mieux comprendre les rivalités géopolitiques, il est tout autant nécessaire de mettre en œuvre le raisonnement géographique. Celui-ci combine l'observation de grands et de petits ensembles spatiaux, tout en tenant compte des configurations cartographiques particulières de chacun d'entre eux, qu'il s'agisse d'ensembles naturels divers (topographiques et géologiques) ou de ceux relevant de la géographie humaine – tels que le tracé des routes, les densités inégales de peuplement, la localisation des villes, des gisements miniers d'importance, etc. Dans les limites de grand pays, des petits territoires (les capitales par exemple) peuvent poser des problèmes géopolitiques très particuliers qu'il faut observer en détail sans jamais oublier leur appartenance à un État plus vaste.

Approche géographique d'ensembles géopolitiques de tailles différentes

Les différences de superficie entre les États ne constituent pas la preuve d'une inégale capacité territoriale des États-nations mais, pour les plus vastes d'entre eux, les conséquences d'une expansion sur des étendues presque vides en raison des conditions climatiques (en Russie, 17 millions de km², au Canada, 10 millions de km² constitués de déserts froids et de forêts faiblement peuplées). En Chine (9,5 millions de km²), c'est le résultat de l'expansion ancienne d'un grand empire sur des espaces arides aux hivers froids ; aux États-Unis (9,3 millions de km²), à partir du XVIe siècle, la propagation des migrations européennes sur des espaces faiblement peuplés a contribué à l'anéantissement des tribus autochtones (dont l'organisation sociétale était essentiellement fondée sur des activités de chasse et de cueillette), par le biais de catastrophes épidémiologiques. Pour le Brésil (8,5 millions de km²), la situation est évidemment liée à l'immense forêt chaude et humide difficilement pénétrable.

Ces comparaisons géographiques se font sur une carte du monde ; néanmoins, le raisonnement géographique ne se borne pas évidemment à la seule observation de très grands espaces, qui se mesurent en milliers de kilomètres. Il faut aussi prendre en compte des ensembles de bien plus petites dimensions : c'est ce que les géographes réalisent depuis longtemps en décrivant avec précision de petits pays, en y distinguant des régions, en expliquant des plans de villes et les formes du terrain.

Cependant, ce qu'ils ne font guère encore, c'est de combiner avec méthode ces observations cartographiques les unes aux autres : d'associer celles d'ensembles spatiaux qui se mesurent en milliers de kilomètres et que l'on peut voir en totalité à très haute altitude (depuis un satellite ou sur une carte à petite échelle) avec l'examen d'ensembles bien plus petits et qui y sont inclus, ceux-ci se mesurant en centaines ou même en dizaines de kilomètres (voire moins encore), comme s'ils étaient vus du ciel à basse altitude (ou sur une carte à grande échelle).

Cette combinaison d'observations de haut en bas portant sur des territoires de grandes puis de petites dimensions (ou l'inverse réciproquement, de bas en haut) est facilitée aujourd'hui par la généralisation de la technique du zoom qui permet de composer des photographies satellites de plus en plus agrandies.

Pour que le raisonnement géographique et géopolitique fonctionne, il faut donc combiner différents niveaux d'observations effectuées à différentes altitudes (ou sur des cartes établies à des échelles différentes).

VI. Les différents niveaux d'analyse spatiale

Pour comprendre une situation géopolitique, qu'il s'agisse de celle d'une ville, d'une région ou d'un État plus ou moins vaste, il ne suffit pas de tenir compte des relations de pouvoirs entre des forces politiques locales ou nationales. Il convient aussi d'examiner leurs relations d'alliance ou d'hostilité avec des forces extérieures, celles d'États ou de mouvements politiques qui peuvent être voisins ou plus ou moins lointains.

Il faut également prendre en compte de ce qui est devenue une part majeure du raisonnement géopolitique : les contrecoups à plus ou moins grandes distances des différents conflits et les formes d'alliance entre des forces politiques et militaires d'envergures très différentes et très éloignées l'une de l'autre. Le développement des capacités de l'aviation (ravitaillée en vol, si besoin est) permet la projection de puissance militaire à plusieurs milliers de kilomètres, ce qui ne veut pas dire que cela assure le contrôle du terrain, comme le prouve l'actuel conflit en Irak.

Ces forces extérieures, de puissance inégale, contrôlent chacune des territoires de plus ou moins grandes dimensions, des populations plus ou moins nombreuses et des richesses plus ou moins importantes. Dans le cas d'Israël, le soutien des États-Unis a été essentiel, notamment depuis 1967, car la guerre des Six-Jours s'annonçait très difficile pour l'armée israélienne face à la coalition des États arabes voisins soutenus par l'Union soviétique. Le soutien américain durant la guerre du Kippour (1973) a été également déterminant, mais il l'est moins depuis la dislocation de l'Union soviétique. Il est à noter que – contrairement à ce qu'on dit souvent – ce soutien américain à Israël s'explique moins par des visées pétrolières des États-Unis au Moyen-Orient (ce qui les embarrasse notablement dans leurs relations avec l'Arabie saoudite) et davantage par la pression idéologique en faveur d'Israël d'une grande partie de l'opinion américaine, notamment de certains mouvements protestants et, surtout, des mouvements évangélistes. Ceux-ci sont en effet des adeptes du « sionisme chrétien » pour qui la victoire complète d'Israël annoncera le retour du Christ-roi.

Dans la plupart des problèmes géopolitiques, le rôle des alliances extérieures a une grande importance. Alors qu'autrefois la plupart

NE PAS CONFONDRE GRANDE ET PETITE ÉCHELLE

À l'instar des journalistes, on parle souvent d'*opérations à grande échelle* pour dire que d'importants moyens sont mobilisés pour agir sur des territoires relativement vastes. Il en résulte une confusion devenue presque classique avec les expressions *grande* et *petite échelle* au sens initial qui est mathématique et géographique. Les *cartes à grande échelle* (par exemple 1/50 000ᵉ) servent à représenter avec précision des espaces de relativement petites dimensions, alors que *les cartes à petite échelle* (1/10 000ᵉ) servent à représenter de très vastes étendues ou l'ensemble du monde. ■

DIATOPE

J'appelle « diatope » le type de représentation formé par la superposition schématique de différents plans qui « montrent » en haut de la page ce que l'on pourrait voir ou imaginer depuis un satellite d'observation terrestre, jusqu'à une vue à relativement basse altitude, en bas de la page, en passant par des niveaux d'observation intermédiaires. Ce terme nouveau de « diatope » est forgé à partir du mot grec *topos*, qui signifie « le lieu » ou « un lieu ». Le préfixe *dia* – qui signifie non seulement « séparation-distinction », mais aussi « à travers » – désigne la distinction des différents niveaux d'analyse spatiale, représentés par les différents plans, et leur articulation.

À noter que, sur Internet, on peut désormais trouver ce type de représentation à plusieurs échelles, du plus vaste au plus restreint, réalisé à partir des photos satellites. ■

des conflits locaux (sur quelques dizaines de kilomètres) se déroulaient sans retentissement extérieur, de nos jours, du fait de ce que l'on peut appeler la mondialisation économique et médiatique, la plupart des situations locales sont en contact plus ou moins direct avec des pouvoirs d'une tout autre envergure spatiale, qui ont, par ailleurs, chacun leurs propres problèmes et d'autres conflits à gérer.

Il est possible de représenter schématiquement la combinaison hiérarchisée de ces différents pouvoirs par les cartes des territoires qu'ils contrôlent ou qu'ils se disputent, mais aussi par les cartes de leurs relations extérieures. Comme les tailles du territoire de ces États sont très inégales – les uns se mesurent en kilomètres et d'autres en centaines ou en milliers de kilomètres –, il faut que ces cartes soient établies à des échelles différentes.

Pour montrer l'intérêt de cette méthode, on peut esquisser (avant d'en traiter longuement dans la partie 4) le cas fort discuté d'Israël et de la Palestine et celui de la ville de Jérusalem qui, symboliquement, fait l'objet de l'essentiel des polémiques entre les deux parties. Certes, entre les différents plans superposés, fonctionnent nombre d'interactions et de contradictions que l'on pourrait représenter schématiquement par des flèches d'allure systémique. Mais elles cacheraient une grande partie de la carte en dessous. Il est plus simple de décrire par le texte ces interactions et contradictions. La superposition de ces différents plans, du planétaire au local, permet de commencer à mieux envisager les rapports de force, une partie des enjeux et des contrecoups à plus ou moins grande distance.

De la même façon que le terme de « diachronie » est devenu usuel dans le raisonnement historien, en impliquant la distinction et la combinaison des différents temps de l'histoire (temps longs, temps courts), celui de « diatope » est très utile dans le raisonnement géopolitique. Il désigne en effet la différenciation spatiale des rapports de force et leurs combinaisons dans le monde actuel, ce qui permet de mieux saisir les contrecoups proches ou lointains des conflits géopolitiques. Il faut donc tenir compte des distances, tout comme de la taille des territoires.

Différents ordres de grandeur des territoires et des distances

Comme dans tout problème géopolitique où il est fondamentalement question de territoires, il faut examiner ceux-ci attentivement, et tout d'abord tenir compte de leurs dimensions. Certes, les espaces qui font l'objet de rivalités politiques sont de toutes tailles et, pour les protagonistes qui s'en disputent telle ou telle partie, les mesures précises ont une grande importance. Mais dans un raisonnement géopolitique d'ensemble, surtout si l'on recourt à des comparaisons, comme c'est très souvent fort utile, il vaut mieux classer les territoires par grands ordres de grandeur. Pour cela, il est préférable de tenir compte schématiquement des distances qui séparent les extrémités de leur territoire (par exemple 1 000 kilomètres entre le nord et le sud de la France), ce qui a une signification stratégique plus évidente que la comparaison de leurs superficies.

On sait qu'il y a à la surface du globe de très grands territoires qui se mesurent en milliers de kilomètres dans leur plus grande dimension. Certains d'entre eux ont été conquis et sont encore contrôlés par de très grandes puissances (États-Unis, Russie, Chine), mais il existe aussi de très vastes territoires relevant de l'autorité d'États relativement faibles : c'est le cas de plusieurs États africains qui sont héritiers des partages territoriaux entre les anciennes puissances coloniales.

Les territoires d'un grand nombre d'États, notamment ceux d'Europe, relèvent d'un autre ordre de grandeur, car ils se mesurent en centaines de kilomètres, et nombre d'États de petites dimensions se mesurent en dizaines de kilomètres – on passe encore à un autre ordre de grandeur. Mais dans la plupart des raisonnements géopolitiques, il ne suffit pas de connaître les dimensions des États, il faut tenir compte aussi des dimensions de leurs subdivisions internes, ce que l'on appelle généralement des

Pour illustrer différents niveaux d'observations, du local au mondial, prenons l'exemple représenté sur le diatope ci-contre, celui de la ville de Dubaï en son rôle mondial pour démontrer par des plans schématiquement superposés l'importance et la complexité géopolitique du golfe Persique.

À la base du schéma, la ville de Dubaï et ses extraordinaires gratte-ciel qui poussaient (avant la crise) en bordure du désert, au bord du golfe Persique. Dans ses eaux très peu profondes ont été bâties avec le sable du désert ou dragué plus au large d'étonnantes marinas (l'importance de leur taille fait qu'elles sont très visibles sur les photos de satellite). Le plan de chacune évoque un palmier géant où des milliers de luxueuses villas ont été construites « les pieds dans l'eau ». Au large, les puits de pétrole à l'origine de la richesse de l'émirat de Dubaï – même s'ils sont bien moins importants que ceux de l'émirat d'Abu Dhabi, qui dispose, lui, de réserves considérables. Plus de trois millions d'habitants vivent sur le désert, abondamment fournis en eau (s'ils en ont les moyens financiers) grâce aux usines de dessalement de l'eau de mer qui ne comptent guère les dépenses d'énergie.

Le plan au-dessus montre des ensembles qui se mesurent en dizaines de kilomètres : les sept Émirats arabes unis (dont Abu Dhabi, le plus important) et surtout le grand cap (250 km du sud au nord) qui ferme presque le Golfe vers l'océan Indien. C'est le Djebel Aktar, la « montagne verte » de plus de 2 000 m qui domine la mer et le désert. Vers le nord, il se prolonge en mer par la péninsule déchiquetée de Musandéran (qui dépend du sultanat d'Oman) barrant presque le détroit d'Ormuz. Celui-ci est partiellement occupé par de petites îles dont les Iraniens ont autrefois pris le contrôle. Ce détroit est devenu un passage géostratégique de plus en plus important au plan mondial au fur et à mesure de l'augmentation du trafic des tankers. Si l'Iran bloquait ce détroit sous prétexte que l'ONU ou les États-Unis l'empêchent de mettre au point des armes nucléaires, cela aurait immédiatement d'énormes conséquences sur le marché mondial du pétrole.

Le troisième plan intermédiaire représente des ensembles qui se mesurent en centaines de kilomètres : le Golfe que prolongent les plaines de Mésopotamie vers le nord-ouest. Un seul et même ensemble géologique (long de 1 500 km) entre la péninsule d'Arabie et les plateaux d'Iran : la plaque arabique glisse sous la plaque iranienne et, dans cette zone d'obduction peu profonde, se sont formés les gisements pétroliers les plus importants du monde. Cette zone est à l'origine de fortes tensions internationales depuis la révolution iranienne (1979), tensions qui se sont aggravées avec la guerre Irak-Iran (1980-1988), celle du Koweït (1990-1991) et depuis 2003, avec la guerre américaine en Irak. L'Iran, qui dispose déjà de fusées à longue portée pouvant atteindre Israël et la Méditerranée, cherche désormais à se doter d'armes nucléaires, malgré les menaces des États-Unis dont la Ve flotte croise en permanence dans le Golfe.

Sur le dernier plan figure l'ensemble du monde. On saisit là l'importance de l'ensemble Golfe-Mésopotamie dans le trafic pétrolier international. On pourrait aussi y représenter les très nombreuses lignes aériennes qui convergent vers les aéroports d'Abu Dhabi et de Dubaï amenant des centaines de milliers de touristes affluant du monde entier dans les hôtels des Émirats ou d'autres centaines venant discrètement notamment depuis la Chine et Singapour, mais aussi d'Iran, pour placer leur fortune dans les banques des Émirats – fait notable : aucun attentat islamiste n'a eu lieu dans ces lieux où s'affichent pourtant toutes les modes du luxe occidental. Dans d'autres avions affluent aussi des centaines de milliers de travailleurs asiatiques venant exercer dans les hôtels ou sur les chantiers de construction. Le trafic aérien par gros-porteurs fait des Émirats et de Dubaï en particulier un carrefour de trafics divers. En redescendant au premier niveau, la ville de Dubaï, on pourrait aussi représenter derrière la façade des grands hôtels de bord de mer les quartiers pauvres déjà implantés dans le désert où sont logés ces immigrés.

DUBAÏ ET LE GOLFE PERSIQUE

LE TRAFIC PÉTROLIER INTERNATIONAL

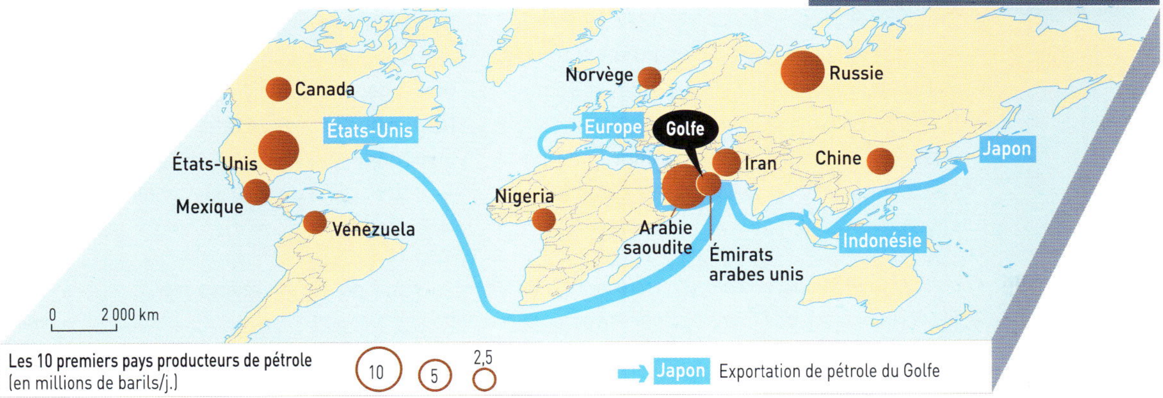

LE GOLFE PERSIQUE

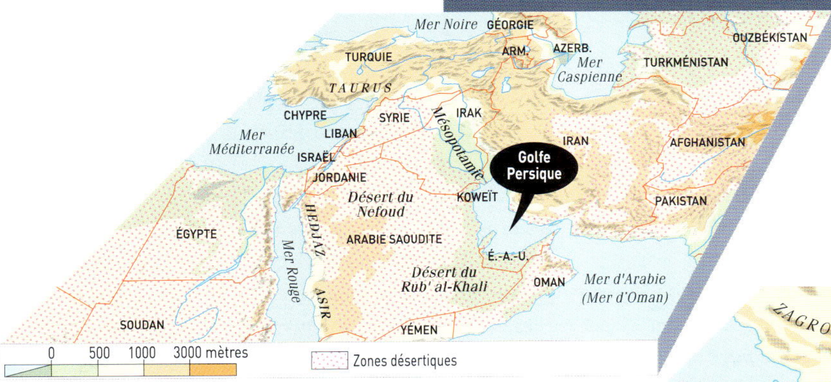

LES ÉMIRATS ARABES UNIS

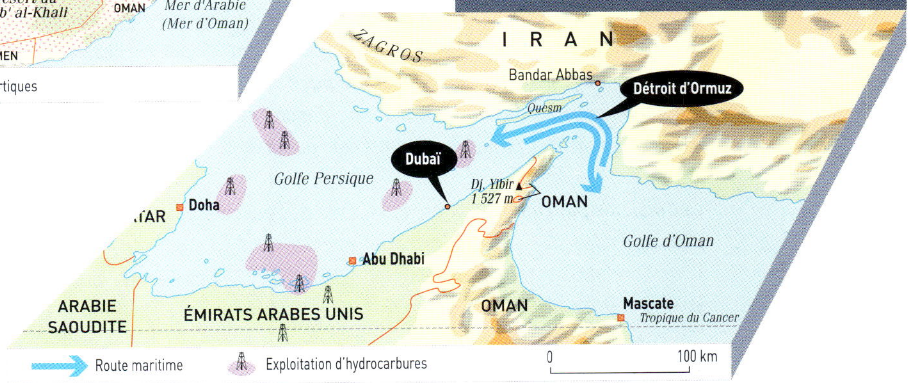

LA VILLE DE DUBAÏ ET SES "PALMIERS"

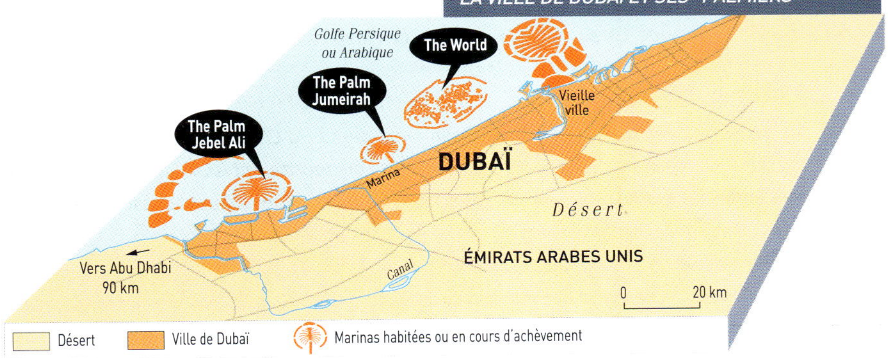

régions. La plupart des régions des États très vastes se mesurent en centaines de kilomètres, alors que celles des États de moindres dimensions se mesurent en dizaines de kilomètres (ce qui est le cas en France). Ce genre de classement par ordres de grandeur est également pertinent pour les étendues marines ou les grandes formes de relief (montagnes, grands fleuves, etc.) qui s'étendent sur le territoire de certains États ou qui se trouvent à leur périphérie, ce qui a une grande importance géopolitique.

Ces comparaisons sont utiles, encore faut-il tenir compte des ordres de grandeur. Les Vosges se mesurent en dizaines de kilomètres, le Caucase en centaines de kilomètres et les Andes en milliers de kilomètres. Les ensembles spatiaux qu'il faut prendre en compte en matière d'analyse géopolitique ne sont pas seulement différents les uns des autres d'un point de vue qualitatif (les ensembles de relief ne correspondent pas aux ensembles climatiques, les États ne coïncident pas tous avec les limites des ensembles linguistiques ou religieux, etc.). Ils sont aussi de dimensions très différentes. Certains se mesurent en milliers de kilomètres : c'est le cas de très grands États ou d'une étendue marine comme la Méditerranée, alors que d'autres, comme nombre de régions d'Europe occidentale, se mesurent en dizaines de kilomètres. Ces ensembles de dimensions si dissemblables ne peuvent pas être représentés à la même échelle sur un même fond de carte. Les plus grands figurent sur des cartes à très petite échelle, alors que ceux qui sont bien moins vastes sont représentés de façon détaillée sur des cartes à plus grande échelle.

Rappelons qu'une carte dite à grande échelle représente de façon détaillée de petits territoires, alors que plus l'échelle d'une carte est petite, plus elle représente de grandes étendues, de façon schématique ou abstraite.

L'ENCHEVÊTREMENT DES HÉRITAGES MULTIPLES DES DIFFÉRENTS TEMPS DE L'HISTOIRE SUR UN PETIT TERRITOIRE, CELUI D'ISRAËL/PALESTINE.

S'il est relativement simple de présenter très schématiquement les niveaux d'analyse du problème israélo-palestinien, il convient, pour en expliquer la formation, de se référer à nombre de phénomènes historiques. S'y s'enchevêtrent les références à l'Antiquité (la Bible, les débuts du christianisme, l'expulsion des Juifs de Palestine) et au Moyen Âge (c'est de Jérusalem que Mahomet aurait effectué son Voyage nocturne vers les sept cieux, d'où la sacralisation de l'esplanade des Mosquées). Pour l'époque contemporaine, on retrouve le mouvement sioniste, le mandat anglais sur la Palestine qui en trace les limites actuelles, l'immigration juive dans la plaine côtière, la guerre de 1948, le premier exode des Palestiniens et, aux cours des dernières décennies, la guerre des Six-Jours et la conquête de toute la Palestine en 1967, jusqu'à la politique d'implantation de « colonies » en Cisjordanie jusqu'en 2009. Celles-ci constituent aujourd'hui le problème géopolitique le plus difficile à résoudre. Si elles n'ont pas été représentées sur ce « diatope » (elles figurent sur celui du *chapitre Israël*), c'est qu'il aurait fallu aussi représenter logiquement le peuplement israélien à l'ouest de la « ligne verte » et les derniers villages palestiniens dans le nord d'Israël. ■

Différents niveaux d'analyse d'une situation géopolitique

De nos jours, quelques grandes puissances interviennent à plusieurs milliers de kilomètres de leurs frontières dans des conflits très localisés (comme celui du Kosovo dans l'ex-Yougoslavie). Aussi faut-il examiner non seulement des situations géopolitiques fort éloignées les unes des autres, mais aussi de dimensions très différentes : par exemple, celle du très grand État que sont les États-Unis, qui intervient dans la situation d'un très petit État comme Israël. Il faut donc raisonner à différents niveaux d'analyse spatiale.

L'État d'Israël, qui se mesure en dizaines de kilomètres, relève du quatrième ordre de grandeur, mais la bande de Gaza relève du cinquième ordre et les « colonies de peuplement » israéliennes, qui posent tant de problèmes et qui ne font chacune que quelques centaines de mètres de diamètre, relèvent du sixième ordre.

En revanche, le monde arabe qui borde Israël forme un ensemble du deuxième ordre, la diaspora juive peut être considérée comme un ensemble-archipel du deuxième ordre et l'aire de projection de puissance des États-Unis – qui protègent Israël – forme un ensemble du premier ordre, car il est d'envergure planétaire. Tous ces niveaux d'analyse superposés doivent

LES DIFFÉRENTS NIVEAUX D'ANALYSE DU CONFLIT ISRAÉLO-PALESTINIEN

1. LE SOUTIEN AMÉRICAIN À ISRAËL

Le soutien des États-Unis à Israël est militaire, financier et diplomatique. Il résulte aussi du rôle actif de certains mouvements de l'opinion américaine, qui soutiennent fortement l'État israélien pour des raisons politiques, culturelles ou religieuses.

2. LES ÉTATS ARABES AUTOUR D'ISRAËL

À Gaza et en Cisjordanie se trouvent la plupart des Palestiniens, sous contrôle israélien depuis 1967. Mais un grand nombre de Palestiniens vivent aussi en Jordanie (de l'autre côté du Jourdain) et au Liban.

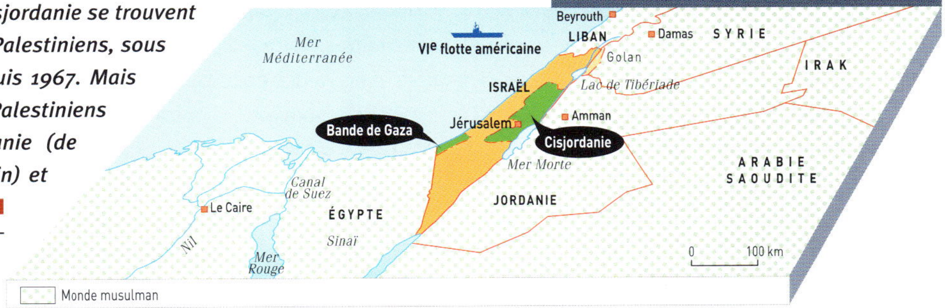

3. TROIS MILIEUX NATURELS TRÈS DIFFÉRENTS

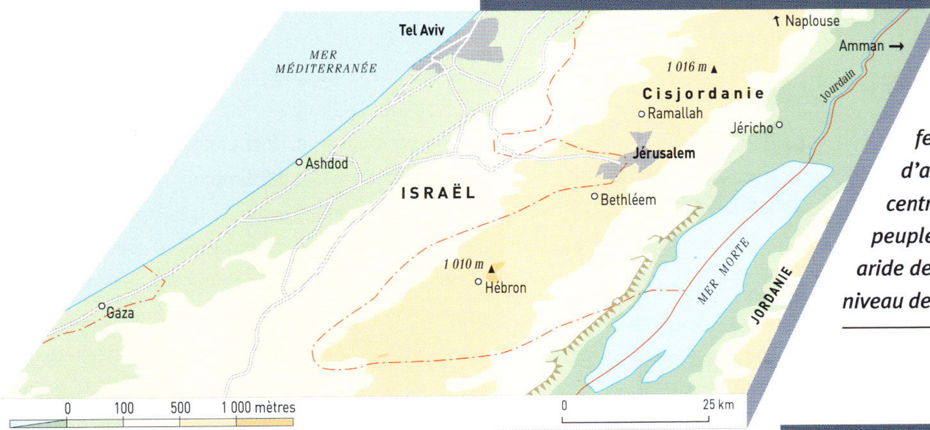

À l'ouest, la plaine côtière, autrefois paludéenne (infestée de moustiques), où se sont d'abord installés les Sionistes. Au centre, les plateaux où s'est concentré le peuplement palestinien. À l'est, un fossé aride descend à 400 mètres au-dessous du niveau de la mer.

4. LE PROBLÈME DU PARTAGE DE JÉRUSALEM

La partie ouest de Jérusalem fut conquise par les Israéliens en 1948. Conquise à son tour en 1967, la partie est de la ville est restée en principe palestinienne, mais elle est entourée, plus à l'est, de nombreuses implantations juives qui la séparent de la Cisjordanie.

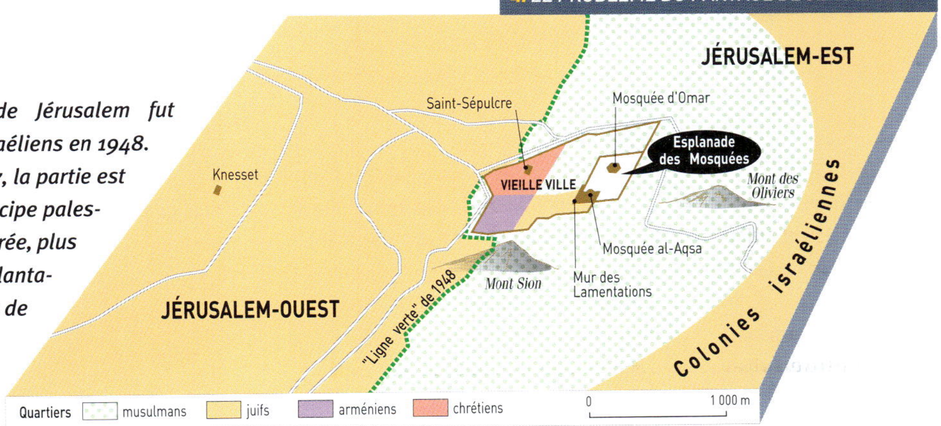

être pris en compte pour comprendre un problème comme celui du conflit israélo-arabe.

Représenter l'espace en y superposant les plans des différents ordres de grandeur

On peut distinguer différents niveaux selon les ordres de grandeur. Le niveau planétaire correspond aux intersections des ensembles spatiaux les plus grands, ceux du premier ordre de grandeur, relativement peu nombreux. Ils sont représentés sur des cartes du monde à très petite échelle. En revanche, le niveau local, dont on parle aujourd'hui couramment pour désigner d'innombrables situations concrètes, correspond à des combinaisons d'ensembles spatiaux du cinquième ordre de grandeur, qui ont chacun quelques kilomètres d'envergure. On parlera de niveau régional pour désigner des situations résultant de la combinaison d'ensembles qui se mesurent en dizaines de kilomètres, soit du quatrième ordre, et ainsi de suite. On peut se représenter ces différents niveaux d'analyse spatiale comme une superposition de plans cartographiques, chacun portant une intersection d'ensembles spatiaux du même ordre de grandeur : au-dessus de cette superposition, les cartes à petite échelle (grands ensembles), au-dessous, les cartes à grande échelle (ensembles les plus petits).

On peut ainsi construire une représentation de l'espace terrestre comme s'il était « feuilleté », formé de plans superposés, ceux du dessus représentant des espaces bien plus vastes que ceux du dessous. Le plus délicat est d'envisager les interactions entre ces différents niveaux d'analyse. Or, à cause du développement des phénomènes de mondialisation, notamment de la puissance croissante des moyens de transports aériens à grande distance, les interactions sont de plus en plus nombreuses et rapides entre les situations géopolitiques locales et les changements de niveau planétaire. Cela a une très grande importance dans l'évolution des situations géopolitiques.

ON PEUT PAR CONVENTION CLASSER LES ENSEMBLES SPATIAUX EN SIX ORDRES DE GRANDEUR :

1er ordre de grandeur : celui des ensembles qui ont plusieurs dizaines de milliers de kilomètres de diamètre ou de longueur et qui ne peuvent être représentés que sur des cartes à très petite échelle (réduction au 1/ 25 millionième, voire moins encore). C'est le cas d'ensembles relativement peu nombreux, continents, océans, grandes zones climatiques, grandes zones culturelles ou politiques comme l'ensemble des pays chrétiens ou l'aire d'influence mondiale des États-Unis.

2e ordre : celui des ensembles, plus nombreux, qui se mesurent en milliers de kilomètres. C'est le cas de très grands États comme la Russie, les États-Unis, du monde musulman, ou de très grandes chaînes de montagnes comme les Andes ou l'Himalaya, ou d'une étendue marine comme la Méditerranée (4 000 kilomètres d'est en ouest).

3e ordre : celui des ensembles dont la longueur est de plusieurs centaines de kilomètres. C'est le cas d'un État comme la France ou d'une chaîne de montagnes comme les Alpes, d'une grande île comme Madagascar, d'un grand fleuve comme le Rhin ou de très grandes forêts parsemées de clairières.

4e ordre : celui des ensembles qui se mesurent en dizaines de kilomètres. C'est le cas de très grandes agglomérations urbaines, de nombreuses régions françaises, mais aussi de grandes forêts ou de nombreux ensembles insulaires.

5e ordre : les ensembles qui n'ont que quelques kilomètres de longueur ou de diamètre et qui peuvent être représentés de façon détaillée à relativement grande échelle (1/50 000). Ils sont extrêmement nombreux. C'est le cas de nombreuses grandes villes, de nombreuses îles, de certaines formes de relief comme des vallées donnant accès à certains massifs montagneux...

6e ordre : celui des ensembles innombrables qui se mesurent en centaines de mètres, tels que village, quartier de ville, petite île, petite forêt, colonie de peuplement israélienne (cartes au 1/5 000). ■

VII. Géopolitique et Histoire

Le raisonnement historien et la méthode d'analyse géopolitique sont en vérité indissociables. Autrement dit, on ne peut mettre celle-ci en œuvre sans se référer à l'Histoire. En effet, tout ce que l'on peut représenter sur chacun des plans d'un « diatope » – tracés de frontières, localisation d'un peuple ou d'une langue de répartition du peuplement, etc. –, résulte de rapports de force plus ou moins anciens qui se sont déroulés sur des temps longs ou, plus récemment, sur des temps courts.

L'important est d'expliquer les conflits actuels, en associant les cartes qui les représentent à l'analyse des conséquences présentes d'événements qui se sont produits il y a plus ou moins longtemps – quelques mois, quelques années ou plusieurs siècles. Il n'est pas possible de comprendre, même à grands traits, une situation géopolitique sans savoir « comment on en est arrivé là », c'est-à-dire sans être informé grosso modo des rivalités de pouvoirs qui se sont historiquement succédé sur les territoires en question, car, de nos jours, certaines forces politiques ravivent la mémoire de vieux conflits que l'on croyait oubliés. A fortiori, on doit disposer d'informations historiques encore plus précises pour avoir un point de vue lucide sur des conflits auxquels on accorde une grande importance et à propos desquels les controverses sont complexes. Il faut être conscient que la manipulation des souvenirs historiques est classique, surtout s'ils sont des arguments géopolitiques pour un camp ou un autre. Aussi faut-il s'efforcer de confronter les versions contradictoires de l'Histoire que diffusent les protagonistes de la plupart des conflits. Les propagandes utilisent, chacune à leur profit, telle ou telle période de l'Histoire et en passent d'autres sous silence.

S'il est mené avec un souci d'objectivité, le raisonnement historien révèle avec plus ou moins de retard par rapport à la situation qu'il analyse la responsabilité de chacun des protagonistes d'une rivalité géopolitique. En effet, la propagande de chaque camp en présence accuse systématiquement l'adversaire d'être responsable du conflit. Dans une démarche historienne, la confrontation objective de leurs manières contradictoires de se représenter un conflit permet de clarifier la situation et d'identifier le responsable des décisions qui ont enclenché la guerre, et parmi elles, celles qui ont mené tel camp à la victoire, à la défaite ou à l'enlisement. Si la cartographie des rapports de forces facilite la compréhension des facteurs et des enjeux territoriaux d'une rivalité de pouvoirs, seule la décision plus ou moins subjective du chef de l'un des États ouvre le conflit et décide de l'entrée en guerre.

La stratégie : une mécanique des rapports de forces

Le choix d'une stratégie par un chef de guerre résulte pour une grande part de celle qu'il pense que son « ennemi » mettra en œuvre – et réciproquement ; chacun d'eux raisonne en fonction des forces dont il dispose, de celles de l'adversaire et de leur localisation, mais chacun décide sous l'effet inconscient de son tempérament, des conseils de son entourage et selon ses connaissances de la situation locale et internationale.

S'ils sont méthodiquement construits, les raisonnements géopolitiques aident les citoyens à mieux comprendre les causes de tel ou tel conflit, mais aussi à envisager quelles peuvent être, par le biais de contrecoups, les conséquences de ces luttes à plus ou moins grandes distances et parfois même dans d'autres parties du monde. En tant que méthode d'analyse rationnelle des conflits du monde actuel, la géopolitique est un moyen d'affronter les inquiétudes qu'ils suscitent et d'éviter la propagation de certains fantasmes politiques.

Le sous-titre de ce livre est « La longue histoire d'aujourd'hui », ceci pour attirer l'attention sur le fait que les problèmes géopolitiques actuels sont chacun, et pour une grande part, les conséquences de rapports de forces qui se sont produits il y a longtemps – plusieurs décennies (pour la Seconde Guerre mondiale) voire même plusieurs siècles (comme la poussée des Russes en Sibérie et en Asie centrale, celle des Chinois du nord vers l'Asie du sud-est, l'expansion de l'islam, les conquêtes coloniales européennes et leur indépendance...).

La responsabilité géopolitique des chefs d'État

L'Histoire n'est pas seulement celle qui s'est produite au cours des siècles, celle qui donne aux citoyens devant les drames actuels la sensation que tout s'est joué, il y a longtemps. Or l'Histoire n'est pas seulement celle des « temps longs », comme disait le grand historien Fernand Braudel ; il y a aussi celle des « temps courts », ce qui s'est passé il y a quelques années, quelques mois. Certes, celle-ci est la continuation de la première. Les événements se succédant dans divers pays ont des causes et des conséquences qui forment ce que l'on peut appeler des « chaînes de causalités » – certaines d'entre elles peuvent d'ailleurs se croiser. Cependant parfois, sur l'une de ces chaînes se produit un événement très grave, extraordinaire avec un vaste retentissement, comme les attentats du 11-Septembre à New York. Les conséquences à court et à moyen terme peuvent alors être extrêmement différentes selon les décisions prises par celui qui exerce le pouvoir dans le pays le plus directement concerné.

Les attentats stupéfiants de 2001 ont provoqué une succession de tragédies qui sont loin d'être terminées et dont les théâtres d'opérations résultent du choix d'une seule personne dont il importe, compte tenu du caractère incomplet des informations dont on dispose, de faire apparaître les erreurs ou les illusions. On peut considérer le texte ci-après comme une étude de cas montrant les « ricochets » durant quelques années d'une série de conflits géopolitiques qui, par leurs répercussions, auront une importance mondiale – dont notamment l'élection de Barack Obama comme président des États-Unis.

VIII. Une étude de cas : 1990-2009

Dans les médias, avant 1979, on ne parlait guère de l'Afghanistan, pays de hautes montagnes, sans véritable État, isolé entre le Pakistan, l'Iran et l'URSS. L'Armée rouge y fit brusquement irruption à Noël 1979 et se trouva bientôt aux prises avec un peuple de guerriers pugnaces et assez bien armés, qui n'avaient jamais subi quelconque colonisation et qui combattaient au nom de l'islam et pour l'honneur de leurs tribus. De guerre lasse, les Soviétiques se retireront en 1988. Mais les mouvements de résistance qui les avaient combattus avec des aides arabes et américaines et qui étaient devenus tous plus ou moins islamistes, loin de s'entendre, luttèrent durant des années les uns envers les autres pour des raisons tribales et sous l'effet d'ingérences extérieures (du Pakistan et des plus islamistes). Jusqu'à ce que des ultra-islamistes, les talibans (*taleb* en arabe veut dire « étudiant »), venus du Pakistan et soutenus par ses services secrets, parviennent à imposer en 1996 leur pouvoir dans presque tout le pays. Leur chef, le mollah Omar, s'étant proclamé à la tête de l'émirat islamique d'Afghanistan (que l'Arabie saoudite fut un des rares États à reconnaître), accueillit à Kaboul le leader islamiste saoudien Oussama Ben Laden.

L'itinéraire politique de Ben Laden

Membre d'une richissime famille à la tête de multiples entreprises (notamment de génie civil), très religieux, Oussama Ben Laden était en relation avec l'Occident pour ses affaires. À la demande du prince Turki (le chef des services secrets saoudiens), il fut en contact durant les années 1980 avec la CIA afin de mener des opérations contre les Soviétiques en Afghanistan.

Son rôle était d'y distribuer, par l'intermédiaire de l'ISI (les services secrets pakistanais), l'aide financière américaine et des pays du Golfe et d'y acheminer des volontaires arabes. Il acquit ainsi un certain prestige en Arabie saoudite.

La rupture avec la dynastie saoudienne

Dans le courant des années 1990, Oussama Ben Laden fut chassé d'Arabie saoudite pour avoir dénoncé, avec quelques autres notables saoudiens, le sacrilège que représentait à leurs yeux l'installation en août 1990 de forces américaines sur le sol sacré d'Arabie.

Lorsque Saddam Hussein envahit le Koweït, grandes furent les craintes que son armée ne continue son offensive vers le sud pour s'emparer des principaux gisements pétroliers saoudiens en bordure du golfe Persique. Le roi d'Arabie fit donc appel à la protection des États-Unis selon les termes de l'accord signé en 1945 entre le président Roosevelt et le grand Ibn Saoud – accord depuis lequel de nombreux Américains travaillaient sur les champs pétroliers, sans que leur présence ne suscite l'hostilité des imams de l'islam wahhabite pourtant fort rigoriste.

Jusque dans les années 1990, et comme depuis des siècles, seules les villes saintes de La Mecque et de Médine étaient interdites aux non-musulmans ; la notion de territoire sacré (*horm*) n'était pas encore explicitement étendue à l'ensemble de l'Arabie. Les imams wahhabites furent sans doute choqués par l'arrivée massive des troupes américaines. Sous la pression du roi, ils firent silence en un premier temps, mais ils s'indignèrent ensuite assez discrètement contre le maintien de grosses bases américaines, bien après la défaite de Saddam Hussein. Cependant, Oussama Ben Laden et quelques jeunes et riches Saoudiens – qui s'étaient fait connaître comme lui dans leur lutte contre l'Armée rouge en Afghanistan – persistèrent dans leur dénonciation du sacrilège que constituait cette présence militaire étrangère sur le sol sacré d'Arabie. Ils durent s'exiler.

La dynastie saoudienne ne pouvait pas prendre cette accusation de sacrilège à la légère, et ce, malgré le support religieux que lui apporte depuis deux siècles la confrérie des imams de l'islam rigoriste wahhabite. En effet, en novembre 1979 (quelques mois après la révolution islamiste en Iran), environ 500 islamistes mystiques armés avaient pris le contrôle de la Grande Mosquée de La Mecque et y dénonçaient par haut-parleurs les turpitudes de la très nombreuse famille royale. La « garde nationale » saoudienne faisant preuve d'une grande timidité, ce sont les gendarmes français du GIGN qui durent intervenir. L'affaire fit grand bruit dans le monde musulman.

Cette idée du « viol » de la sacralité de l'immense territoire qu'est l'Arabie est évidemment une représentation très discutable – d'autant que son extension démesurée est fort récente. Mais cette représentation religieuse est tout à fait géopolitique puisqu'il s'agit à la fois de territoires plus ou moins vastes et de rivalités de pouvoirs (celui de l'islam contre celui des chrétiens). Or, en géopolitique, les représentations – que leurs arguments historiques soient plus ou moins « vrais » ou « faux » – sont d'importance, surtout si elles inspirent un leader et un groupe qui mèneront ensuite des actions avec de graves conséquences, comme ce fut le cas avec le raid du 11-Septembre – « le 11-9 » comme disent aujourd'hui les Américains.

Le lancement de l'opération « 11-9 » depuis l'Afghanistan

Chassé d'Arabie, Oussama Ben Laden partit d'abord au Soudan où d'autres islamistes étaient parvenus au pouvoir et y fut rejoint par des islamistes égyptiens (dont son « lieutenant », Al Zawahiri). Il mena ses premiers attentats terroristes contre une unité de l'US Navy à Aden, puis il partit avec ses partisans arabes en Afghanistan où il implanta les camps d'entraînement de son organisation al-Qaida (la base du *djihad*). C'est depuis ce pays – avec semble-t-il un relais en Allemagne – que furent montées les étapes successives de l'opération du 11-9 : d'abord, envoyer aux États-Unis de jeunes Saoudiens qui, sous couvert d'études ou de stages techniques,

TRENTE ANS DE RIVALITÉS DE POUVOIR AU MOYEN-ORIENT ET LEURS RÉPERCUSSIONS AUX ÉTATS-UNIS

1. « L'ÉQUILIBRE DE LA TERREUR »

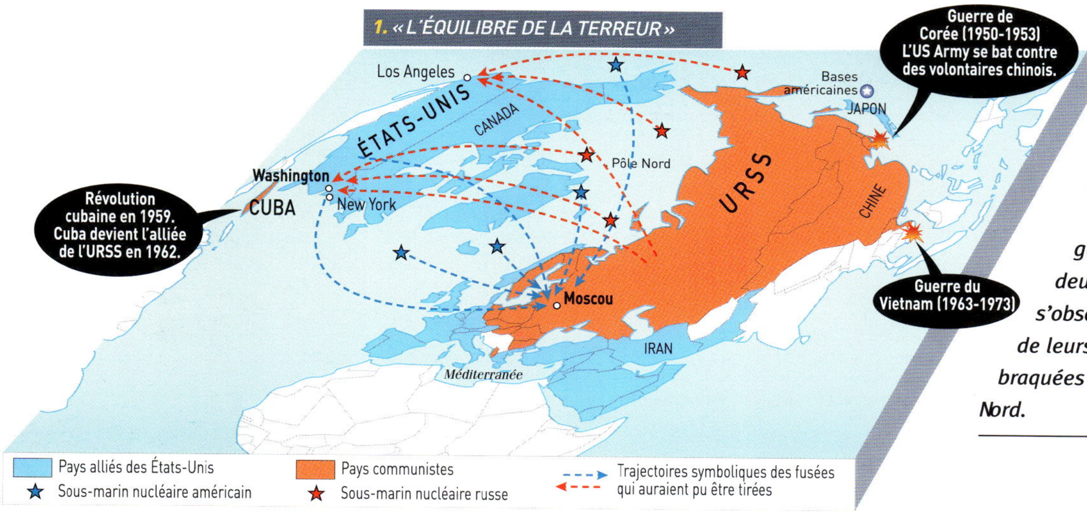

Depuis le début de la guerre froide, les deux superpuissances s'observent, et les fusées de leurs sous-marins sont braquées par-dessus le pôle Nord.

2. IRAN, IRAK, AFGHANISTAN

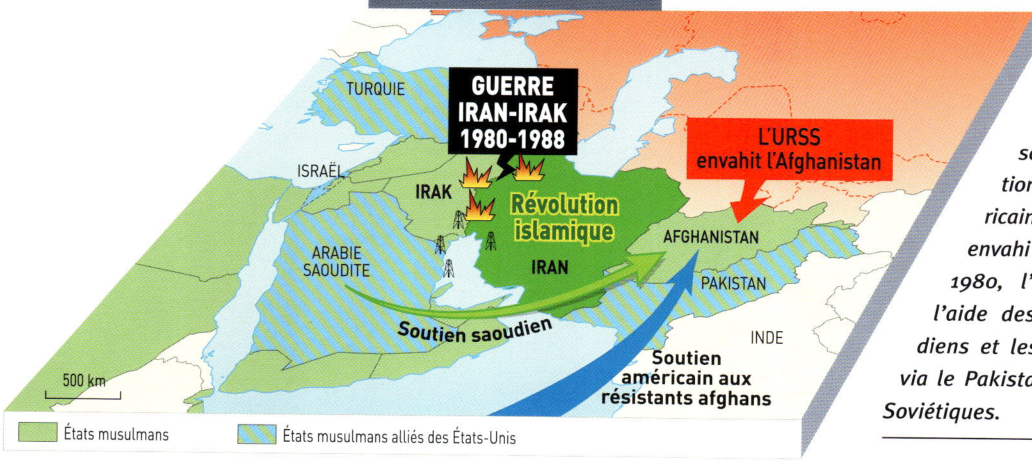

Deux événements inattendus vont se produire, en 1979, au sud de l'Union soviétique. En Iran, la révolution islamique chasse les Américains. Puis l'Afghanistan est envahi par les Soviétiques. En 1980, l'Irak attaque l'Iran avec l'aide des Occidentaux. Les Saoudiens et les Américains soutiennent, via le Pakistan, les Afghans contre les Soviétiques.

3. 1990, LA GUERRE DU GOLFE

L'Irak de Saddam Hussein, n'ayant pu vaincre l'Iran, envahit le Koweït. Les Américains, pour repousser les Irakiens, s'installent dans le nord de l'Arabie saoudite, mais des Saoudiens, comme Oussama Ben Laden, jugent cela comme une violation du sol sacré de l'Islam et rejoignent en Afghanistan les talibans, qui ont pris le pouvoir après le repli des Soviétiques.

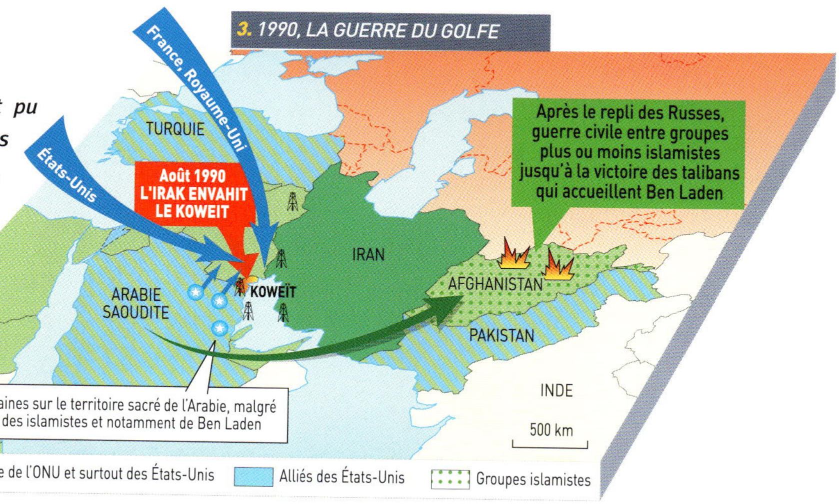

Les tours du World Trade Center à New York sont frappées par des avions détournés aux États-Unis par l'organisation al-Qaida, basée en Afghanistan. Dès le mois d'octobre, les forces américaines bombardent l'Afghanistan et en chassent les talibans, qui se réfugient au Pakistan. ■

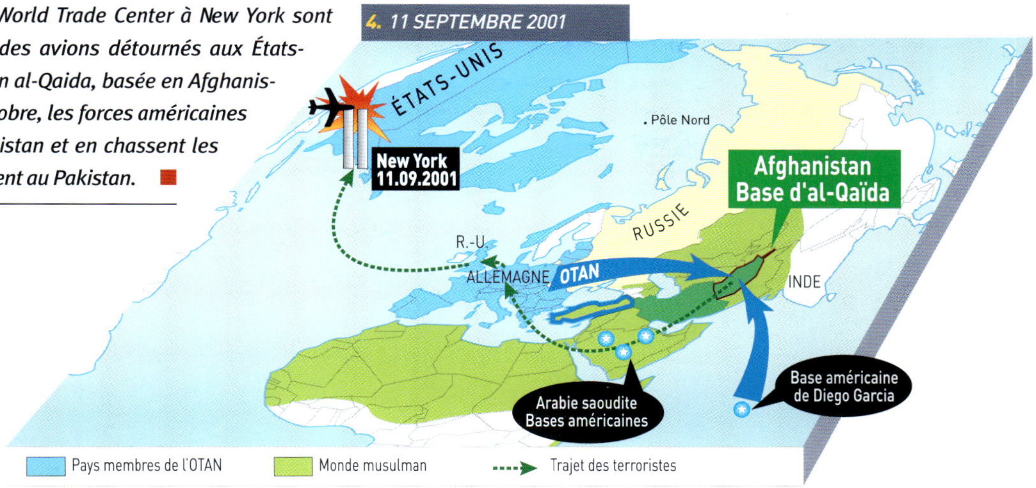

En mars 2003, persuadés que Saddam Hussein pourrait être complice d'al-Qaida, les États-Unis, soutenus par la Grande-Bretagne, attaquent l'Irak. Ils prennent rapidement Bagdad et capturent Saddam Hussein. Un nouveau régime pourrait être mis en place associant chiites (60 %), sunnites (20 %) et Kurdes (20 %), mais al-Qaida (sunnite) lance une campagne terroriste contre les chiites pour déclencher la guerre civile. ■

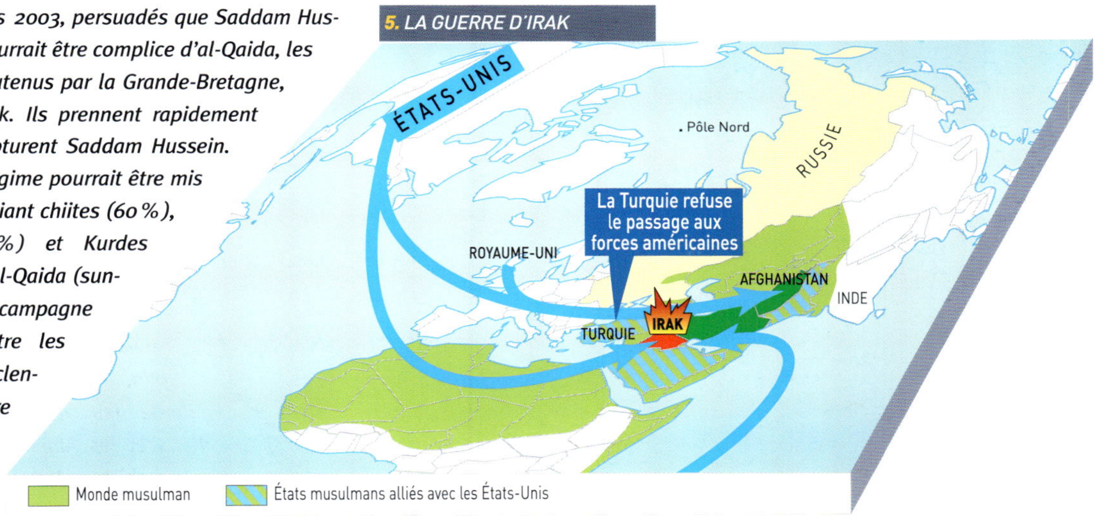

Les Américains, empêtrés en Irak dans la guerre civile, ne peuvent pas faire grand-chose contre l'Iran, qui se dote de fusées à longue portée. Celles-ci pourraient atteindre Israël et même la Méditerranée occidentale. L'Iran a soutenu le Hezbollah libanais dans sa guerre contre Israël durant l'été 2006. Pendant ce temps, les talibans reviennent en Afghanistan à partir du Pakistan. ■

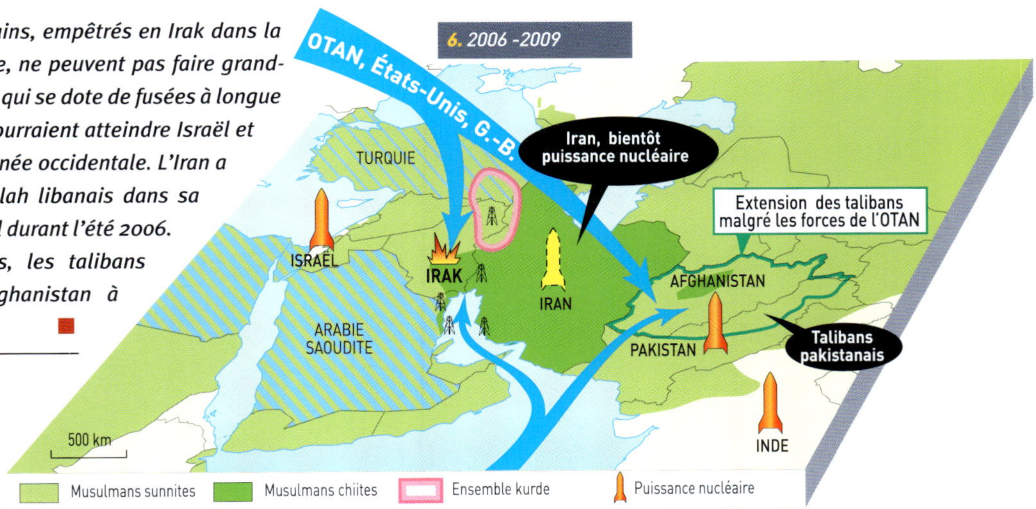

apprirent sommairement les techniques de pilotage ; ensuite, leur mise en condition de « martyr » et la fixation d'un calendrier précis et d'un horaire minuté pour prendre au même moment le contrôle en vol de quatre avions de ligne ; enfin, lancer ces avions sur des objectifs préalablement choisis en raison de leur célébrité médiatique et de leur visibilité : les deux gratte-ciel les plus visibles dans la *sky-line* de New York, le Pentagone et la Maison Blanche.

Cette attaque du 11-Septembre que les Américains purent voir se dérouler en plein jour et en direct à la télévision (puis par des millions, des milliards de téléspectateurs) fut perçue comme l'équivalent du raid mené par les Japonais sur Pearl Harbour en 1941. Pour ces islamistes, il s'agissait d'une première victoire, et combien spectaculaire, contre l'Amérique et le monde « judéo-chrétien ». D'autres estimèrent que c'était en fait vraisemblablement un « coup » des services secrets sionistes pour justifier (à titre de représailles) une très grande opération militaire américaine contre les Arabes.

Si le 11-Septembre est l'une des conséquences dix ans plus tard de la première guerre contre Saddam Hussein, il est surtout le contrecoup religieux ou idéologique de ce soi-disant sacrilège de la violation du territoire sacré de l'Arabie, épisode apparemment mineur mais qui a provoqué le retournement de Ben Laden et de quelques Saoudiens contre les États-Unis.

La riposte américaine

Une fois la responsabilité d'al-Qaida établie, le président des États-Unis, George W. Bush, après avoir sommé les talibans de livrer Oussama Ben Laden, donna l'ordre aux équipages des B-52 de la base militaire américaine de Diego Suarez dans l'océan Indien de lancer les bombardements sur l'Afghanistan et plus précisément sur les camps d'al-Qaida repérés par la CIA. Le Conseil de sécurité des Nations unies donna ensuite facilement son accord pour qu'une expédition soit menée en Afghanistan afin de mettre hors d'état de nuire Ben Laden et al-Qaida. En novembre, Kaboul était conquise avec l'aide des guerriers tadjiks du « commandant Massoud » qui, dans le nord, résistait encore aux talibans – surtout pachtouns, l'ethnie dominante. Mais après de violents combats, nombre de ceux-ci se dispersèrent dans les montagnes, tout comme les partisans d'Oussama Ben Laden.

La guerre d'Irak : une décision unilatérale

Deux ans plus tard, faute d'avoir pu capturer ou éliminer Ben Laden, George W. Bush, qui avait jugé bon de « déclarer une guerre mondiale au terrorisme », vint à penser avec ses conseillers, et notamment avec le vice-président Dick Cheney, qu'en Irak (bien que les islamistes n'y soient pas au pouvoir), Saddam Hussein constituait pour les États-Unis et le monde entier une menace peut-être plus grave encore qu'al-Qaida. Certes, Saddam Hussein, dictateur féroce relativement laïque, n'était apparemment pas islamiste, mais c'était un ennemi personnel de la famille Bush après la défaite de 1991 au Koweït que lui avait infligée le précédent président Bush (père). « Sans aucun doute, disaient les conseillers de Bush fils, Saddam se vengerait tôt ou tard de l'Amérique. » « Sans doute », malgré le blocus et la continuelle surveillance aérienne de l'Irak, avait-il pu se doter clandestinement d'armes de destruction massive, fournies peut-être par des généraux ex-soviétiques, via la Corée du Nord ou la Libye...

George W. Bush demanda alors à l'ONU de cautionner une grande opération contre l'Irak comparable à celle menée 1991 pour chasser l'armée irakienne du Koweït. Le premier ministre britannique, Tony Blair, l'approuva, mais le président français, Jacques Chirac, soutenu par la diplomatie allemande, refusa de s'y associer. S'ensuivit une campagne anti-France et anti-Français, qui firent l'objet des pires insultes dans les médias américains. Pour l'opinion française et pour une grande partie des Européens (sauf dans les pays nouvellement admis dans l'OTAN), cette expédition américaine en Irak ne s'expliquait que par la convoitise de grandes compagnies américaines sur les grands gisements pétroliers de ce pays – bien qu'à l'origine, il s'agisse d'un blocus imposé par les États-Unis à Saddam Hussein pour l'empêcher d'en vendre davantage.

L'opération « Liberté de l'Irak »

Suite au refus français, l'expédition d'Irak ne put donc être placée sous l'égide de l'ONU ; elle fut seulement menée par les États-Unis, le Royaume-Uni et quelques États membres de l'OTAN, cependant sans la Turquie qui aurait dû jouer un rôle stratégique important. Après avoir largement obtenu l'accord du Congrès, George W. Bush lança en mars 2003 l'opération baptisée « Liberté de l'Irak » – nom donné car, selon la Maison Blanche, le but était aussi de « rétablir la démocratie en Irak » en mettant fin à la dictature de Saddam Hussein.

Le corps expéditionnaire américain ne comptait que 150 000 hommes, un nombre relativement peu élevé – en 1970, pour la guerre du Vietnam, ils furent jusqu'à 500 000 – mais le secrétaire d'État à la Défense (l'équivalent de notre ministre de la Défense) et ses experts assuraient que ces armes nouvelles, celles de « la révolution technologique dans les affaires militaires », auraient un rôle décisif. C'était aussi une opportunité pour les tester, d'autant que l'Irak n'est qu'une grande plaine aride et dénudée, traversée par deux longs fleuves oasis plus ou moins parallèles, le Tigre et l'Euphrate.

Après de violents bombardements particulièrement ciblés, les troupes américaines prirent rapidement Bagdad, alors qu'un siège de plusieurs semaines avait été envisagé, tandis qu'opéraient 30 000 Britanniques dans le sud, à Bassora. La dictature de Saddam Hussein s'était effondrée, brusquement. Une sorte de proconsul américain décida la dissolution immédiate de la police et de l'armée irakiennes, ce qui eut pour effet de livrer Bagdad à d'énormes pillages. Le premier gouvernement provisoire mis en place par les Américains avec des Irakiens en exil, financés par la CIA, s'avéra très vite d'une totale incurie. S'ensuivit un défilé de hauts-commissaires américains, d'ambassadeurs ou de militaires. Dans Bagdad, les premiers attentats spectaculaires éclatèrent, notamment à l'encontre d'organisations internationales dépendant de l'ONU, ce qui ne freina toutefois pas l'afflux d'hommes d'affaires américains soucieux de décrocher les contrats pour la « reconstruction rapide » de l'Irak et surtout de son industrie pétrolière – mais la plupart de ses équipements et ses pipelines furent bientôt incendiés.

Naïveté ou machiavélisme des dirigeants américains ?

Les dirigeants américains voulaient (disaient-ils), après avoir détruit une féroce dictature, rétablir la démocratie comme ils l'avaient déjà fait, et avec succès, au Japon et en Allemagne après 1945. Mais il s'agissait alors de nations anciennes, restées cohérentes dans leur tragédie ; les conseillers de George W. Bush ont sous-estimé le fait qu'en Irak existent, selon les régions, des populations différentes dont les vieilles rivalités religieuses et politiques étaient autrefois bien connues : des Arabes sunnites, des Arabes chiites (les plus nombreux), des Kurdes, les uns et les autres se trouvant plus ou moins mélangés à Bagdad. Il a souvent été dit que « les Américains ne connaissaient rien à l'Irak ». Ces propos sont pour le moins discutables quand on se souvient que des compagnies pétrolières américaines opéraient déjà en Irak au lendemain de la Première Guerre mondiale. En fait, les experts américains en stratégie ont sous-estimé, hormis dans le cas des Kurdes (qui revendiquaient leur indépendance depuis longtemps), les rivalités entre Arabes sunnites et chiites, qui étaient étouffées par la violence de la dictature de Saddam Hussein. Ces rivalités avaient déjà été masquées depuis l'indépendance de l'Irak (1930) par la complexité des conflits relativement modernes entre de nom-breux partis politiques, communistes, puis nassériens et enfin baathistes de diverses tendances qui rassemblaient aussi bien des sunnites que des chiites ou des Kurdes. Pendant sa longue guerre contre l'Iran (1980-1988), Saddam Hussein avait imposé aux uns et aux autres sa conception de l'unité nationale. Et quand éclata la révolte des chiites d'Irak en 1991, après la guerre du Koweït, Saddam Hussein put l'écraser sans que George Bush (père) y accorde beaucoup d'importance.

En voulant, dès 2004, faire procéder au plus vite à des élections pour créer une assemblée et un gouvernement, les Américains ont fait apparaître que les chiites (représentant 50 % de la population) y seraient majoritaires, alors que l'Irak avait jusqu'alors été gouverné par des sunnites (notamment sous Saddam Hussein). Les chiites qui allaient donc arriver au pouvoir furent donc considérés comme les alliés de l'Amérique et l'hostilité des sunnites à leur encontre fut attisée par des Frères musulmans (traditionnellement hostiles au chiisme) venus clandestinement de l'étranger ainsi que par des agents d'al-Qaida. Pour attiser les conflits, ces derniers perpétrèrent une série d'attentats contre les chiites qui répliquèrent après les attaques contre leurs grands sanctuaires.

Une conséquence imprévue : le rapprochement Irak-Iran

Certains contempteurs de la politique américaine ont eu beau jeu d'accuser Bush d'être à l'origine de ce chaos et de dénoncer son machiavélisme qui n'aurait fait qu'attiser ces conflits pour mieux dominer l'Irak. Pourtant, la situation de l'armée américaine n'y était pas brillante. Ses effectifs y étaient rapidement devenus insuffisants et il fallut faire appel à quelque 50 000 mercenaires bien payés, fournis par des compagnies spécialisées qui ont fait d'excellentes affaires. Un constat rapide permettait en effet de réaliser que la « révolution dans les affaires militaires » et ses armes guidées par satellites s'avéraient fort peu efficaces lorsqu'il s'agissait de repérer des terroristes au sein de la population civile.

Enfin, les Américains ont dû prendre conscience de la dangerosité de la situation du fait de la reprise de relations étroites entre l'Irak et l'Iran depuis la chute de Saddam Hussein, notamment par le biais des grands dignitaires religieux du chiisme irakien dont le rôle politique est considérable. Les rapports étant exécrables entre les États-Unis et l'Iran depuis la révolution de l'imam Khomeiny (1979), une nouvelle aggravation de leurs relations risquait d'avoir de graves répercussions en Irak où l'un des partis chiites, négligeant les consignes de prudence des ayatollahs, appelait déjà à la guerre ouverte contre les Américains.

La situation en Irak est devenue de plus en plus compliquée et dangereuse, en raison des conflits attisés entre les différents constituants de la société irakienne. Les pertes américaines, si elles restent minimes en comparaison du très grand nombre de victimes irakiennes, ont augmenté et sont surtout dues à des attentats et aux incessantes opérations de maintien de l'ordre, plutôt qu'à des batailles menées contre des insurgés sunnites ralliés à al-Qaida.

George W. Bush fut tout de même confortablement réélu fin 2004 ; mais, à la fin de son second mandat, la guerre durait toujours et la décision d'envahir l'Irak apparaît aujourd'hui aux yeux d'un grand nombre d'Américains comme la plus grande erreur stratégique de l'Amérique. Il n'est pas dit que leur nouveau président, Barack Obama, largement élu fin 2008, puisse la rattraper rapidement, même s'il prend la décision de retirer d'Irak la majeure partie des troupes américaines – ce que George W. Bush avait d'ailleurs déjà dû annoncer dans les derniers mois de son mandat.

Après l'Afghanistan, le Pakistan ?

La guerre en Irak ne devait pas durer si longtemps ; ce facteur a obligé les Américains, faute d'effectifs disponibles, à négliger les opérations en Afghanistan, ce qui a provoqué un retour des talibans à partir du Pakistan. La production d'opium et d'héroïne (actuellement 93 % de la production mondiale), qui ne cesse d'augmenter, est une véritable manne financière pour les talibans qui la contrôlent. Les opérations aériennes effectuées par l'US Air Force sur leurs repaires dans les larges zones frontalières ont ameuté l'opinion pakistanaise et favorisé le développement de talibans afghans, mais également pakistanais, qui menacent maintenant le gouvernement en place.

Depuis 2008, l'Irak est moins sous le feu de l'actualité en raison d'un moins grand nombre d'attentats. En effet, sur les conseils avisés du général David Petraeus, des tribus sunnites se sont ralliées, moyennant finances. Toutefois, le gouvernement irakien mis en place par des élections grâce à la présence des militaires américains pourra-t-il se maintenir après le départ programmé de celles-ci et faire face aux tensions non résolues entre les différents grands groupes de la population ?

Au Pakistan, une situation très préoccupante

Actuellement, le risque est grand de voir cet État et sa puissante armée dotée d'armes nucléaires basculer du côté de la révolution islamiste. En 2001, les Américains ont eu la chance que le chef de l'armée pakistanaise, le général Pervez Mucharaff, prenne le pouvoir par un coup d'État (fait assez classique au Pakistan) et qu'il accepte de suspendre le soutien que l'ISI (les services secrets pakistanais) apportait depuis des années aux talibans, en échange d'une aide financière considérable versée par les États-Unis (aide qui avait été suspendue lorsqu'ils avaient appris que le Pakistan disposait également de la « bombe atomique »). Mais les talibans afghans se sont réfugiés au-delà de la frontière pakistanaise dans les « zones tribales », héritage de la géopolitique britannique de la fin du XIXe siècle. À l'époque, lorsque les Anglais, en accord avec les Russes, ont tracé sur la carte la limite orientale de l'Afghanistan, ils l'ont fait passer sur la ligne de crêtes de la chaîne de montagnes qui domine les plaines de l'Indus. Ils n'ont pas cherché à imposer leur autorité aux tribus pachtounes qui occupent le versant oriental de ces montagnes, tribus dont ils avaient pu « apprécier » les capacités guerrières et auxquelles ils ont proposé un *deal* : l'autonomie avec l'engagement de ne pas attaquer les Anglais en échange de versements financiers réguliers. Après le départ des Britanniques, les gouvernements pakistanais successifs ont maintenu et respecté cet accord.

Les zones tribales sont essentiellement peuplées de Pachtouns, l'ethnie dirigeante en Afghanistan, que l'on appelle pathan au Pakistan. Sur les conseils des Soviétiques, les dirigeants afghans avaient revendiqué ces territoires peuplés de Pachtouns et réclamé pour ces derniers la création d'un Pachtounistan indépendant *(voir chap. Inde/Pakistan)*. Les dirigeants pakistanais s'y étaient refusés évidemment et portaient une attention toute particulière à ce qui se passait en Afghanistan. L'invasion soviétique (1980-1988) fut pour eux une excellente occasion de manipuler les différents groupes afghans : tout d'abord, en leur distribuant de façon inégale l'aide fournie par les Américains et les monarchies pétrolières du golfe Persique ; puis, après le départ des Soviétiques, en attisant durant des années les luttes entre tribus afghanes ; enfin, en faisant intervenir en Afghanistan les talibans, qui sont essentiellement des Pachtouns formés au Pakistan par une puissante confrérie devenue islamiste, la Déobandi.

Armés et encadrés par les services secrets pakistanais, ces talibans sont parvenus à prendre le pouvoir en Afghanistan, hormis dans les régions contrôlées par les combattants tadjiks du fameux « commandant Massoud », assassiné par un commando suicide la veille même des attentats du 11 septembre 2001 sur New York. Ces combattants anti-talibans ont ensuite aidé les forces spéciales américaines à prendre Kaboul et à mettre en fuite al-Qaida et les talibans. Depuis les « zones tribales » pakistanaises où ils se sont repliés, ils cherchent maintenant à développer un vaste mouvement au Pakistan et menacent désormais au nom du *djihad* un gouvernement fragile jugé à la solde des Américains.

La géopolitique, une étude de cas complexes

Cette approche quelque peu détaillée des causes directes et des conséquences à court terme de ces tragédies permet d'avoir une idée de la complexité que peuvent et doivent avoir les raisonnements géopolitiques. Elle souligne également à quel point les idées, les illusions et les erreurs des dirigeants et de leurs conseillers ont de l'importance et de graves conséquences.

LES ÉTATS-UNIS : L'HYPERPUISSANCE AU CENTRE DU SYSTÈME MONDE 44

UNE NATION CONFRONTÉE À UNE SUCCESSION DE CONFLITS 48

À L'AUBE DU XXIE SIÈCLE : DE NOUVELLES DIFFICULTÉS GÉOPOLITIQUES 70

LA « DESTINÉE MANIFESTE » DE L'AMÉRIQUE : RESTER L'HYPERPUISSANCE ? 75

Les **États-Unis** l'hyper-**puissance** en difficultés

LES ÉTATS-UNIS : L'HYPERPUISSANCE AU CENTRE DU SYSTÈME MONDE

Depuis longtemps, les États-Unis sont considérés comme la seule vraie grande puissance, « l'hyperpuissance », suite à la dislocation brutale en 1991 de l'Union soviétique, sa grande rivale après la Seconde Guerre mondiale, confrontée à de graves faiblesses économiques et techniques et à la médiocrité de certaines parties de son appareil militaire.

Un Empire mondial ?

Depuis l'effondrement de la puissance soviétique, l'Amérique apparaît indiscutablement comme « l'hyperpuissance » – expression utilisée en 1999 par le Français Hubert Védrine, géopoliticien reconnu. Depuis, l'expression s'est généralisée, le préfixe « hyper » exprimant souvent l'exagération ou l'excès – comme dans le domaine médical pour hypertension, hypertrophie...

Les États-Unis qui comptent 300 millions d'habitants – soit seulement moins de 5 % de la population mondiale – réalisaient, en 2006, 30 % de l'activité économique mondiale, les grandes entreprises américaines contrôlant une grande partie des richesses mondiales, qui proviennent aussi bien du pétrole que des activités industrielles et de la communication.

Depuis des décennies, le dollar américain s'est imposé comme la monnaie mondiale et il est utilisé par tous les États pour leurs transactions. Pour couvrir ses déficits, le gouvernement des États-Unis peut en imprimer, depuis 1993, de grandes quantités sans que les autres États puissent contester la valeur de cette monnaie et sans s'infliger à eux-mêmes un grave préjudice, leurs propres réserves monétaires étant en grande partie constituées par leurs stocks de dollars. L'Amérique a donc la possibilité de tout payer dans le monde avec les dollars qu'elle imprime. Ce privilège monétaire explique dans une grande mesure sa puissance militaire et le fait que, bien que les impôts y soient relativement faibles, les budgets militaires soient énormes (près de la moitié des dépenses militaires mondiales). Le déficit qui en résulte est couvert par l'émission de dollars et de bons du trésor. Pour le plus grand profit des industries d'armement et du « complexe militaro-industriel », l'énorme puissance militaire américaine a été justifiée aux yeux des citoyens américains dans un premier temps par la menace soviétique, puis par celle du terrorisme international. L'US Army est la seule armée au monde à pouvoir massivement mettre en œuvre les technologies militaires les plus sophistiquées combinant l'observation continuelle par satellites de toute la surface du globe avec le repérage et la destruction par missiles téléguidés de cibles très petites et mobiles.

Les premiers signes du déclin ?

Pour la « gauche » comme pour la « droite », en Europe comme dans le monde entier, toutes les grandes décisions géopolitiques prises par les présidents successifs des États-Unis, au moins depuis la fin de la Seconde Guerre mondiale, traduisent en vérité la prépondérance de l'Amérique, sa volonté de puissance, son égoïsme bien qu'elle n'ait jamais été jusque-là confrontée à des menaces extérieures.

Cependant, les attentats du 11 septembre 2001, puis les difficultés croissantes de l'armée américaine au Moyen-Orient et la grave crise financière déclenchée en septembre 2008 ont changé la donne et apparaissent, y compris pour de nombreux Américains, comme les signes d'un déclin peut-être définitif. Barack Obama, jeune et nouveau président élu massivement dans ce contexte difficile et entré en fonction début 2009, rencontre plus de difficultés que prévu, notamment au niveau géostratégique, difficultés qui s'accroîtraient encore si un conflit en Iran et au Pakistan également venait s'ajouter à ceux déjà en cours en Irak et en Afghanistan et si les mouvements révolutionnaires islamistes s'étendaient encore dans de grandes parties du monde. Il se retrouve donc face à une situation géopolitique mondiale tout à fait nouvelle qui concerne aussi tous les Européens.

Ce n'est pas la première fois que l'Amérique et son armée se retrouvent dans des situations géopolitiques difficiles – leur rappel et leur examen seront faits brièvement plus loin. Une meilleure compréhension de la situation est primordiale en géopolitique, les illusions quant au passé pouvant être dangereuses.

Si l'on considère que, depuis cinquante ans, les États-Unis sont le centre de l'économie mondiale, et que, depuis quinze ans, ils ont acquis le statut de l'hyperpuissance, il importe de comprendre comment, malgré une entrée tardive, ils se sont insérés dans ce système-monde.

Aux origines de la puissance

Cette expression « système-monde », utilisée par les économistes, désigne la façon dont les échanges économiques et financiers fonctionnent au plan mondial. Depuis trois siècles, ces derniers ont connu un gigantesque essor grâce au développement, en Europe occidentale, de bourgeoisies entreprenantes et conquérantes de marchés lointains avec l'aide de leurs marines. La première bourgeoisie au pouvoir fut celle des Pays-Bas, leurs marchands parvinrent à s'imposer dans le commerce avec l'Asie en revendant les marchandises coûteuses aux autres pays européens. Mais le système-monde se développa surtout avec la « révolution industrielle » à la fin du XVIIIe siècle en Angleterre, pays à l'origine du grand essor du système capitaliste : les entrepreneurs anglais vendent des produits industriels à l'Europe et à l'ensemble du monde. Les bénéfices de ces transactions sont placés dans des banques. Ils sont transformés alors en capitaux et investis sur tous les continents par les capitalistes européens qui rapatrient une partie de leurs profits et en investissent la majeure partie dans divers pays pour y développer d'autres activités.

Ainsi peut être schématisé à la fin du XIXe siècle le développement d'un système mondial d'échanges entre d'une part, un « centre » qui s'élargissait de l'Angleterre à l'Allemagne et à la France, et d'autre part, une « périphérie » qui était en fait l'ensemble du monde où à la fois se trouvaient des pays plus ou moins colonisés mais également un vaste empire comme la Russie.

Les États-Unis se trouvaient aussi dans cette « périphérie », leurs planteurs vendaient du tabac et surtout du coton à l'Europe. Des banquiers venus d'Europe occidentale y investirent leurs capitaux et, sur ce vaste marché américain en voie d'équipement et d'industrialisation, les entrepreneurs à qui les banques européennes avaient prêté des capitaux surent en tirer de très grands profits et ils développèrent des firmes plus puissantes et plus modernes que leurs consœurs européennes. Lorsque la guerre de Sécession (1861-1865) éclata, le gouvernement « nordiste » monta une industrie sidérurgique pour produire de l'armement, avec l'aide d'ingénieurs européens et de capitaux empruntés à des banques européennes.

Jusqu'à la Seconde Guerre mondiale, les États-Unis sont apparus à l'écart du bloc continental formé par l'Europe, l'Asie et l'Afrique. Au lendemain de la guerre, les Américains ont pris pied tant en Europe occidentale qu'en Extrême-Orient. À partir de 1947, les États-Unis se sont opposés à l'immense puissance continentale qu'était l'URSS. La dislocation de cette dernière fait que les États-Unis sont désormais l'unique superpuissance tant du point de vue militaire que du point de vue économique et financier. Le centre du monde se trouve donc situé entre les deux grands océans. Ceux-ci sont contrôlés par les flottes de l'US Navy.

LES ÉTATS-UNIS AU CENTRE DU MONDE

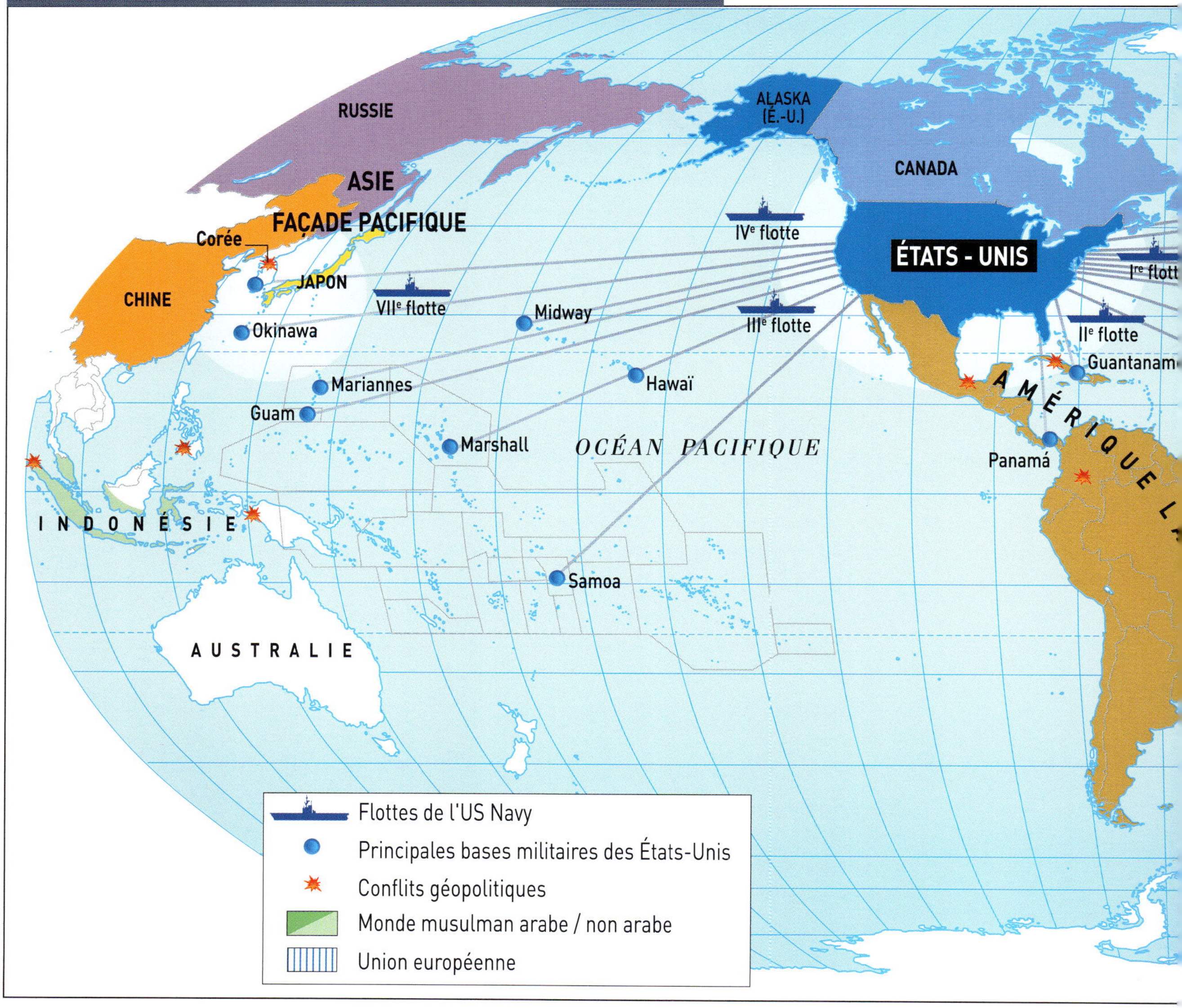

Au tout début du XXe siècle, le « centre » du système économique mondial s'était donc élargi de part et d'autre de l'Atlantique. Cependant, les États-Unis étaient loin d'y avoir une position prépondérante et devaient verser aux banques européennes l'intérêt des capitaux empruntés par des entreprises américaines. La Russie a été dans un cas similaire, néanmoins son essor a été bien plus lent que celui des États-Unis. L'Angleterre et la France, possédant chacune un vaste empire colonial, apparaissaient alors comme les très grandes puissances. L'Allemagne, elle, n'a guère de colonies certes, pourtant elle connaît alors une période de plein essor industriel et technique.

Les deux grandes guerres entre ces puissances européennes vont amorcer puis renforcer un important changement au sein du système-monde.

UNE NATION CONFRONTÉE À UNE SUCCESSION DE CONFLITS

Les Américains ne voulaient pas participer à la guerre entre Européens. Cependant, le président Wilson a dû s'y résoudre en avril 1917, lorsque des sous-marins allemands coulèrent nombre de navires américains et notamment de paquebots. En position militaire difficile face à l'armée allemande, l'Empire russe s'effondra quelques mois plus tard du fait de révoltes communistes – des révoltes similaires provoquèrent également la défaite de l'Allemagne.

I. Deux guerres mondiales à l'origine de la montée en puissance des États-Unis

Durant le premier conflit mondial, pour financer leur effort de guerre, l'Angleterre et la France durent énormément emprunter aux États-Unis. Créancière de l'Amérique en 1914, l'Angleterre s'en est retrouvée débitrice en 1918, tout comme la France. Quant à l'Allemagne – puissance industrielle moderne en plein essor en 1914 –, elle est ruinée par la guerre et elle doit assumer le paiement de gigantesques « réparations », imposées par les vainqueurs, aux pays d'Europe occidentale (la France notamment) qu'elle avait envahis et ravagés. Pour éviter qu'un tel conflit ne se reproduise, le président Wilson prit l'initiative de promouvoir la Société des nations en 1919. Cependant, le Sénat américain s'y opposa et les États-Unis n'en firent jamais partie.

Les États-Unis supplantèrent économiquement et financièrement l'Europe occidentale, ce qui suscita, notamment dans l'opinion française, une certaine hostilité à leur égard. Mais ils furent bientôt gravement touchés par la grande crise économique de 1929.

Les conséquences de cette crise furent terribles pour l'Allemagne alors à peine convalescente, ce qui incita en 1933 nombre d'Allemands à voter pour Adolf Hitler. Au nom du « national-socialisme », Hitler affirma qu'il ne fallait plus se conformer aux méthodes du capitalisme ou aux principes du libéralisme pour redresser le pays, mais à des méthodes disciplinaires et à un système d'économie dirigée par l'État associé aux grandes firmes. En quelques années, l'Allemagne mit sur pied une puissante machine de guerre et s'engagea dans le second conflit mondial (après une alliance paradoxale avec l'URSS en 1939), profitant du fait que la Grande-Bretagne et la France subissaient encore les contrecoups de la guerre précédente et les effets de la crise économique mondiale.

Aux États-Unis, l'opinion américaine – où les descendants d'Allemands étaient fort influents – manifestait clairement son refus d'être de nouveau impliquée dans une guerre européenne. En 1940, la France, en pleine débâcle, laissait l'Angleterre seule, certes avec sa flotte, mais sans grande armée de terre, face à la très puissante machine de guerre nazie. D'ailleurs, l'Allemagne nazie aurait sans doute établi pour longtemps sa domination sur une grande partie de l'Europe, si Hitler n'avait pas décidé d'attaquer l'URSS en juin 1941 et si les États-Unis n'avaient pas pris part au conflit mondial.

Le détonateur, Pearl Harbour

Si le président Franklin Roosevelt avait tenu compte de la volonté de la plupart des Américains (qu'ils soient républicains ou démocrates), les États-Unis ne seraient pas intervenus. Cependant une autre chaîne de causalités géopolitiques se déroulant de l'autre côté de l'océan Pacifique allait précipiter leur entrée dans le conflit : l'attaque de l'aviation japonaise, le 7 décembre 1941, sur la grande base navale américaine de Pearl Harbour, dans l'archipel des îles Hawaï.

Ce conflit aurait dû logiquement dissuader l'Amérique de s'engager dans un combat de l'autre côté de l'Atlantique. Hitler, qui avait noué une alliance avec le Japon pour inciter les Américains à ne pas intervenir en Europe, déclara la guerre aux États-Unis le 11 décembre 1941 (soit trois jours après Pearl Harbour). Néanmoins, il n'imaginait pas que Roosevelt et son état-major décideraient de mener d'abord une grande offensive en Europe – en effet, si l'US Navy, en termes d'effectifs, arrivait au 4e ou 5e rang mondial, celui de l'US Army était, lui, dérisoire pour un si grand pays : 160 000 hommes seulement. Pourtant, en 1945, l'armée de terre américaine comptera huit millions d'hommes.

Grâce aux terribles efforts de l'Armée rouge – elle perdra 13 millions d'hommes, soit le double des pertes de l'armée allemande – et grâce au débarquement américain en Normandie le 6 juin 1944, l'Allemagne hitlérienne fut enfin vaincue le 8 mai 1945.

Après une dure guerre menée par les Américains dans le Pacifique, le Japon, frappé par la première bombe atomique à Hiroshima, capitula le 15 août 1945. Quelques jours auparavant, l'Armée rouge avait attaqué les Japonais en Mandchourie et en Corée.

II. Les débuts de la « guerre froide »

Pendant la Seconde Guerre mondiale, les États-Unis ont perdu 300 000 hommes mais ils sont enfin sortis de la récession économique qui durait depuis 1929. L'opinion publique américaine demandait un retour rapide de ses soldats aux États-Unis. Avant la fin de la guerre, le président Harry Truman, successeur du décédé Franklin Roosevelt, fut confronté à partir de 1947 à des choix géopolitiques difficiles lorsqu'il fit le constat que les bonnes relations que l'Amérique avait nouées pendant la guerre avec l'Union soviétique ne dureraient pas.

L'apparition du « rideau de fer »

Quatre jours après la fin de la guerre, Winston Churchill, surnommé « le Vieux Lion » – celui qui avait refusé après le désastre de juin 1940 l'offre de Hitler d'une paix séparée et qui avait décidé que l'Angleterre mènerait seule la guerre –, l'informait secrètement que les dirigeants soviétiques avaient l'intention d'étendre le communisme sur l'ouest de l'Europe et qu'ils commenceraient par la Grèce où se déroulait une guerre civile provoquée par les maquisards communistes depuis 1944. Churchill évoquera également le « rideau de fer », en mai 1946, que les Soviétiques voulaient établir au centre de l'Europe.

En mars 1947, le président Truman affiche sa volonté de s'opposer notamment en Grèce, à l'expansion du communisme, estimant à tort ou à raison que celle-ci résulte de la misère des populations. De cette volonté naîtra la « doctrine Truman », doctrine de politique étrangère marquant le début de la guerre froide, qui se manifeste surtout par la volonté de contribuer rapidement à la reconstruction de l'Europe ravagée par la guerre. D'ailleurs, Truman s'opposera à ce que l'on exige, comme en 1919, des « réparations » de l'Allemagne, considérant celle-ci comme anéantie – ce qui n'était pas le cas en 1918.

Le plan Marshall

En juin 1947, Truman parvient à faire accepter au Congrès le financement de 1947 à 1951 d'une grande partie du redressement économique de l'Europe occidentale (l'URSS ayant refusé cette aide et interdisant à ses satellites de l'accepter). Ainsi naît le « plan Marshall » – du nom du secrétaire d'État américain –, ou European Recovery Program, profitant à seize États européens, y compris l'Allemagne de l'Ouest. Cette aide de plus de treize milliards de dollars de l'époque, dont onze milliards de dons (plus de 100 milliards de dollars actuels, soit 4 % de leur PNB pendant cinq ans) avait une condition : elle devait impérativement servir à acheter du matériel américain – ce qui suscita beaucoup de critiques. Cela évita à l'industrie américaine de connaître une grave crise de surproduction après l'énorme effort qu'elle avait fourni durant la guerre. Évidemment, le plan Marshall fut aussi un moyen de contrebalancer l'extension des idées communistes en Europe occidentale. Il était également prévu que l'essentiel des troupes américaines quitte prochainement l'Europe, du fait de sentiments isolationnistes aux États-Unis et antiaméricains, en France notamment.

L'EUROPE APRÈS 1945

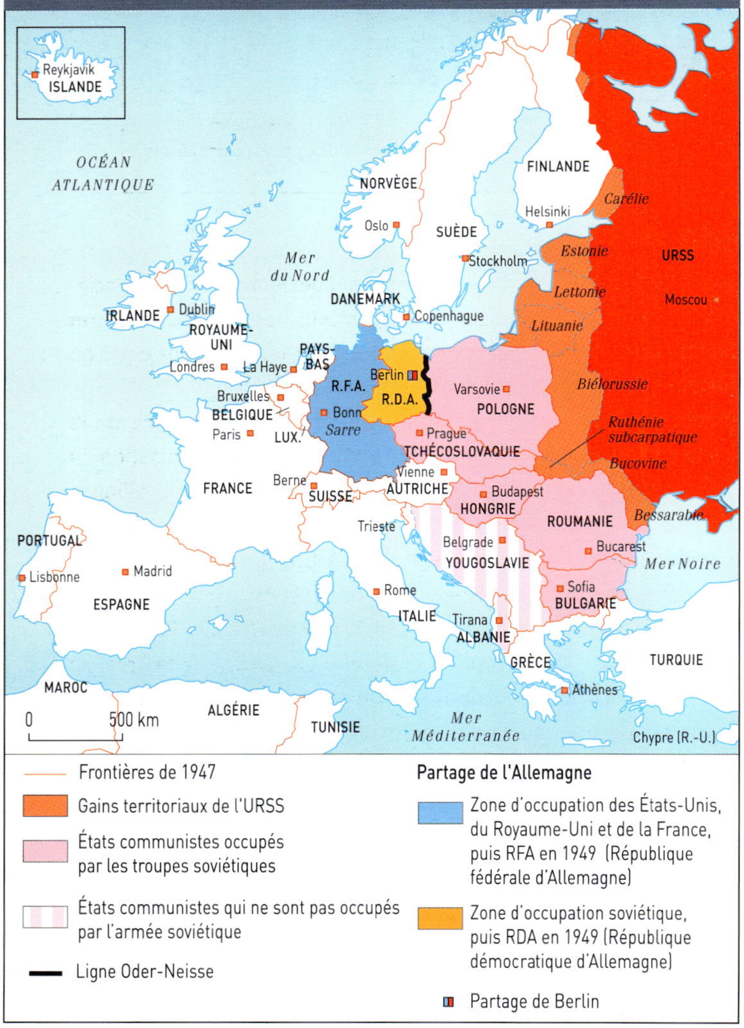

Le « coup de Prague » et le blocus de Berlin-Ouest

Outre la guerre civile qui continuait en Grèce, deux nouveaux événements géopolitiques révélèrent la volonté des dirigeants soviétiques d'étendre leur domination plus à l'Ouest, en violation des accords de Yalta – signés par Roosevelt, Churchill et Staline en février 1945 –, qui définissaient la zone occupée par l'Armée rouge après la victoire sur l'Allemagne nazie. La première violation de ces accords fut le « coup de Prague », en février 1948, lorsque les forces du Parti communiste prirent brusquement le pouvoir en

À la suite des conférences de Yalta et de Potsdam, l'Allemagne est divisée en quatre zones d'occupation : américaine, britannique et française à l'ouest, soviétique à l'est ; Berlin est divisée selon le même principe. L'URSS récupère la moitié est de la Pologne qu'elle avait perdue en 1920. La Pologne, en compensation, glisse à l'ouest en récupérant des territoires allemands jusqu'à la ligne Oder-Neisse. Les Soviétiques annexent les États baltes, la Carélie et la Bessarabie.

L'OTAN ET LE PACTE DE VARSOVIE EN 1980

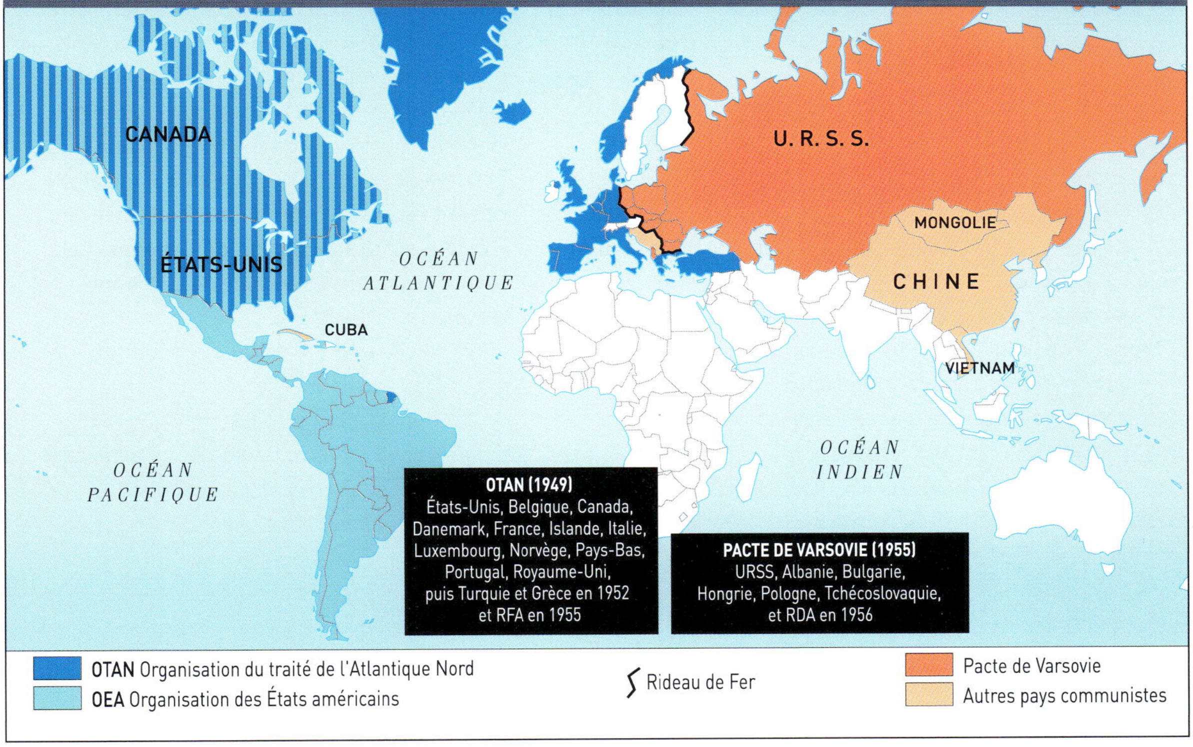

Créée en 1949, l'Organisation du traité de l'Atlantique Nord (OTAN), dont l'objet était de contenir l'expansion de l'URSS en Europe, est une alliance militaire et politique, sous commandement américain. L'URSS met sur pied en 1955 une alliance similaire, le Pacte de Varsovie, avec huit nations communistes d'Europe. Le Pacte de Varsovie est dissous en 1991, tandis que l'OTAN perdure en définissant son terrain d'action bien au-delà de l'Europe et de l'Atlantique Nord.

Tchécoslovaquie. La seconde violation eut lieu en mai 1948, quand les Soviétiques ont mis en place le blocus de Berlin-Ouest – soit plus de la moitié de la ville formée, selon les accords de Yalta, par les zones d'occupation américaine, britannique et française – pour imposer le contrôle communiste sur toute l'ancienne capitale du Reich.

Plutôt que de chercher à briser ce blocus par la force, l'US Air Force, sur ordre de Truman, assura pendant onze mois, par le biais d'un étonnant pont aérien, le ravitaillement, y compris en charbon, des deux millions d'habitants de Berlin-Ouest. Dans le même temps, le président américain décidera d'aider financièrement la Yougoslavie pourtant devenue un État communiste, son chef Tito étant entré en rébellion contre Staline.

Cette crise de Berlin est à l'origine de la création, en 1949, de l'OTAN (l'Organisation du Traité de l'Atlantique Nord), une alliance défensive par laquelle les États-Unis, le Canada, le Royaume-Uni, la France, l'Italie, les Pays-Bas, la Belgique, le Portugal, la Norvège et l'Islande s'affirment solidaires si l'un d'entre eux était attaqué ; la Turquie et la Grèce la rejoindront en 1952 et la République fédérale allemande en 1955. Par leur puissance militaire, les États-Unis assurèrent la protection de l'Europe occidentale contre une éventuelle attaque soviétique.

Le 3 septembre 1949, le président Truman annonça que l'URSS venait de procéder à une première explosion nucléaire – événement qui allait considérablement modifier les rapports de forces entre les deux superpuissances.

III. La guerre de Corée

C'est en Extrême-Orient, en Corée, que les États-Unis durent faire face inopinément à une offensive communiste de grande envergure.

Après la défaite du Japon en août 1945, la Corée, qui avait été annexée par les Japonais avant la Première Guerre mondiale, était partagée en deux zones d'occupation selon le 38° parallèle : par les Soviétiques au nord et par les Américains au sud. Deux États rivaux furent rapidement constitués dans ces deux zones : au nord, théoriquement évacué par les Soviétiques, la République démocratique de Corée, dirigée par les communistes ; au sud, la République de Corée, où les Américains maintenaient des forces d'occupation. Le 25 juin 1950, ces dernières furent soudain bousculées par une offensive lancée par des Nord-Coréens communistes, puissamment armés par l'Armée rouge. Les troupes américaines, repoussées tout au sud dans un petit secteur de la péninsule coréenne, en bordure du détroit la séparant du Japon, auraient pu se replier dans cet archipel. L'opinion américaine aurait sans doute été favorable à cette solution d'attente. Cependant, le président Truman

La première manifestation majeure de la guerre froide en Asie fut la guerre de Corée. Bien que celle-ci fût très sanglante, il vaudrait mieux dire « guerre limitée », car les deux superpuissances évitèrent de se combattre directement. Ce conflit s'est déroulé en trois phases. 1. Attaque surprise, en juin 1950, de la Corée du Sud par le Nord communiste. 2. Contre-attaque sous la forme d'un débarquement naval mené par les forces américaines à partir du Japon. 3. Afflux d'un million de soldats « volontaires » communistes chinois ; le général américain MacArthur envisage d'employer l'arme atomique contre la Chine, ce qui entraîne son limogeage par Washington. La quatrième phase du conflit se déroule de nos jours, avec les soupçons d'armement nucléaire pesant sur le régime nord-coréen de Pyongyang.

LA GUERRE DE CORÉE

1. DU 25 JUIN 1950 AU 12 NOV. 1950

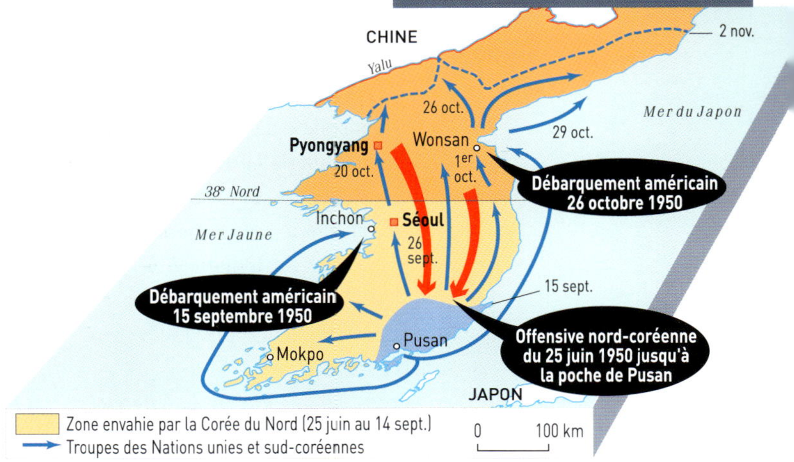

2. L'INTERVENTION CHINOISE (JANVIER À AVRIL 195

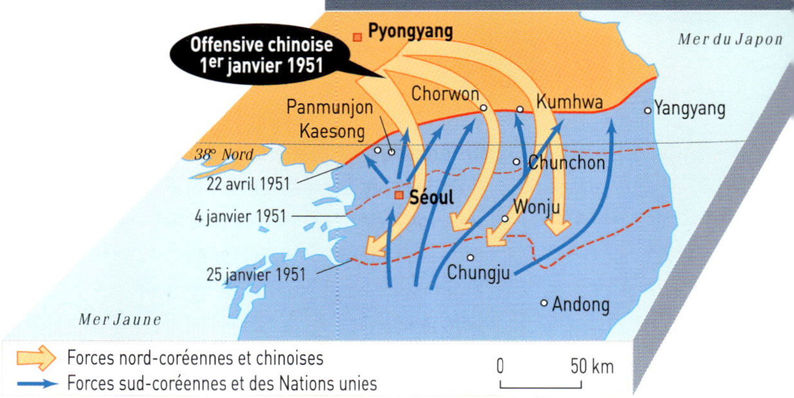

3. DU 12 JANVIER AU 27 JUILLET 1953

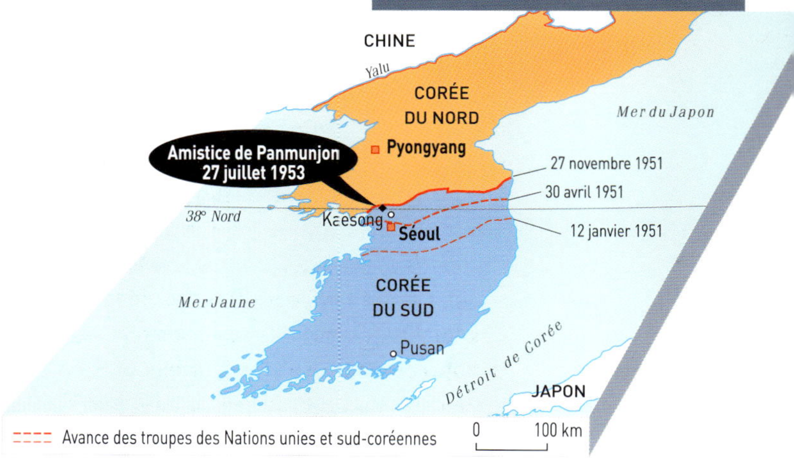

et ses conseillers jugèrent que, s'ils ne réagissaient pas à cette offensive communiste, cela pouvait constituer un précédent laissant penser aux dirigeants soviétiques qu'ils pourraient peut-être tenter, sans grand risque, un coup de force similaire en Europe.

Les États-Unis portèrent donc plainte devant le Conseil de sécurité de l'ONU qui, en « l'absence » d'un délégué soviétique, décida une riposte collective et la constitution d'une force internationale, les Américains en formant l'essentiel, avec leurs troupes d'occupation au Japon. Un conflit direct entre les États-Unis et l'Union soviétique faillit avoir lieu quand il fut révélé que de nombreux avions de chasse nord-coréens étaient en fait pilotés par des Soviétiques.

L'intervention imprévue de la Chine

Alors qu'en Corée, les forces américaines ne tenaient plus qu'une petite partie de l'extrême sud de la péninsule, l'US Navy opéra deux débarquements dans le nord attaquant les arrières de leurs adversaires, refoulés alors jusqu'à la frontière chinoise. Cependant, en janvier 1951, des centaines de milliers de « volontaires » chinois se lancèrent contre les forces américaines qui furent de nouveau refoulées vers le sud.

Cette intervention de la République populaire de Chine était d'autant plus surprenante qu'elle venait à peine, en octobre 1949, de célébrer sa victoire contre son adversaire Tchang Kaï-chek.

Depuis les années 1930, Tchang Kaï-chek avait mené la guerre contre les Japonais et après leur défaite, son régime, celui de la Chine nationaliste, figura officiellement parmi les cinq grands vainqueurs de la Seconde Guerre mondiale. Quand il a dû faire face à l'offensive des communistes, les Américains – qui d'abord l'avaient soutenu – le laissèrent « tomber » à partir de 1948, son régime étant trop corrompu, sur les conseils du général George Marshall (avant d'être secrétaire d'État, il avait été un puissant ambassadeur en Chine). Marshall avait alors convaincu les dirigeants américains qu'il serait possible de jouer un jour la carte de la Chine communiste contre l'URSS – ce qui se fera vingt-cinq ans plus tard ; mais, en 1951, ce choix stratégique audacieux apparut désastreux du fait de l'offensive des « volontaires » chinois en Corée. On s'interroge encore sur les raisons que Mao Zedong pouvait bien avoir pour décider de cette offensive contre les Américains. Sans doute fut-il poussé par Staline, qui avait eu vent de la possible alliance de la Chine avec les Américains et qui voulait à l'avance la contrer. Les relations de Mao avec les Soviétiques n'étaient pas bonnes car ils avaient apporté leur soutien à Tchang Kaï-chek. Peut-être Mao craignait-il que les Américains, avec leur armée en Corée, ne se décident à attaquer la Chine par le nord et menacent Pékin – ce que réclamait ouvertement le général en chef MacArthur, le vainqueur de la guerre du Pacifique. Mac Arthur préconisait également l'emploi de bombes atomiques contre l'invasion chinoise, ce qui aurait conduit sans doute à la guerre avec l'URSS qui désormais détenait elle aussi des armes nucléaires. Il fut limogé par le président Truman en avril 1951.

Après des mois de combats acharnés entre « volontaires » chinois et forces américaines de l'ONU, le front se stabilisa en 1951 sur le 38° parallèle. L'armistice ne fut signé que le 27 juillet 1953 à Panmunjon.

Une Corée toujours divisée aujourd'hui

La guerre de Corée fit près de six millions de morts : 40 000 soldats des Nations unies, principalement des Américains, environ 700 000 Coréens du Sud, deux millions de Coréens du Nord et de Chinois et probablement trois millions de civils dus aux bombardements aériens et aux épidémies.

Soutenue par l'URSS puis par la Chine surtout, la Corée du Nord est restée une autocratie dynastique communiste. Elle s'est consacrée à la mise au point d'appareillages nucléaires et d'armes de guerre de grande envergure, de fusées à longue portée qu'elle exporte clandestinement dans de nombreux pays qu'ils soient alliés ou adversaires des États-Unis, qu'il s'agisse du Pakistan ou de l'Iran – l'un et l'autre étant soutenus par la Chine. La Corée du Sud, où un important contingent américain est maintenu, est progressivement devenue une démocratie et une grande puissance industrielle, concurrente même des industries japonaises.

Une des conséquences indirectes de cette guerre fut que les dirigeants américains révisèrent les mesures draconiennes qu'ils avaient prises en 1945 quant à l'avenir du Japon. Sous leur pression, la société japonaise fut « démocratisée » : réforme agraire en faveur des paysans, vote des femmes… Selon leurs plans en 1945, le Japon aurait dû être désindustrialisé pour ne plus constituer une menace contre l'Amérique. Cependant, prise de court par l'invasion communiste en Corée, l'armée américaine a dû faire appel aux productions des usines nippones qui existaient encore, puis laisser se reconstituer les grands groupes industriels japonais. Ensuite, ces derniers trouvèrent des débouchés hors du Japon, aux États-Unis notamment.

IV. « L'équilibre de la terreur »

Au fur et à mesure de la prolifération des armes nucléaires et de l'augmentation de leur puissance, cette « terreur » dont l'opinion mondiale a été largement informée s'est accrue : en 1952, la bombe thermonucléaire (« bombe à hydrogène »), dont la puissance est mille fois plus forte que celle d'Hiroshima, est mise au point aux États-Unis et dès 1953, en URSS.

Pour projeter de telles armes sur des objectifs ennemis situés de part et d'autre de l'océan Glacial Arctique, il fallait des vecteurs à longue portée.

Les Américains tableront longtemps sur la puissance de leur aviation : en 1946, le Strategic Air Command est constitué et sera opérationnel à partir de 1948 avec un millier de bombardiers à long rayon d'action, qui seront bientôt ravitaillés en vol. Les Soviétiques choisiront, eux, les fusées qui, grâce à leurs ingénieurs, deviennent de plus en plus puissantes et de mieux en mieux guidées même à très longue distance, bien plus performantes que des avions de bombardement plus vulnérables, volant moins vite et à plus basse altitude.

Le premier satellite artificiel Spoutnik est lancé le 4 octobre 1957. Démonstration spectaculaire de l'avance soviétique en matière de fusée, ce lancement fait mesurer aux Américains leur retard en la matière. Par crainte qu'en cas d'attaque soudaine leurs bombardiers du Strategic Air Command soient écrasés au sol par des fusées soviétiques, le Pentagone décide que plusieurs escadrilles équipées de bombes thermonucléaires resteront dans la haute atmosphère aussi longtemps que nécessaire.

Le « missile gap »

La prouesse du vol satellitaire habité, réalisé par Gagarine le 12 avril 1962, fait prendre conscience aux dirigeants américains de l'ampleur géostratégique du « missile gap » – le retard américain en matière balistique – dans lequel se trouvait la défense américaine. Faute d'avoir des fusées à très grande portée, comparables à celles des Soviétiques, qui auraient permis d'atteindre des objectifs en URSS dès que les radars situés dans le grand Nord (Canada, Groënland) auraient signalé le lancement des fusées soviétiques vers l'Amérique, les Américains installèrent des bases de fusées à moyenne portée en Turquie (membre de l'OTAN), connectées aux radars canadiens, qui pouvaient atteindre les objectifs les plus sensibles en URSS. Les centres américains de recherche multipliaient aussi évidemment leurs efforts pour réduire ce grave « missile gap » en développant des fusées à longue portée, mais également, comme les Soviétiques, des sous-marins nucléaires lanceurs d'engins.

La crise de Cuba éclata durant ce « missile gap » : elle fit encore davantage mesurer aux dirigeants américains la gravité géostratégique de leur situation. Une révolution cubaine, celle de Fidel Castro, à l'origine soutenue par les milieux dirigeants américains de 1957 à 1959 afin de se débarrasser d'un régime qui ne les satisfaisait plus, s'était retournée contre eux. Le projet de Fidel Castro était de mettre en place la réforme agraire qu'il avait promise à ses premiers partisans dans les maquis de la Sierra Maestra, ce qui suscita la colère des grands propriétaires qu'ils soient cubains ou américains. Pour faire pression sur le nouveau gouvernement cubain, ces derniers poussèrent le gouvernement des États-Unis à réduire drastiquement les importations américaines de sucre cubain, la principale ressource de l'île. Fidel Castro réagit alors en nationalisant les entreprises américaines installées à Cuba.

La crise s'envenima très rapidement. En 1961, dans la baie des Cochons, une maladroite tentative d'invasion de l'île par des Cubains contre-révolutionnaires tourna au fiasco.

Fidel Castro, craignant une intervention directe des États-Unis, se proclama « marxiste-léniniste » pour avoir le soutien de l'URSS. La situation s'aggrava au point que Castro accepta finalement que des fusées soviétiques soient installées à Cuba, bien au sud des radars du grand Nord qui auraient pu donner l'alerte, ce qui constituait une menace directe pour les États-Unis.

CUBA ET LES ÉTATS-UNIS

Depuis le milieu du XIXe siècle, les liens entre les États-Unis et Cuba, très proche de la Floride, sont étroits. À Cuba, encore colonie de la Couronne d'Espagne à cette époque, de nombreux Cubains, bien que d'origine espagnole, supportaient de plus en plus mal l'autoritarisme des fonctionnaires et des militaires envoyés par Madrid qui se cramponnait à l'une de ses dernières colonies d'Amérique (et certainement la plus riche). Dans les autres, du Mexique au Chili, les colons d'origine espagnole avaient pris leur indépendance au début du XIXe siècle en profitant de l'occupation de l'Espagne par les armées de Napoléon.

Des révolutionnaires cubains souhaitaient que l'île soit rattachée aux États-Unis, comme venait de le faire le Texas et ils choisirent ainsi le même drapeau que les Texans et qui est encore aujourd'hui celui de Cuba. Néanmoins, les Américains ne souhaitaient guère ce rattachement, craignant de possibles révoltes. En effet, dans les années 1890, une nouvelle rébellion des Cubains fut réprimée si durement par l'armée espagnole qu'aux États-Unis, l'opinion manifesta son indignation et obtient l'envoi de soutien et de volontaires (dont le futur président Théodore Roosevelt) et qu'un corps d'interposition de l'armée américaine débarqua à La Havane. Cependant, le cuirassé de l'US Navy, le *Maine*, explosa ; la guerre éclata entre les États-Unis et l'Espagne. En 1898, l'Espagne fut obligée de leur céder ses colonies des Philippines et de Porto Rico et de déclarer l'indépendance de Cuba.

Venus des États-Unis, de grands planteurs y développèrent la culture de la canne à sucre. Des heurts se produisaient régulièrement du fait des revendications de salaire des coupeurs de canne ou des protestations des ouvriers agricoles chassés de leurs emplois par la mécanisation des grands domaines.

La vie politique à Cuba était donc assez violente et compliquée. À plusieurs reprises, des troupes américaines, outre celles basées en permanence à Guantanamo (base navale cédée aux États-Unis), débarquèrent pour « rétablir l'ordre » comme l'y autorisait un amendement à la Constitution cubaine imposé par les États-Unis – en 1934, le président Roosevelt convainquit le Congrès d'y renoncer pour établir de meilleures relations avec Cuba.

En 1933, un dictateur brutal y avait été renversé par une révolution populaire à la tête de laquelle se trouvaient de jeunes sergents. L'un d'entre eux, Fulgencio Batista, fit une grande carrière et fut élu président en 1940. Il mit alors en œuvre des réformes avec l'appui des syndicats en faveur des ouvriers des sucreries, au vif mécontentement des grands planteurs. La Constitution cubaine l'empêchant de se représenter pour un autre mandat présidentiel, un coup d'État assez paisible le ramena au pouvoir. Cependant, un jeune avocat, Fidel Castro, membre d'un parti nationaliste conservateur (le Parti orthodoxe) et fils d'un grand planteur, décida de dénoncer par la violence cette illégalité et engagea en 1953 ce qui deviendra la révolution cubaine.

DE CUBA AU VIETNAM : LES CONTRECOUPS GÉOPOLITIQUES

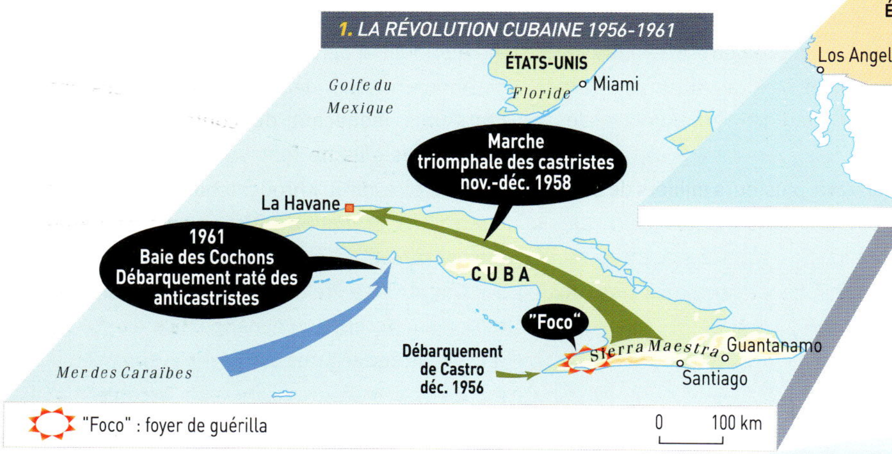

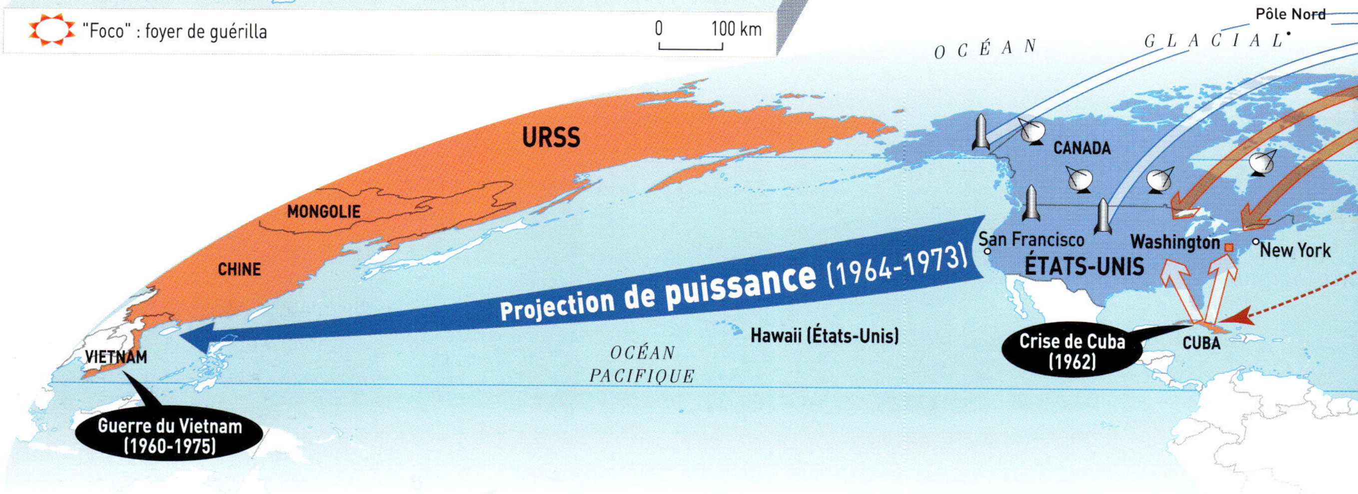

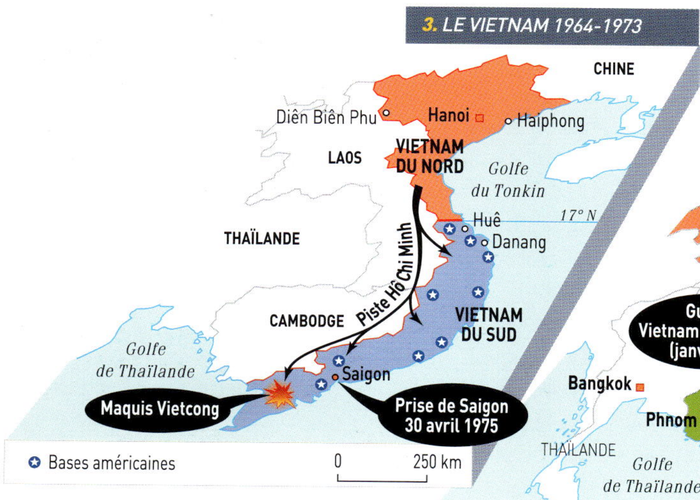

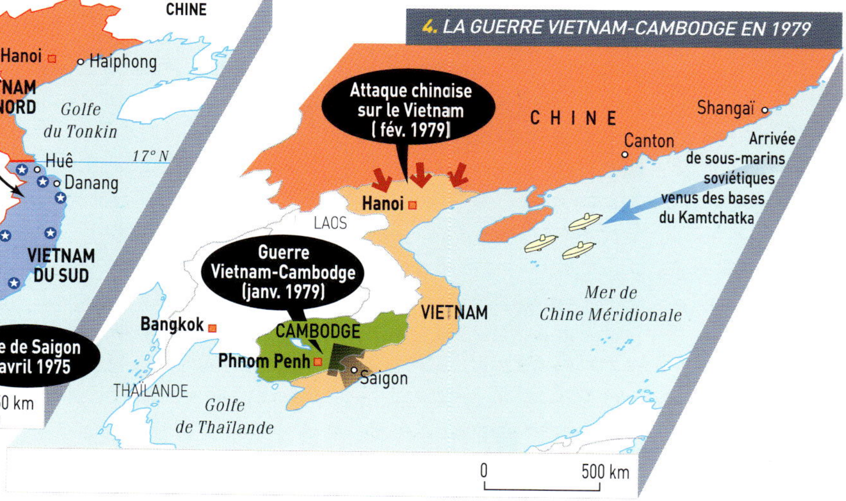

La « crise des fusées » à Cuba

Cette crise très grave se produisit en 1962 entre les chefs des deux superpuissances : John Kennedy, qui a succédé en 1961 au président Eisenhower, et Nikita Khrouchtchev, secrétaire général du Parti communiste de l'URSS.

Ce dernier envoya plusieurs milliers de soldats à Cuba, quelques sous-marins et surtout une trentaine de navires qui acheminaient de grandes fusées capables de lancer des armes nucléaires à moyenne portée. La présence de ces engins est repérée par l'aviation américaine et la CIA annonce que plusieurs d'entre eux sont déjà installés à Cuba, braqués vers les États-Unis.

Au mois d'octobre 1962, la tension est extrême entre les deux superpuissances, les États-Unis menaçant de couler les navires soviétiques s'ils ne font pas demi-tour. Pour éviter le pire, dit-il, Khrouchtchev donne l'ordre aux cargos chargés de fusées de faire demi-tour et renonce à les installer à Cuba. En fait, un compromis a été trouvé, Kennedy ayant discrètement accepté en échange de s'engager à ne pas attaquer Cuba et à retirer immédiatement les fusées américaines de Turquie braquées vers l'URSS – celles sur lesquelles les dirigeants américains comptaient pour compenser le « missile gap ».

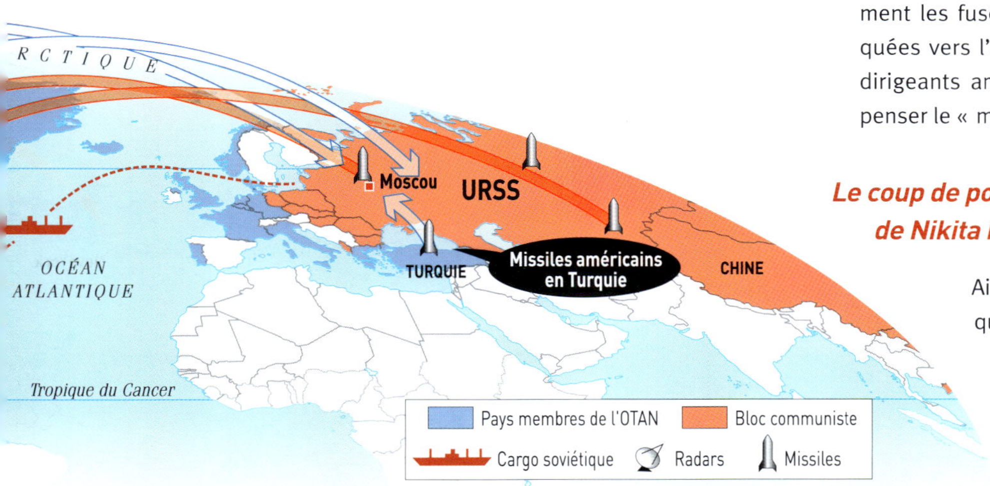

Le coup de poker de Nikita Khrouchtchev

Ainsi, pendant plusieurs mois, tant qu'ils n'ont pu disposer de fusées intercontinentales comparables à celles des Soviétiques, les États-Unis se sont trouvés en position de faiblesse géostratégique par rapport à l'URSS.

Khrouchtchev avait joué une sorte de coup de poker, car « à moins » de déclencher une catastrophe nucléaire qui aurait coûté terriblement, tout autant à l'URSS qu'aux États-Unis, la flotte soviétique n'avait pas réellement les moyens de soutenir à distance la révolution cubaine contre une véritable attaque des Américains.

Afin de ne pas paraître comme le perdant de cette épreuve de force, Khrouchtchev, relayé au plan international par la propagande communiste, déclara que la seule manifestation du soutien soviétique à Cuba avait suffi à assurer la protection d'une révolution communiste à la barbe des États-Unis, qui n'en avaient pas pour autant fini avec les contrecoups de cette crise.

Début 1959, Fidel Castro prend le pouvoir à Cuba. Dans un premier temps, les Américains ne voient pas d'un mauvais œil ce nouveau régime à La Havane, mais les choses se gâtent bientôt et Castro se rapproche de Moscou. Les anticastristes réfugiés aux États-Unis, appuyés mollement par la CIA, tentent un débarquement, raté, dans l'île en 1961. L'année suivante, Fidel Castro accepte l'installation de missiles nucléaires sur son territoire, ce qui menace directement les États-Unis. C'est la « crise des fusées ». En octobre 1962, John F. Kennedy parvient à un compromis avec Nikita Khrouchtchev, qui retire ses missiles en échange d'un engagement des États-Unis de ne pas envahir Cuba et de procéder à un démantèlement des missiles américains basés en Turquie. Pour éviter que ce compromis soit considéré comme une reculade face au communisme, Washington décide de renforcer son aide militaire au Sud-Vietnam. C'est le début d'un engrenage qui va conduire à un long conflit entre les États-Unis et le Nord-Vietnam et à la victoire de celui-ci en 1975. Trois ans plus tard, le Vietnam réunifié envahit le Cambodge des Khmers rouges soutenus par la Chine. Celle-ci subira à son tour, en 1979, un grave revers militaire face à son voisin vietnamien, sérieusement aguerri par son combat contre les Américains.

V. De la crise de Cuba (1962) à la guerre du Vietnam (1963-1973)

L'opinion internationale fut impressionnée par la rapidité avec laquelle, sur une île aussi proche des États-Unis, une révolution communiste avait pu tenir tête à ce qui était considéré comme l'impérialisme américain. En Amérique latine, où les riches et puissants *yankees* (les Américains du Nord) ne sont guère appréciés, nombre de jeunes révolutionnaires commencèrent à vouloir imiter Fidel Castro, qui, avec un petit nombre de guérilleros retranchés dans une montagne escarpée (la Sierra Maestra) loin de la capitale, avait pu provoquer la chute d'un régime très lié aux États-Unis. La révolution cubaine eut aussi des retentissements en Afrique et en Asie – Mao Zedong déclara ainsi que l'impérialisme américain n'était plus en vérité qu'un « tigre de papier » et qu'il fallait s'en débarrasser.

Le Vietnam, un conflit larvé jusqu'alors relativement secondaire

Pour les dirigeants américains, il s'agissait de réagir et de montrer que leur nation s'opposerait énergiquement – comme elle l'avait déjà fait en Corée – à ce qu'un mouvement communiste remporte une nouvelle victoire militaire en quelque point du monde. Or, au Vietnam – en Indochine, comme disaient les Français pour désigner une de leurs anciennes colonies –, une guerre larvée existait entre le Nord, sous domination communiste, et le Sud, où s'étaient réfugiés de nombreux catholiques fuyant les communistes. La conférence de Genève en 1954 réunissant Français, Vietnamiens du Nord et du Sud, Chinois, Soviétiques, Américains, etc., avait en effet décidé le partage « provisoire » du Vietnam en deux, selon le 17° parallèle.

Les Nord-Vietnamiens communistes voulaient réunifier le pays au moyen d'actions de guérillas au sud ayant pour objectif de provoquer la chute du gouvernement de Saigon qui, faute de pouvoir encore s'appuyer sur les Français, avaient déjà le soutien des Américains. Ces derniers l'augmentèrent massivement après la crise de Cuba. Le vice-président démocrate Lyndon Johnson, devenu président après l'assassinat de John Kennedy en novembre 1963, accrut la présence militaire américaine au Vietnam, ce qui permit aux dirigeants sud-vietnamiens de pourchasser davantage les communistes.

En août 1964, dans le golfe du Tonkin, tout près des côtes nord-vietnamiennes, deux destroyers américains essuyèrent des tirs communistes ; aussitôt, le président Johnson répliqua et donna l'ordre de bombarder le Nord-Vietnam, ce qui fut ensuite approuvé par le Congrès.

Cette opération ne réduisit pas l'action des communistes au Sud : ils attaquèrent alors les aérodromes d'où partaient les avions américains. Pour protéger ces aérodromes, il fallut envoyer davantage de troupes américaines et leurs pertes furent de plus en plus nombreuses. Les stratèges américains avaient minimisé la valeur guerrière des Vietnamiens qui avaient déjà vaincu les Français et remporté la victoire à Dien Bien Phu en mai 1954. En juillet 1965, le président Johnson, pour impressionner l'adversaire et surtout l'opinion américaine, fit débarquer en grande pompe à Danang, au sud du 17° parallèle, devant les caméras de télévision, la célèbre première division américaine de cavalerie – celle dont les westerns racontent l'épopée. Le nombre de soldats américains au Sud-Vietnam passa de 125 000 en 1965 à 370 000 en 1966, puis à 510 000 en 1967, auxquels s'ajoutaient 48 000 Sud-Coréens, Thaïlandais et Australiens...

Avec de tels renforts, l'offensive communiste au Sud aurait dû être repoussée ; cependant, les communistes nord-vietnamiens envoyèrent eux aussi des renforts aux maquis du Sud en passant par les régions presque désertes de l'est du Cambodge et des hauts plateaux du Vietnam. Pour les en empêcher, l'US Air force bombarda massivement les pistes d'approvisionnement connues sous le nom de pistes « Ho Chi Minh » (du nom du président nord-vietnamien). Les troupes américaines durent également établir sur ces hauts plateaux des camps retranchés qu'elles durent défendre dans de très durs combats.

Les bombardements aériens furent ensuite étendus à tout le Nord-Vietnam. L'opinion américaine commençait à s'inquiéter de cette aggravation de la guerre et du nombre de tués américains. Il lui fut rétorqué, par le président Johnson et ses services, qu'il s'agissait de l'offensive finale.

En février 1968, durant les fêtes du Têt (le nouvel an vietnamien), de nombreux combattants communistes s'infiltrèrent par surprise dans la plupart des villes sud-vietnamiennes, jusque dans l'ambassade américaine de Saigon ; il en résulta de difficiles combats, dont certains furent filmés et diffusés par les chaînes de télévision américaines, provoquant le désarroi de l'opinion.

Une guerre interminable

En janvier 1969, le président Richard Nixon (un républicain) fut élu ; il annonça que l'armée américaine allait bientôt quitter le Vietnam, mais qu'auparavant, il fallait mettre sur pied une solide armée sud-vietnamienne capable de repousser seule l'avancée des communistes.

De très longues négociations furent menées à Paris, entre Américains et Nord-Vietnamiens, les premiers acceptant de cesser les bombardements sur le Nord. Mais les dirigeants américains ne voulaient pas pour autant céder devant ce petit État communiste qui recevait une aide militaire de plus en plus importante de l'URSS par le biais de navires que l'US Air Force avait ordre de ne pas bombarder afin de ne pas fournir aux Soviétiques de prétexte à ouvrir une grave crise internationale. Aux États-Unis, l'opinion publique, devant le nombre toujours plus grand des pertes américaines, s'opposait de plus en plus à la poursuite de ce conflit et mettait en cause le président Nixon. À partir de 1972, une partie des troupes américaines commença à quitter discrètement le Vietnam ; cependant, les Nord-Vietnamiens cherchèrent, en dépit des accords, à franchir le 17° parallèle. Ils en furent empêchés par la reprise massive des bombardements américains et la bonne résistance des troupes sud-vietnamiennes. En janvier 1973, après avoir reçu la promesse du gouvernement nord-vietnamien de ne pas attaquer le Sud, les Américains mettaient fin à la guerre du Vietnam. Elle avait fait 58 000 tués dans leur rang et près d'un million de combattants vietnamiens du Nord et du Sud et trois millions de civils.

En mai 1975, le régime sud-vietnamien s'effondra devant une brusque attaque communiste venant des hauts plateaux. Ce coup de force aurait dû provoquer une riposte immédiate des États-Unis ; mais Richard Nixon avait dû démissionner en 1974 à cause du scandale préélectoral du Watergate et son successeur, le vice-président Gérald Ford, n'osa pas reprendre une guerre contre les communistes vietnamiens en raison de l'opposition de l'opinion américaine. Les télévisions montrèrent alors au monde entier le départ en catastrophe de l'ambassadeur des États-Unis, récupéré par des hélicoptères américains sur le toit de son ambassade. Des centaines de milliers de Vietnamiens anticommunistes réussirent ensuite à fuir par la mer pour rejoindre les États-Unis et quelques dizaines de milliers de « boat people » arrivèrent en France, dans des conditions très difficiles.

Une énorme perte de prestige

Aujourd'hui encore, on parle du « syndrome vietnamien » pour désigner le malaise suscité chez les dirigeants américains par le souvenir de cette cruelle aventure vietnamienne qui s'était terminée en fiasco, aux yeux du monde entier. Dès 1973, la pression de l'opinion américaine imposa au Congrès l'abandon du système de la conscription (le service militaire) qui avait permis d'envoyer tant de jeunes

LES BASES MILITAIRES AMÉRICAINES DANS LE MONDE

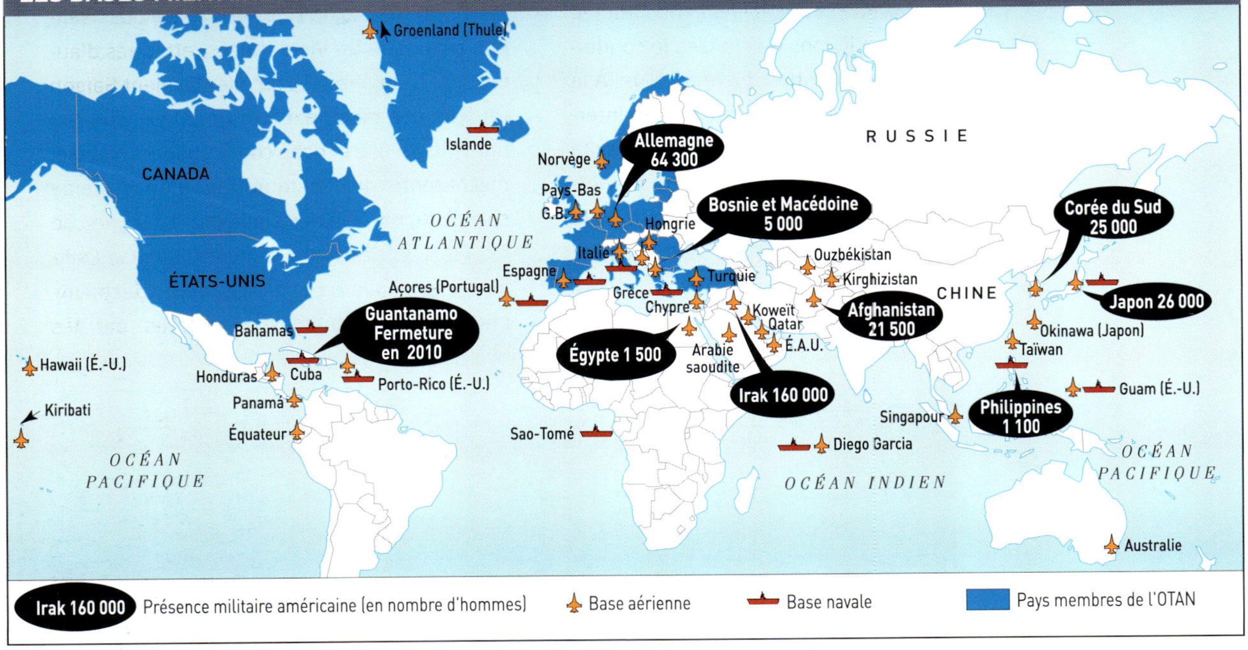

conscrits se battre alors qu'ils ne le voulaient pas. Voilà pourquoi, compte tenu des multiples positions qu'elle doit tenir ailleurs dans le monde, les effectifs de l'armée américaine sont très limités en Irak et en Afghanistan. Ne peuvent et ne doivent y être envoyés que les militaires ayant contracté un engagement et des membres de la Garde nationale – une sorte de milice dont font partie des citoyens acceptant, moyennant rétribution, d'y servir périodiquement sans abandonner leur métier et leur famille. S'ils sont mobilisés au niveau local pour faire face à des désordres ou à de graves accidents, une clause de leur engagement permet également de les envoyer pour des périodes limitées hors des États-Unis.

De 1945 au début des années 1990, la présence militaire américaine à l'étranger obéissait à deux principes : contenir l'ennemi soviétique à l'est et à l'ouest de l'« Eurasie », un concept fort prisé par la géopolitique américaine, et prévenir toute résurgence nationaliste chez les deux vaincus de la Seconde Guerre mondiale, l'Allemagne et le Japon. L'Europe était alors au cœur du dispositif, ce qui n'est plus le cas depuis la chute du communisme. Avec la montée en puissance de la Chine et les nouvelles menaces islamistes, les priorités américaines ont changé : allégement de la présence en Europe au profit de l'Asie, constitution d'un réseau de bases plus petites qu'auparavant, plus discrètes politiquement, mieux réparties à travers le monde (Europe orientale, Afrique, Moyen-Orient, Asie centrale et Asie-Pacifique) et permettant des projections rapides de force sur les points chauds.

Il s'agit non du jeu de dominos proprement dit, mais de l'utilisation de ces petits rectangles que l'on place verticalement les uns à côté des autres pour provoquer leur chute de proche en proche. Définie par le commandement militaire américain dans les années 1960, la « théorie des dominos » stipulait que la perte par le camp occidental d'un pays acquis à sa cause au profit du bloc soviétique risquait d'entraîner la chute de proche en proche vers le communisme de tous les pays voisins. Cette théorie fut surtout évoquée lors du conflit vietnamien. L'idée était qu'une éventuelle victoire du Nord allait provoquer le basculement dans le communisme du Cambodge et de la Thaïlande.

Les conséquences du « syndrome vietnamien »

Après le fiasco vietnamien, l'opinion américaine manifesta plus encore son refus d'envisager désormais une intervention des États-Unis dans des changements géopolitiques, survenant dans de lointaines parties du monde. L'élection à la présidence de Jimmy Carter en 1977 en est une des manifestations. En effet, ses convictions religieuses le conduisirent à un pacifisme quasi systématique. À la fin de l'année 1978, cette volonté de non-intervention s'est traduite par sa passivité devant la guerre qui éclata brusquement entre le Vietnam unifié sous le régime communiste et le Cambodge tombé sous la coupe de communistes frénétiques, les Khmers rouges, d'obédience maoïste. Ces derniers revendiquaient le grand delta du Mekong au Sud-Vietnam. Ils lancèrent, dès 1975, une série d'attaques sanglantes contre les Vietnamiens, attaques d'autant plus dangereuses qu'elles visaient Saigon (dénommée désormais Ho Chi Minh Ville) où une nombreuse et riche communauté chinoise, mécontente de l'instauration d'un système socialiste, pouvait déclencher une dangereuse révolte. L'armée vietnamienne envahit le Cambodge en janvier 1979 – ce qui fit découvrir l'horreur des atrocités perpétrées par les

LA THÉORIE DES DOMINOS

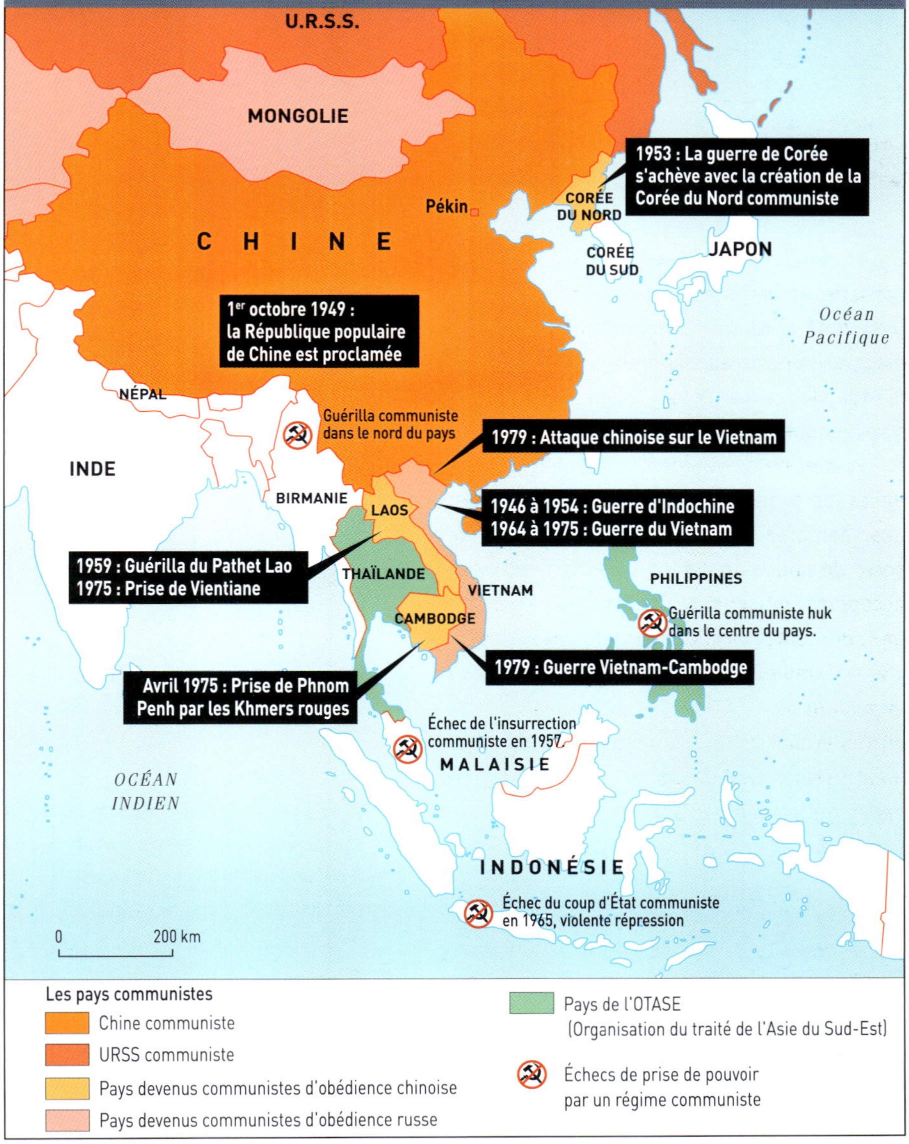

Khmers rouges –, mais les États-Unis se gardèrent d'intervenir, pas plus qu'ils ne réagirent lorsque la Chine attaqua le Vietnam, en avril 1979, « pour le punir d'avoir attaqué un pays frère ». Cependant, l'armée chinoise fut rapidement repoussée. Pour complaire à la Chine, les États-Unis allèrent jusqu'à soutenir le maintien du représentant des Khmers rouges au siège du Cambodge aux Nations unies. Finalement, le calme s'établit en Asie du Sud-Est : après la mort de Mao et l'arrivée au pouvoir de Deng Xiao Ping, la Chine a entrepris son passage progressif au capitalisme grâce à l'ouverture du marché américain.

VI. Les États-Unis et le monde musulman

En 1979, le prestige des États-Unis subit un autre revers très lourd de conséquences lorsque la révolution de l'ayatollah Khomeiny les obligea à quitter l'Iran en catastrophe où ils jouaient un rôle important, tant sur le plan militaire que dans l'exploitation du pétrole.

Au début des années 1950, les services secrets américains avaient soutenu le jeune shah d'Iran lors de la crise politique provoquée par les contrecoups de la nationalisation des pétroles en 1951, contre les intérêts britanniques. Depuis cette époque, les relations étaient particulièrement bonnes entre le Shah et les États-Unis – ces derniers l'avaient d'ailleurs soutenu lorsqu'il profita d'une nouvelle guerre israélo-arabe pour tripler les prix du pétrole. Mais, avec la présidence de Jimmy Carter, les relations avec le Shah se dégradèrent lorsqu'un mouvement de contestation politique se développa en Iran et lorsque les religieux (les mollahs) s'opposèrent ouvertement à la modernisation de la société iranienne.

Après le fiasco vietnamien, l'Iran

Souhaitant que l'Iran connaisse davantage de démocratie, le président Carter prit contact avec des leaders de l'opposition iranienne, quand la rumeur d'un cancer du Shah se répandit. En 1979, lorsqu'une série d'attentats et de troubles graves se produisirent en Iran – tant du fait des *mollahs* que d'organisations d'extrême gauche trotskistes –, les Américains ne réagirent toujours pas, préférant que l'imam Khomeiny – dont on ne connaissait pas encore les intentions véritables – prenne le pouvoir pour contrer l'influence du parti communiste iranien (le parti Toudeh), qui approuvait la politique d'industrialisation du shah et sa réforme agraire à l'encontre des grands domaines du haut clergé chiite. Malade, le Shah estima préférable de quitter provisoirement l'Iran. Il ne fut pas pour autant autorisé à se réfugier aux États-Unis, tant le gouvernement américain voulait donner de gages à l'ayatollah Khomeiny – les Français l'avaient d'ailleurs tout autant cultivé.

Brusquement, les islamistes s'en prirent à l'Amérique dénoncée comme le « grand Satan » ; les Américains durent quitter l'Iran en catastrophe afin d'éviter le sort des membres de l'ambassade américaine pris en otage à Téhéran. Après l'échec de l'opération aéroportée, ils ne furent libérés qu'en 1981 après la défaite de Carter et la victoire de Reagan.

En 2009, les relations des États-Unis avec l'Iran ne sont toujours pas rétablies. Barack Obama tente bien de les renouer pour essayer de convaincre les dirigeants iraniens de renoncer à se doter d'armes nucléaires. Par ailleurs, il veut également convaincre Israël de ne rien tenter contre les installations nucléaires iraniennes, ce qui aurait des répercussions très graves dans tout le Moyen-Orient.

L'invasion de l'Afghanistan par l'Armée rouge

Quelques mois après leur déroute en Iran, les États-Unis, toujours sous la présidence du très pacifiste Jimmy Carter, n'allaient guère réagir devant un changement brutal de la situation géopolitique internationale : l'entrée de l'Armée soviétique en Afghanistan à la fin de l'année 1979.

La première impression fut que les dirigeants soviétiques voulaient profiter de l'expulsion des Américains d'Iran pour foncer vers l'océan Indien, l'influence américaine dans cette zone équilibrant traditionnellement celle des Russes en Afghanistan. En fait, depuis quelques années, les Américains, entièrement tournés vers l'Iran, ne se souciaient guère de ce qui se passait en Afghanistan ; les coopérants soviétiques y étaient pourtant devenus nombreux et soutenaient un gouvernement très « progressiste » dans ses efforts de modernisation, notamment dans le domaine de l'éducation. La construction d'écoles pour les filles provoqua la fureur des *mollahs* fut à l'origine d'une série d'émeutes urbaines s'attaquant aux quartiers où se trouvaient les coopérants soviétiques. Pour tenter de sauver leurs compatriotes et face au débordement du gouvernement afghan, les Soviétiques lancèrent une vaste

L'ISLAM SUR TROIS CONTINENTS

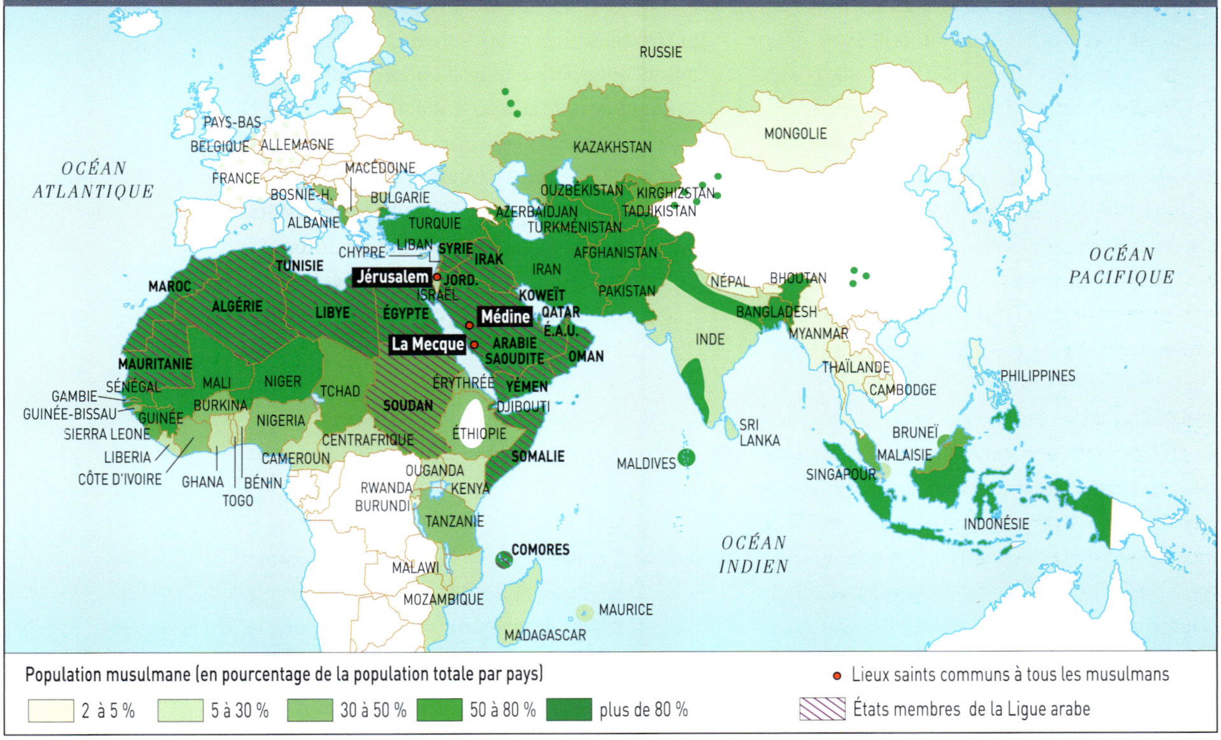

Près de 1,3 milliard de personnes constituent le monde musulman. La plupart d'entre elles vivent en Asie et en Afrique. Une minorité importante (de 12 à 15 millions) est également installée en Europe. On distingue cinq grands ensembles : le monde arabe, de la Mauritanie au Qatar (200 millions), le monde turco-persan, de la Turquie au Xinjiang chinois (150 millions), le monde indien (Bangladesh, Inde, Pakistan, 450 millions), l'Asie du Sud-Est (250 millions, dont plus de 200 millions en Indonésie), enfin l'Afrique (220 millions, dont quelque 50 au Nigeria).

opération militaire, qui allait rapidement se révéler être un véritable guêpier, car ils durent affronter la pugnacité de tribus dont la vieille réputation guerrière n'était pas surfaite.

Curieusement, le gouvernement américain ne réagit guère à ce qu'il présenta comme l'invasion soviétique de l'Afghanistan et une tentative d'atteindre les « mers chaudes ». Après une mise en garde au Kremlin, la réaction du président Carter se limita à l'organisation du boycott des jeux Olympiques de Moscou en 1980. Cette attitude américaine modérée qui se poursuivit apparemment durant les sept années suivantes – jusqu'au départ des Soviétiques d'Afghanistan – était-elle encore un effet du « syndrome vietnamien » ? Pourtant, en 1981, Carter avait été remplacé par Ronald Reagan, élu dans la majeure partie des 50 États, dont le slogan géopolitique fut : « L'Amérique est de retour » et qui a été le premier à désigner l'URSS comme « l'empire du Mal ». Dans les faits, les dirigeants américains avaient décidé de piéger les Soviétiques en Afghanistan, comme eux s'étaient retrouvés piégés au Vietnam, où l'URSS avait apporté ouvertement son soutien en matériel aux combattants nord-vietnamiens.

Non seulement, la CIA et d'autres services secrets américains organisèrent la fourniture indirecte d'armes aux combattants afghans par l'entremise des services secrets pakistanais, mais ils se chargèrent également du recrutement (en Algérie notamment) et du financement de combattants djihadistes contre l'athéisme communiste par le biais de réseaux officieux d'Arabie saoudite et des Émirats du Golfe (notamment par l'entremise d'Oussama Ben Laden). Lorsque des combattants afghans eurent à leur disposition des missiles sol-air Stinger qui leur permettaient d'atteindre des avions à haute altitude, ce qui rendait encore plus difficiles les liaisons entre les postes russes dans la montagne, les Soviétiques quittèrent en bon ordre l'Afghanistan en 1988. Le monde entier apprit alors que l'URSS avait subi une défaite peut-être aussi grave que celle des États-Unis au Vietnam.

Un nouveau revers imprévu

S'il n'est pas prouvé que le repli d'Afghanistan soit pour beaucoup, trois ans plus tard, dans l'éclatement de l'URSS – ce dernier résultant essentiellement de rivalités personnelles entre dirigeants soviétiques –, en revanche, la stratégie indirecte des Américains en Afghanistan eut pour eux-mêmes de très graves incidences.

Le mouvement révolutionnaire islamiste tira un grand prestige et de gros moyens financiers de sa soi-disant victoire contre l'athéisme européen en Afghanistan. Des organisateurs de *djihad* apparurent dans les Émirats du Golfe et en Arabie saoudite ; des combattants djihadistes furent recrutés dans l'ensemble du monde musulman où ils implantèrent de nombreuses cellules secrètes, en attendant d'aller au combat.

Grâce à la collusion des services secrets pakistanais et des ultra-islamistes, les talibans prirent le pouvoir en Afghanistan et ils s'implantèrent profondément au Pakistan.

Les difficultés actuelles des Américains en Irak, en Afghanistan et maintenant au Pakistan, sont dans une grande mesure les conséquences, quinze ans plus tard, de leur habile stratégie contre les Soviétiques.

Déjà, sous la présidence de Bill Clinton, les États-Unis ont commencé à rééquilibrer leurs forces à l'étranger entre l'Europe et l'Asie, la priorité étant donnée à la seconde. Depuis les années 2000, le commandement américain cherche à établir ses troupes dans des bases plus petites et plus dispersées qu'auparavant, afin d'éviter une trop forte visibilité dans les pays concernés et de permettre une projection plus rapide des forces en cas de crise. Des points d'appui de ce type sont ainsi établis ou programmés en Europe (Bulgarie, Pologne, Roumanie), au Moyen-Orient (Qatar), en Asie centrale (Kirghizistan, Ouzbékistan, Tadjikistan), en Afrique (São Tomé, Djibouti) et en Asie-Pacifique.

VII. La « Guerre des étoiles »

Les années 1980 virent une spectaculaire remontée en puissance géopolitique des États-Unis au plan international. Sans attendre que l'échec des Soviétiques soit officialisé en Afghanistan, le président Reagan décida de lancer contre eux le grand programme de la « Guerre des étoiles », prétextant que les Soviétiques installaient de nouveaux missiles nucléaires à moyenne portée – les « euro-missiles », plus performants que les précédents datant des années 1950 – et qu'ils les braquaient sur l'Europe occidentale.

Le « bouclier de l'espace »

Dès l'instant où, en juillet 1969, ils posaient le pied sur la Lune, les Américains menaient la course en tête dans les conquêtes spatiales. Jusqu'alors, à l'ONU, il avait été convenu que ces conquêtes devaient être pacifiques et qu'il était interdit de mettre des armes en orbite. Néanmoins, tout le monde savait que les fusées destinées au lancement des satellites scientifiques étaient à peu près les mêmes que celles qui pouvaient porter des armes nucléaires de plus en plus puissantes et sophistiquées. Le programme extrêmement coûteux de la « guerre des étoiles », dénommé officiellement « Initiative de défense stratégique », consistait en la mise au point de nombreux satellites qui pourraient repérer et détruire les fusées intercontinentales soviétiques lancées à très grande vitesse et à très haute altitude contre les États-Unis. Cette opération a été comparée à celle consistant à tirer une balle de revolver contre une autre balle tirée au même moment par une autre arme à feu.

LES PRINCIPALES INTERVENTIONS MILITAIRES AMÉRICAINES À L'ÉTRANGER DEPUIS 1948

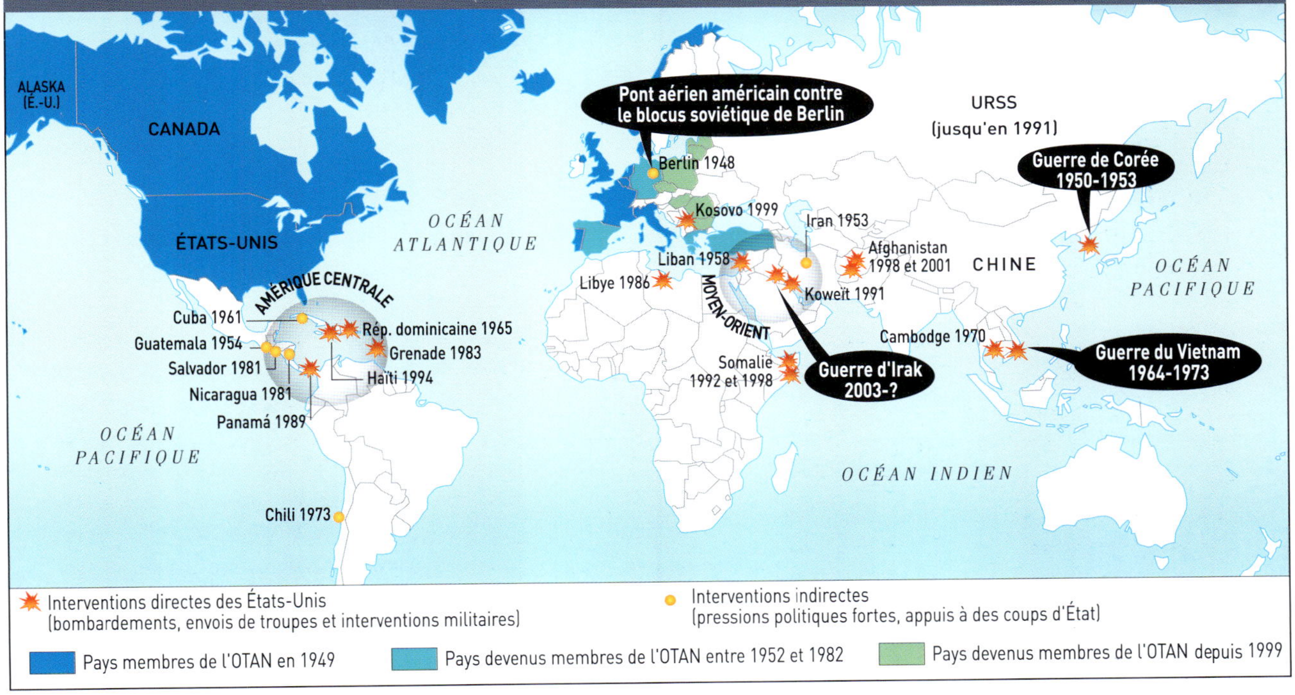

Les dirigeants soviétiques voulaient faire de même, mais les dépenses énormes impliquées par un tel programme, dès ses débuts, ne pouvaient être supportées par l'URSS en raison de ses médiocres performances économiques. Souvent, la « guerre des étoiles », lancée par Reagan avec l'accord de l'opinion américaine, a été désignée comme la responsable indirecte de l'effondrement économique de l'URSS et de sa soudaine dislocation, à la fin de l'année 1991. Après avoir longtemps cru que leur pays allait un jour dépasser les États-Unis, les dirigeants soviétiques se sont rendus à l'évidence : non seulement ils étaient supplantés par le Japon, au second rang de l'économie mondiale, mais de surcroît, nombre de responsables d'entreprises d'État utilisaient les profondes réformes en cours pour en devenir propriétaires après leur privatisation.

Pour justifier les énormes dépenses militaires qu'il faisait voter, Reagan s'est appuyé sur des rapports de la CIA et d'autres organismes semblables qui affirmaient que les Soviétiques faisaient des dépenses encore plus considérables dans le domaine militaire. En justifiant la baisse des pouvoirs économiques et sociaux de l'État par la baisse des impôts, Reagan a permis que les États-Unis couvrent de plus en plus leur déficit par des emprunts faits au marché financier mondial.

LA GUERRE DU GOLFE

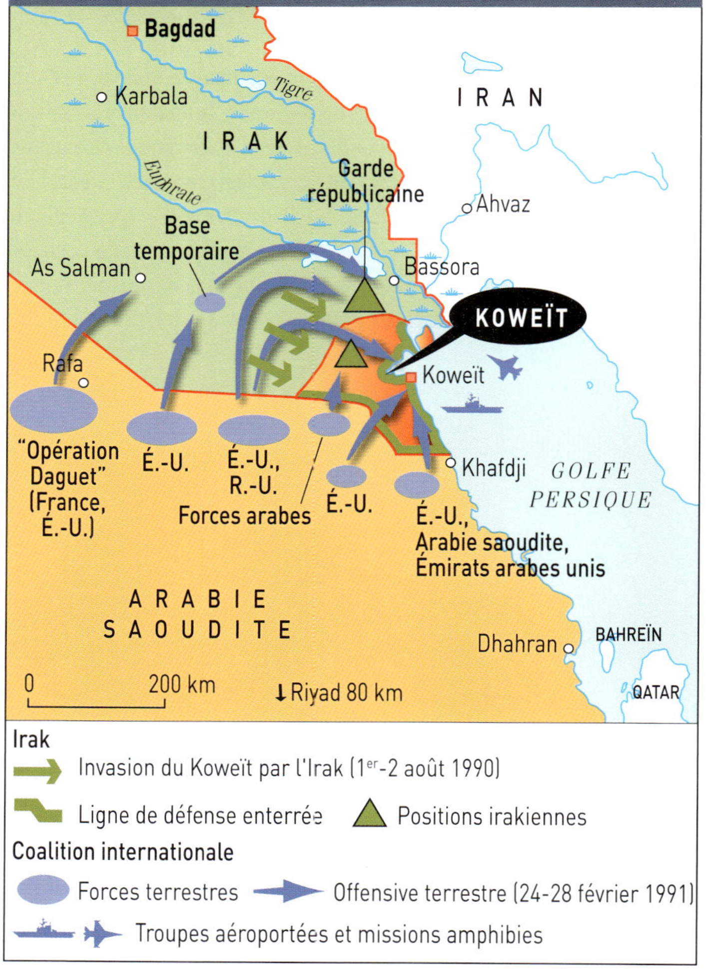

La « doctrine Reagan »

Prenant appui sur le mouvement néoconservateur, cette doctrine peut se définir, d'un côté, par la réduction du rôle économique et social de l'État, de l'autre, par le renforcement du domaine militaire et par le refus de laisser s'opérer un déclin même relatif de la puissance américaine. Pour les néoconservateurs, l'Amérique est la première puissance démocratique mondiale, son rôle étant de lutter pour la démocratie et contre toutes les dictatures, tout en exerçant une « hégémonie bienveillante » sur le monde.

La dislocation de l'Union soviétique fut annoncée brusquement à Noël 1991 – Reagan n'était plus président, son vice-président

En août 1990, Saddam Hussein envahit le Koweït en déclarant son intention d'en faire une nouvelle province de l'Irak. Avec l'approbation du Conseil de sécurité, les États-Unis réunissent autour d'eux une vaste coalition qui inclut de nombreux États arabes, comme le Maroc ou l'Arabie saoudite. Forte de plus de 500 000 hommes, principalement américains, la coalition conduit, début 1991, une offensive en deux temps : une phase aérienne qui pulvérise les moyens de l'Irak, suivie de l'engagement direct au sol des forces terrestres. Débordées sur leurs ailes, les forces irakiennes sont finalement anéanties par le mouvement de faux de la coalition. La victoire militaire, totale, n'est cependant pas suivie par un règlement politique durable dans la région.

George Bush lui avait succédé en 1989. Cependant le triomphe de la « doctrine Reagan » fut proclamé : il n'y avait plus d'autre superpuissance. « L'hégémonie bienveillante » de l'Amérique eut l'occasion de se manifester en août 1990 lorsque l'armée de Saddam Hussein envahit le Koweït. Pour faire respecter la charte de l'ONU, le Conseil de sécurité chargea les États-Unis d'organiser la coalition pour l'en chasser. Saddam comptait sur un soutien de l'URSS, mais, au début de l'année 1991, les dirigeants soviétiques avaient bien d'autres problèmes. Lorsque l'offensive des Nations unies fut lancée en février, et rapidement menée, le président George Bush veilla à ce qu'elle ne dépasse pas la frontière nord du Koweït et qu'elle n'entre pas en Irak. On saura plus tard que les contrecoups de cette petite guerre du Koweït auront de graves conséquences en Arabie saoudite, puisqu'ils seront à l'origine de l'action d'Oussama Ben Laden contre les États-Unis, le 11 septembre 2001.

VIII. Après les guerres, la spéculation financière

Après la dislocation de l'URSS à la fin de l'année 1991, l'Amérique victorieuse devenait donc incontestablement l'hyperpuissance. En 1992, un philosophe américain, Francis Fukuyama, publia un essai qui a connu un énorme succès, *la Fin de l'Histoire et le dernier homme*. Se référant à une thèse de Hegel, il affirmait que la grande Histoire avec ses guerres entre États et ses luttes entre idéologies rivales n'avait plus de raison d'être. Le monde entier allait connaître le « triomphe de la Démocratie ».

Une économie dominante mais endettée

Malgré le prestige que sa victoire dans la guerre du Golfe lui avait valu, George Bush ne fut pas réélu en 1993, un concurrent d'extrême droite attirant les voix d'une partie des électeurs républicains ; le démocrate Bill Clinton fut élu président des États-Unis. Sur le plan économique, son programme n'était guère différent de celui de Reagan et des néolibéraux puisqu'il diminua encore davantage les impôts en faveur des entreprises.

Pour couvrir leur déficit budgétaire et celui de leurs échanges extérieurs, les États-Unis ont dû emprunter toujours plus à d'autres pays – et de plus en plus à la Chine – où le développement des exportations sur le marché américain générait des bénéfices en dollars de plus en plus importants. Cependant, aux États-Unis, l'accroissement des importations de toutes sortes de marchandises a entraîné le marasme des entreprises nationales qui fabriquaient jusqu'alors ces produits et une hausse du chômage dans les vieilles régions industrielles.

Des relations paradoxales avec la Chine

Les relations entre les États-Unis et la Chine ont été exécrables dans les années qui suivirent la Seconde Guerre mondiale. Par exemple en 1949, au terme d'une longue guerre civile, lorsque les communistes chinois chassent de toute la Chine les partisans du Tchang Kaï-chek soutenus par l'Amérique. Ces derniers se réfugient alors sur l'île de Formose – aujourd'hui Taïwan – abandonnée récemment par les Japonais. La flotte américaine s'opposa – et s'oppose encore aujourd'hui – à ce que les communistes franchissent le détroit de Formose. Durant vingt ans, Mao dénonça l'impérialisme américain et prit des dispositions pour faire face à une invasion ou à un bombardement nucléaire.

LES PARADIS FISCAUX DANS LE MONDE

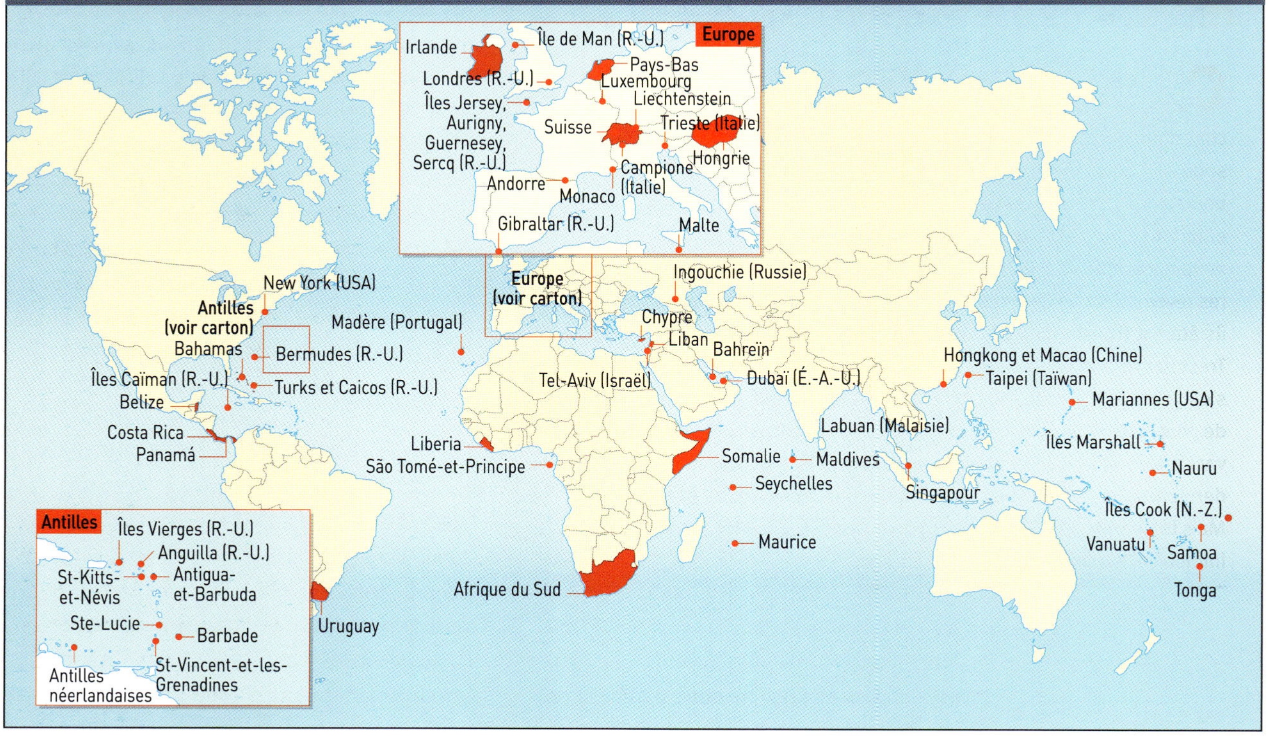

Véritables "trous noirs" de la finance, reconnus comme accélérateurs de la crise financière, les paradis fiscaux présentent une menace systémique pour le système financier.
Lors du sommet de Londres en avril 2009, les pays du G20 ont rendu publics les centres financiers non coopératifs et paraissent déterminés à prendre des sanctions à leur encontre.

Une situation inattendue se produit pourtant en août 1972 : on apprend, en pleine guerre du Vietnam, que le président Nixon et son secrétaire d'État, Harry Kissinger, sont arrivés secrètement à Pékin via le Pakistan et qu'ils discutent avec le président Mao. Kissinger table sur le fait que les relations entre la Chine et l'URSS sont devenues exécrables en raison de la rivalité de leur « modèle communiste » mais également du fait de rivalités géopolitiques sur de vastes territoires depuis longtemps annexés par l'Empire russe. Nixon cherche également à tirer parti de la rivalité triangulaire Chine-URSS-États-Unis et il propose en secret à Mao une alliance défensive contre les Soviétiques.

En 1979, le fiasco de l'offensive lancée par l'Armée populaire de Chine contre le Vietnam victorieux des Américains – pour le « punir » d'avoir chassé les Khmers rouges du Cambodge – fait prendre conscience au dirigeant chinois Deng Xiaoping, persécuté sous Mao et venu au pouvoir après sa mort, qu'il faut moderniser non seulement l'énorme et pourtant désuète armée chinoise mais également l'économie chinoise, et ce, par l'abandon progressif du socialisme et le passage à « l'économie de marché ». Pour aider la Chine à réaliser de grands bénéfices, lui permettre d'amorcer le développement du capitalisme et son renforcement face à l'URSS, les États-Unis ouvrent leur marché aux produits chinois, ce qui fait de surcroît l'affaire de nombreuses firmes américaines, abandonnant leurs propres productions pour revendre avec de gros profits des produits chinois à bas prix. Le gouvernement chinois et ses capitalistes réaliseront de si grands profits qu'une partie seulement est

LES SUBPRIMES

C'est avec l'accord de Bill Clinton que s'est étendu le système des *subprimes* qui permettait de prêter des sommes notables pour l'achat d'une maison à des familles pauvres qui n'avaient guère de ressources – et ce, même si elles rencontraient déjà des difficultés à rembourser des prêts précédents. Il n'était pas dit généralement à ces emprunteurs que ces crédits étaient à taux variables et qu'ils devaient augmenter après quelques années. Les courtiers en crédits hypothécaires revendaient ensuite ces crédits à des banques d'investissement où ils étaient transformés en titres jugés plus rentables que des bons du Trésor et revendus à de nombreux clients. Le système des *subprimes* s'est enrayé à la fin de l'année 2006 : les taux d'intérêt augmentent et de plus en plus de ménages voient leurs mensualités exploser. Ne pouvant pas rembourser leur crédit, ils sont expulsés de leur maison ; ces dernières sont saisies par les banques qui cherchent à les revendre. Mais le nombre de logements à vendre explose à son tour et le marché immobilier s'effondre. ■

investie en Chine et qu'une autre partie est prêtée au gouvernement fédéral américain, qui a alors tout intérêt à favoriser l'essor chinois des exportations. Depuis des années, la Chine est donc le plus gros acheteur des bons du Trésor que le gouvernement fédéral américain émet pour couvrir un déficit budgétaire et commercial de plus en plus considérable.

Le développement de ces relations financières est souvent présenté comme une preuve majeure que la mondialisation met progressivement un terme à de graves rivalités géopolitiques entre grandes puissances, les idéologies et leurs aires d'influence n'ayant, selon certains, désormais plus d'importance ou en tout cas pas plus que les territoires. Attendons de voir quelle va être la réaction des États-Unis face à la poussée des grandes compagnies pétrolières chinoises, en Afrique, en Amérique latine et même bientôt au Moyen-Orient...

Les signes précurseurs de la crise financière

Sous la présidence de Bill Clinton, l'Amérique connut une spéculation financière sans précédent. Depuis les années 1960, les indices boursiers Dow Jones – qui indiquent l'évolution du cours des actions des 30 plus grandes entreprises cotées à la bourse de New York (Wall Street) – oscillaient autour de l'indice 1 000. Ils passèrent brusquement à l'indice 3 000 en 1990, à 7 000 en 1995, à 10 000 en 1998, puis retombèrent à 8 000 en 2002 – à cause du 11-Septembre ou de spéculations excessives. Finalement, à la veille de l'effondrement des banques en août 2008, ces indices remontèrent à plus de 14 000.

À L'AUBE DU XXIE SIÈCLE : DE NOUVELLES DIFFICULTÉS GÉOPOLITIQUES

Si la fin du XXe siècle a illustré les multiples expressions de la puissance américaine, le XXIe a commencé avec l'attaque du World Trade Center le 11 septembre 2001. Vue et vécue en direct par tous les Américains, cette attaque fit plus de victimes que celle de Pearl Harbour qui avait provoqué à l'époque l'entrée des États-Unis dans la Seconde Guerre mondiale.

I. Un traumatisme national

Le 11-Septembre a profondément marqué les représentations géopolitiques des Américains. La riposte immédiate en Afghanistan où se trouvait al-Qaida n'a pas permis de s'emparer d'Oussama Ben Laden. Il apparaît alors logique que le président George W. Bush et ses conseillers recherchent d'où pourrait surgir une prochaine attaque, les proclamations des leaders djihadistes en promettant d'autres, pire encore. Pour Bush, celle-ci pouvait venir d'Irak. Il fut mis en garde contre les risques d'une telle opération, moins par des Américains que par des chefs d'État étrangers, Jacques Chirac notamment, qui se référa à de grands principes tels que le refus de la guerre préventive. Mais comme toute grande décision stratégique, celle d'attaquer l'Irak pouvait réussir, échouer ou, par ses contrecoups, engendrer d'autres conflits – ce que nous avons vu dans la première partie de ce livre.

Rappeler les difficultés géopolitiques auxquelles les États-Unis ont été confrontés depuis la fin de la Seconde Guerre mondiale, tout au long de la seconde moitié du XXe siècle, permet de se rendre compte que nombre d'entre elles ont été des répliques aux poussées de forces adverses – que ce soit dès les débuts de la « guerre froide », lorsque les dirigeants américains ont décidé de prendre la défense de l'Europe occidentale contre la poussée soviétique, puis lors de la guerre de Corée ou lors de leur revers retentissant à Cuba ou encore lorsqu'ils se sont laissés embarquer dans la guerre du Vietnam, par simple sentiment anticommuniste.

Le « syndrome vietnamien », qui contribua à l'élection d'un président pacifiste et les difficultés en Irak expliquent l'actuelle « retenue » des États-Unis dans la crise iranienne ou la crise afghane – « retenues » réelles ou apparentes dont on se demande aujourd'hui si elles ne risquent pas de conduire à des difficultés encore plus graves – face à une combinaison possible de la guerre menée en Irak avec une autre au Pakistan, due à la présence des talibans. Outre le fait que leur image internationale est déjà bien ternie, l'opinion américaine se demande comment son armée pourra tenir tous ces fronts.

Une hyperpuissance qui fait l'unanimité contre elle

L'un des effets internationaux de la guerre en Irak est d'avoir provoqué une extrême hostilité des opinions publiques à l'encontre des États-Unis. Depuis des décennies déjà, l'Amérique suscite dans le monde des sentiments hostiles : une grande partie de l'opinion mondiale estime – à tort – que sa richesse vient surtout des profits que ses grandes firmes accaparent dans tous les pays. Le fait que les États-Unis soutiennent inconditionnellement Israël dans sa domination sur les Palestiniens provoque l'hostilité des Arabes et, plus largement, celle des musulmans. En dépit de relations commerciales fort fructueuses développées avec la Chine depuis plus de vingt ans, un grand nombre de Chinois ont eux aussi une vision assez négative de l'Amérique. Ils pensent que leur pays, qui fut durant des siècles une très grande puissance, doit reprendre son rang, quitte à s'opposer à l'actuelle hyperpuissance.

Depuis 2003, la guerre menée par l'armée américaine en Irak est largement considérée, hors des États-Unis, comme une vengeance indirecte liée au 11 septembre 2001. Cette guerre a accrédité l'idée que le gouvernement américain, avec les énormes moyens à sa disposition, pourrait écraser, au-delà des mers, bien d'autres pays, du moins ceux qui n'ont pas vraiment les moyens de se défendre, et s'arroger leurs richesses. Ces rivalités géopolitiques, la puissance économique et militaire américaine poussent l'opinion internationale à considérer aujourd'hui l'Amérique comme une puissance maléfique qui utiliserait les réseaux de la mondialisation pour pomper les ressources de tous les autres pays. Ce sentiment s'est trouvé accentué par la grave crise financière d'août 2008 perçue à la fois comme la conséquence de la frénésie de spéculations qui s'était emparée des banquiers, des traders et des gros actionnaires, mais également comme une punition du capitalisme américain provoquant l'appauvrissement de millions de travailleurs. C'est dans ce contexte houleux que la campagne pour les élections présidentielles s'est déroulée au mois de septembre 2008.

II. L'élection de Barack Obama

Le fait qu'un Noir soit élu président des États-Unis est assurément un changement majeur dans l'image que les Américains ont d'eux-mêmes et dans l'idée que l'on peut s'en faire à travers le monde.

L'image de l'Amérique « impérialiste » est associée à celle des WASP, les White Anglo-Saxon Protestant. Ces premiers colons anglais, en partie esclavagistes, imposèrent leur langue et, aujourd'hui, ils sont encore considérés comme le groupe dominant des autres catégories d'immigrés que ces derniers soient Irlandais, Allemands, Slaves, Juifs, Italiens, Hispaniques ou Asiatiques.

Cette extraordinaire élection d'un Noir – ou plutôt d'un métis né à Hawaï d'un père kenyan musulman et d'une mère blanche originaire du Kansas – et surtout d'un homme jeune de grande valeur intellectuelle et au pouvoir oratoire certain traduit la volonté de changement et l'angoisse d'un grand nombre d'Américains devant la grave crise financière qui s'est déclenchée durant la campagne électorale ou devant les autres conflits possibles au Moyen-Orient.

Son parcours

Jeune avocat diplômé de Harvard et enseignant de droit constitutionnel à l'université de Chicago, Barack Obama a commencé sa carrière politique comme élu démocrate au sénat de l'Illinois pour en devenir sénateur en 2004. Il a été l'un des rares hommes politiques américains à voter, pour des raisons de principe, contre le projet de George W. Bush d'attaquer l'Irak. Sa rivale pour l'investiture comme candidat démocrate à l'élection présidentielle, Hillary Clinton, avait, elle, voté « pour ». Entre les deux candidats démocrates, la compétition fut rude. La défaite de l'épouse du très populaire Bill Clinton a fait craindre que Barack Obama ne perde les suffrages d'un grand nombre d'électrices blanches ou noires. Ils ont donc convenu qu'en cas de victoire elle serait la future secrétaire d'État – ce qui a été le cas. La campagne du candidat républicain, héros de la guerre du Vietnam, fut handicapée par le déclenchement soudain de la crise financière face à laquelle McCain n'opposait guère de sérieux projets.

La campagne d'Obama a reposé à la fois sur d'innombrables échanges d'idées sur le Net, mais également sur la mobilisation physique d'un grand nombre de supporters qui sont allés chacun rencontrer de nombreux citoyens et qui ont obtenu leur soutien financier – à tel point que le budget de sa campagne a été plus important que celui de son rival républicain. Une des difficultés que Barack Obama a dû surmonter, lors de sa campagne électorale, a été que nombre de Noirs trouvaient que son programme ne comportait pas assez de mesures en leur faveur. Il s'en est expliqué dans un discours d'une grande valeur morale, sur l'évolution du « problème des races » en Amérique. Il a dû également s'expliquer sur son appartenance à une église noire dont le leader religieux exprime encore des points de vue fort critiques à l'encontre de l'Amérique et de ses institutions. La presse ne s'est pas arrêtée là : elle a révélé que sa femme, Michelle Obama, brillante avocate, avait exprimé de fâcheux jugements de valeur quant au passé raciste encore tout récent de l'Amérique.

Une fois élu, Barack Obama annonce aux Américains la nécessité de grandes réformes. Son slogan, repris de sa campagne, est : "*Yes, we can*" (« Oui, nous le pouvons »). Profondément croyant, il est fondamentalement américain et, de toute évidence, très fier de l'être. Il est en réalité profondément persuadé, comme la plupart de ses concitoyens, que l'extraordinaire destin de l'Amérique a bel et bien été voulu par Dieu.

LE DISCOURS DU PRÉSIDENT OBAMA AU MONDE MUSULMAN

Le 4 juin 2009, Barack Hussein Obama a prononcé à l'université du Caire un grand discours à destination de tous les musulmans. Après avoir rappelé la tension existante entre le monde musulman et l'Amérique, il a déclaré être venu au Caire « en quête d'un nouveau départ [...] fondé sur le respect mutuel [...] car l'Amérique et l'Islam ne s'excluent pas et [...] n'ont pas lieu de se faire concurrence. Bien au contraire, l'Amérique et l'Islam se [...] nourrissent de principes communs, à savoir la justice et le progrès, la tolérance et la dignité de chaque citoyen ». En rappelant qu'il avait longtemps vécu dans le plus peuplé des États musulmans, l'Indonésie, le président Obama, tout en affirmant sa chrétienté, a mentionné plusieurs citations du Coran et la dette que la civilisation avait envers l'Islam. Tout en insistant sur le « soutien indéfectible » des États-Unis envers Israël, il a souligné la nécessité au Proche-Orient d'un État palestinien et du départ des « colonies israéliennes ». Il a parlé de son soutien à la démocratie, mais également à la liberté des choix religieux et aux droits de la femme (comme celui de porter le voile).

Ce discours, très attendu, tenu par le premier président Noir des États-Unis, qui marque un grand changement dans l'histoire de ce pays, fera-t-il réfléchir les musulmans ? Beaucoup d'entre eux affichent déjà une grande perplexité et Oussama Ben Laden, la veille du 4 juin, dans un message à la chaîne de télévision du Qatar, al-Jazeera, affirmait qu'il ne s'agissait en fait que d'une simple ruse d'un adversaire de l'Islam. ■

Son discours

Le discours d'Obama consistait à expliquer aux Américains qu'il fallait réaliser des changements économiques fondamentaux. Avant même d'entrer en fonction en janvier 2009, il suggéra au président Bush encore en exercice que l'État fédéral – contrairement à la stratégie suivie lors de la crise de 1929 – se porte immédiatement et massivement à l'aide des grandes banques menacées de faillite – ce qui a été fait et ce qui a évité une catastrophe plus grande encore. Cette quasi-nationalisation des banques – à titre plus ou moins temporaire – était encore impensable quelques semaines auparavant pour la plupart des Américains.

La crise économique n'en a pas moins continué à accroître ses effets. À la fin du mois de mai 2009, quatre mois après son entrée en fonction, Barack Obama a informé solennellement ses concitoyens que, malgré ses efforts, General Motors, la plus emblématique entreprise américaine, venait d'être mise en faillite, ses dettes étant devenues colossales ; il espérait pourtant pouvoir la redresser, après la prise de contrôle par l'État de 60 % du capital et après la fermeture d'un grand nombre de ses filiales et de ses usines. Comme Franklin Roosevelt l'avait fait durant la grande crise de 1929 – mais il ne devint président qu'en 1933 –, Barack Obama explique à ses concitoyens l'évolution de la situation et les choix qu'il est amené à faire.

LA VICTOIRE DE GEORGE W. BUSH EN 2004

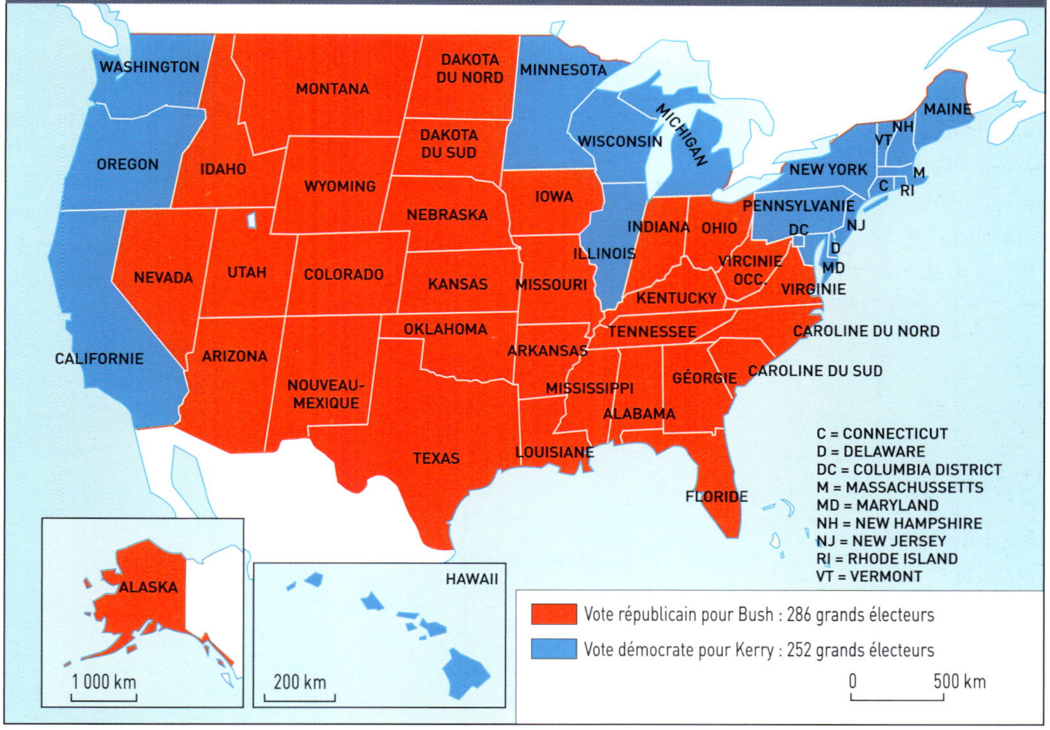

LA VICTOIRE DE BARACK OBAMA EN 2008

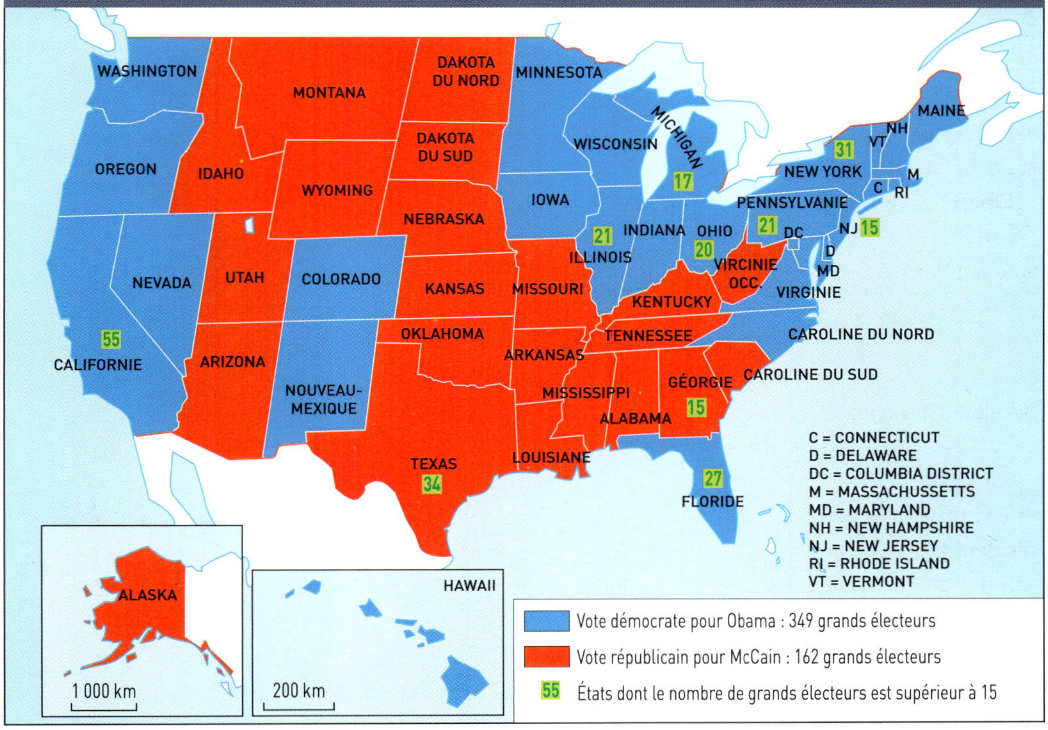

III. Un sentiment de religiosité omniprésent

Parmi les pays économiquement développés où les préoccupations religieuses ont progressivement perdu de leur importance politique – du moins pour une grande partie de la population –, les États-Unis constituent un cas très exceptionnel. La religiosité de la population y est restée très forte, qu'il s'agisse des Blancs ou des Noirs, des catholiques, des juifs ou des adeptes de multiples courants du protestantisme (luthériens, anglicans, presbytériens, méthodistes baptistes, mormons et surtout évangélistes). Dans ce pays, l'importance de la vie associative a fait que chacune de ces diverses tendances est représentée localement par des groupes de fidèles rivalisant d'ardeur. L'idée de laïcité à laquelle la France est très attachée n'est guère comprise par les Américains.

Depuis quelques décennies, cette religiosité tend à s'accroître et à se manifester par des jugements de valeur – le Bien devant dénoncer le Mal – concernant des comportements sociaux, des questions de mœurs, de points de vue culturels, philosophiques ou scientifiques ; ailleurs, dans d'autres pays développés, ces derniers sont envisagés ou acceptés sans se référer principalement à la religion.

Dans la Constitution américaine de 1787, Dieu n'était pas explicitement mentionné par les « pères fondateurs » de la nation qui étaient laïques. Actuellement, l'idée même de laïcité recule très nettement aux États-Unis où nombre de prédicateurs et d'hommes politiques se réfèrent de plus en plus à la Bible, si ce n'est à Dieu. Dans le quart sud-est du pays, une *Bible Belt* – ce terme, littéralement « la ceinture de la Bible », c'est-à-dire une zone géographique et sociologique où vit un pourcentage élevé de personnes se réclamant d'un protestantisme rigoriste, rappelle ceux du *Corn Belt* ou du *Sun Belt* (termes utiliser pour désigner certaines parties du pays disposant d'un trait commun sans pour autant désigner les États qui y sont inclus) – englobe nombre d'États qui, durant la guerre de Sécession, ont fait partie des États sudistes, les « confédérés ».

Dans les années 1960, ces courants religieux ne participaient guère aux consultations électorales. De nos jours, nombre de prédicateurs ont su utiliser les techniques médiatiques pour mobiliser les fidèles et pour orienter leurs votes pour le parti qui leur apparaissait comme le plus religieux. George W. Bush et le parti républicain ont su ainsi obtenir le soutien de ces courants tandis que le parti démocrate – où l'influence des intellectuels est plus importante –, paraissait donner davantage de place à l'idée de laïcité, considérée tout à fait contraire aux « valeurs américaines » par les républicains.

Un phénomène religieux qui se traduit en considérations géopolitiques

Pour ces chrétiens fervents, l'Islam apparaît dorénavant comme l'adversaire fondamental, les islamistes ayant inspiré et réalisé l'attaque du 11-Septembre.

Cette religiosité d'une grande partie des Américains, quelle que soit leur appartenance religieuse, se traduit dans leur représentation de la nation. Pour eux, leur nation a été choisie par Dieu pour se développer sur une immense « Terre promise », comme il est écrit dans la Bible. Toujours selon eux, la « destinée manifeste » de l'Amérique est d'accueillir dans le Nouveau Monde tous ceux qui ont voulu fuir ou veulent encore fuir les multiples formes d'oppression des pays du Vieux Monde afin de développer une société libre et de libre entreprise. Jusqu'à maintenant, cela n'avait guère de conséquences en matière de géopolitique. Pourtant, dans ces milieux à la fois politiques et religieux, une idée s'est développée : si l'Amérique a reçu de Dieu cette « Terre promise » avec ses richesses, elle a aussi reçu la tâche de défendre et de promouvoir partout dans le monde la démocratie et la justice. Une autre idée vient s'associer à la première : celle de la nécessité d'éliminer les germes du Mal qui pourraient la menacer.

LA « DESTINÉE MANIFESTE » DE L'AMÉRIQUE : RESTER L'HYPERPUISSANCE ?

L'expression « destinée manifeste » (« manifest destiny ») date précisément de 1845 ; elle fut notamment utilisée par un journaliste, John O'Sullivan, pour demander et justifier l'annexion du Texas qui venait de se séparer du Mexique. Son texte avait alors une fonction de circonstance purement politique : annexer le Texas et, plus généralement, étendre le territoire de l'Union – ce qui se trouvait par ailleurs en contradiction totale avec une interprétation restrictive de la Constitution qui condamnait la colonisation.

Si, depuis le milieu du XIXe siècle, cette expression est très souvent reprise ou il y est fait allusion, c'est parce qu'elle puise sa force d'argument géopolitique dans l'idée que le destin, le rôle que Dieu aurait manifestement confié à l'Amérique est de développer les idées de liberté, de justice et de progrès, de les étendre le plus possible et de les défendre contre toute tyrannie.

Ce concept se retrouve aux fondements de la politique étrangère américaine, dont il est l'un des principaux moteurs. Il apparaît d'ailleurs très clairement au lendemain de la Première Guerre mondiale dans les discours du président Wilson (qui agaçaient déjà beaucoup Français et Britanniques) et dans les représentations des néoconservateurs, qui ne se contentaient pas simplement de vouloir « éclairer » les autres nations, mais également à leur imposer plus ou moins par la force leurs valeurs.

Si l'on peut certes se référer à Dieu pour expliquer l'extraordinaire montée en puissance de l'Amérique, il est aussi possible de raisonner en termes géopolitiques pour comprendre comment et pourquoi d'anciennes petites colonies sont devenues, de nos jours, l'hyperpuissance. Il s'agit donc d'examiner en termes géopolitiques et géohistoriques une combinaison de facteurs favorables pour la plupart.

I. L'Amérique : pays ou continent ?

De nos jours, dans le monde entier, le mot « Amérique » est le plus souvent employé pour désigner non pas le continent américain tout entier, mais seulement une partie : les États-Unis (d'Amérique) – ses citoyens se dénommant eux-mêmes « Américains », oubliant ceux du Sud.

L'apparition de cette Amérique-là, l'hyperpuissance actuelle, est pourtant très récente sur la carte du monde. Il y a 250 ans, l'Empire chinois existait déjà avec ses frontières actuelles, comme le Japon, l'Empire russe, le royaume de France, le Royaume-Uni et l'Espagne dont l'empire, en plus du Mexique, couvre la plus grande partie de l'Amérique du Nord avec notamment la Californie, le Texas et la Floride. Sur la côte atlantique de l'Amérique du Nord, on trouve quelques petites « colonies » qui dépendent théoriquement du roi d'Angleterre.

Le 16 septembre 1620, un premier petit groupe de colons britanniques, fuyant les persécutions religieuses et l'instabilité en Europe,

LA COLONISATION AVANT LA FORMATION DES ÉTATS-UNIS

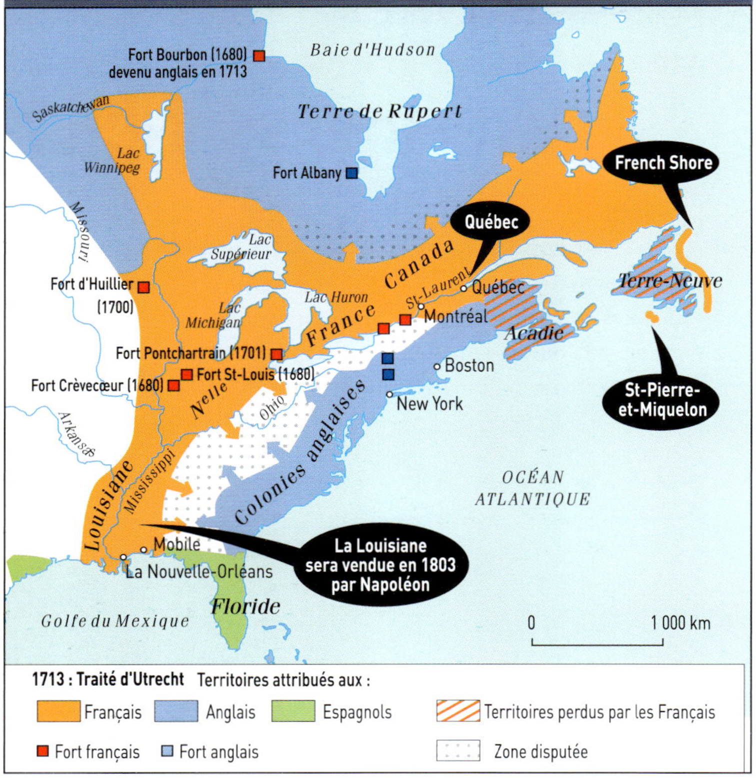

Au XVIIe siècle, Français et Anglais, qui s'opposent en Amérique du Nord pour le contrôle des voies d'eau et du trafic des fourrures, utilisent dans leurs guerres les tribus indiennes. Les premiers s'allient avec les Hurons, les seconds avec les Iroquois. Les tensions s'accroissent avec l'extension de la présence française vers le sud-ouest (Mississippi et Louisiane) et les hostilités s'engagent dès 1690. En 1713, le camp français est défait et doit renoncer à une grande part de ses possessions canadiennes. Les Anglais évincent leur ennemi traditionnel qui perd en 1763 le Canada et la Louisiane orientale. Mais les Français soutiendront les « insurgents » américains et c'est à Versailles en 1783 que les Anglais doivent reconnaître l'indépendance de leurs colonies américaines.

débarque sur la côte du Massachusetts (nom indien) afin de trouver une terre vierge où créer une nouvelle Jérusalem : les Pères pèlerins (en anglais, *Pilgrims Fathers*).

La Nouvelle France

Lorsque ces « Pères pèlerins » débarquent, plus au nord, d'autres Européens sont déjà arrivés : des Français sont au Canada, bien plus nombreux. Arrivés près d'un siècle plus tôt, ils ont, semble-t-il alors, de bonnes relations avec les Indiens. Certains d'entre eux ont remonté la vallée du grand fleuve Saint-Laurent, sont arrivés aux Grands Lacs et ils ont aussi découvert le Mississippi qu'ils descendent jusqu'à son delta. En 1682, ils nomment un très vaste territoire – tout le bassin du Mississippi – « Louisiane », en l'honneur du roi de France – ce qui aurait pu barrer la route de l'Ouest aux futurs Américains.

À la fin du XVIIe siècle, sur les cartes, l'essentiel de l'Amérique du Nord se partage entre le roi d'Espagne et le roi de France. Ce dernier va perdre au profit des Anglais la majeure partie de cette zone d'influence : la flotte britannique maîtrise la mer et ils sont bien plus nombreux à émigrer que les Français, les paysans anglais étant alors fréquemment chassés de leurs lopins de terre par des seigneurs qui veulent acquérir de grands domaines.

En Amérique, la guerre sera très dure entre Français et Anglais, les uns et les autres recrutant comme auxiliaires des guerriers indiens dont les tribus sont rivales. En 1763, le roi de France abandonne le Canada – et les Français qui s'y étaient implantés – au roi d'Angleterre. En 1803, suite à l'échec de grandes plantations et d'épidémies de fièvres, Napoléon vendra la Louisiane aux tout jeunes États-Unis. Cette manne financière lui permettra de lever de nouvelles troupes afin d'acquérir sa suprématie sur l'Europe et de contrer stratégiquement les Britanniques.

La guerre d'Indépendance (1775-1783)

À cause des épidémies venues du Vieux Monde qui ravagèrent les populations autochtones, les colonies américaines manquaient de main-d'œuvre. Pour faire face à cette pénurie, elles firent venir des esclaves, à grand prix, pour produire des marchandises de valeur comme le coton, le tabac, le sucre, afin de les vendre en Europe. En Amérique du Nord, les Européens développèrent des cultures vivrières. Plus au sud furent créées de grandes plantations, dont les propriétaires ne voulurent bientôt plus dépendre des fonctionnaires venus d'Angleterre. En 1775, certains colons se révoltent, car ils veulent commercer à leur guise au-delà des mers et faire venir directement d'Inde sur leurs propres navires le thé dont on commence à raffoler.

La guerre d'Indépendance a été longue. À la fin du XVIIIe siècle, quand les États-Unis furent constitués sur la côte ouest de l'Atlantique, c'est un petit État indépendant réunissant 13 colonies qui dépendaient jusqu'alors de l'Angleterre. Entre les colonies du Nord et celles du Sud, les traditions, les opinions politiques et religieuses étaient très différentes. Pour le respect de chacune, il fut décidé qu'elles formeraient une fédération. Ce petit État fédéral offrait une autre grande originalité politique : celle de s'être proclamé république, les Américains s'étant révoltés contre un monarque – les seules républiques existant alors en Europe étaient celles de Venise et des Provinces-Unies, les futurs Pays-Bas, avant la proclamation de la République française en 1792. Si le fait d'être une république dotée d'une constitution immuable depuis 1787, protégeant la liberté de ses citoyens d'où qu'ils viennent – s'ils étaient Blancs –, a largement contribué à l'essor des États-Unis, l'expansion territoriale de cet État a d'abord résulté de données géographiques et de situations géopolitiques très favorables.

L'ALASKA ET LES ÎLES DU PACIFIQUE

Un événement géopolitique est passé presque inaperçu à l'époque, mais il est le symbole de l'absence d'adversaires à l'expansion des États-Unis en Amérique du Nord. En 1867, le tsar de Russie leur vendait l'Alaska à un prix relativement dérisoire. En effet, à la fin du XVIIIe siècle, les côtes de l'Alaska avaient été atteintes par les Russes via le détroit de Behring. Ils y installèrent d'importantes pêcheries. Au début du XIXe siècle, une compagnie pour la vente de fourrures et de peaux de phoques s'était développée, le souverain russe en était même le principal actionnaire. Cependant, le tsar, constatant le faible peuplement de cette région, décida de la vendre aux États-Unis par crainte qu'elle ne tombe entre les mains des Anglais du Canada, qui auraient disposé ainsi d'une base stratégique pouvant menacer les possessions russes d'Extrême-Orient, et notamment Vladivostok. Ce fut durant la Seconde Guerre mondiale, après l'attaque japonaise de 1941, que les Américains mesurèrent vraiment l'importance stratégique de l'Alaska. En revanche, ils avaient compris plus tôt l'importance stratégique des îles Hawaï au milieu du Pacifique. Ce royaume d'ancienne culture polynésienne, après être entré en contact avec des missionnaires (pro Français ou pro Anglais), devint une république qui demanda en 1898 son annexion aux États-Unis. Après la guerre contre l'Espagne pour libérer Cuba, les Américains s'étaient adjugé les vieilles colonies espagnoles du Pacifique, comme l'île de Guam et les Philippines. Ces dernières deviendront indépendantes en 1945. ■

La conquête d'un vaste territoire fertile et presque vide

Après s'être libérés de l'Angleterre, les Américains, dans leur avancée au-delà de la plaine côtière, ont eu la chance de découvrir à l'ouest des forêts couvrant les montagnes appalachiennes et d'immenses plaines couvertes par la prairie. Les sols y étaient fertiles, car ils n'avaient jamais été cultivés, de plus ils ne présentaient pas de grands obstacles à leur mise en culture. En effet, ces plaines étaient peuplées par des tribus indiennes vivant principalement de cueillette, de pêche et de chasse. L'espèce humaine ne s'était, semble-t-il, qu'assez tardivement implantée dans le Nouveau Monde. Les Russes, eux aussi, lors de leur expansion en Sibérie, n'ont guère rencontré de résistance, mais il ne s'agissait que d'immenses étendues de forêts aux sols pauvres et soumises à de très durs hivers. Les Américains eurent, eux, la chance de conquérir des terres situées à des latitudes beaucoup plus méridionales.

Après avoir refoulé les tribus indiennes, souvent rivales les unes des autres, et après avoir exterminé par divers moyens un grand nombre d'entre elles (on a pu parler de génocide), les Américains firent venir de plus en plus d'immigrants européens, auxquels furent distribuées (sauf dans les États du Sud) d'assez grandes étendues de terres à bas prix, sinon gratuitement, et de façon plus ou moins égalitaire. Cela permit de développer rapidement une agriculture céréalière à forte productivité, avec des cultivateurs relativement peu nombreux mais bien équipés pour exploiter de vastes surfaces et produire de grandes quantités sans chercher de gros rendements. Dès le milieu du XIXe siècle apparurent dans le pays les premières machines agricoles et moissonneuses-batteuses tirées chacune par des escadrons de chevaux. Vers l'ouest, le Far West offrait en surplus des mines d'or et d'immenses pâturages pour de très grands troupeaux.

Des conditions géopolitiques favorables : l'absence de véritables rivaux sur le continent

Une grande partie des étendues que les Américains conquirent progressivement au XIXe siècle appartenaient théoriquement à diverses puissances coloniales européennes, mais celles-ci, compte tenu de la distance qui séparait l'Europe du Nouveau Monde, n'avaient pas les moyens d'en assurer la défense face aux Américains. Les Anglais, après avoir abandonné les terres situées à l'est du Mississippi et s'être entendus avec les États-Unis sur le tracé de la très longue frontière rectiligne qui les sépare du Canada, leur cédèrent, en 1846, l'Oregon, territoire situé en bordure du Pacifique, au nord de la Californie. De cette façon, les Américains s'ouvraient sur le Pacifique par une autre façade maritime à 4 000 kilomètres de celle de l'Est. En 1803, Napoléon vendit l'immense Louisiane (qui correspondait au bassin hydrographique formé par les affluents de la rive droite du grand fleuve) et, en 1819, la Floride était achetée à l'Espagne. La situation était plus complexe pour les territoires qui forment aujourd'hui l'ouest et le sud-ouest des États-Unis, de la Californie au Texas, et qui avaient fait partie de l'immense empire espagnol d'Amérique. Celui-ci se disloqua au début du XIXe siècle après que Napoléon eut envahi l'Espagne. Celle-ci, après la défaite de la France, ne parvint pas à reconquérir ses colonies américaines (à l'exception de Cuba et de Porto Rico), qui devinrent, à l'imitation des États-Unis, des républiques indépendantes commerçant directement avec la grande puissance économique qu'était devenue l'Angleterre.

Le Mexique, indépendant depuis 1821, connut une vie politique agitée faite de coups d'État et de guerres civiles, surtout dans la partie la plus peuplée du pays, autour de Mexico. En revanche, dans les régions septentrionales (faiblement peuplées) de cet ancien empire, s'étaient constitués de vastes ranchs d'élevage, notamment au Texas où, venant des États-Unis, s'étaient établis nombre de propriétaires. Ceux-ci se révoltèrent contre le gouvernement de Mexico et proclamèrent, en 1845, l'indépendance du Texas, qui se rattacha peu après aux États-Unis. L'armée américaine l'emporta facilement sur l'armée mexicaine minée par ses rivalités internes et, en 1848, les États-Unis annexèrent tous les territoires s'étendant du Nouveau-Mexique à la Californie (où commença peu après « la ruée vers l'or »). Les Américains surent ainsi profiter des difficultés politiques de leur voisin pour agrandir l'Union d'un grand tiers de son actuelle superficie.

La guerre de Sécession : le plus grand drame de l'histoire des États-Unis

Dans la partie subtropicale des États-Unis, la production du coton et du tabac connut à la fin du XVIIIe siècle un très grand essor, notamment du fait du développement de l'industrie textile en Angleterre. Les plantations de coton appartenaient à de grands propriétaires qui faisaient travailler des esclaves amenés d'Afrique. Ces grands propriétaires jouèrent un rôle important dans

LES RISQUES NATURELS DANS UN ÉTAT-CONTINENT

Les États-Unis subissent de grands phénomènes naturels et météorologiques, à l'échelle de leur superficie. Cependant, à la fin de l'été 2005, les ouragans Katrina et Rita, qui ont dévasté une partie de la Louisiane, du Mississippi et du Texas, ont posé un certain nombre de questions politiques et géopolitiques. Elles ont trait aux défaillances de l'État fédéral et des autorités locales en matière de prévention (entretien des digues) et de secours devant la situation de pauvreté d'une partie de la population des États du Sud, notamment les Noirs. Elles ont trait également aux conséquences réelles ou supposées des changements climatiques sur le climat (refus américain de signer le protocole de Kyoto de 1992) et à la faiblesse des moyens de secours mis en œuvre au moment de la catastrophe du fait de la mobilisation d'une partie de la Garde nationale dans la guerre d'Irak.

le mouvement de rébellion des Américains contre l'Angleterre, et c'est d'ailleurs pour les priver de nouvelles livraisons d'esclaves que le gouvernement britannique fit interdire la traite des esclaves à travers l'Atlantique dès le début du XIXe siècle (et notamment au congrès de Vienne, en 1815).

Entre les grands planteurs du Sud et les industriels du Nord-Est, qui employaient les immigrés récemment arrivés d'Europe, se développèrent de fortes divergences d'intérêts et de conceptions politiques. Les planteurs du Sud, pour exporter facilement leur coton vers l'Europe, s'étaient ralliés aux théories anglaises favorables au libre-échange, alors que les industriels du Nord-Est voulaient des barrières douanières pour protéger leurs productions naissantes de la concurrence de l'industrie anglaise. Au sein des États-Unis, cette rivalité entre les classes dirigeantes du Sud et celles du Nord-Est prit une forme véritablement géopolitique lorsqu'il fut question de la mise en valeur des terres nouvellement conquises dans les États qui venaient d'être constitués à l'ouest du Mississippi. Ces terres seraient-elles mises aux enchères – ce qui avantageait les riches planteurs du Sud –, ou bien seraient-elles attribuées à bas prix – ce qui avantageait les nouveaux immigrants ? Et surtout, les planteurs pourraient-ils avoir dans ces nouveaux États des esclaves ou l'esclavage y serait-il interdit ?

Dans les États du Nord, la campagne contre l'esclavage prit soudain de l'ampleur. Jusqu'alors, les États du Sud avaient été les plus influents et leurs votes avaient décidé du choix de la plupart des présidents de l'Union. L'afflux croissant des immigrés dans les États du Nord (où l'on pouvait facilement obtenir des terres) rendit leur poids électoral de plus en plus grand et aboutit, en 1860, à l'élection d'Abraham Lincoln, membre du jeune Parti républicain (le Sud étant acquis au Parti démocrate) et ardent partisan de l'abolition de l'esclavage dans toute l'Union.

Aussitôt, les sudistes, qui s'attendaient à ce résultat, décidèrent de se séparer de l'Union et de constituer une Confédération réunissant onze États. Comme ils avaient procédé à d'importants préparatifs militaires, ils prirent l'initiative des hostilités. Durant les premières années de ce que l'on allait appeler la guerre de Sécession (1861 à 1865), les sudistes eurent l'avantage, mais le Nord, qui comptait déjà 22 millions d'habitants et les principales industries, l'emporta progressivement sur le Sud, qui ne comptait que 9 millions d'habitants (dont 4 millions d'esclaves). De surcroît, la marine nordiste fit le blocus du Sud, qui se trouva dans l'incapacité d'exporter son coton et d'acheter à l'extérieur l'armement dont il avait besoin. Malgré cette guerre acharnée qui fit quelque 360 000 victimes dans les rangs nordistes et 260 000 chez les sudistes, nombre d'Américains pouvaient espérer une réconciliation nationale et une politique de reconstruction du Sud, en grande partie détruit.

Cette « reconstruction » se révéla être une cynique mise en coupe réglée du Sud par les politiciens et affairistes du Nord. Ceux-ci s'emparèrent des fonctions locales grâce à l'épuration de tous ceux qui avaient servi la Confédération, grâce aussi à des promesses démagogiques faites aux Noirs, qui avaient désormais le droit de vote. Le sort de ces derniers ne s'améliora guère même s'ils étaient devenus libres, car les planteurs possédaient toujours la terre et n'étaient plus obligés de nourrir la main-d'œuvre. Jusqu'au milieu du XXe siècle, les Noirs restèrent de fait exclus de la vie politique, bien que nombre d'entre eux aient entre-temps quitté les États du Sud pour aller vers les villes du Nord-Est ou vers la Californie. Ce que l'on appelait, il y a encore quarante ans, le « Vieux Sud » *(Old Deep South)* a connu depuis un grand essor économique (la ville symbole en est Atlanta), mais la guerre de Sécession et ses séquelles ne sont toujours pas oubliées. Ainsi, les destructions du cyclone Katrina sur La Nouvelle-Orléans, en septembre 2005, ont fait apparaître le dénuement persistant des quartiers noirs, héritage des misères passées.

Les atouts de la croissance industrielle américaine

C'est durant la guerre de Sécession que, dans les États du Nord-Est, l'industrie américaine prit véritablement son essor. Celle-ci fut considérablement avantagée par la facilité avec laquelle elle put se procurer à bas prix des tonnages considérables de matières premières.

En effet, le territoire des États-Unis (9,4 millions de km^2), comme celui du Canada (10 millions de km^2), s'étend sur la majeure partie de ce que les géologues appellent la grande « plaque » nord-américaine. Seule la bordure du Pacifique est formée de chaînes récemment plissées et soulevées, ce qui a bouleversé aux alentours la plupart des gisements miniers. En revanche, sur la plaque nord-américaine prévaut une sorte de stabilité géologique : de vastes étendues planes et des plis à grand rayon de courbure, ce qui correspond à d'imposants gise-

LES MINORITÉS ETHNIQUES AUX ÉTATS-UNIS

1. DANS LES ÉTATS-UNIS

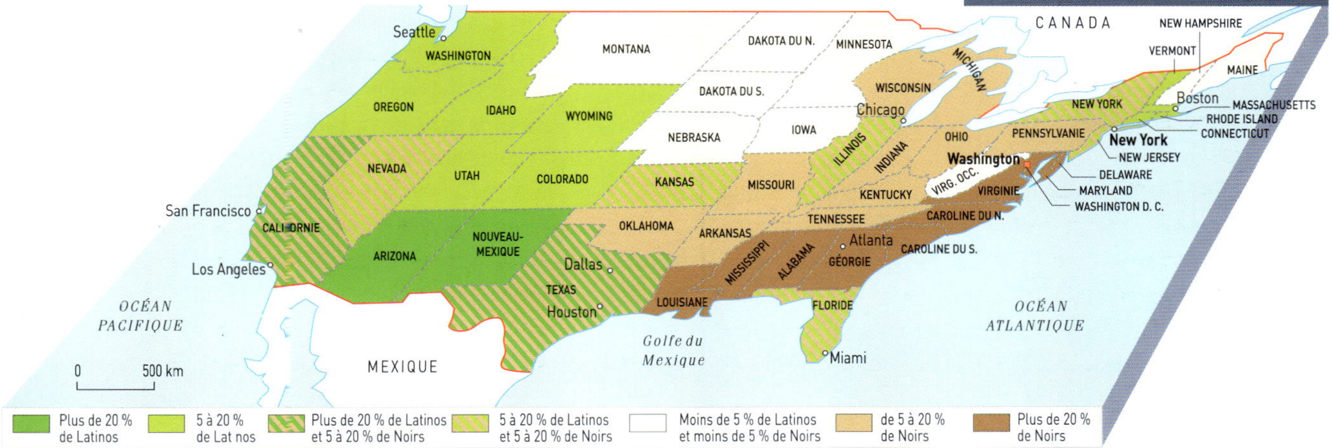

2. DANS LES MÉGALOPOLES

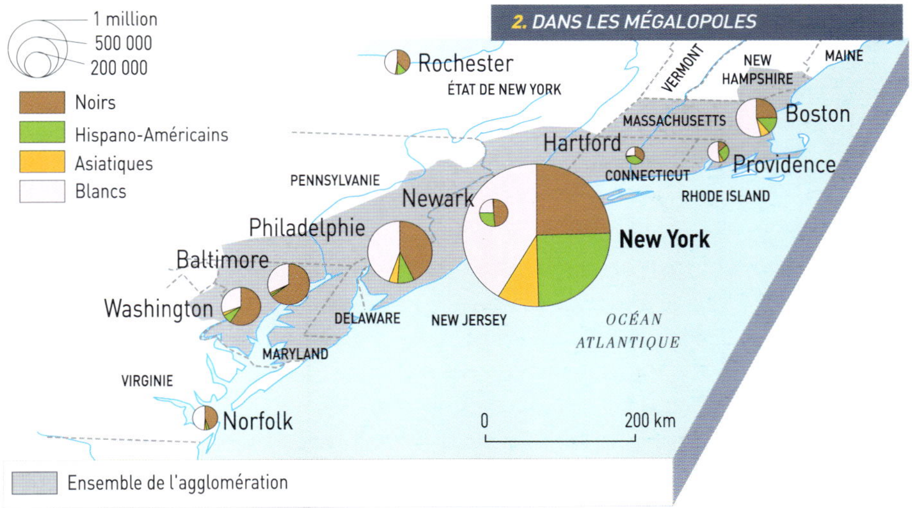

> Les États du sud-est, ceux du « Vieux Sud », comme on disait autrefois, conservent encore une proportion relativement forte de Noirs, mais le nombre de ceux-ci a considérablement diminué au XXe siècle, du fait de leurs migrations vers les grandes villes des États du nord-est. En Californie, ce sont les Latinos qui forment une notable partie de la population de Los Angeles. Mais ces Latinos ne sont pas tous des immigrés, car nombre de Mexicains sont restés dans les États du sud-ouest après leur annexion par les États-Unis à la fin du XIXe siècle. Les Asiatiques sont évidemment nombreux sur la côte ouest, mais leur pourcentage commence à devenir également important à New York. ■

3. LA MÉGALOPOLE CALIFORNIENNE

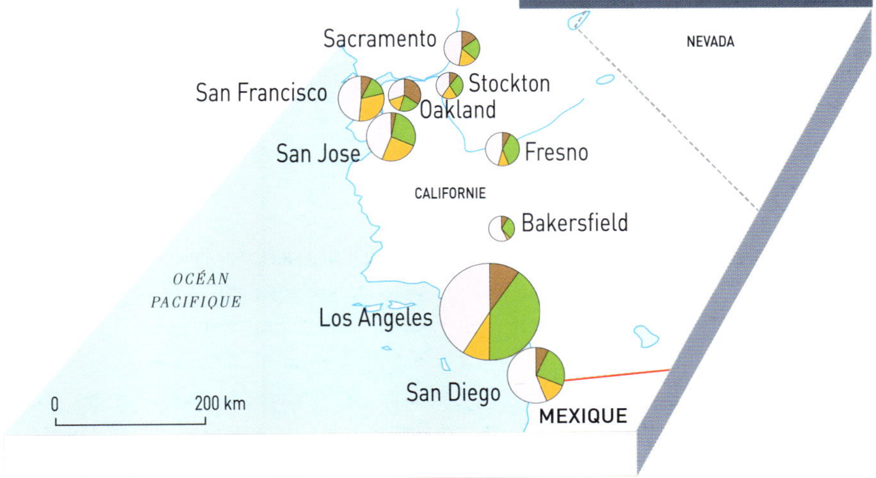

ments miniers situés – autre avantage – à de faibles profondeurs. C'est particulièrement le cas de l'énorme gisement houiller des Appalaches, que l'on a pu exploiter (à la différence de la plupart des mines en Europe) par des galeries à faible profondeur ou même en carrière. C'est aussi le cas des gisements pétroliers qui s'étendent depuis les abords des Grands Lacs (à la frontière du Canada) jusqu'au golfe du Mexique. Les premières extractions de pétrole dans le monde eurent lieu en 1859 aux États-Unis ; Rockefeller fonda dès 1870 la Standard Oil (ancêtre d'Exxon), qui est restée depuis la plus grande compagnie pétrolière du monde, malgré la division en sociétés sœurs ou filles, qui lui fut imposée par la loi antitrust en 1911. La grande avancée des Américains dans les affaires pétrolières puis leur rôle prépondérant en ce domaine au plan mondial s'expliquent ainsi.

Pour exploiter ces matières premières et construire les puissants moyens de transport nécessaires à leur acheminement, il a fallu, à la fin du XIXe siècle et au début du XXe, des capitaux considérables. Même si l'économie américaine générait des profits qui ont été investis, une grande partie des fonds nécessaires sont cependant venus d'Europe occidentale, principalement d'Angleterre, où les industries étaient déjà bien équipées et où les entreprises n'avaient plus autant besoin d'argent. En revanche, les banques anglaises cherchaient à investir dans des pays en voie d'équipement, où les entreprises avaient de grands besoins de capitaux. Les banques européennes fournirent donc ceux-ci en abondance, assurées qu'elles étaient d'en retirer des profits substantiels. Le premier conflit mondial offrit aux États-Unis une très grande chance : celle de passer d'une position de débiteurs des banques anglaises à celle de créanciers des pays européens ruinés par le conflit. La Seconde Guerre mondiale établira définitivement la puissance financière des États-Unis par rapport aux autres pays.

La rapidité de l'essor économique de l'Amérique vient aussi de l'importance et du dynamisme de l'immigration européenne. En effet, au XIXe siècle, émigrer outre-Atlantique était encore une aventure risquée et ceux qui choisirent de partir étaient des hommes et des femmes jeunes, bien décidés à travailler dur pour réussir. L'Amérique eut donc la chance de recevoir surtout des travailleurs adultes prêts à se mettre aussitôt à l'ouvrage, acceptant des conditions de vie assez rudes qui leur paraissaient cependant bien moins mauvaises que celles qu'ils avaient connues en Europe. Certains d'entre eux étaient aussi des entrepreneurs, des ingénieurs, des inventeurs, des commerçants qui partaient avec un petit capital et de vraies compétences.

II. Des problèmes géopolitiques internes

Longtemps, les dirigeants américains ont été persuadés de l'existence du melting-pot, à savoir que s'effectuaient, comme dans un pot, le mélange des immigrants venus de tous les pays européens et donc leur intégration dans la nation américaine. Certes, ces immigrants, qui parlaient des langues très diverses, ont appris l'anglais (leur langue commune) et ils sont devenus des citoyens américains très attachés à leur nouvelle patrie. Le patriotisme aux États-Unis est resté un sentiment puissant, même en temps de paix, à la différence de la plupart des pays européens. Néanmoins, en réalité, le melting-pot n'a pas tellement fonctionné et il semble même avoir de moins en moins de réalité.

Dans les villes de quelque importance, les immigrants venus d'Europe ainsi que leurs enfants se sont regroupés en fonction de leur langue d'origine dans des quartiers différents qui accueillaient ensuite les nouveaux arrivants : quartiers italiens, irlandais, juifs, polonais, etc. Il y avait évidemment des frictions aux limites des quartiers, mais sans gravité.

LE MELTING-POT

En 2000, le Bureau fédéral de recensement a intégré à ses formulaires une question portant sur l'ascendance ethnique des Américains. Les quatre cinquièmes de la population y ont répondu. Les Américains se déclarant d'ascendance allemande sont de loin les plus nombreux (42,8 millions, leur nombre a pourtant diminué de 15 millions en dix ans), venant en tête dans 23 États sur 50 (tous ceux du Middle West, la plupart de ceux de l'Ouest, plus la Pennsylvanie et la Floride) ; ceux d'ascendance irlandaise sont 30 millions, les Afro-Américains, 25 millions. Les citoyens américains se déclarant d'ascendance anglaise ne sont que 24 millions, ceux d'ascendance française, 8,3 millions et ceux d'ascendance italienne, 15 millions. Les Juifs, pourtant venus nombreux dès le milieu du XIXe siècle et surtout à partir des persécutions nazies entre les deux guerres, ne figurent pas dans ce palmarès, car ils se sont référés à leur nationalité d'origine (allemande notamment). Ils seraient environ 6 millions. Les Latino-Américains, venus principalement du Mexique, sont environ 45 millions.

Entre ces immigrants venus d'Europe, le « melting-pot » – le « mélange » – s'est progressivement plutôt bien opéré, à ceci près que dans les villes, nombre de communautés (Irlandais, Italiens, etc.) se regroupent en quartiers plus ou moins séparés. En revanche, les Noirs continuent de faire l'objet d'une certaine ségrégation malgré les mesures imposées à partir des années 1960 par le gouvernement fédéral pour mettre fin aux pratiques de discrimination à leur égard dans les États du Sud. Depuis une vingtaine d'années, l'immigration des Latino-Américains et des Asiatiques s'est accentuée, tandis que celle des Européens reste importante, notamment en provenance d'Europe de l'Est. ■

Les problèmes géopolitiques sont apparus dans les premières décennies du XXe siècle lorsque des Noirs, confinés jusqu'alors dans les campagnes des États du « Vieux Sud », sont venus de plus en plus habiter dans les villes, surtout celles du Nord-Est, allant jusqu'à constituer les trois quarts de la population à Detroit ou à Washington.

La discrimination positive

En 1965, après les grandes marches des Noirs pour l'égalité des droits, le président Lyndon Johnson lança en leur faveur la politique de discrimination positive. Mais Martin Luther King est assassiné en 1968. Une des conséquences, quarante ans plus tard, de cette politique est l'élection de Barack Obama à la présidence des États-Unis.

Parce que les gens « de couleur » sont encore plus ou moins l'objet de racisme (malgré les mesures officielles), leur implantation dans des quartiers plus ou moins pauvres suscite des tensions, la valeur des immeubles voisins subissant une forte baisse au détriment des propriétaires. Le risque est alors de voir ce quartier se transformer en ghetto, en raison du départ progressif des précédents occupants.

Il en est plus ou moins de même avec l'extension des quartiers peuplés d'Asiatiques ou de Latinos, les uns et les autres étant caractérisés par des formes plus ou moins graves de délinquance. Aux limites de ces différents quartiers, les tensions sont grandes, chacun d'eux étant gardés par des gangs qui contrôlent différents trafics. Les conseils municipaux n'y ont pas la tâche facile. En effet, les élections tiennent compte non seulement des partis politiques, mais également des divers groupes raciaux (Blancs, Noirs, Asiatique, Latinos, etc.) tels qu'ils se répartissent dans les quartiers. Chacun d'entre eux, pour ne pas perdre un siège au conseil, s'oppose à ce qu'un quartier qu'il contrôle soit progressivement « colonisé » par une minorité rivale.

Une menace pour l'identité nationale ?

Le nombre croissant des Latinos, venus de l'île de Porto Rico (ancienne colonie espagnole devenue en 1898 « État libre associé » aux États-Unis), du Mexique, de Cuba ou d'Amérique centrale – ils sont désormais plus nombreux que les Noirs dans l'ensemble du pays et plus de 20 % de la population au Texas – fait que l'on parle l'espagnol autant que l'anglais dans tout le sud-ouest des États-Unis. Certains spécialistes, dont le célèbre Samuel Huntington (l'auteur du *Choc des civilisations*), en sont venus à craindre que l'accroissement du nombre des immigrants latino-américains ne devienne une menace pour l'unité nationale. Mais pour le moment, les États-Unis sont surtout préoccupés par les très graves conséquences de la crise économique et financière déclenchée à l'automne 2008 et par les difficultés géopolitiques croissantes de ses militaires au Moyen-Orient.

L'UNION EUROPÉENNE ET L'OTAN **86**

LA FRANCE CARREFOUR D'EUROPE OCCIDENTALE **103**

L'ALLEMAGNE AU CENTRE DE L'EUROPE **116**

LA GRANDE-BRETAGNE LE CHOIX DE LA MONDIALISATION FINANCIÈRE **122**

L'ITALIE UN ÉTAT EUROPÉEN DE FORMATION RÉCENTE **129**

L'ESPAGNE LE DANGER DES MOUVEMENTS NATIONAUX **133**

L'AMÉRIQUE LATINE LE RÊVE IMPOSSIBLE DE L'UNITÉ **138**

LE BRÉSIL UN NOUVEAU « GRAND » EN PUISSANCE **148**

LA RUSSIE UN LOURD HÉRITAGE POUR QUEL AVENIR ? **155**

LE JAPON UNE CROISSANCE SPECTACULAIRE, AUJOURD'HUI À L'ARRÊT **168**

LA CHINE LA DEUXIÈME PUISSANCE ÉCONOMIQUE MONDIALE **173**

L'INDONÉSIE LE PLUS PEUPLÉ DES ÉTATS MUSULMANS **195**

L'UNION INDIENNE L'UNITÉ DANS LA DIVERSITÉ **200**

La **géopolitique** des grandes **nations**

L'Union européenne et l'OTAN

Depuis les lendemains de la Seconde Guerre mondiale, des rapports étroits existent entre ces deux grands ensembles géopolitiques : actuellement, l'un englobe économiquement le plus grand nombre d'États européens ; l'autre, plus vaste encore, a d'abord couvert militairement, de part et d'autre de l'Atlantique, une grande partie de l'Amérique du Nord et une petite partie de l'Europe – mais depuis vingt ans, cette couverture s'est étendue à la moitié occidentale du continent européen.

Officiellement proclamée en 1992 – mais ses origines sont bien plus anciennes –, l'Union européenne rassemble aujourd'hui 27 États, et bientôt 30, soit 500 millions d'habitants. Si elle apparaît comme la plus grande puissance économique mondiale, elle n'est pas vraiment pour autant un ensemble politique et encore moins militaire. En effet, à bien des égards, ces États demeurent indépendants, notamment pour les impôts ; c'est surtout pour la liberté des échanges qu'ils sont associés, favorisée par le fait que 12 d'entre eux ont une monnaie commune, l'euro. Néanmoins ce n'est pas – encore –une unité politique : si les 27 chefs d'État ou de gouvernement assurent chacun leur tour durant six mois la présidence de l'Union, cette dernière, faute d'une armée commune, n'est pas en mesure d'assurer sa défense contre une possible agression extérieure. Il n'existe pas d'état-major européen, ni de diplomatie européenne – bien que la mention « Union européenne » figure sur la première page des passeports émis par ses États membres.

Une Union à vocation essentiellement économique

L'inexistence d'une Communauté européenne de défense est la preuve que cet ensemble économique d'envergure mondiale qu'est l'Union européenne n'est pas – encore – un ensemble géopolitique majeur. Il s'agit surtout d'une zone de libre-échange économique et de libre circulation des personnes relevant d'États qui en font partie.

En revanche, l'Organisation du traité de l'Atlantique nord – l'OTAN – est une organisation militaire et politique, sous la direction du président des États-Unis, qui, à eux seuls, réalisent la moitié des dépenses militaires mondiales, alors que la plupart des États de l'Union européenne ne disposent plus, depuis la fin de l'Union soviétique, que d'armées relativement faibles. Toutefois, le Royaume-Uni et la France font quelque peu exception puisqu'ils ont chacun des armes nucléaires et les moyens de les projeter à très longue distance ainsi que des « forces spéciales » qui mènent assez fréquemment des opérations loin de leurs bases.

Depuis la fin de la Seconde Guerre mondiale, une partie de plus en plus vaste de l'Europe se trouve sous une sorte de protectorat militaire américain, et ce, avec l'accord de la plupart des Européens, du fait de la crainte inspirée par une autre puissance, porteuse d'un régime tyrannique.

Au plan mondial, l'Union européenne offre l'exemple d'une grande réussite économique qui s'explique par une certaine coopération entre ses membres, en dépit de leurs inégalités, et surtout en raison du développement de leurs échanges.

Pour expliquer ce souci primordial des échanges au sein de cette Union européenne et sa faiblesse militaire, il n'est pas inutile de rappeler certaines étapes de sa construction.

En 1992, l'Union européenne a succédé à la Communauté économique européenne qui avait commencé en 1957 avec six États – la France, l'Allemagne de l'Ouest, l'Italie, la Belgique, le Luxembourg et les Pays-Bas – auxquels sont venus s'adjoindre de plus en plus d'États, dont la Grande-Bretagne en 1973. Mais cette dernière entendait bien que cette Communauté, que l'on appelait significativement le « Marché commun », ne soit pas plus qu'une zone de libre-échange.

L'OTAN : une construction géopolitique d'un genre nouveau

Dès 1948, un début de coordination économique avait été établi par les Américains entre les États européens, qui concernait la répartition des crédits du « plan Marshall » dans le cadre de l'OECE (Organisation économique de coopération européenne) regroupant à l'époque 17 États européens, les États-Unis et le Canada. En 1961, cette OECE s'est transformée en OCDE (Organisation de coopération et de développement économique), dont le siège est à Paris.

À la fin de la Seconde Guerre mondiale, les dirigeants de ces États d'Europe de l'Ouest n'avaient pas seulement des préoccupations économiques. Ils avaient également le souci de maintenir leur indépendance politique face à ce qu'ils considéraient comme la menace d'une nouvelle expansion de la domination soviétique qui contrôlait depuis 1945 six États d'Europe de l'Est. À partir de 1949, la défense de l'Europe de l'Ouest fut officiellement assurée par les États-Unis, avec la création de l'OTAN – NATO en anglais –, le bras armé de l'Alliance atlantique. Cette organisation rassemble les États-Unis, le Canada, le Royaume-Uni, la France, la Belgique, les Pays-Bas, le Luxembourg, l'Italie, le Portugal, la Norvège et l'Islande.

Depuis son origine, l'OTAN est dirigée par des militaires américains et l'une de ses premières actions, à partir de 1950, a consisté au stationnement de 300 000 soldats américains en Europe, principalement en Allemagne de l'Ouest – devenue République fédérale d'Allemagne qui ne fit officiellement partie de l'OTAN qu'en 1955, précédée par la Grèce et la Turquie en 1952.

L'objectif des dirigeants américains n'était pas de se réserver la défense militaire de l'Europe de l'Ouest. Dès le début des années 1950, ils ont souhaité la création d'une Communauté européenne de défense constituée de l'armée française et d'une nouvelle armée allemande qu'ils auraient dotée d'armements classiques. Les gouvernements français et allemand étaient d'accord, mais cette Communauté européenne de défense n'a pas pu finalement voir le jour. Elle a été refusée par les députés français, notamment sous l'influence des gaullistes et des communistes qui dénonçaient la « renaissance du militarisme allemand » moins de dix ans après la fin de la guerre.

Toutefois, les dirigeants américains entendaient bien avoir dans « le monde libre » le monopole des armes nucléaires. Les Anglais – qui avaient déjà réalisé des explosions atomiques dans le désert australien – acceptèrent de ne pas fabriquer d'armes nucléaires et de se les procurer auprès des États-Unis. Lorsque la première explosion nucléaire française eut lieu en 1960, au Sahara, ils s'efforcèrent alors d'empêcher les Français d'avoir leur propre « force de frappe », comme la dénomma le général De Gaulle. Ces recherches – résultats de celles menées depuis longtemps en précurseurs par les physiciens « atomistes » français, héritiers directs des prix Nobel Pierre et Marie Curie et de leurs disciples – s'étaient développées dès 1945 avec la création du Commissariat à l'énergie atomique, sous l'impulsion des gouvernements de la IVe République – notamment de Pierre Mendès-France, puis du général De Gaulle après 1958. Ces expériences nucléaires françaises se poursuivront durant plusieurs années dans le Sahara algérien pendant et après la guerre d'Algérie, avec l'accord du gouvernement algérien enfin indépendant, puis dans le Pacifique.

L'Europe-puissance et l'Europe du libre-échange

En 1966, la décision de De Gaulle du retrait de la France de l'OTAN a eu comme effet positif de favoriser le développement de l'industrie

CHRONOLOGIE DE LA CONSTRUCTION EUROPÉENNE

1947
Le secrétaire d'État américain George Marshall propose le lancement d'un plan d'aide à la reconstruction de l'Europe, conditionné par la mise en place d'un processus d'intégration du Vieux Continent.

1951
À l'initiative de Jean Monnet et de Robert Schuman, la Communauté européenne du charbon et de l'acier (CECA) est créée entre l'Allemagne, le Benelux, la France et l'Italie.

1954
Sous la pression des gaullistes et des communistes, l'Assemblée nationale française rejette le projet de Communauté européenne de défense (CED).

1957
La Communauté économique européenne (CEE), dite « Marché commun », est créée à Rome entre l'Allemagne, le Benelux, la France et l'Italie.

1960
À l'initiative de la Grande-Bretagne, l'Association européenne de libre-échange (AELE) est créée, avec l'Autriche, le Danemark, la Norvège, le Portugal, la Suède et la Suisse.

1962
La politique agricole commune (PAC) entre en vigueur.

1963
Le général de Gaulle rejette l'adhésion de la Grande-Bretagne au Marché commun.

1966
Le compromis de Luxembourg met fin à la crise ouverte par la France en entérinant le fait que, sur les questions essentielles, le vote à l'unanimité soit pratiqué.

1973
Le Danemark, la Grande-Bretagne et l'Irlande intègrent le Marché commun.

1979
Le système monétaire européen (SME) est institué entre les États membres, à l'exception de la Grande-Bretagne.

1981
La Grèce devient le dixième membre de la CEE.

1984
La Grande-Bretagne obtient un allègement de sa contribution au budget communautaire.

1985
L'Allemagne, le Benelux et la France instaurent entre eux un espace commun, dit « espace Schengen », dans lequel sont instituées la libre circulation des personnes et la suppression des contrôles aux frontières. En 1995, huit autres pays des « Quinze », rejoindront ce dispositif, à l'exclusion de la Grande-Bretagne et de l'Irlande.

1986
L'Espagne et le Portugal intègrent à leur tour la CEE.

Les Douze adoptent l'Acte unique européen, qui institutionnalise la coopération politique européenne (CPE) et la réalisation du grand marché unique.

1987
La Turquie est officiellement candidate à l'entrée dans la CEE.

1992
Signature du traité de Maastricht instituant l'Union européenne et prévoyant la création d'une monnaie unique.

1995
L'Autriche, la Finlande et la Suède intègrent l'UE.

2002
Mise en circulation de l'euro, monnaie unique, dans douze pays de l'Union (à l'exception du Danemark, de la Grande-Bretagne et de la Suède).

2003
Division de l'Union européenne sur la question de la guerre en Irak. L'Allemagne, la Belgique et la France s'y opposent, alors que, derrière la Grande-Bretagne, le Danemark, l'Espagne, la Hongrie, l'Italie, la Pologne, le Portugal et la République tchèque soutiennent la politique américaine.

2004
Entrée dans l'UE de dix nouveaux membres : Chypre, Estonie, Hongrie, Lettonie, Lituanie, Malte, Pologne, République tchèque, Slovaquie et Slovénie.

2005
Rejet par référendum, en France et aux Pays-Bas, du projet de traité constitutionnel européen.

2007
La Roumanie et la Bulgarie adhèrent à l'UE.

2008
Traité de Lisbonne ratifié (en attente du vote irlandais).

nucléaire française, tant sur le plan militaire que civil. Le fait que, après la grave crise pétrolière de 1973 – le triplement soudain du prix mondial du pétrole –, la France puisse entreprendre la réalisation d'un vaste programme de production électrique nucléaire est la conséquence du développement des équipes de recherche du Commissariat à l'énergie atomique.

EN 1966, LA FRANCE SE RETIRE DE L'OTAN

Les questions nucléaires furent sans doute la raison du désaccord majeur de De Gaulle avec les Américains, ce qui l'amena à décider en 1966 que la France se retirait du dispositif militaire de l'OTAN, tout en restant membre de l'Alliance atlantique. Les discussions tournant « au vinaigre » et au chantage, il décida que l'état-major de l'OTAN, le SHAPE, comme les autres bases américaines, devaient au plus vite quitter le territoire français où elles étaient installées.

Mais ce n'était pas la seule raison. De Gaulle, lors de son fameux discours de Phnom Penh, avait déjà spectaculairement désapprouvé la politique américaine au Vietnam – il se souvenait également des difficultés qu'il avait rencontrées, de 1940 à 1944, avec les Américains lorsqu'il incarnait la « France libre ».

Par ailleurs, De Gaulle avait réfléchi aux conséquences de la crise des fusées à Cuba en 1962 et à la façon dont le président des États-Unis, sous la pression des Soviétiques, avait retiré ses fusées de Turquie en catastrophe sans en informer, semble-t-il, ni le gouvernement turc, membre de l'OTAN, ni les autres membres de cette coalition. De Gaulle estima que si une autre grave crise similaire survenait entre les Américains et les Soviétiques, le président des États-Unis pourrait décider le retrait de ses forces d'Europe occidentale. Il fallait donc que la France ait sa propre « force de dissuasion » pour assurer seule sa défense. Il était alors lui-même dans une grave crise en Algérie avec une partie de sa propre armée qui refusait de mettre fin à cette guerre sur une défaite.

Dix ans après que la France eut quitté l'OTAN, les raisons pour lesquelles De Gaulle avait pris cette décision difficile furent sur le point de se confirmer en Europe avec « la crise des euromissiles ».

L'effet négatif de cette décision fut de diminuer l'influence de la France parmi les dirigeants des États de la Communauté économique européenne qui étaient aussi membres de l'OTAN et qui comptèrent encore davantage sur la protection américaine...

On rappelle souvent la façon dont De Gaulle se moquait de ces politiciens qui n'avaient à la bouche que le mot « Europe » : « L'Europe ! l'Europe ! l'Europe ! » disait-il en sautant comme un cabri « Cela ne sert à rien ! » Pourtant, De Gaulle – et il en sera de même pour tous ses successeurs à la tête de la Ve République, y compris Nicolas Sarkozy – accordait une grande importance à une Europe qui serait une vraie puissance au plan international et non pas à une Europe de zone de libre-échange comme les dirigeants britanniques le voulaient et le veulent encore. C'est pour cela qu'il s'opposa en 1963 à l'adhésion de la Grande-Bretagne au Marché commun, car cette dernière entendait conserver ses rapports privilégiés avec les pays du Commonwealth britannique et avec les États-Unis. Depuis, cette position n'a guère évolué malgré l'adhésion de l'Angleterre à l'Europe en 1973.

En 1992, la transformation de la Communauté économique européenne en Union européenne (avec une politique de sécurité et de défense, la PESD) aurait dû faire reculer l'idée de zone de libre-échange. Cependant, l'extension trop rapide de l'Union à un très grand nombre d'États a provoqué l'effet inverse. En quelques années, elle passa de 12 à 27 pays membres, la majorité des nouveaux obtenant, par ailleurs et sans attendre, la protection de l'OTAN.

Au temps de la « guerre froide », les chefs d'État européens avaient pourtant été subitement confrontés à une situation nouvelle où ils auraient eu grand besoin d'une Europe-puissance, qui, sans pour autant rompre avec l'OTAN, aurait pu se doter d'une capacité de défense propre, ce qui lui aurait permis pour des raisons de sécurité de ne plus dépendre totalement de la protection américaine.

La crise des euromissiles

Dans les années 1960, l'Armée rouge avait braqué vers l'Europe occidentale toute une série de fusées à moyenne portée munies d'engins nucléaires de grosse puissance, capables, comme on le disait alors, de « vitrifier » de vastes territoires et de projeter dans l'atmosphère de grandes quantités d'éléments radioactifs – avec toutefois l'inconvénient que ces derniers soient poussés vers la Russie par les vents d'ouest dominants.

À partir des années 1970, les Soviétiques commencèrent à remplacer ces grosses fusées et leurs bombes atomiques très polluantes par d'autres modèles beaucoup plus performants, les fusées SS-20, porteuses d'armes nucléaires nouvelles, plus petites, plus précises et dégageant dans l'atmosphère bien moins de poussières radioactives poussées par les vents, donc bien moins dangereuses pour l'URSS. Paradoxalement, ces SS-20 furent jugées plus dangereuses que les précédentes par les Allemands, la miniaturisation relative de ces nouvelles armes nucléaires rendant leur usage plus vraisemblable pour un conflit limité – ce qui n'obligerait pas les Américains à s'engager massivement dans un conflit planétaire.

L'objectif des stratèges soviétiques était de pousser à un « découplage » entre la défense de l'Europe occidentale et celle des États-Unis. Dès 1977, le chancelier allemand Helmut Schmidt demanda instamment au président américain, Jimmy Carter, l'installation de nouvelles fusées américaines à moyenne portée qui pourraient lancer une réplique stratégique limitée aux SS-20, sans pour autant engager un conflit planétaire. Cependant, l'installation de ces nouvelles fusées américaines (les Pershing) fut sans cesse repoussée sous prétexte qu'elles n'étaient pas encore au point. Cette crise des « euromissiles » fut à l'origine de moult polémiques dans de nombreux pays d'Europe de l'Ouest, notamment en Allemagne et en Grande-Bretagne, où de grandes manifestations exigeaient ou refusaient au contraire la mise en place de fusées américaines face à celles des Soviétiques. « Plutôt rouges que morts », fut le premier grand slogan des Verts allemands qui dénonçaient alors « la politique agressive des États-Unis », bien que les « Pershing » ne fussent toujours pas installées.

La France avait désormais sa « force de dissuasion » et plus de bases américaines sur son territoire. Cependant, en 1983, la crise des « euromissiles » s'aggrava. Le président François Mitterrand déclara alors solennellement aux Allemands que la France participerait, en cas d'agression soviétique, « à la bataille de l'avant » sans attendre d'être elle-même attaquée.

En 1985, l'arrivée au pouvoir de Mikhaïl Gorbatchev modifia bientôt radicalement la politique de l'URSS. Avec l'accord des autres dirigeants soviétiques, il accepta sans réagir, le 9 novembre 1989, que le « mur de Berlin », édifié par les communistes en 1961 pour couper le secteur occidental du reste de la ville et pour empêcher les Allemands de l'Est de passer à l'Ouest, soit renversé par les Berlinois.

La réunification de l'Allemagne

Devant l'effondrement des régimes communistes en Europe de l'Est, la question de savoir si les dirigeants de l'URSS n'allaient pas réagir violemment s'est posée. Face à cette menace, le chancelier allemand Helmut Kohl décida d'agir au plus vite et, par crainte d'un durcissement de l'URSS, il parvint dans la seule année 1990 à mener à bien la réunification de l'Allemagne – en faisant absorber l'Allemagne de l'Est (République démocratique allemande de 16 millions d'habitants) par la République fédérale d'Allemagne.

Pour aboutir à ce résultat, la RFA devait reconnaître les frontières de l'Allemagne avec la Pologne (frontières imposées par l'URSS en 1945), ce qu'elle n'avait jamais fait. Helmut Kohl parvint, non sans peine, à convaincre les organisations de réfugiés – 13 millions d'Allemands avaient été chassés d'Europe de l'Est en 1945 – qui refusaient de reconnaître le fait accompli. Un traité par lequel la RFA renonça solennellement à toute revendication territoriale fut signé le 12 septembre 1990 par les représentants de l'Allemagne, de la Pologne, de l'URSS, des États-Unis, du Royaume-Uni et de la France (les quatre puissances occupantes de l'Allemagne).

Grâce à ce traité, l'Allemagne, qui avait jusqu'alors le même nombre d'habitants que la France, la Grande-Bretagne et l'Italie, devint avec ses 77 millions d'habitants (82 millions aujourd'hui) l'État le plus peuplé de la Communauté économique. Toutefois, pendant plus de dix ans, cette réunification fut une lourde charge économique pour l'Allemagne de l'Ouest, celle-ci devant pallier le retard économique de l'Allemagne de l'Est, qui porte aujourd'hui encore les séquelles de l'économie socialiste tout en regrettant l'époque où le chômage n'existait pas. En effet, une certaine nostalgie de l'époque communiste existe encore dans l'ex-RDA. Néanmoins, avec 30 % du PIB européen, l'Allemagne est de loin la plus puissante économie de l'Union européenne.

Le drame yougoslave

L'Union européenne – à peine proclamée par les accords de Maastricht – a dû faire face à la dislocation de la Fédération yougoslave, conséquence inattendue de la disparition des régimes communistes.

Depuis 1948, cet État communiste était parvenu, avec l'aide financière des États-Unis, à ne pas tomber sous l'hégémonie de l'URSS. Le tourisme européen et surtout germanique s'était développé sur les beaux rivages de Dalmatie.

Mais à peine la Ligue des communistes yougoslaves – nom officiel du Parti communiste en Yougoslavie – s'était-elle disloquée, comme le Parti communiste de l'URSS en 1991, que de graves rivalités territoriales très compliquées apparurent entre les Serbes, les Croates, les Slovènes, les Bosniaques, les Albanais du Kosovo, etc *(voir chap. Balkans)*. Jusqu'alors, le maréchal Tito avait obligé ces populations à accepter de faire partie d'un même État fédéral divisé en six républiques fédérées. Dès 1991, la Slovénie, tout au nord, proclama son indépendance et obtint, grâce au soutien du chancelier Kohl, que l'Union européenne, alors à peine constituée, reconnaisse ce nouvel État. La Croatie elle aussi proclama son indépendance ; cependant, les Serbes, nombreux sur son territoire, s'y opposèrent par la force. Il en fut de même en Bosnie-Herzégovine où, à la rivalité des Serbes orthodoxes et des Croates catholiques, s'ajoutait celle des Bosniaques musulmans.

Une terrible guerre civile éclata. L'opinion européenne en fut grandement émue. Puisque l'Union européenne venait de prendre la décision de mener une « politique de sécurité et de défense », elle décida d'envoyer en Yougoslavie une force d'interposition entre les belligérants. Mais les dirigeants allemands – qui avaient largement concouru à la reconnaissance de ces nouveaux États en guerre – s'aperçurent que leur Constitution s'opposait à l'envoi de troupes allemandes sur des théâtres d'opération non préalablement définis par l'OTAN. Or l'OTAN et le président américain Bill Clinton ne souhaitaient pas intervenir dans les affaires intérieures yougoslaves. Des soldats français et britanniques furent donc envoyés en Yougoslavie, non pour combattre mais pour « s'interposer » dans des situations difficiles. Par ailleurs, le blocus sur les armes, décidé par l'Union européenne, fut détourné par « des » Américains (la CIA en l'occurence) par l'entremise de la Turquie et de certains pays arabes, pour fournir en armes les Bosniaques musulmans. Sans doute, la Maison Blanche n'était pas mécontente de montrer que, malgré la disparition de la menace soviétique, les Européens ne pouvaient pas faire grand-chose sans l'OTAN. Finalement, l'opinion américaine s'émut du drame yougoslave et, en 1995 – soit quatre ans après les débuts du conflit –, l'OTAN se décida enfin à intervenir avec des avions américains. Pour mettre fin à ce conflit, les Américains – et son président, Bill Clinton – imposèrent les accords de Dayton partageant la Bosnie en trois zones aux contours compliqués – ce qui n'empêcha pas le siège de Srebrenica par les forces serbes et le massacre de nombreux Bosniaques.

Pendant cette guerre yougoslave, les Albanais musulmans – très majoritaires dans la région du Kosovo – avaient mis en sourdine leurs revendications d'indépendance. Lorsque les nationalistes albanais reprirent leurs actions en 1998 contre la population serbe, le gouvernement de Belgrade répliqua et lança toute une série d'actions contre eux de nature génocidaire provoquant un exode massif vers l'ex-république yougoslave de Macédoine, bientôt submergée. Dans les pays de l'Union européenne et aux États-Unis, l'émotion fut telle que Bill Clinton décida une nouvelle intervention de l'OTAN. En 1999, pour la première fois dans ses cinquante ans d'histoire, l'OTAN déclara officiellement la guerre à la République de Serbie. Pour l'obliger à évacuer le Kosovo, l'US Air Force bombarda massivement Belgrade et divers équipements serbes, au grand scandale des Russes, leurs fidèles soutiens. Mais comme la Russie connaissait alors une terrible crise financière et qu'elle avait grand besoin du soutien monétaire américain et européen, elle n'est pas intervenue. La région du Kosovo, d'où les Serbes avaient fui, fut divisée en plusieurs zones d'occupation confiées chacune à des forces de l'OTAN (Américains, Allemands, Français, Anglais, Italiens...). Elle fut placée sous l'autorité de l'ONU et d'un haut-commissaire, Bernard Kouchner.

L'OTAN et l'UE : des relations ambiguës

Ces successifs drames yougoslaves (1991-1999) ont eu pour conséquence majeure de démontrer que l'Union européenne n'avait guère les moyens d'intervenir dans des conflits proches. Forts de ce constat, les États libérés de la domination soviétique – redoutant un possible retour de celle-ci – se tournèrent vers l'OTAN, d'autant plus que leurs armées étaient désorganisées par la disparition du pacte de Varsovie où, initialement, chacune avait sa place.

Le presque triplement du nombre des États membres de l'Union européenne depuis 1992 – alors l'Europe des 12 – s'explique essentiellement, depuis la disparition de l'URSS, par le rôle préalable de l'OTAN, qui a « invité » la plupart des États de l'ex-URSS à « adhérer » à l'Alliance atlantique avant même que les instances européennes n'en aient véritablement discuté. Si, en 1995, l'adhésion à l'Union européenne de la Suède, de la Finlande et de l'Autriche ne s'explique pas par un rôle préalable de l'OTAN – puisque ces États (comme l'Irlande) ne veulent pas en faire partie –, en revanche, la plupart des nouveaux membres de l'Union ont d'abord été contactés par des fonctionnaires de l'OTAN qui leur ont proposé d'engager des négociations d'adhésion à cette organisation politique et militaire. Ce fut le cas, dès 1995, pour l'Estonie (parce que les Russes y sont encore nombreux), pour la Hongrie, la Pologne et la Tchéquie en 1997, pour la Bulgarie, la Roumanie, la Slovaquie, la Lettonie, la Lituanie et la Slovénie en 2002, pour la Croatie, l'Albanie et la Macédoine dès 2006. Pour chacun d'entre eux, les négociations d'adhésion à l'Union européenne ont commencé quelques mois plus tard, l'adhésion étant officialisée deux ou trois ans après.

L'adhésion d'un nouvel État à l'OTAN n'entraîne pour cette dernière que des dépenses relativement faibles : elle apporte surtout sa protection militaire en cas d'éventuelle menace. En revanche, l'adhésion à l'Union européenne d'un nouvel État, surtout s'il est pauvre et mal équipé (ce qui est malheureusement souvent le cas en Europe de l'Est), entraîne pour celle-ci des engagements de crédit considérables pour des dizaines d'années à venir – dépenses qui réduisent d'autant les subventions accordées aux plus anciens États membres.

Un élargissement trop rapide de l'UE

L'augmentation considérable du nombre des États membres de l'Union européenne entraîne pour cette dernière d'énormes difficultés de fonctionnement. Si les adhésions sont préparées par des fonctionnaires européens dépendant de commissaires de plus en plus nombreux (un par État membre), la décision finale d'accepter de nouvelles adhésions revient au Conseil de l'Union, c'est-à-dire aux chefs d'État. Alors comment expliquer que ces derniers aient accepté des « fournées » d'un aussi grand nombre de nouveaux États membres de l'Union ? En effet, s'il s'agit dans bien des cas d'assez petits États formant au sein de l'Union une clientèle pour de grands États – comme l'Allemagne avec de nombreux États d'Europe centrale et orientale dont les *intelligentsias* parlent traditionnellement l'allemand –, il faut aussi tenir compte de la pression américaine par le biais de l'OTAN. Ce sont les Américains qui ont imposé à l'Union les Pays baltes, une fois ceux-ci intégrés à l'OTAN, et ce, malgré les risques de tension avec la Russie ; eux aussi qui, au début de la guerre d'Irak, ont imposé la Bulgarie et la Roumanie pour servir de relais aériens et pallier la non-participation de la Turquie aux plans américains en Irak.

PAYS ET NIVEAUX DE VIE DANS L'UNION EUROPÉENNE

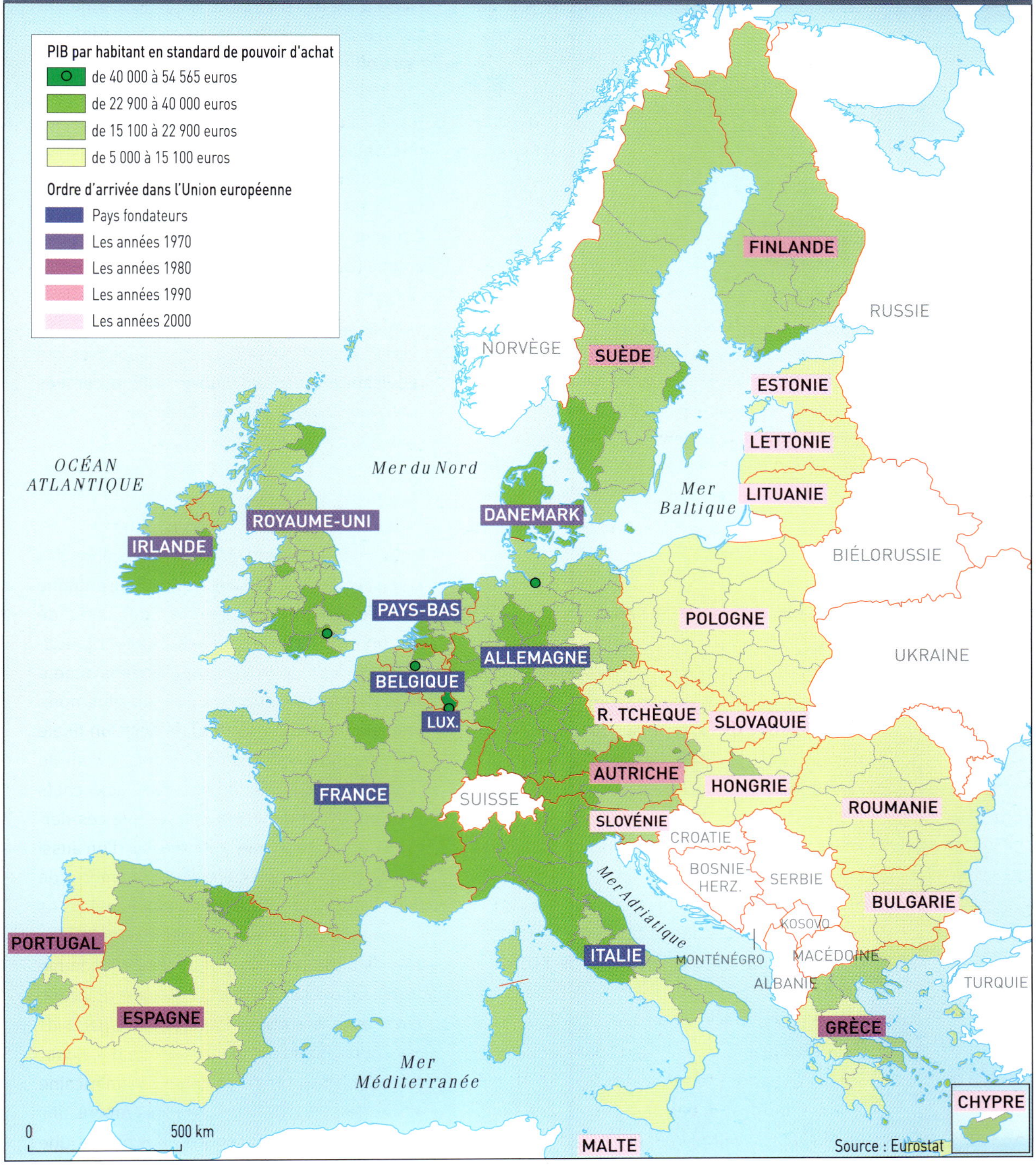

La différence des niveaux de vie moyens entre les 27 pays de l'UE ne manque pas de poser des problèmes économiques, et donc politiques. Les pays les plus riches de l'Ouest, au premier rang desquels l'Allemagne et l'Autriche, craignent les flux migratoires en provenance de l'Est. Si le niveau de vie est très élevé en Norvège et en Suisse, qui ne veulent pas faire partie de l'UE, il est au contraire très bas dans les pays d'Europe des Balkans.

LA QUESTION TURQUE

Le cas de la Turquie n'est pas celui d'un petit pays supplémentaire ajouté à la liste de ceux qui se trouvent déjà dans l'Union européenne. Du fait de sa forte croissance démographique et avec presque 70 millions d'habitants, elle serait bientôt l'État le plus peuplé de l'Union et compterait, de ce fait, le plus grand nombre de députés au Parlement européen. L'Allemagne, qui perdrait alors son rang de première puissance européenne, compte d'ores et déjà un grand nombre d'immigrés turcs (3,5 millions, essentiellement des Kurdes de Turquie) et est très réservée sur l'adhésion de la Turquie.

On peut alléguer que cet État n'est pas situé pour l'essentiel en Europe mais en Asie mineure. On peut rétorquer qu'Istanbul, énorme ville de 12 millions d'habitants, se trouve bel et bien en Europe, de l'autre côté du Bosphore, et que l'Empire ottoman s'est étendu durant des siècles sur tout le sud-est de l'Europe – ce à quoi les Grecs, les Serbes et les Bulgares objectent qu'ils ont été alors longuement et durement opprimés, expliquant ainsi leur actuel retard par rapport à l'ensemble de l'Europe. En réalité, l'objection majeure à l'entrée de la Turquie dans l'Union européenne est qu'il s'agit d'un grand pays musulman et que l'Europe est de traditions chrétiennes (catholiques et orthodoxes) plus ou moins laïcisées.

Face à cet argument non officiellement exprimé, les partisans de l'adhésion turque rétorquent justement, qu'en 1923, Mustapha Kemal, Atatürk, le « père de la nation turque », a imposé des réformes radicales : laïcisation de l'État, abandon de l'écriture arabe pour l'alphabet latin, suppression du califat (l'autorité supérieure du monde musulman basée depuis des siècles à Istanbul). Atatürk, ce jeune général qui a sauvé la Turquie de la dislocation que voulaient lui imposer les vainqueurs de la Première Guerre mondiale, a voulu par ces réformes draconiennes marquer la rupture avec les Arabes qui venaient de contribuer à la défaite turque. Une autre objection peut être soulevée : si l'appareil d'État et notamment les cadres de l'armée ont été ainsi laïcisés, la société turque, elle, est profondément musulmane. De plus, depuis 2005, un parti islamiste, certes modéré pour le moment, l'AKP, le Parti de la justice et du développement (formulation laïque) est devenu majoritaire. Il peut cependant évoluer vers un islamisme plus radical étant donné les dernières réactions turques face à la guerre américaine en Irak. Le gouvernement turc, membre important de l'OTAN, s'était d'ailleurs finalement opposé à ce que des troupes américaines, depuis longtemps basées en Turquie, passent par son territoire pour attaquer l'Irak par le nord. Malgré les réformes (ou à cause de celles-ci) que les commissaires européens imposent à la Turquie pour obtenir son entrée dans l'Union européenne, le risque (selon les opposants à ce projet) que l'État qui aura le plus de députés au Parlement européen ne devienne un représentant de l'islamisme ne doit pas être négligé. D'autant que dans les Balkans, en Bosnie, en Albanie et au Kosovo se trouvent également de nombreux musulmans (environ 7 millions) qui se sont radicalisés dans les guerres yougoslaves. Il ne faut pas oublier non plus les quelque 12 millions de musulmans (maghrébins, turcs, pakistanais, bangladeshis) immigrés, et surtout descendants d'immigrés, dans les villes d'Europe occidentale. ■

D'ailleurs, on peut se rendre compte actuellement de l'importance de la pression exercée par les présidents américains en personne en prenant l'exemple de la Turquie.

Membre de l'OTAN depuis 1952, candidate à la CEE depuis 1987, sa participation à l'Union est très largement soutenue par Barack Obama, qui l'a publiquement demandé à Nicolas Sarkozy, lors de leur bref entretien le 6 juin 2009, à l'occasion de l'anniversaire du débarquement de Normandie.

Bientôt, une Europe des 30

Les adhésions de l'Albanie, de la Croatie, de la Macédoine, de la Bosnie, de la Serbie et du Monténégro sont proches.

Avec plus de 30 États – dont plus de la moitié a moins de 10 millions d'habitants –, l'Union européenne devra fonctionner différemment, tant au plan interne qu'international.

La Commission européenne, qui a pour fonction de gérer le budget et d'appliquer les politiques tout en ayant le monopole d'initiative législative, comptera un nombre de plus en plus grand de commissaires, chaque État membre de l'Union en désignant un – soit 32 voire 33 commissaires.

Le Conseil de l'Union, institution décisionnelle, comptera aussi le même nombre de chefs d'État ou de gouvernement qui élisent encore actuellement un président pour six mois, qu'il soit à la tête d'un grand ou d'un tout petit État.

Quant au Parlement qui vote les législations dans différents domaines, il siège tantôt à Strasbourg, tantôt à Bruxelles et compte 736 députés, le poids des représentants des petits États étant de plus en plus grand – Malte, par exemple, qui compte 392 000 habitants, a 5 députés, le Luxembourg (442 000 habitants), 6 députés ; l'Allemagne avec 82 millions d'habitants dispose de 99 députés, la France, l'Italie et le Royaume-Uni, de 72 chacun.

LES « 27 » ET LA REPRÉSENTATION DE CHACUN AU PARLEMENT EUROPÉEN

* pays ayant adopté l'euro

Allemagne *
Superficie : 357 000 km²
Population : 82,5 millions d'habitants
Nombre de votes au Conseil : 29
Nombre de députés : 99

Autriche *
Superficie : 84 000 km²
Population : 8,1 millions d'habitants
Nombre de votes au Conseil : 10
Nombre de députés : 17

Belgique *
Superficie : 30 500 km²
Population : 10,3 millions d'habitants
Nombre de votes au Conseil : 12
Nombre de députés : 22

Bulgarie
Superficie : 111 000 km²
Population : 7,8 millions d'habitants
Nombre de votes au Conseil : 10
Nombre de députés : 17

Chypre*
Superficie : 9 250 km²
Population : 790 000 d'habitants
Nombre de votes au Conseil : 4
Nombre de députés : 6

Danemark
Superficie : 43 000 km²
Population : 5,3 millions d'habitants
Nombre de votes au Conseil : 7
Nombre de députés : 13

Espagne *
Superficie : 506 000 km²
Population : 43 millions d'habitants
Nombre de votes au Conseil : 27
Nombre de députés : 50

Estonie
Superficie : 45 000 km²
Population : 1,4 millions d'habitants
Nombre de votes au Conseil : 4
Nombre de députés : 6

Finlande *
Superficie : 338 000 km²
Population : 5,2 millions d'habitants
Nombre de votes au Conseil : 7
Nombre de députés : 13

France *
Superficie : 551 500 km²
Population : 62,3 millions d'habitants
Nombre de votes au Conseil : 29
Nombre de députés : 72

Grande-Bretagne
Superficie : 253 000 km²
Population : 59,7 millions d'habitants
Nombre de votes au Conseil : 29
Nombre de députés : 72

Grèce *
Superficie : 132 000 km²
Population : 10,9 millions d'habitants
Nombre de votes au Conseil : 12
Nombre de députés : 22

Hongrie
Superficie : 93 000 km²
Population : 9,9 millions d'habitants
Nombre de votes au Conseil : 12
Nombre de députés : 22

Irlande *
Superficie : 70 000 km²
Population : 3,8 millions d'habitants
Nombre de votes au Conseil : 7
Nombre de députés : 12

Italie *
Superficie : 301 000 km²
Population : 58 millions d'habitants
Nombre de votes au Conseil : 29
Nombre de députés : 72

Lettonie
Superficie : 64 000 km²
Population : 2,4 millions d'habitants
Nombre de votes au Conseil : 4
Nombre de députés : 8

Lituanie
Superficie : 65 000 km²
Population : 3,7 millions d'habitants
Nombre de votes au Conseil : 7
Nombre de députés : 12

Luxembourg *
Superficie : 2 586 km²
Population : 442 000 d'habitants
Nombre de votes au Conseil : 4
Nombre de députés : 6

Malte*
Superficie : 316 km²
Population : 392 000 d'habitants
Nombre de votes au Conseil : 3
Nombre de députés : 5

Pays-Bas *
Superficie : 34 000 km²
Population : 16 millions d'habitants
Nombre de votes au Conseil : 13
Nombre de députés : 25

Pologne
Superficie : 313 000 km²
Population : 38,6 millions d'habitants
Nombre de votes au Conseil : 27
Nombre de députés : 50

Portugal *
Superficie : 92 000 km²
Population : 10,4 millions d'habitants
Nombre de votes au Conseil : 12
Nombre de députés : 22

République tchèque
Superficie : 79 000 km²
Population : 10,3 millions d'habitants
Nombre de votes au Conseil : 12
Nombre de députés : 22

Roumanie
Superficie : 237 000 km²
Population : 22,4 millions d'habitants
Nombre de votes au Conseil : 14
Nombre de députés : 33

Slovaquie*
Superficie : 49 000 km²
Population : 5,4 millions d'habitants
Nombre de votes au Conseil : 7
Nombre de députés : 13

Slovénie *
Superficie : 20 200 km²
Population : 2 millions d'habitants
Nombre de votes au Conseil : 4
Nombre de députés : 7

Suède
Superficie : 450 000 km²
Population : 8,9 millions d'habitants
Nombre de votes au Conseil : 10
Nombre de députés : 18

L'échec de la Constitution européenne

Un projet de Constitution européenne a été longuement élaboré par une commission présidée par Valéry Giscard d'Estaing. Après un rappel des grands principes libéraux et de l'ensemble des traités concernant l'Union, cette Constitution – plus précisément ce Traité constitutionnel – définissait les modalités d'adhésion de ses nouveaux membres, les pouvoirs et les modalités de l'élection de son président qui aurait été élu pour deux ans et demi. Un haut représentant devait être chargé de ses relations internationales.

En 2005, cette Constitution fut votée par les parlements de 23 des États membres. Mais elle fut refusée en France et aux Pays-Bas où la procédure du référendum avait été décidée – en France par le président Jacques Chirac. Une grande partie de la gauche française vota contre ce projet sur le motif que cette constitution « gravait dans le marbre » (sic) les principes du libéralisme économique ; l'extrême droite nationaliste, elle, vota « contre » pour protéger le rôle et l'idée de l'État nation. Quant aux électeurs, une notable partie d'entre eux vota « contre » car ils croyaient que cette Constitution décidait de l'entrée de la Turquie dans l'Union européenne. À la suite de ce refus, l'Union européenne était donc « en panne ».

À peine élu président de la République, Nicolas Sarkozy entreprit des négociations pour faire accepter un nouveau traité qui fut approuvé par les chefs d'État de l'Union à Lisbonne le 13 décembre 2007. Encore fallait-il que ce Traité de Lisbonne soit ratifié par les parlements des différents États, ce que fit l'Assemblée nationale en février 2008 pour la France, ainsi que les autres pays à l'exception de l'Irlande, où la procédure du référendum fut maintenue et où la ratification du traité de nouveau refusée. Ce rejet est remis en cause avec la crise financière de septembre 2008, cette dernière frappant tout particulièrement les Irlandais alors qu'ils avaient considérablement profité de leur adhésion au « Marché commun » en 1973. Un certain nombre d'entre eux demande maintenant un nouveau référendum sur le Traité de Lisbonne.

LES NOUVEAUTÉS DU TRAITÉ DE LISBONNE

Le rôle du Parlement est renforcé. Le nombre des députés représentant chaque État est légèrement modifié afin de mieux tenir compte des différences entre les effectifs de leur population. Le référendum d'initiative populaire peut avoir lieu s'il est demandé par au moins un million de citoyens relevant de différents États.

Des modalités sont prévues pour les États qui veulent quitter l'Union. Les votes se feront désormais à la majorité qualifiée, avec calcul d'une double majorité : les décisions seront prises, d'une part, à 55 % en tenant compte du nombre de voix (chacune représentant un État) et, d'autre part, à 65 % en tenant compte de l'effectif de la population de chaque État – l'Allemagne, la France, le Royaume-Uni ou l'Italie avec chacun 29 voix, l'Espagne ou la Pologne avec 27, Malte avec 3.

Sont également prévues :

– l'élection pour deux ans et demi d'un président du Conseil européen (et non pas d'un président de l'Union européenne) par les chefs d'État ou de gouvernement qui forment le Conseil de l'Union ;

– la formation de la Commission européenne par autant de commissaires qu'il y a d'États dans l'Union (chacun d'eux étant spécialisé dans un domaine de compétence) présidée par un commissaire nommé par le Conseil. Le nombre des commissaires serait réduit à 18 en 2014 ;

– la nomination d'un haut-commissaire pour représenter l'Union au plan international en ce qui concerne les affaires étrangères et la sécurité ;

– la décision à l'unanimité par le Conseil, c'est-à-dire par les chefs de gouvernement de l'admission dans l'Union de nouveaux États membres (si chacun d'eux respecte les Droits de l'homme, les minorités et s'il a une économie de marché stable). ■

Les Européens indifférents à l'égard de l'Union européenne ?

Les élections au Parlement européen de juin 2009 dans les 27 États de l'Union ont été caractérisées par une abstention considérable – par exemple plus de 60 % en France. Ce désintérêt s'explique notamment par le « gonflement » de l'Union européenne par des « fournées » successives d'adhésions, sans expliquer à l'opinion les raisons de tels accroissements : ces nouveaux pays faisant partie de l'Europe géographique, il fallait donc les intégrer ! Le seul débat porte sur l'adhésion ou non de la Turquie, pays musulman et qui, sur les cartes, en dépit d'Istanbul, ne se situe pas en Europe.

L'opinion publique considère comme normale et acquise la libre circulation des personnes – des citoyens européens – entre les États de l'Union. Ce qui évidemment n'est pas le cas pour les nombreux immigrés en situation irrégulière, bloqués dans des conditions précaires aux frontières de certains États situés à la périphérie de l'Union qui sont, selon les accords de Schengen (1985), chargés à leurs postes frontières comme dans tous les aéroports internationaux de les refouler. La Grande-Bretagne – qui ne veut pas faire partie de « l'espace Schengen » – se repose sur la France pour bloquer à Calais les milliers de réfugiés irakiens, kurdes, afghans... qui veulent franchir clandestinement le Pas-de-Calais. L'Italie, la Grèce ou encore Malte, autres frontières de Schengen, ne savent comment faire pour refouler les milliers de clandestins accostant sur leurs rivages.

La monnaie commune, l'euro, est considérée elle aussi aujourd'hui comme un fait acquis. Les nouveaux États membres qui ne l'ont pas encore demandent à faire rapidement partie de « l'euroland », car depuis la crise financière de septembre 2008, la stabilité de l'euro est très appréciée. En comparaison, la livre britannique a perdu beaucoup de sa valeur – mais les Anglais, très attachés à leur monnaie nationale, veulent la conserver coûte que coûte. L'Islande, qui fait partie de l'OTAN mais pas de l'Union européenne, se trouve actuellement en pleine crise financière et souhaite désormais sortir de son isolement. En revanche, la Norvège qui, comme l'Islande, est elle aussi membre de l'OTAN mais pas de l'Union européenne, continue de profiter intelligemment des revenus de son pétrole. Dans l'ensemble, les économistes estiment que, dans le contexte de crise économique actuelle mondiale, les États de la zone euro « s'en tirent » pour le moment relativement mieux que bien d'autres.

Des élections qui n'attirent pas les foules

L'abstention massive lors d'élections dans les pays de l'Union s'explique par le fait que la plupart des citoyens ne voient pas les enjeux politiques de ces dernières. Les votants sont des citoyens dont les opinions sont soit nettement de droite ou nettement de gauche. Ils ne s'intéressent pas vraiment à l'Europe, seulement ils ne veulent pas laisser leur adversaire traditionnel remporter une victoire dans une quelconque élection. Les leaders des partis de gauche disent la nécessité de « changer l'Union » et de dénoncer le système capitaliste. Traditionnellement, les partis conservateurs sont majoritaires au Parlement européen et les députés des nouveaux États membres accentuent encore cette tendance. Aux dernières élections de 2009, ces partis conservateurs comptent un peu plus de la moitié des députés, les deux tiers si l'on y ajoute les députés libéraux-démocrates.

Toutefois, dans les années à venir, les enjeux des élections européennes et les choix du Conseil de l'Europe seront principalement géopolitiques. En effet, les sondages effectués juste avant les dernières élections ont montré que, dans différents pays, ces changements à signification géopolitique sont considérés comme souhaitables, sinon nécessaires. Selon le journal *Libération* du 5 juin 2009, la création d'un ministère des Affaires étrangères au sein de l'Union européenne est considérée comme souhaitable par 73 % des citoyens en France, 76 % en Italie, 62 % en Allemagne et la création d'une réelle fonction présidentielle de l'Union européenne, par 64 % en France, 73 % en Italie, 51 % en Allemagne. 67 % des citoyens français sont favorables à la création d'une armée européenne, 56 % en Italie et seulement 44 % en Allemagne.

Des rapports de plus en plus étroits entre l'Union européenne et l'OTAN ?

Les rapports entre l'OTAN et l'Union européenne sont anciens et nombre de pays sont présents conjointement dans ces deux organisations, l'OTAN ayant anticipé la candidature de nombreux États et les ayant recrutés avant que ceux-ci ne deviennent ensuite membres de l'Union. Le seul échec évident des Américains porte sur l'adhésion de la Turquie.

Dès 1995, les États-Unis songeaient à une candidature de l'Ukraine. Chère aux néo-conservateurs, leur stratégie d'« exportation de la démocratie » visait à favoriser par des « révolutions médiatiques » l'inclusion dans l'Union européenne d'États qui avaient fait partie jusqu'en 1992 de l'Union soviétique. Cette stratégie fut donc appliquée pour l'Ukraine et la Géorgie en 2003-2004. Mais les partisans de la Russie parvinrent cependant à éviter un changement brutal.

L'offensive américaine en Irak fut à l'origine d'une grave tension entre les États-Unis et plusieurs États de l'Union européenne, notamment la France et l'Allemagne. Pourtant à la suite des attentats du 11 septembre 2001, l'opération menée par l'armée américaine en Afghanistan avait eu le soutien de l'opinion européenne et des unités militaires européennes, notamment françaises, avaient été envoyées à Kaboul au titre de l'OTAN.

La crise irakienne

Les Américains ont pu alors penser que s'ils poursuivaient leur guerre mondiale contre le terrorisme, d'autres contingents européens interviendraient en Irak au titre de l'OTAN. Mais, avec le soutien de leurs opinions, les gouvernements français, allemand et belge s'y opposèrent radicalement, tandis que les gouvernements britannique, espagnol, italien et polonais s'engagèrent aux côtés des Américains. L'Europe fut en quelque sorte coupée en deux et les dirigeants américains dénoncèrent alors une « vieille Europe », incapable de s'engager dans la lutte contre le terrorisme, et saluèrent une « nouvelle Europe », qui n'hésitait pas à se rallier à leurs côtés, celle-ci comprenant les nouveaux États membres de l'Union et de l'OTAN venus d'Europe de l'Est, fiers de leur liberté retrouvée. Ces États ayant jugé bon de faire une proclamation commune, le président français de l'époque, Jacques Chirac, déclara à son tour que ces « nouveaux venus » auraient mieux fait de se taire. L'opinion américaine prit la France comme cible, certains médias l'attaquant sur sa « lâcheté », rappelant sa débâcle en 1940, sa collaboration avec l'Allemagne hitlérienne.

Pourtant, la Turquie, elle aussi membre de l'OTAN, refusa de laisser passer sur son territoire les forces américaines qui devaient attaquer l'Irak par le nord et ne participa pas non plus à la coalition contre l'Irak. Cependant, aux États-Unis, on évita de dénoncer cette défection.

Année après année, les difficultés américaines en Irak se succédant, les Espagnols et les Italiens étant rentrés chez eux, l'opinion internationale voyant dans l'Amérique une énorme puissance maléfique et empêtrée, on se souvient au Pentagone et à la Maison Blanche, des mises en garde faites par les Français et les rapports s'améliorèrent enfin. Dans ses discours de campagne et pour marquer le contraste avec Jacques Chirac, Nicolas Sarkozy célébra le modèle américain pour justifier l'efficacité des réformes libérales qu'il préconisait. Selon lui, la France devait rentrer officiellement dans le cadre de l'OTAN, puisque, dans les faits, elle en faisait déjà partie depuis des années, sans pour autant y exercer un poids officiel.

La réintégration de la France dans l'OTAN

Votée par les députés de la majorité le 17 mars 2009, cette réintégration ne signifie pas pour autant que Nicolas Sarkozy ait abandonné l'idée d'Europe-puissance. Du fait de la crise économique, l'éloge de la mondialisation et de la zone de libre-échange est actuellement mis en sourdine. Mais le président français estime que, vu la situation où se trouve actuellement l'armée américaine, son homologue américain a tout intérêt à ce que l'Union européenne ait enfin un rôle militaire véritable. Une vieille image de l'OTAN est donc ressortie : une organisation ressemblant à un haltère, deux « boules » , l'Amérique et l'Europe, reliées par une barre au-dessus de l'Atlantique. Cette image est pourtant assez illusoire quand on sait qu'il existe un rapport de 2 à 5 entre les dépenses militaires de tous les membres européens de l'OTAN et celle des États-Unis. Cette inégalité

LES ÉTATS EUROPÉENS ET LA CRISE IRAKIENNE DE 2003

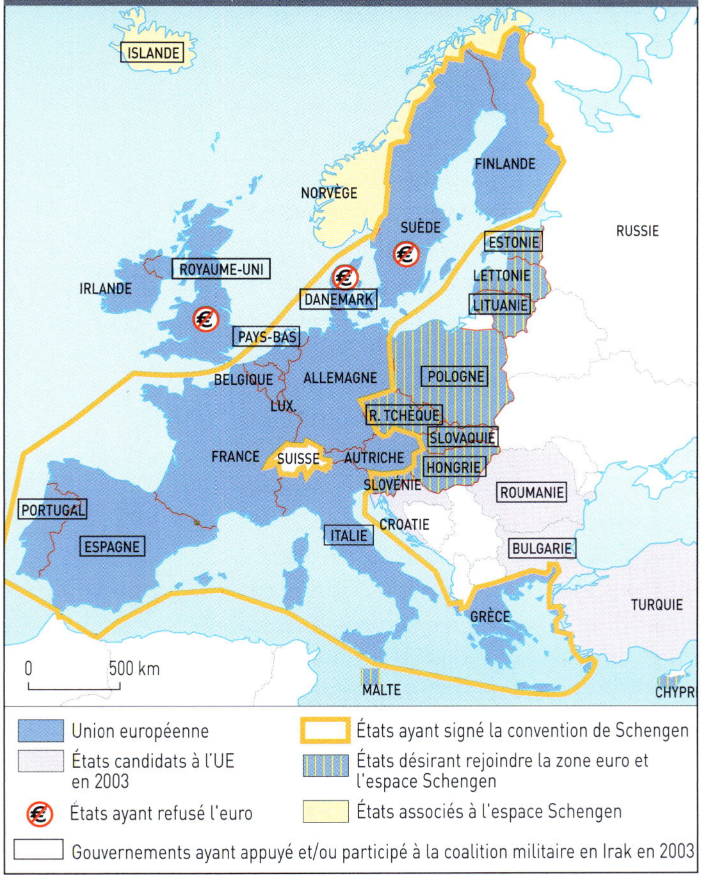

Plusieurs clivages importants marquent la construction européenne : participation ou non à l'euro, aux accords de Schengen et, plus récemment, appui en 2003 à l'intervention américaine en Irak. Dans tous les cas, on retrouve un axe emmené par le couple franco-allemand et un autre opposé, emmené par la Grande-Bretagne.

se confirme lorsqu'on considère l'effort militaire des pays européens (qui a encore tendance à diminuer) alors que celui des États-Unis continue d'augmenter.

Par le changement d'image de l'Amérique qu'elle entraîne, pour le moment, chez les Européens, l'élection de Barack Obama favorise la réapparition de l'idée de renforcement du partenariat entre l'OTAN et l'Union européenne pour un certain nombre d'opérations civilo-militaires en Europe, dans les Balkans notamment. Ce partenariat devrait d'ailleurs être célébré pour le 60e anniversaire de la création de l'Alliance atlantique. Dans ses discours, Barack Obama souligne qu'en Afghanistan, les Européens devraient participer davantage à la lutte contre les talibans. Ce qui implique que les États-Unis fournissent, comme durant la guerre froide, un certain nombre de moyens aux armées européennes, notamment en matière de projections de forces à grande distance. Mais cette volonté se heurte à l'opinion européenne qui ne désire pas s'engager davantage en Afghanistan voire même au Pakistan.

Vers une Europe-puissance ?

Durant le second semestre 2008, Nicolas Sarkozy, malgré les critiques, a été un président fort actif de l'Union européenne. Il a non seulement pris l'initiative du G20 pour essayer de faire face collectivement, avec les Américains – sans attendre la fin du mandat de George W. Bush –, les Anglais et les Allemands, à la crise financière qui venait d'éclater mais il a aussi réagi très rapidement – faute de réactions de la Maison Blanche – à la guerre entre la Géorgie et la Russie *(voir chap. La périphérie de l'ex-Union soviétique)*.

Ce conflit était le résultat de l'offensive lancée le 7 août 2008 contre la petite république autonome d'Ossétie par des troupes géorgiennes, encadrées par des militaires américains. Cette offensive fut repoussée par des troupes russes qui arrivèrent aux abords de Tbilissi – près du fameux oléoduc qui va de Bakou à Ceyhan sur la Méditerranée. Cinq jours plus tard, Nicolas Sarkozy, endossant son rôle de président de l'Union européenne, lançait « une offensive diplomatique française » et européenne, qui eut au moins le mérite de faire cesser les combats et de faire revenir les troupes russes aux frontières de l'Ossétie.

Si les Américains veulent augmenter le rôle des Européens au sein de l'OTAN et si ces derniers veulent une « Europe-puissance », l'Union européenne, ses députés et ses dirigeants devront veiller à ce qu'en Europe de l'Est, certains gouvernements dont les relations avec les États-

Unis sont prioritaires ne prennent pas d'initiatives susceptibles de provoquer de graves tensions avec la grande puissance qu'est redevenue la Russie. Parmi le personnel politique des États d'Europe de l'Est, nombre de jeunes hommes sont récemment revenus des États-Unis où leurs familles avaient émigré autrefois. Ils ont tendance à vouloir provoquer rapidement, avec le soutien d'organisations « humanitaires » américaines et même de l'OTAN, des changements géopolitiques importants dans des pays de l'ex-URSS devenus indépendants, tout en restant les voisins de la Russie.

En 2004-2005, de soi-disant « révolutions » orange ou rose – du nom des couleurs brandies par les manifestants – ont été lancées en Ukraine et en Géorgie par des organisations dotées de grands moyens médiatiques, pour exiger l'entrée de ces deux pays dans l'Union européenne. Les Polonais ont largement soutenu ces mouvements qui se sont essoufflés d'eux-mêmes du fait des rivalités entre des protagonistes ayant largement profité de la privatisation post-socialiste. De nouveau, en 2008, des appels à l'OTAN et à l'Union européenne ont été lancés, notamment avant que le président géorgien promu par la « révolution des roses », lance, avec ses conseillers américains, cette attaque irréfléchie contre l'Ossétie pour la faire rentrer de force dans le giron géorgien. Aurait-t-il ignoré que les États-Unis se trouvaient alors entre la fin de la présidence Bush et l'intronisation d'Obama ?

« Les choses étant ce qu'elles sont », comme disait le général De Gaulle, la Russie dispose en Europe de moyens géopolitiques considérables car des gazoducs alimentant en énergie un grand nombre de ces pays partent de son territoire. Elle est donc en mesure d'exercer d'énormes pressions, comme elle le fait en Ukraine, qui, pour sa part, utilise comme moyen de chantage sur l'Union européenne la fermeture des gazoducs transitant vers l'Ouest par son territoire.

Cette méthode est également pratiquée par des États membres de l'Union européenne qui forment une sorte de « marche » orientale de l'OTAN – par exemple, en protestant contre le projet russe et allemand d'un gazoduc qui, pour éviter ce genre de blocage, passerait sous les eaux de la Baltique, de Saint-Pétersbourg au nord de l'Allemagne.

L'idée d'une Europe-puissance n'est pas facile à mettre en œuvre. Elle demandera du temps, même avec le soutien des États-Unis, qui réclameront en échange le soutien des Européens à leurs opérations au Moyen-Orient. Sa réalisation, c'est-à-dire la construction d'une armée européenne articulant des armées nationales rééquipées et revigorées, est d'autant plus nécessaire qu'il ne faut pas oublier les risques de « découplage » au sein de l'OTAN. Si les idées géopolitiques nouvelles que Barack Obama tente de mettre en œuvre le conduisent à des impasses ou à de graves risques – notamment en raison de la montée en puissance de la Chine –, l'opinion américaine exigera alors que

LE CAS DE KALININGRAD

Annexée par les Soviétiques en 1945, la ville allemande de Königsberg, rebaptisée alors Kaliningrad, pose à l'Union européenne un délicat problème géopolitique. Cette enclave russe, séparée du reste de la Russie par la Lituanie et la Pologne, inquiète les Européens qui craignent un afflux d'immigrés russes qui profiteraient de leur droit de transit à travers la Lituanie, pays membre de l'UE pour pénétrer à l'intérieur de celle-ci.

LE PROBLÈME DE L'ENCLAVE RUSSE DE KALININGRAD (VOIR CARTE PAGE CI-CONTRE)

L'élargissement en 2004 de l'Union européenne aux pays Baltes et à la Pologne pose le délicat problème géopolitique de Kaliningrad. Il s'agit, en bordure de la mer Baltique, d'un petit territoire triangulaire de 170 kilomètres de côté (soit la moitié de la surface de la Belgique), peuplé d'environ un million d'habitants, bordé par la Pologne et la Lituanie, mais sur lequel la Russie maintient sa souveraineté, bien qu'elle en soit séparée par 700 kilomètres de territoire lituanien et biélorusse.

Cette position d'enclave résulte de la Seconde Guerre mondiale et de la dislocation de l'URSS en 1991. En effet, en 1946, les Soviétiques annexèrent une ville allemande qu'ils dénommèrent Kaliningrad (du nom d'un ministre de Staline) en la rattachant non pas à la Lituanie voisine qu'ils venaient aussi d'annexer, mais à la République fédérative socialiste soviétique de Russie (RFSSR). Ils voulaient ainsi affirmer symboliquement et territorialement la victoire des Russes sur le militarisme allemand dont la Prusse avait été le point de départ. C'est en effet en Prusse, que l'on appela ensuite la Prusse orientale du fait de l'extension des possessions du roi de Prusse dans d'autres parties de l'Allemagne, que se forgea peu à peu la puissance guerrière du Reich allemand. La ville dont il est question fut fondée, il y a près de huit siècles, sous le nom de Königsberg par les fameux chevaliers Teutoniques, ces moines-soldats qui guerroyaient pour convertir par la force les indigènes restés païens (notamment ceux que l'on appela plus tard les Vieux-Prussiens). Mais au XVIe siècle, le grand maître de cet ordre catholique se convertit avec ses moines au protestantisme et se proclama duc de Prusse.

Au début du siècle suivant, la Prusse commença à s'étendre vers l'ouest et Berlin en devint la capitale. Königsberg abrita une université célèbre, notamment avec le grand philosophe Emmanuel Kant (1724-1804), admirateur de la Révolution française. En 1945, la Prusse orientale fut partagée ente l'URSS et la Pologne. Les Soviétiques débaptisèrent Königsberg, en chassèrent ce qui restait de population allemande, firent disparaître tous les vestiges prussiens, à l'exception des ruines de la cathédrale parce qu'elle renfermait la tombe de Kant (les communistes le considérant comme le précurseur des philosophes des « Lumières », de Hegel et même de Karl Marx). Kaliningrad devint surtout leur grande base navale de la Baltique (Saint-Pétersbourg, ex-Leningrad, étant prise par les glaces en hiver) et un camp retranché en bordure de la Pologne, pourtant alors sous contrôle soviétique, mais avec laquelle la frontière restait absolument close.

La dislocation de l'URSS transforma Kaliningrad en une enclave russe coincée entre deux États, la Lituanie et la Pologne, qui demeurent méfiants, encore aujourd'hui, à l'égard de la Russie. Celle-ci continue de s'intéresser de très près aux pays Baltes, ne serait-ce qu'en raison du fait que s'y trouvent encore, surtout dans les villes, de nombreux Russes (40 % de la population de Lettonie, plus de 30 % en Estonie, 8 % en Lituanie), qui se plaignent d'être victimes de discriminations. Aussi les pays Baltes, soutenus en cela par les pays scandinaves et par la Pologne, ont-ils sollicité instamment de faire partie de l'Union européenne et de l'OTAN, afin de bénéficier de leur protection en cas de tension avec la Russie.

L'inclusion depuis 2004 des pays Baltes et de la Pologne dans l'Union européenne fait que les habitants de Kaliningrad doivent désormais franchir les frontières de celle-ci et disposer pour ce faire d'un visa européen. Jusqu'alors, quand ils voulaient aller en Russie, ils pouvaient encore utiliser leur passeport intérieur soviétique et séjourner trente jours en Lituanie. Après l'entrée de celle-ci dans l'UE et dans l'OTAN, une crise assez grave s'est produite avec la Russie, qui affirmait qu'elle ne renoncerait pas aux droits de libre circulation avec son territoire de Kaliningrad, droits qu'elle avait acquis en 1945. Pour éviter que les choses ne s'enveniment, il fut décidé qu'on ne demanderait pas de visa aux Russes de Kaliningrad, mais seulement un « document de transit simplifié ». Toutefois, ils ne peuvent plus séjourner sans visa en Lituanie. Celle-ci, dont la croissance économique est très rapide, s'efforce de contribuer à l'amélioration des conditions de vie à Kaliningrad, car, depuis la réduction du nombre des forces armées qui s'y trouvaient, la situation s'est détériorée. Par ailleurs, les Russes s'intéressent beaucoup à Kaliningrad et aux pays Baltes depuis que la Russie est devenue un très grand exportateur de pétrole et surtout de gaz vers l'Europe occidentale.

Tous les ingrédients d'une tension géopolitique forte sont ainsi réunis. ■

les États-Unis reviennent à un isolationnisme moins dangereux et à une mise en sommeil de l'OTAN. L'Union européenne se retrouverait alors confrontée à de nouvelles situations géopolitiques très dangereuses.

La zone de tension méditerranéenne

Pour l'Union européenne, d'importantes menaces se situent dans la zone de tension qu'est la Méditerranée, envisagée au sens large en y incluant les villes de forte immigration musulmane en Europe occidentale *(voir chapitre*

Méditerranée). Nicolas Sarkozy, durant sa campagne pour la présidence, avait évoqué la nécessité de créer une Union de la Méditerranée en associant à l'Union européenne tous les États riverains de la Méditerranée. Depuis 1995, une organisation du partenariat méditerranéen dont le centre est à Barcelone existait déjà et devait associer aux pays de l'Union tous les pays méditerranéens, y compris Israël et l'Autorité palestinienne. Mais dix ans après, force est de constater l'échec de ce partenariat.

L'idée d'Union de la Méditerranée fut contrée par Angela Merkel, la chancelière allemande, ainsi que par la plupart des autres États de l'Union européenne qui n'entendaient pas partager leurs crédits « communautaires » avec des partenaires méditerranéens qui s'étaient montrés incapables d'utiliser les subventions précédemment accordées par « Barcelone ». Pour éviter un « clash », la portée du projet fut réduite à des ambitions principalement écologiques et devint « Union pour la Méditerranée », officiellement lancée le 13 juillet 2007 à Paris, devant les chefs d'État impliqués.

Le siège de l'Union pour la Méditerranée fut finalement fixé à Barcelone et non à Marseille selon le souhait du président français qui en partage la présidence avec le président égyptien. Ces péripéties illustrent bien l'existence de rivalités de pouvoir et de prestige au sein de l'Union européenne.

Il est difficile de savoir quel point de la zone de tension méditerranéenne pourrait brusquement être l'objet d'un conflit ouvert entre des pays arabes et un membre méditerranéen de l'Union européenne. Imaginons un scénario : si une catastrophe humanitaire se déclenchait après l'expulsion violente d'une île grecque, italienne ou espagnole d'un important contingent de clandestins musulmans, hommes, femmes, enfants, venus non plus seulement sur des bateaux de pêche, mais sur un gros cargo. Par solidarité, des émeutes pourraient éclater dans des villes du Maghreb et du Proche-Orient, mais aussi dans des quartiers de forte immigration de villes européennes. L'affaire pourrait s'envenimer dangereusement et concerner les forces armées de différents pays et entraîner des menaces de lancements de missiles. Pour préserver la politique nouvelle des États-Unis à l'égard du monde arabe, le président Obama pourrait considérer que ces événements ne concernent pas l'Amérique.

Deuxième scénario envisageable partant d'un autre point sur les marches orientales de l'Union européenne ayant une configuration géopolitique qui pourrait servir de prétexte à une crise grave avec la Russie. Il s'agit de l'enclave russe de Kaliningrad au bord de la Baltique, entre la Pologne et la Lituanie et aux abords de la Biélorussie. D'autres tensions peuvent également éclater entre la Russie et l'Ukraine, ou encore la Géorgie.

La France, carrefour d'Europe occidentale

En géopolitique, la taille et la situation d'un État doivent être prises en compte dans le cadre d'un ensemble plus vaste. Avec 549 000 km² pour ce qui est de son territoire métropolitain, sans les départements d'outre-mer, la France est le plus vaste des États de l'Union européenne – l'Espagne en compte 505 000, la Suède, 450 000 et l'Allemagne, 357 000.

La France a une position géographique assez particulière dans la mesure où elle se situe au centre d'un ensemble spatial que l'on peut dénommer Europe occidentale. Cette dernière est constituée principalement par les six États à l'origine de la Communauté économique européenne en 1956 auxquels sont venus ensuite s'adjoindre la Grande-Bretagne, l'Espagne et le Portugal. La soudaine extension vers l'est de l'Union européenne jusqu'aux abords de la Russie a pu faire penser que l'Europe occidentale n'avait plus qu'une importance historique, l'Allemagne devenant le centre de la grande Europe. Néanmoins, c'est en Europe occidentale que se trouvent les pays européens les plus riches entre lesquels les échanges commerciaux et touristiques se sont le plus intensifiés. Avec leur développement, la France apparaît de plus en plus comme le carrefour de cette partie de l'Europe – ce qui ne va pas sans poser de difficiles problèmes de circulation qui font d'autant plus apprécier la taille de « l'isthme français » entre la mer du Nord et la Méditerranée, son bon équipement en voies de circulation et notamment en autoroutes. Par exemple, c'est par le territoire français et par presque toutes ses régions que s'effectuent en diagonale les transports routiers entre la Grande-Bretagne et l'Italie ou entre l'Allemagne et l'Espagne.

Le nouvel essor de la région Nord-Pas-de-Calais

De nombreux axes de circulation routiers s'entrecroisent dans la région française dénommée « Nord-Pas-de-Calais » située au débouché du tunnel sous la Manche. Autrefois, cette région frontalière (environ 4 millions d'habitants) était surtout connue pour ses mines de charbon ; depuis leur fermeture (à cause du pétrole et de l'énergie nucléaire), la crainte était que cette région se retrouve en marge, un peu esseulée, souffrant des conséquences de cet abandon. En fait, il s'avère que le Nord-Pas-de-Calais prend une importance croissante dans le cadre de l'Europe occidentale du fait de ses échanges commerciaux.

D'un point de vue géopolitique en quelque sorte, le film *Bienvenue chez les Ch'tis* (2006), énorme succès avec plus de 20 millions de spectateurs en France, proclame, non sans humour, l'originalité culturelle de cette partie de la France, dont le parler populaire (le Ch'ti) est hérité des traditions flamandes, qui mérite d'être reconnue comme celle des cultures occitane ou provençale si souvent célébrées. Ce film, dont la diffusion a été pour une part financée par le conseil régional du Nord-Pas-de-Calais, est l'œuvre d'un ch'ti, Dany Boon, acteur et réalisateur, fils d'un immigré kabyle et d'une jeune femme du Nord.

Autre signe historique précurseur de l'importance stratégique de cette région au plan européen : en mai 1940, la plus grande catastrophe militaire de l'histoire de France y a commencé. En effet, une forte partie de l'armée française s'est trouvée prise au piège dans la « poche de Dunkerque » après la soudaine offensive des *Panzer* qui l'avait encerclée par le sud après des mois de passivité. Cet épisode devait être suivi par le désastre de la France de juin 1940 et l'occupation allemande. ■

96 départements, 22 régions et plus de 36 000 communes

Le raisonnement géopolitique ne se limite pas aux rivalités entre des États : il prend aussi compte des rivalités plus pacifiques entre toutes sortes de pouvoirs sur des territoires nationaux. Les problèmes géopolitiques dont il est le plus souvent question dans la presse française

LES 22 RÉGIONS FRANÇAISES

Région à forte identité culturelle où l'on parle une autre langue que le français

Souhaitant remédier à une centralisation excessive et sous l'influence de ses voisins européens, la France, surtout depuis 1982, cherche à se décentraliser au travers 22 régions. Celles-ci regroupent un plus ou moins grand nombre de départements (deux pour l'Alsace ou le Nord-Pas-de-Calais, huit pour l'Île-de-France ou pour Rhône-Alpes) et sont loin de pouvoir rivaliser avec les pouvoirs des Länder allemands ou des « autonomies espagnoles ». L'élection au suffrage universel des conseils régionaux (1982) n'a pas marqué le déclin des conseils généraux de départements dont les pouvoirs sont plus grands qu'ils n'ont jamais été.

se situent d'abord en France métropolitaine. Ils concernent des questions de régionalisation et d'aménagement du territoire, c'est-à-dire des relations entre le « pouvoir central » – le gouvernement et l'Assemblée nationale – localisé dans la capitale et les pouvoirs des collectivités territoriales – municipalités (notamment celles des grandes villes), conseils généraux de département et assemblées régionales.

La France compte plus de 36 000 communes, soit presque autant que tous les pays d'Europe occidentale. Ce fait n'est pas seulement la conséquence de la taille du territoire national, mais plutôt celui de l'importance des traditions démocratiques depuis la révolution de 1789, qui a accordé un statut politique dans la plupart des paroisses (circonscription ecclésiastique dont le chef était un curé ou son vicaire) à des responsables politiques (le maire et ses conseillers municipaux), élus par leurs concitoyens. En 1790, la Révolution a également supprimé les provinces aristocratiques de l'Ancien Régime pour les remplacer par quelque 90 départements, qui furent désignés par des noms géographiques, de cours d'eau le plus souvent (pour ne pas évoquer des noms de la grande noblesse) – le tracé de leurs limites territoriales résultant d'une véritable opération géopolitique. Il en fut de même pour le choix du « chef-lieu », la ville dont l'influence s'exercerait de façon prépondérante sur l'ensemble du département. La taille de celui-ci ne devait pas être trop grande, afin que des forces de maintien de l'ordre qui y étaient stationnées puissent en une journée atteindre les lieux les plus éloignés.

Ce découpage des territoires ne s'est pas fait sans occasionner nombre de rivalités de pouvoirs ; par ailleurs, dans la capitale, la vie politique sous la Révolution fut violente et compliquée, ce qui se répercuta dans les départements.

Pour assurer l'autorité de l'État, Napoléon nomma un préfet, homme d'autorité, dans chaque chef-lieu qui devint ainsi une préfecture.

Exode rural et croissance démographique en berne

De nos jours, les 36 000 communes sont pour la plupart faiblement peuplées et les départements paraissent de taille trop petite, à l'époque de l'automobile. Aussi certains préconisent-ils le regroupement de communes autour de localités plus importantes, mais ce projet présente l'inconvénient de faire disparaître nombre de maires et de conseillers municipaux, animateurs tout à la fois responsables et bénévoles de la gestion des territoires.

Autour des grandes villes, les communes ont été regroupées, de gré ou de force, en communautés urbaines, dont les budgets sont devenus bien plus importants que ceux de la plupart des conseils généraux de départements. Avant son extension, l'agglomération parisienne comportait trois départements. En 1965, par décision du général De Gaulle, elle a été subdivisée en sept départements (dont celui de Paris) pour une meilleure gestion de ses onze millions d'habitants. Aujourd'hui, un projet est à l'étude, celui du « Grand Paris » qui prévoit de les rassembler dans un même ensemble pour que les moyens financiers des départements « riches » (comme les Hauts-de-Seine ou Paris) puissent contribuer à résoudre les problèmes des départements « pauvres », comme la Seine-Saint-Denis. Cependant, il est loin de faire l'unanimité, car il va à l'encontre des intérêts politiques des majorités de droite ou de gauche qui dirigent les conseils généraux de ces départements.

LE PROJET DE RÉFORME DES RÉGIONS FRANÇAISES

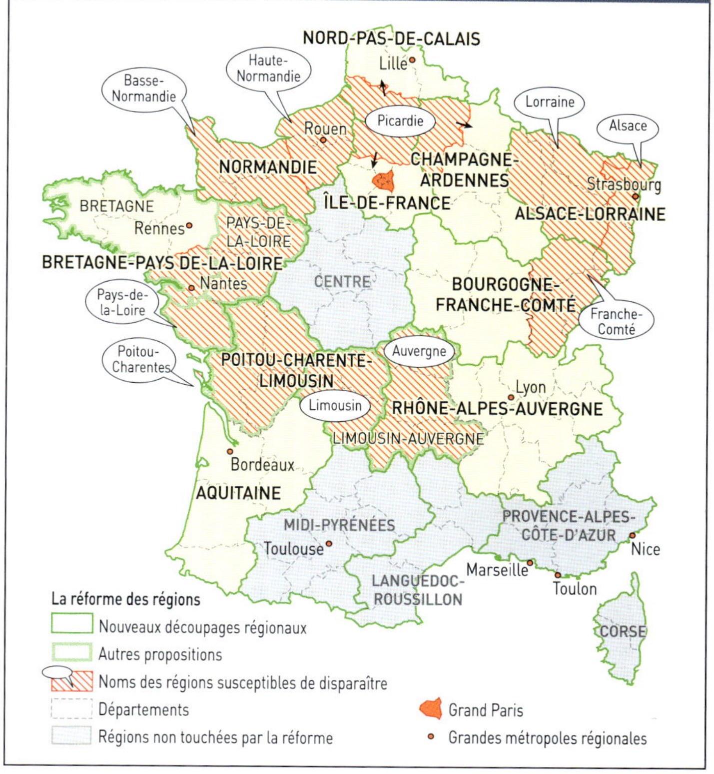

Sujet sensible, ce projet de réforme des collectivités territoriales suscite et mêle questions identitaires, politiques, financières et de partage des compétences entre les échelons.

La mise en place d'une politique d'aménagement du territoire

Après la Seconde Guerre mondiale, le gouvernement a estimé que la plupart des départements n'étaient pas assez peuplés pour mettre en œuvre des programmes de développement et de coordination de leurs efforts. Le pouvoir central commença donc par regrouper les départements en « circonscriptions d'action régionale » dont les pouvoirs étaient alors fort modestes – ce qui explique pourquoi la plupart des personnalités politiques n'y ont pas prêté attention. Progressivement ces « circonscriptions d'action régionale » ont vu leurs fonctions s'accroître et elles sont devenues des « régions administratives » dont les conseils, à l'origine, n'étaient pas élus – ils le furent ensuite progressivement.

Vingt-deux de ces régions ont été ainsi constituées avec l'appui du pouvoir central, héritier du général De Gaulle, chacune d'elles disposant d'une capitale régionale assez bien équipée. L'opposition de gauche voyait dans ces pouvoirs régionaux un moyen de s'opposer au « pouvoir parisien ». Depuis 1982, les conseils régionaux sont élus au suffrage universel.

Toutefois, l'établissement de ces régions a rapidement posé la question de leurs pouvoirs et de leurs budgets par rapport à ceux des conseils généraux de département. Le problème est d'autant plus difficile à résoudre que de grandes différences politiques existent entre les communes et entre les départements et qu'électoralement, les majorités ne sont pas stables.

Le regroupement, prévu et mis en œuvre par l'actuel gouvernement, de régions faiblement peuplées (moins de 500 000 habitants) – surtout comparativement avec celles existant déjà en Allemagne – rencontre donc de nombreuses difficultés.

LES LANGUES EN FRANCE

Telle est la carte que l'on pouvait encore établir à la fin du XIXe siècle, avant le développement des échanges et surtout celui de l'enseignement primaire obligatoire en français (1881).

En Alsace, depuis la Seconde Guerre mondiale (marquée par la réquisition des hommes par la Wehrmacht pour aller combattre en Russie), les parlers germaniques ont beaucoup reculé, notamment sous l'influence de la télévision.

Les autonomistes ou indépendantistes corses exigent que la langue corse devienne langue officielle dans leur île, bien que la plupart des Corses vivent sur « le continent ».

Nombre de Bretons s'efforcent de sauver la langue bretonne de la disparition. Dans les régions méridionales, la langue d'oc et ses divers patois ont disparu, mais il en subsiste l'accent.

Régions et mouvements régionalistes

Depuis plus de vingt ans, les pouvoirs des différentes sortes de collectivités territoriales se sont beaucoup accrus. En 2003, une nouvelle loi de décentralisation (après celle de 1982) a été votée pour renforcer les pouvoirs des conseils régionaux, et le premier article de la Constitution a été modifié pour souligner que la République est non seulement une et indivisible mais aussi décentralisée. Cette volonté de décentralisation de plus en plus poussée au profit du pouvoir des régions est surtout le fait de certains courants politiques relevant d'une droite libérale ou d'une gauche de tradition autogestionnaire. En s'inspirant de l'exemple des Länder de l'Allemagne fédérale et des « autonomies » espagnoles, ces courants prônent une « Europe des régions » qui se substituerait progressivement à l'Europe des nations. En revanche, la majorité des Français, qu'ils soient de droite ou de gauche, reste très attachée à l'idée de l'unité de l'État-nation.

On a pu penser que la région se substituerait aux départements qu'elle regroupe et que ceux-ci perdraient progressivement de l'importance. En fait, les pouvoirs des départements se sont eux aussi beaucoup renforcés et les conseils généraux des plus peuplés d'entre eux disposent chacun de budgets très supérieurs à ceux des conseils régionaux. Par ailleurs, les maires des grandes villes ont aujourd'hui des pouvoirs et des budgets qui dépassent de beaucoup ceux du département et de la région où elles se situent. En dépit de sa superficie bien plus vaste que celle des départements, la région ne constitue pas encore dans le cadre du système territorial français un niveau hiérarchique majeur et elle ne peut être considérée comme l'équivalent des Länder allemands ou des « autonomies » espagnoles.

Cependant, des mouvements dénommés « régionalistes », qui minimisent l'importance de l'unité nationale, se développent dans certaines régions françaises. Ce sont notamment celles qui ont repris les noms des pro-

LA LANGUE FRANÇAISE DANS LE MONDE

On estime à environ 115 millions le nombre de francophones dans le monde et à quelque 60 millions le nombre de francophones partiels.

Liste des pays où le français est langue officielle
(seul ou avec d'autres langues)

Bénin ; Burkina Faso ; Burundi ; Cameroun ; Canada ; Canada : Nouveau-Brunswick ; Canada : Québec ; Centrafrique ; Communauté française de Belgique ; Comores ; Congo ; Congo RD ; Côte d'Ivoire ; Djibouti ; France ; Gabon ; Guinée ; Haïti ; Luxembourg ; Madagascar ; Mali ; Monaco ; Niger ; Rwanda ; Sénégal ; Suisse ; Tchad ; Togo ; Vanuatu

Liste des pays où le français est langue en partage

Albanie ; Bulgarie ; Cambodge ; Cap-Vert ; Dominique ; Égypte ; Guinée-Bissau ; Guinée équatoriale ; Laos ; Liban ; Macédoine ; Maroc ; Maurice ; Mauritanie ; Moldavie ; Roumanie ; Sainte-Lucie ; São Tomé et Príncipe ; Seychelles ; Tunisie ; Vietnam

vinces de l'Ancien Régime (celles-ci avaient disparu avec la Révolution de 1789, et les départements résultant de leur découpage reçurent souvent des noms de cours d'eau). Les mouvements régionalistes qui se manifestent le plus se situent dans les régions où une autre langue que le français est encore parlée par une partie de la population. C'est le cas de la Bretagne, de l'Alsace et, surtout, de la Corse, où des militants qui aspirent à l'autonomie ou même à l'indépendance de leur région veulent imposer le breton, l'alsacien ou le corse comme langue officielle. Mais la majorité des habitants de ces régions, y compris nombre de ceux qui se considèrent comme bretons, alsaciens ou corses, ne sont pas acquis à ces projets nationalistes (ou autonomistes) et veulent d'abord rester français. Des mouvements nationalistes séparatistes existent au nord de la frontière franco-espagnole et leurs militants réclament le rattachement des petites régions (Pays basque-Nord et Roussillon), où l'on parle basque ou catalan, aux « autonomies » des Provinces basques et de la Catalogne, qui souhaitent, de leur côté, se séparer de l'Espagne et devenir indépendantes.

La politique de décentralisation et de régionalisation menée depuis plusieurs décennies (que la majorité soit de droite ou de gauche) et le développement de revendications régionalistes posent donc aux Français de complexes problèmes de géopolitique interne. Il en est d'autres qui se combinent avec des facteurs extérieurs au territoire français.

Dans les départements d'outre-mer, des problèmes géopolitiques exacerbés

Depuis 1946, les îles de la Martinique et de la Guadeloupe (qui font partie du grand archipel américain des Antilles), la Guyane française (car il y a deux autres Guyane voisines) près de l'Équateur en Amérique du Sud et l'île de la Réunion, dans l'océan Indien, sont des départements français d'outre-mer. Ils posent des problèmes géopolitiques assez particuliers qui résultent d'une histoire compliquée et du fait qu'il s'agisse aussi d'anciennes colonies françaises conquises aux XVIe et XVIIe siècles.

À l'exception de la Guyane, vaste territoire couvert par une très grande forêt, ce sont de petites îles tropicales et volcaniques. Autrefois, on les appelait les « isles à sucre » – le sucre était alors une matière rare. La canne à sucre y était cultivée par des esclaves noirs achetés par des planteurs blancs. En 1815, les Anglais interdirent, au plan mondial, la traite des esclaves. Avec un certain retard sur les Antilles britanniques, l'esclavage fut aboli par la Seconde République en 1848 dans les Antilles françaises et à la Réunion. Les esclaves libérés n'en continuèrent pas moins de travailler sur les terres des planteurs et la société antillaise resta de fait de type colonial, avec une population noire très pauvre et une minorité blanche fort aisée. Cependant, la canne à sucre ne rapportait plus autant qu'autrefois, car la production du sucre de betterave s'était développée en métropole.

Après la Seconde Guerre mondiale, la grande vague des « décolonisations » commença dans le monde – dès 1946, l'Inde devint indépendante avec l'accord des Anglais – et les Antilles britanniques se transformèrent en une série de petits États indépendants. Il aurait pu en être de même pour les Antilles françaises : les planteurs blancs créoles, ceux qu'en Martinique on appelle les *békés*, pensaient qu'il était impossible d'appliquer en outre-mer les lois sociales que le gouvernement de la IVe République venait de décider en métropole. Ils y préféraient un statut d'indépendance, ne serait-ce que pour pouvoir placer leurs capitaux aux États-Unis qui, avec l'intervention de leurs « *marines* », veilleraient à l'ordre public – comme c'est le cas depuis des décennies dans toutes les Antilles indépendantes.

Il n'y avait alors guère de *békés* guadeloupéens – leurs ancêtres ayant été exterminés ou ayant fui une terrible révolte d'esclaves en 1793-1794 –, mais les grosses compagnies métropolitaines qui faisaient cultiver la canne à sucre en Guadeloupe redoutaient également l'application des lois sociales aux coupeurs de canne. Comme les *békés* martiniquais, elles préféraient lancer un mouvement pour l'indépendance dans les milieux populaires, à l'instar de ce qui se passait dans les Antilles anglaises.

Un combat politique mené par Aimé Césaire

Les Antilles françaises auraient pu, chacune, devenir indépendantes.

Mais c'était sans compter avec un jeune intellectuel martiniquais noir, Aimé Césaire, qui fit échouer le plan des *békés*. Ses brillantes études lui avaient valu d'être boursier et de partir à Paris pour entrer à l'École normale supérieure, où il devint l'ami de Léopold Sédar Senghor, futur président du Sénégal. En 1945, Césaire, proche du Parti communiste français, fut élu député de la Martinique. Il dénonça le plan des *békés*, d'autant plus que nombre d'entre eux avaient été partisans du maréchal Pétain durant la Seconde Guerre mondiale et il fit voter par l'Assemblée nationale le statut de département d'outre-mer avec l'instauration progressive des lois sociales métropolitaines.

Dans ces nouveaux départements d'outre-mer, la population noire était très pauvre, analphabète pour une grande part. Comme dans bien d'autres pays du tiers-monde, grâce aux progrès sanitaires, la mortalité se réduisit fortement, la croissance démographique augmenta donc et bientôt le chômage apparut. En 1958, de graves émeutes éclatèrent en Martinique pour dénoncer l'escroquerie du statut de département français. Le gouvernement du général De Gaulle décida alors d'aider massivement ces départements, en établissant un programme de développement de l'éducation et en favorisant l'émigration de jeunes adultes vers la métropole, où un certain nombre d'emplois – dans les postes et télécommunications, les hôpitaux, la police... – leur était réservé. En Martinique, les *békés* obtinrent un programme de financement pour moderniser leurs sucreries – mais ils jugèrent ensuite plus rentable de céder à de grandes entreprises métropolitaines productrices de sucre de betterave le quota de production de sucre qui était désormais alloué à la Martinique par la Communauté économique européenne, dans le cadre de la politique agricole commune.

La production sucrière diminua alors rapidement en Martinique (sauf pour le rhum) puis en Guadeloupe, ce qui entraîna une baisse de plus en plus importante des offres d'emploi. Les conséquences du chômage considérable qui en résulta, dans des sociétés en forte croissance démographique, furent masquées par les allocations familiales, les indemnités chômage (RMI), celles-ci donnant un pouvoir d'achat équivalent, sinon supérieur, aux maigres salaires que touchait la main-d'œuvre quand elle était employée dans les plantations. Ce pouvoir d'achat injecté par la métropole permit aux grandes familles *békés* d'ouvrir des supermarchés en Martinique d'abord, puis en Guadeloupe. Étant en situation de quasi-monopole, elles vendent, avec des marges bénéficiaires assez considérables, des marchandises et des produits alimentaires importés (y compris du sucre de betterave !) qui pourraient pourtant provenir d'une agriculture locale.

LA FRANCE, SES ZONES D'INFLUENCE ET SES DÉPARTEMENTS ET TERRITOIRES D'OUTRE-MER

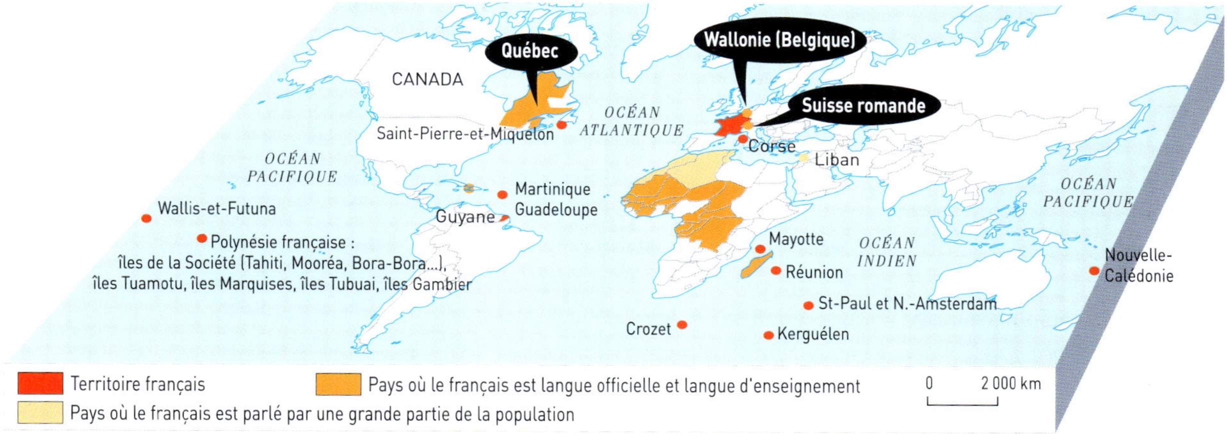

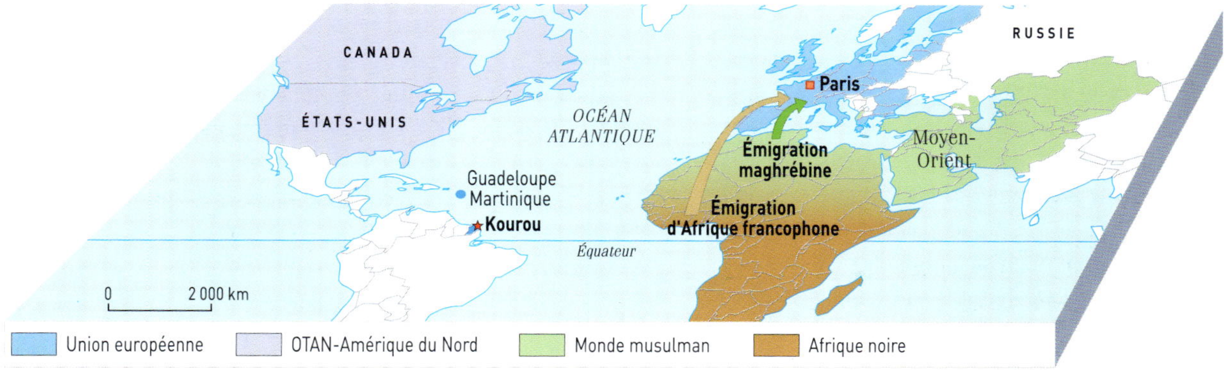

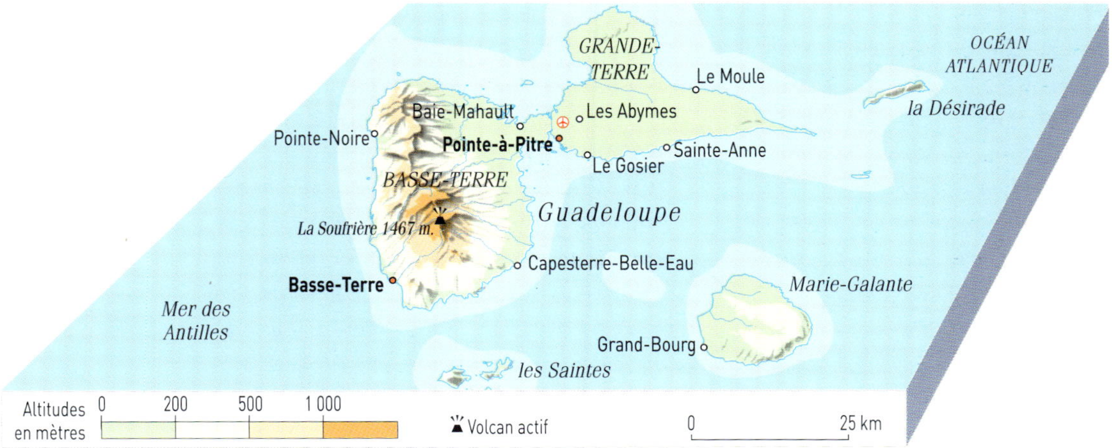

La Guadeloupe et la Martinique comptent chacune 400 000 habitants, la Réunion 810 000 et la Gyuane française 200 000. Environ 600 000 personnes originaires des DOM vivent en métropole.

Une situation politique ambiguë

Pour sortir de cette absurdité économique et sociale, la solution de l'indépendance n'est guère possible, car l'importance des transferts sociaux de la France vers les DOM fait que le niveau de vie de la population y est bien plus important que dans toutes les autres Antilles indépendantes. Bon nombre de Martiniquais et de Guadeloupéens le savent et redoutent le lancement d'un mot d'ordre d'indépendance qui trouverait un écho dans les milieux populaires, ce qui aurait pour effet d'inciter une grande partie de l'opinion métropolitaine à s'y rallier, par sympathie idéologique ou pour faire de « substantielles économies ».

Au début de l'année 2009, la Guadeloupe a été paralysée durant des semaines par une grève générale à forts risques insurrectionnels. Ses leaders exigeaient de toutes les entreprises (et surtout des grandes) une augmentation générale des salaires – veillant bien toutefois à ce que le problème de l'indépendance ne soit pas posé. Un sondage du Figaro du 26 février 2009 a montré qu'en métropole 51 % de l'opinion se déclarait favorable à l'indépendance de la Guadeloupe – dont 58 % parmi les électeurs du président Sarkozy.

S'il est vrai que les Antilles françaises ne présentent pour la France guère d'intérêt stratégique, il n'en est pas de même pour la Guyane qui suscite la convoitise de diverses puissances dont le Brésil. Située aux abords de l'Équateur et sur la côte Est du continent, la base spatiale de Kourou dispose ainsi d'avantages exceptionnels pour le lancement des fusées, car elles peuvent tomber dans l'océan en cas d'échec. Quant à l'île de la Réunion, elle est une importante base stratégique dans l'océan Indien, ne serait qu'en raison du développement des attaques de « piraterie » sur la route des navires qui évitent maintenant la mer Rouge et le canal de Suez pour leur préférer la route du cap de Bonne-Espérance. L'évolution de la situation économique et sociale dans l'île de la Réunion est du même type qu'en Martinique, bien que plus complexe. En effet, dans la société réunionnaise, si les Noirs forment la majorité de la population la plus pauvre, il y a aussi des « petits blancs » réfugiés sur les hauteurs, des planteurs blancs de plus en plus supplantés par de riches Chinois et par des Hindous.

Le développement du malaise social et politique dans les départements d'outre-mer et les grands progrès en matière d'éducation des jeunes Martiniquais, Guadeloupéens ou Réunionnais font qu'ils viennent de plus en plus nombreux en métropole. Ils ont alors la désagréable impression d'être confondus avec d'autres Noirs – ceux qui viennent d'Afrique et qui, pour la plupart, ne sont pas citoyens français et ne maîtrisent pas encore la langue française –, ce qui explique des sentiments de frustration dont beaucoup de Français n'ont guère conscience.

De différentes façons, les intellectuels noirs tentent de faire prendre conscience d'une sorte de « fracture coloniale » à travers la société française. En 2006, le Conseil représentatif des associations noires (le CRAN) s'est constitué à Paris et il évalue à 4 ou 5 millions le nombre de Noirs vivant en France, y compris dans les départements d'outre-mer. La « question noire » en France fait partie d'un problème géopolitique beaucoup plus vaste, celui des immigrations post-coloniales.

Le problème post-colonial

Le problème des immigrations post-coloniales se pose non seulement en France mais également en Grande-Bretagne, au Benelux, en Espagne, en Italie, bref dans tous les pays d'Europe occidentale, ces derniers ayant possédé des colonies devenues indépendantes après la Seconde Guerre mondiale. On pouvait penser qu'entre les ex-puissances coloniales et leurs ex-colonies, les relations ne se poursuivraient guère, mais il s'est avéré qu'un grand nombre d'ex-colonisés sont venus vivre dans le pays européen dont ils parlaient déjà la langue – facteur qui les distingue par exemple de l'immigration turque en Allemagne (les Turcs y sont plus de trois millions) due à des relations militaires nouées avant la Première Guerre mondiale.

À la différence de la Grande-Bretagne qui, après 1945, accorda assez facilement l'indépendance à ses colonies en commençant par l'Inde et le Pakistan, la France s'y opposa dans un premier temps en faisant la guerre aux mouvements nationalistes, comme en Indochine de 1947 à 1954, puis en Algérie de 1954 à 1962.

Les Français ne considéraient pas l'Algérie comme une « vraie colonie », mais plutôt comme « trois départements français » de type métropolitain, bien que ces « trois départements français » soient en contradiction complète avec la Constitution de la République. En effet, jusqu'en 1946, 90 % de la population (les musulmans) n'étaient pas des « citoyens français », mais des « sujets français » sans droit de vote.

La guerre d'Algérie aurait dû rendre par la suite les relations entre Français et Algériens très difficiles. Or, paradoxalement, c'est avec ce pays que les relations post-coloniales de la France sont les plus importantes, sans pour autant que la guerre soit oubliée et que ses conséquences aient disparu. Ce paradoxe détermine d'ailleurs une grande partie des problèmes actuels *(voir chap. Méditerranée)*.

II. La France dans le monde

La zone de tension méditerranéenne

Après la Seconde Guerre mondiale, qui ébranla en Asie comme en Afrique la plupart des dominations coloniales, les pays du Maghreb connurent le développement de mouvements nationalistes qui réclamèrent la fin de la présence française. L'abolition, en 1956, des régimes de protectorat permit sans trop de drame à la Tunisie et au Maroc de redevenir des États indépendants. Il n'en fut pas de même pour l'Algérie, qui avait été rattachée à la République française. De surcroît, un nouvel enjeu était apparu avec la découverte au Sahara algérien d'importants gisements pétroliers. Les Algériens n'accédèrent à l'indépendance qu'après sept ans d'un conflit cruel (1954-1962) qui prit, tant pour les Français que pour les Algériens, les formes d'une guerre civile. À Paris, les menaces de putsch de militaires opposés aux négociations avec les nationalistes algériens (dont la plupart parlaient français) provoquèrent la chute de la IVe République et l'arrivée au pouvoir du général de Gaulle. Celui-ci jeta les bases de la Ve République pour renforcer le pouvoir présidentiel et parvint, avec l'accord de la grande majorité des Français, à sortir le pays d'une situation géopolitique fort dangereuse qui l'avait mis au ban de l'opinion internationale.

Après un tel conflit, on pouvait penser que les relations entre la France et l'Algérie seraient compromises à tout jamais : un million de Français, dénommés les « pieds-noirs », avaient dû fuir l'Algérie où ils étaient nés et, par ailleurs, la masse des jeunes Français « de la métropole » (au total plusieurs millions sur sept ans) qui avaient été contraints d'aller faire la guerre en Algérie gardaient un fort mauvais souvenir de ce pays. Quant aux Algériens, il semblait évident que plus jamais ils ne voudraient parler français ni même entendre cette langue. Le paradoxe inattendu est que, peu après l'indépendance, des dizaines de milliers d'Algériens sont venus en France (y compris certains qui avaient combattu les Français) pour trouver du travail mais aussi pour fuir les luttes des factions qui, en Algérie, se disputaient le pouvoir. L'étonnant est aussi qu'ils y furent, tant bien que mal, acceptés, la France ayant alors grand besoin de main-d'œuvre. Le nouveau gouvernement

LA MÉDITERRANÉE OCCIDENTALE À LA FIN DES ANNÉES 1930

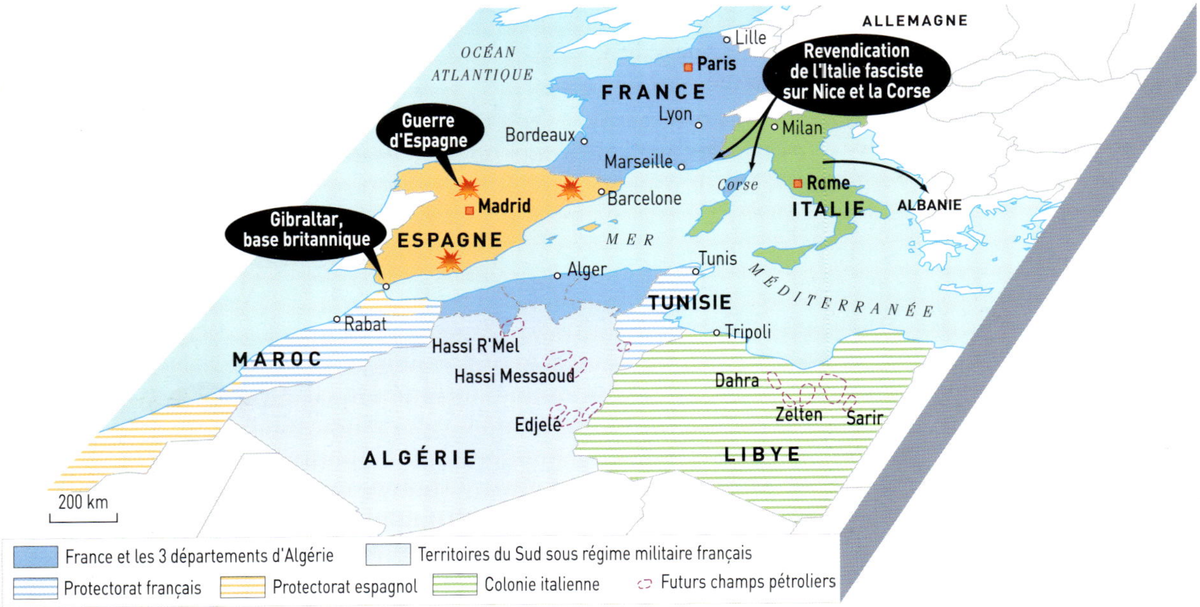

Alors que la Libye, possession italienne depuis 1911, est devenue indépendante au lendemain de la Seconde Guerre mondiale, la Tunisie et le Maroc sont encore des protectorats français (et en partie espagnol pour le nord du Maroc) : ils deviendront indépendants en 1956. L'Algérie, dont la conquête demandera de longs combats de 1830 à 1871, est intégrée à la République (à l'exception des territoires du Sud restés sous autorité militaire). Mais les musulmans, bien qu'ils forment 90 % de la population, restèrent « sujets français » (sans droit de vote). Ils deviendront théoriquement citoyens français en 1946, mais pour élire à une « assemblée algérienne », un collège musulman dont le nombre des députés est le même que celui du collège des Européens, dix fois moins nombreux. Cette inégalité, après avoir contribué au mécontentement des musulmans, sera supprimée en 1958, mais trop tard, car la guerre d'indépendance de l'Algérie était déjà commencée depuis quatre ans.

algérien fit même appel à la coopération française pour sortir l'Algérie des ruines de la guerre et pour former en français les cadres techniques de l'Algérie nouvelle. Par la suite, nombre d'Algériens opposants du parti unique (FLN) vinrent en France pour y trouver refuge et liberté d'expression.

Ainsi, ce sont des centaines de milliers d'Algériens qui, souvent rejoints par leurs familles, se sont fixés en France ; leurs enfants sont juridiquement de nationalité française, puisqu'ils y sont nés. Cette considérable immigration algérienne a, en fait, ouvert la voie à celle des Tunisiens et des Marocains, auxquels se sont aussi ajoutés des Turcs venus d'Allemagne. Au total, cinq à six millions de musulmans vivent désormais en France, tout en conservant des relations familiales avec le Maghreb. Certes, leur présence est dénoncée par un parti xénophobe, tirant argument de la situation de chômage persistant qui s'est établie en France depuis plus de vingt ans. Mais l'expulsion de ces prétendus « étrangers » est juridiquement impossible, car beaucoup d'entre eux sont en droit des citoyens français qui bénéficient comme les autres de la législation sociale. De surcroît, leurs activités sont généralement celles que les Français dits « de souche » ne veulent plus exercer.

L'IMMIGRATION MAGHRÉBINE

Sur cette carte ont été représentées les principales zones de combat (Kabylie, Aurès) durant la guerre d'Algérie et l'exode, en 1962, d'un million de Français d'Algérie (ceux qui, entre eux, s'appelaient les « pieds-noirs » et que l'on appela en France les « rapatriés », bien que plus de la moitié d'entre eux soit descendants d'Italiens et surtout d'Espagnols). Depuis les indépendances, l'immigration en France d'Algériens (et d'abord de Kabyles), de Marocains (y compris vers la Belgique et les Pays-Bas) et, dans une moindre mesure, de Tunisiens a été considérable. Sur les six millions de musulmans vivant en France, plus de la moitié y sont nés.

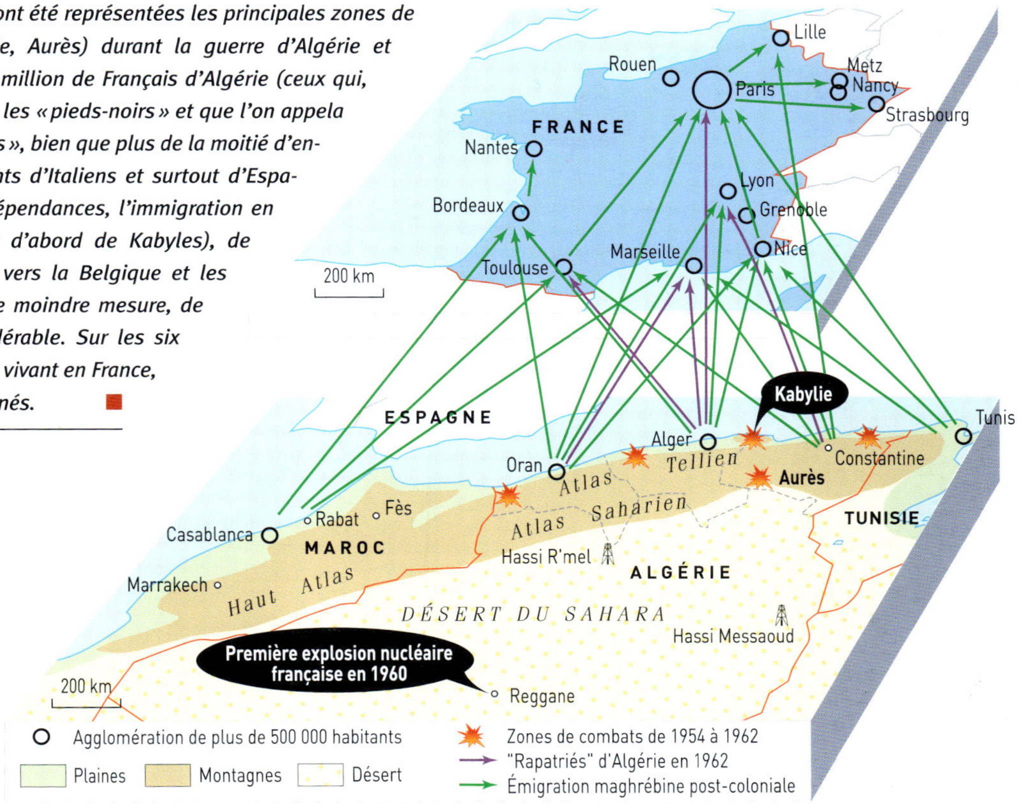

Guerre civile et explosion de l'islamisme

Une fois terminée la guerre d'Algérie, l'opinion française s'est un temps désintéressée de l'évolution politique des pays du Maghreb, les gouvernements français successifs entretenant, par principe, des relations « cordiales », c'est-à-dire neutres, avec Alger, Rabat ou Tunis. Cependant, en 1988, les grandes émeutes qui éclatèrent à Alger contre les prévarications des dirigeants provoquèrent non seulement la fin du régime du parti unique au pouvoir depuis l'indépendance, mais elles marquèrent surtout l'apparition spectaculaire d'un mouvement islamiste. Les militants le plus en pointe de ce mouvement se targuaient d'être allés faire la guerre contre les Soviétiques en Afghanistan. Ils s'inspiraient de la révolution iranienne et prétendaient imposer un régime islamique en Algérie. Ils dénonçaient comme impie le « socialisme algérien » et comme de faux musulmans les nombreux Algériens qui parlaient le français, alors que ceux qui ne connaissaient que l'arabe ne trouvaient pas de travail. En 1991, profitant de l'émotion causée dans le monde arabe par la « guerre du Golfe » menée après l'invasion du Koweït par la coalition occidentale contre l'Irak, les islamistes algériens obtinrent un tel succès au premier tour des élections que, pour les empêcher de prendre légalement le pouvoir, le gouvernement suspendit le processus électoral. Cela allait plonger durant douze ans l'Algérie dans une féroce guerre civile : l'armée cherchant à exterminer les islamistes, ceux-ci se livrèrent à des atrocités spectaculaires pour imposer leur pouvoir à la population. Les réseaux islamistes allaient également tenter d'étendre en France

LES LIEUX DE CULTE MUSULMAN EN FRANCE

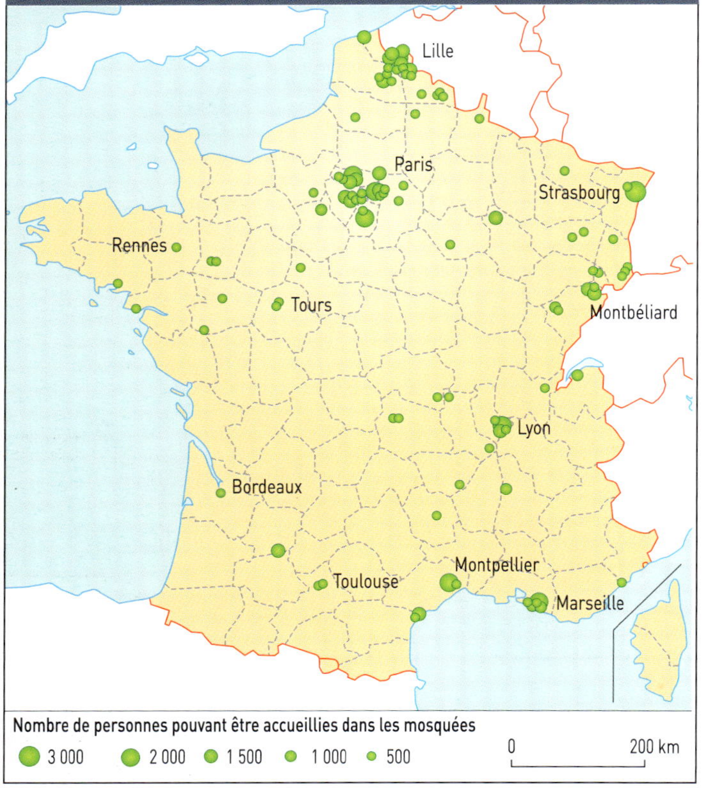

Il s'agit des mosquées les plus importantes, mais il en existe un grand nombre de plus petites. La plus ancienne (1927) est la grande mosquée de Paris qui fut construite à la mémoire des nombreux musulmans qui combattirent dans l'armée française durant la Première Guerre mondiale. Cette mosquée qui est d'allure marocaine (comme l'avait voulu le Maréchal Lyautey) est gérée par le gouvernement algérien depuis l'indépendance de l'Algérie. La répartition des mosquées en France est à peu près proportionnelle au nombre des musulmans. ■

leurs actions terroristes pour obliger les autorités françaises à cesser leur soutien au gouvernement algérien et pour dissuader les musulmans de s'intégrer davantage dans la société française. L'opinion française redoutait que les islamistes fissent de nombreux adeptes parmi les musulmans vivant en France. Cela n'a guère été le cas jusqu'à présent, du moins pour les Algériens d'un certain âge : la Kabylie, d'où sont venus un grand nombre d'entre eux, se trouve être la région d'Algérie où l'implantation des islamistes est restée la plus faible. Cependant, l'influence des islamistes n'a cessé de croître parmi les jeunes Français d'origine musulmane.

LE PROBLÈME GÉOPOLITIQUE DES BANLIEUES

En novembre 2005, pour la première fois en France, de graves émeutes éclatent en banlieue parisienne et se propagent pendant plusieurs jours dans plus d'une centaine de grandes villes françaises. C'est en effet dans les banlieues que se concentrent les situations les plus difficiles liées aux problèmes de l'immigration, qui concernent les jeunes de culture musulmane ou d'origine africaine. Bon nombre d'entre eux sont au chômage et plus ou moins victimes de discrimination. Le problème serait moins grave si ces jeunes et leurs familles ne se retrouvaient pas concentrés dans certains quartiers, là où se trouvent de grands groupes d'immeubles HLM. Les familles françaises y habitant furent progressivement remplacées, il y a une quarantaine d'années, par des familles immigrées, lorsque les organismes chargés de la gestion de ces immeubles durent réserver ces logements sociaux à loyer réduit aux familles nombreuses. Tant que les enfants étaient petits, il n'y eut guère de problèmes dans ces quartiers ; mais avec les effets liés au chômage, à la délinquance et à la formation de « bandes » rivales qui s'opposent aux interventions de la police et à celles des pompiers, les tensions apparurent.

Désormais, ces banlieues posent de graves problèmes géopolitiques. Les organisations musulmanes prêchent le respect de l'ordre public et sont favorables à la concentration de leurs fidèles, ne serait-ce que pour leur faciliter l'accès aux lieux collectifs transformés en mosquées. Mais face à la montée de l'islamisme, grand est le risque que certains réseaux clandestins prônant le *djihad* (la guerre sainte) contre l'Occident en général et la France en particulier ne s'y implantent. ■

INTERVENTIONS ET FORCES MILITAIRES FRANÇAISES À L'ÉTRANGER

Près de 35 000 militaires français étaient déployés hors du territoire métropolitain en 2005. Ils le sont soit dans le cadre de missions de l'ONU, soit dans le cadre de l'OTAN, de l'Union européenne ou soit dans celui d'accords bilatéraux prolongés, le cas échéant, par un mandat de l'ONU (comme c'est le cas en Côte d'Ivoire). Les principales bases outre-mer sont situées soit dans les DOM-TOM (Antilles, Guyane, Nouvelle-Calédonie, Réunion, Polynésie française), soit dans le cadre d'accords bilatéraux (Djibouti, Sénégal).

La guerre civile en Algérie et la multiplication des signes du développement de l'islamisme dans les autres pays du Maghreb, comme dans tous les pays musulmans, font que, pour un très grand nombre de Français, les problèmes géopolitiques les plus graves se trouvent désormais sur toute la façade sud de la Méditerranée. Certes, l'Espagne, l'Italie ou la Grèce en sont plus proches géographiquement, mais les musulmans y sont moins nombreux qu'en France. Celle-ci est le pays d'Europe où ils sont le plus massivement installés (deux fois plus qu'en Allemagne, trois fois plus qu'en Grande-Bretagne).

Les islamistes utilisent naturellement le conflit israélo-palestinien pour mobiliser les musulmans contre ce qu'ils appellent le monde « judéo-chrétien ». Or, il se trouve que la France, où les musulmans sont en nombre, est aussi le pays de l'Union européenne où la communauté juive est la plus importante (600 000 personnes environ). Les Juifs (séfarades) «rapatriés » d'Algérie sont venus s'ajouter aux descendants des Juifs ashkénazes originaires d'Europe centrale et orientale qui étaient venus en France au XIXe siècle et au début du XXe siècle et qui, durant la Seconde Guerre mondiale, avaient pu heureusement échapper pour une grande part au génocide hitlérien. Une aggravation décisive du conflit israélo-palestinien pourrait alors avoir en France de graves conséquences, tout comme les contrecoups de la guerre que les États-Unis mènent en Irak et en Afghanistan.

L'ALLEMAGNE : AU CENTRE DE L'EUROPE

L'Allemagne est sans doute le pays européen dont les caractéristiques géopolitiques, depuis la Seconde Guerre mondiale, ont été les plus transformées par des rapports de force d'envergure mondiale. Depuis la fin du XIXe siècle, cet État a été une grande puissance militaire et industrielle, un Reich, un empire conquérant. Après avoir perdu la Première Guerre mondiale et connu le bref épisode de la république dite de Weimar, l'Allemagne, devenue le IIIe Reich en 1933, a surmonté sa défaite et s'est lancée à la conquête de toute l'Europe, y compris la Russie. Hitler a ensuite déclaré la guerre aux États-Unis et décidé l'extermination des Juifs d'Europe. La défaite de 1945 fut pour les Allemands un désastre épouvantable : ayant perdu six millions d'hommes (dont deux millions de civils), l'Allemagne en ruine s'est vue amputée de sa partie orientale et ses vainqueurs, devenus rivaux, l'ont pour longtemps coupée en deux entités adverses : une Allemagne de l'Ouest, sous contrôle américain, et une Allemagne de l'Est, sous domination soviétique.

Les aspects géopolitiques internes

Durant quarante ans, on a pu craindre qu'une troisième guerre mondiale entre les forces de l'OTAN et celles du bloc soviétique ne commence sur le « rideau de fer » séparant les deux parties allemandes. En 1990, la réunification de l'Allemagne, après la chute du mur de Berlin, marque la fin de la guerre froide et précède d'un an la dislocation de l'Union soviétique.

L'Allemagne est aujourd'hui une république fédérale (dirigée par un chancelier élu par une assemblée fédérale, le *Bundestag)*. Elle est formée de 16 Länder (pays), chacun d'eux ayant une assemblée *(Landtag),* dont les pouvoirs sont relativement importants. Trois de ces Länder ont des superficies très petites et correspondent à de grandes villes : Hambourg, Brême et Berlin. Le plus vaste des Länder est celui de Bavière : il correspond à un royaume qui a existé jusqu'à l'unification de l'Allemagne, à la fin du XIXe siècle *(voir cartes pages suivantes)*. Il s'intitule encore « État libre de Bavière » et demeure très attaché à ses traditions catholiques. La plupart des autres Länder (de traditions plutôt protestantes) portent aussi les noms historiques d'anciennes principautés ou de petits royaumes, même s'ils n'en n'ont plus les contours territoriaux.

Les limites de onze des seize Länder, ceux d'Allemagne de l'Ouest, ont été décidées en 1947, lors de la création de la République fédérale d'Allemagne, sur décision des « autorités d'occupation », c'est-à-dire par les chefs des troupes américaines, anglaises et françaises qui occupaient la partie occidentale du pays après la défaite du Reich, en mai 1945. En revanche, en Allemagne de l'Est, les cinq Länder ont été formés en 1990, après la disparition de la République démocratique allemande (RDA) constituée en 1947, sous contrôle communiste. Berlin, l'ex-capitale du Reich, avait été aussi coupée en deux : Berlin-Ouest (avec les secteurs d'occupation américain, anglais et français), qui formait une enclave de la République fédérale d'Allemagne à l'intérieur du territoire de la RDA, et Berlin-Est (secteur d'occupation soviétique). En 1961, les autorités communistes firent construire un mur entourant complètement Berlin-Ouest pour empêcher tout contact entre les deux parties de la ville et arrêter le flux de ceux qui quittaient l'Est pour s'installer en RFA. Cette situation géopolitique compliquée subsista jusqu'en novembre 1989, date à laquelle le « mur de Berlin » (qui séparait depuis 1961 les deux parties de la ville) fut renversé, tout comme furent levés les obstacles fortifiés qui, depuis 1947 et le début de la « guerre froide », coupaient l'Allemagne en deux.

La fin de la rivalité entre l'Est et l'Ouest, l'effondrement des régimes communistes

AU CENTRE DE L'EUROPE

L'Allemagne, première puissance économique européenne, se trouve au milieu de l'Europe et de la Mitteleuropa, cette vaste zone, définie autrefois par les géographes allemands, s'étendant de la Baltique à la Méditerranée. ■

Dans les années 1990, elle défendit avec constance l'intégration dans l'UE des pays anciennement socialistes et qui entrèrent dans la zone Mark, c'est-à-dire la zone économique sous influence allemande. Elle doit aujourd'hui gérer l'afflux sur son territoire d'immigrants venus de ces pays, comme elle le fait, depuis plus longtemps, avec les travailleurs venus de Turquie, une nation avec laquelle elle conserve des relations d'avant la Première Guerre mondiale. ■

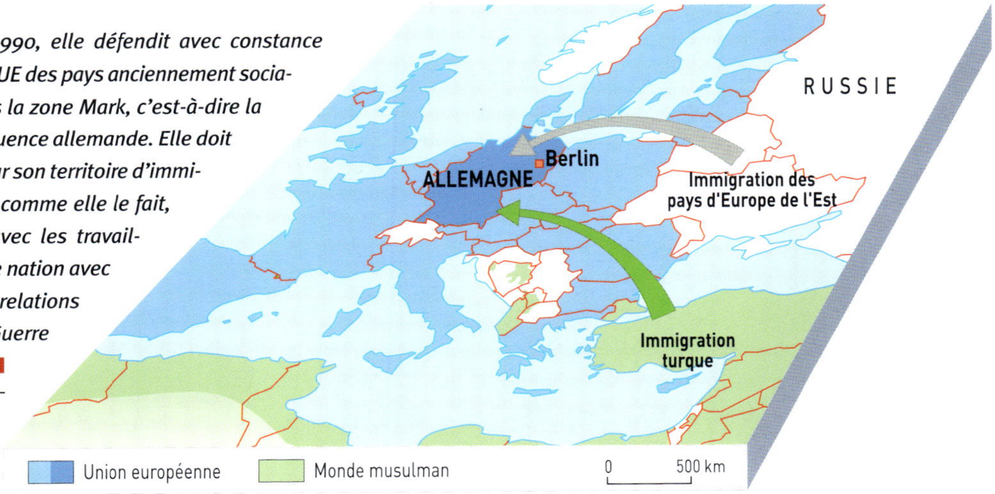

La République fédérale allemande doit aussi absorber le coût de l'intégration des Länder de l'ex-RDA communiste, dont la culture comme le niveau de vie diffèrent de ceux de l'ouest du pays. ■

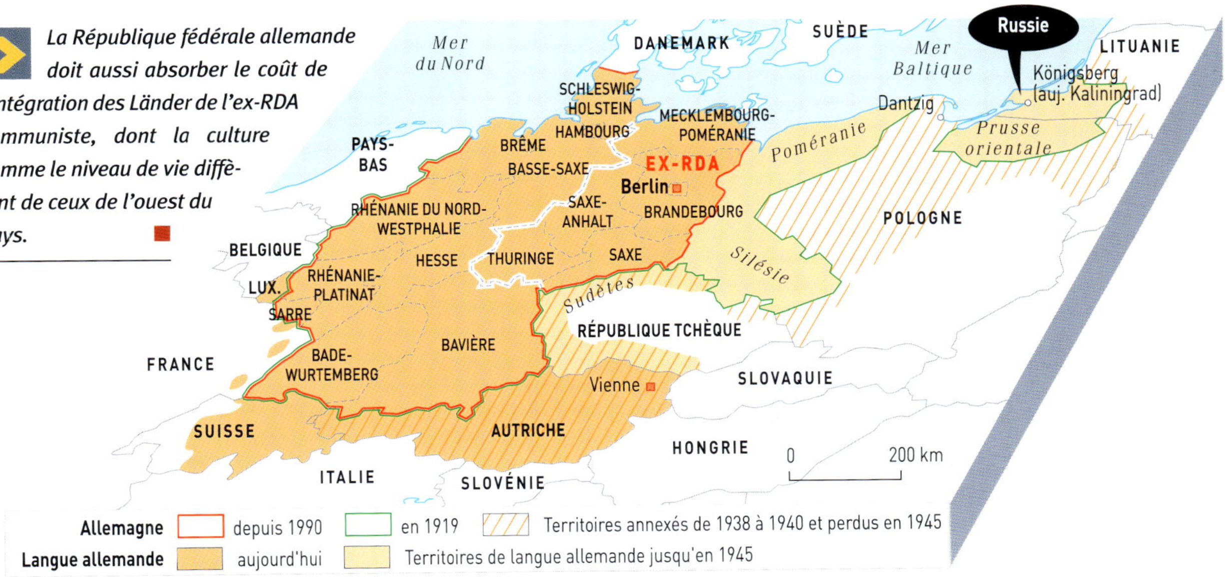

dans les « démocraties populaires » vassales de l'URSS et l'affaiblissement du régime soviétique permirent, en 1990, la réunification de l'Allemagne du fait de la disparition de la République démocratique allemande au profit de la République fédérale d'Allemagne. Celle-ci apporte depuis une aide économique considérable pour que le niveau de vie de l'ex-Allemagne de l'Est (un cinquième de la population allemande) rejoigne la moyenne nationale. Mais le chômage qui, autrefois, n'existait guère en RDA est devenu très important dans les Länder de l'Est, car les entreprises industrielles s'y sont révélées peu compétitives sur le marché européen, et une partie de l'opinion en vient même à regretter le régime communiste et à oublier la tyrannie que celui-ci exerçait. Un grand contraste politique existe donc entre les deux parties de l'Allemagne qui furent séparées pendant quelque quarante ans par le « rideau de fer ».

LA SHOAH A-T-ELLE EU DES CAUSES GÉOPOLITIQUES ?

Dans ses obsessions antisémites, Hitler n'avait pas d'arguments précisément géopolitiques (des rivalités de pouvoirs sur des territoires) car les Allemands israélites étaient dispersés dans l'ensemble de la population allemande. Ils n'occupaient donc pas de territoires particuliers dont les Allemands « aryens » auraient eu quelques « raisons » de les chasser. La Shoah ne répond donc pas à des mobiles territoriaux. Mais Hitler, comme beaucoup d'Allemands et d'Autrichiens de l'époque, partageaient le traditionnel antisémitisme chrétien (qu'il soit catholique, luthérien ou orthodoxe) selon lequel Jésus aurait été tué par les Juifs ; ils pensaient également que les Juifs étaient à l'origine de la défaite du Reich en 1918 du fait des révoltes spartakistes (communistes) dans l'armée et dans les usines. En effet, nombre de ces leaders et militants révolutionnaires étaient juifs, tout comme nombre de dirigeants communistes russes, Trotsky étant le plus connu d'entre eux.

En janvier 1942, Hitler prit donc cette décision monstrueuse d'exterminer tous les Juifs en Europe, et plus spécialement ceux de Pologne qui posaient un problème particulier : s'ils étaient certes fort nombreux, ils gênaient surtout l'application du plan initial de Hitler qui était de les refouler avec de nombreux Polonais non juifs vers la Russie. Mais à cause de la résistance inattendue mais acharnée des Russes, le plan dut être revu et aboutit à la « solution finale du problème juif » mise en œuvre dans toute l'Europe occupée par la Wehrmacht et qui provoqua d'innombrables massacres dans les camps de concentration.

Néanmoins, cette « explication » ne réduit et n'excuse en rien l'horreur inexplicable de la Shoah.

L'Allemagne et la Mitteleuropa

Le désastre de 1945 a fait perdre à l'Allemagne tous les territoires situés à l'est du fleuve Oder et de son affluent la Neisse, cette ligne Oder-Neisse étant devenue la nouvelle frontière occidentale de la Pologne. En effet, celle-ci avait été repoussée vers l'ouest par la pression de l'URSS, qui récupérait pour sa part les territoires polonais à l'est du Bug, occupés en 1939-1940 (plus les États baltes, des parties de la Finlande, l'Ukraine subcarpatique, le nord de la Bucovine, la Bessarabie et le nord de la Prusse orientale). Berlin n'est plus ainsi qu'à 70 kilomètres de la frontière. La Prusse orientale, berceau de la puissance depuis les chevaliers Teutoniques, a été rayée de la carte (au sens propre du terme), puisque ce territoire a été partagé entre la Pologne et la Russie, celle-ci s'étant adjugé, au-delà de ses frontières, la vieille ville de Königsberg (ancienne capitale du duché de Prusse et patrie de Kant), rebaptisée Kaliningrad par Staline. En 1945, l'Allemagne avait non seulement perdu des territoires qui étaient en majorité peuplés d'Allemands, mais, de surcroît, les vainqueurs avaient décidé, lors de la conférence de Potsdam (août 1945), l'expulsion des nombreuses petites colonies allemandes (notamment dans les villes) implantées depuis des siècles dans cette partie de l'Europe que les géographes allemands appelaient la *Mitteleuropa*. Cette « Europe médiane » englobe les pays Baltes, la Pologne, la Tchécoslovaquie, la Roumanie, la Hongrie, la Bulgarie et la Yougoslavie. Une telle décision de « purification ethnique » avant la lettre avait fait affluer en Allemagne quelque douze millions de réfugiés.

Cet exode massif, joint aux pertes territoriales, aurait pu alimenter en Allemagne un puissant sentiment de revanche, comme cela avait été le cas entre les deux guerres, lors de la montée en puissance de l'idéologie hitlérienne.

Les Allemands avaient été notamment scandalisés par une décision du traité de Versailles de 1919 qui interdisait une réunion (Anschluss) des deux États de même langue, l'Allemagne et l'Autriche, celle-ci étant amoindrie par l'effondrement de son empire. Ce fut Hitler qui réalisa triomphalement l'Anschluss du Reich et de l'Autriche en 1938. L'impérialisme hitlérien a résulté de la puissance industrielle de l'Allemagne, mais surtout de la puissance d'un sentiment géopolitique dans l'opinion, la volonté de revanche sur la défaite de 1918. L'Allemagne et l'Autriche ont de nouveau été séparées en 1945 et ce sont les deux seuls États européens à avoir (en totalité) la même langue.

Une position géographique et économique centrale au sein de l'Union

Il importe de souligner que, à la différence de l'entre-deux-guerres, l'Allemagne n'a pas connu depuis 1945 de grands mouvements nationalistes prônant la revanche et la reconquête des territoires perdus. C'est pour une part une conséquence de la guerre froide et des risques terribles qu'elle faisait courir à l'Allemagne, malgré sa participation à l'OTAN. Trois générations d'Allemands sont conscients de l'ampleur du désastre qu'a subi leur pays, surtout face à la puissance de l'Armée rouge, après qu'Hitler eut décidé d'attaquer en juin 1941 l'Union soviétique. Par ailleurs, l'opinion allemande a été très largement consternée (d'autant qu'un patient travail de mémoire a été accompli, surtout dans l'ex-Allemagne de l'Ouest, auprès de la population, notamment des jeunes) par l'ampleur des atrocités que les nazis ont perpétrées dans leur volonté d'exterminer les Juifs en Europe. Les puissances victorieuses ont imposé des mesures de dénazification et les gouvernements allemands successifs ont veillé à ce que les idées néonazies ne puissent se diffuser dans l'opinion, notamment dans les organisations de réfugiés.

Après sa défaite, l'Allemagne est rapidement redevenue une très grande puissance industrielle, la quatrième du monde, mais elle n'a plus en Europe le rôle géopolitique qu'elle a exercé avant la Seconde Guerre mondiale. Avec la France, elle a participé de façon décisive depuis les années 1950 à la formation de ce qui est devenu aujourd'hui l'Union européenne. L'extension de celle-ci aux pays scandinaves et à ceux de l'ex-*Mitteleuropa* fait que l'Allemagne y est désormais en position centrale. Son rôle peut y être d'autant plus grand que l'Union soviétique n'existe plus et que se sont éloignées les frontières de la Russie pour le moment affaiblie. Mais se poseront bientôt à l'Union européenne le problème des nombreux Russes qui vivent dans les pays Baltes et celui de l'enclave russe de Kaliningrad (ex-Königsberg, *voir chapitre L'Union européenne et l'OTAN),* une ville historiquement allemande, ce que les Allemands n'ont pas oublié.

(Voir cartes pages suivantes)

Fondé en 911, le Saint Empire romain germanique assoit son pouvoir sur l'interpénétration de l'autorité religieuse et de l'autorité politique. En 962, Othon Ier se fait sacrer empereur à Rome et le Saint Empire étend son contrôle à l'Italie. Mais l'empereur est élu par de « grands électeurs », ce qui réduit son pouvoir et, au XVIe siècle, la réforme protestante provoque les guerres de Religion qui affaiblissent le Saint Empire. Celui-ci sera supprimé par Napoléon en 1806 et très partiellement remplacé par l'Empire d'Autriche. Après la défaite de Napoléon, le royaume de Prusse, jusqu'alors localisé dans l'est de l'Allemagne (d'abord en Prusse orientale et à Berlin, en Brandebourg), reçoit au congrès de Vienne d'importants territoires dans l'ouest de l'Allemagne : la Westphalie, la Ruhr, la Rhénanie et la Sarre.

(Suite page 121)

DU SAINT EMPIRE ROMAIN GERMANIQUE À LA RÉPUBLIQUE FÉDÉRALE D'ALLEMAGNE

1. SAINT EMPIRE AU XVIE SIÈCLE

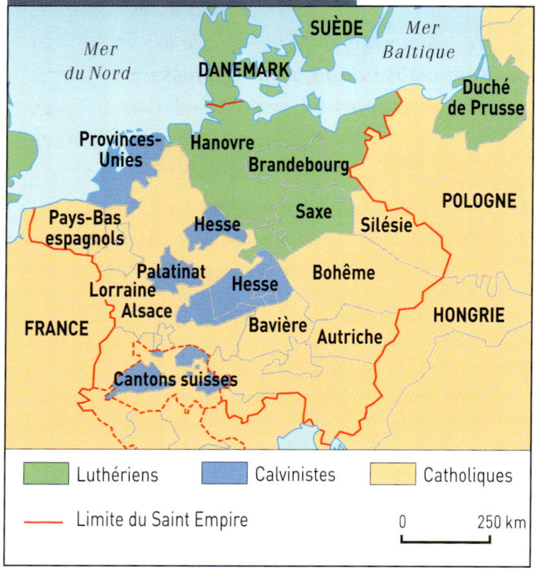

2. PRUSSE 1815

3. IIE REICH 1914

4. ALLEMAGNE 1919

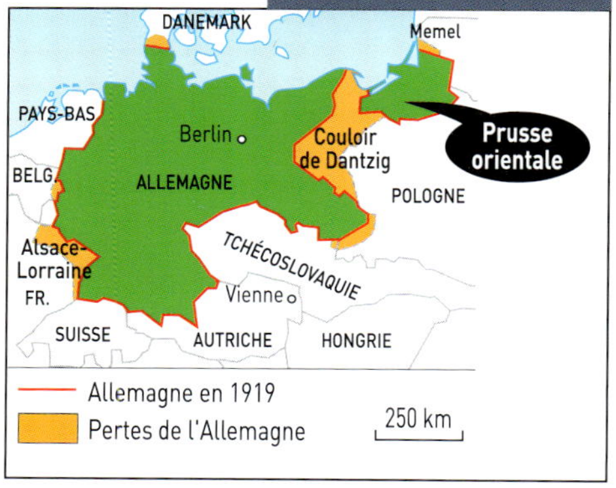

5. IIIE REICH

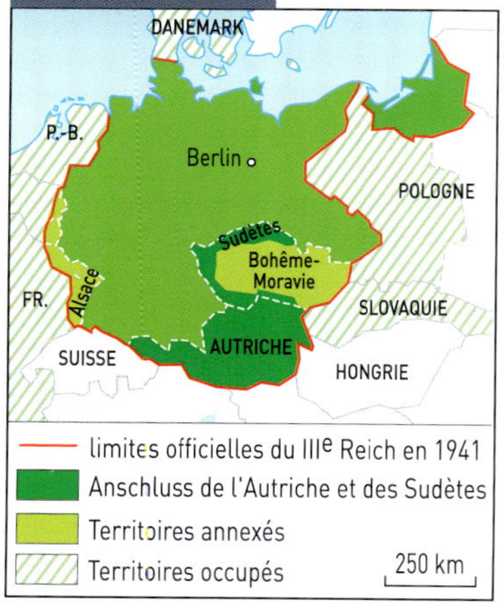

6. ALLEMAGNE DE 1939 À 1944

7. ALLEMAGNE 1945

La Prusse prend la tête de la Confédération germanique, qui regroupe 39 États allemands (principautés et villes libres). Le projet de la nouvelle unité allemande est en route et sera réalisé en 1871 par la Prusse, qui crée le IIe Reich, après en avoir écarté l'Autriche. En 1914, le Reich allemand est à son apogée, en plein essor industriel, et sa population est passée de 41 à 68 millions d'habitants en trois décennies. La défaite de 1918 et le traité de Versailles de 1919 mettent à bas ce grand édifice, alors que l'empire d'Autriche-Hongrie est démantelé aux traités de Saint-Germain et de Trianon. L'Alsace et la Lorraine retournent à la France. La création de la Pologne et de la Tchécoslovaquie porte en elle les ferments des conflits à venir : questions de la Prusse orientale (séparée par le « couloir de Dantzig » polonais) et des Tchèques d'ascendance allemande (« Sudètes »). En 1938, Hitler proclame la réunion (l'Anschluss) avec l'Autriche, qui est annexée comme les territoires des Sudètes, puis annexe l'Alsace-Lorraine et la Bohême en 1940, tandis que l'Europe occidentale et la Pologne passent sous contrôle allemand. En 1945, le Reich est à nouveau démantelé. À l'ouest, la France récupère l'Alsace et la Lorraine et, à l'est, la Pologne (amputée de ses territoires orientaux par l'URSS) prend possession des territoires allemands à l'est de la ligne Oder-Neisse. L'Allemagne est découpée en quatre zones d'occupation : la zone soviétique devient la République démocratique allemande de régime communiste, alors qu'en 1949 les zones « occidentales » deviennent la République fédérale d'Allemagne, dont dépend le secteur ouest de Berlin. L'Allemagne ne sera réunifiée qu'en 1990.

La Grande-Bretagne : Le choix de la mondialisation financière

Le Royaume-Uni, que l'on appelle le plus souvent l'Angleterre (du nom du royaume qui a fait l'unité de l'île qu'est la Grande-Bretagne), a été aux XVIIIe-XIXe siècles une puissance véritablement mondiale non par l'extension de son territoire en Europe, mais par la puissance de sa marine de commerce et de sa flotte de guerre, et par le zèle de ses compagnies marchandes qui se sont taillé de véritables fiefs coloniaux à partir des côtes de différents continents. Les Anglais sont fiers de l'extension de leur langue sur les cinq continents. L'anglais est la langue officielle d'un très grand nombre d'États qui ont fait partie de l'Empire britannique. Ces États, qui sont au XXe siècle progressivement devenus indépendants, constituent le Commonwealth des nations britanniques. Deux exceptions toutefois, et très spectaculaires, celle du plus puissant de tous, les États-Unis (qui comptaient 13 anciennes colonies britanniques), et celle de l'Irlande, qui est paradoxalement l'État le plus proche géographiquement de la Grande-Bretagne.

I. Le « grand large »

La fierté et la nostalgie d'un grand empire

Les Anglais sont très fiers aussi de la façon dont l'Empire colonial britannique s'est progressivement transformé en un Commonwealth de nations indépendantes et ils ont beaucoup de condescendance en évoquant les difficultés avec lesquelles s'est faite la décolonisation de l'Empire colonial français, notamment lors de la guerre d'Indochine (1947-1954) et surtout celle d'Algérie (1954-1962). Il importe donc de comprendre comment s'est édifié l'Empire britannique et comment il s'est transformé, après la grave crise qu'a constitué à la fin du XVIIIe siècle la guerre d'indépendance des États-Unis contre l'Angleterre.

Ce furent en effet des compagnies privées qui se trouvèrent à l'origine de la majeure partie des colonies britanniques en Afrique et en Asie, et notamment l'Inde peu à peu conquise par la Compagnie des Indes orientales. Celle-ci céda un siècle plus tard à la Couronne britannique cet énorme domaine trop cher à administrer. Les autres colonies privées sont aussi devenues colonies de la couronne, gérées par des fonctionnaires du Colonial Office. Très différents sont le cas du Canada et celui des États-Unis. Le Canada, d'abord colonie du roi de France – « la Nouvelle France » –, fut conquis par l'armée anglaise (1763), qui laissa aux Canadiens français du Québec le droit de parler leur langue et de rester catholiques. Au début du XVIIe siècle, à l'initiative de groupes de religieux protestants persécutés en Angleterre par l'église officielle anglicane, furent créées des petites colonies qui sont à l'origine de ce qui deviendra les États-Unis. Plus au sud, des compagnies de commerce ouvrirent des plantations pour y cultiver le coton, avec une main-d'œuvre constituée d'esclaves. C'est le double refus de payer des impôts de plus en plus lourds à la Couronne britannique et de commercer seulement avec l'Angleterre qui poussa les Américains à la révolte et à la guerre d'indépendance (1776-1783). Ce grave échec incita les dirigeants anglais à gérer avec plus de souplesse les revendications des colons anglais installés outre-mer.

LES ZONES D'INFLUENCE DE LA GRANDE-BRETAGNE

1. LA LANGUE

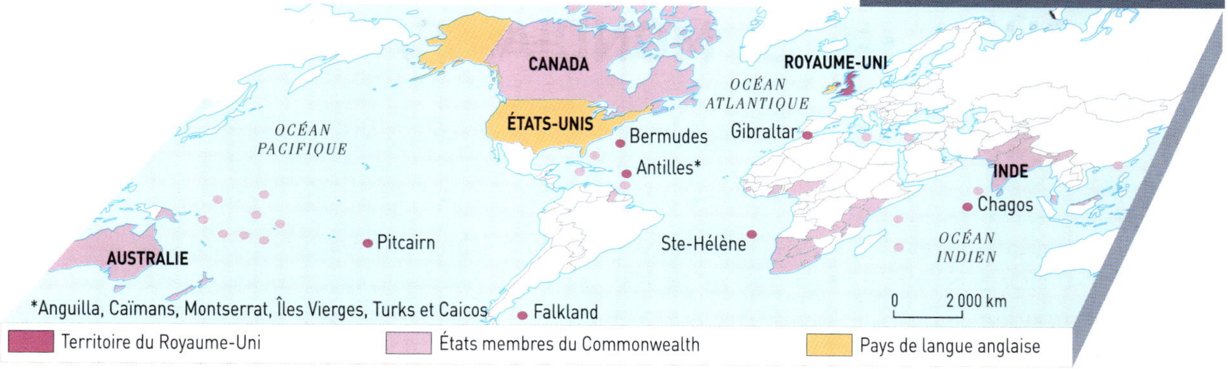

2. LES ÉTATS-UNIS

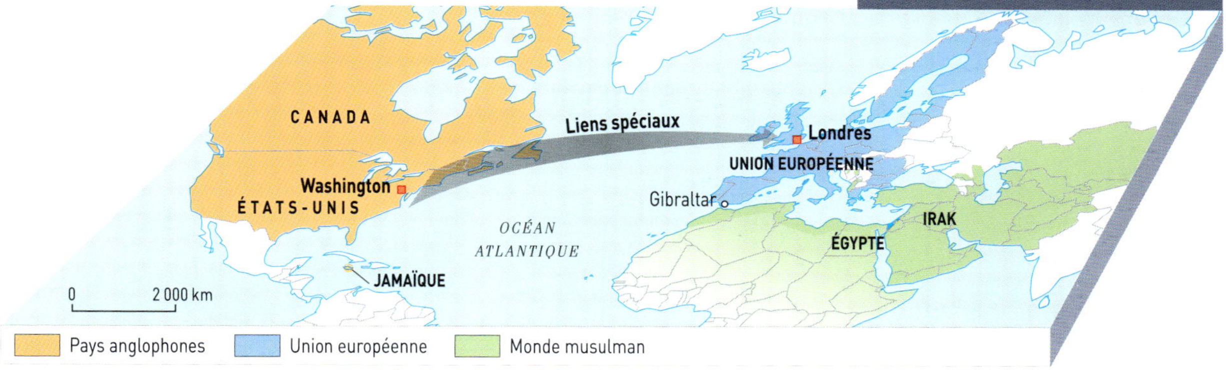

3. LES ÎLES BRITANNIQUES

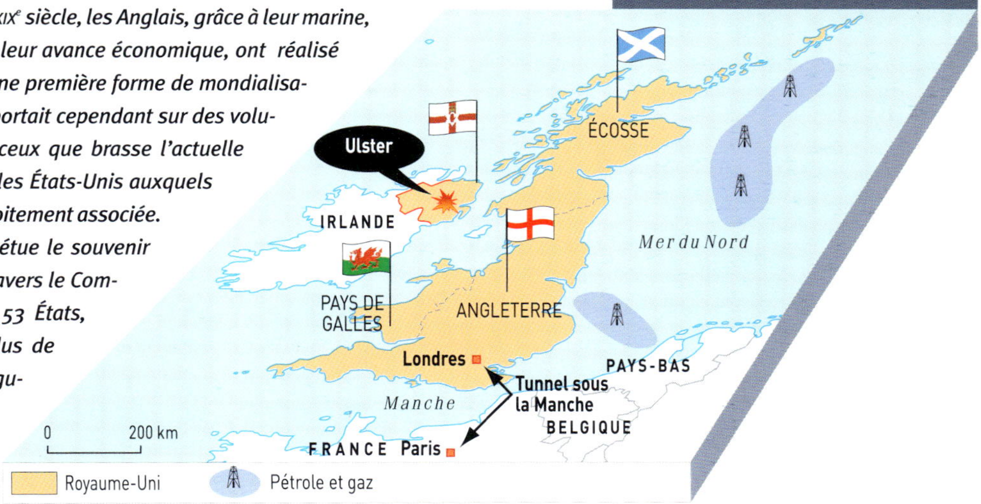

1. On peut dire qu'au XIXe siècle, les Anglais, grâce à leur marine, à leurs banques et à leur avance économique, ont réalisé pour leur plus grand profit une première forme de mondialisation des échanges. Celle-ci portait cependant sur des volumes financiers inférieurs à ceux que brasse l'actuelle mondialisation réalisée par les États-Unis auxquels la Grande-Bretagne s'est étroitement associée.

2. La Grande-Bretagne perpétue le souvenir de son immense empire à travers le Commonwealth, association de 53 États, dont la langue anglaise (plus de 600 millions de locuteurs réguliers dans le monde) constitue le trait d'union. Si Londres adhère en 1972 à l'Union européenne, son alliance principale demeure plus que jamais celle qu'elle a nouée depuis des décennies avec les États-Unis.

3. Après avoir, entre les deux guerres, résolu dans la douleur le problème irlandais, à l'exception de la province d'Ulster, le Royaume a su régler en douceur ses rapports avec les grandes provinces que sont l'Écosse et le pays de Galles.

LE COMMONWEALTH

Créé sous sa forme moderne en 1931, le Commonwealth est une association d'États libres et égaux, dont l'adhésion se fonde sur une allégeance commune à la Couronne britannique. En 2005, il comptait 53 États membres. Si, dans les faits, le Commonwealth n'est devenu qu'un instrument secondaire de l'influence britannique dans le monde, son véritable ciment est constitué par la langue commune, l'anglais, et par le système juridique, la *Common Law*. L'irlande (la plus ancienne colonie britannique) refuse encore et toujours d'en faire partie.

LISTE DES PAYS DU COMMONWEALTH

Europe

Royaume-Uni (fondateur depuis 1919)
Chypre (membre depuis 1961)
Malte (membre depuis 1964)

Afrique

Afrique du Sud (membre depuis 1931 – exclu de 1961 à 1994)
Botswana (membre depuis 1966)
Cameroun (membre depuis 1995)
Gambie (membre depuis 1965)
Ghana (membre depuis 1957)
Kenya (membre depuis 1963)
Lesotho (membre depuis 1966)
Malawi (membre depuis 1964)
Maurice (membre depuis 1968)
Mozambique (membre depuis 1995)
Namibie (membre depuis 1990)
Nigeria (membre depuis 1960 – suspendu de 1995 à 1999)
Ouganda (membre depuis 1962)
Seychelles (membre depuis 1976)
Sierra Leone (membre depuis 1961)
Swaziland (membre depuis 1968)
Tanzanie (membre depuis 1961)
Zambie (membre depuis 1964)

Amériques

Antigua-et-Barbuda (membre depuis 1981)
Bahamas (membre depuis 1973)
Barbade (membre depuis 1966)
Belize (membre depuis 1981)
Canada (membre depuis 1931)
Dominique (membre depuis 1978)
Grenade (membre depuis 1974)
Guyana (membre depuis 1966)
Jamaïque (membre depuis 1962)
Saint-Christophe-et-Niévès (membre depuis 1983)
Sainte-Lucie (membre depuis 1979)
Saint-Vincent-et-les Grenadines (membre depuis 1979)
Trinité-et-Tobago (membre depuis 1962)

Asie

Bangladesh (membre depuis 1972)
Brunei (membre depuis 1984)
Inde (membre depuis 1947)
Malaisie (membre depuis 1957)
Maldives (membre depuis 1982)
Pakistan (membre depuis 1947 - retrait de 1972 à 1989 – suspendu de 1999 à 2004)
Singapour (membre depuis 1965)
Sri Lanka (membre depuis 1948)

Océanie

Australie (membre depuis 1931)
Fidji (membre depuis 1970 – exclu de 1987 à 1997 – suspendu de 2000 à 2001)
Kiribati (membre depuis 1979)
Nauru (membre depuis 1968)
Nouvelle-Zélande (membre depuis 1931)
Papouasie-Nouvelle-Guinée (membre depuis 1975)
Îles Salomon (membre depuis 1978)
Samoa (membre depuis 1970)
Tonga (membre depuis 1970)
Tuvalu (membre depuis 1978)
Vanuatu (membre depuis 1980)

Anciens membres

Hongkong (devenu une région administrative spéciale de la Chine en 1997)
Irlande (membre depuis 1931 – retrait en 1949)
Terre-Neuve-et-Labrador (devenu une province du Canada en 1949)
Zimbabwe (suspendu en 2002 – exclu en 2003)

L'étroitesse des liens avec les États-Unis

Les rapports entre l'Angleterre et les États-Unis restèrent longtemps assez tendus et la guerre reprit même entre les deux États entre 1812 et 1814. Afin d'empêcher les planteurs américains de se procurer des esclaves en Afrique, les dirigeants anglais lancèrent une grande campagne contre la traite des esclaves qui fut interdite en 1815 par les différentes puissances européennes réunies au congrès de Vienne.

Par ailleurs, les rapports entre l'Angleterre et les Américains ont été longtemps sabotés par les Irlandais : ceux-ci, fort nombreux et influents aux États-Unis, voulaient libérer leur île de la domination britannique. Les Allemands, installés eux aussi en nombre en Amérique, prônaient aux Américains « l'isolationnisme », afin que les États-Unis ne se mêlent pas des affaires européennes et ne soutiennent pas l'Angleterre contre l'Allemagne. En revanche, les liens financiers des groupes industriels américains avec les banques anglaises étaient étroits : avant la Première Guerre mondiale, celles-ci alimentaient en capitaux le marché américain. En 1917, les États-Unis entrèrent en guerre contre l'Allemagne car de nombreux navires américains fournissant des armes à la France et à l'Angleterre étaient coulés par les sous-marins

LA BOURSE DE LONDRES AU PREMIER RANG MONDIAL ?

The London Stock Exchange a été officiellement créé en 1801. Mais, dès 1697, des listes de prix des marchandises que les grands commerçants achetaient dans l'ensemble du monde étaient régulièrement publiées. Très grande puissance industrielle, exportatrice de charbon et de machines, la Grande-Bretagne importait toutes sortes de produits agricoles (coton, café, caoutchouc) ainsi que du pétrole (par le biais de Shell) qu'elle revendait dans l'ensemble du monde. Les dirigeants anglais ont toujours veillé à ce que ce commerce international assure la réputation de la Livre Sterling qui fut longtemps plus appréciée que le dollar. Dans les années 1970, lorsque la circulation des capitaux dans le monde fut facilitée, ces mêmes dirigeants décidèrent de revendre leurs grandes entreprises industrielles à des firmes étrangères et à se spécialiser dans les affaires financières. Les banques de Londres attirèrent alors les capitaux étrangers qu'elles avaient la réputation de savoir placer avec les meilleurs taux de profit. Hongkong et Singapour, à l'époque bases coloniales britanniques, devinrent de très grands centres financiers en contacts étroits avec Londres. Après la fin du socialisme, des hommes d'affaires russes devenus richissimes y placèrent également leur fortune, tout comme les émirs du pétrole.

Si la Bourse de Londres rivalise avec celle de New York, l'une et l'autre s'accordent sur un même objectif : que la « mondialisation » facilite et développe la spéculation financière. En septembre 2008, la crise financière qui s'est déclenchée aux États-Unis l'a fortement déstabilisée et avec elle, la société britannique. Mais même si la Livre a fortement diminué par rapport à l'Euro, les Britanniques ne songent pas à abandonner leur monnaie nationale. ■

allemands. Après 1918, les idées isolationnistes furent très influentes aux États-Unis. Ces derniers firent de nouveau la guerre à l'Allemagne après l'attaque japonaise sur Pearl Harbor (1941), parce que Hitler, allié du Japon, fit l'énorme erreur de déclarer la guerre à Washington. Le président Franklin Roosevelt décida de mener prioritairement la guerre en Europe et de venir à l'aide de l'Angleterre qui était, après la débâcle française, en grande difficulté. La Grande-Bretagne fut la seule nation, de juin 1940 à juin 1941, à résister à la puissance hitlérienne. L'armée allemande, l'Afrikakorps, menaçait alors l'Égypte pour atteindre le pétrole d'Irak. Mais, au-delà des événements historiques, la communauté de langue explique l'importance des liens entre les États-Unis et le Royaume-Uni.

Certes, après la Seconde Guerre mondiale, il y eut des rivalités entre les intérêts britanniques et américains, notamment entre la British Petroleum et les grandes compagnies américaines. En 1951, après que l'Iran eut nationalisé les installations de l'Anglo-Iranian Oil Company, qui avait le monopole de l'extraction pétrolière en Iran, les Britanniques voulurent imposer un blocus aux exportations pétrolières iraniennes. Ils ne furent guère soutenus par les États-Unis et les compagnies américaines se retrouvèrent en 1953, après la crise ouverte deux ans plus tôt, partenaires de la compagnie nationale iranienne, la part des compagnies anglaises ayant été notablement réduite. En 1956, les États-Unis s'opposèrent directement à l'expédition franco-anglaise de Suez pour reprendre le contrôle du canal, qui venait d'être nationalisé par l'Égypte du colonel Nasser.

Ces péripéties n'empêchèrent nullement, durant la guerre froide, le Royaume-Uni de se comporter comme l'allié le plus fidèle de Washington et, à la différence de la France, de renoncer à réaliser une force de frappe nucléaire autonome, préférant s'équiper d'engins américains. Une telle politique avait été définie par Churchill comme celle du « grand large » (c'est-à-dire de l'Atlantique et des États-Unis), au lieu de s'impliquer plus dans la construction d'une Europe intégrée. Cependant, l'armée britannique, depuis longtemps composée – du moins en temps de paix – de professionnels, est une des meilleures armées européennes. Elle a montré son efficacité lors de la guerre des îles Malouines (Falkland, 1982) en allant écraser l'armée de l'Argentine qui s'était emparée de cet archipel de l'Atlantique sud situé à 15 000 kilomètres de la Grande-Bretagne. Lors de la guerre du Golfe contre l'Irak en 1991, le Royaume-Uni a engagé dans la coalition une force importante aux côtés de celle des Américains. En 2003, dans la nouvelle guerre contre l'Irak, le corps expéditionnaire britannique se vit chargé du contrôle du sud du pays. Mais l'opinion britannique manifeste de plus en plus son opposition à cet engagement aux côtés des Américains dans des conflits lointains.

INTERVENTIONS ET FORCES MILITAIRES BRITANNIQUES À L'ÉTRANGER

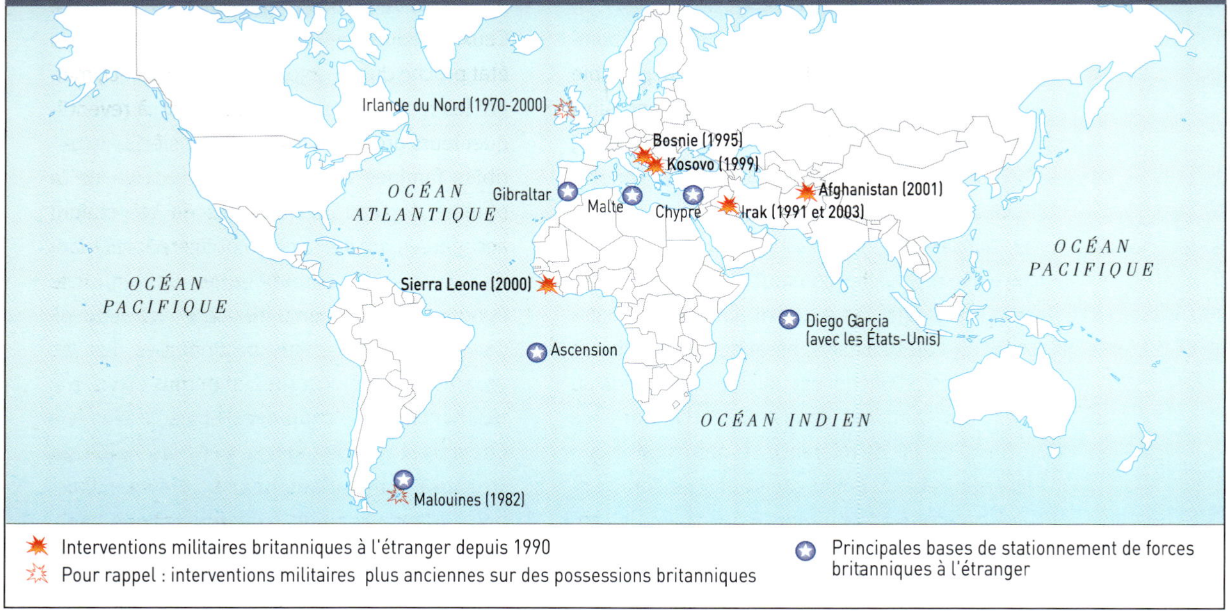

En mettant à part l'Ulster et les îles Malouines (Falkland), qui sont des territoires britanniques, les interventions à l'étranger des forces de Londres s'opèrent soit dans le cadre de l'ONU et de l'OTAN (Bosnie, Kosovo, Afghanistan), soit dans le cadre de liens bilatéraux relayant l'action de l'ONU (Sierra Leone), soit en suivi direct des États-Unis (Irak). Les principales bases militaires à l'étranger se situent soit dans des possessions outre-mer (Gibraltar, îles d'Ascension, Malouines ou de Diego Garcia), soit dans d'anciennes colonies devenues indépendantes (Malte, Chypre) avec leur accord.

III. L'Europe, le Royaume

Les Britanniques ont surtout une idée commerciale de l'Union européenne

La volonté qui anime les dirigeants britanniques de maintenir des relations privilégiées avec les États-Unis et les États du Commonwealth fait que, au lendemain de la Seconde Guerre mondiale, les dirigeants britanniques n'ont guère participé aux négociations entre Français, Allemands, Italiens, Belges et Néerlandais, qui allaient conduire à l'unification européenne. Lorsque les Anglais ont accepté de faire partie de la Communauté économique européenne, ce fut en refusant de réduire leurs relations économiques privilégiées avec les pays du Commonwealth – ce qui conduisit la France à mettre son veto en 1963 à la demande britannique. Pour concurrencer la Communauté européenne, les dirigeants britanniques ont cherché en 1959 à développer avec quelques États européens (Autriche, Danemark, Norvège, Portugal, Suisse et Suède) une organisation commerciale, l'Association européenne de libre-échange (AELE). Mais celle-ci ne parvint pas à rivaliser avec la Communauté économique européenne, et le Royaume-Uni s'est donc résolu en 1972 à demander son adhésion.

Alors que les dirigeants français et allemands, qu'ils soient de droite ou de gauche, souhaitent que l'unification économique des États européens devienne peu à peu une entité politique, l'Union européenne – c'est le sens du traité de Maastricht en 1992 –, les dirigeants britanniques cherchent dans la mesure du possible à freiner ce mouvement, sans pour autant s'en couper, ce qui aurait pour le Royaume-Uni des conséquences économiques catastrophiques.

La diplomatie britannique a été favorable à l'élargissement rapide de l'Union européenne à 15 puis à 25 États, car elle estime que plus le nombre de ceux-ci est grand et moins il sera possible d'en faire un ensemble politique cohérent. Ainsi l'Europe des 25, et bientôt davantage encore, risque de devenir une nouvelle sorte de zone de libre-échange, telle que les Anglais avaient voulu la réaliser en 1959 avec l'AELE, pour tenter de torpiller le Marché commun naissant. D'autre part, les Anglais se refusent pour le moment à adopter l'euro. Ils sont en effet très attachés à leur livre sterling, qui est une monnaie solide au plan international (mais dont l'importance comme devise de référence est nettement moindre que celle du dollar, mais aussi de l'euro), et qui contribue à la puissance financière de Londres comme place boursière mondiale (elle gère notamment une partie des profits pétroliers du Moyen-Orient). Dans la mesure où l'évolution de l'UE est liée à ces questions économiques et monétaires, celles-ci peuvent être considérées comme relevant de la géopolitique.

Après avoir joué la carte de la mondialisation financière, les dirigeants britanniques ont été confrontés à la crise de 2008, qui a particulièrement affecté la Grande-Bretagne.

Des problèmes de géopolitique interne

L'opinion britannique est confrontée à deux grands problèmes de géopolitique, que l'on peut considérer dans une certaine mesure comme étant des problèmes internes.

Le premier est celui de l'Irlande, qui dure depuis près de deux siècles. L'île d'Irlande, qui fait partie de l'archipel britannique, a une longue histoire de relations compliquées avec les Anglais qui s'est brutalement transformée au XVIIe siècle lorsqu'elle fut victime d'une véritable guerre de conquête coloniale et d'oppression religieuse. Les Irlandais, pour l'essentiel catholiques, refusèrent de se soumettre à la réforme protestante qui avait été instaurée au XVIe siècle en Angleterre. Les luttes religieuses en Grande-Bretagne donnèrent l'avantage aux protestants les plus fanatiques et leur chef Cromwell fit la conquête de l'Irlande, dont les terres furent distribuées à de grands propriétaires protestants. Ceux-ci réduisirent les paysans irlandais à un état proche du servage. Peu à peu, ceux-ci, malgré les répressions, commencèrent à revendiquer leurs droits. Au milieu du XIXe siècle, de terribles famines causées par la maladie de la pomme de terre (les récoltes de blé étaient accaparées par les Anglais) obligèrent les Irlandais à émigrer en Amérique. Depuis cette époque, la « question d'Irlande » n'a pas cessé de gêner les dirigeants britanniques, car les progrès de la démocratie ont permis aux députés irlandais de s'exprimer de plus en plus à la Chambre des communes. Celle-ci décida en 1914 une sorte d'autonomie, le *Home Rule,* pour l'Irlande, mais les notables protestants s'y opposèrent et, en 1916, en pleine guerre mondiale, des Irlandais prirent les armes contre l'armée anglaise. Cette révolte fut écrasée. Toutefois, en 1921, le Premier ministre britannique décida le partage de l'Irlande en deux : les protestants se regroupèrent en Ulster, dans le nord-est de l'île, et décidèrent de maintenir leurs liens avec la Couronne britannique. La plus grande partie de l'île se vit accorder un gouvernement autonome, dont les membres furent accusés de trahison par les nationalistes les plus radicaux, ceux du Sinn Fein, qui exigeaient l'indépendance immédiate et qui refusaient le partage de l'île. Il en résulta une grave guerre civile entre Irlandais.

Bien que l'Irlande soit devenue un État indépendant en 1937, la question irlandaise en Ulster se pose toujours. L'Ulster (1,7 million d'habitants) ne compte pas seulement des protestants, mais aussi des catholiques qui forment maintenant, du fait de leur démographie plus active, près de la moitié de la population. Ces derniers se plaignent d'être économiquement défavorisés et bon nombre d'entre eux restent sensibles au projet nationaliste de réunification de l'Irlande. L'IRA, la vieille « armée républicaine irlandaise », ou ses transfuges ont repris la stratégie d'attentats terroristes. Les rapports entre les deux communautés devenant de plus en plus conflictuels, le gouvernement de Londres, en accord avec celui de Dublin, cherche à promouvoir des réformes et une certaine autonomie qui donneraient davantage de droits aux catholiques, ce que refusent les organisations protestantes. La décision, à la fin de l'été 2005, qu'a prise la direction de l'IRA de rendre les armes de leur organisation semble augurer d'un avenir plus serein, à condition que les extrémistes protestants d'Ulster acceptent d'entrer dans le processus d'apaisement.

Le deuxième problème géopolitique, heureusement moins violent, est celui de l'Écosse. Il s'agit historiquement d'un ancien royaume dont les rapports avec l'Angleterre se sont beaucoup compliqués lors des guerres religieuses du XVIIe siècle non seulement entre catholiques et protestants, mais aussi entre différents groupes protestants, les Écossais étant en majorité devenus presbytériens. C'est au terme de ces luttes que fut proclamé en 1707 le Royaume-Uni de Grande-Bretagne par l'acte d'union de l'Angleterre et de l'Écosse, le Parlement écossais d'Édimbourg étant intégré à la Chambre des communes de Londres. Un sentiment national écossais se maintint sous des formes plus ou moins folkloriques jusqu'à ce que des revendications apparaissent à partir de 1970 pour le développement économique de l'Écosse.

Ces projets sont apparus de plus en plus réalisables avec la découverte et la mise en valeur des gisements pétroliers sous-marins de la mer du Nord, situés pour une grande part au large des côtes écossaises. En Angleterre, le Parti travailliste a soutenu les revendications du Parti national écossais, qui a renoncé à son projet d'indépendance au profit d'une solide autonomie, notamment dans le domaine fiscal et celui des royalties pétrolières. Un Parlement régional avec des compétences élargies a été constitué en 2000 à Édimbourg. Les attentats islamistes de Londres, en juillet 2005, ont fait peut-être apparaître un autre problème, celui de l'intégration des jeunes gens d'origine musulmane (du moins, une partie extrémiste d'entre eux). En effet, la surprise fut grande dans le pays quand on s'aperçut que les auteurs de ces attentats étaient de jeunes Britanniques. Jusque-là, les autorités avaient pratiqué en direction des populations musulmanes une politique très libérale, inspirée par les principes du communautarisme. Selon ces principes, chaque groupe ethnique ou religieux vit largement en suivant ses coutumes à l'intérieur du Royaume. Depuis, le gouvernement est revenu sur sa tolérance à l'égard des très nombreux groupes islamistes, souvent étrangers, basés à Londres.

LES COMMUNAUTÉS MUSULMANES EN GRANDE-BRETAGNE

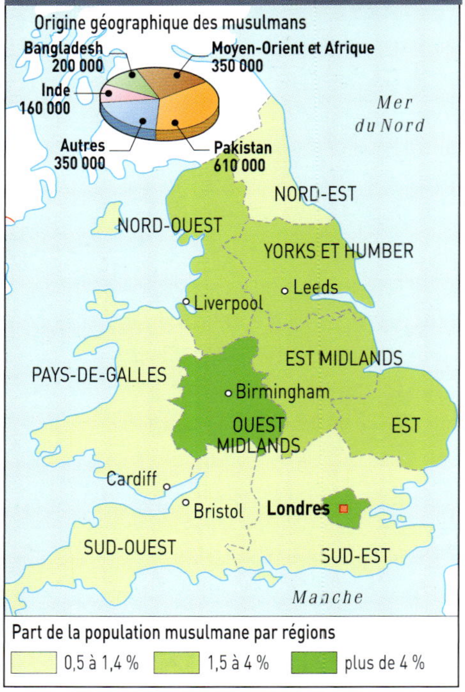

À la différence de la France, vieux pays d'immigration, la Grande-Bretagne a connu au contraire, jusqu'à une époque récente, des siècles d'émigration vers les États-Unis et les colonies de l'Empire britannique. Depuis quelques décennies, la Grande-Bretagne, et surtout l'Angleterre, sont devenues des pays d'immigration en provenance d'ex-colonies britanniques et surtout de l'Union indienne, du Pakistan et du Bangladesh. C'est de ces deux derniers États (et du Moyen-Orient) que viennent la plupart des musulmans (environ 3 millions) qui vivent désormais dans le royaume, plus ou moins regroupés en « communautés » selon les quartiers. Les Britanniques pensaient ne pas avoir trop à craindre des islamistes qu'ils laissaient prêcher le djihad. Les attentats du 7 juillet 2005 (puis ceux, déjoués, en juillet 2006) ont été, pour eux, un cuisant réveil.

L'ITALIE : UN ÉTAT EUROPÉEN DE FORMATION RÉCENTE

Alors que la péninsule Italienne forme un ensemble géographique évident et bien délimité au nord par l'arc des Alpes qui domine la plaine du Pô, son unification politique a été laborieuse et relativement tardive (1870). L'Italie a, en effet, été longtemps divisée en de nombreux petits États (dont ceux du pape), principautés et villes-États telles que Venise, Gênes ou Florence. Ce morcellement politique explique la survivance d'un grand nombre de particularismes et de la relative faiblesse de l'État central. De surcroît, depuis les années 1980, l'unité italienne fait de nouveau l'objet de polémiques. Aussi n'est-il pas inutile de rappeler qu'au XIXe siècle elle ne fut pas menée par le royaume de Naples, qui était alors le plus vaste des États italiens, mais par un petit royaume d'Italie du Nord, le Piémont. Le rôle de ce dernier a pu être comparé à celui de la Prusse dans l'unification de l'Allemagne. Mais le Piémont fut d'abord aidé par Napoléon III et par l'armée française contre l'empire d'Autriche (batailles de Magenta et de Solferino, 1859), qui ne voulait pas abandonner ses possessions de la plaine du Pô. Ensuite, il bénéficia du soutien de la plupart des Italiens qui, malgré la diversité de leurs opinions (royalistes ou républicains), souhaitaient l'unité de la péninsule. Rome a été finalement choisie comme capitale, après Turin et Florence, à cause du prestige historique (l'Empire romain, la papauté), mais, à la différence de Milan, elle n'était pas un grand centre économique.

La question du Mezzogiorno

Entre les deux guerres mondiales, la dictature fasciste de Benito Mussolini voulut renforcer l'État central pour faire de l'Italie une grande puissance coloniale méditerranéenne. Celui-ci tenta de se faire obéir dans les régions méridionales et dans les îles, mais sans grand succès. Son alliance avec Hitler mena le pays au désastre, car les combats y firent rage de 1943 à 1945, surtout au sud. Cependant, l'Italie ayant rompu l'alliance avec le Reich, chassé le Duce et proclamé la république, termina la guerre sans grande perte territoriale (Istrie, attribuée à la Yougoslavie, Vénétie Julienne et îles du Dodécanèse, attribuées à la Grèce), hormis ses colonies de Libye et d'Éthiopie.

Dans les années qui suivirent 1945, alors que l'on commençait à se poser au plan mondial le problème des pays sous-développés, on s'avisa que la moitié sud de l'Italie et les îles pouvaient tout autant être considérées comme des régions du tiers-monde : faiblesse des industries, population agricole à faible productivité, pauvreté, analphabétisme, croissance démographique, importance du chômage. Le contraste était grand entre cette Italie du Sud (ancien royaume de Naples), ce *Mezzogiorno* (le Midi), et l'Italie du Nord, fort active économiquement et où les gens du Sud, les *Meridionali,* venaient de plus en plus nombreux chercher du travail. Alors que l'Italie du Nord avait connu depuis le Moyen Âge des bourgeoisies urbaines entreprenantes, celle du Sud restait dominée par des structures véritablement féodales, d'autant moins favorables au développement économique que les grands propriétaires, pour la plupart absentéistes, ne cherchaient guère à mettre au travail les paysans sans terre, bien qu'ils fussent une fort utile clientèle électorale.

En 1948, un statut d'autonomie avait été accordé à la Sardaigne et à la Sicile pour favoriser, en principe, la solution de leurs problèmes spécifiques. En 1950, l'État italien créa la *Cassa per il Mezzogiorno,* la Caisse pour le développement du Midi, tandis qu'une réforme agraire, fort modérée, était entreprise. Les résultats n'ont jamais été très brillants, malgré l'accroissement progressif des financements, grâce aux aides européennes. Toutefois, une grande partie des capitaux était détournée par des groupes mafieux dont l'influence, avec l'émigration interne, s'étendit aussi vers le nord. En 1970, en reprenant d'ailleurs le découpage mussolinien, on constitua vingt régions dotées d'une certaine autonomie administrative. Dans nombre de cas, le choix de la capitale régionale suscita de véritables révoltes populaires (notamment à Reggio di Calabria), attisées par des groupes néofascistes plus ou moins proches du Mouvement social italien (MSI), bien implanté en Italie du Sud. En revanche, en Italie du Nord, la lutte contre le pouvoir central fut surtout le fait de réseaux terroristes d'extrême gauche, durant ce qu'on appela les « années de plomb » (1970-1980), qui culminèrent avec l'assassinat, en 1978, du président du Conseil, Aldo Moro.

Jusqu'alors, en effet, la mise en cause de l'unité italienne avait été surtout le fait d'auteurs plus ou moins marxistes qui dénonçaient la domination de type colonial que l'Italie du Nord capitaliste aurait exercée sur l'Italie du Sud par une véritable conquête militaire, provoquant ainsi son sous-développement. Mais, à partir du début des années 1980, se sont développées en Italie du Nord des ligues autonomistes et populistes qui récusent l'unité italienne. Elles dénoncent comme scandaleux le système d'aide au développement du *Mezzogiorno,* système financé par les régions économiquement actives du Nord et qui permet la dilapidation au Sud de sommes énormes ou leur accaparement par les mafias. Non seulement ces ligues autonomistes exigent que l'État cesse les transferts de fonds vers les régions méridionales, mais aussi que l'on mette un obstacle aux migrations internes car, selon elles, ce serait les méridionaux qui, vivant de la délinquance, propagent l'influence des mafias dans l'Italie tout entière. La Ligue autonomiste lombarde, qui est la plus importante de ces ligues, a été suivie par celles de Vénétie, d'Émilie-Romagne, par le Mouvement pour un Piémont autonome, l'Union ligure, l'Alliance toscane, etc. Le projet géopolitique d'une indépendance de l'Italie du Nord ou de celle d'une « Padanie »

LES « TROIS » ITALIE

Depuis 1945, il est courant de distinguer une Italie du Nord, industrieuse et prospère, d'une Italie du Sud, le Mezzogiorno, pauvre et sous-développée. Au cours des années 1990, une nouvelle division théorique du pays s'est répandue : au Mezzogiorno, marqué par l'action criminelle de groupes mafieux, locaux puis en provenance des Balkans, certains opposent une Italie septentrionale, la « Padanie » (la plaine du Pô), riche et de plus en plus réticente à financer le Sud et une Italie intermédiaire, dominée par la capitale politique, Rome. Comme pour l'Espagne, les îles méridionales constituent une porte d'entrée en Europe de l'immigration clandestine africaine et moyen-orientale.

(formée par les régions de la plaine du Pô et celles qui l'entourent), qui a rapidement conquis une forte audience électorale, se réclame du thème de « l'Europe des régions » ou du fédéralisme européen.

Les pieuvres et leurs tentacules

Certes, le discours populiste et, parfois même, ouvertement raciste des partisans de la Ligue à l'encontre des méridionaux (« Nostri Arabi ») exagère le rôle des groupes mafieux dans le retard économique de l'Italie du Sud. Ces groupes n'en ont pas moins une influence de plus en plus grande, comme le démontrent, non sans courage, les enquêtes de journalistes et de quelques juges. On peut comparer la configuration géopolitique (spatiale et politique) des mafias à celle des pieuvres : un corps mouvant relativement petit et, surtout, de nombreux tentacules, plus ou moins longs. Le terme de mafia s'est généralisé (on parle de mafia russe, de mafia albanaise, etc.), mais la plus célèbre de ces sociétés secrètes reste celle qui s'est constituée sous ce nom en Sicile au milieu du XIXe siècle. Elle aurait été, dit-on, créée par réaction au début de mise en place par l'État venu d'Italie du Nord d'une administration et d'une gendarmerie (les carabiniers). De telles structures modernes furent rejetées par la société rurale du Sud, dans laquelle les rapports de pouvoir « féodaux » se combinent de façon plus ou moins occulte aux rapports de parenté de type clanique (« famille »), notamment dans les milieux populaires. On peut dire aujourd'hui que toute mafia fonctionne sur ce modèle d'un groupe soudé par ses rapports de parenté et pratiquant des opérations financières occultes, en recourant si nécessaire à l'assassinat.

L'importance de l'émigration italienne aux États-Unis a donné aux gangsters de la mafia sicilienne l'occasion de protéger les Italiens installés dans le Nouveau Monde contre d'autres groupes d'immigrés, de prendre le contrôle d'une partie de la prostitution, puis de s'enrichir dans le trafic de l'alcool à l'époque de la « prohibition ». En 1943, la Mafia, plus ou moins opposée à Mussolini qui avait cherché à la maîtriser, a aidé au débarquement américain en Sicile et a contrôlé, peu après, la distribution de l'aide alimentaire américaine en Italie méridionale. À partir des années 1950 et de la guerre d'Indochine, la mafia sicilienne, par l'intermédiaire des réseaux corses, a pris le contrôle du trafic croissant d'opium et d'héroïne vers les États-Unis, son rôle devenant encore plus important avec l'intervention américaine au Vietnam. Les tentacules asiatiques et américains de la mafia sicilienne ont favorisé la multiplication de ses autres tentacules dans l'appareil d'État italien et dans les réseaux bancaires pour le recyclage de « l'argent sale ».

Deux autres groupes mafieux se sont développés, eux aussi en Italie du Sud, la Camorra

PERMANENCES ET RUPTURES DE LA GÉOPOLITIQUE ITALIENNE

La géographie comme le souci mercantiliste ont souvent fondé les orientations de la politique étrangère de l'Italie. Au cours des années 1950 et 1960, celle-ci défendit une avancée aussi bien en direction du Proche-Orient – afin d'ouvrir des marchés à l'ENI (le groupe national des hydrocarbures) – que de l'URSS afin de permettre l'installation de la Fiat et d'usines textiles, mécaniques ou pétrochimiques en Union soviétique. De même, en 1981, afin de ne pas compromettre ses intérêts en Libye, Rome refusa aux Américains l'utilisation des bases aériennes de l'OTAN pour des opérations contre Kadhafi – devant lequel Silvio Berlusconi a fait acte de repentance concernant la colonisation de la Lybie par l'Italie de 1911 à 1942 en échange de juteux contrats. L'Italie, à l'instar de la France, observa un soutien résolu aux Palestiniens (OLP) au cours des années suivantes. Par ailleurs, elle participa activement à la construction européenne, considérant que celle-ci était à la fois un élément de développement positif pour son économie et un moyen de dépasser ses propres contradictions régionales et sociales.

En 2001, le retour au pouvoir du richissime Silvio Berlusconi marqua cependant une certaine rupture dans la géopolitique italienne. Celle-ci s'aligna d'une façon résolue sur les positions américaines : participation à la coalition en Irak, volonté d'étendre largement les frontières de l'UE, notamment à la Turquie et aux Balkans (ceci s'expliquant aussi par leur proximité géographique) et opposition croissante à Bruxelles. ■

L'ITALIE DANS LE MONDE

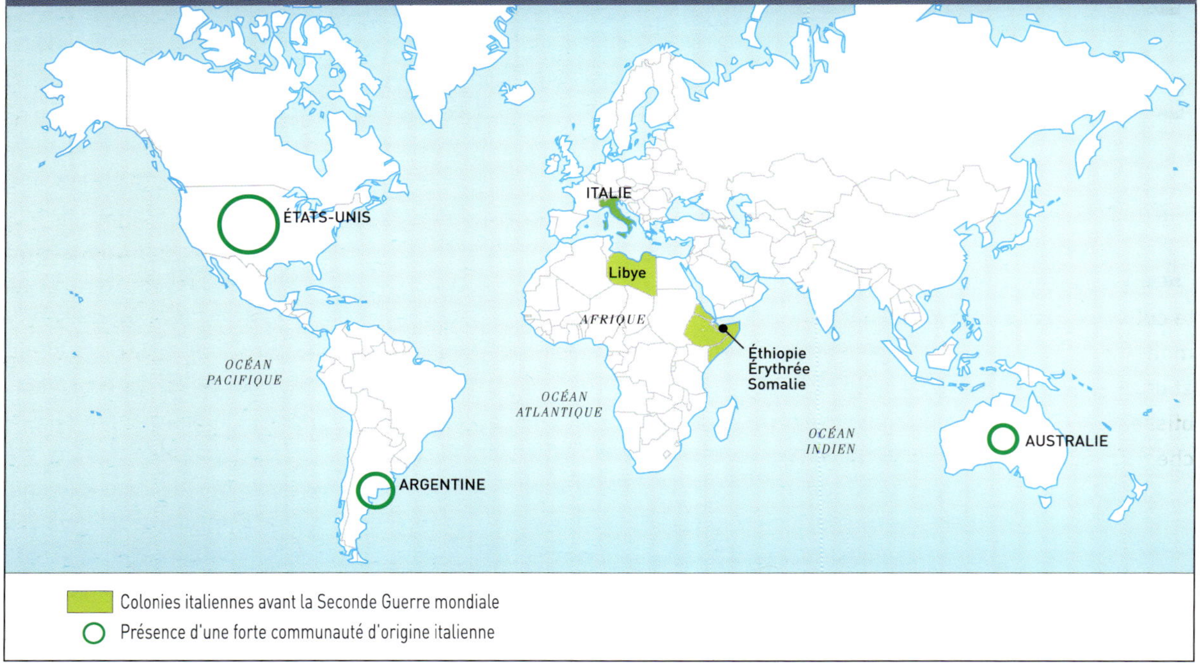

Du fait de son passé colonial, l'Italie conserve une certaine influence en Libye et dans la Corne de l'Afrique. Elle tente de mener une politique méditerranéenne et arabe (Maghreb, Proche-Orient), en partie compromise par sa participation à la coalition menée par les États-Unis en Irak depuis 2003, mais relancée en 2006 par une importante implication dans la force de maintien de la paix au Liban. Enfin, il ne faut pas négliger l'influence des communautés d'origine italienne à travers le monde.

napolitaine et la N'drangheta de Calabre. Ils connaissent un essor considérable depuis la dislocation de la Yougoslavie et les guerres civiles qui s'en sont suivies de l'autre côté de la mer Adriatique. Des groupes mafieux, qu'ils soient serbes, croates, bosniaques ou albanais, ont joué un rôle considérable dans le trafic d'armes financé par les trafics de drogue. Ils continuent en ajoutant à ces affaires le contrôle des réseaux de prostitution vers l'Europe occidentale. La Camorra et la N'drangheta profitent de leur rôle d'intermédiaire et gagnent beaucoup d'argent dans l'acheminement des immigrés clandestins venus du Moyen-Orient.

En raison de sa proximité avec les Balkans et la Tunisie, l'Italie est en effet devenue une des portes d'entrée maritime de l'Union européenne. D'autant que les forces de sécurité italiennes ont du mal à contrôler l'Adriatique et le détroit de Sicile.

L'ESPAGNE :
LE DANGER DES MOUVEMENTS NATIONAUX

L'Espagne connaît des problèmes géopolitiques originaux et difficiles. En effet, au sein de l'UE, c'est le seul État où se manifestent autant les revendications de nationalismes différents. Les nationalistes basques, catalans et galiciens, qui se réclament chacun d'une langue particulière, veulent se libérer de la culture espagnole (castillane). Déjà, au temps de la République espagnole (1931-1939), qui avait succédé à la monarchie, les mouvements basque et catalan avaient suscité l'opposition des nationalistes espagnols (la droite et une partie de l'armée), ce qui conduisit à une terrible guerre civile et à la dictature du général Franco. Le rétablissement de la démocratie en 1975 et la reconnaissance des autonomies basque et catalane n'ont pas empêché pour autant le terrorisme de l'ETA.

La question nationale

La Constitution de 1978, qui a suivi de près l'avènement du roi Juan Carlos (1975), a reconnu la formation de seize communautés autonomes de dimensions variables, résultant du regroupement d'un plus ou moins grand nombre de provinces (la plus petite est celle de La Rioja). Chacune de ces « autonomies », selon ses demandes spécifiques, a obtenu du pouvoir central le transfert de pouvoirs plus ou moins importants. Si les « autonomies » de langue castillane ont à peu près toutes demandé des pouvoirs comparables (encore que l'Andalousie fasse déjà la preuve d'un certain particularisme), la Galice, la Catalogne et, surtout, le Pays basque ont réclamé et obtenu des pouvoirs beaucoup plus importants, en particulier dans le domaine culturel, et les mouvements les plus nationalistes ont déjà laissé entendre qu'il s'agissait d'une étape menant à terme vers l'indépendance.

Pour chacun de ces mouvements nationalistes, le problème de la langue est fondamental et ils considèrent que celle-ci a été presque totalement étouffée par le développement du castillan, la langue de l'État, celle qui est parlée par la majorité de la population espagnole. Si le catalan et le galicien (assez proche du portugais) présentent de sensibles différences par rapport au castillan, ce sont cependant toutes trois des langues romanes, dérivées du latin comme le sont le portugais, le français et l'italien. En revanche, le basque est une langue totalement différente, unique en Europe, et dont les origines sont obscures, à moins de la considérer comme la seule qui soit vraiment autochtone et qui n'ait pas disparu devant l'extension du latin.

L'émergence des nationalismes catalan, galicien et basque est un phénomène relativement récent. Durant des siècles, un grand nombre de Basques et de Catalans ont participé à l'extension de l'appareil d'État espagnol majoritairement castillan. D'abord lors de la reconquête – la *Reconquista* – des territoires (VIIIe-XVe siècle) qui au Moyen Âge avaient été envahis par les arabes, puis à l'époque de l'exploitation de l'empire espagnol d'Amérique (à partir du XVIe siècle) et au moment de la diffusion de son influence en Méditerranée. Aussi le castillan s'est-il propagé comme la langue dominante, celle des gens instruits. Il en résulta qu'au Pays basque, en Galice comme en Catalogne, le basque, le galicien et le catalan restèrent surtout parlés à la campagne et dans les milieux populaires. C'est à la fin du XIXe siècle que la bourgeoisie industrieuse de Barcelone (foyer économique et culturel de première importance) se mit à considérer le catalan comme une langue de culture et à envisager le destin de la Catalogne comme se dissociant progressivement de celui de l'Espagne. Non seulement celle-ci avait été affaiblie par la perte de ses colonies d'Amérique, mais elle paraissait surtout incapable de surmonter des mouvements plus ou moins réactionnaires attisés par l'Église en Espagne.

Si le nationalisme catalan a été le fait d'une bourgeoisie progressiste puis de syndicats ouvriers, en revanche le nationalisme basque a été le fait d'un parti conservateur, sinon réactionnaire, soutenu par l'Église qui s'inquiétait des idées de gauche propagées par les ouvriers castillans venus travailler dans les industries métallurgiques du Pays basque. Dans les premières décennies du XXe siècle, l'Espagne a connu de notables changements politiques, une montée des partis de gauche anticléricaux, notamment d'un fort mouvement anarchiste, et le développement des revendications en Catalogne. Cette conjonction aboutit à la chute, en 1930, d'une monarchie affaiblie et à la proclamation de la république. Celle-ci accorda en 1936 l'autonomie à la Catalogne, mais aussi au Pays basque, bien que la gauche y soit minoritaire. Les forces de droite jugèrent que de telles autonomies conduisaient au démantèlement de la nation, d'où l'appellation de « nationalistes » que prirent les mouvements par ailleurs hostiles aux réformes sociales et anticléricales entreprises par les « républicains ». Ces derniers étant affaiblis par de profondes divisions (entre socialistes, communistes et anarchistes), la guerre civile, qui fit rage de 1936 à 1939, se termina par la victoire militaire des nationalistes sous le commandement du général Franco, soutenu par Hitler et Mussolini.

L'épanouissement démocratique

La dictature nationaliste du général Franco (né en Galice) s'est lourdement exercée à l'encontre des mouvements favorables à l'autonomie de la Catalogne parce qu'ils étaient de gauche, mais aussi à l'encontre de l'expression de l'identité basque, bien que celle-ci fût soutenue par un parti de droite et par l'Église locale. Les premiers attentats de l'ETA (*Euskadi ta Askatasuna*, Pays basque et Liberté)contre les dignitaires du franquisme donnèrent alors au nationalisme basque une image d'extrême gauche. Franco mourut en 1975. La droite espagnole et surtout les partisans du prince Juan Carlos eurent l'habileté d'associer le rétablissement de la royauté au projet d'une constitution démocratique qui, en proposant la reconnaissance d'une « autonomie » pour toutes les provinces espagnoles – ce qui maintenait de fait l'unité de la nation –, donnait satisfaction à la gauche, et particulièrement aux Catalans et aux Basques. Du coup, l'opinion dans son ensemble fut favorable au nouveau roi dont le comportement s'est avéré plus positif encore qu'on l'avait espéré. Celui-ci s'opposa spectaculairement, en novembre 1978, à une tentative de coup d'État militaire en réponse aux attentats de l'ETA. Depuis, les élections se sont succédé, donnant alternativement le pouvoir à la droite et à la gauche.

***1.** Avec une aire linguistique de plus de 500 millions de personnes (330 millions d'hispanophones et 180 millions de lusophones), l'Espagne et le Portugal exercent une influence réelle en Afrique et dans les Amériques.*

***2.** Intégrée comme le Portugal dans l'UE depuis 1986, l'Espagne est une des portes d'entrée en Europe de l'immigration clandestine en provenance du Maghreb, de l'Afrique subsaharienne, mais aussi d'Amérique latine.*

***3.** Depuis la fin du franquisme en 1975, l'Espagne a mis en œuvre une politique résolue de décentralisation et d'autonomie des provinces, même si demeurent non complétement réglés aujourd'hui les problèmes basque et, dans une moindre mesure, catalan.*

LA PÉNINSULE IBÉRIQUE, L'AMÉRIQUE ET L'EUROPE

1. LES BASSINS LANGAGIERS

2. L'ENTRÉE DANS L'EUROPE (1986)

3. LES 16 COMMUNAUTÉS AUTONOMES

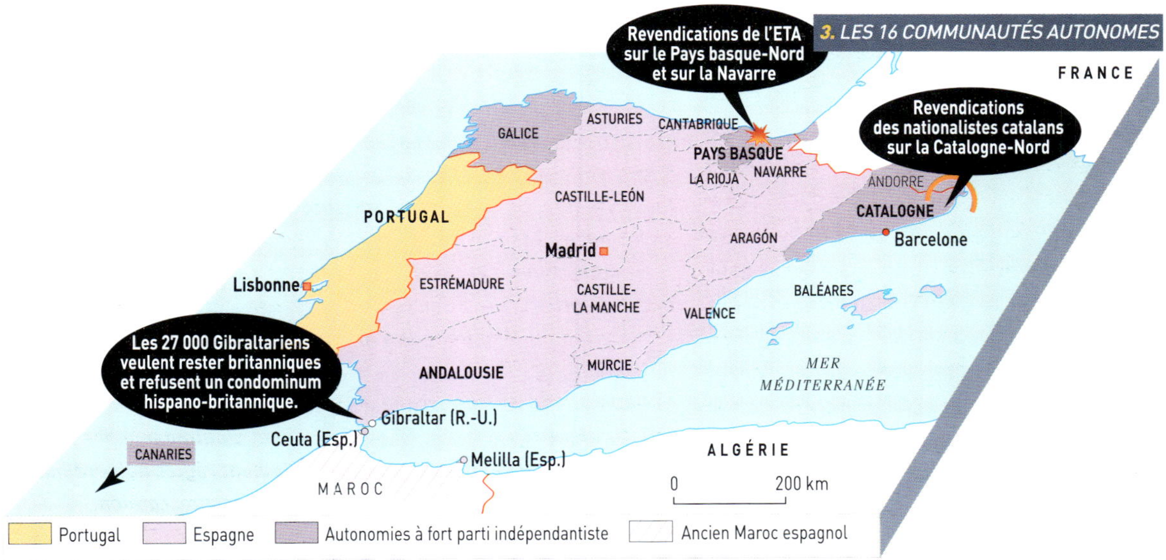

Les nouveaux problèmes géopolitiques

L'Espagne, qui a subi tant de périodes réactionnaires après sa victoire contre l'invasion napoléonienne (1808), connaît enfin une évolution démocratique comparable à celle des autres pays d'Europe occidentale. Mais, alors que l'on croyait les problèmes posés par les particularismes du Pays basque et de la Catalogne en bonne voie de solution, l'ETA a multiplié ses attentats, en leur conférant une dimension de plus en plus terroriste. Alors que le Pays basque bénéficie déjà d'une très grande autonomie, avec ses finances, sa police et son système d'enseignement, l'ETA prétend imposer la ségrégation ou le départ de tous ceux qui n'écrivent pas le basque, soit la moitié de la population. Les mouvements nationalistes basques et catalans récusent la Constitution de 1978 et revendiquent l'indépendance tout en se réclamant de l'Union européenne. Cela risque de faire renaître ou d'accentuer des tensions géopolitiques dans nombre de pays qui ont récemment adhéré à l'UE, tels que les pays Baltes, la Pologne, la Hongrie, etc., qui comptent nombre de minorités religieuses ou linguistiques contestant les actuelles frontières. Les nationalistes basques revendiquent, pour leur part, la Navarre, sous prétexte qu'autrefois son peuplement fut basque pour une large part, mais les actuels habitants de Navarre refusent majoritairement d'être « basquisés ». D'ores et déjà, les nationalistes basques revendiquent les provinces basques qui se trouvent en France au nord de la frontière, l'ETA y restant toutefois plus discret tant qu'il y trouve des bases de repli. Les nationalistes catalans rappellent que le Roussillon au nord de la frontière est catalan et veulent la formation d'une grande Catalogne avec les autres « autonomies » de langue catalane, celle de Valence et celle des Baléares. Or celles-ci ne veulent pas être dominées par Barcelone. D'une façon générale, les nationalistes catalans tempèrent leurs revendications pour ne pas être entraînés dans une aventure terroriste comme celle de l'ETA. En 2005, le gouvernement socialiste de M. Zapatero appuie un projet de nouveau statut d'autonomie pour la Catalogne, accroissant les compétences et l'autonomie financière de cette région. L'opposition conservatrice voit dans cette démarche une véritable remise en cause de la Constitution et de l'unité du pays.

L'ESPAGNE ET L'AMÉRIQUE LATINE

L'HISTOIRE et la langue continuent de lier l'ancienne métropole au continent latino-américain. Le thème de l'« hispanité », abandonné depuis la fin du franquisme auquel il était idéologiquement lié, a été repris au cours des années 1990. D'autant que l'Espagne n'a pas manqué d'appuyer en plusieurs occasions ses anciennes colonies contre les Anglo-Américains : Cuba, l'Argentine (lors de la guerre des Malouines de 1982), Grenade (1983) puis Panamá (1989), en condamnant les interventions britannique ou américaine. Cela explique, en partie, la persistance dans l'opinion espagnole d'un sentiment réservé par rapport aux États-Unis, ce qu'avait voulu ignorer, à ses dépens, le gouvernement Aznar (favorable à l'intervention américaine en Irak) en 2003-2004. Les différentes régions espagnoles entretiennent par ailleurs des liens économiques avec plusieurs pays d'Amérique du Sud. Alors que les investissements directs (IDE) de l'Union européenne dans cette zone passaient de 2,4 milliards de dollars en 1990 à 40,5 milliards dix ans plus tard (contre 20 milliards pour les États-Unis), l'Espagne occupait la première place dans ces flux financiers (26 milliards). Ainsi, de grands groupes espagnols (notamment dans la téléphonie), mais aussi des PME marquent, sur le plan économique, la permanence de la présence ibérique en Amérique latine. ■

L'Atlantique et la Méditerranée

Ce ne sont pas là les seuls problèmes géopolitiques qui s'aggravent en Espagne. Certes, le développement des relations avec les pays hispaniques d'Amérique donne à la langue espagnole un grand poids dans les relations internationales, mais c'est aussi l'occasion pour les réseaux des narcotrafiquants de Colombie et d'autres pays d'Amérique latine de développer leurs têtes de pont en Europe, via la Galice et le Pays basque.

Par ailleurs, l'Espagne, depuis l'époque de Franco, s'était flattée d'entretenir les meilleures relations avec les pays arabes, et notamment avec le Maroc (Franco avait d'ailleurs mené la guerre civile en recrutant de nombreux mercenaires marocains). Les princes d'Arabie saoudite ont acheté de grandes propriétés sur la côte andalouse et financent les mouvements culturels qui évoquent ce « paradis » musulman qu'aurait été l'Andalousie avant la reconquête chrétienne. L'étroitesse du détroit de Gibraltar a fait de l'Espagne la porte d'accès à l'Union européenne pour le trafic du cannabis marocain et des immigrés clandestins. Les attentats islamistes du 11 mars 2004 à Madrid (qui furent d'abord imputés à l'ETA) ont amené les Espagnols à se rendre compte que, parmi les nombreux Marocains installés en Espagne, s'étaient infiltrés depuis des années des activistes liés aux réseaux d'al-Qaida.

Par ailleurs, sur la côte marocaine, deux anciennes possessions espagnoles, Ceuta et Melilla, doivent repousser les tentatives, souvent désespérées, d'émigrants d'Afrique de l'Ouest cherchant à entrer par tous les moyens dans l'Union européenne. L'Espagne se retrouve ainsi en première ligne face à l'immense problème de l'immigration du sud vers le nord.

Longtemps un pays d'émigration, l'Espagne est devenue depuis peu un pays d'immigration, avec plus de quatre millions d'immigrés venus du Maroc, de Roumanie (la langue roumaine est aussi une langue romane, comme le catalan, le castillan, l'italien et le français) et d'Amérique latine, les Latino-Américains étant encore considérés comme les descendants d'émigrés espagnols. Mais, parmi eux, l'arrivée de nombreux Colombiens a transformé l'Espagne en une plaque tournante de l'importation clandestine de la cocaïne en Europe. À la différence de l'Italie, l'Espagne ne connaissait guère encore le phénomène des mafias ; mais certains groupes mafieux italiens, affiliés aux cartels de la drogue sud-américains, commencent à apparaître.

L'AMÉRIQUE LATINE : LE RÊVE IMPOSSIBLE DE L'UNITÉ

L'expression « Amérique latine » a été consacrée quand il fut clair que le destin des États-Unis était tout à fait différent de celui des pays de l'Amérique du Sud. On aurait pu opposer Amérique du Nord et Amérique du Sud, mais le Mexique est géologiquement nord-américain, alors que ses caractéristiques économiques, sociales et politiques ressemblent à celles des pays américains situés plus au sud. D'où l'intérêt de l'expression Amérique latine, qui désigne un ensemble culturel formant intersection avec l'ensemble géologique Amérique du Nord (dont la limite avec l'Amérique centrale est marquée par l'isthme de Tehuantepec). Les ensembles géologiques Amérique du Nord et Amérique du Sud sont chacun bordés à l'ouest par de longs ensembles montagneux (les Andes en étant le plus long et le plus spectaculaire) qui résultent de la zone de subduction où les plaques océaniques du Pacifique s'enfoncent sous les deux plaques américaines. Celles-ci sont séparées l'une de l'autre par l'ensemble tectonique très complexe que forment les chaînes de l'Amérique centrale et les mers Caraïbes, bref par l'ensemble que l'on appelle depuis Humboldt et Élisée Reclus la « Méditerranée américaine ».

Le grand ensemble de l'Amérique latine offre, par ailleurs, un contraste géopolitique entre le très vaste État qu'est le Brésil, de langue portugaise, et les nombreux États hispaniques, grands et petits, où le castillan est la langue d'une grande partie de la population, celle qui ne parle pas des langues amérindiennes.

Dans l'ensemble de l'Europe et dans la plus grande partie de l'Asie, chaque nation a aujourd'hui sa propre langue et l'extension géographique de cette dernière a été souvent considérée comme le corollaire du territoire national. Mais il n'en est pas de même dans deux vastes parties du monde : d'une part, dans ce que l'on appelle le monde arabe, soit vingt-deux États où l'arabe est parlé par l'essentiel de la population (sinon par la totalité), et, d'autre part, dans une grande partie de l'Amérique latine où l'espagnol (le castillan) constitue la langue très dominante des habitants de dix-neuf États.

Si dans le monde arabe, il n'est pas encore véritablement admis qu'il s'agisse en vérité d'une vingtaine de nations différentes (certains caressent encore l'idée de leur regroupement dans une seule et même grande nation arabe), en revanche, en Amérique latine, il s'agit indubitablement de dix-neuf États-nations, très différents les uns des autres, bien que chacun d'eux n'ait pas une langue nationale spécifique. Alors qu'en Europe, où désormais se multiplient les relations d'affaires et les échanges touristiques, c'est par l'extension de langues différentes que se marque de la façon la plus évidente la diversité des nations (exception faite de l'Allemagne et de l'Autriche). En revanche, cette différenciation n'existe pas en Amérique entre les pays de langue hispanique.

Cet ensemble linguistique de 14 millions de kilomètres carrés, où vivent 330 millions d'habitants, offre cependant de multiples nuances et, lorsque des hispanophones de divers pays du continent américain ont l'occasion de se rencontrer, c'est d'après leurs divers accents et des locutions particulières qu'ils repèrent facilement leurs nationalités différentes. Certains linguistes distinguent jusqu'à seize aires dialectales différentes, mais celles-ci constituent des subdivisions des quatre ou cinq grands ensembles existant à la fin du XIXe siècle : 1° l'espagnol mexicain, qui se prolonge aux États-Unis et sur la majeure partie de l'Amérique centrale ; 2° l'espagnol caraïbe (criollo), qui s'étend sur le Venezuela, la

LES PRINCIPAUX ÉTATS D'AMÉRIQUE HISPANIQUE

ARGENTINE
Superficie : 2 780 000 km²
Population : 36 millions d'habitants

COLOMBIE
Superficie : 1 140 000 km²
Population : 42,8 millions d'habitants

MEXIQUE
Superficie : 1 970 000 km²
Population : 100,4 millions d'habitants

BOLIVIE
Superficie : 1 100 000 km²
Population : 8,5 millions d'habitants

CUBA
Superficie : 111 000 km²
Population : 11,2 millions d'habitants

PÉROU
Superficie : 1 285 000 km²
Population : 26,1 millions d'habitants

CHILI
Superficie : 757 000 km²
Population : 15,4 millions d'habitants

ÉQUATEUR
Superficie : 270 670 km²
Population : 12,9 millions d'habitants

VENEZUELA
Superficie : 912 000 km²
Population : 24,6 millions d'habitants

Colombie, Cuba, la République dominicaine, Porto Rico, Panamá et les côtes est de l'isthme américain ; 3° l'espagnol du Pacifique, pratiqué dans le sud de la Colombie, en Équateur, au Pérou, en Bolivie, l'espagnol chilien constituant une variante assez caractéristique ; 4° l'espagnol argentin (et urugayen), qui est très différent des autres, surtout celui de Buenos Aires, le porteño, fortement influencé par le parler des nombreux immigrants italiens.

I. L'Amérique hispanique

Le premier problème géopolitique qu'il faut se poser à propos de ces nations hispaniques de l'Amérique latine concerne leur grand nombre, surtout si l'on fait la comparaison avec l'unité que forme le Brésil sur quelque huit millions de kilomètres carrés.

La dislocation de l'Empire espagnol

Une telle comparaison s'impose à cause de la proximité géographique, mais surtout en raison des données communes de la géohistoire. On sait, bien sûr, que le Brésil comme les États-nations hispaniques d'Amérique sont les héritiers de deux grands empires coloniaux fondés à la même époque, au XVIe siècle, par des conquérants de religion commune et de langues latines relativement voisines, venus de deux États, le Portugal et la Castille, entre lesquels les relations étaient plus ou moins étroites. Dans ces deux empires coloniaux d'Amérique (le Brésil n'était d'ailleurs qu'une partie de l'Empire portugais), les formes d'exploitation et de domination des populations autochtones ou déportées d'Afrique (pour pallier l'effondrement démographique des Indiens) ont été relativement semblables, encore que différenciées selon les milieux naturels, qu'il s'agisse des mines de métaux précieux, des domaines latifundiaires, des plantations de canne à sucre près des côtes, etc.

Ces deux empires coloniaux ont duré trois siècles, sous le contrôle tatillon de fonctionnaires et de militaires venus d'Espagne et du Portugal, qui rivalisaient avec une oligarchie de riches propriétaires créoles (Blancs nés en Amérique). Ce sont ces notables de la société coloniale qui ont rompu l'allégeance à leur métropole et à leur monarchie respective et ce, à peu près à la même époque, c'est-à-dire au début du XIXe siècle, en profitant des contrecoups des guerres européennes. Là s'arrêtent – si l'on peut dire – les ressemblances de ces deux empires.

Si leurs caractéristiques économiques et sociales vont rester longtemps assez comparables, avec notamment la prépondérance du grand domaine dans l'ensemble de l'Amérique latine, en revanche leurs différences géopolitiques vont devenir brusquement spectaculaires. En quelques années, de 1810 à 1820, l'Empire espagnol se disloque en une quinzaine d'États indépendants qui rejettent l'Espagne (celle-ci, malgré ses efforts de reconquête, ne conserve alors que Cuba et Porto Rico), tandis que l'Empire portugais d'Amérique, qui s'est progressivement séparé du Portugal (1822), se maintient territorialement et s'étend même davantage, tout d'abord sous le nom d'Empire du Brésil (jusqu'en 1889), avant de devenir une république, à l'instar de tous les autres États du continent américain.

Pour expliquer une telle dislocation, il faut tenir compte du fait qu'en Amérique les territoires sous l'autorité du roi d'Espagne s'allongeaient du nord au sud en bordure du Pacifique sur près de 14 000 kilomètres, de la Californie à la Terre de Feu (soit trois fois plus que la longueur des côtes brésiliennes). À l'est de barrières montagneuses pratiquement continues, les territoires hispaniques s'ouvraient sur le golfe du Mexique et la mer des Antilles (ou Caraïbe) et sur l'Atlantique sud par le grand estuaire du Río de la Plata. L'Empire portugais était beaucoup plus compact et les villes de la côte, facilement reliées entre elles par navires, contrôlaient l'arrière-pays. L'Empire espagnol était ainsi formé de diverses parties plus ou moins éloignées les unes des autres et qui, malgré la possibilité des liaisons maritimes, n'avaient guère de rapports entre elles, à l'exception du Pérou et de la Nouvelle-Grenade (de grands convois de mulets reliaient Lima au port de Carthagène, sur le golfe du Mexique). L'essentiel des relations de la Nouvelle-Espagne, de la Nouvelle-Grenade et de la Plata s'effectuait directement avec Séville, alors qu'entre elles il n'y avait pas beaucoup d'échanges directs.

Si l'empire n'existait que par l'obéissance de l'administration à la couronne, le roi déléguait une grande partie de ses pouvoirs à un vice-roi de la Nouvelle-Espagne (qui, à l'indépendance, deviendra le Mexique), à un vice-roi de la Nouvelle-Grenade (aujourd'hui Équateur, Colombie, Venezuela), à un vice-roi du Pérou et, enfin, à un vice-roi de la Plata (Argentine, Paraguay, Uruguay). Ceux-ci confièrent leur autorité à des juridictions territoriales, les *audiencias*, des « capitaineries » (comme celle du Guatemala) dépendant en fait directement de

L'HISTOIRE D'UNE EXPRESSION : « AMÉRIQUE LATINE »

Cette expression est doublement géopolitique : non seulement elle désigne par un adjectif culturel un des deux grands sous-ensembles (l'autre étant l'Amérique anglo-saxonne) du continent américain, mais l'on peut dire que son origine même est géopolitique. Ce sont en effet des géographes français qui l'ont proposée au milieu du XIXe siècle, alors que se déroulait aux États-Unis la guerre de Sécession de 1861 à 1865. En effet, depuis la fameuse déclaration Monroe de 1823, les États-Unis avaient informé les puissances européennes qu'ils ne toléreraient pas que celles-ci cherchent à intervenir en Amérique: l'Espagne avait en effet fait appel à elles dans le cadre de la Sainte-Alliance pour tenter de reconquérir ses colonies américaines qui s'étaient révoltées durant les guerres napoléoniennes. En 1861, la guerre de Sécession empêchant les États-Unis de s'opposer à une quelconque intervention européenne, une opportunité s'ouvrait au Mexique : ce pays sortait d'une grave guerre civile (1858-1861) entre « conservateurs » et « libéraux », et ces derniers, victorieux, ne voulaient pas rembourser les dettes que leurs adversaires avaient contractées auprès des banques anglaises, françaises et espagnoles. Ces trois puissances avaient donc envoyé des troupes pour appuyer leurs réclamations. Le gouvernement mexicain ayant décidé de payer, Anglais et Espagnols réembarquèrent, mais l'empereur Napoléon III se lança dans une grande aventure géopolitique, peut-on dire, en décidant de profiter de la situation pour prendre pied au Mexique. Récusant la république de ce pays, il lui substitua un empereur en la personne d'un prince autrichien, Maximilien (ce qui était une façon de nouer de bons rapports avec l'Autriche contre la Prusse).

L'idée d'Amérique latine évoquait ainsi la possibilité de liens géopolitiques nouveaux à fondements culturels entre des États hispaniques et lusophones d'Amérique et des États de langue latine d'Europe – c'est-à-dire à l'époque, principalement la France. Les Français s'engagèrent dans « l'expédition du Mexique » en 1862, soit un an à peine après le début de la guerre de Sécession. Mais, dès 1865, les États-Unis, ayant réglé leur conflit intérieur, apportèrent leur soutien aux républicains de l'État voisin et le corps expéditionnaire français dut repartir en 1867 (devant la montée des tensions en Europe) et abandonner Maximilien, fusillé peu après par ses adversaires. ■

LES INDÉPENDANCES SUD-AMÉRICAINES

Après l'échec du rêve de Simón Bolívar (mort en 1830) d'une unité de l'Amérique du Sud, ou tout au moins de l'unité de l'ancien Empire espagnol, l'Amérique latine s'est morcelée en de très nombreux États aux structures politiques fragiles. Cela a longtemps provoqué une instabilité politique chronique, l'instauration de dictatures et la succession de coups d'État militaires. Les guerres se sont multipliées entre voisins (notamment en Amérique centrale), ce qui a entraîné de fréquents changements de frontières, au profit des États les plus solides (Chili, Pérou et, surtout, Brésil). La Grande-Bretagne a profité de cette situation pour imposer sa domination économique en Argentine, au Chili et en Uruguay. Les États-Unis, après leur intervention dans la guerre de Cuba (1898), feront peu à peu de la Méditerranée américaine, puis de l'ensemble du continent, ce que les diplomates américains appellent leur « arrière-cour » (backyard). Depuis 1999, le président vénézuélien Hugo Chávez tente de relancer le projet d'une unité latino-américaine progressiste contre Washington.

Madrid. Dans chacune de ces entités administratives, les créoles se constituèrent en oligarchies locales, sans grand rapport les unes avec les autres. En géopolitique, y compris pour comprendre le présent, il ne faut pas négliger les anciens découpages territoriaux qui délimitaient des pouvoirs administratifs.

En effet, c'est dans une grande mesure en fonction de cet ancien découpage colonial que s'opérera, au début du XIXe siècle, la dislocation de l'empire. Déjà, au XVIIIe siècle, les efforts de centralisation, d'inspiration française, menés, comme en Espagne, par la nouvelle dynastie espagnole des Bourbons avaient provoqué dans chacune des vice-royautés l'opposition des oligarchies créoles. Ces dernières voulaient notamment pouvoir commercer avec l'Angleterre sans avoir à passer par l'entremise fort onéreuse de l'Espagne. L'invasion napoléonienne leur donna l'occasion de se proclamer indépendantes et républicaines, dans le cadre de nouveaux États.

Les oligarchies créoles hispaniques s'inspirèrent évidemment de la création des États-Unis, un quart de siècle auparavant, mais, à la différence des treize colonies anglaises – qui, après leur indépendance, surent former le long de 2 000 kilomètres de rivages une union stable –, tout d'abord, les ex-colonies espagnoles n'y parvinrent pas ou ne s'en soucièrent guère. Il est vrai que les deux principales – le Mexique et le Pérou étaient à cinq mille kilomètres l'une de l'autre, mais des tentatives d'union ou de fédération échouèrent rapidement entre des colonies pourtant voisines. Le fait que l'isthme centre-américain soit traversé par plusieurs routes de l'Atlantique au Pacifique avait favorisé le développement et la rivalité de plusieurs oligarchies, qui, manipulées par l'Angleterre, refusèrent de s'entendre.

L'idée de la nation et le rôle des oligarchies, puis des classes moyennes

Ce sont donc les oligarchies créoles, très en contact malgré la distance avec les différents courants d'idées européens, qui, au XIXe siècle, formèrent – si l'on peut dire – le noyau politique de chacune des nations hispaniques. Et ce sont pour la plupart des penseurs militants (et, pour beaucoup, francs-maçons) issus de ces oligarchies, souvent engagés par leur rôle politique dans l'action militaire, qui lancèrent de grandes invocations romantiques à la nation. Dans chaque pays, ils s'adressèrent surtout à la classe sociale dont ils étaient membres, mais ils cherchèrent aussi à entraîner les petites gens des villes et indirectement, par l'entremise du clergé et des grands propriétaires, la masse des ruraux, c'est-à-dire des Indiens. Or ceux-ci n'ont rien gagné – bien au contraire – à la disparition du pouvoir royal. En effet, une grande partie d'entre eux vivaient jusqu'alors sur les terres de la couronne où ils ne payaient guère d'impôt, mais, après l'indépendance, celles-ci furent pour une bonne part accaparées par les notables les plus influents, et notamment par des généraux sortis victorieux des guerres d'indépendance ou des conflits entre des États voisins. À cela s'ajoutèrent les révoltes sociales ou séparatistes plus ou moins suscitées par les rivalités au sein d'un même pays entre les villes principales, chacune correspondant à la mouvance d'un groupe oligarchique.

Il serait sans doute abusif de prétendre que ces multiples guerres (y compris les guerres civiles) dans lesquelles furent impliqués au XIXe siècle la plupart des États hispaniques d'Amérique ont eu pour fonction d'y mobiliser la population autour du thème de la nation, qu'il fallait défendre contre les menaces de ses ennemis de l'extérieur ou de l'intérieur. Toujours est-il que ces guerres et ces révolutions ont eu pour conséquence de donner une grande importance politique aux armées et de fonder sur l'héroïsme l'image, l'idée même de la nation. Tout cela existe en Europe et dans d'autres parties du monde, à ceci près que, en Amérique hispanique, les adversaires qui se diabolisent les uns les autres parlent la même langue et ont la même culture. Certes, la plupart des simples soldats recrutés de gré ou de force s'expriment plutôt dans diverses langues indiennes. Les officiers, eux, pratiquent l'espagnol. Ils viennent de

LES INDIENS D'AMÉRIQUE LATINE

Au nombre de 20 millions environ, les Indiens d'Amérique latine, appartenant majoritairement (15 millions) au groupe quechua, dans les Andes, figurent parmi les plus défavorisés des populations latino-américaines. Depuis une quinzaine d'années, cependant, leur situation s'améliore peu à peu, notamment au Mexique. La langue guarani a été reconnue comme deuxième langue officielle au Paraguay. En Équateur, au Pérou et en Bolivie (où l'Indien socialiste Evo Morales a été élu à la présidence du pays en 2005), les Indiens s'investissent de plus en plus dans la vie politique.

milieux plus ou moins proches de l'oligarchie nationale, qui a été la première et la principale inspiratrice des représentations de la nation, sur des modes d'ailleurs très européens.

Au Mexique, la première grande révolution socialiste au XXe siècle

Sous le nom de « Nouvelle Espagne », le Mexique formait la plus grande partie de l'empire espagnol d'Amérique. Il se révolta contre la Couronne d'Espagne lorsque celle-ci tomba sous la coupe de Napoléon. Mais contrairement aux autres républiques hispaniques, la guerre d'indépendance y fut plus longue, les armées du roi d'Espagne (soutenues par le haut clergé mexicain) y accédant plus facilement qu'au Pérou ou au Chili. Les États-Unis, qui cherchaient à s'étendre vers le sud, en profitèrent pour attiser les divisions entre généraux mexicains. En 1845, les grands éleveurs venus du Nord provoquèrent la sécession du Texas qui fut rapidement intégré aux États-Unis, suivi quelques années après par le Nouveau-Mexique et la Californie. En quatre ans, le Mexique perdit la moitié de sa superficie. Ces manifestations de l'impérialisme *yankee* sont à l'origine des sentiments d'hostilité populaire à l'encontre des « gringos » (les Américains du Nord) qui perdurent actuellement non seulement au Mexique, mais aussi dans la plupart des pays d'Amérique latine.

À l'origine de la lutte, Benito Juárez

Benito Juárez, petit berger indien (zapotèque) était devenu président de la République du Mexique en luttant contre des forces soi-disant modernistes qui prétendaient « mettre en circulation » et mettre en vente les terres collectives, les *hejidos*, que les communautés indiennes avaient obtenues de la Couronne espagnole au titre de privilège. Les grands propriétaires fonciers et l'Église s'étaient déjà emparés de vastes étendues de terres cultivables. Défendant les droits des Indiens, Juárez promulgua en 1859 la nationalisation des biens du clergé, la séparation de l'Église et de l'État, la fermeture des couvents – ce qui provoqua d'importants remous dans cette société très catholique.

Dans ce contexte déjà très tendu fut lancée l'expédition française de Napoléon III, l'empereur des Français, visant à installer un empereur d'origine autrichienne avec le soutien de l'Église mexicaine et d'un certain nombre de notables. Benito Juárez dirigea la lutte contre cette armée étrangère soutenue par des privilégiés et a ainsi jeté les bases d'un patriotisme mexicain populaire. Il dirigera le Mexique jusqu'à sa mort, en 1872. De 1876 à 1911, Porfirio Díaz lui succédera (il sera « réélu » huit fois de suite comme président) et poursuivra la modernisation économique du pays grâce à la construction de chemins de fer. Il reprendra également les visées des capitalistes (notamment *yankees*) sur les terres collectives et afin de développer des plantations, il mettra en vente de nombreux *hejidos*, privant ainsi les Indiens de leurs terres. La production pétrolière commença.

En 1911, Francisco Madero lance une grande révolte anti-féodale et anti-impérialiste face aux nombreuses interventions armées des *Yankees*. C'est le début de la grande révolution mexicaine. Au nord, les cavaliers *gaucho* de Pancho Villa ; au sud, le mouvement révolutionnaire paysan d'Emiliano Zapata. Mais cette révolution n'échappera pas aux rivalités de clans et de personnes. Madero est assassiné en 1913.

En 1915, les terres des *hejidos* comme celles des grandes *haciendas* sont restituées aux communautés indiennes. Les syndicats ouvriers (notamment ceux du pétrole) s'engagent dans la révolution. Cette guerre civile terrible et confuse fit plus d'un million de morts sur une population totale de 15 millions d'habitants – le Mexique en compte plus de 100 millions de nos jours, dont 20 dans l'agglomération de Mexico, qui serait la plus grande du monde.

Cette révolution se référait non seulement aux idées socialistes, mais aussi aux valeurs des cultures amérindiennes, anéanties par la conquête espagnole et les terribles épidémies qui la suivirent. Les mesures prises pour développer l'éducation ainsi que pour réduire les importants pouvoirs de l'Église qui ne cessait d'intriguer, provoquèrent dans les années 1920 la révolte des *cristeros* contre la République. Un général Plutarco Elías Calles (1924-1928) autoproclamé « chef suprême » de la Révolution, institua un parti unique : le Parti révolutionnaire institutionnel (PRI), qui existe encore actuellement et continue de s'imposer dans la vie politique mexicaine.

En 1938, à la suite d'une grève des ouvriers du pétrole, le président en exercice, Lázaro Cárdenas (1934-1940), décida de nationaliser les compagnies pétrolières et de créer la Pemex (Pétroleos Mexicanos). Cette décision fut à l'origine de graves tensions avec les compagnies américaines et avec le gouvernement américain, qui serait sans doute intervenu militairement si la Seconde Guerre mondiale n'avait pas éclaté.

À la fin de la guerre, et malgré les tensions passées, le Mexique développa des rapports de plus en plus étroits avec les États-Unis ; les Mexicains constituent d'ailleurs la plus grande partie des quelque 20 millions de *latinos* immigrés dans le grand voisin du Nord, particulièrement dans les États qui faisaient autrefois partie du Mexique. Les *latinos* forment plus de 20 % de la population de l'Arizona, du Nouveau-Mexique, du Texas et de la Californie.

Depuis 1994, le Mexique fait partie de l'ALENA, la zone de libre-échange établie avec les États-Unis et le Canada, ce qui permet à des entreprises du nord de développer leurs usines au sud de la frontière et d'y faire travailler de la main-d'œuvre mexicaine.

LA LUTTE CONTRE LES CARTELS

Le Mexique se trouve actuellement dans une grave crise politique, les trafiquants de cocaïne s'étant arrogé toujours plus de pouvoirs. Acheminée clandestinement depuis la Colombie par la mer, cette drogue est ensuite introduite aux États-Unis par des réseaux qui, moyennant finance, en profitent également pour faire passer des travailleurs clandestins, malgré l'édification de barrières (électriques) à la frontière. Ce trafic de cocaïne vers les États-Unis durant depuis plusieurs décennies, les trafiquants ont maintenant établi et conforté des complicités avec la police et les notables politiques dans de nombreux États mexicains (le Mexique disposant d'une structure fédérale).

Depuis 2000, le PRI a dû laisser le pouvoir à un parti de droite, le PAN, Parti d'action nationale. Pour répondre aux accusations de collusion avec les cartels de la drogue, celui-ci accuse le PRI d'en avoir fait de même. En 2009, face à la violence et à la flambée des exactions, Felipe Calderón, le président mexicain, a fait appel aux forces spéciales de l'armée pour combattre les « narcos », lourdement armés. Ces combats auraient fait plus de 10 000 morts depuis 2007. Ce trafic étant principalement destiné au marché américain, Calderón a également demandé l'aide de Barack Obama, qui lui a apporté tout son soutien dans ce combat engagé contre les cartels.

Paradoxalement, en dépit de l'hostilité traditionnelle des Mexicains à l'encontre des *gringos*, le Mexique est le pays d'Amérique latine où après 1962, les contrecoups de la Révolution cubaine se sont le moins manifestés, tandis que l'on a vu apparaître divers mouvements de guérilla dans la plupart des pays d'Amérique centrale et d'Amérique du Sud. Un élément primordial ne doit pas être oublié : au Mexique, le discours sur la Révolution était l'apanage du parti installé au pouvoir depuis cinquante ans. Le même parti qui, le 2 octobre 1968, réprima violemment, à Mexico, sur la célèbre place des Trois Cultures, dix jours avant l'ouverture des jeux Olympiques, un grand rassemblement protestataire d'étudiants mexicains (comme ceux existant en Californie contre la guerre du Vietnam), qui fut alors mitraillé et massacré par les forces de police. Forts occupés par ces Jeux (où des champions Noirs américains brandiront leur poing vers le ciel lors de l'exécution de leur hymne national), les médias internationaux étouffèrent cette sanglante affaire.

Les nations de l'Amérique latine pendant et après la guerre froide

Après la Seconde Guerre mondiale, la diffusion des idées marxistes imputant à l'impérialisme des États-Unis le sous-développement des pays de l'Amérique latine a eu des effets contradictoires. D'une part, ces idées d'inspiration « castriste » ont incité à dépasser les problèmes de chacune des nations latino-américaines et à prôner leur unité continentale : l'Amérique latine était ainsi proclamée l'un des « trois continents » du « tiers-monde » (les deux autres étant l'Afrique et l'Asie). D'autre part, cette vision « tricontinentale », qui pouvait être interprétée comme la négation de la nation, favorisait à l'inverse les réactions ultranationalistes et anticommunistes. Elles furent évidemment soutenues par les États-Unis qui, surtout après le virage de la révolution cubaine vers le communisme en 1961, craignaient la diffusion des mouvements révolutionnaires en Amérique latine.

Si c'est surtout en Amérique centrale, au Nicaragua, au Salvador et au Guatemala, que les luttes armées entre mouvements révolutionnaires et contre-révolutionnaires ont été dans les années 1970 et 1980 les plus longues et les plus dures, c'est au Brésil, en Argentine et au Chili que les mouvements ultranationalistes et anticommunistes ont le plus marqué l'opinion, et notamment dans les classes moyennes. Les Américains apportèrent leur soutien à des coups d'État militaires (au Brésil en 1964, au Chili en 1973, en Argentine en 1976) qui instaurèrent chacun une longue période de dictature militaire.

Démocratie et diversité

Dans bien des pays hispaniques de l'Amérique latine aujourd'hui, le développement sensible de la démocratie comme les leçons que les milieux intellectuels tirent de l'histoire récente, à savoir les catastrophes auxquelles ont abouti les mouvements ultranationalistes, conduisent à envisager les sociétés d'une façon plus diverse. Notamment à prendre en compte le fait que pour une grande partie de la population, surtout celle des campagnes, ce n'est pas la langue espagnole, mais une langue indienne qui constitue la langue maternelle. Tout un courant d'idées semble désormais acquis à une conception bien plus multiculturelle de la nation.

Certes, au Mexique, dès les premiers temps de l'indépendance, la nation a été plus ou moins proclamée métisse et le choix même du nouveau nom de l'État est significatif d'une volonté de renouer avec une grande civilisation indienne. Mais il était en fait convenu que cette nation métisse devait parler espagnol. Aujourd'hui, au Mexique comme dans les pays andins, il est admis que les populations indiennes, dont on recense activement la diversité des langues, doivent être reconnues avec des droits particuliers sur leurs territoires. Cependant, la grande majorité des populations vivent aujourd'hui dans les villes où tout le monde parle espagnol. Il existe pourtant une nation qui s'affirme et qui est effectivement tout à la fois indienne et hispanique, c'est le Paraguay, qui, à cet égard, constitue une exception assez étonnante.

II. Les mouvements révolutionnaires en Amérique latine

À l'origine, Cuba

Le compagnon de Castro, Che Guevara, tenta en 1967 de créer un maquis en Bolivie. Il fut cependant rapidement éliminé, car les « bérets verts » (les forces spéciales américaines), suite à la révolution cubaine, faisaient la chasse à tout embryon de guérilla castriste.

Après son ralliement à l'URSS – la cause même de la violence de la « guerre froide » en Amérique latine –, Cuba fut soumise à un blocus par les États-Unis, mais n'a pas été directement attaquée. Lorsque l'URSS s'est disloquée, de nombreux Cubains anti-castristes installés en Floride ont lancé des appels pour que l'armée américaine renverse le régime communiste à Cuba. Mais les dirigeants américains estimèrent alors qu'une éventuelle opération relancerait des sentiments anti-impérialistes à leur encontre.

Soutenue financièrement par l'URSS pendant près de trente ans, Cuba connaît depuis sa disparition d'énormes difficultés économiques principalement à cause du blocus. Actuellement, l'État communiste cubain n'a jusqu'à présent pas engagé de réformes politiques et continue à être dirigé par Fidel Castro – bien qu'en 2008, il en ait chargé son frère. Si Barack Obama renouait avec Cuba sans exiger de changement de régime, ce serait une façon spectaculaire de montrer le changement d'attitude des États-Unis à l'égard de toute l'Amérique latine.

De la guérilla au cartel de drogue

Dans les régions andines, les guérillas communistes se sont transformées en réseaux de trafic de drogue. Comme au Pérou où la guérilla du « Sentier Lumineux » s'est maintenue de 1979 jusqu'aux années 1990, en contrôlant la production des feuilles de coca des paysans indiens et en la transformant en cocaïne.

Ou comme en Colombie où les FARC (Forces armées révolutionnaires de Colombie), guérilla maoïste, se sont lancés dans le trafic de drogue, imités ensuite par des paramilitaires d'extrême-droite, le tout contrôlé pour l'exportation vers les États-Unis et l'Europe par les grands « cartels » colombiens de la cocaïne.

Le retour de la démocratie

Au Brésil, au Chili et ailleurs, les militaires qui avaient pris le pouvoir par des coups d'États (avec l'aide de la CIA) l'ont progressivement abandonné sur les conseils de la diplomatie américaine dans le courant des années 1980. En Argentine, les généraux qui avaient lancé un mouvement ultranationaliste afin de reconquérir les îles Malouines, tenues par les Anglais depuis près de deux siècles, durent démissionner au plus vite en 1982 après leur défaite devant les forces britanniques lancées depuis l'Angleterre.

Le rétablissement de la démocratie en Amérique latine est illustré par l'élection au Brésil en 2002 de « Lula » (Luiz Inácio da Silva) à la présidence, un ancien ouvrier, syndicaliste, fondateur du Parti des travailleurs. Cet homme de gauche, qui ne manifestait pas d'hostilité à l'égard des États-Unis, entretient d'ailleurs des relations cordiales avec Barack Obama.

La « révolution bolivarienne » de Hugo Chávez

Le seul foyer actuel d'un discours anti-impérialiste se trouve au Venezuela. Il est mené par le colonel Hugo Chávez dont l'objectif est de rassembler le plus grand nombre de pays d'Amérique latine contre les États-Unis.

En 1992, ce jeune lieutenant-colonel de parachutistes tenta un putsch pour dénoncer le fait que les profits du pétrole (le Venezuela est le 7e producteur au niveau mondial, le 3e en tant que fournisseur des États-Unis) profitaient essentiellement à une richissime oligarchie alors qu'une grande partie de la population vivait dans la misère. Condamné à la prison,

LA POUDRIÈRE COLOMBIENNE

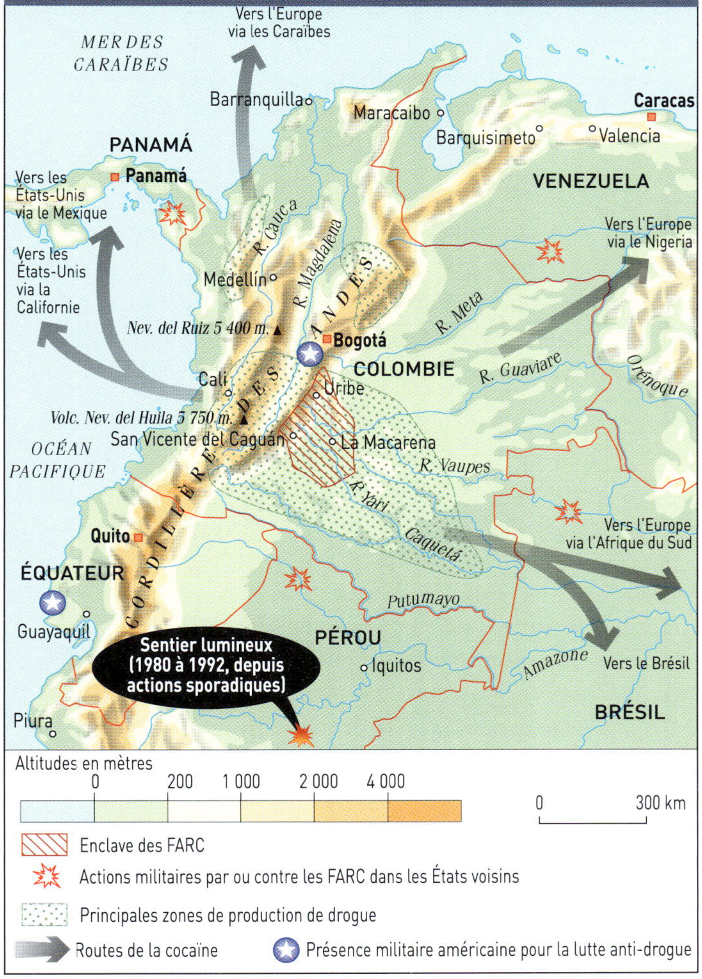

Pays le plus peuplé d'Amérique du Sud après le Brésil, la Colombie dispose d'une économie relativement prospère : pierres précieuses, pétrole, nickel, fleurs et, surtout, cocaïne, produite à partir de la culture traditionnelle des feuilles de coca qui viennent aussi du Pérou et de Bolivie. La Colombie est aussi le territoire où se combinent toutes les violences latino-américaines. Violences politiques entre deux grands partis qui remontent au XIXe siècle et qui se sont déchaînées entre 1947 et 1957, violences entre trafiquants de drogue, dont le pays est le principal exportateur clandestin. Ceci entraîne l'intervention des États-Unis (présence sur place de militaires américains, aide financière), qui tentent d'arrêter à la source les entrées de drogue sur leur territoire. Ces différentes formes de violence entrent ainsi en interaction : trafiquants de drogue, guérillas qui trafiquent à leur propre compte et contre-guérillas anticommunistes, les « paramilitaires », qui font de même. Les deux principaux mouvements de guérillas « révolutionnaires » sont les FARC (Forces armées révolutionnaires de Colombie) qui sont aussi spécialisées dans les lucratifs enlèvements d'otages et, à un moindre degré, l'ELN (Armée de libération nationale). En quatre décennies, les combats ont fait près de 25 000 victimes et provoqué le déplacement de plusieurs millions de personnes.

mais paré d'un grand prestige, il lança un mouvement révolutionnaire du nom du Libertador Simon Bolivar, ce Vénézuélien qui, au début du XIXe siècle, lutta (en vain) pour refaire l'unité des colonies espagnoles depuis peu indépendantes et qui s'opposaient stérilement les unes aux autres. Chávez fut élu président en 1999. Les cours du pétrole étant alors très bas, il chercha à obtenir davantage des compagnies américaines. Il alla ensuite trouver Saddam Hussein en Irak pour élaborer une stratégie commune au sein de l'Opep contre les États-Unis.

Après les attentats du 11 septembre 2001, il exprima publiquement le sentiment de détestation d'une grande partie de l'opinion latino-américaine à l'encontre de l'impérialisme américain. Trois mois plus tard, une grève générale éclatait contre la politique populiste de Chávez, non seulement dans les catégories privilégiées de la population, mais aussi dans celle représentant le puissant syndicat des ouvriers du pétrole qui n'entendaient pas abandonner les avantages obtenus des compagnies pétrolières. La remontée des cours du pétrole a permis à Chávez de distribuer de nombreux subsides à ses partisans issus des quartiers défavorisés. En revanche, ses opposants dénoncent sa démagogie et son peu de respect de la démocratie.

Dans le cadre d'une diplomatie du pétrole, il en fait livrer à bon marché à Cuba et au Nicaragua qui ont particulièrement subi les effets de l'Impérialisme. Chávez se présente comme le disciple de Fidel Castro et, sur les chaînes de télévision, comme le champion de la cause de l'unité bolivarienne de l'Amérique latine. Il entretient également des relations avec les FARC, cherche à lancer une alliance militaire avec la Bolivie, Cuba et le Nicaragua et à convaincre le président brésilien de l'intérêt de construire à partir du Venezuela un grand réseau d'oléoduc qui desservirait toute l'Amérique du Sud. Internationalement, Chávez cherche à nouer une série d'alliances avec la Russie, la Chine, l'Iran, en somme avec tous les États se trouvant plus ou moins en rivalité avec les États-Unis.

LE BRÉSIL :
UN NOUVEAU « GRAND » EN PUISSANCE

Avec 8,5 millions de km², le Brésil est le plus grand État d'Amérique latine, l'un des plus vastes du monde, relevant comme la Chine ou les États-Unis du deuxième ordre de grandeur. Il constitue une partie majeure de l'ensemble lusophone (de langue portugaise), et son évolution territoriale en termes de géohistoire présente l'originalité dans le cadre de l'Amérique latine d'avoir été l'inverse de celle de l'ensemble hispanique. Alors que l'empire espagnol d'Amérique s'est disloqué, au début du XIXe siècle, en s'opposant à la métropole, en une vingtaine d'États plus ou moins rivaux, le Brésil s'est séparé plus tard, progressivement et courtoisement, de Lisbonne, en maintenant son unité géopolitique et même en étendant encore son territoire.

Géographie et géohistoire

Les formes de son relief présentent une grande unité : un grand bouclier formé de vastes plateaux qui s'abaissent progressivement vers la cuvette amazonienne et qui dominent par des escarpements la partie de la côte atlantique orientée sud-ouest-nord-est. Les trois côtés de l'immense triangle brésilien se différencient les uns des autres d'abord par les conditions climatiques : le Nord, c'est-à-dire l'Amazonie, est soumis au climat équatorial ; la pointe nord-est est soumise au climat tropical à longue saison sèche, c'est le fameux Nordeste ; le Sud est de climat subtropical, car il n'y a pas de désert, bien que l'on soit sous le tropique (du Capricorne). La différenciation de l'ensemble brésilien qui résulte de ces sous-ensembles climatiques est renforcée par les effets de la géohistoire qui ont contribué à l'implantation de formations sociales très différentes.

L'Amazonie, immense forêt équatoriale, est encore très faiblement peuplée : s'y dispersent de petits groupes d'Amérindiens, mais, le long des voies de communication que sont les cours d'eau, se localisent d'anciens « pionniers » attirés par l'espoir d'avoir des terres. Les régions côtières du Nordeste, où les populations d'origine africaine sont nombreuses, demeurent profondément marquées par la période esclavagiste (pour le sucre et le cacao). Celle-ci a duré au Brésil plus longtemps qu'ailleurs, mais l'abolition de l'esclavage s'est opérée sans drame, à la différence de ce qui s'est passé aux États-Unis. Le sud du Brésil, les régions subtropicales qui connaissent des coups de froid périodiques venus de l'Antarctique, a connu depuis la fin du XIXe siècle l'expansion des grandes plantations caféières avec une main-d'œuvre venue d'Europe, des Italiens principalement. Celle-ci a progressivement constitué une formation sociale originale dont le dynamisme économique et démographique se traduit par la croissance rapide de très grande villes (São Paulo, Rio de Janeiro) et par la capacité d'intégrer tant bien que mal les gens venus du Nordeste en quête de travail.

Une forte unité nationale, malgré l'écart entre le Nordeste et le Sud

L'écart des niveaux de vie et des conditions d'existence est considérable entre le Sud, économiquement développé, et le reste du Brésil, surtout, le Nordeste encore marqué par un sous-développement, ce qui se traduit par des croissances démographiques encore fortes : le Brésil est passé de 80 millions d'habitants en 1965 à quelque 187 millions aujourd'hui.

LE BRÉSIL, UN ÉTAT FÉDÉRAL ET UNE FORTE UNITÉ NATIONALE

> **Sur plus de 8,5 millions de km², le Brésil, formé de 26 États, présente trois grandes zones climatiques : l'Amazonie, soumise au climat équatorial, le Nordeste, au climat tropical, et le Sud, au climat subtropical. Du point de vue économique, le contraste est grand aussi entre le Sud, développé, et le Nordeste, encore marqué par le sous-développement. Malgré ces différences, l'unité du pays est demeurée solide.**

On pourrait s'attendre à ce que, avec de tels contrastes entre le Nord et le Sud, la cohésion géopolitique de cet État fédéral soit menacée par des mouvements séparatistes. L'originalité géopolitique brésilienne est, au contraire, une unité nationale très solide et qui n'a jamais été sérieusement menacée depuis l'indépendance. Peut-être parce que tous les Brésiliens du Nord et du Sud, pauvres ou riches, parlent la même langue (c'était pourtant aussi le cas des classes dirigeantes de l'Amérique hispanique qui ont cependant formé des États différents).

On pourrait dire aussi que les Brésiliens, parce que leur pays est immense, sont persuadés qu'il sera un jour une grande puissance. Le nom de leur pays ne vient pas, comme c'est souvent le cas, de celui d'un peuple ou d'une ancienne entité politique, mais – fait très particulier – d'un arbre qui, au XVIe siècle, permettait de produire une substance tinctoriale très appréciée. Cet arbre, que les botanistes appellent *Caesapinia echinata* et qui poussait dans les forêts côtières du Brésil, a un bois très rouge. Sa couleur a été comparée à celle des braises dans un feu (les Amérindiens s'en servaient pour teindre leurs tissus), d'où le nom Brésil qui a été donné, dès 1529, à la terre qu'Alvarez Cabral avait découverte en 1500, et dont la principale exportation fut d'abord ce bois de braise.

Les raisons d'être de « l'ensemble Brésil »

En termes géopolitiques, il n'est pas sans intérêt de s'interroger sur les raisons d'être de la nation Brésil. Depuis son indépendance au début du XIXe siècle, ce pays aurait pu se disloquer en plusieurs États, comme ce fut le cas pour l'empire espagnol d'Amérique. En dépit de l'usage d'une langue commune, le castillan, dans les classes dirigeantes, celui-ci s'est morcelé en quelque vingt États qui ont entretenu dès leur début des rapports plus ou moins conflictuels de voisinage.

Certes, l'Empire espagnol s'allongeait en bordure du Pacifique sur plus de quatorze mille kilomètres du nord au sud, depuis la Californie jusqu'à la Terre de Feu et, de surcroît, il s'étendait largement autour du golfe du Mexique et de la mer Caraïbe. Mais l'éloignement de l'Espagne n'est pas le seul facteur de ce morcellement géopolitique, puisqu'il affecte tout particulièrement l'isthme d'Amérique centrale avec six petits États, relativement proches, culturellement, de l'Europe.

Dans le cas du Brésil, l'essentiel de la population se trouvait, au XIXe siècle, plus ou moins proche d'un littoral long « seulement » de cinq mille kilomètres, accessibles par navigation côtière. Pourtant, en dépit d'une langue commune, le portugais, parlée par les classes dirigeantes, cette population brésilienne présentait déjà des contrastes sociaux si considérables qu'il faut, en vérité, s'étonner qu'elle n'ait pas été en fin de compte divisée en plusieurs États.

Sur les côtes du nord-est du Brésil, divisé en petites « capitaineries », se trouvaient surtout des plantations esclavagistes de canne à sucre, alors que dans le Brésil méridional, pays des fiers « gauchos », dominaient de grands domaines d'élevage, fournisseurs de viande séchée à l'ensemble du pays. Entre le Nordeste et le Sud, il y avait les plantations de la région de Rio et de celle de São Paulo qui, outre des esclaves, commençaient à employer des immigrants européens de plus en plus nombreux (principalement des Italiens). Davantage situé à l'intérieur des terres, le Minas Gerais, où les mines avaient utilisé de nombreux esclaves, voyait lui aussi arriver des Européens pour travailler dans les premières installations métallurgiques.

Ces grandes différences entre les classes dirigeantes du Nordeste et celles du Sud auraient pu provoquer l'éclatement du Brésil en États séparés, comme cela avait été le cas pour les colonies de l'Amérique espagnole lors des luttes qui suivirent leur rupture avec l'Espagne envahie par les troupes de Napoléon. Mais, dans le cas du Brésil, l'arrivée à Rio en 1808 du roi du Portugal et de sa cour, contraints de fuir la domination française, eut pour effet d'amorcer un processus progressif d'indépendance à l'amiable, qui aboutit en

LE BRIC

Apparu en 2003 dans le vocabulaire des banquiers, cet acronyme désigne le Brésil, la Russie, l'Inde et la Chine. Ces quatre grandes puissances émergentes constituent la partie de l'économie mondiale la plus dynamique en matière économique.

Les pays constituant le BRIC sont en réalité très différents les uns des autres. Certes, ils disposent chacun d'un vaste territoire et d'une importante population. Mais si l'on regarde de plus près le cas de la Russie, on s'aperçoit que cette ancienne superpuissance industrielle et militaire est actuellement en phase de déclin démographique et qu'après avoir traversé une grave crise, son objectif est uniquement de redresser sa situation grâce par ses exportations d'hydrocarbures. Quant au Brésil, s'il est le premier cité dans l'acronyme, il est le moins puissant des quatre militairement. Il dispose cependant d'une sérieuse force agricole (cultures de soja, de canne à sucre) et d'étendues considérables où la médiocrité de certains sols et du climat est compensée par l'usage de semences OGM. De plus, son industrie se développe et se diversifie. D'autant que le Brésil vient de faire de très grosses découvertes pétrolières sous-marines, mais très profondes, qui ne seront exploitables que si les prix du pétrole sont à la hausse.

1822 au maintien de l'unité d'un empire du Brésil. Quelques tentatives de sécession ont rapidement échoué, par crainte de débordement dans les villes par des mouvements populaires et dans les plantations par des révoltes noires. Les contrastes géopolitiques entre le Nordeste et le Sud n'en existaient pas moins et ils auraient pu, dans certaines circonstances, entraîner la sécession du pays. Aux États-Unis, un contraste géopolitique aussi important existait entre la société démocratique industrieuse du Nord-Est et celle des grandes plantations esclavagistes du « Vieux Sud ». Ce contraste n'avait guère eu l'occasion de se manifester lors de la longue guerre d'indépendance, mais, sur la question de l'esclavage, il se transforma en affrontement terrible lors de la guerre de Sécession (1861-1865). Le Brésil aurait pu lui aussi connaître un tel processus, lorsqu'il fallut en arriver, sous la pression de l'Angleterre, à l'abolition de l'esclavage. Cette décision, prise en fin de compte en 1888, contribua à la fin du régime impérial et à la proclamation, l'année suivante, d'une république fédéraliste, qui laissait de grands pouvoirs aux oligarchies des États fédérés.

Le rôle géopolitique de l'État du Rio Grande do Sul

Si l'abolition de l'esclavage s'opéra au Brésil sans drame géopolitique, c'est pour une grande part grâce à l'armée dont les officiers – c'est à souligner – se refusaient depuis plusieurs années à intervenir contre les Noirs dans les troubles qui se multipliaient dans les plantations. Ce rôle très singulier des cadres de l'armée s'explique par le fait que la plupart d'entre eux appartenaient aux classes moyennes et qu'ils venaient surtout de l'État le plus méridional du Brésil, le Rio Grande do Sul, où il n'y avait guère d'esclaves et où, grâce aux immigrés européens (des Allemands notamment), la société était la moins oligarchique, sinon la plus démocratique. Le Rio Grande do Sul était aussi l'État des cavaliers « gauchos », où il avait fallu en hâte constituer une armée, en 1864-1870, lors de la guerre déclenchée par le Paraguay qui cherchait à s'ouvrir un débouché vers l'Atlantique. Par la suite, l'armée brésilienne conserva longtemps des effectifs et un recrutement importants dans cet extrême sud du Brésil pour éventuellement s'opposer à l'expansionnisme des Argentins.

La République brésilienne telle qu'elle avait été proclamée en 1889 était divisée en quelque vingt-cinq États. La plupart d'entre eux étaient gérés selon les intérêts des grands propriétaires, d'autant plus que le corps électoral était extrêmement restreint, l'énorme masse des analphabètes ne disposant pas du droit de vote. Le Rio Grande do Sul manifesta encore sa singularité par une révolution « fédéraliste » (1893-1895) qui, faisant craindre une sécession aux abords de l'Argentine, fut finalement écrasée par l'armée, bien que les cadres de celle-ci soient, eux aussi, de tradition « gaucho ». Ces cadres constituaient le principal appareil fédéral, mais l'armée – faute de moyens – leur paraissait alors de plus en plus désuète et ils supportaient mal l'idée que l'immense Brésil ne soit en fait qu'une entente d'oligarchies. Outre le contrôle que chacune de celles-ci exerçait sur un État fédéré, les plus puissantes – celles de São Paulo et du Minas Gerais – se succédaient régulièrement dans les fonctions fédérales présidentielles. Pour protester contre cet état de choses, les jeunes officiers, les *tenentes* (lieutenants) fomentèrent, à partir de 1922, une série de révoltes d'inspiration plus ou moins socialiste et nationaliste, notam-ment dans le Rio Grande do Sul (Luis Carlos Prestes, qui en était originaire et qui conduisit à travers le Brésil la plus célèbre de ces épopées révolutionnaires, deviendra par la suite le leader du Parti communiste brésilien).

En 1929, la crise économique mondiale frappa très durement l'économie brésilienne, les cours du café s'étant effondrés. Presque au même moment se produisit un divorce au sein du monde politicien : les leaders de São Paulo, très liés à l'oligarchie du café, qui venaient d'exercer les fonctions fédérales présidentielles, refusèrent de les transmettre – malgré la pratique d'alternance devenue classique – à ceux du Minas Gerais. Ces derniers firent alors alliance avec ceux du Rio Grande do Sul et choisirent pour candidat aux élections présidentielles Getúlio Vargas, qui était déjà président de « l'État gaucho ». Après diverses péripéties électorales (y compris l'assassinat du candidat à la vice-présidence), celui-ci, fort du soutien d'une grande partie de l'armée et des classes moyennes (y compris celles de São Paulo gravement touchées par la crise), marcha sur Rio, la capitale fédérale, en octobre 1930, avec des troupes venues du Rio Grande do Sul.

La révolution de 1930, étape décisive dans la formation de la nation

Ce coup d'État qui marquait la défaite de l'oligarchie du café ne fut pas un simple incident de parcours. Il provoqua une rupture fondamentale dans le système politique brésilien et, bien au-delà, dans l'organisation économique et sociale du pays. Avec Getúlio Vargas pour père fondateur, un populisme d'intensité variable et aux caractères changeants accapare dès lors la scène politique brésilienne jusqu'en 1964. Ce populisme repose sur une personnalisation extrême du pouvoir ; il assigne à l'État la tâche de mettre en œuvre la modernisation industrielle et de conduire le changement social. L'*Estado Novo* (1937-1945) met l'accent sur le nationalisme, l'indépendance nationale et l'unité organique de la nation, qui justifie la solidarité des classes. Le terme trop commode de populisme, qui sert à désigner la politique de Getúlio Vargas, permet d'éviter de la cataloguer ni carrément « à droite », comme elle le fut pourtant bientôt, ni clairement « à gauche », comme elle le devint ensuite, surtout de 1950 à 1954. Vargas sut, en effet, utiliser selon les moments les différents courants politique brésiliens, en pratiquant d'abord un réformisme socialisant, puis une dictature corporatiste avec « l'État nouveau », plus ou moins inspiré du dictateur portugais Salazar et du fascisme mussolinien, et enfin un nationalisme de gauche, notamment lorsqu'il procéda, en 1953, à la nationalisation du futur pétrole brésilien, malgré l'hostilité évidente des États-Unis.

L'époque de Vargas, surtout de 1930 à 1945, mais aussi après sa réélection de 1950 à 1954 (jusqu'à son suicide), puis celle de Juscelino Kubitschek, qui inaugura la nouvelle capitale fédérale Brasília dans le centre du pays, marquèrent incontestablement une étape décisive dans la formation de la nation brésilienne. C'est durant ces années que fut menée une politique de scolarisation massive et de développement intellectuel, et qu'ainsi fut véritablement instauré l'État-nation brésilien. Il ne s'agissait pas seulement du renforcement du pouvoir fédéral et des grandes réformes sociales dont les citadins profitèrent d'ailleurs davantage que les populations rurales. C'est aussi durant cette période que furent massivement diffusées des représentations nouvelles de la nation.

LE BRÉSIL ET LE NUCLÉAIRE

Après l'Argentine et le Mexique, le Brésil est le troisième pays latino-américain à s'être lancé, au cours des années 1970, dans la filière nucléaire. Après avoir eu recours aux technologies américaines et allemandes, il semble aujourd'hui qu'il soit parvenu à développer une technologie plus ou moins autonome. Les autorités de Brasília ont d'abord justifié cet investissement dans le nucléaire par le souci de leur indépendance énergétique puis par des considérations d'ordre écologique. Bien que tous les pays latino-américains soient signataires du traité de Tlatelolco – qui fait de la région une zone sans armes nucléaires –, le Brésil est soupçonné par l'Agence internationale pour l'énergie atomique des Nations unies (AIEA) de développer, par ailleurs, un programme de nucléaire militaire. Brasília a, en effet, refusé que les inspecteurs de cette agence visitent ses usines nucléaires, au motif qu'il devait protéger ses avancées technologiques, qui lui permettraient un enrichissement de l'uranium particulièrement performant. Quoi qu'il en soit, l'affaire démontre à la fois la difficulté de mettre en œuvre concrètement le traité de non-prolifération des armes nucléaires (TNP), et la volonté de plus en plus nette du Brésil d'accéder au statut de puissance majeure. ■

LE BRÉSIL AU CENTRE D'UNE GÉOPOLITIQUE NORD-SUD

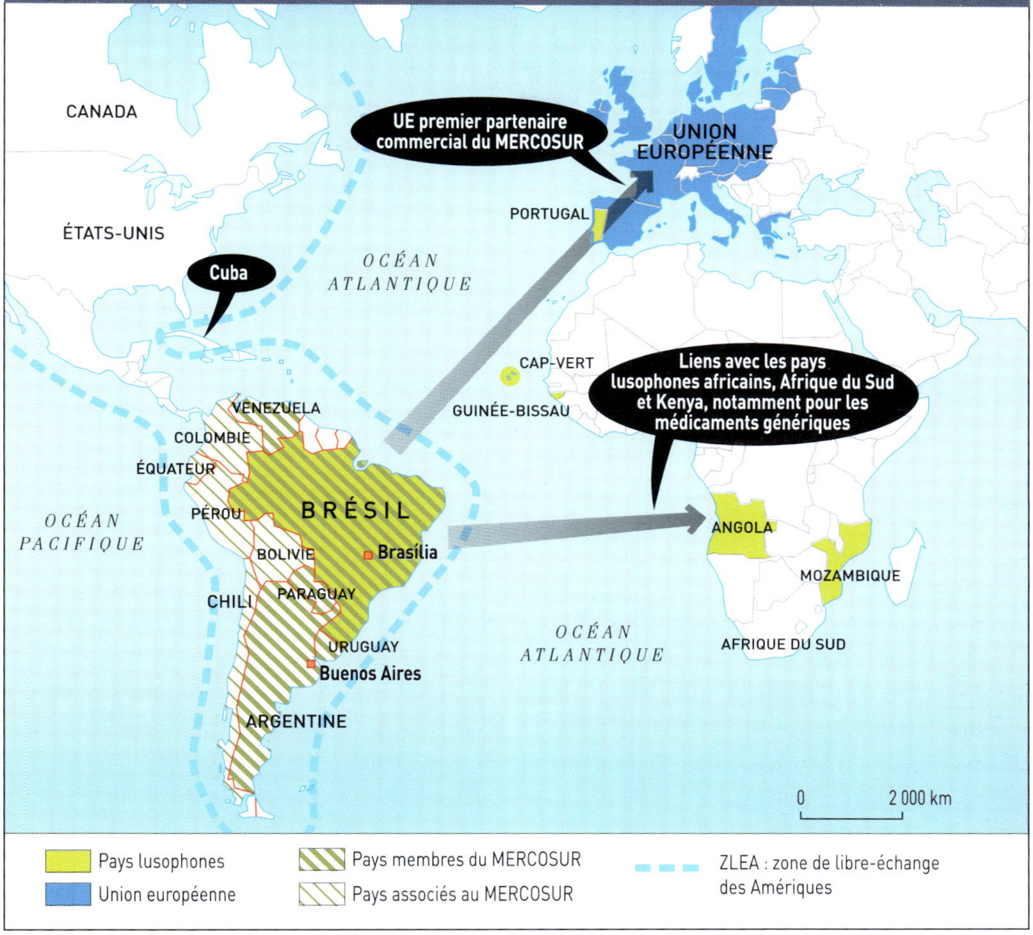

Une représentation géopolitique de la nation brésilienne

À la différence de la plupart des États d'Amérique hispanique où c'est l'histoire qui fournit traditionnellement la matière des représentations de la nation, chaque État célébrant son héros des luttes d'indépendance contre l'Espagne (Bolívar, Sucre, San Martín, etc.), au Brésil on pourrait dire que c'est la géographie qui est à la base de l'idée même de la nation. Comme l'indépendance du Brésil s'est réalisée à l'amiable et progressivement, il n'est guère possible de trouver dans l'histoire un héros fondateur de la nation. En revanche, l'immensité du territoire brésilien, ce « continent Brésil »,

Pays leader de l'Amérique latine, le Brésil marque sa primauté à la fois au sein du continent sud-américain et dans les relations de celui-ci avec le reste du monde. Il est le moteur du Mercosur, le marché commun latino-américain, mais aussi le pays qui a le plus de poids pour tempérer le projet de Washington visant à unir tous les pays des trois Amériques dans une vaste zone de libre-échange, nonobstant les immenses différences de niveaux de développement. Son identité lusophone lui ouvre les portes des anciennes colonies portugaises d'Afrique et du continent noir en général.

permet de fonder la nation sur la géohistoire. Pour cela, il a fallu développer sous le gouvernement Vargas l'enseignement de la géographie dans les établissements scolaires, alors que se développait une grande école de géopolitique brésilienne. Le rôle des militaires a été évidemment considérable dans ce processus et il est surtout original par l'intérêt que ceux-ci ont accordé aux problèmes géopolitiques internes, c'est-à-dire à l'aménagement de cet immense territoire, ce qui représentait pour eux le moyen privilégié de contribuer à l'organisation et au développement de la nation.

Ce rôle de l'armée dans la construction de l'État brésilien remonte à la guerre du Paraguay (1862-1870) et il s'est amplifié lors de l'abolition de l'esclavage puis dans le mouvement des « lieutenants » pour la modernisation et le renforcement des structures de l'État. Jusqu'au lendemain de la Seconde Guerre mondiale, à laquelle a participé en Europe une « Force expéditionnaire brésilienne », on peut dire que le rôle des militaires a été somme toute positif dans la formation de l'État-nation Brésil. Mais avec l'avènement de la guerre froide, ceux-ci se sont pour la plupart engagés, par crainte du communisme, dans une politique véritablement réactionnaire, en s'opposant à la réalisation de réformes indispensables et surtout à la réforme agraire. C'est ce qui les conduira au coup d'État de 1964 et à l'instauration du régime des généraux présidents, qui durera près de vingt ans. Mais la nation brésilienne est désormais constituée et, après cette période de recul, elle a continué son évolution. Son unité culturelle sur d'aussi vastes espaces reste étonnante et, quelle que soit la couleur de la peau, l'on parle brésilien de la même façon de l'Amazonie au Rio Grande do Sul.

Certes, en raison des effets de la mondialisation, les inégalités sociales au sein de cette nation semblent encore s'amplifier, y compris dans les grandes villes industrielles, à tel point que certains en viennent à douter que le Brésil soit encore une nation. Les mouvements de lutte contre ces inégalités constitueront sans doute une nouvelle étape dans le développement de la nation Brésil. Il est à noter que c'est à Porto Alegre, la capitale du Rio Grande do Sul, qu'a été lancé le grand mouvement de l'altermondialisme. Cet État est de taille modeste (il ne compte aujourd'hui que dix millions d'habitants), mais son rôle a été si déterminant dans l'évolution du pays.

Doté de très importantes ressources agricoles et minières, mais guère de pétrole, pour le moment, le Brésil, gouverné depuis 2002 par le président Lula, qui se veut le représentant d'une gauche réformiste, est le « poids lourd » du Mercosur, ou marché commun des pays du cône Sud. Créé en 1995, le Mercosur est devenu, dix ans après, la troisième union économique régionale, après l'Union européenne et l'ALENA (Canada, États-Unis, Mexique). Le Brésil bénéficie également de sa position dominante au sein du monde lusophone, ce qui lui ouvre les portes de l'Afrique, où il mène une diplomatie active, notamment en matière économique. Il a été en pointe dans la résistance au projet américain de zone de libre-échange des Amériques (ZLEA). Ce projet, lancé en 1994, voudrait instituer une vaste zone de libre commerce entre tous les États américains (34 au total, à l'exclusion de Cuba). Brasília a adopté une position très critique, estimant que cette zone était trop déséquilibrée pour ne pas mettre en péril les économies du Sud, face à celles, dominantes, du Nord.

La Russie :
un lourd héritage pour quel avenir ?

La République fédérale de Russie, qui compte 21 républiques autonomes, s'étend sur 10 000 kilomètres d'ouest en est, soit une superficie de 17 millions de km², près de deux fois plus que les États-Unis ou que la Chine. L'Union soviétique, qui s'est disloquée en 1991, était encore plus vaste : 22 millions de km². Celle-ci était territorialement l'héritière de l'empire des tsars, qui s'effondra en 1917. Après d'incontestables succès industriels et scientifiques, après aussi l'héroïque victoire du peuple russe contre l'invasion hitlérienne, le régime soviétique, de nature totalitaire, s'avéra de moins en moins efficace et, en dépit des tentatives de réformes menées par Mikhaïl Gorbatchev, il s'effondre à son tour en 1991. Dans un contexte de capitalisme sans frein, de puissants « oligarques » s'emparèrent alors d'une partie des profits retirés de l'exportation des matières premières du pays. Heureusement pour les Russes, la très forte augmentation du prix des hydrocarbures depuis 2003 fournit à la Russie de nouveaux moyens de développement. Cependant, l'héritage de la période soviétique reste lourd, alors que de graves problèmes géopolitiques se posent au pays.

I. Pourquoi cet immense État ?

Une histoire pluriséculaire

Une telle immensité résulte pour l'essentiel de l'expansion du peuple russe vers l'est sur des étendues faiblement peuplées, en raison de conditions climatiques défavorables. À partir du XVe siècle, après qu'il se soit progressivement libéré de la domination des Mongols (ou plus exactement des Turco-Mongols) venus d'Asie centrale, le peuple russe s'est répandu depuis Moscou dans les grandes plaines à l'ouest de l'Oural. En 1547, Ivan le Terrible se fit reconnaître comme tsar et établit son autorité sur toute la vallée de la Volga ainsi que sur les populations musulmanes de langue turque qui s'y trouvaient, les Tatars. Une telle expansion territoriale peut être expliquée par un phénomène, spécifiquement russe et, en quelque sorte, géopolitique : l'instauration du servage au fur et à mesure que s'étendait territorialement l'autorité tyrannique du tsar. Celle-ci s'exerçait sur des paysans qui passèrent aux XVII-XVIIIe siècles du statut d'hommes libres plus ou moins armés et défricheurs de terres vacantes à celui de serfs attachés à des domaines, la terre qu'ils travaillaient jusqu'alors étant devenue propriété du tsar ou d'un seigneur à son service. Bien des paysans cherchèrent alors à fuir cette condition et partirent plus loin défricher des terres nouvelles, lesquelles furent bientôt incluses dans l'aire d'extension du servage, et ainsi de suite. Les révoltes de paysans étaient écrasées par les armées du tsar, elles-mêmes constituées de serfs soldats à vie.

Alors qu'à la fin du Moyen Âge le servage avait progressivement disparu en Europe occidentale, il continua d'être imposé plusieurs siècles plus tard par les tsars dans les régions où s'exerçait leur autorité. La propagation de ce « servage tardif » (XVIe-XVIIIe siècle) est une des originalités géohistorique majeures de la Russie. Elle a marqué profondément la société russe. Les seuls groupes que le tsar laissa libres à la périphérie de son empire, à condition qu'ils concourent à son extension, furent ceux des célèbres cosaques, paysans guerriers et cavaliers. Ce sont les cosaques qui, sur ordre du tsar, firent la conquête de la Sibérie en remontant les

LA RUSSIE ET LE RÉCHAUFFEMENT CLIMATIQUE

Comme le Canada, la Fédération de Russie est l'un des rares grands États qui risque de tirer quelque profit de « l'effet de serre », surtout dans ses régions septentrionales. En effet, les immenses étendues couvertes de toundra et aux sols gelés se réchauffent petit à petit. Il ne faut pas en attendre des progrès agricoles, mais l'exploitation des gisements d'hydrocarbures devrait en être facilité. La diminution progressive de la banquise aura pour effet de transformer l'océan Glacial Arctique en une grande zone de circulation maritime (notamment avec le Canada, l'Ouest des États-Unis, le Nord de la Chine et le Japon).

Il n'est toutefois pas assuré que la Russie puisse pleinement profiter de ces nouvelles potentialités en raison de son fort déclin démographique qui s'explique en partie par le contrecoup des 26 millions de morts pendant la Seconde Guerre mondiale. Son bas taux de natalité (10 p. 1 000) est largement inférieur au taux de mortalité (15 p. 1 000) qui s'est accru depuis les dernières décennies. On constate déjà une diminution assez marquée de l'effectif de population : on compte actuellement 144 millions d'habitants, soit une quantité presque équivalente à celle des États-Unis en 1950 – 150 millions alors, 300 millions aujourd'hui. Société confrontée à divers maux (alcoolisme, drogues...), la Russie ne dispose pas d'un système de soins adéquat, mais plutôt défaillant. ■

fleuves et en passant des accords pour le commerce des fourrures avec de nombreux petits peuples asiatiques vivant de chasse, de pêche ou d'élevage. Au début du XVIIe siècle, les cosaques atteignirent l'océan Pacifique. Par ailleurs, au début du XIXe siècle, différents groupes de cosaques établirent toute une ligne de villages fortifiés (dénommés *stanitza*) pour bloquer les raids de tribus guerrières venues du sud, qu'il s'agisse de montagnards caucasiens ou de cavaliers des steppes. Cette ligne de villages cosaques existe encore aujourd'hui, depuis le nord du Caucase jusqu'au Pacifique, et elle peut être comparée au *limes* (lignes de défense) de l'Empire romain. Elle marque l'extension de l'Empire russe au début du XIXe siècle. Les conquêtes de l'armée des tsars se sont ensuite étendues vers le sud dans le Caucase et dans ce qui fut appelé le Turkestan, pays des populations de langue turque et de religion musulmane, pour atteindre à la fin du XIXe siècle les grandes montagnes d'Asie centrale. Le *limes* cosaque correspond grosso modo aux limites actuelles de la Fédération de Russie, les régions situées plus au sud étant devenues aujourd'hui des républiques indépendantes (sauf celles situées au nord du Caucase, comme la Tchétchénie).

Vers l'ouest, en Ukraine, en Pologne et dans les pays Baltes, l'extension de l'Empire russe fut plus mouvementée et plus tardive qu'en Sibérie car, au XVIIIe siècle, il s'agissait de terres bien plus peuplées, de sociétés européennes relativement évoluées et de royaumes qui avaient été puissants. Ainsi, les tsars rencontrèrent des difficultés récurrentes avec les Polonais, qui devinrent finalement indépendants en 1919. De même, après avoir été promues républiques soviétiques fédérées, les parties occidentales de l'Empire russe (Ukraine, Biélorussie, pays Baltes) sont devenues des républiques indépendantes depuis la dislocation de l'URSS.

Un système fédéral plurinational qui est devenu d'une extrême complexité

Après avoir renversé en 1917 le régime du tsar, les bolcheviks proclamèrent la fin de l'empire et la liberté de tous les peuples qu'il dominait. Mais, par la suite, les dirigeants communistes n'acceptèrent pas que les nouvelles nations, dont ils reconnaissaient théoriquement le droit à l'indépendance, soient dirigées par des adversaires du communisme. Aussi, dans chacune des nations nouvellement indépendantes, des guerres civiles opposèrent, comme en Russie, communistes et anticommunistes, un temps soutenus par la Grande-Bretagne, la France et la Pologne. Les premiers l'emportèrent partout, grâce au soutien de l'Armée rouge, et les républiques soviétiques – chacune de nationalité différente – furent rassemblées en 1922 dans une fédération dénommée Union des républiques socialistes soviétiques (URSS). En principe, la constitution de cette Union reconnaissait des droits importants à chacun des gouvernements de ces républiques fédérées, mais il ne s'agissait que d'émanations du parti unique (ce qui

LA FORMATION DE L'EMPIRE RUSSE

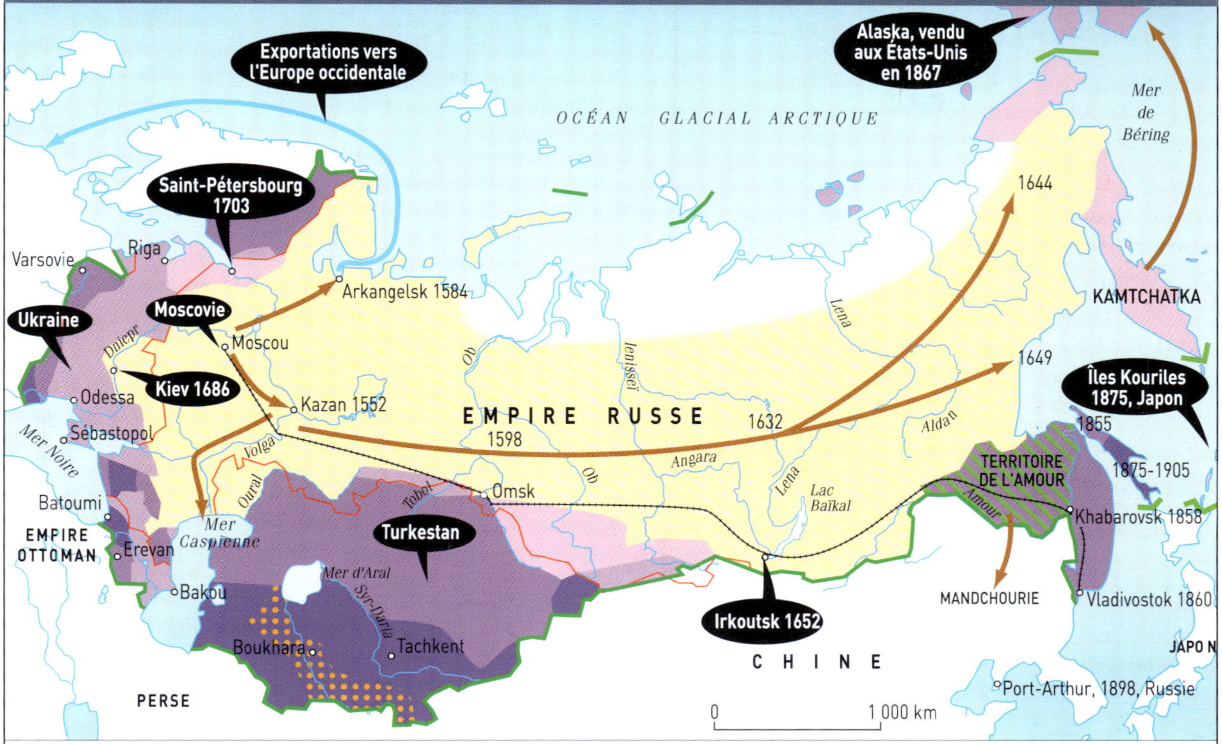

L'État russe en 1689 avant Pierre le Grand — Limites de l'Empire russe en 1900 — Limites de la Russie en 2005

Territoires réunis à l'Empire russe

de 1689 à 1725 — de 1726 à 1800 — de 1801 à 1815 — de 1816 à 1900 — Khanats vassaux avant 1917

Zone reconnue à la Russie en 1858

Expéditions cosaques — Transsibérien (1891-1904)

Continental à l'origine, l'État russe a cherché depuis la fin du XVIe siècle à s'assurer des fenêtres maritimes, et à jouer ainsi un rôle international majeur. L'expansion fut d'abord menée au nord (fondation d'Arkhangelsk, sur la mer Blanche, en 1584) puis, vers le sud (accès à la mer Noire par la mer d'Azov, au XVIIe siècle). À l'ouest, la présence russe est marquée par l'édification de Saint-Pétersbourg sur la Baltique (1703). À l'est, les Russes atteignent le détroit de Béring en 1648, puis la mer du Japon en 1860. Au cours du XIXe siècle, l'empire met en place un glacis destiné à protéger les terres russes : Finlande, Bessarabie et Pologne, à l'ouest, Géorgie, Azerbaïdjan, Arménie et Kazakhstan, au sud. Il affirme en outre sa présence en Asie centrale, en créant notamment le gouvernement général au Turkestan.

n'y excluait pas de violentes rivalités occultes), le Parti communiste de l'Union soviétique, le seul à exercer la réalité du pouvoir. Pour l'ensemble de l'URSS, il n'y avait qu'une seule armée, l'Armée rouge, et qu'une seule police politique, qui deviendra le fameux et redoutable KGB, veillant à la cohésion absolue du Parti et de l'État, sous prétexte de combattre les agents infiltrés par la « bourgeoisie impérialiste ».

Le caractère plurinational du système fédéral soviétique constitua au début du XXe siècle une très grande originalité. Au lendemain de la Première Guerre mondiale, le seul grand État véritablement fédéral était les États-Unis, mais il n'y avait qu'une seule nation, la nation américaine, à laquelle s'intégraient les immigrants. Les dirigeants communistes avaient alors estimé que les multiples nationalités, qui avaient été reconnues en URSS (russe, ukrainienne, ouzbeke, kazakhe, géorgienne, etc.), se fondraient également peu à peu dans une nationalité commune soviétique.

Mais, pour éviter que l'Union soviétique apparaisse comme la continuation géopolitique de l'Empire russe et pour faire oublier la nature plus ou moins coloniale des relations entre la Russie et les autres parties de l'empire, les dirigeants communistes, et notamment Staline (bien plus que Lénine), ont mis en œuvre ce qu'ils ont appelé la « politique des nationalités ». Alors que les tsars avaient voulu imposer la langue russe à toutes les populations de l'empire, cette nouvelle politique soviétique favorisa le développement des particularités culturelles des différents peuples (on en recensa au total plus d'une centaine). Elle encouragea le progrès des diverses langues par l'édition de manuels scolaires et de dictionnaires, la publication de journaux et de traductions dans tous les idiomes locaux. C'était aussi un moyen de rallier à la cause du communisme les intellectuels et les notables des différents peuples. C'est ainsi que furent distinguées , en fonction de leurs effectifs et de leur « degré de développement », quinze républiques fédérées, des républiques autonomes pour des peuples moins nombreux et des régions autonomes pour des peuples encore plus réduits et qui ignoraient encore l'écriture. La république fédérée la plus vaste et la plus peuplée, avec une quinzaine de républiques autonomes et cinq régions autonomes, était, bien sûr, la République soviétique fédérative socialiste de Russie, la RSFSR. Elle est devenue en 1991, après la dislocation de l'URSS, la Fédération de Russie, avec vingt et une républiques autonomes. Ses caractéristiques géopolitiques actuelles sont la conséquence de la « politique des nationalités » initiée par Staline, lequel – il n'est pas inutile de le rappeler – n'était pas originaire de Russie mais de Géorgie, pays où les problèmes géopolitiques sont fort complexes, comme dans l'ensemble du Caucase.

Staline et ses collaborateurs tracèrent sur les cartes les frontières des différentes républiques (fédérées ou autonomes), qu'ils voulaient distinguer les unes des autres en fonction de nuances linguistiques, mais surtout pour éviter que l'une d'entre elles ne prenne trop d'importance. Le très vaste Turkestan de l'époque du tsar fut donc divisé en cinq républiques fédérées, fondées sur les différences de dialectes, bien que toutes soient très majoritairement de langue turque. Ainsi, au centre de l'actuelle Fédération de Russie, les populations musulmanes de langue turque, notamment les Tatars de la Volga, forment depuis l'époque stalinienne plusieurs républiques autonomes.

Même s'il était en apparence très démocratique, le système fédéral plurinational soviétique se révéla d'une complexité extrême. Chaque république avait son président, son assemblée (Soviet), son gouvernement, etc. Cependant, tous les rouages à tous les échelons étaient tenus par des membres du parti unique, le Parti communiste de l'Union soviétique, ce qui, à défaut de liberté politique, assurait une certaine cohésion dans l'ensemble de l'Union.

En 1991, le Parti communiste est dissous et, quelques mois plus tard, l'Union soviétique s'est disloquée, le président de la RSFSR, Boris Eltsine, ayant proclamé l'indépendance de la Russie et déclaré qu'elle se retirait de l'Union soviétique. De surcroît, Eltsine, dans un discours resté célèbre, a incité toutes les républiques autonomes de la RSFSR à prendre chacune le maximum de pouvoirs et de souveraineté. Des partis différents sont alors apparus, tandis que la complexité du système fédéral est devenue encore plus grande dans le cadre de la Fédération de Russie, proche de la paralysie.

Pourquoi la Russie s'est-elle déclarée indépendante (ce qui a provoqué la dislocation de l'Union soviétique) ?

Ce qui est extraordinaire dans ce phénomène géopolitique majeur que fut la dislocation de l'Union soviétique, peu de temps après la fin de la « guerre froide » marquée par la chute du mur de Berlin en 1989, c'est qu'il ne résulte pas d'un choc extérieur, ni d'une défaite face à des puissances étrangères (comme ce fut le cas pour l'Empire ottoman ou l'Empire austro-hongrois), ni de la révolte de populations colonisées. Certes, vers la fin des années 1980, les populations des petites républiques soviétiques

LA RUSSIE POSTSOVIÉTIQUE

Fédération de Russie
- Provinces et territoires
- Régions autonomes et provinces autonomes au sein des provinces et territoires
- Républiques autonomes

- Pays de l'ex-URSS devenus indépendants
- Musulmans

Républiques de Volga-Oural :
1 Mordovie
2 Tchouvachie
3 Mari
4 Oudmourtie
5 Tartarstan
6 Bachkortostan

Républiques du Caucase :
7 Daghestan
8 Tchétchénie
9 Ingouchie
10 Ossétie du Nord
11 Kabardino-Balkarie
12 Karatchaévo-Tcherkesse
13 Adyghéie

En 1991, après la dislocation de l'URSS, le président de la République de Russie, Boris Eltsine, proclame l'indépendance de la Russie et incite, non sans démagogie, toutes les républiques autonomes de la Fédération russe à prendre chacune le maximum de pouvoirs et de souveraineté. Aujourd'hui divisée en 7 arrondissements fédéraux, la Fédération de Russie comprend 21 républiques, 49 régions administratives, 6 territoires administratifs, 1 région autonome, 10 arrondissements autonomes et 2 villes autonomes (Moscou et Saint-Pétersbourg). Le système étant fort complexe à gérer, le successeur de Boris Eltsine depuis 2000, Vladimir Poutine, cherche à renforcer l'autorité centrale de Moscou au nom de ce qu'il a appelé la « diagonale du pouvoir ».

baltes de Lituanie, de Lettonie et d'Estonie manifestèrent leur volonté de retrouver l'indépendance qu'elles avaient connue entre les deux guerres. Mais cela ne risquait pas de disloquer l'Union soviétique. On pensait plutôt, au cours des années 1970-1980, que les républiques musulmanes plus ou moins sous-développées de l'URSS manifesteraient tôt ou tard une volonté sécessionniste. Mais rien ne s'était encore concrétisé au début des années 1990 et un référendum organisé dans l'ensemble de l'Union soviétique avait même fait apparaître dans toutes les républiques (sauf celles des pays Baltes) la volonté de maintenir l'Union, compte tenu des réformes dont il était question depuis 1985 avec la perestroïka de

LA CARTE DE « L'ARCHIPEL DU GOULAG »

Source : d'après A. Soljenitsyne et A. Chiffrine

Mikhaïl Gorbatchev. Lorsque les populations de l'Union soviétique apprirent, le 25 décembre 1991, que celle-ci n'existait plus et que, à l'exemple de la Russie, les quinze républiques fédérées étaient désormais indépendantes, ce fut la stupéfaction générale. Toutefois, bien peu de personnes, semble-t-il, n'ont alors manifesté leur refus d'un tel événement, pas plus que l'armée ou les membres du parti. Le monde abasourdi assistait ainsi à la disparition de l'Union des républiques socialistes soviétiques, que l'on considérait depuis des décennies comme l'autre superpuissance mondiale. Ce fut, en effet, une décision surréaliste, sinon ubuesque, que celle de proclamer l'indépendance de la Russie, comme le fit Boris Eltsine, en faisant sécession d'un ensemble de type impérial que cette même Russie avait formé au cours de l'histoire et dont elle constituait plus de la moitié de la population, les trois quarts du territoire et dont étaient issus la plupart de ses dirigeants. Du point de vue géopolitique, le plus extraordinaire dans cette dislocation, c'est que tout s'est joué non pas à la périphérie de l'empire, mais en son centre, à Moscou même. Selon toute vraisemblance, ce sont les idées, les représentations des dirigeants russes eux-mêmes, leur façon d'envisager la situation de l'URSS, d'abord au plan mondial puis du point de vue interne, qui ont constitué les causes majeures de ce renoncement à l'idée impériale. Cela devait entraîner d'énormes changements géopolitiques.

Cette carte du Goulag (Glavnoïe oupravlenie laguereï, Direction générale des camps), qui durant cinquante ans resta secrète, a été minutieusement établie par le grand écrivain Alexandre Soljenitsyne. Après avoir été décoré durant la Seconde Guerre mondiale, celui-ci fut incarcéré au Goulag de 1945 à 1953 puis maintenu en exil jusqu'en 1957. Il réussit à rassembler auprès d'ex-détenus les renseignements qui, peu à peu, lui permirent de comprendre le fonctionnement et d'établir la carte du Goulag. Son œuvre, secrètement acheminée à l'étranger, fut publiée en France en 1973. Cette carte montre que si les camps les plus terribles étaient situés dans les régions polaires de Sibérie (Vorkouta, Kolyma), la plupart des camps du goulag, contrairement à ce que l'on croyait, se trouvait surtout en Russie d'Europe et même à proximité des grandes villes.

Au début des années 1980, les dirigeants soviétiques subirent une grave désillusion. Alors qu'ils proclamaient depuis des décennies la supériorité économique du socialisme et le dépassement inéluctable des États-Unis par l'URSS, ils furent discrètement informés par les services extérieurs du KGB que le Japon, en plein essor, venait de passer au deuxième rang de l'économie mondiale et que l'Allemagne de l'Ouest passerait au troisième rang dans un avenir relativement proche si la croissance économique soviétique restait aussi médiocre qu'elle l'était en réalité. Il faut savoir que, à cette époque, les statistiques officielles soviétiques étaient largement truquées et que les difficultés étaient systématiquement passées sous silence dans une culture du secret imposée par le Parti et ses organes.

Certes, les dépenses militaires étaient énormes pour tenir la course aux armements avec les États-Unis, mais, contrairement à ce qui se produisait dans ce pays, elles ne contribuaient pas à la croissance économique globale. L'économie soviétique, au fur et à mesure qu'elle devenait plus complexe, a été de plus en plus freinée par les pesanteurs de la planification bureaucratique et, surtout, par l'incohérence du système des prix entre les entreprises d'État. Ceux-ci étaient fixés de façon tout à la fois bureaucratique et anarchique, sans se référer aux indicateurs de l'économie de marché. Les entreprises non rentables et mal gérées ne pouvaient disparaître puisqu'elles appartenaient à l'État et cela rendait fort commodes les prévarications de leurs dirigeants.

Pour tenter de sortir de cette situation, les dirigeants soviétiques décidèrent alors de rompre avec la gérontocratie aux commandes depuis des décennies, d'entreprendre de grandes réformes et, d'abord, d'y voir plus clair. Aussi, un des plus jeunes d'entre eux, Mikhaïl Gorbatchev (né en 1931), élu en 1985 secrétaire général du Parti communiste de l'URSS, proclama la glasnot, c'est-à-dire le droit de critique et la liberté d'expression et entreprit de grandes réformes – ce qui a été dénommé la « perestroïka », la restructuration. Or, pour mener à bien ces immenses changements, il fallait d'abord diminuer la tension avec les États-Unis. Gorbatchev manifesta alors clairement son désir de mettre fin à la « guerre froide ». Outre les accords américano-soviétiques de limitation des armements nucléaires (1987 et 1991), cela s'est surtout traduit par le fait que les Soviétiques ne se sont pas opposés à la disparition des régimes communistes dans les « démocraties populaires » et, en 1990, à la réunification de l'Allemagne.

On pouvait craindre que tous ces changements provoquent une réaction du KGB, des cadres de l'armée et des communistes les plus conservateurs, mais ce furent surtout les nouvelles difficultés économiques qui suscitèrent le mécontentement de l'opinion. En effet, la perestroïka – la restructuration entreprise pour sortir le régime soviétique de sa profonde paralysie – avait définitivement désorganisé la bureaucratie économique et eut de graves conséquences pour la majorité de la population. Afin de mettre en œuvre au plus vite une économie de marché, on décida de privatiser les entreprises d'État, d'abord pour le plus grand profit de leurs dirigeants. Parallèlement, en vue de favoriser le développement de la démocratie, on voulut réaliser le pluripartisme, comme en Occident. Le rôle dirigeant du Parti communiste de l'URSS fut abrogé au profit des assemblées et des présidents – en clair au profit des apparatchiks jusqu'alors plus ou moins potiches des différentes républiques. En Russie même apparurent différents partis et, entre autres, un Parti communiste de Russie, dont le leader Boris Eltsine fut élu président de la Fédération de Russie. Tribun éloquent et démagogue, il devint vite le rival de Gorbatchev. Alors que celui-ci continuait de prôner la rénovation de l'URSS malgré la difficulté des réformes, Eltsine accrédita l'idée simpliste, mais fort répandue dans l'opinion, que les difficultés économiques de la Russie étaient surtout la conséquence des dépenses que celle-ci devait consentir en faveur des autres républiques soviétiques. Et l'on stigmatisa les musulmans du Caucase et d'Asie centrale (ceux que nombre de Russes appellent les « culs noirs »), présentés

VLADIMIR POUTINE : LA REMISE EN ORDRE DE L'ÉTAT

Né en 1952 à Leningrad (redevenue Saint-Pétersbourg), Vladimir Poutine y fait des études de droit à l'Université auprès d'Anatoli Sobtchak qui deviendra maire de la ville après 1991. Il entre aux services de renseignements extérieurs du KGB et est nommé en 1985 en Allemagne de l'Est où il assiste à l'effondrement du régime communiste. Rentré à Saint-Pétersbourg sur la demande de Sobtchak (une des rares personnalités intègres et libérales), il est chargé d'importantes fonctions administratives et politiques. À la mort de Sobtchak, il est appelé à Moscou dans l'administration présidentielle et entre ainsi en contact avec Boris Eltsine. Après déjà sept années de pouvoir, Eltsine se retrouve en difficulté du fait des rivalités entre les personnes de son entourage et de l'effondrement du rouble en 1998 qui met l'État en faillite et le prive de ressources. De surcroît, l'alcoolisme d'Eltsine devient de plus en plus difficile à cacher. À cet égard, Poutine tranche complètement avec ce milieu de noceurs et se tient à l'écart des intrigues.

Pour éviter de choisir entre plusieurs puissantes personnalités rivales, Eltsine nomme Poutine Premier ministre, qui se retrouve aussitôt confronté au grave problème de la Tchétchénie. En décembre 1999, Eltsine démissionne en lui confiant l'intérim de la présidence. Poutine sera élu en mars 2000 et réélu avec une très forte majorité en mars 2004. Son programme est de « rétablir la diagonale du pouvoir », c'est-à-dire de rompre avec le développement des « autonomies » préconisé par Eltsine, pour le plus grand profit des notables et des gouverneurs qui se font élire en distribuant des prébendes. Pour rétablir l'autorité de l'État, Poutine s'appuie sur les cadres intellectuels du KGB (devenu le FSB) dont beaucoup sont de ses amis de Saint-Pétersbourg, eux aussi conscients de l'abîme dans lequel s'enfonce la Russie. Poutine nomme ses *silovki* (« hommes de force ») aux postes de confiance et notamment aux postes de gouverneurs. Après les attentats du 11-Septembre, il prend le risque (malgré le désaccord des chefs de l'armée) de prendre contact avec George W. Bush et lui propose l'aide de la Russie aux abords de l'Afghanistan. À partir de 2003, la spectaculaire montée des prix du pétrole et du gaz renfloue les caisses de l'État, ce qui permet de payer les fonctionnaires et les retraités et ce qui vaut au président une grande popularité. Mais si l'État commence à être remis en ordre, les mafias exercent encore des pouvoirs considérables. La Constitution russe empêchant une seconde réélection, on s'attendait à un quelconque coup de force qui permettrait à Poutine de se représenter. Il préférera mettre en place un de ses jeunes adjoints, Medvedev, qui deviendra président en mars 2008 tandis que lui deviendra Premier ministre... pour un certain temps. ■

comme les profiteurs du système. Le président ukrainien voulut lui aussi, pour les mêmes raisons, proclamer son indépendance (l'Ukraine, deuxième république soviétique quant à l'effectif de sa population, étant supposée s'en tirer mieux seule, grâce à ses ressources agricoles et à ses mines de charbon), tout comme celui de Biélorussie. Les dirigeants des trois républiques slaves, réunis en petit comité, décidèrent ensemble de rompre avec l'Union soviétique, pour proclamer peu après sa disparition. C'était pour Eltsine le moyen d'écarter Gorbatchev, en supprimant la fonction de président de l'URSS.

En dehors de l'URSS, on pensa un temps que cet extraordinaire processus allait déclencher une riposte du Parti, du KGB ou de l'armée, qui avaient tant proclamé jusqu'alors leur volonté de défendre coûte que coûte l'URSS et le socialisme contre les manœuvres du capitalisme et de l'impérialisme. En réalité, la disparition de l'URSS et du régime socialiste permettait d'entériner les actes de tous ceux qui étaient en train de s'approprier plus ou moins légalement les biens de l'État socialiste, notamment le contrôle des matières premières, surtout le pétrole et le gaz. Or les profiteurs de cette énorme vague de privatisations avaient appartenu pour une grande part à la hiérarchie communiste, la discrète et pourtant fameuse nomenklatura (classe dirigeante soviétique). Si, après la disparition de l'URSS, des mafias sont apparues au grand jour en Russie sous la présidence d'Eltsine, c'est qu'elles existaient de longue date au sein du parti et que ses cadres s'y étaient organisés depuis des années en véritable groupes occultes plus ou moins rivaux. Ces mafias prospèrent désormais, ce qui n'exclut pas les règlements de compte entre elles.

II. La Russie d'aujourd'hui et son ancien empire

Après avoir déclaré l'indépendance de la Russie, de l'Ukraine et de la Biélorussie, à la stupéfaction des présidents de la plupart des autres républiques, Boris Eltsine et ses deux homologues annoncèrent la formation entre eux de ce qu'ils appelèrent Communauté des États indépendants (CEI), une sorte d'entente des républiques slaves. Les autres républiques, ou tout au moins leurs dirigeants, voulurent alors en faire partie, à l'exception de la Géorgie et des républiques baltes. Ainsi fut proclamée la CEI, sans que ses attributs soient clairement définis, sans monnaie ni armée commune, chaque république se constituant, tant bien que mal, une armée nationale à partir des moyens que l'ex-Armée rouge avait laissés sur place. Les grandes fusées et leurs charges nucléaires, qui avaient été implantées pour une part hors de Russie, firent l'objet d'accords discrètement négociés et financés par les Américains, pour qu'elles soient neutralisées ou remises à l'armée russe.

Un conflit faillit éclater entre l'Ukraine et la Russie à propos de la Crimée. En effet, cette péninsule sur la mer Noire avait été rattachée administrativement à l'Ukraine en 1954 par Nikita Khrouchtchev (d'origine ukrainienne) lorsqu'il succéda à Staline. Cela n'eut guère d'importance tant que l'URSS existait, mais, à la suite de l'indépendance de l'Ukraine, la Russie perdait avec la Crimée – majoritairement peuplée de Russes, dotée de stations balnéaires ensoleillées (Yalta) et, surtout, de la grande base navale de Sébastopol – la majeure partie de son ouverture sur la mer Noire. Le gouvernement ukrainien prétendait, en effet, prendre possession de la flotte (dont les équipages et les officiers étaient en majorité russes). Il résulta une forte tension entre Moscou et Kiev, mais l'Ukraine consentit finalement à réduire ses prétentions navales et à accepter la formation d'une république autonome de Crimée, les populations d'origine russe majoritaires dans le bassin industriel du Donetsk (au nord-est de la Crimée) commençant à réclamer leur rattachement à Moscou. Ce fut la principale crise résultant du tracé des frontières entre la Russie et les ex-républiques fédérées. Des tensions sont sans doute à prévoir concernant le tracé des frontières entre la

LES RIVALITÉS GÉOPOLITIQUES DANS LES ANCIENNES RÉPUBLIQUES SOVIÉTIQUES EUROPÉENNES

Présence russe: Troupes stationnées — Base navale russe — Radar militaire
Présence américaine: Assistance militaire (Géorgie)
OTAN: Pays membres — Pays candidats

L'évolution politique des anciennes républiques soviétiques, qui sont depuis peu devenues membres de l'Union européenne (comme les pays Baltes) ou voisines de celle-ci et de l'OTAN (du fait de l'adhésion de la Pologne, par exemple), risque de conduire à de graves problèmes géopolitiques entre les pays d'Europe occidentale et la Russie. En effet, celle-ci considère que l'Ukraine et la Biélorussie font partie de sa zone d'influence légitime du fait de l'ancienneté des liens historiques et culturels et de la présence dans ces deux pays de très nombreux russophones.

Russie et les républiques baltes (où les Russes sont nombreux), mais celles-ci font d'ores et déjà partie de l'Union européenne.

En proclamant en 1991 la disparition de l'Union soviétique, les dirigeants russes, qui avaient tant de fois dénoncé les manœuvres d'encerclement de l'impérialisme, ne se sont pourtant guère souciés, semble-t-il, de l'évolution géostratégique des ex-républiques fédérées, notamment celles d'Asie centrale et du Caucase. Certes, à l'exception de la Géorgie, celles-ci font partie de la CEI, mais les pouvoirs de cette organisation sont très vagues, tant elle a été bâclée lors de sa création. Par ailleurs, l'armée russe d'aujourd'hui n'est plus que l'ombre de ce qu'avait été l'Armée rouge et les dirigeants des républiques ex-soviétiques devenues brusquement indépendantes sont encore pour la plupart de vieux apparatchiks communistes, ayant gardé la mentalité de l'appareil de l'ex-Union soviétique.

Au lendemain des attentats du 11 septembre 2001, la situation géostratégique en Asie centrale va brusquement changer, car le président russe Vladimir Poutine, mis en place par Boris Eltsine avant son retrait, appelle le président américain George W. Bush pour lui proposer l'aide de la Russie dans sa lutte contre le terrorisme islamiste. En effet, le Kremlin qui, depuis 1994, a aussi maille à partir avec les islamistes en Tchétchénie, offre son aide en Afghanistan (un pays que les militaires russes ne connaissent que trop !) contre les talibans. Poutine accepte même, malgré les réticences de son état-major, que l'US Air Force crée un certain nombre de bases en Ouzbékistan et au Kirghizistan, ouvrant ainsi encore davantage la porte de l'Asie centrale ex-soviétique aux ingérences américaines. Depuis 1991, celles-ci étaient devenues déjà très importantes dans le domaine pétrolier, notamment au Kazakhstan et en Azerbaïdjan. La construction par des entreprises multinationales de l'oléoduc reliant la Caspienne (Bakou, en Azerbaïdjan) à la Méditerranée, via la Géorgie et la Turquie (Ceyhan), a eu pour effet d'instaurer, au grand mécontentement des Russes, une certaine protection américaine

LA RUSSIE ET SES HYDROCARBURES DANS UN « GRAND JEU » GÉOPOLITIQUE

Deuxième producteur mondial de pétrole et premier producteur mondial de gaz, la Russie est dotée de réserves très importantes (peut-être les premières du monde pour le gaz). La hausse spectaculaire des prix des hydrocarbures depuis 2003 a été une très grande chance pour Moscou, qui bénéficie de revenus considérables et entend bien jouer un rôle géopolitique nouveau en Europe en faisant miroiter le fait qu'il offre du gaz à des prix intéressants, tout en montrant qu'il subordonne ses livraisons à une certaine compréhension de ses problèmes géopolitiques.

Pour ce qui est du pétrole, la Russie participe désormais au « grand jeu » des « majors » internationales qui gèrent les besoins énergétiques des États-Unis, de l'Union européenne, mais aussi des nouveaux venus que sont la Chine et l'Inde, compte tenu des possibilités de l'OPEP. Depuis son arrivée au pouvoir, Vladimir Poutine tente de reprendre le contrôle de ce secteur stratégique des hydrocarbures, accaparé par des « oligarques ». Certains d'entre eux, afin d'échapper au contrôle de l'État, avaient même passé des accords d'association avec des compagnies américaines.

Après avoir fait pression sur le gouvernement kazakh pour qu'il exporte son pétrole par l'intermédiaire des Russes, le Kremlin a mis en concurrence la Chine et le Japon pour le tracé des oléoducs qui aboutiront soit à Pékin, soit sur la côte du Pacifique et, au-delà, vers le Japon. Deux projets d'oléoducs sont en effet à l'étude : tous deux partent d'Angarsk sur le lac Baïkal, l'un passant par la Mongolie et l'autre par la Sibérie orientale.

La Russie ambitionne de jouer un rôle croissant sur le marché pétrolier et, pour cela, elle pratique la coopération avec, d'une part, les États-Unis et l'UE et, de l'autre, avec l'Arabie saoudite, en évitant de se poser en rivale de l'OPEP.

En Europe, elle joue surtout la carte du gaz. De nombreux gazoducs avaient été construits au temps de l'Union soviétique et du pacte de Varsovie pour fournir du gaz à l'Ukraine, à la Biélorussie et aux pays Baltes, mais aussi aux démocraties populaires d'Europe centrale et orientale. Ce réseau de gazoducs existe encore et, depuis la fin des régimes socialistes, ses capacités ont été accrues pour répondre à l'augmentation de la demande ; il a été prolongé vers l'ouest, en Allemagne notamment. Avec son grand groupe Gazprom, la Russie offre aux pays européens une sorte de partenariat fondé sur la fourniture de gaz russe à des conditions préférentielles. Mais la crise de 2005-2006 entre l'Ukraine et la Russie montre que cette dernière peut faire pression sur ses partenaires en réduisant les quantités de gaz qu'elle leur fournit. On peut penser aussi que des États situés à l'ouest de la Russie – l'Ukraine ou la Pologne par exemple –, qui sont traversés par des gazoducs fournissant du gaz russe à des pays situés encore plus à l'ouest, pourraient profiter de cette fonction de transit pour exercer un chantage. Les rapports de la Pologne ou de l'Ukraine avec Moscou ne sont pas au beau fixe. C'est pourquoi Gazprom et l'Allemagne ont décidé en 2005 de construire à partir de Saint-Pétersbourg un gazoduc sous la Baltique, de façon à contourner la Pologne et les pays Baltes. Ceux-ci ont manifesté leur mécontentement, ne serait-ce qu'en raison du manque à gagner en taxes de péage. Avec un tel partenariat fondé sur la fourniture de gaz à l'Union européenne, la Russie dispose d'un puissant moyen d'influence géopolitique. ■

LA RUSSIE DU PÉTROLE ET DU GAZ

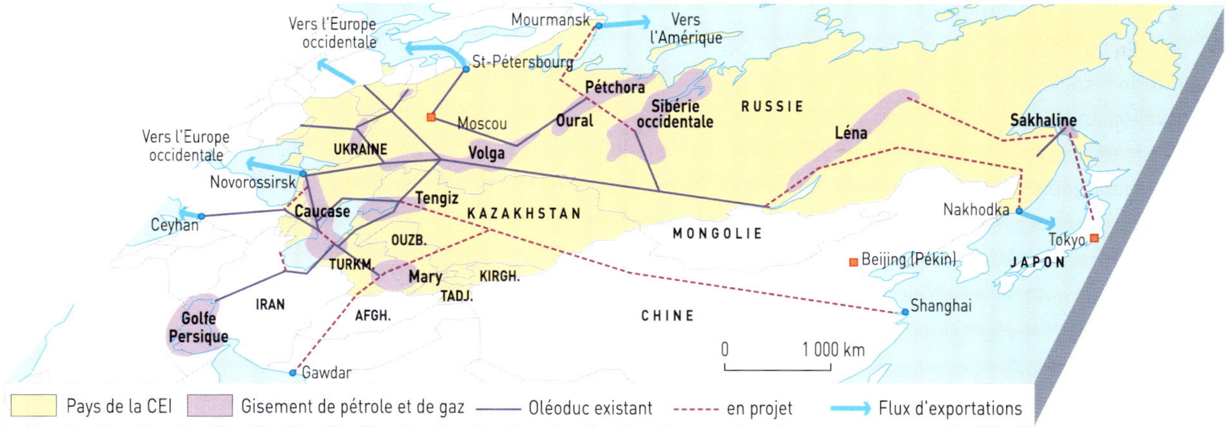

Les gisements pétroliers de Russie se trouvent dans la vallée de la Volga et le sud de l'Oural (gisements qui dépendent des républiques autonomes du Tatarstan et de Bachkirie) et surtout en Sibérie, notamment aux abords de l'océan glacial Arctique. Les grands gisements autour de la Caspienne dépendent de nos jours d'États qui sont devenus indépendants (Azerbaïdjan, Kazakhstan). Deuxième producteur mondial de pétrole et premier de gaz naturel, la Russie joue une grande partie de son développement économique et de son influence géopolitique sur l'exploitation comme sur l'acheminement de ces fabuleuses richesses naturelles, à partir de son territoire ou de celui des pays de la Caspienne et de l'Asie centrale. Une partie complexe se joue autour de l'acheminement vers l'Europe du pétrole de la Caspienne. Les Américains ont ainsi réussi à contourner la Russie pour acheminer le pétrole de la Caspienne vers la Méditerranée par l'oléoduc BTC (Bakou-Tbilissi-Ceyhan), construit sous l'égide de la major britannique BP. Le BTC devrait être doublé en 2007 par un gazoduc qui devrait acheminer le gaz d'Azerbaïdjan également vers la Turquie. Afin de réagir à ce coup de maître américain, Poutine tente de s'allier à la Chine pour contrôler l'acheminement vers ce pays des hydrocarbures d'Asie centrale (Kazakhstan, Kirghizistan, Ouzbékistan). La fourniture de gaz et de pétrole constitue par ailleurs pour Moscou un moyen de pression très fort à l'encontre de ses voisins ukrainien et géorgien.

LES RIVALITÉS PÉTROLIÈRES ENTRE LA RUSSIE ET L'ARABIE SAOUDITE

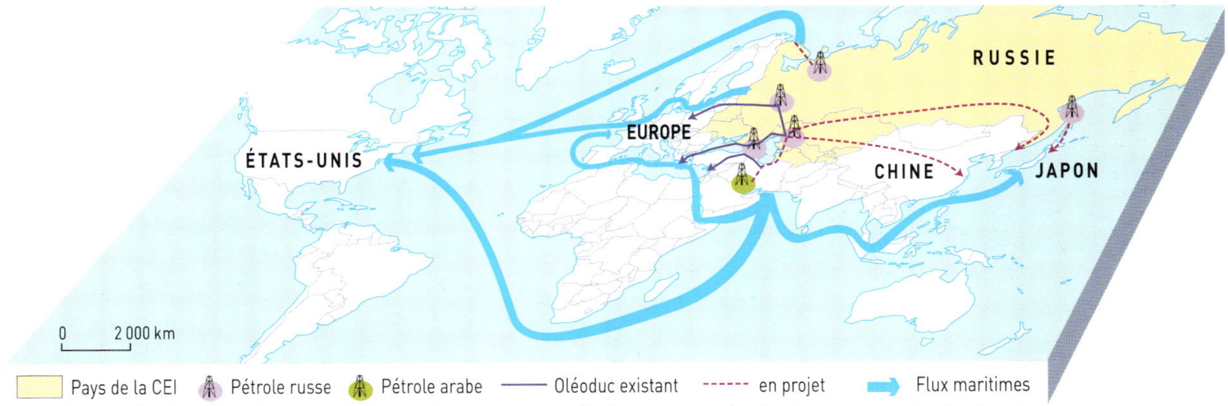

Sur cette carte, les gisements du nord de la Russie apparaissent déjà plus proches du nord-est des États-Unis que ceux de l'Arabie saoudite. En vérité, ils le sont bien davantage si l'on tient compte de la véritable forme du globe (la projection cartographique utilisée pour cette carte est du type Mercator, qui exagère les dimensions dans la zone polaire). Mais il faut également tenir compte du fait que les rendements des forages pétroliers en Arabie saoudite sont beaucoup plus élevés que ceux de la plupart des gisements russes, les réserves de ces derniers étant de surcroît beaucoup plus faibles. C'est seulement en cas d'événements graves en Arabie saoudite que la Russie pourrait pallier quelque temps une telle pénurie.

sur le gouvernement géorgien qui était jusqu'alors plus ou moins sous pression de la Russie.

On peut s'interroger sur les raisons de la stratégie de Poutine, car elle se traduit par le recul des influences russes de la mer Noire à l'Asie centrale pour le plus grand profit des intérêts américains. Poutine, qui est un réaliste, après s'être rendu compte du marasme dans lequel se trouve encore son pays, a décidé que le principal moyen de le redresser rapidement est de développer à nouveau la production russe de pétrole et les exportations pétrolières vers les États-Unis. Pour cela, il faut la participation accrue des compagnies américaines et l'accord du gouvernement de Washington. Mais une telle stratégie n'est pas sans risque et tous ses effets n'en sont pas prévisibles. La Russie est déjà devenue le premier producteur mondial d'énergie (en comptant le gaz) et le deuxième de pétrole, derrière l'Arabie saoudite. Encore faudrait-il que l'essentiel des profits des exportations pétrolières ne soit pas accaparé et transféré à l'étranger par les oligarques plus ou moins associés aux banques américaines. D'où le procès fiscal intenté en 2004 par l'État au plus puissant d'entre eux, Mikhaïl Khodorkovski, ex-président emprisonné du géant pétrolier Ioukos, au risque de semer le doute dans les milieux d'affaires sur l'avenir des entreprises privées menacées de reprise en main par l'État.

MOSCOU-KIEV ET RETOUR

La victoire, en novembre 2004, du candidat de l'opposition en Ukraine, Viktor Iouchtchenko, a été vécue par Moscou comme un échec majeur. Le mouvement populaire, dit « révolution orange », qui avait contesté le bon déroulement des élections donnant la victoire au candidat officiel prorusse était jugé par les dirigeants du Kremlin comme manipulé en sous-main par la Pologne et, surtout, par les Américains, relayés par l'Union européenne. Le président Bush n'avait-il pas menacé de couper l'aide bilatérale américaine à Kiev (la plus importante après celle accordée à Israël) si le trucage du scrutin n'était pas reconnu ? En Géorgie, après le succès de 2003 des partis hostiles à la Russie, une évolution du même type en Ukraine serait encore plus inquiétante pour Moscou. La « perte » de l'Ukraine (49 millions d'habitants, dont environ 20 % de russophones orthodoxes) représenterait une perte géopolitique considérable : le pays a toujours été le « grenier à blé » de la Russie et son industrie d'armement, appuyée sur une puissante sidérurgie, constitue un enjeu d'importance. Surtout, si l'Ukraine rejoint à terme l'UE, voire l'OTAN.

Cinq ans après, la situation semble avoir évolué. La dépendance de l'Ukraine envers son puissant voisin oriental, notamment en matière énergétique, demeure toujours aussi forte. Par ailleurs, la perte de prestige de l'UE, consécutive au rejet du projet constitutionnel, bouche les perspectives « européennes » de l'Ukraine. Forte de sa manne pétrolière en augmentation du fait du renchérissement du prix du baril, la Russie entend alors reprendre tranquillement la main en activant ses réseaux économiques et culturels, par le biais des russophones et de ces associations diverses qui, dans le camp adverse, avaient si activement contribué, un an plus tôt, au succès de la révolution orange. ■

La Russie et ses républiques autonomes

À l'époque soviétique, c'est dans la République fédérative socialiste de Russie que le système fédéral plurinational a été appliqué le plus systématiquement en raison de l'étendue de son territoire et des nombreux petits peuples qui s'y trouvent. La Fédération de Russie (144 millions d'habitants) compte aujourd'hui encore davantage de républiques autonomes (21) et 5 territoires et 1 région autonomes, pour la plupart en Sibérie. Avec plus de 3 millions de km² (plus de cinq fois la France), la Iakoutie (que l'on appelle aujourd'hui Sakha) est la plus vaste des républiques autonomes. Elle forme plus du quart de la Sibérie, mais ne compte qu'un million d'habitants, pour moitié des Russes et pour un tiers des Iakoutes de langue turco-mongole. Il en est sensiblement de même pour les républiques autonomes situées en bordure de la Mongolie.

De part et d'autre du cours moyen de la Volga et dans le sud de l'Oural se trouve un autre groupe de républiques autonomes, dont les peuples, notamment les Tatars et les Bachkirs, sont aussi majoritairement de langue turco-mongole et musulmans. Leur importance stratégique tient au fait qu'elles sont situées sur l'axe du Transsibérien reliant la Russie à la Sibérie et que leurs territoires recèlent d'importants gisements de pétrole. Lorsque Staline fit

L'ÉQUATION UKRAINIENNE

« Si près des États-Unis et si loin du ciel », disent souvent les Mexicains à propos de leur puissant voisin américain. « Si près de la Russie et si près de l'enfer », pourraient dire, à leur façon, les Ukrainiens, dont la proximité géographique et culturelle avec leur puissant voisin russe n'a jamais manqué de poser des problèmes. En 1876, le tsar interdit ainsi l'usage de la langue ukrainienne dans l'enseignement, dans l'édition et dans la presse. Durant la Révolution de 1917, les Ukrainiens tentèrent de reconquérir leur indépendance, ce qu'ils payèrent ensuite chèrement. Formellement indépendante depuis 1991, l'Ukraine ne peut ignorer plusieurs facteurs : la présence sur son territoire d'une importante minorité russophone, sa dépendance industrielle envers la Russie et la détermination de celle-ci à conserver sa voisine dans sa sphère d'influence. La crise du gaz de janvier 2006 a montré combien les velléités de Kiev pouvaient être bridées. Tout en lançant un projet de nouveau gazoduc avec l'Allemagne (projet dont l'ancien chancelier Schröder a pris la présidence) et passant par la Baltique, Moscou a imposé à l'Ukraine un fort renchérissement du prix du gaz et celle-ci n'a pu que s'incliner, pour se rapprocher ensuite politiquement de son voisin russe.

tracer les frontières du Kazakhstan, il ne tint pas compte de la proximité de la Bachkirie (région au nord du Kazakhstan, à population musulmane). Un étroit couloir de territoire russe, le couloir d'Orenbourg (qui correspond à l'ancien *limes* cosaque), sépare les républiques musulmanes de la Volga (Tatarstan, Bachkortostan) du Kazakhstan, lui aussi musulman et de langue voisine. Les mouvements islamistes prônent le regroupement de ces républiques dans un vaste ensemble musulman. Ils prétendent même en chasser les Russes et l'étendre jusqu'à la chaîne du Caucase, sous prétexte que les montagnards caucasiens faisaient descendre leurs troupeaux dans les plaines situées entre la mer Noire et la mer Caspienne.

Sur le versant septentrional du Caucase se juxtaposent huit petites républiques autonomes (Kabardino-Balkarie, Ossétie du Nord, Ingouchie, Tchétchénie, Daghestan, Kalmoukie, Karatchaïs-Tcherkesses, Adyguès) : leurs langues sont très diverses car, malgré la proximité de la Turquie, on ne parle des langues proches du turc qu'à l'ouest et à l'est de la chaîne. Mais toutes ces populations sont de religion musulmane, à l'exception des Ossètes au centre de la chaîne, qui sont chrétiens. À l'époque soviétique, la frontière de la Fédération de Russie avait été fixée sur la ligne de crête du Caucase, sauf à l'est de la chaîne où l'Azerbaïdjan (musulman mais majoritairement chiite, comme en Iran) s'étend sur le versant nord, au contact du Daghestan qui lui-même s'étend largement au pied du Caucase. Le peuplement de cette république autonome de la Fédération de Russie est extraordinairement complexe mais, au début du XXIe siècle, ce n'est pas là, au Daghestan, que les tensions géopolitiques sont les plus visibles. C'est dans la petite république voisine, en Tchétchénie, linguistiquement bien plus homogène que, depuis la dislocation de l'URSS, se déroule le conflit le plus grave non seulement contre les Russes, mais aussi entre Tchétchènes musulmans. Les troupes russes y font la guerre depuis 1994.

On le voit, l'héritage du fédéralisme soviétique comme la montée de l'islamisme ou le choc des intérêts économiques font du problème très ancien des nationalités au sein de l'ensemble russe une question actuelle hautement géopolitique.

LE JAPON : UNE CROISSANCE SPECTACULAIRE, AUJOURD'HUI À L'ARRÊT

Situé au nord-est de la Chine et de la Corée, le Japon, dont le nom vient du mot chinois *riben*, qui se prononce à peu près *jipen* et qui signifie « soleil levant », est un très ancien État asiatique offrant au plan mondial deux grandes originalités géographiques. La première est d'être un État archipel, depuis longtemps unifié pour l'essentiel et dont la forme d'ensemble est particulièrement simple. Les Philippines et l'Indonésie, autres États archipels aujourd'hui, doivent leurs limites beaucoup plus compliquées à des conquêtes coloniales européennes plus ou moins anciennes qui ont rassemblé des ensembles géologiques très différents et des populations fort diverses. Le Japon résulte d'un même ensemble tectonique : un grand arc qui s'allonge du nord au sud sur plus de 3 000 kilomètres et comptant quatre grandes îles, prolongées au sud par le long chapelet des petites îles Ryukyu. Par ailleurs, à la différence des autres grands archipels, et en dépit de la grande longueur de l'ensemble japonais (plus de 3 000 kilomètres), la population nippone a une très grande unité culturelle. La seconde grande originalité géographique et géopolitique du Japon est d'être le seul pays non européen à avoir fait de façon autonome sa révolution industrielle au XIXe siècle et à présenter de ce fait aujourd'hui toutes les caractéristiques d'un pays « développé », à l'instar de ceux d'Europe occidentale et d'Amérique du Nord.

Le Meiji, un choix géopolitique

Les premiers Européens (des Jésuites) arrivèrent au Japon à la fin du XVIe siècle. La société japonaise était alors de type féodal : des seigneurs guerriers étaient sous l'autorité de l'un d'entre eux, le *shogun*, considéré comme le « ministre » de l'Empereur, dont les fonctions n'étaient alors qu'honorifiques. Les missionnaires ayant converti au christianisme nombre de Japonais et ceux-ci mettant en cause le régime politique du pays, le *shogun* prit la décision d'interdire tout contact avec les Européens, surtout s'ils étaient catholiques. Mais, curieux de mieux connaître les armes nouvelles et les instruments de ces étrangers, il autorisa pourtant qu'une fois dans l'année, un navire affrété par des protestants hollandais accoste près de Nagasaki, dans le sud de l'archipel, et lui apporte ces « nouvelles technologies » (armes, instruments, livres...). Il passait même commande pour le prochain voyage. Cette pratique se déroulera tout au long du XVIIIe siècle.

Le *shogun* envoya également des espions en Chine pour voir comment les commerçants européens se comportaient. Au début du XIXe siècle, il fut informé que les puissances européennes exerçaient de plus en plus de pressions sur l'énorme empire qu'était pourtant la Chine. Lorsqu'en 1853, une escadre américaine se manifesta à coups de canon près des côtes jaonaises pour exiger « l'ouverture » du Japon, le *shogun* fut obligé de « s'ouvrir » aux Européens. Les seigneurs japonais dénoncèrent son impuissance et, pour défendre l'indépendance de leur pays, déclenchèrent une véritable révolution en décidant de s'approprier et de retourner les armes modernes contre les Européens. Aidée par des bourgeois autorisés à commercer avec la Chine, cette aristocratie guerrière japonaise abolit le servage des paysans et, afin de maintenir la tradition nationale, rétablit symboliquement, à Tokyo, le pouvoir de l'Empereur.

En 1868, il fut décidé que le Japon entrait dans « une ère nouvelle », celle du « gouvernement éclairé », le Meiji. Ce changement capital résulte bien d'un choix géopolitique, puisqu'il s'agissait d'imiter les Européens, de faire comme eux la révolution industrielle (par l'intermédiaire des quelques grandes familles de commerçants) afin de construire au plus vite une armée moderne, et pouvoir ainsi s'opposer à l'expansion euro-américaine en Asie et dans le Pacifique. Cette alliance d'une aristocratie militaire restée dirigeante et d'une bourgeoisie marchande rappelle l'évolution de l'Allemagne au XIXe siècle sous la direction prussienne, contrairement à celle de la France où noblesse et bourgeoisie se sont combattues, ou encore de l'Angleterre où ce que l'on appellera révolution industrielle fit surtout l'affaire de la bourgeoisie.

L'impérialisme et « l'espace vital »

L'aristocratie militaire ayant pris le dessus, le Japon se dota au plus vite d'une armée moderne et se lança dans une grande expansion impérialiste, tout d'abord au détriment de la Chine, à qui le Japon enleva en 1895 l'île de Formose (Taïwan).

Le prestige de l'armée dans la société japonaise tint pour une grande part au fait que, avant la révolution Meiji, porter les armes était le privilège des nobles. En devenant soldats, les paysans japonais se sentaient donc valorisés en regard des civils. Par ailleurs, la montée en puissance du Japon fut favorisée par les rivalités entre puissances impérialistes. C'est ainsi que les Britanniques, inquiets de la puissance de l'Empire russe en Asie, vendirent à l'armée nippone une partie du matériel de guerre et les navires torpilleurs qui devaient faciliter sa victoire spectaculaire de 1905 sur l'armée russe. Après ce succès qui leur ouvrit la Mandchourie abandonnée par les Russes, les Japonais annexèrent la Corée (en 1910) avant de profiter de la Première Guerre mondiale pour déclarer la guerre à l'Allemagne, afin de s'emparer de ses nombreuses possessions insulaires dans le Pacifique (îles Carolines, Marshall, Mariannes).

Entre les deux guerres mondiales, la croissance considérable de la population japonaise, du fait de la forte baisse de la mortalité, constitua pour les dirigeants japonais – comme pour les géopoliticiens allemands – l'argument majeur leur permettant de revendiquer un plus vaste « espace vital ». L'archipel japonais, dont l'essentiel de la superficie est occupé par des montagnes, ne pouvait nourrir une population de plus en plus nombreuse (50 millions d'habitants dans les années 1920). L'armée japonaise se lança à l'assaut de la Mandchourie puis de la Chine, en dépit des mises en garde américaines. De plus en plus puissants au sein de l'État, les généraux japonais profitèrent de l'inquiétude croissante des milieux dirigeants américains devant les développements de la guerre en Europe et des succès de l'Allemagne alliée du Japon, pour frapper un grand coup dans le Pacifique.

La Seconde Guerre mondiale et ses conséquences

En détruisant par surprise la principale base navale américaine de Pearl Harbor (7 décembre 1941), l'état-major japonais était persuadé que les États-Unis, qui n'avaient alors qu'une armée réduite, seraient dans l'incapacité de mener la guerre en Europe et en Asie et qu'ils abandonneraient le Pacifique. Pendant que les Américains faisaient d'abord la guerre en Europe, l'armée japonaise procéda rapidement à la conquête de toute l'Asie du Sud-Est jusqu'aux abords de l'Inde et de l'Australie. Mais lorsque les Américains mirent davantage de leurs forces dans le Pacifique et qu'ils parvinrent à s'emparer d'îles relativement proches de l'archipel, d'où ils pouvaient lancer des raids aériens de plus en plus dévastateurs, la défaite de l'armée japonaise était scellée et le lancement de la bombe atomique sur Hiroshima réduisit le Japon à une capitulation sans condition (septembre 1945).

Les mesures prises par les Américains à l'encontre du Japon furent tout d'abord draconiennes. Le pays vaincu devait, par l'article 9 de sa Constitution (dictée par des juristes américains), renoncer définitivement à toute force armée, et l'industrie devait être démantelée pour empêcher la renaissance du militarisme. Afin de favoriser le développement de la démocratie au Japon, de vastes réformes économiques et sociales furent imposées, comme la réforme agraire et le démantèlement des grands groupes industriels et financiers. Mais en 1950, la guerre de Corée, qui prit par surprise les Américains, incita ces derniers à réduire la rigueur de leurs décisions à l'encontre des entreprises japonaises pour qu'elles puissent fournir des produits de première nécessité à l'armée américaine qui en avait un besoin urgent. Afin d'éviter une possible contagion des idées communistes, les États-Unis apportèrent également une aide financière à la reconstruction du pays. Il ne fut pas question de reconstituer l'armée impériale, mais une « force nationale d'autodéfense », dont le budget ne devait pas dépasser 1 % du produit national.

Quand le Japon semblait devenir superpuissance

Le redressement de l'économie japonaise fut extrêmement rapide, non seulement du fait des efforts de reconstruction, mais aussi du fait de l'accroissement considérable des exportations, et tout d'abord vers les États-Unis. Il parut alors paradoxal que ceux-ci achètent à leur adversaire de la veille des marchandises de plus en plus nombreuses, et même des automobiles. Mais l'efficacité des entreprises japonaises et la productivité de leur main-d'œuvre, en dépit du très faible niveau des salaires, furent telles que les entreprises américaines réalisaient davantage de profit sur le marché américain en revendant des produits importés par leurs soins du Japon plutôt qu'en les fabriquant elles-mêmes aux États-Unis. En dépit de l'absence quasi totale de matières premières au Japon, l'essor de l'industrie japonaise devint considérable, tant en raison de l'accroissement des marchés extérieurs que des progrès du marché intérieur. Les profits réalisés par les grandes firmes furent alors réinvestis dans le pays, qui est longtemps parvenu, par divers moyens, à éviter les investissements étrangers sur son territoire.

L'ÉQUATION GÉOPOLITIQUE JAPONAISE

Les différends territoriaux du Japon avec la Russie, la Corée ou la Chine sont en vérité secondaires et cantonnés à la revendication de quelques îles et îlots. En revanche, la situation géopolitique du Japon est loin d'être paisible entre la Chine proche de plus en plus puissante et les États-Unis si présents dans la vie économique, politique et militaire nipponne. Pékin soupçonne toujours Tokyo de vouloir contrecarrer ses intérêts (concurrence pour le pétrole russe, appui japonais à Taïwan, ce qui exaspère la Chine) et l'accuse d'être le porte-avion en Asie des États-Unis. D'autant que ces derniers poussent Tokyo à sortir de la réserve diplomatique et militaire observée depuis 1945. Dans ce contexte, la menace nucléaire nord-coréenne inquiète également les Chinois.

La croissance du Japon fut telle que le pays devint dans les années 1970 la deuxième puissance économique mondiale. Le PIB des États-Unis représentait encore plus du double de celui du Japon, mais leur croissance étant alors relativement lente, nombre de commentateurs estimèrent que le « pays du Soleil-Levant » serait dans un délai plus ou moins proche la

HISTOIRE ET GÉOPOLITIQUE

A la différence de l'Allemagne où, depuis 1945, toute référence au nazisme est interdite, une question empoisonne la vie japonaise depuis un demi-siècle, celle de la mémoire historique, plus précisément celle concernant la reconnaissance des exactions commises en Chine par l'armée japonaise durant la Seconde Guerre mondiale. En 1946, les manuels scolaires mentionnaient la responsabilité des forces nippones lors du massacre de Nankin de 1937 (300000 morts civils et d'innombrables viols). Dix ans plus tard, un mouvement négationniste japonais présentait ce massacre – et d'autres horreurs telles les « femmes du réconfort » (Coréennes enlevées pour servir de prostituées aux hommes de troupe japonais) – comme de « pures fictions ». L'affaire a été relancée par les visites récurrentes du Premier ministre japonais Junichiro Koizumi au sanctuaire de Yasukuni, où seraient enterrés des criminels de guerre avérés. Elle l'a été encore plus fortement en 2005, quand d'importantes manifestations eurent lieu en Chine pour protester contre le contenu négationniste de certains manuels d'histoire distribués dans les écoles nippones. Plusieurs observateurs ont estimé que Pékin avait alors cherché à envenimer les choses pour que le projet (abandonné depuis) d'attribuer au Japon un siège de membre permanent au Conseil de sécurité de l'ONU soit rejeté. Les autorités chinoises auraient également profité de la situation pour marquer leur opposition aux prétentions japonaises sur les îles de Senkaku (que les Chinois nomment Diaoyu), où ont été détectées des ressources pétrolières et gazières. Vainqueur aux élections générales de l'automne 2005, M. Koizumi n'a pas hésité à nommer dans son nouveau ministère des personnalités de droite proches du courant négationniste.

Quoi qu'il en soit, les deux pays demeurent des partenaires obligés, la Chine étant devenue en 2004 le premier partenaire commercial du Japon, et en 2009 la deuxième puissance économique mondiale. ■

première puissance économique mondiale. Aux États-Unis, où des firmes japonaises achetaient spectaculairement quelques fleurons du patrimoine américain, les grands médias se mirent à évoquer une nouvelle rivalité géopolitique de part et d'autre du Pacifique.

C'est aussi l'époque où le gouvernement de Washington, lancé dans une course aux armements de plus en plus onéreuse avec l'Union soviétique, invita Tokyo à y participer. Mais le gouvernement japonais, suivant en cela son opinion publique, éluda une telle demande et maintint le budget de la force nationale d'autodéfense au 1 % du PIB prévu par la Constitution. Du fait de l'accroissement considérable du produit intérieur japonais au cours des décennies, ce 1 % correspondait à des moyens militaires de plus en plus importants. Ainsi la flotte de défense japonaise est aujourd'hui au troisième rang mondial des flottes de guerre.

Le malaise japonais

À partir du milieu de la décennie 1990, le Japon est entré dans une phase nouvelle, celle d'un grand ralentissement de sa croissance, devenu en 2009 une véritable récession avec la crise économique mondiale. Les causes en sont complexes. D'une part, les grandes entreprises industrielles japonaises ont délocalisé nombre de leurs productions dans des pays étrangers plus ou moins proches, où les salaires sont plus bas, comme la Corée du Sud, Taïwan ou l'Indonésie, mais aussi dans les pays où le marché est plus large, États-Unis ou Europe occidentale. D'autre part, le marché intérieur japonais est en stagnation du fait d'un déclin démographique et du vieillissement de la population. Sur 128 millions d'habitants, la proportion de personnes âgées est considérable, ceci étant la conséquence d'une ferme politique de limitation des naissances imposée par le gouvernement durant des années après la Seconde Guerre mondiale. Enfin, la situation des grandes banques japonaises est assez précaire, sinon malsaine, car la « bulle spéculative », notamment dans le domaine immobilier et dans celui de la téléphonie mobile, leur a fait faire des placements qui se sont avérés très douteux. Du fait de nombreuses résistances, le gouvernement rencontre de grandes difficultés pour assainir l'ensemble du système bancaire. Cependant, l'économie japonaise profite de la formidable croissance économique de la Chine. Mais, contrairement aux prévisions que l'on avait pu faire dans les années 1980, le Japon n'est plus en passe de rattraper les États-Unis, puisqu'il est maintenant supplanté au deuxième rang mondial par la Chine, qui, malgré la crise, poursuit sa croissance économique.

Les problèmes géopolitiques du Japon aujourd'hui

Autant les ambitions géopolitiques du Japon ont été autrefois démesurées, autant ses problèmes géopolitiques sont, de nos jours, limités, même si, peu à peu, le champ de ses interventions à l'extérieur de ses frontières s'élargit (envoi de troupes en Afghanistan et en Irak, appui diplomatique clairement manifesté en faveur de Taïwan). Il revendique toujours « les territoires du Nord », c'est-à-dire les petites îles Kouriles, situées tout près du nord de Hokkaido, que les Soviétiques ont annexées en 1945. Le Japon est également en litige avec la Chine populaire pour les îles Senkaku (que les Chinois nomment Diaoyutai), au nord de Taïwan, à l'extrémité méridionale de l'archipel japonais des Ryukyu. Il y a litige aussi avec la Corée du Sud pour les îles Takeshima (que les Coréens nomment Tokdo), à l'ouest de Honshu. Par ailleurs, la population japonaise souhaite le départ des bases militaires américaines de l'île d'Okinawa, au sud de l'archipel de Ryukyu.

En réalité, les problèmes géopolitiques du Japon portent moins sur des territoires que sur l'image du pays, celle que son impérialisme d'antan a laissée dans les pays voisins. En Corée, on n'oublie pas la façon dont ont été traités les Coréens et les Coréennes durant la colonisation japonaise et la Seconde Guerre mondiale. En Chine, on ne cesse de rappeler comment s'est conduite l'armée japonaise, et notamment les atrocités qu'elle a délibérément commises lors du « sac de Nankin » en 1937.

Le problème que pose la Corée du Nord, et la stratégie de chantage qu'elle mène avec son arsenal nucléaire, concerne directement la Corée du Sud, mais aussi, et peut-être surtout, le Japon. Déjà, pour prouver leurs capacités, les militaires nord-coréens ont lancé des missiles non armés dans le Pacifique en passant par-dessus le Japon. Enfin, la formidable montée en puissance de la Chine pose à Tokyo des redoutables problèmes. Le Japon doit-il renforcer ses relations militaires avec les États-Unis, si tant est que ceux-ci commencent à envisager leurs relations avec la Chine en termes de rapports de force ? Ou doit-il, au contraire, jouer la carte chinoise, ce qui offrirait à son industrie de considérables débouchés, mais risquerait aussi de le rendre bien plus dépendant de la Chine que de l'Amérique.

La concurrence entre la Chine et le Japon commence à se faire sentir dans le domaine pétrolier et en termes géostratégiques. Pékin souhaite qu'un grand oléoduc passant par les portes de Dzoungarie lui apporte le pétrole du Kazakhstan et de Sibérie occidentale. En revanche, les Japonais sont favorables à ce qu'un oléoduc venant de Sibérie occidentale, et même du Kazakhstan, arrive jusqu'aux provinces maritimes de la Fédération de Russie, c'est-à-dire sur les côtes de la mer du Japon. Pour assurer sa sécurité énergétique, et malgré le souvenir de Hiroshima, le pays réalise discrètement depuis des décennies un important programme de construction de centrales nucléaires (ce qui n'est d'ailleurs pas sans risque dans la perspective de tremblements de terre de forte intensité). Mais ce programme nucléaire civil constitue aussi le moyen de passer rapidement à des programmes militaires, au cas où le Japon devrait assurer plus ou moins seul sa défense.

En raison de la Constitution imposée en 1946 par les États-Unis, le Japon n'a pas officiellement d'armée, mais dispose d'une « force d'autodéfense » avec une flotte de plus en plus puissante. En janvier 2007, le directeur de cette force a été remplacé par un ministre de la Défense, ce qui augure peut-être de la renaissance d'une armée japonaise. Les problèmes géopolitiques du Japon ne se limitent pas aux provocations des dirigeants nord-coréens ; ils dépendent également de la montée d'un courant nationaliste chinois qui veut désormais démontrer et affirmer la puissance militaire de la Chine face aux Occidentaux tout en rappelant aux Japonais les atrocités de leur armée impériale. Si le président américain entend prendre des mesures contre la Corée du Nord, il ne s'est toutefois pas encore exprimé quant à sa politique à l'égard du Japon et surtout de la Chine.

La Chine : la deuxième puissance économique mondiale

Ce que l'on peut appeler le « monde chinois » est un ensemble spatial qui s'étend sur près de 4 500 kilomètres d'est en ouest, sur 4 000 kilomètres du nord au sud (il relève donc du deuxième ordre de grandeur). Il comprend la Chine dite « continentale », c'est-à-dire l'actuel territoire de l'État communiste de la République populaire de Chine, mais aussi l'État d'origine anticommuniste qu'est l'île de Taïwan (23 millions d'habitants), dénommée par ses dirigeants République de Chine, sans oublier les nombreuses communautés chinoises dispersées dans tout le Sud-est asiatique (Indochine, Indonésie et notamment l'État de Singapour, largement peuplé de Chinois). Le monde chinois présente surtout la caractéristique de former une masse de près d'un milliard et demi d'habitants qui relèvent à 90 % d'une même civilisation, fort ancienne et de grande valeur technique, culturelle et artistique. Depuis 2009, selon les statistiques, la Chine est officiellement devenue la deuxième puissance économique mondiale. Pourtant, de nombreux Chinois, essentiellement des paysans, sont encore très pauvres. Mais leur situation reste sous silence car cette population est encore actuellement sous la coupe de fonctionnaires du Parti communiste.

I. À l'origine, un grand mouvement géopolitique

L'expansion des Han : du nord vers le sud, sur 2 000 kilomètres

Les Chinois, s'ils ne parlent pas tous la même langue (car en Chine du Sud, il y a des dialectes variés), se considèrent presque tous comme formant un même peuple, celui des Han, et ils utilisent pratiquement tous la même écriture. Celle-ci a la particularité de ne pas être alphabétique, mais idéographique ; ses signes se prononcent différemment selon les régions du pays. Cette unité de l'écriture est la grande différence avec l'Inde, qui compte elle aussi plus d'un milliard d'êtres humains, mais relevant d'une très grande diversité linguistique et culturelle, hormis l'hindouisme qui est commun à 90 % d'entre eux.

Cette très grande différence entre les deux États les plus peuplés de la planète (avec chacun un poids démographique trois à quatre fois plus fort que celui des États-Unis, qui viennent en troisième position), et qui procède d'abord de l'extraordinaire unité culturelle de la Chine, s'explique d'abord par le fait que la grande masse de la population chinoise se concentre dans la partie orientale du pays, dans ce que l'on appelle traditionnellement la Chine des 18 Provinces. Celles-ci, qui sont fort anciennes, forment seulement à peu près le cinquième de la surface du pays : une telle concentration a donc favorisé son homogénéité culturelle. Mais cette superficie (2 000 kilomètres du nord au sud et 1 500 kilomètres d'est en ouest) correspond à peu près à celle de l'Inde, où vivent en revanche des populations extrêmement diverses. Il faut donc tenir compte dans l'histoire de la Chine d'un grand et très ancien phénomène que l'on peut qualifier de géopolitique. Il fut en effet caractérisé par de multiples rivalités de pouvoirs sur des territoires qui ont progressivement abouti à l'expansion du peuple chinois et à la formation de l'empire de Chine.

L'unité de la Chine – qui est à la base de sa puissance – est due pour une grande part à ce grand mouvement géopolitique (que l'on peut aussi qualifier de géohistorique). Le monde indien n'a pas connu de mouvement équivalent.

La civilisation chinoise, celle des Han (population représentant aujourd'hui près de 95 % des habitants de la Chine), est apparue environ quinze siècles avant notre ère, dans le nord de la Chine actuelle, autour de Xian, ville située en amont du confluent de la rivière Weï et du grand fleuve Huang He (ou Hoang Ho, le fleuve Jaune, ainsi dénommé en raison de ses masses d'alluvions), avant qu'il débouche dans la grande plaine de Chine du Nord. Cette civilisation se caractérise par les débuts d'une agriculture irriguée relativement intensive (culture du millet) et par les débuts d'un appareil d'État s'appuyant moins sur des chefs de guerre que sur une hiérarchie de lettrés fonctionnaires (ceux que les Européens appelleront plus tard des « mandarins »).

Au cours des siècles, cet appareil bureaucratique dirigeant une solide armée a réalisé l'expansion progressive des Han, d'abord vers le cours aval du Huang He, dans la plaine de Chine du Nord. Il a fallu aussi mobiliser les paysans pour construire des digues afin de contenir le fleuve aux crues d'autant plus terribles qu'il coule sur une levée alluviale au-dessus du niveau de la plaine. Puis les Han se sont progressivement étendus vers le sud, profitant du fait que la grande écharpe de déserts traversant par son milieu tout le continent asiatique ne parvient pas jusqu'aux rivages du Pacifique. En effet, les régions proches de l'Océan bénéficient des pluies de la mousson, alors que la sécheresse, combinée à des hivers glacés, règne dans les régions situées à l'intérieur et à l'ouest de la Chine.

Les conquêtes : d'abord vers le sud, puis dans les steppes de l'ouest

Dans leur expansion du nord vers le sud, les Han ont gagné des régions aux hivers de moins en moins froids, puis des régions subtropicales où on peut faire deux récoltes de riz par an. Mais, dans leur expansion vers le sud, les Han furent finalement arrêtés par les Vietnamiens. Ceux-ci, après avoir été dominés pendant plusieurs siècles par l'empire de Chine, en adoptèrent l'organisation politique et technique, ce qui leur donna ensuite les moyens de se dresser efficacement contre lui et de repousser ses nouvelles tentatives d'expansion, au-delà des montagnes du nord Vietnam.

En revanche, la Chine du Nord, berceau historique de l'empire, n'est guère bordée de montagnes et s'ouvre largement sur de vastes plaines steppiques, qui ont été le domaine traditionnel des pasteurs cavaliers mongols. Les tribus mongoles se sont périodiquement organisées en grandes confédérations guerrières qui se sont lancées vers l'ouest, à la conquête plus ou moins temporaire de l'Asie centrale et de l'Europe orientale, mais aussi vers l'est, à la conquête de la Chine.

Entre l'Empire chinois, organisateur de tout un peuple de paysans sédentaires, et les Empires mongols successifs qui contrôlaient grâce à leurs cavaliers d'immenses étendues, les rapports furent complexes.

UN PUISSANT FACTEUR D'UNITÉ : L'ÉCRITURE IDÉOGRAPHIQUE

PAR cette expansion, qui l'éloignait de son berceau originel et qui la mêlait à des populations autochtones diverses, la société chinoise aurait pu être confrontée à une hétérogénéité culturelle de plus en plus marquée et à des luttes ethniques de plus en plus graves. Mais l'unité de cette civilisation, en pleine expansion spatiale, s'est maintenue, malgré des crises, grâce à l'efficacité de la grande administration de lettrés. Ceux-ci étaient organisés en une stricte hiérarchie, résultat de longues études et reposant grosso modo sur le plus ou moins grand nombre d'idéogrammes dont ils connaissaient la signification. Certes, l'apprentissage d'une langue fondée sur un alphabet permettant de prononcer les mots est beaucoup plus rapide. Mais ce système d'écriture idéographique des mandarins présente l'avantage de pouvoir être utilisé par les populations très diverses que l'empire avait englobées, en leur permettant de conserver leurs parlers traditionnels tout en communiquant entre elles et avec l'administration impériale par une écriture commune, un même signe se prononçant différemment selon les régions. La civilisation chinoise doit sans doute son unité également au fait que, à la différence de toutes les autres civilisations, elle ne s'identifia pas à une religion précise, intégrant à des croyances familiales traditionnelles (le culte des ancêtres) le confucianisme, sagesse laïque au service de l'État et tolérant les convictions religieuses de groupes mystiques comme les bouddhistes ou les taoïstes.

LA CHINE, LE « GÉANT » ASIATIQUE

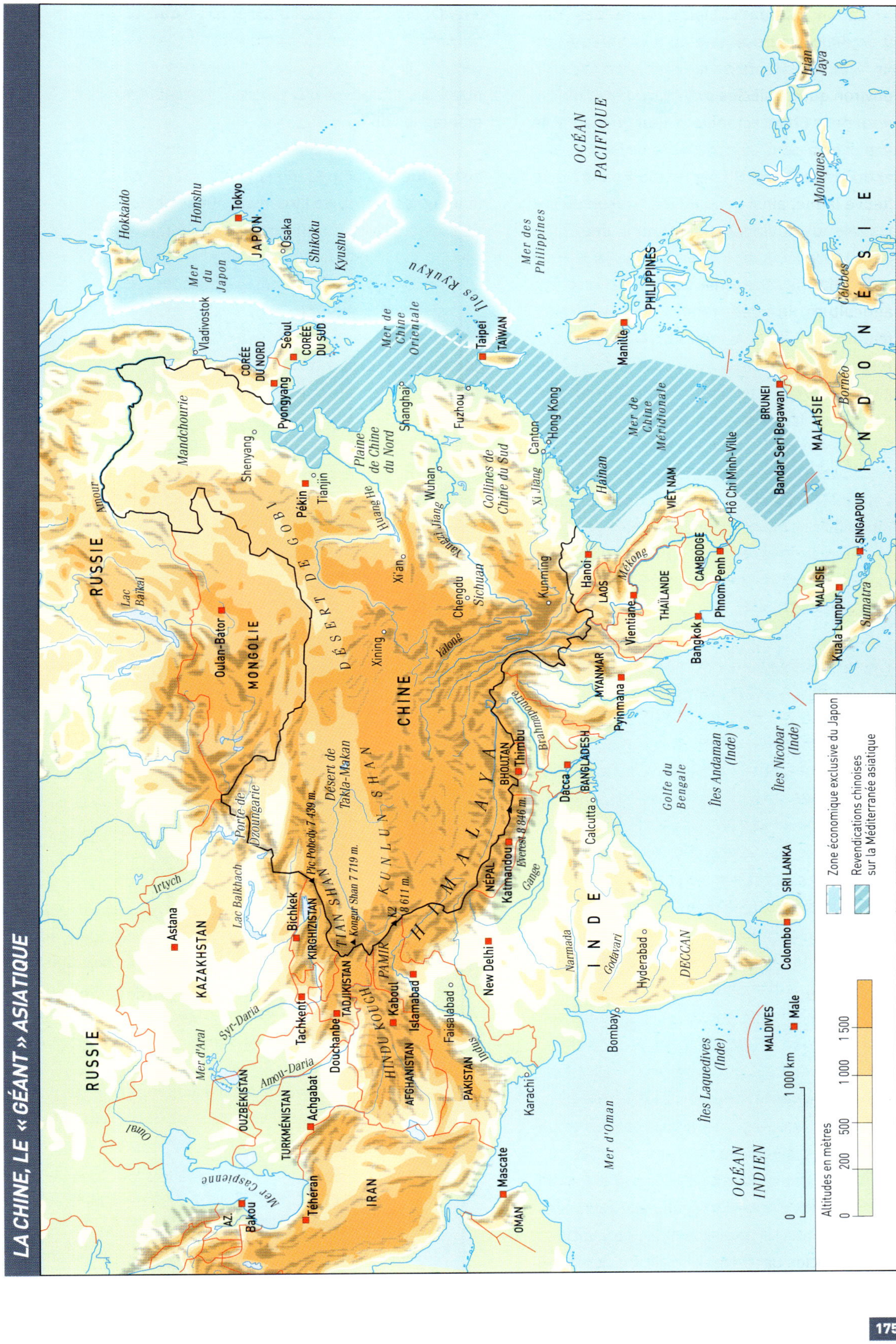

Profitant de périodes de déclin de certaines dynasties chinoises, des souverains mongols (et même mandchous au XVIIe siècle) prirent le contrôle de l'empire chinois, en conservant son système bureaucratique et en participant au développement de sa civilisation. Ce sont eux, pour une grande part, qui ont établi le contrôle de la Chine sur les oasis des régions arides les plus occidentales, par où passaient les fameuses routes de la soie allant vers l'Europe. Mais, le plus souvent, les cavaliers mongols se lançaient dans des raids de pillage et, pour s'en défendre, les empereurs chinois firent construire en bordure des steppes, sur des milliers de kilomètres, des dispositifs fortifiés (comparable au *limes* de l'Empire romain), dont la fameuse « grande muraille de Chine » offre les vestiges les plus fameux. C'est d'ailleurs pour mieux faire face aux raids des Mongols que Pékin fut progressivement choisie comme capitale de l'empire en dépit de sa position excentrée, dans le nord de la Chine actuelle.

La Chine du Sud, la mer et l'Empire du Milieu

Avec ses petites plaines et ses grandes vallées intensément cultivées, la Chine du Sud, subtropicale, est depuis longtemps la partie de l'empire la plus peuplée. La partie sud du pays est aussi beaucoup plus tournée que celle du nord vers les activités maritimes.

Au XVe siècle, les empereurs chinois firent construire une série de grandes flottes pour naviguer dans les mers d'Asie du Sud-Est et dans l'océan Indien, qui atteignirent même les côtes de l'Afrique orientale. Mais pour les empereurs chinois, il s'agissait moins de faire des conquêtes au-delà des mers que d'aller faire connaître la grandeur de leur civilisation. Cependant, au XVIe siècle, ils y renoncèrent et interdirent même ces grandes entreprises navales.

À la différence des Européens, notamment des Portugais et des Espagnols, qui, à peu près à la même époque, partaient à la découverte et à la conquête du monde, la Chine, pourtant

LA CHINE DES « TRAITÉS INÉGAUX »

Au début du XIXe siècle, la Chine que gouverne depuis deux siècles une dynastie étrangère, celle des Mandchous, entre dans une phase de grands désordres, ce dont profitent les puissances étrangères (Anglais, Français, Russes d'abord – Allemands et Japonais ensuite).
En 1842, le traité de Nankin, qui ouvre au commerce occidental cinq ports chinois et entérine la cession de Hongkong à l'Angleterre, inaugure l'ère des « traités inégaux ».
En 1860, les Anglo-Français imposent l'ouverture de onze nouveaux ports, tandis que les Russes annexent les territoires au nord de l'Amour et s'avancent jusqu'à la mer de Chine. Les révoltes des Taiping puis des Boxers seront matées avec l'aide des Américains et des Européens. La dynastie mandchoue ne parviendra pas à réformer le pays, pas plus que la république que Sun Yat-sen proclame en 1911 à Canton et dans le sud de la Chine.

combien plus forte, décida de se consacrer à la gestion des progrès de sa propre civilisation, laquelle est alors l'une des plus brillantes et assurément la plus puissante. Son apogée fut sans doute atteint au XVIIIe siècle. Empereurs et mandarins étaient alors persuadés que la Chine était bien le centre du monde, d'où l'expression classique d'« Empire du Milieu ».

Les Chinois d'aujourd'hui s'inspirent de ce passé pour se persuader qu'ils incarnent depuis des millénaires la seule grande civilisation.

II. La grande humiliation

Le drame intérieur de la Chine au XIXe siècle

Alors que la Chine avait connu au XVIIIe siècle, sous l'autorité de la dynastie mandchoue (bien que celle-ci fût étrangère), un grand développement économique et démographique – le nombre de ses habitants passa de 120 millions en 1700 à 320 millions en 1800 –, l'Empire chinois rencontra au XIXe siècle une suite de très graves difficultés internes qui le rendront incapable de faire face à la pression des entreprises européennes puis japonaises. Les causes de ces difficultés sont complexes, mais il semble que le luxe du pouvoir impérial à Pékin, conséquence de la prospérité économique, ait favorisé les appétits des mandarins de province, qui s'étaient enrichis, par les moyens d'une corruption croissante, au détriment du peuple. Nombre d'entre eux avaient notamment détourné à leur profit une grande partie des crédits destinés à l'entretien des digues. Celles-ci, faute d'entretien, avaient cédé en de nombreux endroits, sous la pression des crues, et les plaines situées en contrebas du cours des fleuves avaient été ravagées par de terribles inondations – sept d'entre elles se produisirent en Chine du Nord de 1798 à 1820, le Huang He ayant brisé ses digues et changé de cours. Selon un célèbre proverbe chinois, « lorsque les digues cèdent, la révolution est proche », ce qui se vérifia à plusieurs reprises dans l'histoire. Sous l'action de sociétés secrètes comme celle de la Triade ou celle du Lotus blanc, de nombreuses révoltes paysannes éclatèrent alors comme autrefois.

Cependant, en ce début de XIXe siècle, la Chine allait connaître un phénomène nouveau. Ses relations commerciales avec le reste du monde, qui s'étaient développées jusqu'alors à son avantage, tournèrent à son détriment : sa monnaie de cuivre et d'argent perdit de sa valeur par rapport à l'or, qui était devenu un moyen de transaction de plus en plus généralisé. Le commerce de la Chine devint déficitaire, d'autant qu'un nombre croissant de Chinois achetaient à grand prix de l'opium (dont l'empereur avait interdit la production dans le pays) à l'étranger. Les Anglais de la Compagnie des Indes, qui en avaient développé la production et le commerce, l'exportèrent de force dans de nombreux ports de Chine du Sud, d'abord par les moyens de la piraterie puis, les canons européens faisant la preuve de leur efficacité face à ceux des Chinois, par des expéditions navales qu'on appela plus tard les « guerres de l'opium » (1841 et 1856). Celles-ci avaient, plus largement, pour but « d'ouvrir » les ports chinois au commerce des Européens. Ce fut le temps des « traités inégaux ». Les Anglais obtinrent ainsi, en 1842, la cession de la petite île de Hongkong, proche de Canton, dont ils feront un grand entrepôt. Parmi les clauses de ces traités, il y avait aussi – on l'oublie souvent – la liberté d'action d'un certain nombre de missionnaires chrétiens, en majorité des protestants britanniques et américains.

Tout cela devait avoir de très grandes conséquences politiques. Hong Xiuquang (1813-1864), un étudiant pauvre de Chine du Sud, membre de la minorité méprisée des Hakka, allait lancer en

1850 une formidable insurrection, celle de « l'Association des adorateurs de Dieu », plus connue sous le nom de Taiping. Il s'agissait tout à la fois d'une révolution mystique, égalitariste, puritaine, antimandchoue, et même féministe. Ce grand mouvement procéda à un partage des terres et imposa à ses membres une vie communautaire et une organisation militaire très hiérarchisée. Formée au début de gens de la région de Canton privés d'emploi par le développement du port de Shanghai créé par les Européens, l'armée taiping, conduite par des chefs de guerre avisés, prit le contrôle de la Chine du Sud, puis de Nankin et de la moyenne vallée du Yangzi Jiang avant de menacer Pékin. Une autre grande insurrection se développa alors dans le nord de la Chine, celle des Nian, mais elle ne fera pas alliance avec les Taiping.

Cependant, le partage des terres qu'opéraient les Taiping mécontenta bientôt nombre de petits et moyens propriétaires, tandis que les Européens, tout d'abord favorables au mouvement taiping parce qu'il était influencé par le christianisme, prirent peur. Ils vendirent donc de l'armement aux grands mandarins qui, dans diverses régions, avaient constitué des armées pour pallier l'effondrement des « bannières », l'armée traditionnelle mandchoue. Ceux-ci seront appuyés par une troupe de mercenaires européens, conduite par le Britannique Charles Gordon. Les Taiping seront progressivement refoulés vers le sud et vaincus vers 1865. Leur écrasement, et celui d'autres grandes insurrections, fera sans doute trente millions de morts.

La révolution des Taiping et ses conséquences marquaient des changements considérables dans l'évolution de la Chine. La période de prospérité et de croissance démographique du XVIIIe siècle faisait alors place à la misère d'une grande partie de la population. Son effectif, qui avait atteint 430 millions de personnes en 1850, tendit à stagner, sinon même à diminuer du fait des famines, des épidémies et des massacres. Dans la plupart des provinces, afin de remédier aux dysfonctionnements du pouvoir impérial, la lutte contre les insurrections eut pour conséquence de considérables transferts de pouvoir vers des mandarins qui, disposant d'armes achetées aux Européens, devinrent peu à peu ce que l'on appellera des « seigneurs de la guerre ». La crise intérieure montrait ainsi les faiblesses de la Chine, ce qui aiguisa les appétits, non seulement des puissances européennes plus ou moins rivales les unes des autres, mais surtout ceux d'un petit État voisin, le Japon.

Les agressions étrangères et les divisions géopolitiques de la Chine au XXe siècle

Devant l'accentuation des pressions européennes (anglaise, française, russe, allemande) et, surtout, celle des États-Unis (en 1853), le Japon, qui s'était jusqu'alors efforcé de se protéger par l'isolement, se lança en 1868 dans une véritable révolution politique sous la direction de son aristocratie guerrière. L'État, désormais centralisé, met sur pied au plus vite une industrie, notamment dans le secteur de l'armement, grâce à l'aide des Anglais qui voyaient dans l'armée et la flotte japonaises le moyen de s'opposer à l'expansion de l'Empire russe en Extrême-Orient. En 1894, l'armée nippone remporta une spectaculaire victoire sur la Chine. Celle-ci dut verser au Japon une énorme contribution de guerre, lui céder l'île de Formose, future Taïwan (qu'elle n'occupait guère), et, sur les côtes nord de la Chine, de petits territoires dénommés « concessions », à l'instar de celles qu'obtiendront ensuite l'Angleterre, la France, l'Allemagne et la Russie. À la suite de ces humiliations, la cour impériale se devait de réagir : en 1898, au prix de multiples intrigues, elle chercha à profiter d'une insurrection montée par la société secrète des « Boxers », qui s'était emparée de Pékin, pour tenter de faire massacrer les représentants des puissances étrangères et même de leur déclarer la guerre. Celles-ci mirent rapidement sur pied un corps expéditionnaire international qui, en 1900, reprit Pékin, rétablit l'apparence d'un pouvoir impérial, tout en se livrant au pillage du fameux « palais d'été » et en soumettant la Chine à de formidables indemnités de guerre. Cette collaboration des occupants étrangers cachait à peine leurs rivalités et, cinq ans plus tard, en 1905, l'armée japonaise infligeait, à la grande satisfaction des Anglais, une terrible défaite à l'armée russe, qui dut abandonner aux Japonais les voies ferrées et les concessions minières que le tsar avait fait établir en Mandchourie.

C'est en Chine du Sud, à Canton, une ville qui combinait depuis longtemps grandes traditions chinoises et relations extérieures (Shanghai est alors une ville trop récente), que de jeunes intellectuels chinois, fils de gros commerçants, ayant accompli leurs études aux États-Unis ou au Japon, lancèrent en 1911 un mouvement (qui deviendra l'année suivante le Guomindang) en vue de mettre fin à la décadence de l'empire et proclamèrent la République. Son premier président était un chrétien, Sun Yat-sen, qui avait longtemps séjourné aux États-Unis. La fin du pouvoir impérial constitua d'ailleurs le prétexte que le dalaï-lama et les chefs de tribus mongoles utilisèrent pour proclamer l'indépendance du Tibet (avec l'appui des Anglais) et celle de la Mongolie (dite extérieure), qui sera peu après occupée par des troupes du tsar (auxquelles succéderont en 1920, celles de l'Armée rouge). Sun Yat-sen, dont l'influence ne dépassait guère la Chine du Sud, dut bientôt céder la place au pouvoir de Pékin, en fait au général Yuan Shikai qui prétendait rétablir l'unité de la Chine, avec l'aide des Japonais, lesquels, dans le même temps, annexaient la Corée.

Durant la Première Guerre mondiale, les puissances européennes n'eurent plus les moyens de rivaliser en Chine, ce dont profita le Japon qui, fort habilement, déclara la guerre à l'Allemagne pour s'emparer de ses concessions en Chine et des nombreux archipels sur lesquels Berlin avait établi son autorité dans le Pacifique. La souveraineté du Japon sur ces territoires sera ensuite reconnue par les signataires du traité de Versailles en 1919. Cela scandalisa nombre de Chinois. En réalité, si les Anglais et les Français laissaient ainsi le champ libre aux Japonais, c'était en raison de l'opposition de ceux-ci aux Soviétiques en Extrême-Orient.

Après diverses péripéties, Sun Yat-sen redevint en 1921 président de la République à Canton et, grâce aux subsides fournis par son nouvel allié l'Union soviétique, parvint à se maintenir au pouvoir en Chine du Sud. La mort de Sun Yat-sen en 1925 permit au général Tchang Kaï-chek de prendre le pouvoir au sein du Guomindang, en bénéficiant du soutien des Soviétiques et des milieux d'affaires de Shanghai (il a épousé la fille d'un grand banquier), ce que dénoncèrent vainement les membres du Parti communiste chinois fondé par des intellectuels en 1921. En avril 1927, Tchang Kaï-chek fit noyer dans le sang une révolte populaire qui avait éclaté à Shanghai. L'année suivante, grâce à des alliances avec les seigneurs de la guerre, il entra dans Pékin, mais cette ville était trop éloignée de ses bases de Chine du Sud et trop proche des zones de Mandchourie, que contrôlaient les Japonais. Il établit donc sa capitale à Nankin, dans la vallée du Yangzi Jiang. L'échec de nouvelles tentatives d'insurrections ouvrières dans les villes industrielles obligea les dirigeants communistes (ou ce qu'il en restait) à se réfugier dans les campagnes et à prendre la tête d'insurrections paysannes.

Pourchassés dans les provinces du Sud par l'armée du Guomindang, ils se réfugièrent progressivement en Chine du Nord, sous la conduite de leur leader Mao Zedong, après des tours et détours de près de 12 000 kilomètres : ce fut la fameuse « Longue Marche » de 1934 à 1935, qui aboutit à la formation d'une sorte de bastion fortifié à Yan'an, dans la grande boucle du Huang He. Ils ne recevront pas d'aide des Soviétiques – en dépit de la proximité de la Mongolie que ceux-ci occupent –, qui continueront d'entretenir de bonnes relations avec Tchang Kaï-chek.

Durant cette période, à partir de la Corée, les Japonais prenaient le contrôle de la Mandchourie (où ils créèrent un État fantoche, le Mandchoukuo) et, en 1937, ils se lancèrent à l'assaut de la Chine. Ils firent rapidement la conquête de la quasi-totalité des provinces orientales les plus peuplées. Tchang Kaï-chek dut abandonner sa capitale

Nankin qui sera livrée à d'horribles exactions de la part des troupes nippones, pour se réfugier vers l'ouest.

Après Pearl Harbor, il reçut une certaine aide des Américains, via la fameuse « route de Birmanie ». Mais ce fut la défaite du Japon en août 1945 qui lui permit de rétablir son autorité sur la Chine, du moins théoriquement. En effet, malgré les efforts de conciliation du gouvernement américain, la guerre reprit dès 1946 entre Tchang Kaï-chek et les communistes. L'extrême corruption du gouvernement et des cadres de l'armée chinois incitera les États-Unis à suivre l'avis du général Marshall et à cesser leur aide militaire. Au prix de durs combats, l'armée communiste fit alors la conquête de l'essentiel de la Chine, à l'exception de Taïwan où se réfugia Tchang Kaï-chek. En octobre 1949, la République populaire de Chine était proclamée à Pékin par Mao Zedong.

Les Chinois d'aujourd'hui n'ont certes pas oublié cette période de déclin de près d'un siècle et demi, qu'ils imputent largement au cynisme des puissances étrangères. Ils considèrent, quoi qu'ils puissent penser du régime de Mao Zedong, que cet intermède traumatisant n'a pris fin qu'en 1949, lorsque ce dernier accède au pouvoir central.

L'ère maoïste

Le nouveau régime ordonna aussitôt une collectivisation agraire massive, un effort gigantesque de reconstruction du pays et l'accroissement à marche forcée de ses capacités productives, sans tenir aucun compte des tensions que cela entraînait. Un régime totalitaire fut mis en place, avec un système concentrationnaire, le Laogaï, comparable à celui du Goulag soviétique. Mao Zedong, qui avait pris le pouvoir au sein du Parti communiste, rompit en 1960 l'alliance qu'il avait nouée en 1950 avec l'Union soviétique, à qui il reprochait de quitter l'orthodoxie communiste et de vouloir dominer la Chine. Il accusa aussi les États-Unis des mêmes projets, car ceux-ci soutenaient les

LA LONGUE MARCHE (OCT. 1934-OCT. 1935)

Chassé en 1927 des grands centres urbains de Chine du Sud, le Parti communiste chinois se replie vers les campagnes. D'abord réfugié dans les montagnes du Jiangxi, Mao Zedong fonde en 1931 une république communiste, rurale et militaire. Encerclés dès l'année suivante par les troupes du Guomindang, les communistes doivent se replier vers les montagnes de l'ouest. C'est la Longue marche de 12 000 kilomètres qui les conduit ensuite vers le nord jusqu'au Shaanxi. Elle coûtera la vie à quelque 100 000 partisans. En 1935, Mao Zedong fonde à nouveau une petite république communiste à Yan'an qui résistera aux offensives japonaises. La légende du communisme chinois est née.

LE LAOGAÏ, OU LE « GOULAG CHINOIS »

Comme l'Union soviétique du temps de Staline, la Chine communiste a subi un système concentrationnaire de 1949 aux années 1990. Laogaï signifie camp de « réforme par le travail », autrement dit camp de travaux forcés. On peut constater sur cette carte que la grande majorité des camps ne se trouve pas dans les régions les plus éloignées des grandes villes chinoises, mais au contraire à leur périphérie et même dans certains cas à l'intérieur de l'agglomération. C'est dans les provinces côtières, surtout celles de Shanghai ou de Canton, dont les contacts avec l'étranger étaient les plus intenses, ou celle de Fujian située en face de Taïwan, que les camps étaient les plus nombreux et les plus gros. C'est en effet dans ces provinces que la répression a été la plus forte. Depuis quelques années, le système du Laogaï a moins d'importance qu'autrefois, mais il n'a pas encore disparu, car le pouvoir communiste réprime les troubles sociaux que provoquent l'énorme croissance urbaine et économique ainsi que les spoliations de terres paysannes qu'elle entraîne.

anticommunistes réfugiés dans l'île de Taïwan. La Chine se proclama ainsi citadelle assiégée du communisme mondial et les Chinois, soumis aux travaux forcés sous le contrôle du Parti, durent renoncer à toute propriété privée. Les paysans furent mobilisés pour réaliser les travaux du « Grand Bond en avant », au détriment des travaux agricoles indispensables, ce qui provoqua une très grave famine.

C'est ainsi que fut proclamée l'interdiction, sous peine de sanction, d'avoir plus d'un enfant par famille. La population chinoise, que l'on avait évaluée à quelque trois cents millions d'âmes en 1950, avait atteint les 600 millions en

1962 et le milliard d'êtres humains en 1975, ce qui s'explique par une baisse de la mortalité conjuguée au maintien d'une forte natalité, mais aussi par des recensements plus précis. Si cette politique de contrainte démographique pouvait sembler logique, il n'en allait pas de même (sinon pour des raisons de contrôle du pouvoir au sein du PCC) pour celle que Mao Zedong mena, de 1966 à 1976, sous le nom de « Révolution culturelle » contre les cadres de son propre parti. Une démence idéologique poussa des millions de jeunes dénommés « gardes rouges » à pourchasser les intellectuels, les cadres, les professeurs, les techniciens sous le prétexte qu'ils étaient des « bourgeois ». Les lycées et les universités furent fermés durant dix ans et les étudiants comme les professeurs furent déportés à la campagne afin de retrouver les idées « prolétariennes » en travaillant dans les champs. Les folies désastreuses de la « Révolution culturelle » eurent au moins le mérite de montrer aux successeurs de Mao Zedong (mort en 1976) les impasses économiques auxquelles pouvait conduire le communisme.

III. L'Empire du Milieu bientôt au cœur du monde

Le formidable essor économique de la Chine et ses causes géopolitiques

Tout en maintenant le monopole politique du Parti communiste, les dirigeants chinois, menés par Deng Xiaoping (entre 1977 et 1987), supprimèrent progressivement la collectivisation de l'agriculture et, surtout, firent évoluer les activités industrielles vers un mélange théoriquement indéfinissable, dans lequel les notables communistes et leurs familles s'entendent pour faire des affaires avec les capitalistes privés chinois ou étrangers, notamment ceux de Taïwan. Il en résulte depuis vingt ans une croissance économique extraordinairement rapide et une modernisation spectaculaire de la Chine, principalement dans les villes, qui voient croître les gratte-ciel comme des champignons. En revanche, la situation des campagnes reste très précaire et les usines dépendant de l'État connaissent désormais le chômage et n'ont souvent plus les moyens de payer leurs ouvriers. En effet, le pouvoir central, du fait des réformes qui ont été lancées, ne perçoit plus qu'une portion réduite des impôts, alors que les provinces en conservent la plus grande part, afin que les bureaucraties locales puissent « faire des affaires » plus facilement.

MIGRATIONS INTÉRIEURES ET PAUVRETÉ

Alors que, selon certaines études internationales, les classes moyennes chinoises (c'est-à-dire accédant à un mode de vie et de consommation de type occidental) représenteraient quelque 300 millions de personnes, il y aurait, selon les chiffres officiels (2003), 85 millions de personnes vivant en dessous du seuil de pauvreté. Ces chiffres se fondaient sur un revenu annuel inférieur à 882 yuans, alors que les normes internationales fixent le seuil de pauvreté à un revenu annuel inférieur à 3 000 yuans. Une grande partie de ces pauvres se trouvent parmi les très nombreux migrants internes (quelque 42 millions au début des années 2000), qui quittent les campagnes pour tenter de trouver du travail en ville. Les principales régions de départ sont le Sichuan, le Hunan et le Henan ; les principales destinations sont la région de Canton (près de la moitié) et de Shanghai. Ces immenses mouvements de population constituent un des grands risques de déstabilisation politique et économique du pays. ■

La formidable croissance de la Chine, dont les répercussions sont déjà très importantes au plan mondial (triplement des prix de l'acier, demande accrue de minerais, de pétrole, etc.), ne résulte pas seulement du savoir-faire, de l'âpreté au gain des hommes d'affaires chinois et de la ténacité des travailleurs. Elle procède aussi de la bienveillance de la haute finance internationale et du soutien des grandes banques américaines.

LES DENSITÉS DE POPULATION

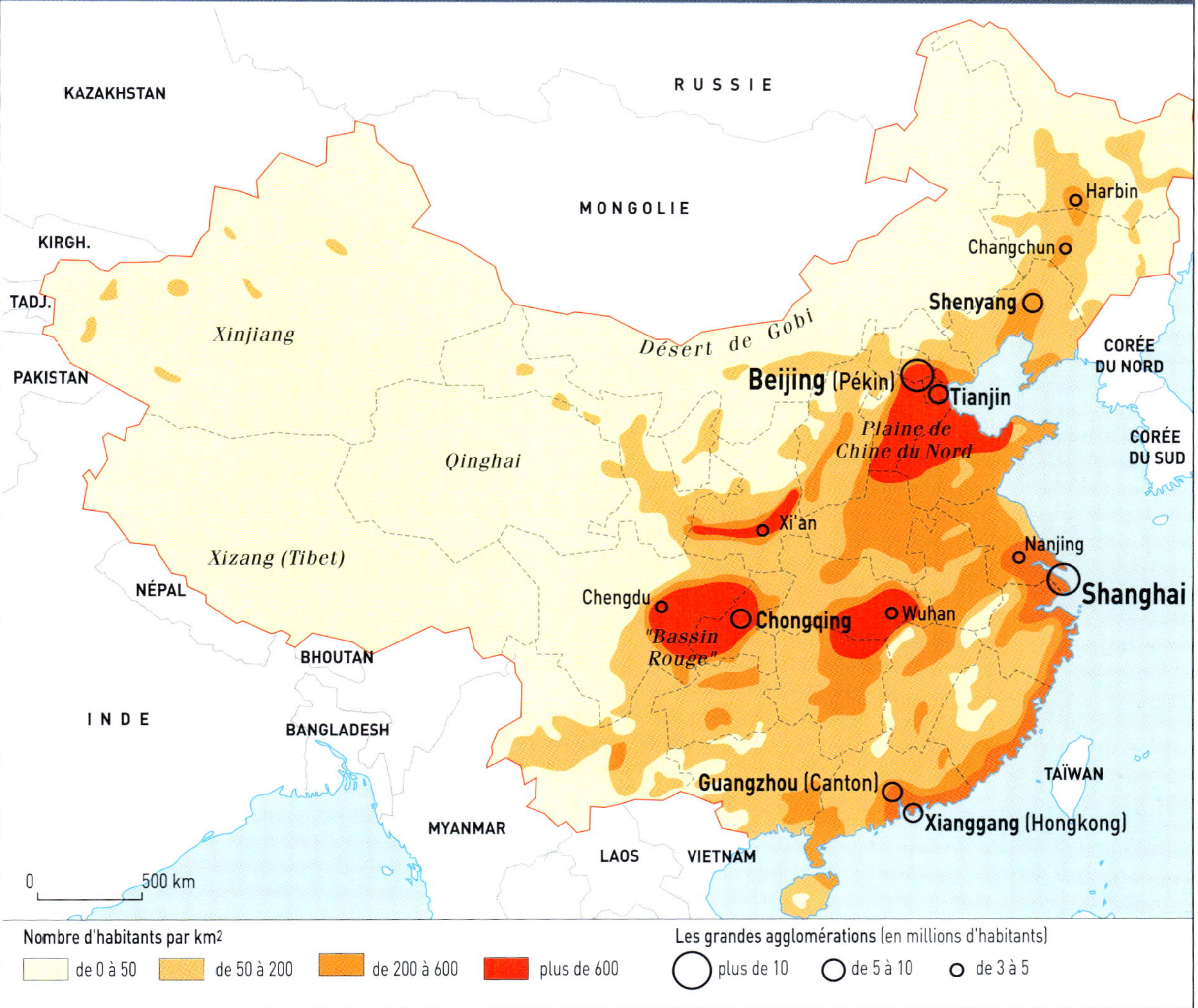

Si le contraste est net entre la partie orientale du pays, très densément peuplée, et les provinces occidentales, semi-désertiques, les autorités chinoises continuent de veiller scrupuleusement au contrôle des naissances, bien que la croissance économique ait atteint des records (jusqu'à 16 % par an) avant la crise économique mondiale, qui a provoqué une baisse des échanges avec les États-Unis. La politique de limitation de la natalité décidée dans les années 1970 a été de nouveau décrétée « fondement de la politique nationale » en 2001, tandis que les méthodes coercitives d'avortement et de stérilisation forcée n'ont pas été abandonnées. Le taux de natalité chinois est en passe de descendre au-dessous du taux de renouvellement naturel de la population et l'insuffisance du nombre des filles commence à se faire durement sentir. De 1980 à 2003, la population urbaine est passée de 19,7 % à 28,6 % du total. Avec plus de 31 millions d'habitants, Chongqing est considérée comme l'une des plus grandes villes du monde.

Cela est d'autant plus remarquable que, durant des décennies, les relations entre la République populaire de Chine et les États-Unis ont été apparemment exécrables. Elles l'ont été effectivement durant la guerre de Corée (1950-1953) quand, près d'un million de « volontaires » chinois sont venus combattre aux côtés des Nord-Coréens qui avaient brusquement attaqué les troupes d'occupation américaines en Corée du Sud. Mais

LES PIB EN CHINE

auparavant, en 1949, la victoire de l'Armée populaire chinoise est en grande partie due à la décision prise en 1948 par le gouvernement américain (en l'occurrence le secrétaire d'État, le général Marshall) de cesser toute aide aux forces du général Tchang Kaï-chek jusqu'alors allié de Washington contre les Japonais.

Cette décision étonnante (qui fut ensuite durement critiquée aux États-Unis durant la guerre de Corée) s'explique sans doute par la volonté américaine, en ce début de la guerre froide, de susciter, face à l'Union soviétique, la rivalité d'une autre puissance communiste. La guerre de Corée mit ce plan en échec, mais

On remarque une forte différence entre les provinces côtières, désormais riches et industrieuses, le centre majoritairement rural et les provinces de l'ouest, nettement moins développées.

La Chine contemporaine est marquée par de considérables migrations intérieures (plus de 200 millions de personnes entre 2000 et 2005), des campagnes vers les villes, ce qui fait craindre à certains des risques de déstabilisation sociale. Les autorités font remarquer que le taux d'urbanisation du pays dans les villes de plus de un million d'habitants reste encore inférieur de plus de 5 % à la moyenne mondiale.

Le PIB de la Chine, en y incluant celui de Hongkong, serait parvenu, en 2005, au quatrième rang mondial, derrière celui des États-Unis, du Japon et de l'Allemagne.

LES AIRES D'INFLUENCE DES VILLES

Les trois grandes régions urbaines chinoises, celle de Pékin avec le port de Tianjin, celle de Shanghai et celle de Canton-Hongkong, qui rassemblent chacune plus de vingt millions d'habitants, se répartissent de façon relativement harmonieuse dans la zone côtière de la Chine qui est aussi celle où se concentre la majeure partie de la population.
Canton et Hongkong étendent leur influence sur le sud de la Chine. Shanghai est le débouché de la grande vallée du Yang Tsé (ou Yangzi-Jiang) où l'énorme barrage des Trois-Gorges va permettre aux navires d'assez gros tonnage de remonter, grâce aux écluses, jusqu'à la grande ville de Chongqing. Pékin-Tianjin est le débouché de la plaine de Chine du Nord et de la vallée du Hoang Ho (ou Huang He).
La sécheresse croissante de la Chine du Nord pose de graves problèmes, mais devrait être partiellement surmontée par la réalisation du transfert vers le Hoang Ho d'une partie des eaux du Yang Tsé, soit à partir du barrage des Trois-Gorges, soit, en aval, par l'élargissement du Grand Canal impérial qui, depuis des siècles, relie pour la circulation fluviale la vallée du Yang Tsé à Pékin.

celui-ci reprit tout son sens à la fin des années 1950, lorsque l'alliance sino-soviétique fut rompue pour faire place à une rivalité qui faillit conduire les deux puissances communistes à la guerre en 1968.

Toutefois, malgré le soutien apporté par les Américains aux forces de Tchang Kaï-chek repliées à Taïwan, les relations entre Pékin et Washington ne furent pas rompues.

En 1972, au plus dur de la guerre du Viêt Nam, alors que les troupes américaines combattaient les communistes nord-vietnamiens soutenus par l'URSS et la Chine populaire, le président Nixon se rendit à Pékin pour rencontrer le président Mao et établir avec lui un accord secret contre l'Union soviétique. Depuis 1991, l'URSS n'existe plus et les dirigeants communistes chinois se félicitent d'avoir mené les réformes de leur système sans avoir suivi l'exemple de Gorbatchev qui avait dissous le Parti communiste et tenté la perestroïka.

La Chine « au secours » des États-Unis

Depuis les années 1990, les relations économiques sino-américaines sont excellentes, à telle enseigne que ce sont surtout des fonds chinois qui depuis des années pourvoient à l'énorme déficit commercial et budgétaire des États-Unis. La Chine vend ses produits aux États-Unis et achète l'équivalent en bons du Trésor américain (elle en détiendrait 2 000 milliards de dollars), soutenant ainsi la devise et l'économie américaines. Il n'en reste pas moins que, sur l'autre rive du Pacifique, la Chine est devenue la deuxième puissance économique mondiale, et que ses dirigeants veulent aussi en faire dans l'avenir une grande puissance militaire et que les « affaires » ne l'emportent pas nécessairement sur les rivalités géopolitiques, même quand celles-ci ne sont pas de très grande ampleur.

IV. De multiples questions géopolitiques autour de la Chine

Le problème de Taïwan s'est posé dès la fondation, en 1949, de la République populaire de Chine. Les forces de Tchang Kaï-chek se sont réfugiées dans l'île après leur défaite, et la flotte américaine a empêché que les troupes communistes ne les y poursuivent. Cette île subtropicale, que les autochtones appelaient Takasago et que les Portugais avaient dénommée « Formose » (la Belle), ne fut peuplée de Chinois qu'à partir du XVIIe siècle. Elle fut conquise puis mise en valeur par les Japonais en 1895 après leur première guerre contre la Chine (qui dut également abandonner alors à l'Empire nippon la Corée et les îles Pescadores). En 1945, l'île fut rattachée à cette dernière, mais une grande partie de la population autochtone (environ cinq millions d'habitants à l'époque) se révolta deux ans plus tard contre les autorités chinoises, qui exercèrent une dure répression. En 1949, quelque deux millions de partisans de Tchang Kaï-chek s'installèrent dans l'île, et c'est dans la ville de Taipei que fut provisoirement établie la capitale de la République de Chine, considérée au plan international et à l'ONU (jusqu'en 1971) comme le seul État chinois légitime. Les États-Unis apportèrent à Taïwan leur protection militaire et une très importante aide financière. Aussi cet État, qui compte en 2005 près de 23 millions d'habitants, a connu un très fort développement économique.

Le rapprochement des États-Unis et de la Chine populaire a conduit ceux-ci à une politique très complexe à l'égard de Taïwan. Certes, Washington a reconnu la République populaire de Chine et a officiellement rompu ses relations diplomatiques officielles avec le gouvernement de Taipei, mais sans pour autant cesser ses relations économiques et militaires. À chaque fois que les dirigeants de Pékin font des déclarations agressives à l'égard du gouvernement taïwanais, les porte-avions américains prennent position dans le détroit de Formose. Le fils de Tchang Kaï-chek, qui a succédé à son père en 1975, a continué la même politique mais, depuis les années 1980, un très grand nombre de Taïwanais souhaitent rompre définitivement les ponts avec la Chine continentale et renoncer en conséquence à se prétendre République de Chine. Un tel projet, qui suscite la fureur chez les dirigeants de Pékin, n'a pas empêché pour autant que se développent de très importantes relations financières entre les hommes d'affaires taïwanais et ceux de Chine continentale, fussent-ils des membres notables du Parti communiste. Ainsi, début 2005, l'interdiction des relations aériennes directes entre la Chine et Taïwan ont été levées (elles devaient passer jusqu'alors par Hongkong). Ceci n'empêche pas Pékin de faire de la question du rattachement de Taïwan à l'ensemble continental une question centrale, ce que confirme l'adoption, en mars 2005, par le Parlement chinois, d'une loi, dite « anti-sécession », autorisant, le cas échéant, l'emploi de la force contre Taïwan. Tout cela fait dire à certains que ce qui sépare les deux Chine n'est pas la géographie ni l'économie mais la politique. Taïwan est un État démocratique, pratiquant le multipartisme et des élections libres. Est-ce supportable pour Pékin, dont, par ailleurs, la main se fait de plus en plus lourde à Hongkong, malgré les promesses de maintien des libertés faites lors du rattachement de l'île à la République populaire, en 1997.

Le test de Hongkong

Le problème de Hongkong (6,9 millions d'habitants, troisième place financière mondiale) semble avoir été définitivement résolu en 1997 par le rattachement à la Chine de cette petite mais très riche colonie de la Couronne britannique. Mais il fut alors convenu que, selon l'adage « un seul pays, deux systèmes », les autorités de Pékin respecteraient non seulement les règles du système capitaliste (qui sont d'ailleurs de plus en plus répandues en Chine même), mais aussi un certain pluralisme politique et une relative liberté de la presse, héritages des pratiques

CHINE/ÉTATS-UNIS : UN DUEL AU SOMMET ?

La question des relations entre les deux grandes puissances du début du XXIe siècle est d'autant plus difficile à appréhender qu'elle s'interprète, dans les deux pays, à l'aune des options politiques, idéologiques des différents groupes de pression, qui manipulent les chiffres et les données géostratégiques en fonction de leur positionnement politique. Cependant, plusieurs éléments demeurent incontestables :

– La Chine est devenue un acteur économique incontournable. Un chiffre parmi d'autres indique la tendance : alors qu'en 2004 les États-Unis accueillaient la majorité des lieux de recherche et développement implantés à l'étranger, ce chiffre devrait s'inverser au profit de la Chine avant même la fin de la décennie. L'énorme déficit commercial américain à l'égard de la Chine donne à celle-ci la possibilité de réinvestir massivement dans l'économie américaine, avec les possibilités de contrôle économique qu'une telle situation peut impliquer.

– Les besoins énergétiques de la Chine ne cessent de croître : à lui seul, ce pays devrait être responsable de plus de 20 % de l'accroissement de la demande d'énergie mondiale au cours des trois décennies à venir. Tout en augmentant sa production charbonnière, la Chine cherche à s'implanter dans toutes les régions pétrolières du monde, et tout d'abord en Asie centrale, où s'activent aussi les compagnies russes et américaines. Les Chinois sont à l'origine du groupe de Shanghai qui, depuis 1996, regroupe autour d'eux pour des opérations de coopération, la Russie, le Kazakhstan, le Kirghizistan et le Tadjikistan *(voir ci-après)*. Par ailleurs, la Chine est en concurrence ouverte avec le Japon pour l'accès aux ressources du pétrole et du gaz sibériens.

– En tout état de cause, les dirigeants américains considèrent que, d'un point de vue militaire, Pékin représente un danger qu'il faut contenir autant que faire se peut (même si de nombreux experts militaires occidentaux considèrent les forces armées chinoises comme encore très rudimentaires). D'une part, en continuant d'armer Taïwan, qualifié de « porte-avions américain » en mer de Chine, et, d'autre part, en s'opposant à toute levée de l'embargo de ventes d'armes à la Chine continentale. À cet égard, Washington s'est fortement ému, en 2005, de la volonté de l'Union européenne, premier partenaire commercial de la Chine, de lever cet embargo, décidé en 1989 après le massacre de la place Tian'anmen. ■

libérales britanniques. Beaucoup redoutent depuis une remise en cause des libertés locales par l'administration aux ordres de Pékin.

Tout avait commencé en 1842, après les fameuses « guerres de l'opium » entre l'Empire britannique et l'Empire chinois, quand la petite île de Victoria située près de Canton, au débouché de l'estuaire de la rivière des Perles, fut cédée à la Couronne britannique, et ce à titre définitif. Après que la péninsule de Kowloon eut été aussi cédée en 1860, les « nouveaux territoires » firent l'objet en 1898 d'un bail de quatre-vingt-dix-neuf ans entre la Chine et la Grande-Bretagne. Entre les deux guerres, le port de Hongkong, grâce à l'habileté de négociants européens et asiatiques, avait pris une grande importance dans les relations maritimes avec l'ensemble de l'Extrême-Orient. En 1949, les dirigeants communistes chinois acceptèrent sans doute pour cette raison le retour des Britanniques qui en avaient été chassés par les Japonais. Ce choix s'avéra extrêmement profitable pour la Chine communiste, car c'est par l'intermédiaire de Hongkong que s'opéra l'essentiel de ses relations financières avec le monde extérieur, et notamment avec les riches commerçants de la « diaspora » chinoise en Asie du Sud-Est.

Avec près de sept millions d'habitants, Hongkong est devenue une extraordinaire place bancaire, un nœud de multiples trafics et même un centre d'industries de pointe. Comme le bail de 1898 arrivait bientôt à échéance pour les « nouveaux territoires » (d'où vient l'essentiel de l'eau dont Hongkong a absolument besoin) et comme il n'était pas envisageable de résister à un blocus des autorités chinoises, les Britanniques décidèrent de négocier, en préservant leurs intérêts financiers, de façon à profiter davantage encore du développement de la Chine du Sud. Ainsi, une des premières « zones économiques spéciales » chinoises, celle de Shenzen, a été implantée en bordure des « nouveaux territoires » de Hongkong, au voisinage de la très active agglomération de Canton.

Les archipels de la mer de Chine

Depuis une vingtaine d'années, la Chine manifeste une forte volonté d'expansion maritime, en annexant, malgré les revendications d'autres États riverains, deux archipels dénommés les Paracel et les Spratly (riche zone de pêche, de pétrole et de nodules polymétalliques), situés au sud de ses côtes les plus méridionales. Elle prétend englober également dans ses eaux territoriales la plus grande partie de la mer de

LES DIASPORAS CHINOISES

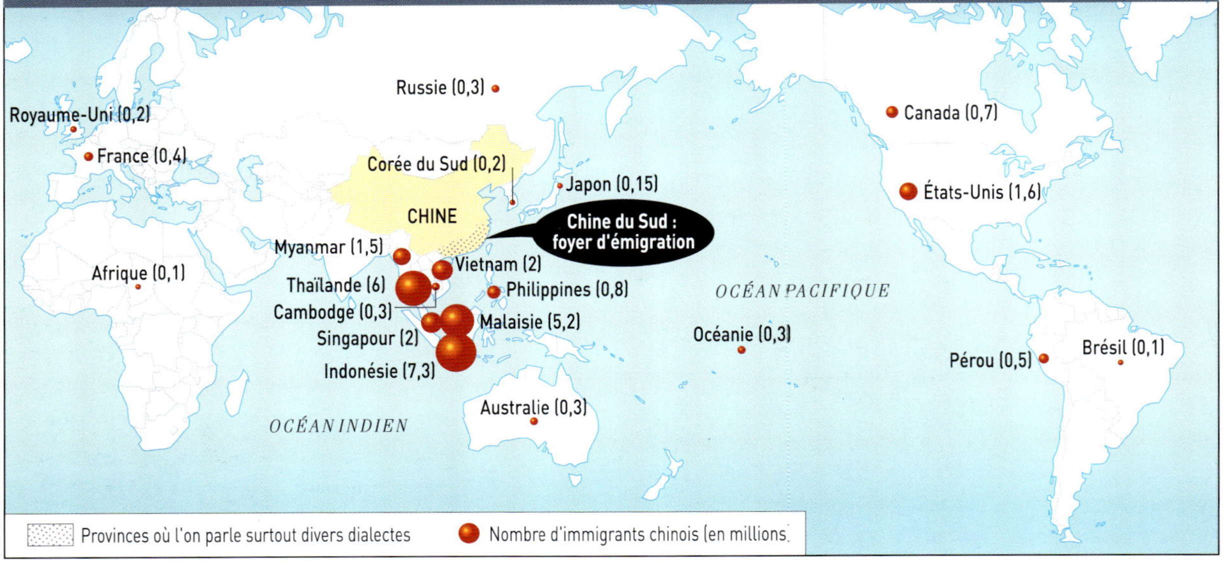

La plus grande partie des Chinois vivant à l'étranger se trouve logiquement en Asie du Sud-Est. Cette présence a parfois provoqué des mouvements violents de rejet par les populations autochtones, notamment en Indonésie lors du putsch du général Suharto en 1965. Les Chinois, assimilés alors au communisme, furent massacrés en nombre, comme les communistes locaux. Depuis les années 1980, les diasporas chinoises de l'Asie du Sud-Est contribuent largement à l'intégration économique de la région sous l'égide de Pékin. En Afrique, les Chinois sont encore très peu nombreux, mais, depuis quelques années, leur présence s'accroît, tandis que les exportations des produits chinois vers ce continent augmentent en moyenne de 40 % par an.

Chine, dite méridionale. Cette dénomination géographique, qui figure dans la plupart des atlas géographiques, était déjà utilisée par les marins anglais au XIXe siècle lorsqu'ils allaient de Singapour à Hongkong. Il s'agit d'une vaste étendue marine située entre les côtes de Chine du Sud, celles de l'Indochine, de l'Indonésie, de l'archipel des Philippines et de l'île de Taïwan, soit 1 200 kilomètres en largeur et 4 000 kilomètres en longueur, du sud-ouest au nord-est. Ces dimensions, qui sont à peu près celles de la Méditerranée euro-arabe, incitent à parler de « Méditerranée asiatique » plutôt que de mer de Chine méridionale, d'autant que les atlas emploient aussi l'expression « mer de Chine orientale » pour désigner l'étendue marine nettement plus petite qui s'étend entre les côtes de Chine, Taïwan, l'archipel des Ryukyu, qui dépend du Japon, et la Corée du Sud.

Cependant, le gouvernement de Pékin rejette catégoriquement l'expression « Méditerranée asiatique » et fait pression sur les États riverains pour qu'ils ne l'emploient pas. Ceux-ci, en l'occurrence le Vietnam et les Philippines, revendiquent l'archipel des Paracel ou, pour le moins, en proposent le partage avec la Chine. Mais celle-ci a occupé l'archipel militairement, et des incidents l'ont opposée à cette occasion à des forces vietnamiennes. Il s'agit d'îlots coralliens très bas au-dessus de l'eau et, en fait, inoccupés, car ils sont submergés lors des grands typhons. C'est d'ailleurs pour pouvoir annoncer par radio la venue d'est en ouest de ces typhons que ces îles avaient été rattachées, entre les deux guerres, à la Fédération indochinoise, alors sous autorité française. La Chine n'avait pas réagi à l'époque, mais elle manifeste désormais sa présence comme sa volonté d'expansion bien plus au sud sur l'archipel des Spratly, également revendiqué par le Vietnam, les Philippines, la Malaisie et l'Indonésie. Pékin prétend même étendre ses eaux territoriales jusqu'aux abords de l'île de Natuna, qui dépend de la Malaisie, soit à plus de 2 000 kilomètres au sud de ses côtes les plus méridionales, en l'occurrence celles de l'île de Hainan.

LITIGES FRONTALIERS ET REVENDICATIONS TERRITORIALES

Officiellement, la Chine affirme n'avoir qu'un « développement pacifique » et elle n'entretient aucun différend majeur avec ses voisins, qu'il s'agisse de la Russie, avec qui elle fut opposée, au temps du communisme, par une sévère rivalité, du Vietnam, opposant traditionnel, ou de l'Inde. Avec celle-ci, les rapports se sont nettement réchauffés depuis 2002, quand New Delhi a confirmé que « le Tibet est une région autonome au sein du territoire de la République populaire de Chine » et s'est engagé à interdire aux exilés tibétains de mener des activités séparatistes depuis ou sur son territoire. Rejetant catégoriquement l'expression de « Méditerranée asiatique » pour désigner la mer de Chine, Pékin y revendique une forte extension de la limite de ses eaux territoriales et s'oppose au Vietnam, aux Philippines, à la Malaisie, à l'Indonésie et au Japon pour la possession de plusieurs îlots (Paracel, Spratly, Senkaku, Natuna), dont certains sont supposés riches en poissons, pétrole et nodules polymétalliques. Au-delà de ces différends relativement mineurs, certains s'inquiètent de la montée de la tension sino-japonaise, du jeu de Pékin vis-à-vis de la Corée du Nord et de la Russie et, surtout, de la persistance de son conflit avec Taïwan.

La « Méditerranée asiatique » est en effet devenue un enjeu géostratégique de grande importance internationale. C'est par elle que passent les grandes lignes de navigation, notamment celles des navires pétroliers, qui vont du détroit de Malacca et de Singapour vers Shanghai, la Corée du Sud et le Japon.

Le problème du Tibet

Peu après la victoire des communistes, l'armée populaire chinoise faisait, en 1951, la conquête ou, comme disaient ceux-ci, la reconquête du Tibet. En effet, après la révolution de 1911 et l'instauration de la république en Chine, les autorités bouddhistes, qui, depuis les XVIIe-XVIIIe siècles, exerçaient le pouvoir au Tibet sous suzeraineté chinoise, se déclarèrent indépendantes, comme venaient de le faire en Mongolie, et pour la même raison, les grands chefs de tribus. Au même moment, la Mongolie, ou du moins ce que l'on appellera la « Mongolie extérieure » (la Mongolie dite intérieure restant sous obédience chinoise) fut en effet immédiatement occupée par l'armée russe, celle du tsar, à laquelle succéda l'Armée rouge dans les années 1920. Elle est devenue depuis un État indépendant, membre de l'ONU.

Avant 1951, les Chinois ne tentèrent pas de reconquérir le Tibet, du fait de leurs difficultés politiques internes, mais aussi en raison des difficultés naturelles que présente cette région très particulière. Il s'agit d'un vaste territoire composé de très hauts plateaux et de chaînes de montagnes s'étendant au nord de l'Himalaya sur 2 000 kilomètres d'est en ouest et sur 1 500 kilomètres du sud au nord. La rudesse du climat fait que le Tibet dans son ensemble (bien plus vaste que l'actuelle région autonome du Tibet de la République populaire de Chine) n'est peuplé de nos jours que par quelque six à sept millions de personnes, cultivateurs de fonds de vallées bien ensoleillées et éleveurs nomades de yacks. L'originalité culturelle des Tibétains est grande tant par leur langue et leurs arts que par des traditions politico-religieuses qui accordent de grands pouvoirs à des monastères bouddhistes plus ou moins rivaux. L'autorité du dalaï-lama, maître de Lhassa, s'appuyait sur les monastères dits « jaunes » (de la couleur du bonnet des moines) ; il a pour rival le panchen-lama dont l'autorité se fonde sur les monastères « rouges » (de l'autre couleur des bonnets). Après avoir rompu avec la Chine, au début du XXe siècle, les Tibétains se tournèrent vers l'Inde, ne serait-ce qu'en raison des sanctuaires bouddhistes de la vallée du Gange où vécut autrefois le Bouddha. Jusqu'au lendemain de la Seconde Guerre mondiale, les autorités britanniques veillèrent à ce que le Tibet reste à l'écart des influences extérieures, afin d'y maintenir les équilibres politiques traditionnels.

En 1951, l'occupation du Tibet par les troupes chinoises ne suscita d'abord que de faibles réactions, l'Inde voisine venant à peine d'accéder à l'indépendance (1947) et les Tibétains ne mesurant pas encore les contraintes qu'ils allaient subir. Mais ces derniers se révoltèrent en 1959 contre les mesures antireligieuses et « antiféodales » prises par les communistes chinois, qui exercèrent alors une violente répression. Le dalaï-lama, suivi par plusieurs milliers de notables, se réfugia en Inde. Six ans plus tard, les autorités chinoises divisèrent en trois parties les territoires peuplés de Tibétains : l'est fut attribué à la province du Sichuan ; le nord, à la province de Qinghai, pour constituer avec la partie centrale et Lhassa une région autonome du Tibet, dénommée Xinjiang (1,2 million de km^2 et 2,2 millions d'habitants). Le lancement de la « Révolution culturelle » en Chine, l'année suivante, entraîna de nouvelles mesures antireligieuses.

Pour les Chinois, l'intérêt majeur du Tibet est surtout stratégique : il permet d'entretenir une position dominante sur la longue frontière avec l'Inde. Pékin conteste, par ailleurs, le tracé de la « ligne Mac Mahon » (du nom de l'officier britannique qui traça la frontière nord de l'Inde et du Népal) et ainsi, en 1962, l'armée chinoise fit irruption au pied de l'Himalaya, dans la vallée du Brahmapoutre. Depuis, les autorités de Pékin procèdent à l'implantation systématique de Chinois (Han) au Tibet et ceux-ci, du moins dans les villes, sont devenus majoritaires. Une voie ferrée vient d'être construite sur plus de 1 000 kilomètres, franchissant des cols à plus de 5 000 mètres (la sécheresse du climat fait qu'il y a peu de neige), pour relier Lhassa à Golmund (Qinghai), terminus actuel de la voie ferrée menant à Pékin.

Animée par le dalaï-lama, la campagne pour l'indépendance du Tibet bénéficie de notables échos dans l'opinion internationale. Cependant, La détermination dont font montre les autorités chinoises repousse les négociations qui accorderaient une autonomie relativement poussée du Tibet, à l'instar des accords « un pays, deux systèmes » qui ont accompagné, en 1997, la réintégration de Hongkong dans l'ensemble chinois.

Le problème du Xinjiang, ou Turkestan chinois

Dans l'ouest de la Chine, dans la région autonome du Xinjiang (terme qui signifie « nouvelle frontière »), qui s'étend sur 1,6 million de km^2 avec près de 20 millions d'habitants, se posent des problèmes géopolitiques qui peuvent devenir aigus dans le contexte actuel du développement des mouvements islamistes au plan mondial. De ce fait, l'ancienne appellation de Turkestan chinois (le pays des Turcs, en l'occurrence des Ouïgours, musulmans de langue turque) risque d'être de nouveau utilisée par certains mouvements pour proclamer l'appartenance de cette contrée au monde turcophone et au monde musulman. En symétrie du Turkestan chinois, on parlait du Turkestan russe, bien plus vaste, puisqu'il s'étendait jusqu'à la mer Caspienne, mais ce terme a disparu après la révolution bolchevik et du fait de la stratégie géopolitique de Moscou qui créa cinq républiques soviétiques d'Asie centrale.

L'extension du monde musulman dans l'ouest de la Chine s'explique par les conséquences géohistoriques des grandes configurations du relief. En effet, les chaînes de montagnes qui limitent vers le sud la vaste dépression de la Caspienne et les plateaux de Sibérie ne forment pas une barrière continue. Elles se présentent comme une série d'axes plus ou moins parallèles entre lesquels se trouvent des couloirs plus ou moins continus. Entre les chaînes de l'Altaï, qui limitent vers l'ouest la Mongolie, et celles du Tian Shan (plus de 7 000 mètres) se trouve le grand couloir dénommé depuis des siècles, la « Porte de Dzoungarie ». C'est par elle que sont passées les grandes invasions mongoles des XIIIe et XVe siècles, qui se sont étendues depuis les environs du lac Baïkal jusqu'à l'Europe orientale. C'est aussi par la Porte de Dzoungarie que passait vers l'ouest une des grandes routes de la soie et c'est par elle que se sont étendues vers l'est les poussées des Empires turcs musulmans. À noter que Turcs et Mongols font partie d'un même ensemble linguistique au sein duquel la distinction se fait en fonction de la religion : les Turcs se sont convertis à l'islam, alors que les Mongols sont restés chamanistes avant de se convertir pour une part au bouddhisme. Au Xinjiang, les diverses populations autochtones, qu'il s'agisse des habitants des oasis ou des pasteurs des steppes, sont turcophones et musulmanes. Le groupe principal est celui des Ouïgours.

L'Empire chinois a commencé à s'implanter, il y a deux mille ans, dans cette partie de

LE « GROUPE DE SHANGHAI »

ALORS que, depuis le début des années 1990, l'influence de la Russie a été ébranlée en Asie centrale et que les États-Unis y affirment leur présence, en Afghanistan et dans les républiques ex-soviétiques, dont certaines sont riches en pétrole, la Chine marque également son influence à partir du Xinjiang.

En 1996, les dirigeants de Chine, de Russie, du Kazakhstan, du Kirghizistan et du Tadjikistan décident de se concerter régulièrement pour contrer ensemble les menaces terroristes (islamistes), les trafics illicites, et pour favoriser le développement économique de la zone. L'année suivante, une révolte, durement réprimée par les autorités de Pékin, a lieu dans le Xinjiang, ce qui relance la coopération régionale et aboutit à la constitution formelle, en 2001, du « groupe de Shanghai », rejoint alors par l'Ouzbékistan. L'objectif du groupe consiste explicitement à lutter contre « le terrorisme, le séparatisme et l'extrémisme religieux ». Des manœuvres militaires communes ont eu lieu pendant l'été 2003.

UNE ARMÉE EN VOIE DE MODERNISATION

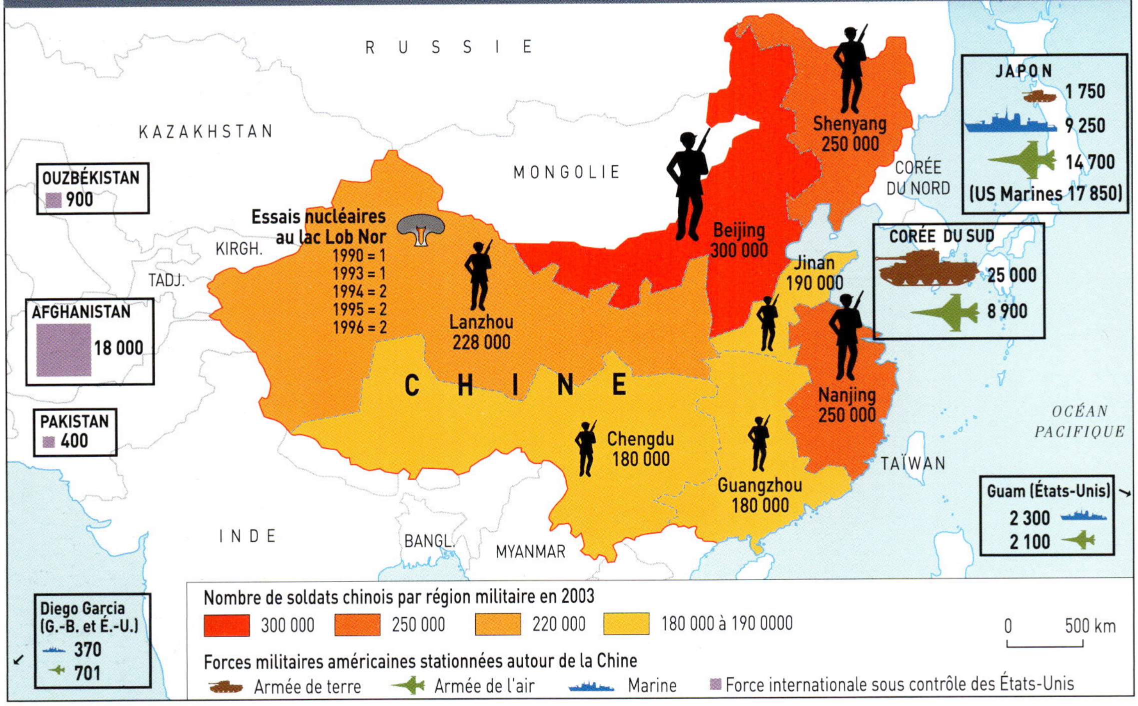

l'Asie centrale. L'Empire russe, en soutenant les grandes révoltes des turcophones du Turkestan oriental sous domination chinoise depuis le milieu du XVIIIe siècle, a tenté au milieu du siècle suivant de s'étendre vers l'est, au-delà de la Porte de Dzoungarie (dans le Kazakhstan), jusqu'à ce que les Anglais le limitent à une frontière plus à l'ouest. Après la révolution bolchevik, les peuples du Turkestan russe se sont révoltés à leur tour et, pour fuir la répression, de nombreux pasteurs kazakhs se sont réfugiés au Turkestan chinois, en profitant des désordres provoqués par la chute de l'Empire chinois et par le rôle de « seigneurs de la guerre » musulmans. Après 1950, les communistes chinois mirent fin à cette anarchie et se laissèrent convaincre par les Soviétiques de faire du Xinjiang une zone de coopération sino-soviétique, pour la recherche pétrolière notamment. Mais ces projets prirent fin dès 1958 et le Xinjiang devint une des régions chinoises où furent implantés nombre de camps de concentration du Laogaï. Le mécontentement provoqué par l'instauration de la collectivisation dans l'élevage et dans les oasis fut renforcé, à partir de 1966, par le déclenchement de « la Révolution culturelle » et ses agissements antireligieux. Bien que le Xinjiang soit en principe une « région autonome ouïgour », la stratégie du gouvernement chinois consiste depuis à augmenter systématiquement le peuplement des Han (Chinois). Ceux-ci, principalement concentrés dans les villes et les centres industriels et pétroliers, forment désormais près de la moitié de la population. Les Ouïgours, qui s'efforcent de dénoncer cette invasion, ne sont pas insensibles aux menées des mouvements islamistes. Une nouvelle révolte ouïgour a d'ailleurs éclaté en juillet 2009.

L'armée chinoise compte au total près de 2,5 millions d'hommes et de femmes sous les drapeaux. Jugée encore largement sous-équipée, elle se modernise en investissant dans des équipements modernes. En 2005, les autorités chinoises annonçaient un accroissement des dépenses militaires de plus de 12 %, ce qui n'a pas manqué d'inquiéter les diplomaties des autres pays. Officiellement, son budget militaire est chiffré à 30 milliards de dollars, mais certains experts du Pentagone estiment qu'il se monterait en réalité au double.

LA CORÉE DU NORD : UN ENJEU GÉOPOLITIQUE BIAISÉ

D'une façon générale, la Corée a toujours constitué un enjeu pour les puissances qui l'entourent, Japon, Chine et Russie. À la suite du conflit de 1904-1905 entre la Russie tsariste et le Japon, celui-ci prit possession du territoire coréen qu'il n'abandonnera qu'après sa défaite de 1945. Les accords de Yalta entérinèrent alors la division du pays en deux entités séparées par le 38e parallèle : au nord, un État d'obédience communiste, au Sud, un État sous contrôle américain. En 1950, le dirigeant nord-coréen Kim Il-sung décida d'envahir la partie méridionale de la péninsule, avec l'accord de Staline. Le camp communiste était convaincu que les États-Unis, après avoir entériné la victoire de Mao Zedong à Pékin, ne s'opposeraient pas au passage dans le camp adverse de la Corée du Sud. S'ensuivit une guerre meurtrière qui s'acheva en 1953 sur le maintien du statu quo. Depuis, la Corée du Sud (47 millions d'habitants, 11e PNB mondial : 576 milliards de dollars) est devenue un pays prospère au régime démocratique, tandis que sa voisine du Nord (22,5 millions d'habitants) s'est enfoncée dans la misère et dans le totalitarisme. En 1994, à la mort de Kim Il-sung et à son remplacement par son fils Kim Jong-il, les responsables politiques asiatiques et américains parièrent sur l'effondrement prochain du régime. Washington, craignant le développement d'un programme nucléaire nord-coréen, proposa alors à Pyongyang un accord. Selon celui-ci, Pyongyang s'engageait à geler son programme militaire en l'échange de la fourniture par les Américains de réacteurs nucléaires civils. Douze ans plus tard, le régime est toujours en place et il dispose, selon toute vraisemblance, de missiles capables, notamment, de menacer la sécurité du Japon (survolé en 1998 par un missile nord-coréen de type Taepodong). Il est avéré, par ailleurs, que les Nord-Coréens ont aidé le Pakistan et plusieurs États arabes dans leurs recherches en matière atomique, sans parler de leurs menaces de fournir des armes nucléaires à certains groupes terroristes. Cependant, malgré la faillite économique du pays, personne ne semble prêt aujourd'hui à jouer sur la chute prochaine du régime. Ne serait-ce que parce que personne n'y a directement intérêt. La Corée du Sud redoute une réunification qui pèserait encore bien plus lourdement que celle qui a obéré l'économie allemande après la réunification RDA-RFA. La Chine craint qu'une réunification des deux Corées ne se fasse au bénéfice des Américains, alors que ceux-ci estiment qu'une telle réunification remettrait en cause leur présence militaire en Corée du Sud. Le Japon, quant à lui, pourtant directement menacé par les missiles nord-coréens, appréhende la montée à long terme d'une puissante Corée réunifiée, redoutable concurrent économique, sans parler du risque de très importantes vagues d'émigration de Coréens du Nord vers l'archipel nippon. Récemment, le gouvernement nord-coréen a procédé à de nouvelles expériences nucléaires et à des lancements de fusée qui pourraient atteindre les îles Hawaï dans le Pacifique. ■

En 2003, les experts japonais estimaient que les forces militaires nord-coréennes disposaient d'au moins 100 missiles d'une portée de 1 300 kilomètres, capables d'atteindre le Japon. Selon certains observateurs, Pékin pourrait utiliser la carte nord-coréenne en cas de crise grave : la menace des missiles de Pyongyang serait ainsi brandie contre le Japon, notamment à l'occasion d'une forte tension sino-américaine autour de la question de Taïwan. ■

PYONGYANG ET LE NUCLÉAIRE

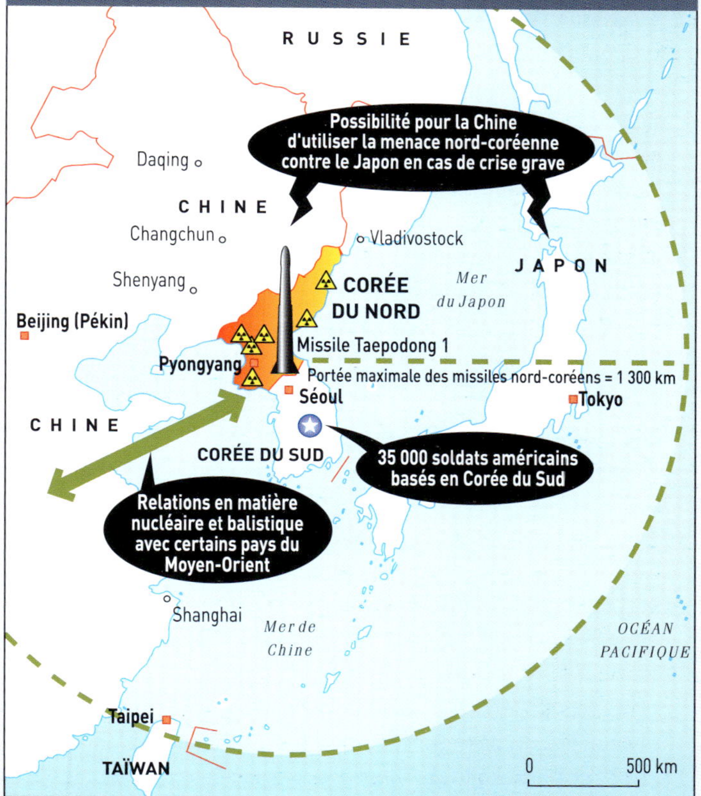

Principaux sites nucléaires (réacteur nucléaire, réacteur expérimental, extraction de minerai d'uranium, usine de traitement, stock de combustible, zone d'essai, recyclage, déchets nucléaires, recherche-développement)

Base militaire américaine

Les turcophones ne sont pas les seuls musulmans de Chine. En effet, on compte aussi dix millions de Hui (prononcer Hué), qui sont des Hans de religion musulmane. On les trouve dans toutes les provinces du pays, mais ils sont particulièrement nombreux dans les provinces de Gansu, de Qinghai, de Henan et surtout dans celle de Ningxia (aux confins occidentaux de la Mongolie intérieure), où demeure le souvenir de grandes révoltes musulmanes au début du XIXe siècle (ce qui a sans doute incité le gouvernement de Pékin à en faire une région autonome).

Les excès de la « Révolution culturelle » ont provoqué de nombreuses révoltes musulmanes. Aujourd'hui, les mouvements islamistes sont actifs auprès des Hui, mais c'est chez les Ouïgours que l'agitation est la plus forte, en relation avec celle qui se développe dans les républiques musulmanes de l'ex-Union soviétique. Aussi le gouvernement de Pékin a-t-il noué des contacts avec le Kazakhstan, le Kirghizistan, l'Ouzbékistan et avec la Fédération de Russie pour surveiller les mouvements islamistes. Par ailleurs, la porte de Dzoungarie va sans doute retrouver un grand intérêt géostratégique, car c'est par elle que devrait passer le grand oléoduc qui irait des gisements pétroliers du Kazakhstan et de Sibérie occidentale vers les régions côtières chinoises. En effet, les recherches pétrolières en Chine n'ont pas encore donné les résultats escomptés, alors que la consommation y augmente à un rythme rapide *(voir chapitre Pétrole)*.

Quelle puissance ? Pour quel avenir ?

Les profondes transformations de la Chine actuelle posent la question de savoir si elles peuvent être maîtrisées durablement par les dirigeants politiques et économiques. Depuis des années, le développement du pays est si rapide que beaucoup redoutent les conséquences d'un ralentissement du fait de la crise économique mondiale. Illégalement et depuis longtemps, des millions de paysans viennent travailler dans les villes et se retrouvent dans une situation particulièrement précaire, les autorités chinoises qui contrôlent les migrations intérieures interdisant l'installation dans les villes de personnes qui n'ont pas l'autorisation adéquate. En réalité, des dizaines de millions de soi-disant « travailleurs clandestins » qui n'ont pas le passeport nécessaire travaillent dans les villes, à moindre salaire et sans pouvoir installer leurs familles. Ils ne peuvent faire aucune revendication sinon ils seraient chassés ou emprisonnés en camp de travail et ne pourraient plus envoyer à leur village les sommes qu'ils ont pu économiser. Le ralentissement sensible de l'activité économique du fait de la crise mondiale provoque le refoulement de ces travailleurs « clandestins » dans leurs campagnes. Privés de ressources, ils en viennent à contester l'autorité des petits chefs communistes locaux qui vivent, eux, beaucoup mieux. La contestation vient également du côté des ouvriers (pourtant communistes) des anciennes usines d'État qui sont en plein marasme contrairement aux entreprises privées dont les dirigeants sont apparentés à des membres influents du Parti. Cette situation sociale inquiétante incite les dirigeants à promettre des réformes et notamment la mise en place d'un système de sécurité sociale. Pour renforcer l'unité nationale, des groupes plus ou moins officiels dénoncent les menaces extérieures dont la Chine serait l'objet. Selon eux, une preuve en serait le soutien que l'opinion internationale apporte à la cause des Tibétains. Montée en puissance d'un mouvement nationaliste, crise sociale, révolte dans les campagnes, convulsions urbaines, tout peut arriver. Et même si le pays continuait d'assurer la maîtrise de son fantastique développement, ne serait-il pas tenté à terme d'exercer sa puissance au-delà de ses limites ? Les besoins de la Chine en matières premières et surtout en pétrole deviennent considérables. Elle a entrepris une véritable offensive économique en Asie centrale et surtout en Afrique où les Chinois arrivent non seulement avec matériel et capitaux, mais aussi avec de nombreux travailleurs, ce qui surprend beaucoup les populations locales.

L'Indonésie : Le plus peuplé des États musulmans

Du point de vue géopolitique, il n'est pas sans intérêt d'envisager ce grand État asiatique qu'est l'Indonésie – le plus peuplé des pays musulmans (222 millions d'habitants) – dans ses rapports plus ou moins conflictuels avec la Chine, dans le contexte de ce vaste ensemble maritime que l'on peut dénommer la « Méditerranée asiatique » et que les Chinois tiennent à appeler mer de Chine du Sud. Pékin prétend étendre ses eaux territoriales jusqu'aux parties méridionales de cette mer de Chine – c'est-à-dire jusqu'à l'île de Natuna qui, entourée de gisements de gaz en eaux très peu profondes, relève de la Malaisie et de l'Indonésie. En revanche, celles-ci tiennent absolument à exercer le plus largement possible leur contrôle stratégique sur la grande voie de circulation internationale qui relie le Moyen-Orient au nord-est de l'Asie et au Japon et qui passe par le détroit de Malacca en bordure de l'île indonésienne de Sumatra.

L'influence de la Chine et la poussée islamique

Très anciennes sont les relations par la « Méditerranée asiatique » entre la Chine du Sud et l'île de Java, qui est le cœur même de ce qui deviendra l'Indonésie. Après l'indépendance de celle-ci, en 1945, les Chinois implantés localement ont continué de jouer un rôle important dans l'économie indonésienne ; ce qui leur valut, en 1965, d'être tués en grand nombre, sous prétexte qu'ils préparaient avec les communistes indonésiens un putsch visant à inféoder l'Indonésie à la Chine communiste. Après avoir massacré près d'un million de personnes (Chinois, communistes indonésiens, paysans sans terre), l'armée indonésienne instaura « l'ordre nouveau » et noua une alliance avec les dirigeants musulmans, dont le rôle dans la lutte contre la domination coloniale néerlandaise, qui remontait au XVIIe siècle, n'avait pourtant pas été déterminant. Jusqu'alors, Sukarno, le « père de l'indépendance indonésienne », avait dirigé le pays avec un mouvement « progressiste » plus ou moins proche des communistes. Profitant du fait que les partis musulmans n'étaient guère influents dans ce pays pourtant très majoritairement gagné à l'islam, les militaires, et notamment leur chef le général Suharto, en profitèrent pour promouvoir un parti relativement laïque et développer leurs relations financières avec les États-Unis et les firmes internationales. Un grand programme de « transmigrations » (déplacements de population à l'intérieur du pays) fut lancé afin d'éviter un surpeuplement catastrophique de Java. Mais l'implantation de plus d'un million de familles javanaises sur les côtes d'ensembles insulaires sous-peuplés (Bornéo, Sulawezi, Irian Jaya et, surtout, Sumatra) provoqua des heurts avec les populations autochtones.

La très grave crise financière de 1998 provoqua la chute du régime Suharto. Le Parti démocratique parvint non sans peine à porter à la présidence Megawati, la fille de Sukarno. Celle-ci dut alors tenir compte du poids des militaires, à cause de deux problèmes géopolitiques géographiquement diamétralement opposés : à l'ouest, une rébellion islamiste, celle de la province d'Aceh (prononcer Atché), au nord de Sumatra ; à l'est, la révolte, en 1999, de la population catholique de la partie orientale de l'île de Timor contre le gouvernement indonésien. Les massacres qu'y perpétrèrent des islamistes indonésiens entraînèrent une intervention de forces de l'ONU sous commandement australien puis la proclamation de l'indépendance du Timor-Oriental, cette ancienne colonie portugaise annexée de force par les militaires indonésiens en 1975. Tout cela provoqua une forte réaction nationaliste en Indonésie.

Après les attentats du 11 septembre 2001, on a pu s'étonner un temps et se féliciter que le plus peuplé des États musulmans ne paraisse guère touché par la vague islamiste. Mais il a fallu déchanter après l'attentat islamiste perpétré contre un club de vacances sur l'île très touristique de Bali, qui fit près de 200 morts, en majorité des Australiens. D'autres attentats du même genre seront commis par la suite par le réseau islamiste Jemaah Islamiya, qui se donne pour mission d'imposer la *charia* (loi islamique) et un État islamique en Asie du Sud-Est. En mars 2003, lors de l'attaque américaine sur l'Irak, d'énormes manifestations ont eu lieu à travers le pays. Devant la perspective d'une révolution islamiste indonésienne, il est donc utile de mieux comprendre les caractéristiques de ce pays et les particularités de l'islam indonésien.

Une mosaïque d'îles et d'influences

S'étendant sur 7 000 kilomètres d'ouest en est, aux abords de l'équateur et comptant 13 000 îles et îlots, dont la moitié seulement seraient habités, c'est le plus vaste État archipélagique du monde (Indonésie est un mot forgé à la fin du XIXe siècle, à l'imitation de Polynésie, qui signifie « plusieurs îles », le préfixe « Indo » rappelant l'importance historique de l'influence indienne). Quatre grandes îles seulement concentrent 90 % de la population : Java (60 %), Sumatra (20 %), Sulawezi (les Célèbes, 7 %) et, la plus vaste, Kalimantan (la majeure partie de Bornéo, mais la moins peuplée, 7 %). Dans la superficie officielle du pays, soit 1,9 million de km^2 (avec le triple pour les eaux territoriales), il faut aussi compter la partie occidentale, très faiblement peuplée par 2 millions de Papous, de la grande île de la Nouvelle-Guinée, dénommée Irian Jaya (400 000 km^2) par les Indonésiens.

Les populations de l'Indonésie sont extrêmement diverses, même si la majorité d'entre elles sont musulmanes, mais nombre de tribus de Bornéo et d'Irian Jaya sont encore animistes, alors que la population de Bali est hindouiste et qu'une partie de celle des Moluques est catholique. Cependant, l'essentiel de la population est de langue et de civilisation malaises (comme en Malaisie). Celle-ci est centrée depuis des siècles sur l'île de Java, qui compte aujourd'hui 130 millions d'habitants (sur seulement 132 000 km^2). Java a été durant des millénaires le grand carrefour d'échanges entre l'Inde et la Chine, puis, entre les XIIIe et XVe siècles, avec le monde arabe. Mais la formation de l'actuelle Indonésie résulte de l'interaction lointaine d'une série de rapports géopolitiques en Europe occidentale.

Au début du XVe siècle, les Portugais ont commencé à explorer les côtes d'Afrique de l'Ouest, à la recherche des routes de l'or qui, au Moyen Âge, traversaient le Sahara pour rejoindre le Maghreb et la Méditerranée, puis qui se sont détournées vers la vallée du Nil. Après avoir doublé le cap de Bonne-Espérance, ils débouchent dans l'océan Indien et, derrière Vasco de Gama, ils arrivent en 1498 sur les côtes de l'Inde. Ils apprennent très vite que les épices alors si recherchées viennent d'îles situées bien plus à l'est, à 7 000 kilomètres de distance : les îles Moluques. Ils atteignent celles-ci en 1512 et nouent des accords avec les sultans locaux pour la fourniture exclusive de ces épices. Se constitue donc un empire commerçant des Indes portugaises. Mais au XVIIe siècle, des problèmes de succession dynastique font que le Portugal passe sous l'autorité de l'Empire espagnol, alors que celui-ci ne parvient pas à mater la rébellion d'une de leurs possessions, les Pays-bas passés au protestantisme. Les Hollandais, qui disposent de très nombreux navires, mènent la guerre sur mer contre les Espagnols, mais

LE PLUS GRAND PAYS MUSULMAN DU MONDE

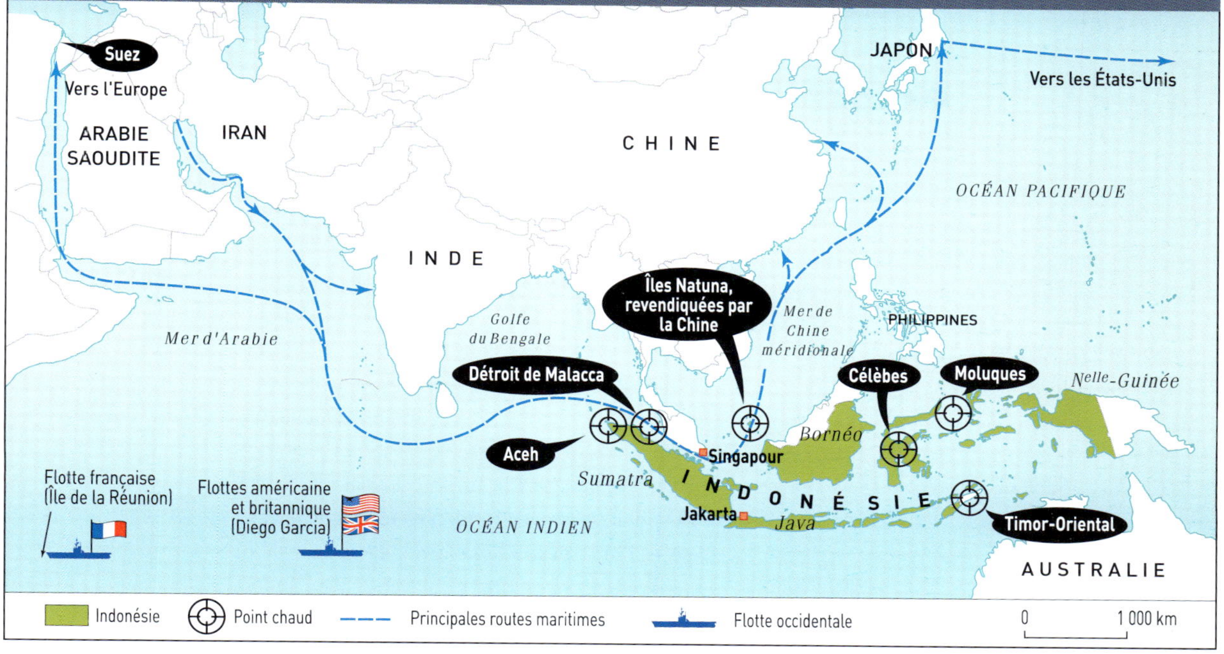

Marquée par de nombreux mouvements indépendantistes, depuis le Timor-Oriental à l'est jusqu'à la région de l'Aceh à l'ouest de Sumatra, l'Indonésie connaît depuis les années 1990 une islamisation rapide de sa vie politique. Parviendra-t-elle à maintenir sa tradition d'islam modéré, c'est là un grand enjeu pour le pays musulman le plus peuplé du monde. Elle contrôle le détroit de Malacca, un des plus importants points de passage du commerce maritime de la planète, dont la largeur se réduit à moins de trois kilomètres entre Singapour et Sumatra. Les craintes d'un blocage, notamment par des organisations islamistes, de cette voie de passage essentielle, sont telles que croisent à distance des navires de guerre occidentaux, indiens et chinois.

plutôt que d'attaquer les convois de galions espagnols chargés d'or qui reviennent d'Amérique, ils s'en prennent surtout aux très lointaines et anciennes possessions portugaises, alors sous le contrôle de Madrid. Ils fondent en 1602 la Compagnie hollandaise des Indes orientales (la VOC) et établissent à Java en 1619 la ville de Batavia. Par une série de guerres, de traités de commerce et de protectorats, ils étendent peu à peu leur influence à partir de Java, tout en tenant Malacca et les Moluques. En 1795, les Pays-Bas étant passés sous le contrôle de la République française, les Indes néerlandaises – essentiellement Java – passent sous le contrôle des Français, qui réorganisent le système de culture forcée (celle du sucre notamment) introduit par la Compagnie. Celle-ci sera dissoute finalement lorsque le Royaume des Pays-Bas reprendra le contrôle, non sans mal, de ses Indes. Les Anglais, ceux de la Compagnie des Indes orientales, qui y sont entre-temps intervenus, en profitent pour prendre possession de Singapour, dont ils ont bien compris la position stratégique essentielle au débouché du détroit de Malacca. La conquête des autres îles par les Néerlandais ne se fit que progressivement et non sans difficulté du fait de révoltes récurrentes. La mise en valeur de Sumatra par les grandes plantations fut mise en œuvre de 1880 à 1930, alors que la pénétration de Bornéo commença seulement après 1900. C'est à la pointe nord de Sumatra, dans l'Aceh, que les Néerlandais, qui souhaitaient réduire la traditionnelle piraterie sévissant dans le détroit de Malacca, rencontrèrent le plus de difficultés.

LE DÉTROIT DE MALACCA ET SINGAPOUR

Couloir maritime long de 800 km qui relie l'océan Indien et la mer de Chine, le détroit de Malacca est situé entre la Malaisie et l'Indonésie et se rétrécit dans le secteur du détroit de Singapour où il ne fait plus que 2,8 km de large – d'où l'importance stratégique locale et mondiale de la petite île de Singapour (640 km²) devenue en 1965 un État très influent en dépit de sa petite taille.

Le détroit de Malacca est une artère maritime essentielle qui voit passer chaque jour plus de 300 navires (25 % du trafic maritime mondial), ceux-ci naviguant entre l'Europe, le golfe Persique et l'Extrême-Orient. C'est pour le Japon et de plus en plus pour la Chine une artère vitale puisque c'est par elle que passent leurs importations pétrolières du Moyen-Orient. Durant des siècles, les îles du détroit de Malacca ont été les bases de nombreux pirates qui, après avoir été combattus par les navires de la Royal Navy, reprennent de l'audace de nos jours avec des embarcations ultrarapides équipées de missiles dangereux pour les gros navires pétroliers qui, face au danger, préfèrent céder au chantage. Si l'Indonésie et la Malaisie considèrent que le détroit relève de leur autorité, elles en ont toutefois accepté la liberté d'accès.

D'abord comptoir de la Compagnie anglaise des Indes (1819) et port en contact avec tous les autres ports d'Asie, Singapour devint également une importante base navale britannique dont les canons étaient tournés vers le détroit. À l'époque coloniale, ce petit État faisait partie de la Malaisie, où les protectorats britanniques s'exerçaient sur des sultans malais musulmans. Mais sa population était surtout formée de Chinois, nombre d'entre eux étant venus travailler au port et dans les grandes plantations d'hévéas de Malaisie, les Malais musulmans restant plutôt dans les activités agricoles traditionnelles. Au lendemain de la Seconde Guerre mondiale, les Anglais durent combattre des guérillas qui réclamaient l'indépendance et qui étaient surtout formées de Chinois communistes, eux aussi fort nombreux à Singapour.

En 1963, la Malaisie, devenue indépendante, exigeait que l'île de Singapour, à la pointe de la grande péninsule malaise, lui soit rattachée. Mais les Chinois qui y vivaient ne voulaient pas dépendre d'un pays musulman et les Anglais préféraient continuer à y jouer un rôle ; Singapour ne fut finalement indépendante qu'en 1965 après de graves émeutes entre Malais et Chinois.

À cette époque, Singapour était un véritable foyer révolutionnaire plus ou moins communiste. Le principal parti était le PAP (People's Action Party) dont le leader, à partir de 1959, était le Chinois Lee Kuan Yew, formé dans une université britannique. Progressivement, ce dernier transforma les vieux quartiers en de nouveaux ensembles de logements et en y mélangeant la population de façon à briser les mouvements révolutionnaires. Il eut aussi le soutien des Chinois d'outre-mer qui n'étaient pas communistes et qui apportèrent leurs capitaux. Singapour devint ainsi la capitale des Chinois d'outre-mer tout en développant ses relations financières avec la City de Londres, Hongkong, Shanghai et le Japon. L'immigration y est sévèrement contrôlée, tout comme la propreté et la sécurité. Ne peut devenir Singapourien que celui qui y investit d'importants capitaux. La population de Singapour (4,2 millions) est à 75 % formée de Chinois, 14 % de Malais et 10 % d'Indiens. Lee Kuan Yew est resté au pouvoir jusqu'en 1990 ; son dauphin, Goh Chok Tong, lui a succédé et sera lui-même remplacé en 2004 par Lee Hsien Loong, le propre fils de Lee Kuan Yew. Disposant d'un solide appareil d'État, Singapour joue un rôle important dans l'ASEAN, l'Association des pays de l'Asie du Sud-Est et dans la mondialisation financière. ■

Entre les deux guerres, un mouvement nationaliste indonésien se développa, un peu sur le modèle indien du Parti du Congrès, mais influencé aussi par un parti communiste constitué dès 1920, un des tout premiers en Asie. Le Parti national indonésien fut fondé en 1927 par Sukarno, qui fut à maintes reprises emprisonné par les Néerlandais. L'occupation de l'Indonésie par les Japonais constitua paradoxalement une étape décisive vers l'indépendance. En effet, ceux-ci libérèrent les nationalistes et nommèrent même Sukarno président d'un Conseil central de Java. Le leader indonésien en profita pour diffuser largement ses projets d'indépendance. Deux jours après la capitulation du Japon, le 17 août 1945, Sukarno proclamait l'indépendance du pays. Les Néerlandais, appuyés par des troupes britanniques, entendaient bien reprendre leur empire. S'ensuivirent cinq années de luttes durant lesquelles ils suscitèrent et soutinrent tous les séparatismes dans de multiples îles, petites et grandes (et notamment à Sumatra), pour constituer autant d'États fantoches et torpiller la République d'Indonésie. Après une nouvelle tentative de sécession aux Moluques, celle-ci fut reconnue en 1950 sous la pression des États-Unis, les Pays-Bas se cramponnant encore à l'ouest de la Nouvelle-Guinée jusqu'en 1962. Pour des raisons diverses, les tentatives séparatistes n'en continuèrent pas moins dans les différentes parties de l'archipel pendant une dizaine d'années. C'est ainsi que, dès 1953, une révolte islamiste avant la lettre, et visant déjà à l'instauration de la *charia*, éclata dans la province de l'Aceh. Elle ne fut matée qu'en 1962, avant de reprendre dans les années 1990, et elle dure encore aujourd'hui. Mais les conséquences du tsunami de décembre 2004, qui a ravagé les côtes de l'Aceh, semble avoir modifié les données du problème.

Un islamisme modéré ?

Le cas singulier, sinon précurseur, de l'Aceh, en Indonésie, conduit à s'interroger sur les particularités de l'islam indonésien. À la différence de bien des pays musulmans, il est très pratiqué, mais de façon très souple. Fait significatif, les femmes ne sont traditionnellement pas voilées (sauf depuis peu et, surtout, dans les milieux islamistes) et leur costume évoque celui des femmes indiennes. En revanche, les Indonésiens réprouvent les Chinois – six à sept millions en Indonésie – pour diverses raisons, notamment parce qu'ils mangent du cochon, animal impur s'il en est. Nombre de traditions religieuses populaires évoquent encore le monde indien. Cela est dû au fait que l'influence de la civilisation de l'Inde a été considérable durant des siècles et que, dans ce qui deviendra l'Indonésie, l'expansion progressive de l'islam, du XIIIe au XVIe siècle, a été le fait de commerçants et de missionnaires, et non de conquérants armés comme dans la plupart des pays musulmans. Cela explique en partie pourquoi beaucoup d'Indonésiens sont des musulmans qualifiés de « nominaux » ou de « statistiques », des *abangan* comme on dit là-bas, encore influencés par le mysticisme hindo-javanais. De surcroît, lors de l'indépendance de l'Indonésie, Sukarno, avec l'appui de partis progressistes et sans susciter trop d'opposition de la part des musulmans modérés, a lancé les principes de l'idéologie nationale – le Pancasila –, qui se fonde sur le monothéisme, sans privilégier l'islam, pour rallier les îles de peuplement catholique. Le Pancasila, qui traduit une conception sécularisté (sinon laïque) de la nation, repose sur cinq principes, constamment évoqués : foi en un Dieu unique, humanité juste et civilisée, unité de l'Indonésie, démocratie guidée par l'esprit de conciliation et de consensus, justice pour le peuple tout entier. Le Pancasila a continué d'être une référence, même après le coup d'État de 1965. C'est dans les années 1990 qu'a véritablement commencé l'islamisation de la vie politique avec la création de « l'Association des intellectuels musulmans indonésiens », l'ICMI, qui a connu un très grand succès et qui a formé de nombreux hommes politiques. Mais ce mouvement n'a pas fait disparaître pour autant l'islam modéré traditionnel, et il ne se confond pas avec les mouvements islamistes radicaux apparus dans ces mêmes années – notamment dans l'archipel des Moluques, où, en 1999, un violent conflit intercommunautaire a opposé la minorité chrétienne aux musulmans, dont la frange extrémiste des Laskar Jihad a mené des exactions meurtrières contre de nombreux villages chrétiens.

On pouvait penser que ces mouvements islamistes auraient le vent en poupe à la suite de l'intervention américaine en Irak. Mais lors des multiples élections indonésiennes qui se sont déroulées depuis, les partis islamistes ont enregistré un certain déclin, alors que les partis musulmans modérés sont en hausse.

En tout état de cause, l'évolution de l'Indonésie ne manquera pas de poser un grand problème géopolitique : les radicaux islamistes parviendront-ils à imposer leurs vues à la masse des musulmans modérés ?

L'Union indienne : l'unité dans la diversité

Mosaïque de peuples et de langues, l'Inde confirme depuis plus de soixante ans le miracle de son unité. L'influence de l'hindouisme, la pratique de la démocratie sont souvent évoquées pour expliquer cette réussite. L'héritage de la colonisation britannique constitue également un élément déterminant.

Tout en affichant d'éclatantes réussites économiques et en développant dans l'ensemble du Sud-Est asiatique une géopolitique ambitieuse, l'Inde d'aujourd'hui doit encore faire face à des problèmes récurrents : rapports avec la Chine, gestion des relations entre hindouistes, sikhs et musulmans, et, surtout, coexistence avec le Pakistan. À plus long terme, on peut s'interroger sur la façon dont l'Union indienne gérera, au plan régional comme au plan mondial, son nouveau statut de puissance géopolitique majeure. Avec plus d'un milliard d'hommes, l'Inde fait partie avec le Brésil, la Russie et la Chine du BRIC, acronyme désignant le groupe des futures superpuissances.

I. Le miracle indien

Les partitions de 1947

Si on la compare avec des empires multinationaux, comme celui d'Autriche-Hongrie ou l'Empire ottoman qui se sont disloqués à la suite de leur défaite dans la Première Guerre mondiale, et, plus encore, avec des fédérations multinationales, comme l'URSS et la Yougoslavie qui se sont dissoutes d'elles-mêmes au début des années 1990, l'Union indienne pose un problème géopolitique intéressant, celui de sa cohésion. En effet, pour le moment, elle ne connaît guère de mouvements séparatistes en dépit de sa structure fédérale et de sa très grande diversité linguistique.

Cependant, il faut relativiser cette remarque, car ce que l'on a pu appeler le monde indien – qui existait en tant qu'empire depuis des siècles – s'est divisé en 1947 en plusieurs États-nations, d'abord deux, puis trois puisque le Pakistan s'est lui-même dissocié en 1971, avec la création du Bangladesh. On pourrait d'ailleurs y ajouter la grande île de Ceylan, ou Sri Lanka. Cette partition du monde indien ou de l'empire des Indes (bien antérieur à la colonisation) a eu de graves conséquences. Un grand nombre d'Indiens et de Pakistanais y pensent encore de façon nostalgique et, surtout, inquiète, car les tensions sont restées grandes entre eux, et pas seulement à cause du Cachemire qu'ils revendiquent les uns et les autres. Ils se sont déjà fait trois fois la guerre et une quatrième est d'autant plus redoutée que les forces des deux pays sont désormais dotées d'armes nucléaires.

L'unité de l'Union indienne est absolument singulière puisque sa population est formée d'un si grand nombre de peuples, parlant des langues différentes, qu'on peut la comparer à une véritable « tour de Babel », subdivisée en 27 États fédérés de dimensions très variables. À cet égard, le contraste est presque total avec la Chine, dont l'unité culturelle est très grande puisqu'un même peuple, les Han, forme plus de 90 % de la population totale.

Avec plus d'un milliard d'hommes et de femmes, l'Union indienne vient au deuxième rang mondial après la Chine, mais d'ici 2025, du fait de la vigueur de la démographie indienne, les deux nations seront sans doute à égalité de poids démographique. En revanche, l'Union indienne n'est qu'au septième rang mondial pour la superficie de son territoire, avec seulement

LA MOSAÏQUE INDIENNE

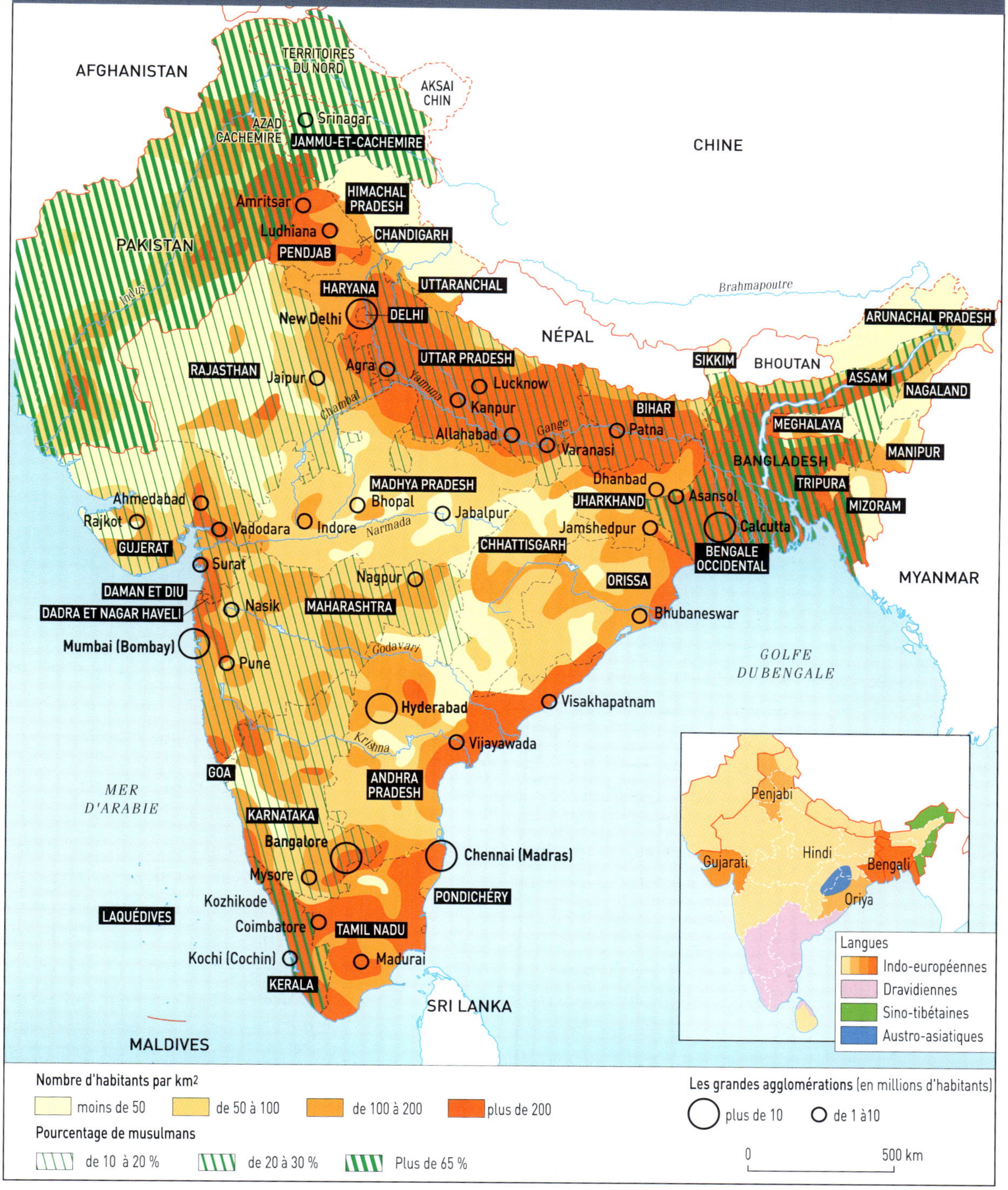

Les fortes densités de population en Union indienne se trouvent dans la plaine indo-gangétique et sur les côtes, dans les vallées et les plaines côtières. Outre le Cachemire en grande majorité musulman, les pourcentages de populations musulmanes sont relativement forts sur la côte occidentale de l'Inde, qui, depuis des siècles, est en contact maritime avec les villes de l'Arabie du Sud et du golfe Persique. La proportion des musulmans indiens est aussi importante au Bengale occidental, c'est-à-dire à l'ouest de l'État surpeuplé et exclusivement musulman qu'est le Bangladesh (*voir également carte p. 202, Milieux naturels*).

MILIEUX NATURELS DE L'INDE

3,2 millions de km², soit trois fois moins que la Chine, dont elle est voisine. Leur frontière commune, dans la chaîne himalayenne, s'allonge sur près de 3 000 kilomètres en dépit de la présence de deux petits États tampons, les royaumes du Népal et du Bhoutan (entre les deux, le royaume du Sikkim a été rattaché à l'Inde en 1975). Ces deux très grands États s'observent avec attention, mais ils n'ont pas de contentieux territorial notable. C'est en fait avec d'autres États qu'ils ont chacun un important problème de territoire : Taïwan pour la Chine, le Cachemire pour l'Inde. Ces deux questions de géopolitique sont évidemment importantes, mais elles ne sont que périphériques. En revanche, si l'on tient compte des facteurs ethniques, linguistiques et religieux, qui, dans d'autres parties du monde – les Balkans, par exemple –, ont provoqué de très graves conflits internes, on en vient à penser que l'Union indienne constitue une sorte de miracle, ayant échappé jusqu'à nos jours aux plus terribles tragédies.

Est-il encore utile d'évoquer en géopolitique le « monde indien » ?

Il s'agit d'un ensemble géographique et géohistorique qui relève du deuxième ordre de grandeur, c'est-à-dire que ses dimensions se mesurent en milliers de kilomètres et, avec les populations de l'Union indienne, du Pakistan, du Bangladesh et du Sri Lanka, il compte un milliard quatre cents millions d'êtres humains, soit l'équivalent de la Chine, à ceci près qu'il est divisé en plusieurs États. Aussi peut-on se demander si l'expression « monde indien » est encore utile, sinon géopolitiquement légitime. Mais les géographes et les géologues parlent toujours de l'océan Indien, vaste ensemble océanique triangulaire entre l'Afrique et l'Australie. Certains parlent aussi de sous-continent indien, que limite au nord l'énorme chaîne de l'Himalaya : celle-ci se soulève au fur et à mesure que s'enfonce sous elle la plaque qui forme les plateaux du Dekkan. Au pied du grand amphithéâtre de chaînes tertiaires (6 000 km), dont l'Himalaya forme la partie centrale et la plus haute, s'allonge, au nord du Dekkan, un large couloir de plaine, long de 4 000 kilomètres, dans lequel coulent l'Indus à l'ouest et le Gange vers l'est, où il est rejoint par le Brahmapoutre pour former un gigantesque delta. Ces ensembles géologiques sont relativement simples et les ensembles climatiques le sont aussi.

Pour les envahisseurs qui, dans l'Histoire, sont venus de l'ouest – le plus célèbre d'entre eux, Alexandre le Grand (326 av. J.-C.) puis les conquérants musulmans (à partir du XIe siècle) –, l'Inde est apparue comme tout à fait singulière. Ce sont d'ailleurs les Grecs qui ont nommé l'Inde du nom du premier grand fleuve qu'ils ont rencontré, l'Indus (le nom officiel de l'Inde, Bharat, qui en sanskrit signifie « qui porte », est récent). Alors qu'elle se trouve aux mêmes latitudes que les déserts d'Arabie et du Sahara, l'Inde a la chance de recevoir en été les très grandes pluies de la mousson, c'est-à-dire la remontée en été très au nord de l'équateur des masses d'air tropicales très humides. Le sous-continent indien relève entièrement du monde tropical, alors que la Chine est subtropicale au sud, mais s'étend au nord dans la zone tempérée aux hivers froids.

La comparaison du monde indien et du monde chinois se justifie non seulement par des poids démographiques comparables, l'un et l'autre étant quatre fois plus important que celui de la troisième puissance démographique (les États-Unis en l'occurrence), mais aussi parce qu'il s'agit de deux grandes civilisations, certes très différentes, mais qui, l'une et l'autre, ont

L'INDE ET LA CHINE : UNE COMPARAISON GÉOPOLITIQUE

Alors que la civilisation chinoise se caractérise par une étonnante unité culturelle et géopolitique, avec une même écriture et une sorte de laïcité générale, le monde indien offre au contraire une étonnante diversité non seulement de langues, mais aussi de religions dont le rôle temporel et sociétal est considérable tant au niveau collectif qu'individuel. Cela s'est traduit durant des siècles par un morcellement politique qu'un pouvoir impérial n'est jamais parvenu à surmonter durablement.

Depuis la fin du XVIIIe siècle, les évolutions politiques de l'Inde et de la Chine ont été extrêmement différentes. L'Inde est passée progressivement, et sans grande résistance, sous la domination coloniale britannique et sa décolonisation s'est finalement opérée en accord avec la métropole au lendemain de la Seconde Guerre mondiale.

À l'inverse, la Chine est restée indépendante, mais elle a connu depuis le milieu du XIXe siècle une succession de grandes insurrections paysannes, de guerres civiles entre nationalistes et communistes, puis l'invasion japonaise et, après 1945, de nouveau la guerre civile. L'instauration du communisme a été encore suivie par vingt-cinq ans de luttes internes au sein du parti unique, avant que celui-ci ne renonce discrètement à la collectivisation et à l'étatisation de l'industrie pour permettre un développement économique de type capitaliste.

En revanche, l'évolution politique de l'Union indienne depuis son indépendance a été beaucoup plus calme, le pluripartisme et la multiplication des États fédérés ayant permis de gérer les tensions internes. Les séparatismes ne se manifestent guère pour le moment, malgré les différences linguistiques entre les différentes parties du pays. Mais la montée du nationalisme hindouiste aggrave la tension avec les musulmans (10 à 12 % de la population totale), plus ou moins dispersés dans de nombreuses régions. L'essor économique et surtout industriel de la Chine est considérable depuis vingt ans. Celui de l'Inde est moins spectaculaire, mais il prend progressivement de l'ampleur, faisant de ce pays le deuxième poids lourd en devenir du continent asiatique. ■

débuté il y a sans doute plus de trois mille ans. Il s'agit aussi pour l'essentiel de ce que les historiens et géographes appellent des « sociétés hydrauliques », c'est-à-dire des sociétés où les techniques de maîtrise de l'eau (système d'irrigation, mais aussi de lutte contre l'inondation) sont déterminantes dans le fonctionnement de systèmes de culture très intensifs – du riz pour une grande part. Ceux-ci permettent de très denses peuplements dans les plaines fluviales qui, depuis des siècles, constituent des enjeux géographiques majeurs. Dans le monde indien, les rivalités géopolitiques se sont développées sur un même ensemble géographique commun aux trois États : la grande plaine qui va de l'Indus au Bangladesh, la plaine indo-gangétique. C'est dans cet ensemble de plaines alluviales que s'entasse une grande partie du milliard trois cents millions d'hommes qui peuplent cette partie du monde.

Peut-on alors parler, encore de nos jours, de monde indien ? En termes de géohistoire, certainement, car la civilisation hindoue prépondérante a continué de se développer dans l'empire des Grands Moghols musulmans du XVIe au XVIIIe siècle, et dans l'empire britannique des Indes. On peut aussi parler du monde indien comme d'un ensemble géopolitique conflictuel, entre Union indienne et Pakistan. Non seulement à cause du Cachemire, mais aussi à cause des 100 millions de musulmans qui vivent en Union indienne, des nombreux Pakistanais dont les familles ont fui l'Inde en 1947 et, enfin, à cause des islamistes qui veulent défendre en Inde les hauts lieux de l'islam où les hindouistes veulent rétablir ceux de leur civilisation.

L'UNITÉ DE LA CIVILISATION HINDOUE

Pour les Indiens, comme pour de nombreux spécialistes de l'Inde, l'unité, pour le moins paradoxale, de cette Union qui rassemble des peuples linguistiquement si différents traduit la puissance de leur dénominateur commun : une civilisation commune, la civilisation hindoue, qui procède de la religion hindouiste. C'est de nos jours, avec 900 millions de croyants, la seule grande religion polythéiste dans le monde et celle-ci est essentiellement localisée en Union indienne, dont 82 % des citoyens sont des hindous, c'est-à-dire des hommes et des femmes de religion hindouiste.

On peut cependant se demander si cette civilisation hindoue est bien, à elle seule, le facteur qui fonde l'unité géopolitique du pays, en dépit de son extrême diversité linguistique. Si l'on compare avec l'Europe, le christianisme a été aussi, durant des siècles, le dénominateur commun d'un très grand nombre de peuples aux langues distinctes les unes des autres, mais cela ne les a pas empêchés de se faire la guerre. Par ailleurs, l'Inde, en dépit de sa civilisation commune, a connu durant des siècles de multiples conflits, et les empires qui s'y sont succédé ont été beaucoup moins durables et unificateurs que ceux de la Chine. Il faut donc analyser l'unité actuelle de l'Inde moins en termes religieux que politiques, et en l'occurrence démocratiques. ■

Un problème géopolitique : comment l'Inde a-t-elle été colonisée ?

À la différence de la Chine, qui était depuis des siècles un empire très centralisé, s'appuyant sur une hiérarchie de lettrés fonctionnaires parlant la même langue et ayant reçu la même formation, les empires qui se sont succédé dans le monde indien étaient bien moins centralisés, la plupart d'entre eux s'étendant surtout en Inde du Nord. Depuis le XIIe siècle, les empereurs étaient des musulmans (irano-afghans), parlant surtout le persan. Ils dominaient de façon plus ou moins forte et durable des royaumes ou des principautés gouvernées soit par des princes hindous (radjahs et maharadjahs, c'est-à-dire grands radjahs), soit par des princes musulmans (nizams et nababs), les uns et les autres percevant les impôts sur les collectivités villageoises, les unes hindoues, les autres musulmanes. De l'empire des Grands Moghols (d'origine turque) qui s'était constitué au XVIe siècle, il ne restait plus à la fin du XVIIe siècle qu'un petit territoire autour de Delhi, la plupart des principautés étant devenues des royaumes grâce au concours intéressé de compagnies de commerce européennes. Celles-ci étaient venues aux Indes pour y acheter des marchandises précieuses (les fins tissus des « indiennes ») qu'elles revendaient très cher en Europe. La concurrence entre compagnies de commerce, qui disposaient chacune d'un petit contingent d'hommes armés, conduisit Français et Anglais à se mêler des rivalités entre principautés et à soutenir les unes contre les autres. Ce furent finalement les Anglais qui, en termes d'influence, l'emportèrent sur les Français en 1763.

Mais, en 1757, à cause d'un différend financier, les Anglais de la Compagnie des Indes orientales, avec quelques milliers d'hommes armés renforcés de cipayes (soldats indigènes), remportèrent la victoire de Plassey sur le nabab du Bengale. Ce dernier garda une autorité nominale sur son territoire, dont les Anglais se firent attribuer l'administration financière. Les Anglais décidèrent alors que les grands percepteurs d'impôts (les zamindars) seraient propriétaires de la terre des villages, sur laquelle ils n'avaient jusqu'alors qu'un pouvoir fiscal. Du coup, dans d'autres principautés, les zamindars, personnages influents, cherchèrent à passer sous le contrôle de la Compagnie britannique qui leur accordait un tel avantage. En conséquence, les Anglais n'eurent à guerroyer que dans le nord-ouest de l'Inde, notamment contre les sikhs au Pendjab (entre 1845 et 1850).

Ils voulurent ensuite exercer un contrôle plus direct et confisquèrent nombre de principautés sous prétexte que leur souverain n'avait pas d'héritiers directs (ou quand ceux-ci n'avaient pas été purement et simplement éliminés). Cela suscita chez les notables une sourde inquiétude, qui, combinée avec d'autres causes de mécontentement à l'encontre des Anglais, provoqua en 1857 la « Grande Mutinerie » (ou « révolte des Cipayes »), qui s'étendit à une grande partie de l'Inde. La domination anglaise faillit être balayée mais, voyant que certains révoltés voulaient revenir au régime précolonial et supprimer la propriété privée des terres, les notables devenus propriétaires fonciers grâce aux Britanniques, abandonnèrent la mutinerie.

Les Anglais en tirèrent la leçon et décidèrent de ne plus chercher à diminuer le nombre des États princiers, grands ou petits. C'est pourquoi, au début du XXe siècle, il en restait encore 562, discrètement surveillés. La Compagnie des Indes fut supprimée en 1868 et l'autorité passa à la couronne, le souverain étant représenté en Inde par un vice-roi. L'administration (y compris celle des États princiers) fut confiée aux fonctionnaires britanniques soigneusement formés de l'Indian Civil Service, et il fut bientôt décidé d'associer des Indiens, hindouistes comme musulmans, à l'évolution de leur pays. Ce furent eux, pour une grande part, qui impulsèrent progressivement le mouvement pour l'autonomie dans le cadre de l'Empire britannique, puis pour l'indépendance. Nombre de jeunes intellectuels indiens allèrent faire leurs études en Angleterre, où ils furent diplômés des plus célèbres universités. Le Parti du Congrès se réunit pour la première fois à Bombay en 1885, avec l'appui du vice-roi britannique. Vingt ans plus tard, en 1906, les intellectuels musulmans, eux aussi anglicisés, formaient la Ligue musulmane.

DES CENTAINES DE LANGUES

PRÈS de 200 langues, et des milliers de dialectes, sont parlées en Inde, mais quatorze d'entre elles, les plus importantes, parlées par des dizaines de millions de personnes, ont statut de « langues constitutionnelles ». L'hindi, de la famille des langues indo-européennes, est parlé par près de 400 millions de personnes, soit 36 % de la population, surtout en Inde du Nord. En revanche, en Inde du Sud, sont pratiquées des langues très différentes, les langues dravidiennes, par près du quart de la population de l'Union indienne – dont le tamoul, dans l'État du Tamil Nadu. Au lendemain de l'indépendance, les dirigeants indiens, issus pour la plupart de l'Inde du Nord, voulurent favoriser la diffusion de l'hindi, mais ils se heurtèrent à la résistance de partis dravidiens qui dénoncèrent l'hégémonie nordiste. C'est pour éviter que cette rivalité linguistique ne contribue à mettre en cause l'unité géopolitique de l'Union que les dirigeants indiens, en 1953, favorisèrent la formation d'États fédérés sur une base linguistique. À noter que l'anglais n'est en fait utilisé que par une minorité de la population (8 à 10 %), dans les milieux les plus cultivés et parmi ceux qui sont en contact pour le commerce et le tourisme avec les Occidentaux. ■

Un début d'industrialisation à l'époque coloniale

Afin de réaliser au plus vite, pour des raisons stratégiques, un important réseau ferré (ce qui permettait de transporter rapidement des troupes d'un bout à l'autre de la colonie), des usines sidérurgiques furent créées par des hommes d'affaires indiens (ce qui deviendra l'actuel grand groupe Tata). Des usines textiles suivirent. Ce début d'industrialisation n'entraîna pas au XXe siècle la formation d'un parti communiste, comme ce fut le cas en Chine. Cela s'explique sans doute par le fait que les ouvriers de ces industries appartenaient aux basses castes, celles-ci étant intimement persuadées qu'il fallait respecter la hiérarchisation de la société. À l'inverse, un grand nombre de notables indiens, membres des castes supérieures, profitèrent largement de la colonisation, ce qui explique pour une grande part leur participation à l'évolution du système colonial britannique.

Celui-ci s'est caractérisé par ses grandes capacités d'évolution, notamment grâce aux leçons tirées de la révolte des colonies américaines. Les Britanniques comprirent vite qu'il était plus efficace de concéder progressivement des droits aux élites locales (ce que l'on ignora dans les colonies françaises, jusqu'au lendemain de la Seconde Guerre mondiale, avant qu'apparaissent brutalement les revendications d'indépendance).

Certes, l'évolution du système colonial ne se fit pas toujours sans heurts : en 1919, l'armée coloniale tira sur une manifestation à Amritsar, la ville sainte des sikhs, ce qui provoqua de nombreuses manifestations, puis, dans les années 1920-1930, le mouvement de Gandhi d'opposition non violentes et de désobéissance civile. Mais les intellectuels indiens sentaient que, à l'imitation du Canada ou de l'Australie, l'Inde allait inéluctablement devenir de plus en plus autonome et, tôt ou tard, indépendante. Ce qui, immanquablement, poserait la question religieuse entre musulmans et hindous.

La décolonisation et la partition

En 1942, la foudroyante avancée de l'armée japonaise en Asie du Sud-Est, jusqu'en Birmanie aux abords du delta du Gange, va accélérer le mouvement national indien, quand Londres lui promet l'indépendance. Après la défaite du Japon en août 1945, les leaders hindous et musulmans savent que, après le départ des Britanniques, vont s'opposer les partisans d'une fédération et ceux de la « partition ».

En août 1946, des agitateurs échappant aux leaders de la Ligue musulmane (le parti des musulmans d'Inde) provoquent d'horribles massacres à Calcutta, qui se propagent à l'ensemble du pays. Les autorités britanniques sont débordées et veulent se débarrasser au plus vite de cette poudrière. La partition ne peut plus être évitée et l'indépendance de l'Inde et du Pakistan est prévue pour le 14 août 1947. Les chefs du parti du Congrès et ceux de la Ligue musulmane se rendent compte qu'il faut au plus vite procéder au tracé des frontières des nouveaux États. Un juriste géographe britannique (sir Cyril Radcliffe), assisté d'une commission bipartite, trace en quelques semaines des frontières sur la carte, d'après les données du dernier recensement. Les problèmes frontaliers les plus difficiles à résoudre se posent au Bengale, à propos de Calcutta, et plus encore au Pendjab, où 4,5 millions de sikhs et d'hindous sont chassés vers l'est, alors que 5 millions de musulmans doivent fuir vers l'ouest. Au total, 15 millions de personnes menacées de mort ont été obligées de fuir les lieux où elles vivaient jusqu'alors.

LIEU SACRÉ, LIEU D'AFFRONTEMENTS

EN 1998, Ayodhya, lieu de naissance de Rama, figure emblématique de l'hindouisme, n'avait pas été choisie au hasard par le BJP (parti du Peuple indien) comme lieu de polarisation de sa campagne électorale. Au XVIe siècle, le premier Grand Moghol avait fait construire une mosquée à l'emplacement du temple de Rama. La poussée du nationalisme hindou s'est alors concrétisée par la volonté de détruire cette mosquée, ce qui se produisit en 1992, par des foules hindoues déchaînées. Devant le scandale provoqué par cet événement, le BJP n'a pas pu entreprendre sur les ruines de la mosquée la construction du grand temple dédié à Rama, mais, pour l'exiger, les hindouistes ont suscité toute une série de violentes émeutes dans la vallée du Gange, au Gujerat et à Bombay. Ce grave incident fut suivi d'autres affrontements communautaires, dont un, particulièrement meurtrier, dans la ville de Godhra, administrée par le BJP, qui laissa faire. ■

Plus de 80 % de la population indienne est hindoue. Alors que le parti du Congrès ne s'est jamais réclamé directement de cette religion, son rival nationaliste hindou, le BJP (au pouvoir entre 1998 et 2004), n'a pas hésité à attiser un moment la rivalité des hindouistes avec les musulmans. Avec 100 millions de fidèles (10 % de la population), ceux-ci représentent la troisième communauté musulmane du monde. Ils sont généralement plus pauvres que la moyenne nationale, et en majorité ruraux. Les chrétiens sont environ 20 millions, en majorité dans le Sud. Au nombre de 16 millions, les sikhs sont concentrés dans l'État du Pendjab. Revendiquant la création d'un État sikh, ils provoquèrent des violences meurtrières lors des années 1970 et 1980, allant jusqu'à assassiner le Premier ministre Indira Gandhi en 1984. En 2004 et en 2009, l'accession au poste de Premier ministre de l'Union indienne de Manmohan Singh qui est sikh semble marquer un apaisement des passions.

Au Cachemire, sur la façade ouest de l'Himalaya, la population est très majoritairement musulmane, mais le maharadjah, qui est hindou, fait appel en 1947 aux troupes indiennes pour se protéger de l'attaque de pillards pachtounes (pathan). La guerre éclate entre l'armée indienne et l'armée pakistanaise. Un cessez-le-feu sous l'égide de l'ONU mettra fin, en janvier 1949, à cette première guerre indo-pakistanaise. Il y aura deux autres guerres. Celle de 1965 a pour objet la question du Cachemire, qui n'est toujours pas réglée. Celle de 1971 a mis fin, pour le Pakistan, à une situation géopolitique unique au monde et en vérité absurde, un État formé de deux parties séparées par 1 700 kilomètres. Ce sera alors la création du Bangladesh, pays musulman de 130 millions d'habitants (en 2005), sur le delta du Gange et du Brahmapoutre.

L'évolution géopolitique interne de l'Inde

Depuis l'indépendance, en dépit du nombre des problèmes qui s'y posent, l'Union indienne a connu une évolution politique relativement stable, avec des élections régulières et une alternance des partis au pouvoir : le parti du Congrès de 1947 à 1977, une alliance de partis d'opposition de 1977 à 1980, le Congrès de 1980 à 1998, le BJP, le parti hindou, de 1998 à 2004, puis à nouveau le Congrès. La longue

LES RELIGIONS EN INDE

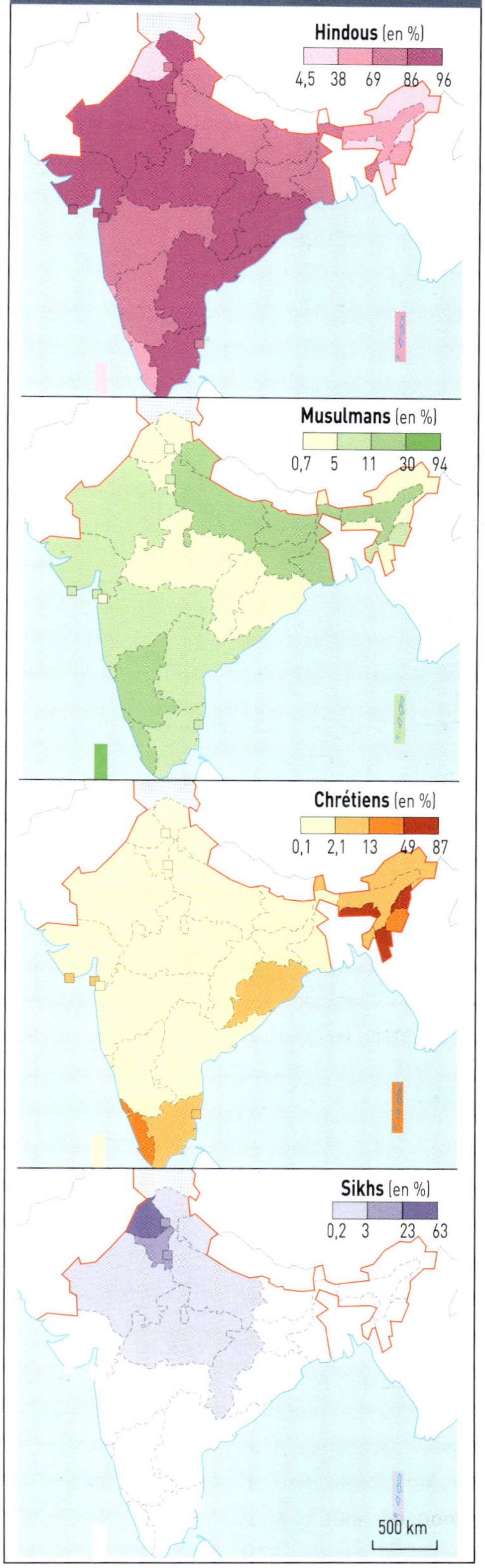

L'ÉVOLUTION DU RÔLE DES CASTES

La plus importante manifestation sociétale de l'hindouisme est la division de la société en castes hiérarchisées. Malgré les progrès de la démocratie, le suffrage universel et la pluralité des partis politiques, l'Union indienne, du fait des castes, n'a pas encore une société civile démocratique au sens occidental du terme. Les castes sont des groupes héréditaires, endogames (on se marie à l'intérieur de sa caste), hiérarchisés, chacune d'elles étant plus ou moins définie par une activité sociale.

Il y a quatre grandes divisions hiérarchiques : les brahmanes (la caste sacerdotale), les kshatriya (les hommes de guerre et de pouvoir), les vaishya (artisans et commerçants) et les shudra (la basse caste, celle des paysans). Au-dessous de cette hiérarchie se trouvent les « hors-caste », que les Européens ont appelés les « intouchables » et qu'en Inde de nos jours on appelle les « dalits ». Ils sont en principe chargés des tâches « impures » que les autres castes ne veulent pas assumer. Leur proportion dans la population indienne est de 16 % environ (soit 180 millions de personnes), mais elle est inégale selon les régions. À l'instigation de Gandhi, le gouvernement indien a aboli le statut des intouchables et ceux-ci, comme les membres des basses castes, bénéficient de programmes de discrimination positive.

Du fait du suffrage universel et du pluripartisme, l'Inde connaît une complexe évolution sociale et politique : d'un côté, le système des vieilles régulations du monde villageois s'affaiblit ; d'un autre côté, il y a maintien de l'identité de caste. Dans ce contexte, les partis recherchent le soutien de telle ou telle caste pour appuyer leurs projets sociaux ou leurs visées géopolitiques.

C'est là tout le paradoxe de l'Inde, celui d'une société qui, idéologiquement, se définit elle-même de façon hiérarchique et qui, parmi les nations libérées du système colonial, a le mieux mis en pratique un système politique fondé sur la démocratie représentative parlementaire. Cela a été rendu possible notamment par la philosophie politique du parti du Congrès (fondé en 1885), qui se veut le représentant de l'ensemble de la nation, y compris les musulmans. Au pouvoir dès 1947, il a mis en œuvre une réforme agraire aux résultats insuffisants, mais qui a contribué à amoindrir le pouvoir des grands propriétaires, et qui a également voulu réserver les emplois publics au profit des castes les plus défavorisées. Petit à petit, cette rhétorique de l'égalité s'est partiellement imposée dans les faits, transformant l'Inde en pays de « l'unité dans la diversité », selon le mot d'ordre du parti du Congrès.

En 2007, Pratibha Devisingh Patil est la première femme élue au poste de présidente de la République. ■

direction de Jawaharlal Nehru (chef du gouvernement de 1947 à 1964) mit le pays sur des rails solides. Certes, deux Premiers ministres, Indira Gandhi puis son fils Rajiv, ont été assassinés pour des raisons géopolitiques (la première, en 1984, par des extrémistes sikhs, le second, en 1991, par des extrémistes tamouls), mais jamais l'armée, qui est pourtant puissante, n'a cherché à prendre le pouvoir. C'est dans une grande mesure l'héritage des traditions politiques de la colonisation britannique (bien que celles-ci se soient autant exercées sur les territoires et les populations qui ont constitué les deux Pakistan). Ce n'est pas sans raison que l'Inde est dénommée « la plus grande démocratie du monde » (même si, à la base, la société indienne n'est guère démocratique en raison du système des castes). En 1947, nombre de problèmes géopolitiques se posaient à l'Union indienne et le Mahatma Gandhi fut assassiné en 1948 par un fanatique hindou : outre les séquelles de la partition, l'afflux des réfugiés hindous le long des nouvelles frontières et la présence à l'intérieur de nombreux musulmans qui n'avaient pas pu partir, il y avait la mosaïque des 562 États princiers. Moyennant la conservation de certains avantages personnels, les maharadjahs furent convaincus de laisser leurs territoires s'intégrer à celui de l'Union.

En 1980, la création du BJP (Parti du peuple indien), formation hindouiste souvent qualifiée d'extrémiste, a progressivement changé la donne du jeu politique indien. En 1998, l'accession de ce parti à la tête du gouvernement a fait craindre le risque géopolitique d'un affrontement majeur entre hindouistes et musulmans. En effet, la campagne de mobilisation du BJP, qui mêlait délibérément le religieux et le politique, s'était déjà focalisée sur la mosquée d'Ayodhya, en Uttar Pradesh, dans la vallée du Gange.

L'arrivée au pouvoir du BJP a plus ou moins coïncidé avec la manifestation de la nouvelle puissance économique de l'Inde. Durant des décennies, le parti du Congrès était resté fidèle aux orientations laïques et socialisantes de

Nehru. L'économie indienne était alors planifiée et fortement étatisée, avec un important secteur public pour la construction des infrastructures et la production des biens d'équipement. Durant les années 1980, une libéralisation économique fut progressivement effectuée, mais c'est à partir des années 1990 que celle-ci a commencé à porter ses fruits en termes de croissance et de profit pour les classes possédantes. Les taux de croissance du PIB indien sont de l'ordre de 6 à 7 % et le BJP s'en est fait gloire. Ce sont surtout les classes moyennes et les grands groupes industriels qui en profitent. Aussi, depuis 2004, le parti du Congrès a repris la majorité au Parlement, grâce aux votes des milieux populaires qui s'estimaient lésés.

II. L'Inde, future superpuissance

L'ambition d'être un pôle de stabilité en Asie

En ce début de XXIe siècle, l'Inde apparaît désormais comme une future superpuissance : son image n'est plus celle des famines d'antan (bien que la sous-alimentation y soit persistante), mais celle des performances du complexe informatique de Bangalore (qui s'est développé près d'usines d'aviation implantées pour des raisons stratégiques au sud du Dekkan, loin des frontières de la Chine et du Pakistan).

LES TRANSFORMATIONS RÉCENTES DE LA GÉOPOLITIQUE INDIENNE

DURANT toute la période de la guerre froide, la politique extérieure de l'Inde se fonda sur deux options principales : le non-alignement de principe et la proximité de fait (diplomatique et économique) avec l'Union soviétique. Après la chute de celle-ci et surtout depuis les attentats du 11 Septembre, New Delhi s'est nettement rapprochée de Washington (notamment en matière de nucléaire civil et de programmes spatiaux). Américains et Indiens partagent en outre la même méfiance latente à l'égard de la Chine, même si les Indiens recherchent différentes formes de partenariat avec leur puissant voisin (New Delhi a reconnu la souveraineté chinoise sur le Tibet et Pékin a admis que le Sikkim était partie intégrante de l'Union indienne). Par ailleurs, l'Inde, qui aspire à devenir un acteur international de premier ordre, veut renforcer sa présence dans l'ensemble de l'Asie du Sud-Est. C'est ce qu'on a appelé la Look East Policy. Celle-ci passe par un rapprochement avec les pays de l'ASEAN (Association of Southeast Asian Nations) et par une modernisation des forces navales, notamment dans l'océan Indien jusqu'aux bords de l'Antarctique. ■

Bien que son PIB par tête soit deux fois moins important que celui de la Chine, l'Inde compte désormais parmi les grands acteurs internationaux ; son armée dispose d'armes nucléaires et de vecteurs à grande distance. Elle avait d'ailleurs refusé de signer les accords de non-prolifération des armes nucléaires au début des années 1970, en arguant que la Chine en était pourvue et que le Pakistan le serait bientôt, ce qui a été le cas.

Après les attentats du 11-Septembre, dans lesquels étaient impliqués les talibans alliés du Pakistan, New Delhi s'est empressée d'apporter son soutien à Washington.

Il s'est agi alors de jouer la carte américaine pour contrer les deux menaces traditionnelles pesant sur l'Inde, celle de Pékin, qui avait appuyé l'effort nucléaire d'Islamabad, et celle du Pakistan, d'autant plus suspect aux yeux des Américains qu'il demeure le foyer de nombreux et puissants mouvements islamistes.

La coexistence de deux futurs « supergrands »

Les relations de l'Inde et de la Chine ont toujours été marquées par une grande complexité. En 1947-1949, après l'indépendance de l'Inde et la victoire des communistes en Chine, il s'opéra d'abord un rapprochement assez spectaculaire entre les deux nations, chacune étant porteuse des espoirs d'émancipation des grandes masses asiatiques. Cependant, dès la fameuse conférence anticolonialiste de Bandung, en 1955, les premiers clivages apparurent, l'Inde refusant alors l'alignement sur les deux camps, communiste et occidental, qui dominaient alors le monde. Sept ans plus tard, un conflit frontalier dans la région de l'Assam opposait la Chine et l'Union indienne. Depuis, même si les affrontements directs n'ont plus eu cours, la méfiance ne s'est jamais dissipée. Aujourd'hui, l'Inde voit la Chine comme une puissance menaçante qui, au-delà de ses discours, a des tendances hégémoniques, tout en accumulant un très important arsenal militaire.

De ce fait, les essais nucléaires indiens de 1998 n'ont pas été fondamentalement menés vis-à-vis du Pakistan, l'adversaire déclaré, puisque la supériorité de New Delhi en matière d'armements conventionnels lui assurait déjà la sécurité. En réalité, les essais nucléaires indiens ont eu la Chine pour référence dans une dialectique de dissuasion du faible au fort. On pourrait dire aussi que, dans ce jeu régional, le Pakistan pratique à l'égard de l'Inde une dissuasion de même nature. Cela ne semble pas empêcher pour autant une amélioration des relations entre les deux pays, même s'il demeure des contentieux frontaliers en Himalaya.

L'Inde et la Chine (qui ont signé, en avril 2005, un « partenariat stratégique pour la paix et la prospérité ») sont aussi de très vieilles civilisations. L'Inde n'oublie pas que c'est à partir de la vallée du Gange que le bouddhisme s'est diffusé sur une très grande partie du continent asiatique, le paradoxe étant qu'elle l'a abandonné pour elle-même pour revenir à l'hindouisme. L'Inde sait aussi que, pour les lettrés chinois, le « voyage en Occident » (le fameux Si Yéou Ki) les conduit vers le berceau du bouddhisme. Ces deux grandes nations sont les deux seules civilisations millénaires qui ont continué, en ligne directe, jusqu'à l'époque actuelle, en dépit des changements de dynastie. Elles sont en outre sur le point de devenir, l'une et l'autre, des acteurs essentiels du nouveau millénaire.

III. Le Pakistan : les échecs d'une caste militaire

Lors de sa création, en 1947, le Pakistan est apparu comme un État géopolitiquement étrange, formé de deux territoires différents, séparés l'un de l'autre par 1 700 km occupés par l'Union indienne – État avec lequel les relations ont toujours été conflictuelles. Alors que les fondateurs de cette Union indienne avaient une conception laïque de l'État et voulaient y intégrer des gens de religions différentes – hindouistes, musulmans, sikhs, chrétiens etc.. –, les fondateurs du Pakistan revendiquaient tous les territoires indiens où vivaient des musulmans. Mais ces revendications se sont heurtées au fait que ces derniers, mêlés à des hindous, se trouvaient dans diverses régions, notamment sur les côtes méridionales du Dekkan. Le nouveau Pakistan a donc dû se contenter de deux régions d'Inde du nord où les musulmans étaient majoritaires, à l'est dans le delta du Gange et à l'ouest dans le bassin de l'Indus dont le cours supérieur et ceux de ses principaux affluents se trouvent au Cachemire. Toutefois, en 1947, leur maharadjah, qui était hindou, fit appel à l'armée indienne pour les protéger des attaques lancées par des bandes de guerriers musulmans venus d'Afghanistan qui descendaient depuis des siècles dans la vallée de l'Indus pour la piller. Ces derniers furent donc repoussés par les forces rassemblées par les Britanniques.

En 1949, le Pakistan, fier de la vaillance guerrière de ses officiers (formés dans l'armée britannique), déclara la guerre à l'Inde. Mais l'armée indienne (dont les cadres avaient été formés de la même façon) fut victorieuse et elle le fut encore en 1965. Depuis plus de 50 ans, les dirigeants du Pakistan entretiennent des relations complexes

LE PAKISTAN : RÉGIONS, ETHNIES ET POINTS CHAUDS

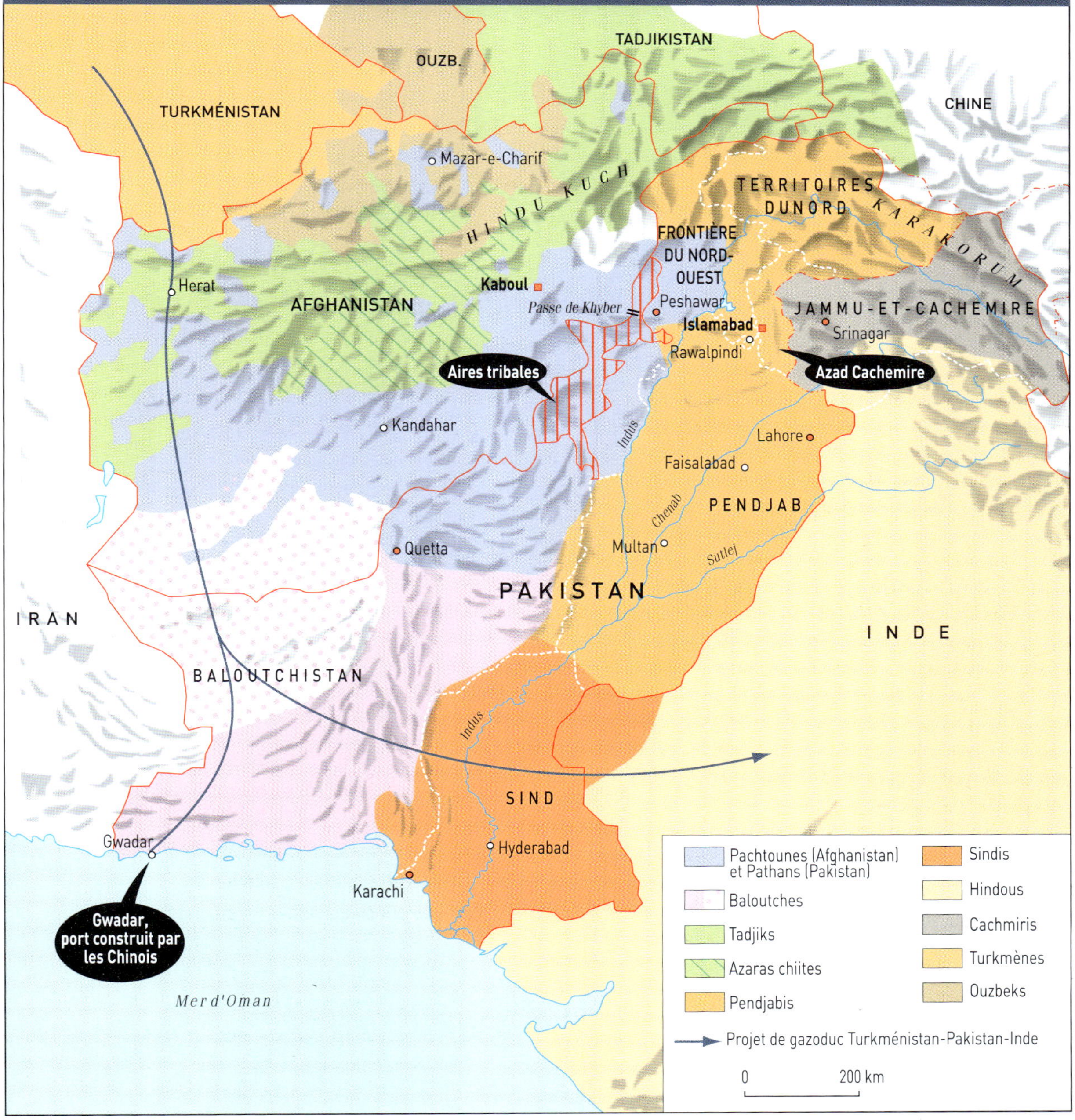

Depuis 2008, on assiste dans cet ensemble stratégique formé par les deux États que sont le Pakistan et l'Afghanistan, appelé aussi « AFPAK », à une montée en puissance des talibans. L'un comme l'autre sont marqués par des tensions multiples et constantes. Les mohadjirs, c'est-à-dire les familles de musulmans relativement aisés qui ont fui l'Inde en 1947, sont jalousés par de nombreux Pakistanais. Les régions frontalières de l'Afghanistan, dites « aires tribales » (voir chapitre Afghanistan), échappent largement au contrôle gouvernemental, tandis que le Baloutchistan est en état de révolte larvée contre les forces d'Islamabad. Les militaires s'opposent au personnel politique civil et les puissants mouvements islamistes du pays rejettent catégoriquement la politique de rapprochement avec les États-Unis et d'apaisement avec l'Inde.

LES GUERRES DES DEUX CACHEMIRE

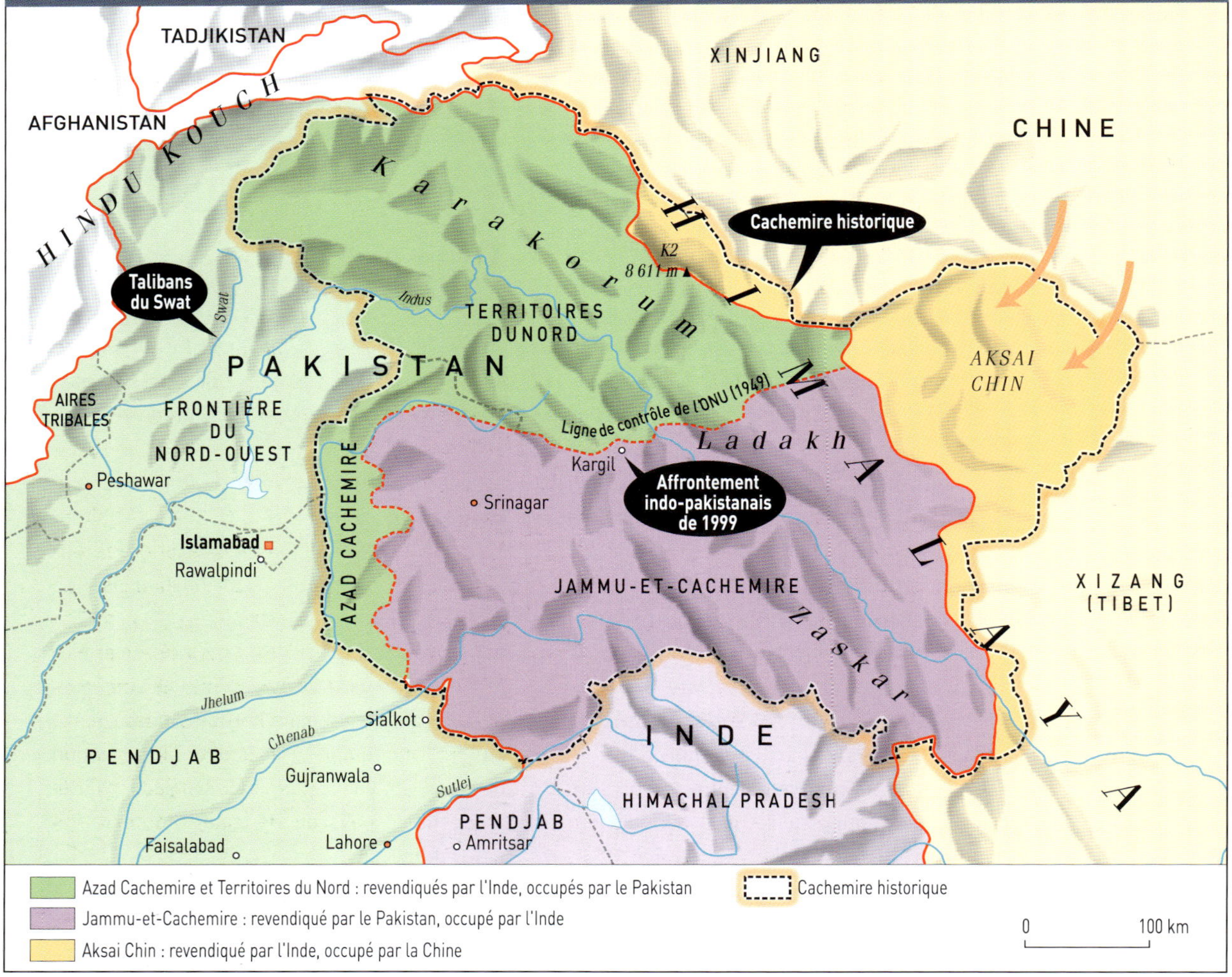

Lors de la partition de 1947, le Cachemire, largement musulman, est dirigé par un maharadjah hindou, Hari Singh. Celui-ci choisit le rattachement non au Pakistan mais à l'Union indienne. Depuis, trois guerres ont eu lieu entre les deux grands États. Le Cachemire est désormais divisé en deux, entre le Jammu-et-Cachemire indien et le Azad Cachemire pakistanais. Ce foyer de tension permanent est devenu un point chaud crucial depuis que les deux protagonistes disposent de l'arme nucléaire. En 1999, lors de la guerre dite de Kargil (du nom d'une localité de la région), on a craint le pire, le Pakistan venant juste d'accéder à la puissance atomique. À partir de 2003, cependant, on assiste à une certaine détente entre les deux pays, dont les dirigeants ont déclaré, en 2005, que le processus de paix entre eux était « irréversible ». Le terrible tremblement de terre de l'automne 2005 dans le Cachemire pakistanais a déclenché un mouvement de solidarité en Inde. Mais, en novembre 2008, des groupes islamistes pakistanais liés à l'ISI (les services secrets pakistanais) ont lancé par la mer un terrible raid terroriste dans le centre de Bombay qui a pris de court les autorités indiennes.

avec l'Inde. Celle-ci ayant de bonnes relations avec l'Union soviétique et la Chine populaire, le Pakistan obtint le soutien des États-Unis et participa même au pacte de Bagdad (conclu entre les États-Unis, la Grande-Bretagne, la Turquie, l'Iran et l'Irak) pour contrer l'influence soviétique au Moyen-Orient. Il aura ensuite le soutien de la Chine, avec l'accord tacite des dirigeants américains (c'est d'ailleurs par son entremise qu'en 1972, le président Nixon se rendit à Pékin pour nouer avec Mao Zedong une alliance secrète avec l'URSS).

L'armée, pivot central des pouvoirs pakistanais

Se considérant en conflit permanent avec l'Inde – bien que celle-ci soit plus puissante que lui –, le Pakistan accorde une importance considérable à son armée, ce qui permet à ses chefs de s'emparer régulièrement du pouvoir (comme le maréchal Ayub Khan en 1958, le général Yayah Khan en 1969, ou encore le général Zia en 1977). Autant les dirigeants de l'Union indienne ont mis en œuvre depuis sa formation un régime démocratique (malgré une société qui ne l'était guère), l'armée se fondant toujours sur sa fidélité aux autorités civiles, autant ceux du Pakistan ont procédé de façon dictatoriale, en accordant un rôle mystérieux mais notable à leurs services secrets, le fameux ISI (Inter Service Intelligence). Dans une certaine mesure, il s'agit là d'un héritage des Britanniques. Dans ce qu'ils appelaient la Province du Nord-Ouest de l'Empire des Indes, ces derniers avaient basé le plus de forces armées afin de faire face à une possible attaque des Afghans, poussés par des agents du Tsar.

Ce fameux « Grand Jeu » entre l'empire britannique et l'empire russe avait abouti, pour éviter leur affrontement direct, au tracé des frontières d'un pays tampon, l'Afghanistan, et à sa neutralisation. A l'Est, la frontière afghane, telle que les Anglais l'avaient tracée, la fameuse « Ligne Durand », incluait dans l'empire des Indes de nombreuses tribus afghanes, les fameux Pachtounes, qu'au Pakistan on appelle Pathans. Les autorités britanniques ont préféré laisser autonomes ces redoutables tribus à la condition qu'elles se tiennent « tranquilles » dans les « zones tribales » qui leur étaient accordées. Il fallait cependant pouvoir les surveiller et savoir ce qui se passait plus à l'ouest – d'où dès le XIXe siècle le rôle important pris par les « services secrets ». Après 1947, ceux-ci, enfin dégagés de l'autorité des officiers britanniques, agirent en sous-main au Cachemire, dans les diverses régions musulmanes de l'Union indienne, mais aussi à ce que l'on appelait à l'époque le Pakistan oriental, c'est-à-dire le delta du Gange et du Brahmapoutre. En 1947, sa population avait dû rompre toute relation avec Calcutta et sa région, dont elle parle pourtant la langue, le bengali. Devenu un des États de l'Union indienne, le Bengale-Occidental est resté coupé des Bengalis de l'Est, même libérés du Pakistan.

L'unité islamique pakistanaise en faillite

Entre les deux Pakistan, les rapports sont devenus de plus en plus mauvais : Dans celui de l'Ouest (six fois plus vaste que celui de l'Est), se trouvait l'essentiel des cadres de l'armée. Ceux-ci parlent urdu et non bengali comme les gens du Pakistan oriental. Le Pakistan occidental y envoya des fonctionnaires, des militaires qui maltraitèrent les Bengalis, tout en exploitant leurs ressources. De nombreux agents des services secrets surveillèrent ces musulmans, qui, poussés à bout par les vexations et les arrestations, se révoltèrent en 1971 pour réclamer leur indépendance. Les militaires du Pakistan occidental répliquèrent par d'horribles massacres et crurent avoir remporté la victoire. L'intervention de l'armée indienne permit au Bangladesh (littéralement, le pays du Bengale) d'obtenir son indépendance.

Cet État compte aujourd'hui 130 millions d'habitants (le Pakistan occidental, près de 170 millions). Toutefois, malgré le rôle primordial joué par l'armée indienne, les rapports du Bangladesh avec l'Union indienne ne sont pas très bons, notamment à cause de la construction sur le Gange, juste en amont de la frontière, du barrage de Farrakan, qui modifie en aval les conditions hydrologiques dans le delta.

Non seulement les militaires pakistanais ne sont pas parvenus à conquérir le Cachemire, mais par leur morgue et leur brutalité, ils ont largement contribué à la faillite de l'unité pakistanaise. Après ce désastre de 1971, le Pakistan connut une de ses rares périodes où le pouvoir civil eut un rôle important, avec le Pakistan People's Party dirigé par Zulficar Ali Bhutto, grand propriétaire formé à l'anglaise, qui dénonça le rôle de l'armée et des services secrets. Mais en 1977, il fut renversé par le

LE SRI LANKA (DÉNOMMÉ CEYLAN À L'ÉPOQUE COLONIALE)

CETTE grande île (66 000 km², 19 millions d'habitants), située au sud de l'Inde, connaît de graves problèmes géopolitiques. En effet, la population sri lankaise a, depuis l'indépendance en 1947, des relations difficiles avec la minorité tamoule (20 % environ de la population totale), qui résulte de migrations plus ou moins anciennes à partir de l'Inde du Sud, surtout du Tamil Nadu. Alors que la majorité de la population sri lankaise est bouddhiste, les Tamouls sont hindouistes. S'estimant victimes de diverses discriminations (la nationalité sri lankaise a été refusée à bon nombre d'entre eux, récemment immigrés), les Tamouls, qui se trouvent concentrés dans le nord de l'île, sur sa côte orientale et dans les montagnes centrales (où étaient situées les plantations britanniques), luttent pour la reconnaissance de leurs revendications. Des groupes extrémistes, notamment les Tigres de la libération du Tamil Elam (LTTE), mènent une lutte armée, y compris par des moyens terroristes, pour obtenir un territoire indépendant. De 1987 à 1990, le gouvernement indien envoie des troupes pour rétablir la paix, car l'agitation se répand chez les Tamouls du sud de l'Inde, mais cette intervention se solde par un échec et par l'assassinat du Premier ministre indien Rajiv Gandhi, en Début 2009, l'armée sri-lankaise est parvenue à exterminer celle des Tigres tamouls dans le nord de l'île. ■

général Zia, un islamiste convaincu, qui le fit torturer et exécuter pour irréligion en 1979. Rendu prudent par la défaite au Bangladesh, Zia accorda une certaine autonomie aux tribus du Balouchistan qui étaient en rébellion depuis des années aux frontières de l'Iran.

Les services secrets chauffent le chaudron afghan

En décembre 1979, l'invasion de l'Afghanistan par les Soviétiques (*voir chap. Afghanistan*) va être une aubaine pour les militaires pakistanais et, surtout, pour leurs services secrets de l'ISI (Inter Service Intelligence), qui vont profiter alors de leur rôle d'intermédiaires financiers entre les résistants afghans et les Saoudiens financés en sous-main par les Américains. De surcroît, cette lutte contre le communisme soviétique favorise le développement des mouvements islamistes dans le pays. En 1996, les talibans ultra-islamistes prennent le pouvoir à Kaboul, avec le soutien des services secrets pakistanais, dont les actions commencent à s'étendre vers le nord, dans les républiques ex-soviétiques. Trois ans plus tard, un regain de tension au Cachemire entre armée indienne et armée pakistanaise amène le général Pervez Mucharraf au pouvoir. À cette occasion, on a craint un affrontement nucléaire entre les deux pays, et il aura fallu l'intervention ferme du président Clinton et des pressions chinoises pour amener le gouvernement pakistanais à respecter la ligne de partage du Cachemire. Islamabad est alors en grande difficulté financière car, depuis qu'il s'est proclamé « puissance nucléaire » en 1998, les États-Unis lui ont supprimé les crédits considérables qu'ils lui accordaient depuis des décennies. Mais, surtout, les attentats du 11-Septembre menés avec la complicité des talibans, puis les opérations de représailles que les États-Unis lancent, en octobre, sur l'Afghanistan vont placer le général Mucharraf dans une situation extrêmement délicate. Alors qu'une grande partie de l'armée et, plus encore, les mouvements islamistes manifestent leur soutien aux talibans, il se rallie à Washington.

Certes, le général en retire une aide financière substantielle, mais il échappe de justesse à plusieurs attentats. Alors que les talibans, et peut-être même Oussama Ben Laden, se sont réfugiés à l'est de la frontière afghane (la fameuse « ligne Durand ») dans les « territoires tribaux », l'armée pakistanaise n'y intervient qu'avec réticence, sous le prétexte que les tribus pachtounes y sont traditionnellement autonomes.

La seconde guerre d'Afghanistan, celle que mènent les Américains depuis 2001, a provoqué le retranchement des talibans dans les « zones tribales » où ils ont fait des émules côté Pakistan, des talibans pakistanais affrontant désormais le pouvoir. L'ISI n'est d'ailleurs pas mécontent des difficultés que rencontrent les Américains, car une fois ceux-ci repartis de guerre lasse, comme le firent les Soviétiques, le Pakistan pourra reprendre sa politique de protectorat sur les islamistes d'Afghanistan et d'expansion de son influence en Asie centrale. Le pouvoir du général Pervez Mucharraff étant de plus en plus dénoncé, y compris par des non islamistes, celui-ci a dû démissionner. Les élections allaient porter au pouvoir Benazir Bhutto, la fille du président assassiné (elle avait déjà dirigé le Pakistan à une époque) lorsqu'elle fut assassinée en décembre 2007. Son mari (pourtant guère populaire) fut élu président avec l'accord des militaires et le soutien des Américains. Devant les attaques de plus en plus audacieuses des talibans, le nouveau président a cru habile de leur reconnaître fin 2008 un pouvoir sur certaines régions frontalières de l'Afghanistan, notamment dans la vallée de Swat. Mais ils en sont sortis et se sont dangereusement approchés de la capitale. Craignant qu'ils ne prennent bientôt le pouvoir, le président Obama a exigé du gouvernement pakistanais que de sérieuses opérations militaires soient menées contre les talibans pakistanais et les repaires de talibans afghans dans les « zones tribales », malgré le fait que l'armée pakistanaise ne tenait guère à s'y aventurer.

En juin 2009, les talibans semblent avoir été chassés de la vallée de Swat, mais près d'un million de réfugiés ont également dû la quitter.

Si les islamistes prenaient le pouvoir, le Pakistan, puissance nucléaire, risque de connaître une grave crise qui entraînerait certaines réactions des États-Unis et de l'Inde.

L'AFRIQUE LE NOUVEL ELDORADO **218**

LA MÉDITERRANÉE
GRANDE ZONE DES TENSIONS MONDIALES **234**

LES BALKANS PASSIONS DES PEUPLES, INTÉRÊTS DES EMPIRES **262**

LA PÉRIPHÉRIE DE L'EX-UNION SOVIÉTIQUE
RIVALITÉS ANCIENNES, NOUVEAUX ENJEUX **270**

L'AFGHANISTAN GRAND JEU ET LOGIQUES TRIBALES **284**

L'IRAK ET L'IRAN DEUX POINTS CHAUDS ÉTROITEMENT LIÉS **294**

ISRAËL-PALESTINE UN PROBLÈME CRUCIAL TOUJOURS SANS SOLUTION **304**

GÉOPOLITIQUE DU PÉTROLE
SPECTRE DE LA PÉNURIE, FORCE DES INTÉRÊTS **319**

Les points chauds du globe

L'AFRIQUE :
LE NOUVEL ELDORADO

Dans le langage courant et dans celui des médias, le terme « Afrique » désigne surtout l'Afrique située au sud du Sahara, l'Afrique tropicale et ce que l'on appelle le plus couramment l'Afrique noire. La partie septentrionale du continent africain, Sahara compris, n'est plus de nos jours dénommée Afrique blanche, mais elle est considérée comme un vaste sous-ensemble du monde arabe. Lorsque la presse évoque l'Afrique, c'est traditionnellement à propos de sa pauvreté chronique, de la famine ou encore en raison de la multiplication de « conflits ethniques » (Soudan, Congo, Liberia, Sierra Leone, Tchad, Kenya). L'Afrique est en outre la région du monde la plus affectée par les maladies tropicales et constitue le plus gros foyer de sida (avec 30 millions de personnes infectées). Soumise à la domination coloniale anglaise et française du milieu du XIXe siècle jusqu'aux années 1960, sa décolonisation s'est effectuée sans trop de problèmes. Depuis, la plupart des pays africains bénéficient d'une aide internationale (notamment versée par la France et l'Union européenne) mais celle-ci profite soit à des intermédiaires européens, soit aux chefs d'État, à leurs proches ou encore aux groupes ethniques dont ils sont issus. Ces injustices, dénoncées par certains hommes politiques, poussent les peuples à la rébellion et sont à l'origine de multiples conflits intérieurs, qui se sont ensuite combinés aux stratégies politiques d'anciennes puissances coloniales, comme celles de l'URSS, d'Israël, ou d'autres États musulmans (notamment dans le nord-est de l'Afrique). Depuis le début du XXIe siècle, ce continent suscite bien des convoitises et de nouvelles stratégies américaine ou chinoise s'affrontent afin de contrôler les gisements pétroliers. Aujourd'hui, 750 000 Chinois sont d'ores et déjà présents en Afrique, dont 300 000 en Afrique du Sud.

I. La multiplication des problèmes

L'Afrique au sud du Sahara est la partie du tiers-monde dont les progrès depuis la décolonisation ont été les plus faibles et dont l'évolution se révèle somme toute négative. C'est aussi l'Afrique qui subit le plus lourdement les contraintes de l'environnement tropical, surtout parce que les productions agricoles se font principalement sur des sols latéritiques pauvres et fragiles, alors qu'en Asie tropicale on dispose des sols beaucoup plus fertiles des vallées alluviales qui ont pu depuis des siècles, être mises en culture.

Cependant, une des causes majeures des difficultés croissantes de l'Afrique (au fur et à mesure que s'accroissent les populations) est d'origine géopolitique. La plupart des États africains sont le cadre de tensions ethniques de plus en plus marquées. Chacun d'eux compte un plus ou moins grand nombre de peuples entre lesquels existent de très graves contentieux historiques. En effet, la traite des esclaves a sévi durant des siècles en Afrique noire, tant du fait des négriers européens qu'arabes et, malgré son interdiction par les puissances européennes au début du XIXe siècle (congrès de Vienne de 1815), elle a perduré entre Africains jusqu'à la fin du XIXe siècle. Entre les peuples victimes de la traite et les Africains (royaumes ou tribus, comme les Ashanti au Ghana) qui capturaient les esclaves se sont établis des murs d'incompréhension, qui ont empêché dans la plupart des États africains le développement d'un sentiment national, ce qui handicape grandement les progrès de la démocratie et les efforts de développement.

Pas seulement des conflits « ethniques »

Au sein du tiers-monde, l'Afrique noire est la zone qui, au cours des décennies passées, a reçu une grande partie de l'aide des pays industrialisés (en l'occurrence, de la France et de l'Union

LES RELIGIONS EN AFRIQUE

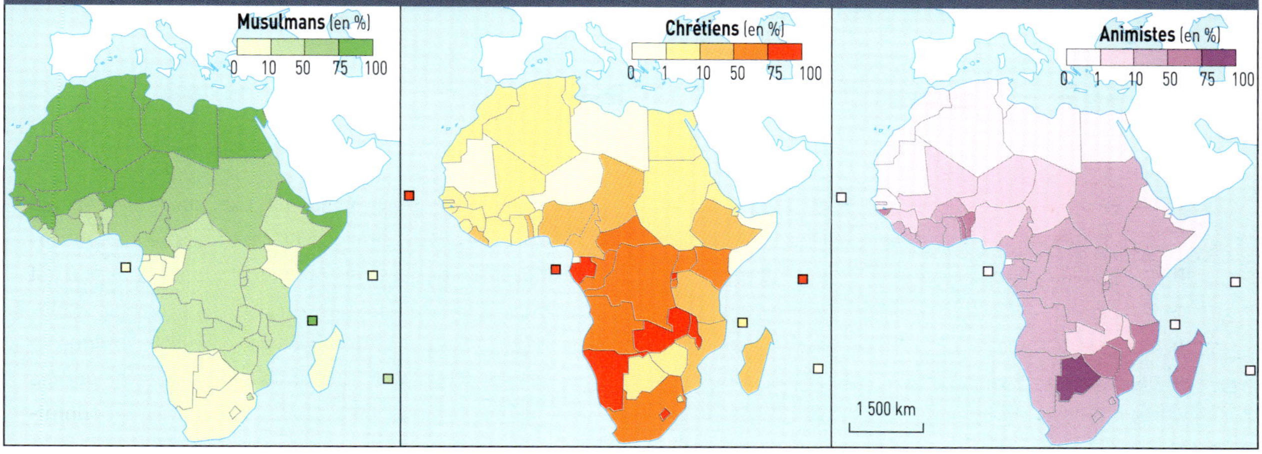

Traditionnellement considérée comme une terre de tolérance religieuse, l'Afrique subsaharienne voit sa situation évoluer fortement à cet égard depuis quelques années. Le radicalisme musulman tend à s'étendre, notamment au Nigeria, tandis que les Églises chrétiennes se livrent entre elles à une nette concurrence. Celle-ci marque, d'une certaine façon, un recul de l'influence européenne catholique, notamment de la France, au profit des Églises évangélistes américaines. En Côte d'Ivoire, le conflit interne entre le Nord, majoritairement musulman, et le Sud, chrétien et animiste, ne saurait être considéré comme une « guerre de religion », même si le défunt président Houphouët-Boigny avait voulu marquer en son temps la prépondérance chrétienne avec l'érection de la basilique de Yamoussoukro (inaugurée en 1990).

européenne). Pourtant, depuis trois décennies, le revenu par habitant n'a guère connu d'augmentation dans cette région du monde. La corruption des régimes en place explique en partie cette situation catastrophique. Ainsi, on donne souvent comme exemple le Liberia où, en une vingtaine d'années, le produit de l'exploitation du diamant, une des principales richesses du pays, a été accaparé par des mafias qui s'en sont disputé le trafic en fomentant durant des années une terrible guerre civile entre certaines ethnies. Au discours médiatique de l'Afrique la décrivant comme la région la plus défavorisée du monde ou la moins développée se superposent les images et les récits d'innombrables atrocités provoquant des milliers de victimes. Ces tragédies se répercutent d'un pays à l'autre, sans que les enjeux et les protagonistes puissent être clairement identifiés.

À l'indépendance de ses colonies africaines, puis dans les colonies belges, le gouvernement français a signé des accords de coopération, mais aussi de défense, avec les gouvernements africains qu'il avait mis en place et a également envoyé des troupes françaises dans plusieurs États africains francophones pour les protéger d'attaques extérieures ou de troubles intérieurs – ce qui explique le nombre d'interventions militaires françaises en Afrique. C'est une des manifestations de ce que l'on a appelé « la Françafrique », dont l'un des aspects était l'octroi par la France d'aides financières à des gouvernements africains qui en rétrocédaient ensuite une partie à des organisations politiques françaises.

En revanche, en Afrique de l'Est, aux abords des Grands Lacs, au Soudan, en Somalie, au Congo, mais aussi en Afrique de l'Ouest, au Liberia, en Sierra Leone, il s'agit de conflits bien plus graves qui durent depuis plusieurs années. Ils ont fait, au total, plusieurs millions de morts. Dans ces différents cas, ce sont tout d'abord des conflits internes, entre des populations plus ou moins voisines qui sont parfois imbriquées les unes aux autres, comme au Rwanda les Tutsi et les Hutu. Ces conflits internes motivent généralement l'intervention militaire des États voisins, comme cela s'est produit (et se produit encore) au Congo-Kinshasa (République démocratique du Congo, ex-Zaïre) durant les années 1997-2000. Au cours de

PRINCIPAUX CONFLITS EN AFRIQUE DEPUIS LES ANNÉES 1960

1960-1963
Guerre civile au Congo à la suite de la sécession de la province du Katanga.

1961
Répression au Cameroun contre le mouvement UPC, implanté dans le sud du pays.
Révolte des Hutu du Rwanda contre les Tutsi, qui fuient en Ouganda.

1962
Début de la révolte de l'Érythrée (ex-colonie italienne) contre l'annexion par l'Éthiopie. Guerre jusqu'en 1991.

1963
Affrontements entre l'Algérie et le Maroc.

1966-1970
Coup d'État au Nigeria et sécession de la province du Biafra. La guerre civile fera plus de 600 000 victimes.

1967-1985
Succession de guerres civiles en Ouganda.

1968-1983
Guerres civiles au Tchad, avec soutien de la France contre les interventions libyennes.

1974
Révolution en Éthiopie. Le régime impérial est renversé. L'année suivante, soulèvement de la province du Tigré.

1975
L'Espagne abandonne le Sahara occidental au Maroc et à la Mauritanie. Début de l'insurrection sahraouie (Front Polisario), appuyée par l'Algérie.
Fin des longues guerres d'indépendance des colonies portugaises (Guinée-Bissau, Angola, Mozambique) et début des guerres civiles angolaise et mozambicaine, qui dureront jusqu'en 1992. Les affrontements reprendront sporadiquement en Angola jusqu'en 2002.

1977-1978
Guerre entre l'Éthiopie et la Somalie, qui se disputent l'Ogaden.
Nouvelle guerre de sécession du Katanga (appelé désormais Shaba) au Congo-Zaïre.

1978-1979
Conflit entre la Tanzanie et l'Ouganda.

1982
Offensive éthiopienne contre la rébellion en Érythrée.
Début de la rébellion indépendantiste en Casamance, au sud du Sénégal.

1983-2005
Seconde guerre civile au Soudan entre le Nord musulman et le Sud animiste et chrétien (le conflit fera près de un million et demi de victimes).

1985
Nouveau conflit frontalier entre le Mali et le Burkina Faso.

1987
Guerre civile en Somalie. Échec de l'intervention des forces de l'ONU (notamment américaines) en 1992-1994.

1988
Rébellion en Ouganda de l'Armée de résistance du Seigneur (LRA).

1990-2004
Guerre civile au Liberia (sans intervention des États-Unis malgré l'étroitesse de leurs relations avec ce pays).

1991-2001
Guerre civile en Sierra Leone.

1992-2002
Début d'une guerre civile en Algérie, opposant les mouvements islamistes aux forces gouvernementales. Elle fera près de 200 000 victimes en dix ans.

1993
Conflit entre l'Éthiopie et l'Érythrée, aboutissant à l'indépendance de celle-ci.
Début de la guerre civile au Burundi, qui durera jusqu'en 2002.

1994
Affrontement entre la Libye et le Tchad.
Guerre civile au Rwanda : génocide des Tutsi et des Hutu modérés (entre 500 000 et 800 000 victimes), puis exode d'un grand nombre de Hutu.

1997
Guerre civile au Congo-Brazzaville.

1998-2000
Nouvelle guerre entre l'Éthiopie et l'Érythrée.

1998
Début du « conflit des Grands Lacs » en République démocratique du Congo. Ce conflit implique les forces du Rwanda, de l'Ouganda, du Zimbabwe et de l'Angola.

1999
Début de la rébellion du Nord en Côte d'Ivoire.

2003-2005
Exactions contre les populations noires du Darfour (ouest du Soudan), menées par les nomades arabes soutenus par le régime de Khartoum.

2007
Affrontements ethniques au Kenya suite aux résultats des élections présidentielles.

2008-2009
Aggravation de la guerre civile en Somalie, qui dure depuis 1991.

---

cette période, des troupes du Rwanda, d'Ouganda, du Zimbabwe et d'Angola ont pénétré sur près de 2 000 kilomètres, depuis les frontières jusqu'à la capitale, pour participer aux conflits internes et au pillage des ressources du pays. Les troupes ougandaises et rwandaises ont mis directement les zones qu'elles occupaient en coupe réglée, tandis que les

LES INTERVENTIONS MILITAIRES FRANÇAISES EN AFRIQUE

1961
Participation française à la répression menée au Cameroun contre l'UPC (Union des populations camerounaises).

1962
Fin de la guerre d'Algérie, commencée en 1954.

1964
Envoi d'unités parachutistes au Gabon pour soutenir le président M'ba.

1968-1972
Participation de troupes françaises à la lutte contre la rébellion du Tibesti, au Tchad.

1977
Pont aérien établi par la France entre Rabat et Kolwezi pour le transport de troupes envoyées au Zaïre afin de lutter contre la rébellion du Shaba.
Envoi de forces aériennes en Mauritanie pour contrer le Front Polisario au Sahara occidental.

1978
Envoi de troupes au Tchad.
Envoi de parachutistes pour organiser le rapatriement des ressortissants étrangers de Kolwezi, au Zaïre.

1979
Envoi de troupes en République centrafricaine lors de la chute de l'empereur Jean Bédel Bokassa.

1983-1984
Opération de soutien à la lutte contre les forces libyennes au Tchad.
Soutien au président Eyadéma contre une tentative de coup d'État au Togo.

1989
Intervention aux Comores pour contrer la tentative de prise du pouvoir par le mercenaire Bob Denard.

1990
Envoi de troupes au Gabon à la suite d'émeutes dans le pays.

1990-1993
Envoi de troupes au Rwanda pour lutter contre les rebelles tutsi du FPR dans le nord-ouest du pays.

1991
Évacuation de ressortissants français au Zaïre.

1992-1994
Participation de troupes françaises à l'opération de l'ONU en Somalie.

1994
Envoi de troupes françaises conjointement à plusieurs détachements africains lors des massacres interethniques au Rwanda.

1995
Opération aux Comores pour contrer une nouvelle tentative de putsch du mercenaire Bob Denard.

1996
Envoi de troupes en République centrafricaine lors d'une mutinerie dans l'armée.

1997
Opérations d'évacuation de ressortissants étrangers lors de la guerre civile au Congo-Brazzaville.

2002-2006
Envoi d'un contingent de près de 5 000 hommes en Côte d'Ivoire, destiné à séparer les forces gouvernementales et les rebelles du Nord.

2003
Envoi d'un contingent de maintien de la paix (opération Artemis, dans le cadre de l'Union européenne) en Ituri, République démocratique du Congo.

2008
Participation des troupes françaises au déploiement de l'EUFOR à la frontière Soudan/Tchad.

---

forces du Zimbabwe et de l'Angola, appelées à la rescousse par le gouvernement congolais, ont bénéficié, en échange, de contrats juteux pour l'exploitation des ressources du pays (notamment les diamants).

Guerres d'indépendance et « guerre froide »

Dans les nombreux pays africains où un conflit interne a tourné au drame et même, comme au Rwanda, au génocide, la situation particulière de chacun d'eux est elle aussi complexe et mérite, dans chaque cas, une analyse spécifique. Mais, pour tenter de comprendre les causes de cette série de conflits internes qui s'enveniment ensuite avec les interventions de forces étrangères, il faut envisager cet ensemble de situations à un degré plus poussé d'abstraction, c'est-à-dire en dégageant certaines de leurs caractéristiques communes.

Ces conflits internes que, à tort ou à raison, l'on appelle « ethniques » apparaissent comme relativement nouveaux, dans la mesure où il est difficile d'y saisir le jeu de forces géopolitiques d'envergure internationale. Ils apparaissent différents des luttes qui se sont déroulées en Afrique tropicale, il y a trente ou quarante ans, et dont les enjeux paraissaient alors assez clairs : il s'agissait d'abord de guerres pour l'indépendance comme en Angola, au Mozambique ou en Guinée-Bissau. En effet, à la différence des

GUERRES CIVILES ET INTERÉTATIQUES EN AFRIQUE

La fin des guerres d'indépendance n'a pas apaisé pour autant le continent africain. Outre des conflits comme celui qui a opposé l'Éthiopie et l'Érythrée, le principal conflit interétatique a eu lieu au centre de l'Afrique, dans l'ex-Zaïre. Ce conflit, très meurtrier et fort complexe, a d'ailleurs des racines « civiles », que ce soit au Rwanda ou au Zaïre même. Les autres conflits sont, pour la plupart, des guerres civiles, à dominante ethnique comme au Burundi, au Rwanda ou au Soudan, à dominante politico-économique comme en Angola ou en Côte d'Ivoire. Le poids croissant de l'Afrique du Sud fait espérer l'émergence d'une sorte de « juge de paix » continental (voir également carte p. 231 sur les Milieux naturels).

Alors que l'Union africaine (UA), qui a remplacé en 2002 l'Organisation de l'unité africaine (OUA), peine à affirmer son influence, ne disposant pas d'une réelle autonomie par rapport aux États membres, les organisations africaines sous-régionales semblent jouer un rôle plus significatif. Ainsi, la CEDEAO (Communauté économique des États d'Afrique de l'Ouest) s'est impliquée dans les conflits du Liberia, de la Sierra Leone et de la Côte d'Ivoire. ■

NIGERIA, ETHNIES, RELIGIONS ET PÉTROLE

En Afrique de l'Ouest, de 1967 à 1970, la fameuse guerre du Biafra opposa au gouvernement du Nigeria les Ibo, peuple christianisé vivant près du delta du Niger. Ceux-ci voulaient faire sécession pour se réserver les profits de l'exploitation des gisements de pétrole que l'on venait de découvrir dans le delta. Certaines grandes compagnies pétrolières internationales, notamment françaises, soutinrent discrètement la sécession Ibo, alors que d'autres compagnies, anglaises et américaines, mieux placées auprès du gouvernement de Lagos, accordaient des moyens financiers et techniques à celui-ci. Mais il serait abusif de réduire les causes de la guerre du Biafra aux effets de la concurrence entre grandes compagnies pétrolières, les unes et les autres s'entendant finalement avec le gouvernement central du Nigeria. Le pays connaissait en effet de graves tensions internes entre les trois principaux groupes ethniques, Haoussa musulmans au nord, Ibo chrétiens au sud-est et Yoruba au sud-ouest, qui se partagent entre chrétiens et musulmans. Depuis les années 1980, les tensions internes au Nigeria peuvent être, pour une grande part, expliquées par un mouvement géopolitique d'envergure mondiale : la poussée de partis islamiques. Ceux-ci s'appuient sur la masse des musulmans du Nord pour imposer la *charia* (loi islamique) aux populations du Sud qui sont, par ailleurs, plus ou moins rivales les unes des autres. Le Nigeria est un État fédéral qui redistribue à un nombre croissant d'États fédérés la manne des revenus pétroliers, qui sont en considérable augmentation depuis que le pays est devenu un grand producteur de pétrole. Les gisements se trouvent essentiellement dans le delta du Niger et au large de celui-ci. Dans cette région, les Ibo représentent l'ethnie principale, mais d'autres petites ethnies sur le territoire desquelles se trouvent les installations pétrolières exigent d'avoir leur propre État et jugent que les compagnies anglaises, américaines et françaises ne versent pas assez d'argent en compensation des dégâts écologiques commis. Pour appuyer leurs revendications, ces petites ethnies (les Ijaw notamment) pratiquent le terrorisme, notamment en perçant ou en incendiant des oléoducs. ■

LES ORGANISATIONS RÉGIONALES AFRICAINES

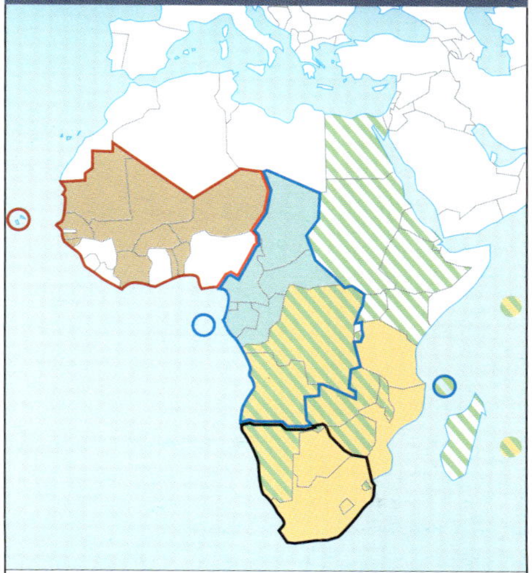

- **CEDEAO** Communauté économique des États de l'Afrique de l'Ouest
- **UEMOA** Union économique et monétaire ouest-africaine
- **CEMAC** Communauté économique et monétaire de l'Afrique centrale
- **CEEAC** Communauté économique des États de l'Afrique centrale
- **COMESA** Marché commun des États de l'Afrique orientale et australe
- **SADC** Communauté pour le développement de l'Afrique australe
- **SACU** Union des consommateurs de l'Afrique australe

colonies françaises et anglaises d'Afrique tropicale, qui ont accédé sans drame majeur à l'indépendance, les colonies portugaises ont connu depuis les années 1960 et jusqu'en 1975 de très durs combats. Les colonisateurs portugais surent alors dresser des peuples autochtones les uns contre les autres et recruter nombre de soldats chez les Ovimbundu (39 % de la population d'Angola). Après le départ des Portugais, ces conflits internes furent entretenus (notamment en Angola par les Blancs d'Afrique du Sud) pour combattre des régimes plus ou moins marxistes, soutenus par l'URSS et par Cuba qui y a envoyé un corps expéditionnaire. Il en fut de même dans le nord-est de l'Afrique où la rivalité des États-Unis et de l'Union soviétique permettait d'expliquer les conflits entre les différentes populations éthiopiennes. Après la disparition de l'URSS en 1991, il y eut même des renversements d'alliances, les Américains soutenant paradoxalement en Éthiopie des forces « ultramarxistes » (Front populaire de libération du Tigré) pour combattre à Addis-Abeba le gouvernement marxiste du président Mengistu, jusqu'alors soutenu par l'URSS.

II. De très grands conflits

Le Soudan : un des plus anciens conflits séparatistes en Afrique

Le Soudan, le plus vaste des États africains (2,5 millions de km², 32 millions d'habitants) est le théâtre depuis 1958 – trois ans après son indépendance – d'un conflit séparatiste : les peuples non musulmans des régions méridionales, qui relèvent de l'Afrique noire, refusent la domination de l'État central comme de la majorité de la population qui estime faire partie du monde arabe. Soudan est d'ailleurs un terme arabe, mais il signifiait originellement le « pays des Noirs », c'est-à-dire toutes les contrées qui se trouvent au sud du Sahara. Dans l'actuel État du Soudan, le désert au nord et les steppes plus au sud s'étendent sur plus des trois quarts de la superficie du pays, qui serait fort peu peuplé s'il n'était traversé par la vallée du Nil. Les eaux de ce grand fleuve descendent des hauts plateaux d'Afrique orientale et d'Éthiopie et celles qui arrivent dans les régions humides les plus méridionales du Soudan se perdent dans d'immenses marais avant de se concentrer dans des vallées pour traverser les steppes et le désert. Le Soudan est aussi un « pays du Nil » comme l'Égypte et ce sont les Égyptiens, en l'occurrence les troupes du souverain moderniste Méhémet-Ali, qui se sont lancés, en 1821, à la conquête du Sud, du « pays des Noirs », pour y capturer les esclaves nécessaires aux grands ouvrages hydrauliques que l'on entreprenait alors dans le Nord, et même au creusement du canal de Suez.

Après avoir établi leur contrôle sur l'Égypte en 1882, les Britanniques l'étendent au Soudan et, conformément à leurs principes, ils interdisent la traite des esclaves. Les tribus arabes qui se livraient à la traite en perdent alors le bénéfice et déclenchent une insurrection contre les Britanniques et les Égyptiens. Le mouvement est dirigé par un personnage qui se proclame comme une sorte de Messie musulman, le « Mahdi ». La confrérie des mahdistes fera la conquête en 1885 de tout le Soudan actuel jusqu'à ce qu'arrive par le Nil, en 1896, une forte armée anglaise. La confrérie peut être considérée comme l'organisatrice du premier grand mouvement islamiste au sens actuel du terme : non seulement elle prône l'instauration d'un État théocratique sur la base d'un islam primitif, mais, ce qui est nouveau pour l'époque, elle se dresse contre la domination européenne.

Islam et pétrole

De nos jours, les mahdistes n'ont pas perdu de leur influence au Soudan – devenu indépendant en 1955 –, d'autant que les autorités britanniques, faute de pouvoir en venir à bout et pour se les concilier, leur avaient accordé de vastes avantages. Le chef d'un des principaux partis actuels est descendant du grand Mahdi et s'appelle Sadiq al-Mahdi ; son beau-frère est le fameux leader islamiste Hasan al-Tourabi, et les Frères musulmans ont contrôlé à plusieurs reprises le gouvernement de Khartoum. Ces ardents musulmans ont voulu également imposer l'islam aux populations du Sud, chrétiennes ou animistes. Celles-ci se sont révoltées dès 1958. Bénéficiant d'appuis internationaux (notamment de l'Éthiopie, mais aussi de l'Égypte, rivale traditionnelle du Soudan), elles ont fait la guerre dans les marais jusqu'à ce que des rivalités de pouvoirs à Khartoum incitent le gouvernement à reconnaître en 1972 une autonomie du Sud-Soudan. Cependant, la guerre a repris en 1983, due non seulement à une nouvelle offensive des islamistes pour imposer la *charia* dans le Sud, mais aussi à cause de la découverte de gisements pétroliers à la limite du Sud-Soudan, revendiqués par les dirigeants « sudistes ». La guerre va se poursuivre avec diverses péripéties pendant près de vingt ans. La mise en exploitation de ce gisement grâce à la construction (par les Chinois) d'un oléoduc Bentiu-Karthoum-Port-Soudan (sur la mer Rouge) va enfin permettre en 2004 la signature d'un accord entre le Nord et le Sud. Pour toucher de substantiels revenus pétroliers, les « sudistes » renoncent à leur projet d'indépendance et acceptent l'autonomie dans le cadre du Soudan.

Toutefois, cet accord entre Nord et Sud sur le partage des revenus pétroliers suscite, dans les montagnes de l'ouest du Soudan, le Darfour (le pays des Fours), l'apparition de mouvements d'opposition qui revendiquent à leur tour une part du gâteau pétrolier. Les méthodes de répression très violentes qui frappent les populations de cette région, bien qu'elles soient musulmanes, provoquent leur exode vers des camps de réfugiés de l'autre côté de la frontière du Tchad, à population noire. Une campagne internationale accuse alors le gouvernement soudanais de génocide. La solution résiderait sans doute dans la transformation du Soudan en un État fédéral, avec partage des revenus pétroliers entre les différents peuples fédérés, comme c'est le cas au Nigeria depuis la guerre du Biafra.

Le Soudan est l'État africain où l'implantation chinoise est la plus spectaculaire. Mais elle progresse également dans de nombreux pays, les Chinois apportant pour la réalisation de grands ouvrages non seulement leurs capitaux et leurs ingénieurs, mais aussi leurs travailleurs.

Les conflits du Rwanda et leurs contrecoups dans toute l'Afrique médiane

Non seulement le génocide du Rwanda, qui a fait en quelques jours de 1994 plus de 800 000 morts, est, jusqu'à maintenant, la tragédie la plus spectaculaire qu'a connu l'Afrique tropicale, mais, dans les années qui suivirent, les contrecoups de celle-ci s'étendirent à cette partie du continent africain que l'on peut appeler l'Afrique médiane puisqu'elle s'étend de l'océan Indien à l'océan Atlantique et des hautes terres d'Afrique orientale à tout le bassin du grand fleuve qu'est le Zaïre. Le Rwanda et le Burundi voisin sont deux anciens petits royaumes d'Afrique de l'Est qui doivent l'importance de leur peuplement au fait qu'ils ont autrefois échappé aux raids des marchands d'esclaves et à la fertilité de bons sols volcaniques. À la fin du XIXe siècle, ces royaumes passèrent sous l'autorité des Allemands qui avaient colonisé le Tanganyika (l'actuelle Tanzanie) puis, après la Première Guerre mondiale, sous celle des Belges, qui dominaient le Congo. Les colonisateurs européens avaient constaté que, dans ces deux royaumes, la société présentait un fort contraste entre une minorité dominante, les Tutsi (plutôt éleveurs de bovins), venus de la vallée du Nil, et une majorité de paysans hutu (environ 85 % de la population). Les Européens jugèrent plus commode de s'appuyer sur l'autorité des Tutsi dont ils favorisèrent l'éducation dans les années qui suivirent la Seconde Guerre mondiale. Ainsi, certains fils de familles aisées tutsi allèrent en Belgique faire des études supérieures. Ils en revinrent avec des idées – plus ou moins marxistes – d'indépendance. Du coup, les colonisateurs jouèrent la carte des Hutu restés sous l'influence des missionnaires catholiques. Les années qui précédèrent ou suivirent l'indépendance connurent comme au Congo belge une grande agitation politique.

Au Rwanda comme au Burundi, les Hutu proclamèrent qu'il fallait renverser la « société féodale » dominée par les seigneurs tutsi et, de 1959 à 1962, date de l'indépendance, les Tutsi du Rwanda furent victimes d'atrocités de la « révolution hutu » ; nombre d'entre eux durent s'enfuir au Congo ex-belge, au Burundi ou, surtout, en Ouganda, pays qui venait lui aussi d'accéder à l'indépendance. Mais cette colonie britannique qui était jusqu'alors « modèle » se trouva entraînée à son tour dans de très violentes luttes internes qui durèrent plus de vingt ans. Un mouvement de guérilla dirigé par Yoweri Museveni finit enfin par l'emporter en 1986, notamment avec l'aide des réfugiés tutsi du Rwanda, dont les fils acquirent une grande efficacité guerrière.

La tragédie de 1994

Avec l'aide des nouveaux maîtres de l'Ouganda – qui cherchaient d'ailleurs à se débarrasser d'eux –, ces réfugiés-mercenaires tutsi constituèrent une Armée patriotique rwandaise (APR) afin de rentrer au Rwanda et d'y reprendre le pouvoir. Ils furent d'abord repoussés par l'armée rwandaise du gouvernement hutu, grâce à des contingents français envoyés au Rwanda au titre des accords de coopération. Les conseils du gouvernement français et les pressions internationales incitèrent le gouvernement rwandais à chercher une solution négociée, en s'appuyant sur des Hutu « modérés » et des Tutsi restés au Rwanda. Cependant, malgré ces efforts, les dissensions entre Tutsi et Hutu n'avaient fait que croître. Au Burundi, les militaires tutsi, renforcés par ceux qui avaient été chassés du Rwanda, avaient perpétré, en 1972 et en 1988, d'horribles massacres de Hutu, sous prétexte de réprimer un soulèvement. En octobre 1993, le premier président hutu qui venait d'être élu était assassiné au cours d'un putsch militaire tutsi, ce qui entraîna la riposte de ses partisans, et donc des massacres et des contre-massacres.

Néanmoins, en 1993, les présidents du Rwanda et du Burundi acceptèrent, malgré l'opposition de leurs ultras, de signer à Arusha, en Tanzanie, des accords organisant une solution négociée entre les protagonistes tutsi et hutu dans chacun des deux États. Tout fut remis en cause après que l'avion transportant le président rwandais Juvénal Habyarimana eut été abattu le 6 avril 1994 par un mystérieux missile tiré au-dessus de l'aéroport de Kigali, la capitale du Rwanda. Aussitôt les extrémistes hutu se lancèrent, selon un plan préparé à l'avance, dans l'extermination des Tutsi et des Hutu modérés partisans des accords d'Arusha. L'événement coïncida, hélas, avec le départ des militaires français, belges et onusiens.

Aussi, les forces tutsi de l'Armée patriotique rwandaise venues d'Ouganda purent-elles prendre Kigali et mettre en déroute les Hutu des forces armées du Rwanda. En mesurant l'ampleur des massacres commis par les extrémistes hutu, l'opinion internationale s'émut et le Conseil de sécurité de l'ONU, pris de court, autorisa l'envoi d'un contingent français depuis ses bases de Djibouti – l'opération Turquoise – afin d'organiser un périmètre de sécurité dans le sud-ouest du Rwanda. Ce fut un refuge provisoire pour des milliers de Hutu, auxquels se mêlèrent ce qui restait de l'armée hutu ainsi que des instigateurs du génocide. Les uns et les autres passèrent ensuite au Zaïre voisin où ils furent hébergés dans des camps de réfugiés. Le nouveau gouvernement (tutsi) du Rwanda accuse le gouvernement français d'avoir surtout voulu préserver les anciens dirigeants hutu coupables de génocide, et la polémique est encore en cours, en dépit des événements spectaculaires qui se sont déroulés par la suite.

Des Grands Lacs à l'Atlantique

En effet, au Zaïre, dans les camps situés de l'autre côté du lac Kivu, les anciens dirigeants (hutu) du Rwanda se sont réorganisés et ont commencé à lancer des raids contre les Tutsi de la nouvelle armée rwandaise. Aussi les nouveaux dirigeants de Kigali ont-ils mis en œuvre un plan de très grande envergure qui visait l'ensemble du Zaïre et ses richesses minières. Il s'agissait de profiter de la fin prochaine du maréchal Mobutu qui en était le président dictateur depuis 1965. Avec l'aide d'éléments américains, une « Alliance des forces démocratiques pour la libération du Congo » (AFDLC) fut alors mise sur pied. Avec les Tutsi du Rwanda, cette alliance, composée notamment de Tutsi vivant depuis longtemps au Zaïre, attaqua en 1996 les camps de réfugiés hutu installés dans ce pays et dont un bon nombre mourut alors. Par ailleurs se préparait l'insurrection de Laurent-Désiré Kabila. Celui-ci bénéficiait de l'aide financière de divers hommes d'affaires intéressés par une redistribution au Zaïre de juteuses concessions minières. Il reçut également l'aide logistique du gouvernement angolais qui voulait faire payer à Mobutu l'aide qu'il avait apportée à l'UNITA (le mouvement antimarxiste angolais). L'Angola fournit les avions-cargos laissés par les Soviétiques – qui transportèrent vers l'ouest, en un temps record et sur 2 000 kilomètres, des troupes de diverses provenances (du Rwanda et de l'Ouganda). Kinshasa tomba donc aux mains de la coalition en

LE CONFLIT DES GRANDS LACS

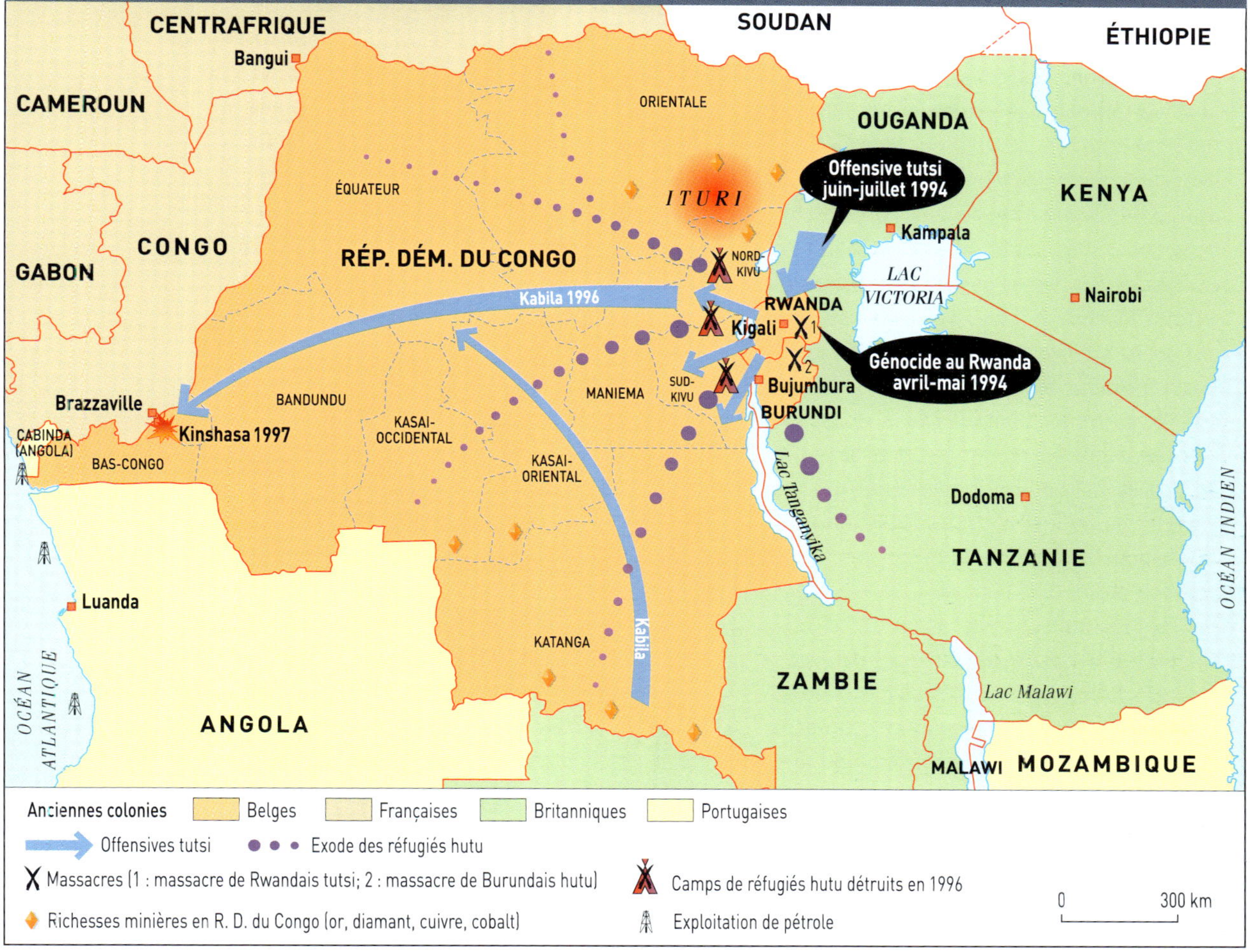

Après les terribles massacres de 1994 au Rwanda, le conflit des Grands Lacs s'est développé pendant une décennie entière, mettant aux prises de nombreux États de la région, causant la mort de deux à trois millions de personnes et des déplacements massifs de populations. Le conflit a pris de l'ampleur en 1998, quand le nouveau président de la République démocratique du Congo (ex-Zaïre) a voulu se débarrasser de la tutelle de ses alliés du Rwanda et de l'Ouganda, accusant ceux-ci de mettre en coupe réglée les richesses du pays. Il fut aidé dans cette entreprise par le président (ex-marxiste) de l'Angola qui dispose d'une solide armée (dotée d'équipements soviétiques) et de gros moyens financiers, grâce aux royalties *versées par les compagnies pétrolières occidentales installées dans l'enclave côtière de Cabinda (dans l'estuaire du fleuve Congo).*

La situation n'a cessé de se compliquer, les alliés d'hier, Ouganda et Rwanda, se déchirant pour le contrôle de l'Ituri (au nord-est de la RDC, autour de la ville de Kisangani), région riche en diamants, sur fond de luttes interethniques entre populations locales.

mai 1997, et Kabila se proclama président d'une République démocratique du Congo (RDC). Un peu plus tard, la coalition victorieuse éclatait, Kabila étant entré en conflit avec les Ougandais et les Tutsi qui se comportaient comme en pays conquis.

En 1998, ils constituèrent un « Rassemblement congolais pour la démocratie », prirent le contrôle des provinces orientales du Congo, mais ne parvinrent pas à occuper la capitale, Kinshasa, grâce à la résistance de la population et au soutien de l'Angola à Kabila. La rébellion « démocratique » ne tarda pas à éclater en raison des rivalités entre Rwanda et Ouganda, ou entre les différents chefs de guerre, qu'ils soient financés par le Zimbabwe, la République centrafricaine ou d'anciens ministres de Mobutu. En janvier 2001, Kabila fut assassiné à Kinshasa. Son fils, Joseph, devenu aussitôt président, semble être parvenu, en jouant sur l'opposition des différents protagonistes, à reprendre le contrôle des provinces orientales. Mais celle d'Ituri au nord-est, proche de l'Ouganda et du Soudan, est encore l'objet de conflits où les rivalités ethniques se combinent aux visées des États voisins. Cette crise du Rwanda, dont les contrecoups se sont propagés à toute l'Afrique médiane, a sans doute provoqué deux à trois millions de morts (on ne saura sans doute jamais le nombre de Hutu rwandais qui sont morts dans les forêts du Congo), mais elle n'a pas entraîné de changements de frontières. En revanche, les rivalités de pouvoirs sur les territoires sont encore plus complexes qu'auparavant.

Qu'ils soient des séquelles des guerres coloniales, qu'ils se combinent déjà avec la poussée islamiste ou qu'ils n'en soient pas encore affectés (l'islam ne s'est pas encore propagé en Afrique centrale et en Afrique du Sud), les conflits que connaissent la plupart des États d'Afrique noire sont d'abord des conflits internes. Certes, d'autres facteurs peuvent jouer, comme au Zaïre où la chute du régime Mobutu (1997) a poussé les États voisins du Rwanda et de l'Ouganda à « profiter de l'aubaine » et à chercher à mettre sous tutelle le nouveau pouvoir de Laurent-Désiré Kabila.

De même, le Burkina Faso ainsi que le Liberia ne sont pas restés étrangers à la crise politique que traverse la Côte d'Ivoire *(voir ci-après)*. Cependant, dans la majorité des cas, s'ils se propagent régionalement, ces conflits apparaissent d'abord dans le cadre d'un État et se déroulent entre des forces locales ou régionales qui correspondent pour la plupart à des groupes dont les particularités ethniques sont plus ou moins marquées. D'où l'expression de « conflits ethniques », qui est de plus en plus employée dans les médias européens ou américains.

Toutefois, la plupart des hommes politiques africains et nombre d'africanistes européens récusent cette idée de « conflits ethniques », qu'ils considèrent comme une expression médiatique dévalorisante, sans fondement scientifique, estimant qu'il s'agit en vérité de conflits violents entre des forces politiques, comme l'Europe en a longtemps connu. Ainsi, au Rwanda, selon certains spécialistes très attachés à défendre l'image d'une Afrique « dégagée du tribalisme », le conflit ne se serait pas véritablement déroulé entre deux groupes ethniques – les Hutu et les Tutsi –, puisque, lors du génocide de 1994, des Hutu dits « modérés » ont été comme les Tutsi victimes des massacres. Il n'en reste pas moins que les organisateurs hutu de ce génocide ont poussé le peuple hutu contre les soi-disant « féodaux » tutsi.

Mondialisation ou ethnicité ?

Selon nombre de commentateurs, la « mondialisation » serait, depuis quelques années, la véritable cause de la multiplication en Afrique de ces conflits internes qu'il ne faudrait donc pas qualifier d'« ethniques ». C'est, du moins, l'opinion de la plupart des hommes politiques africains et celle-ci trouve en Europe un large écho dans l'opinion antimondialiste (ou altermondialiste). Certes, la « libéralisation » de l'économie (ou la privatisation des échanges) a réduit les moyens financiers de nombre d'États qui contrôlaient jusqu'alors l'exportation des produits agricoles et qui n'ont plus de quoi payer leurs fonctionnaires et leurs militaires. Toutefois, cet affaiblissement des appareils d'État ne suffit pas à expliquer la multiplication des conflits internes dans un grand nombre de pays africains. Ces conflits ne sont pas aussi nombreux ni aussi graves dans la plupart des autres pays du tiers-monde qui subissent pourtant eux aussi les effets de la mondialisation.

L'accroissement massif des prix du pétrole (ce qui est un des effets de la mondialisation et de la montée en puissance de la Chine et de l'Inde) se traduit en Afrique noire par la multiplication des recherches pétrolières dans les grands bassins sédimentaires, comme au Soudan et au Tchad, mais surtout sur la plate-forme continentale sous-marine qui borde le continent africain vers l'Atlantique. Ces perspectives de profit attisent non seulement la compétition entre les États, mais aussi les rivalités au sein de la plupart d'entre eux, entre les ethnies qui s'estiment défavorisées dans la distribution de la future rente pétrolière. Des micro-États, comme São Tomé et Príncipe (ex-colonie portugaise) ou comme la Guinée équatoriale (ex-colonie espagnole), qui comptent quelques centaines de milliers d'habitants, se trouvent en théorie à la tête d'énormes revenus pétroliers dont la « gestion » au profit des hommes politiques locaux est confiée à des « hommes d'affaires internationaux » américains et chinois. Barack Obama et son homologue chinois semblent d'ailleurs accorder un intérêt tout particulier à l'Afrique et font la tournée des capitales.

L'originalité des problèmes géopolitiques dans les États d'Afrique noire réside dans le fait que les forces internationales s'y combinent avec les problèmes des groupes ethniques, qu'il vaudrait mieux considérer comme des peuples, grands ou petits, ayant chacun leur langue, leur histoire et le souvenir de leurs conflits avec leurs voisins. Il faut tenir compte de l'extrême diversité, et tout particulièrement linguistique, de l'Afrique tropicale (on y parlerait plus de 2 000 langues) et surtout du fait que, dans cette partie du monde, la traite des esclaves a duré des centaines d'années jusqu'à la fin du XIXe siècle.

Non seulement la traite des esclaves a empêché l'unification linguistique de chaque grande aire de pouvoir (on capturait et l'on vendait ceux qui parlaient une autre langue que celle de l'ethnie dominante), mais elle a laissé entre les groupes ethniques de très graves contentieux historiques.

Le facteur démographique

Bien des intellectuels africains préfèrent passer sous silence les conséquences géopolitiques actuelles de la traite des esclaves et sous-estimer la gravité des antagonismes ethniques qui en résultent encore aujourd'hui. L'importance que l'on peut accorder aux rivalités ethniques, héritages de la traite des esclaves, ne signifie pas que celles-ci ne puissent évoluer, s'aggraver ou s'atténuer dans l'avenir. Il ne faut pas confondre diversité ethnique avec tribalisme, terme qui est connoté de façon encore plus péjorative. Il renvoie à cette réalité selon laquelle chaque peuple africain est lui-même subdivisé en tribus ayant chacune leur territoire, mais pas de langue particulière, celle-ci relevant du peuple auquel elles appartiennent. Le terme de tribu renvoie donc à une conception essentiellement locale de l'identité.

On sait aussi que l'Afrique noire subit plus lourdement que d'autres parties du tiers-monde les contraintes du milieu tropical, surtout parce que les productions agricoles s'y font principalement, au contraire de l'Asie, sur des sols latéritiques pauvres et fragiles. En Afrique tropicale, la plupart des grandes vallées qui, avec l'aide internationale, pourraient, comme en Asie, être intensivement mises en valeur sont encore plus ou moins désertes pour des raisons sanitaires et, surtout, géopolitiques. Aussi, hors des vallées, les différents groupes ethniques qui pratiquent des cultures dont les rendements déclinent, s'efforcent-ils d'étendre leurs surfaces cultivées au détriment des groupes voisins.

Les facteurs politiciens

L'accentuation et la multiplication des rivalités ethniques résultent également de facteurs spécifiquement politiques. On sait que, dans de nombreux États africains, le pouvoir a été exercé depuis l'indépendance par des hommes politiques qui ont su s'appuyer sur le groupe ethnique dont ils étaient issus. De petits peuples, au sein desquels les autorités coloniales avaient recruté de nombreux soldats, ont conservé cette spécialisation militaire ; ils sont la base du pouvoir et à la solde de nombreux généraux-présidents protégés, notamment, par les politiques françaises de coopération. Ainsi, au Togo, les populations du Nord, peu lettrées et défavorisées par rapport à celles de la côte, avaient tendance à orienter leurs fils vers la carrière militaire, comme ce fut le cas pour l'ancien président Eyadéma. Le Congo-Brazzaville ou le Nigeria, ex-colonie britannique, connurent des situations comparables. L'usure des régimes dictatoriaux et de parti unique et l'écho des scandales provoqués par leur collusion avec de grandes firmes pétrolières ont conduit les grandes puissances à favoriser la mise en place de régimes plus démocratiques, et tout d'abord d'un système pluripartiste. Mais les leaders des nouveaux partis, bien qu'ils aient fait souvent leurs études dans des universités européennes ou américaines, se sont tous plus ou moins appuyés sur leur propre groupe d'origine. Aussi les revendications ethniques sont-elles aujourd'hui plus que jamais proclamées.

Le cas de la Côte d'Ivoire, toutefois, ne semble pas entrer dans ce contexte « ethnique », et, à cet égard, il est particulièrement intéressant à étudier.

La Côte d'Ivoire en danger

La Côte d'ivoire est apparue jusqu'aux dernières années du XXe siècle comme un des rares États africains dont le développement était en bonne voie. Grâce au dynamisme des petits et moyens planteurs ivoiriens, l'essor agricole, surtout dans le sud du pays, attirait les travailleurs des pays voisins, notamment du Burkina Faso. L'aide économique de la France et de l'Union européenne était efficace : elles achetaient le café et le cacao ivoiriens à des prix supérieurs aux cours mondiaux. La vie politique était calme ; entre les différentes ethnies, il n'y avait guère d'antagonismes majeurs. Félix Houphouët-Boigny, homme habile à la tête d'un parti unique relativement consensuel, présidait le pays depuis son indépendance. Après sa mort en 1993, les choses ont commencé à se gâter tant sur le plan économique (baisse des prix du café et du cacao) que sur le plan politique, en raison des rivalités entre les dauphins du disparu. Le plus brillant d'entre eux, Alassane Ouattara, était bien connu des milieux internationaux, mais avait un handicap tenace : il était de culture musulmane et était né, comme de nombreux Ivoiriens, au Burkina. Aussi ses rivaux s'opposèrent-ils à ce qu'il soit candidat à la présidence et ils orchestrèrent une campagne sur le thème de « l'ivoirité », plus ou moins associé au christianisme. Laurent Gbagbo, qui sera élu président en 2000 et qui s'affirme socialiste, est soutenu, pour sa part, par les nombreuses Églises pentecôtistes implantées dans le sud du pays.

Ce contexte xénophobe s'est surtout propagé depuis que le chômage, longtemps limité, a augmenté, tant du fait de la poussée démographique et de l'immigration que du ralentissement de la croissance économique. Toutefois, dans l'agglomération d'Abidjan, le slogan populiste « la Côte d'Ivoire aux Ivoiriens » est lancé non seulement contre les immigrés venus des pays voisins, mais aussi contre les gens du Nord, en majorité musulmans, venus nombreux travailler au Sud.

En septembre 2002, des rivalités électorales entre différents leaders politiques, envenimées à Abidjan par des tentatives de putsch, ont provoqué dans le Nord une rébellion armée, dite des « Forces nouvelles » (soutenue par le Burkina Faso), ce qui a provoqué la coupure du pays en deux.

L'EXPLOSION DÉMOGRAPHIQUE EN AFRIQUE TROPICALE

Alors que la plus grande partie de l'Humanité est plus ou moins entrée dans la phase de transition démographique, c'est-à-dire un équilibre fondé sur une natalité et une mortalité en baisse, l'Afrique subsaharienne continue de vivre une situation d'explosion démographique. Les taux de natalité y demeurent très forts (44,9 ‰ au Rwanda ou 39, 8 ‰ au Nigeria, par exemple, contre 9,4 ‰ en Allemagne ou 9,6 ‰ au Japon). La proportion des moins de 15 ans représente 44 % de la population totale, contre moins de 20 % en moyenne dans les pays développés. La population de l'ensemble de l'Afrique devrait passer de 800 millions d'habitants en 2000 à 1,8 milliard selon les projections moyennes en 2050 et à 2,1 milliards selon les projections hautes, du moins si les ravages du sida peuvent être enrayés, en dépit de la négligence de nombre des gouvernements africains (à l'exception notable de celui du Sénégal) et de l'indifférence des compagnies pharmaceutiques.

L'AFRIQUE : MILIEUX NATURELS ET RELIGIONS

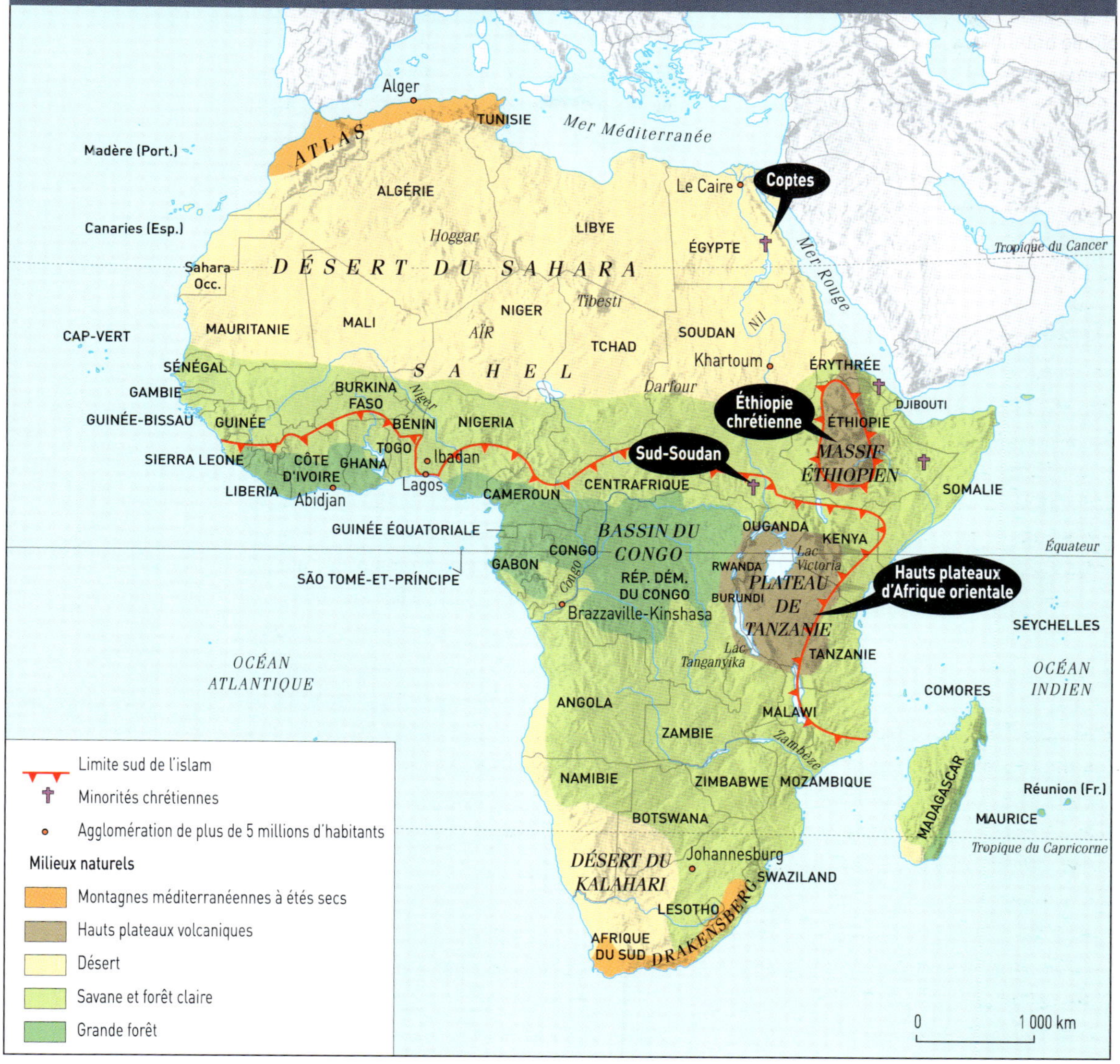

Au sud, une campagne xénophobe de plus en plus violente vise aussi bien les Ivoiriens venus du nord que les Burkinabés. La crainte de pogroms comme le souvenir de la tragédie rwandaise ont incité, entre autres raisons, le gouvernement français à déployer entre le Nord et le Sud « l'opération Licorne » – en substance une partie des troupes françaises basées depuis des décennies près d'Abidjan, à la demande d'Houphouët-Boigny et selon des accords de coopération. C'est en raison de ces accords, et en élargissant considérablement leur rôle que le gouvernement français a convoqué près de Paris les différents protagonistes de la crise ivoirienne, afin de leur imposer un « gouvernement d'union » pour réunir progressivement les deux parties du pays. Mais pour le président Gbagbo, les accords de coopération avec la France avaient pour objet de défendre la Côte d'Ivoire contre toute agression étrangère, en l'occurrence celle du Burkina Faso. Mécontent de voir que les forces françaises ne concentrent pas leur action contre la rébellion nordiste, il lance alors ses partisans dans des manifestations anti-françaises, mettant en danger les Français vivant à Abidjan (janvier 2003 et novembre 2004). L'évacuation de ceux-ci par les troupes françaises s'est faite au prix d'incidents graves, coûtant, hélas, la vie à des dizaines de manifestants ivoiriens.

Devant la montée des désordres et des périls, plusieurs gouvernements d'Afrique de l'Ouest ont envoyé des troupes pour aider les troupes françaises dans leur rôle d'interposition. En 2007, la Côte d'Ivoire retrouve la paix et se réunifie : l'ancien chef des rebelles est nommé Premier ministre du gouvernement. En tout état de cause, on mesure à Paris le recul de l'influence française, et donc la fin de la Françafrique en Afrique occidentale.

III. L'exemple du miracle sud-africain

On pourrait en conclure que, poussés par la croissance démographique et les nouvelles rivalités politiciennes, les conflits ethniques vont sans doute s'accentuer. Cela n'est pourtant pas inéluctable et le grand exemple de l'Afrique du Sud mérite qu'on lui accorde la plus grande attention. En effet, les antagonismes ethniques y étaient très forts au sein de la population noire. Avant la conquête européenne, des guerres cruelles s'étaient déjà produites entre peuples africains au XIXe siècle pour la capture d'esclaves (le rôle des Zoulous, dirigés par Chaka, leur chef mythique, avait été terrible). La stratégie géopolitique de l'apartheid visait également à attiser les conflits territoriaux entre les différents peuples noirs puisqu'ils devaient chacun être refoulés par les Blancs sur des territoires exigus. Aussi est-ce en Afrique du Sud que les conflits ethniques auraient dû être les plus terribles, non seulement entre Noirs et Blancs, mais aussi et surtout entre Noirs.

Or le scénario catastrophe que l'on pouvait envisager dans les années 1980 ne s'est pas produit. Cela tient à la clairvoyance et à la sagesse des dirigeants noirs de l'ANC (l'African National Congress), qui, conseillés par les membres (blancs pour la plupart) du Parti communiste sud-africain, ont systématiquement refusé tout antagonisme sur une base ethnique ou raciale pour s'opposer au système raciste des théoriciens de l'apartheid et à leur stratégie de division de la population noire. Durant les années 1980, les Zoulous (8 millions de personnes), qui forment le peuple le plus important d'Afrique du Sud, étaient pourtant incités par leur roi Buthelezi et son parti l'Inkatha (créé avec l'appui du pouvoir blanc pour contrer l'ANC) à jouer la carte d'un État zoulou sous protectorat blanc. Mais nombre de Zoulous, et pas seulement ceux qui étaient allés travailler dans les usines et les mines de l'agglomération de Johannesburg, refusèrent cette solution et se rallièrent à l'ANC et à Nelson Mandela (qui est pourtant prince xhosa) pour participer à la lutte contre l'apartheid. Dans cette lutte, le rôle des intellectuels contre les divisions ethniques a été considérable. Comme l'a été celui de certains dirigeants blancs, tel Frederik De Klerk, qui ont su comprendre que le régime d'apartheid était condamné, ne serait que du fait de la démographie (les Blancs constituant désormais moins de 10 % de la population totale), sans parler des pressions internationales.

L'Afrique du Sud a donc échappé à la tragédie annoncée. Le sida apparaît comme une tragédie peut-être plus redoutable, bien qu'elle soit silencieuse. Paradoxalement, l'Afrique du Sud est à la fois un des pays les plus gravement touchés et celui où ce fléau a été, jusqu'à ces derniers temps, le plus volontairement sous-estimé.

L'AFRIQUE DU SUD, UNE HISTOIRE SINGULIÈRE

Au XVIIe siècle, les premiers Européens qui s'installèrent avec femmes et enfants à la pointe Sud de l'Afrique furent des Hollandais, puis des Français protestants (après l'abolition de l'Édit de Nantes). Le Cap de Bonne Espérance était en effet une escale majeure pour les navires de la compagnie hollandaise des Indes qui allaient en Insulinde acheter des épices. Pendant les guerres napoléoniennes, les Pays-Bas furent annexés par la France et les Anglais s'emparèrent du Cap, position stratégique qu'ils conservèrent ensuite. Mais comme ils venaient de décréter dans leurs colonies l'abolition de l'esclavage et l'interdiction au plan mondial de la traite des esclaves (1815), ils interdirent aux Hollandais du Cap et de la région de conserver leurs esclaves et domestiques noirs. Ceux-ci refusèrent car ils avaient besoin de cette main-d'œuvre pour leurs activités agricoles. Ces Boers (« Bauer », ces « paysans » comme les nommèrent les Anglais) étaient surtout des cultivateurs. Pour éviter d'avoir à se conformer aux décisions des Anglais, ils partirent (1834-1852) loin vers le Nord avec leurs esclaves – ce fut le Grand Trek. Ils fondèrent de nouveaux États, l'Orange et le Transvaal, du nom des fleuves qu'ils avaient traversés. Mais à la fin du XIXe siècle, des gisements d'or et de diamant furent découverts dans ces régions et ces États boers furent envahis par une ruée de chercheurs d'or, puis par les agents des grands diamantaires européens. Les Boers résistèrent mais les Britanniques imposèrent leur domination. Une guerre terrible entre Blancs en résulta, la « Guerre des Boers » (1899-1902). En difficulté, les Anglais durent faire venir des renforts des Indes et mirent dans des camps de concentration les femmes et les enfants des Boers qui menaient la guerre dans la brousse. Les Boers durent se soumettre.

En 1909, le Parlement britannique créa l'Union sud-africaine formée de quatre provinces plus ou moins autonomes. Restés ruraux, les Boers – dénommés Afrikaners – ont longtemps refusé de parler anglais. Les Anglais leur reconnurent de vastes domaines et décrétèrent que 87 % des terres seraient réservées aux Blancs. L'exploitation des mines d'or et de diamant exigea la mise en œuvre de gros moyens industriels et d'une main-d'œuvre qualifiée qui fut d'abord blanche. Au lendemain de la Seconde Guerre mondiale – à laquelle participèrent les Sud-Africains –, le National Party rassemblant les Afrikaners remporta massivement les élections en 1948. Ce parti décida de mettre constitutionnellement en œuvre sous le nom d'*apartheid* (le développement séparé des différentes communautés ethniques) des mesures racistes mais surtout géopolitiques de grande envergure. En effet, du fait d'une croissance démographique plus rapide que celle des Blancs, les populations noires devenaient de plus en plus nombreuses. C'était notamment le cas dans les villes, dans les mines et dans les exploitations agricoles où de plus en plus de Noirs étaient employés par des Blancs. Les Afrikaners décidèrent ainsi de leur interdire de séjourner la nuit en ville, sans autorisation spéciale. Mais la politique d'apartheid entreprit surtout le refoulement des différents peuples noirs – Zoulou (le plus nombreux), Xhosa, Swazi, Tswana, Sotho... – vers des régions périphériques d'où chacun était censé être venu. Dans les années 1970, cette stratégie a culminé avec la création d'une douzaine de petits Bantoustan (Kwazulu, Transkeï, Ciskeï...), un par peuple noir, officiellement présentés comme des États indépendants de l'Afrique du Sud.

De graves émeutes éclatèrent dans de grands quartiers africains (comme Soweto dans l'agglomération de Johannesburg). Intellectuels africains et communistes blancs créèrent un parti : l'African National Congres, l'ANC, qui réclama le droit de vote pour les Noirs. Ses dirigeants furent bientôt arrêtés et condamnés à de très longues périodes de prison. Ce fut le cas de Nelson Mandela, prince xhosa. L'ANC créa alors une organisation armée dont certains de ses membres furent assassinés par la police secrète. L'apartheid suscitant des protestations de plus en plus nombreuses dans l'opinion internationale (notamment en Grande-Bretagne et en Inde), l'Afrique du Sud fut peu à peu mise en quarantaine par de nombreux États qui décidèrent une sorte de blocus et fut, à la demande de l'Union indienne, exclue du Commonwealth des Nations britanniques. De graves combats opposant Blancs et Noirs, mais aussi groupes noirs entre eux auraient pu éclater. Mais contre toute attente, pour essayer de trouver une solution face à une situation de plus en plus dangereuse, Frederik De Klerk, chef du gouvernement et du National Party, champion de l'apartheid, décida en 1990 de rencontrer Nelson Mandela, le leader de l'ANC qui fit preuve d'une grande sagesse. La plupart des Blancs firent de même et, en 1991, le système de l'apartheid fut aboli. Le droit de vote fut accordé à tous les habitants d'Afrique du Sud, hommes et femmes. Des élections générales eurent lieu en 1994 et Nelson Mandela fut élu Président. ■

La Méditerranée, grande zone des tensions mondiales

D'abord un adjectif, le mot « Méditerranée » fut utilisé à partir du XVIe siècle pour désigner la mer située au milieu des terres, entre l'Europe, l'Afrique et l'Asie. Cette zone fut d'abord appelée « Mer Méditerranée », puis au XIXe siècle, « Méditerranée » tout court. Cette étendue marine de 4 000 km d'ouest en est (il s'agit donc d'un ensemble du 2e ordre de grandeur), large d'un millier de kilomètres. La Méditerranée est souvent considérée comme une zone de séparation entre l'Europe et ce que l'on peut appeler le monde musulman, plus précisément le monde arabo-musulman – pour tenir compte de la spécificité des pays arabes (7 000 km d'ouest en est) formant un sous-ensemble dans l'immense ensemble musulman qui s'étend sur 15 000 km de l'Atlantique à l'Indonésie jusqu'au sud des Philippines, en bordure du Pacifique.

Si, sur sa bordure nord, ce monde musulman est nettement séparé de l'Europe par la Méditerranée, en revanche, à l'est de celle-ci et de la mer Noire qui la prolonge, les limites de l'aire de l'Islam vers le nord ne sont plus aussi nettes : les montagnes du Caucase (considérées comme un secteur frontalier du continent européen) sont certes peuplées de musulmans, mais elles sont bordées vers le sud par des pays chrétiens, la Géorgie et l'Arménie. Plus à l'est, le monde musulman se dilue progressivement vers le nord jusqu'à l'Oural dans les steppes d'Asie centrale. Plus à l'est encore, il se morcelle en Inde et dans le grand archipel indonésien.

De nos jours, c'est donc seulement en Méditerranée que la limite nord du monde musulman est bien marquée – jusqu'au XIXe siècle, l'empire ottoman, après la prise de Constantinople, s'était étendu sur une grande partie de l'Europe. De part et d'autre de cette longue zone de séparation marine – ce qui n'exclut aucunement les échanges et les phénomènes migratoires –, il y a un grand contraste entre, au nord, des pays économiquement plus ou moins développés et, au sud, des pays auparavant appelés « sous-développés ». Vers l'est, les limites du monde musulman avec certains pays d'Asie centrale ou avec l'Inde sont plus floues et le contraste économique entre eux n'y est pas très important. Toutefois, du point de vue géopolitique, une zone musulmane plus précise, celle qui se prolonge vers l'est de la Méditerranée, doit focaliser l'attention. En effet, les conflits qui se déroulent en Irak, en Iran, en Afghanistan, au Pakistan ont des répercussions sur le plan mondial – ainsi les attentats du 11 Septembre ont-ils été organisés depuis l'Afghanistan et sont à l'origine de nombreux contrecoups géopolitiques sur les deux rives de la Méditerranée.

La zone des tensions les plus dangereuses au plan mondial ne se trouve plus aujourd'hui à l'est de l'Asie (comme durant la guerre de Corée ou celle du Vietnam) mais s'étend d'ouest en est depuis la Méditerranée jusqu'aux abords de l'Inde.

I. La logique Nord-Sud

Géographie et tensions

Cette zone correspond grosso modo à tout un secteur de la ligne que depuis cinquante ans l'on a coutume de tracer, plus ou moins schématiquement, sur les planisphères pour marquer le contraste entre deux ensembles spatiaux du premier ordre, celui des « pays développés » et celui des « pays sous-développés », que l'on a dénommé le « tiers-monde » vers le début des années 1960. À ces appellations apparues au début de la guerre froide (ce ne fut pas fortuit), on préfère de nos jours les expressions Nord et Sud, sans doute parce qu'elles sont encore plus floues. On dit les « rapports Nord-Sud » pour évoquer leurs relations historiques plus ou moins contradictoires. Cette métaphore économico-spatiale d'envergure planétaire semble s'appliquer de façon particulièrement précise aux données géographiques de la Méditerranée euro-arabe. De fait, sur toute sa longueur, le contraste semble des plus évidents entre la façade européenne et la façade africaine à laquelle on assimile de façon sommaire l'Asie « Mineure », en l'occurrence la Turquie.

Parmi les nombreux conflits que l'on peut observer dans cette zone, tous ne résultent pas de tensions Nord-Sud (contrairement aux discours à la mode), c'est-à-dire procédant plus ou moins directement de rapports de domination et de dépendance entre pays développés et pays sous-développés. En effet, sur le pourtour de la Méditerranée orientale, les rivalités territoriales sont nombreuses entre des nations voisines dont les niveaux de développement ne sont pas très différents : ainsi, par exemple, la guerre qui a ravagé la Bosnie (1992-1995), celle du Kosovo (1999), le conflit qui oppose depuis des années la Turquie et les Kurdes ou le conflit latent à Chypre entre Grecs et Turcs.

Cependant, ces conflits territoriaux localisés, parce qu'ils se situent dans cette zone de grandes tensions Nord-Sud que sont la Méditerranée et ses abords (deuxième ordre de grandeur), se déroulent dans un contexte impliquant directement les grandes puissances, et tout d'abord les États-Unis. Le rôle de ces derniers est d'autant plus déterminant que l'URSS, l'autre superpuissance, a disparu, alors qu'elle jouait un grand rôle au Moyen-Orient. Depuis les lendemains de la Seconde Guerre mondiale, la VIe flotte américaine croise en permanence en Méditerranée et les États-Unis, après avoir joué un rôle décisif dans la guerre du Golfe (1990-1991), se sont engagés en 2003 dans une aventure géopolitique et militaire de grande envergure en Irak, dont l'issue reste incertaine.

La zone a été durant des siècles le théâtre d'affrontements entre islam et chrétienté puis, à partir du XIXe siècle, la façade sud ou sud-est (Égypte, Moyen-Orient) a été convoitée par les puissances coloniales, non seulement celles de la façade nord (surtout la France, l'Espagne et l'Italie), mais aussi par le Royaume-Uni, dans sa stratégie impériale. Au lendemain de la Seconde Guerre mondiale, la décolonisation s'opère au Moyen-Orient (sauf dans le cas très spécial d'Israël), mais elle sera plus tardive et plus difficile au Maghreb, et surtout en Algérie où la guerre fit rage de 1954 à 1962.

Ne pas se contenter de la métaphore Nord-Sud

Si l'on observe de plus près l'ensemble méditerranéen, on doit se rendre compte que c'est essentiellement de part et d'autre de la partie occidentale de la Méditerranée que le contraste économique et culturel est le plus évident entre la façade nord et la façade sud. En effet, il n'en est pas de même pour la partie orientale de l'ensemble méditerranéen, c'est-à-dire à l'est de l'Italie et du détroit de Sicile.

En Méditerranée occidentale, l'islam est la religion quasi exclusive dans les pays de la façade sud, alors qu'il a été refoulé, il y a plusieurs siècles, par la *Reconquista* (722-1492) de la péninsule Ibérique et des îles (Baléares, Sicile). Cependant, l'islam est de nos jours en voie de réimplantation sur la façade nord, du fait de l'émigration postcoloniale maghrébine. De surcroît, c'est de part et d'autre de la Méditerranée occidentale que le schéma planétaire Nord-Sud apparaît avec les contrastes les plus marqués, non seulement en termes économiques et démographiques, mais aussi du point de vue géopolitique. La domination coloniale au Maghreb n'a pris fin qu'entre les années 1956 et 1962 et son souvenir y est resté d'autant plus fort qu'en Algérie l'indépendance n'a été arrachée qu'au prix de sept années de guerre.

En revanche, dans la partie orientale de la Méditerranée, à l'est du détroit de Sicile, le schéma Nord-Sud est dans l'ensemble beaucoup moins évident et les tensions y sont à la fois plus localisées et plus complexes. Du point de vue économique, le contraste Nord-Sud est beaucoup moins spectaculaire qu'en Méditerranée occidentale. Dans les pays des Balkans

LANGUES ET RELIGIONS SUR LE POURTOUR DE LA MÉDITERRANÉE

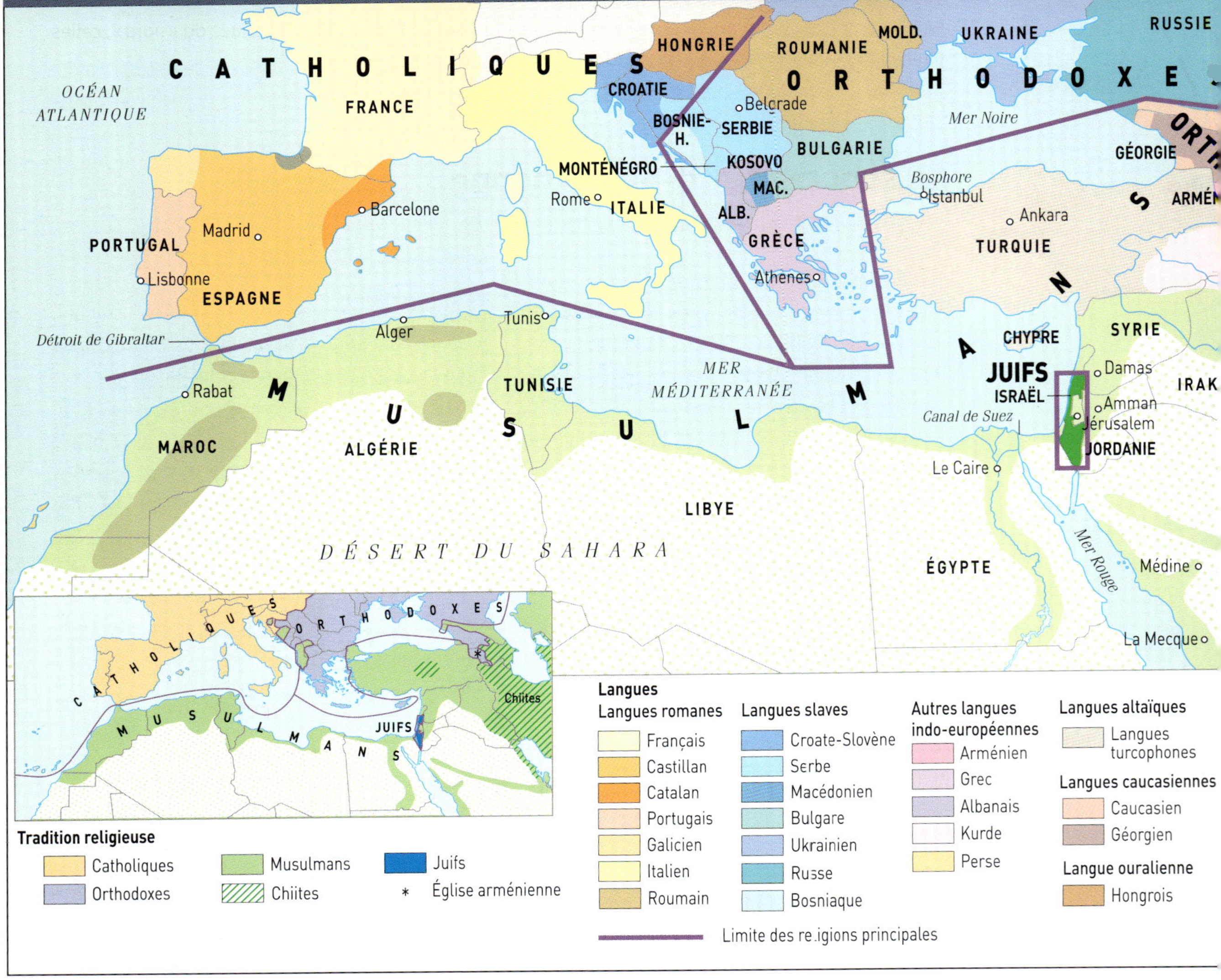

La Méditerranée, dite euro arabe (ou euro musulmane, pour tenir compte de la Turquie), s'étend sur 4 000 kilomètres d'ouest en est. Elle est considérée comme une des zones géopolitiques les plus conflictuelles au monde. On y retrouve les éléments d'une opposition Nord/Sud, pays développés/pays en voie de développement, mais aussi les ferments d'antagonismes religieux (chrétienté, islam, judaïsme), entre le Nord et le Sud, mais également au sein de la partie nord (ex-Yougoslavie), de différends territoriaux (ex-Yougoslavie, Israël/Palestine), sans oublier de fortes tensions migratoires (sud de l'Espagne et de l'Italie).

(Yougoslavie, Grèce) comme dans ceux du Proche-Orient, y compris la Turquie, le développement économique et social a été bloqué durant des siècles par les archaïsmes d'un grand empire d'origine asiatique, l'Empire ottoman. L'essor du capitalisme ne put s'y amorcer avant la fin du XIXe siècle, sous l'influence des puissances européennes, et plus tardivement au cœur de cet empire que dans ses diverses périphéries. Il semble vain au premier abord de vouloir appliquer le schéma Nord-Sud de part et d'autre de la Méditerranée orientale. Quel rapport de

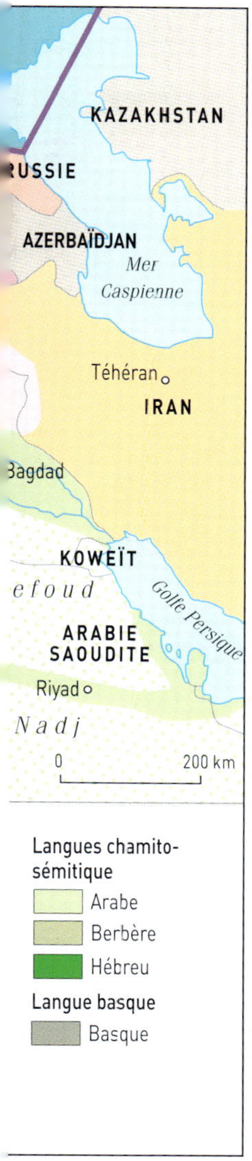

dépendance peut-on évoquer entre la façade nord et la façade sud, par exemple entre les Balkans et l'Égypte sous contrôle de l'Empire ottoman, sinon que Méhémet-Ali (1769-1849), militaire au service des Ottomans, venait d'Albanie et qu'il prit le pouvoir au Caire après y avoir combattu des troupes venues du « nord », celles de Bonaparte ?

II. Le schéma Nord-Sud achoppe sur le cas très exceptionnel de la Turquie

Vouloir appliquer, comme le font certains, le schéma Nord-Sud à la Méditerranée orientale pose d'autant plus de problèmes que, de par sa stricte position géographique, la Turquie se trouve sur la façade nord. Certes, du point de vue économique et démographique, elle ressemble aux pays du « Sud », mais elle a été un grand empire jusqu'au début du XXe siècle, alors que les pays du Moyen-Orient comme ceux de la façade africaine ont été soumis aux dominations coloniales européennes. Cela a encore aujourd'hui de grandes conséquences géopolitiques.

Dans la zone de tension qu'est la Méditerranée euro-musulmane, la Turquie occupe depuis longtemps une place très particulière. Sa situation entre la mer Méditerranée et la mer Noire, qui communiquent par les fameux détroits du Bosphore et des Dardanelles, explique son importance géostratégique depuis le XIXe siècle lorsque les Anglais ont cherché à empêcher l'Empire russe d'atteindre Istanbul, l'ex-Constantinople, et la Méditerranée. Au lendemain de la Seconde Guerre mondiale, les Américains, en intégrant la Turquie dans l'OTAN, lui ont apporté leur soutien contre l'Union soviétique. Depuis les années 1990, il n'y a plus d'impérialisme russe (du moins pour le moment) et de ce fait on a pu croire que la Turquie n'avait plus autant d'importance stratégique qu'autrefois. Mais, depuis la dislocation de l'URSS, la mise en exploitation par des compagnies occidentales de grands gisements pétroliers autour de la Caspienne (Azerbaïdjan, Kazakhstan, Turkménistan) redonne une grande importance à la Turquie. Celle-ci s'oppose pour des raisons de sécurité à ce que l'exportation de ce pétrole vers la Méditerranée passe par les détroits, au milieu de l'agglomération d'Istanbul. Un oléoduc a été construit en 2005 via la Géorgie au travers du territoire turc, entre Bakou et le port turc de Ceyhan, près d'Iskanderun (Alexandrette), sur la Méditerranée. De surcroît, ces États pétroliers, ceux de l'Asie centrale ex-soviétique, comme le Xinjiang des Ouïgours à l'ouest de la Chine, c'est-à-dire l'ancien Turkestan russe et chinois – on disait ainsi au temps des tsars –, sont musulmans et turcophones (à l'exception du Tadjikistan où l'on parle persan).

L'héritage kémaliste

L'hypothèse d'une entrée de la Turquie dans l'Union européenne a suscité en Europe occidentale, et notamment en France, un grand débat qui est en vérité géopolitique. Si la Turquie, qui compte actuellement près de 70 millions d'habitants et certainement plus de 100 millions dans 20 ans du fait de sa forte croissance démographique, faisait partie de l'Union européenne, ce serait l'État le plus peuplé et qui disposerait du plus grand nombre de députés au Parlement européen. Mais, rétorquent certains, et notamment le gouvernement américain, son entrée dans l'UE serait une bonne chose. Cela démontrerait que, en dépit des allégations des islamistes, « l'Occident » n'est pas adversaire de l'islam. Certes, la quasi-totalité de la population turque est musulmane, mais depuis les lendemains de la Première Guerre mondiale, l'État turc se réclame d'une conception fort officielle de la laïcité, cas unique dans le monde musulman.

C'est l'héritage du contrecoup d'un grand événement géopolitique : la « révolte arabe » de

1916 contre l'Empire ottoman, révolte victorieuse fomentée par les Anglais et qui fut essentiellement celle des Arabes de Syrie, du nord de l'Arabie et de l'importante région du Hedjaz (avec les villes saintes de La Mecque et de Médine), qui étaient alors dominées par les Turcs. La défaite de la Turquie qui, durant la Première Guerre mondiale, était l'alliée de l'Allemagne, résulta aussi de l'arrivée en Mésopotamie par le golfe Arabo-persique de forts contingents de l'armée britannique des Indes, qui étaient remontés vers le nord jusqu'à occuper les champs pétroliers (Kirkuk et Mossoul) dont les Allemands avaient commencé l'exploitation avant la guerre.

L'effondrement de l'Empire ottoman en 1918 et surtout la crainte de le voir dépecé au profit des Grecs et même des Italiens, alliés des Français et des Anglais, provoqua un sursaut national dont le jeune général Mustafa Kemal fut l'organisateur. En 1917, celui-ci avait combattu les Arabes à Damas et, suivi par une grande partie de l'opinion turque, il dénonça la trahison dont les Arabes s'étaient rendus coupables en s'attaquant par traîtrise à l'Empire ottoman qui, depuis des siècles, avait pourtant protégé le monde arabe contre l'impérialisme européen. Devenu président de la République turque, Mustafa Kemal, dénommé Atatürk (le père des Turcs), prit des mesures extraordinaires destinées à marquer la rupture définitive avec les Arabes. Il décida en 1924 l'abolition du califat, c'est-à-dire l'autorité que reconnaissait l'ensemble des musulmans (depuis le XVIe siècle, les califes – lieutenants du Prophète – se succédaient à Istanbul) et alors que le turc s'écrivait jusqu'alors en caractères arabes et de droite à gauche, il fut désormais obligatoire de l'écrire en caractères latins et de gauche à droite. Cette véritable révolution fut acceptée sans grande opposition (sauf dans les régions peuplées de Kurdes) tant était grande l'hostilité des Turcs à l'encontre du monde arabe. Cette animosité perdure encore aujourd'hui et elle explique a contrario les bonnes relations entre la Turquie et Israël, alors que des groupes arméniens hostiles aux Turcs sont soutenus par les Palestiniens.

LA LANCINANTE QUESTION ARMÉNIENNE

Certains des territoires de Turquie par où passe le nouvel oléoduc de Ceyhan étaient peuplés par les Arméniens avant le génocide perpétré en 1915. Avant la Première Guerre mondiale, comme l'avaient fait nombre de peuples de l'Empire ottoman, ceux-ci revendiquaient leur indépendance et s'étaient déjà révoltés à plusieurs reprises malgré la répression qui les avait frappés. En 1914, la Turquie, sous la pression des grandes puissances, avait dû leur reconnaître une forte autonomie, mais celle-ci ne put être mise en œuvre à cause de la guerre. Des contingents arméniens combattant dans l'armée russe et des Arméniens s'étant révoltés sur les bases arrière de l'armée turque, le gouvernement d'Istanbul profita de ces circonstances pour décider la déportation massive des Arméniens vers le sud. Celle-ci, accompagnée de nombreux massacres, s'effectua dans les pires conditions et plus d'un million et demi d'Arméniens périrent. Les survivants en Syrie et sur les côtes d'Asie Mineure furent transportés en 1918-1920 vers l'Europe. Il ne reste pratiquement plus d'Arméniens en Turquie, ceux qui vivaient encore à Istanbul, relativement à l'abri des massacres, en étant finalement partis.

À l'exemple des juifs qui ont dénoncé le génocide nazi dont leurs parents ont été victimes de 1942 à 1945, les descendants des familles arméniennes s'efforcent de faire reconnaître que le massacre de 1915 a été tout autant un génocide délibéré, le premier du XXe siècle – ce que refusent encore aujourd'hui les autorités et l'opinion turques, alléguant qu'un concours de funestes circonstances et non pas un plan délibéré (à la différence de la « solution finale » mise en œuvre par les nazis) explique la mort d'un grand nombre d'Arméniens. La polémique bat son plein depuis que la Turquie, qui fait déjà partie de l'OTAN depuis 1949, revendique son entrée dans l'Union européenne puisqu'un grand nombre de nouveaux États de l'Europe orientale y ont été admis. ■

Cette hostilité des Turcs à l'encontre des Arabes explique aussi que le Parti des islamistes turcs soit bien plus modéré que les islamistes arabes. Cette modération fait que ce parti est devenu majoritaire au Parlement et qu'il ne remet pas en cause ouvertement l'héritage constitutionnel d'Atatürk dont l'armée turque reste le principal garant.

En Turquie, le système parlementaire est certes ancien, mais les prises de pouvoir par les chefs de l'armée, en 1960, 1971 et 1980, pour

LES KURDES, UN PEUPLE ÉCARTELÉ

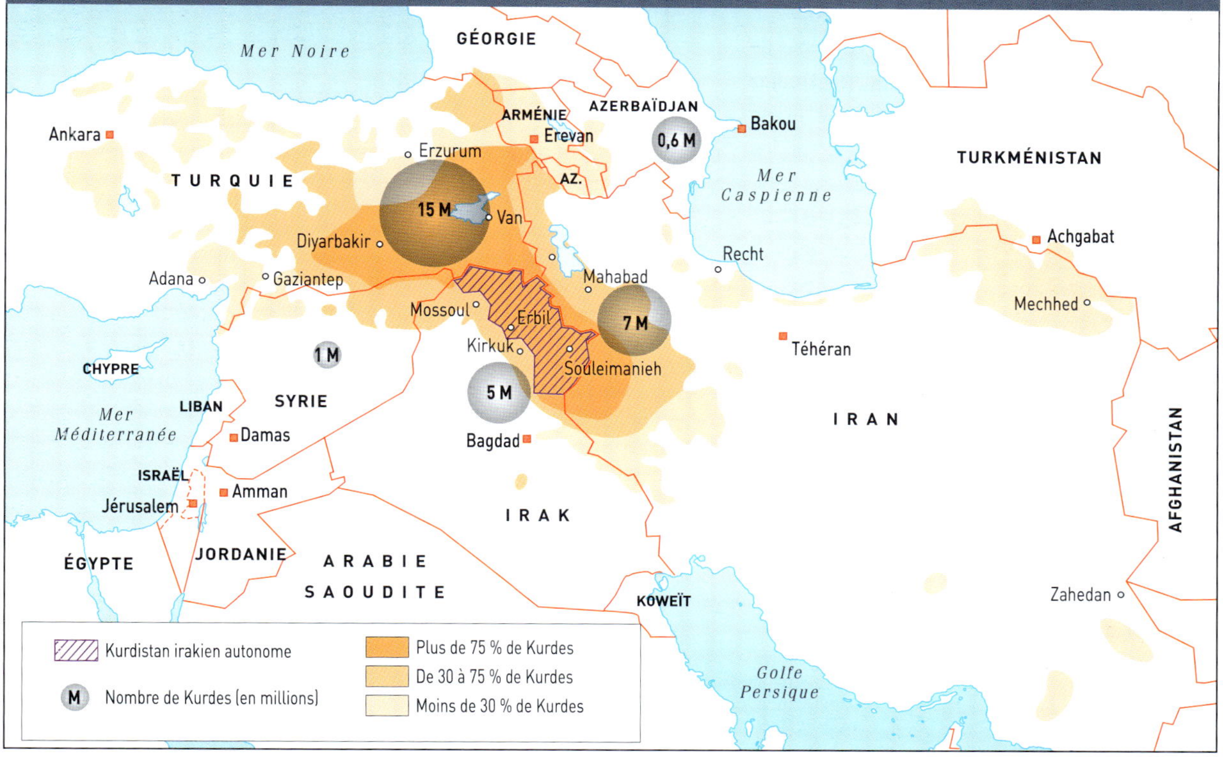

Au nombre de 25 millions environ, les Kurdes, qui parlent une langue de la famille iranienne, espèrent toujours avoir un État propre, tel que le traité de Sèvres (1920) le leur avait fait espérer après la Première Guerre mondiale. Principalement implantés en Turquie et en Irak, ils ont été longtemps maltraités par ces deux États. Après la chute de Saddam Hussein en 2003, ils ont obtenu en Irak une large autonomie, sans que soit réglée pour autant la question du contrôle des riches puits de pétrole de la région. Par ailleurs, Ankara craint une contagion de l'exemple irakien sur les Kurdes de Turquie.

défendre l'héritage politique d'Atatürk, ont été des périodes de répression violente, tout comme aujourd'hui perdure la violence d'État contre les séparatistes kurdes. Même si certains de ceux-ci se sont ralliés aux islamistes, le problème posé par l'audience croissance de l'islamisme politique – pourtant fondamentalement opposé aux conceptions d'Atatürk – est pour le moment « géré » fermement, mais souplement, par l'appareil d'État turc.

L'hypothèque kurde

La question kurde constitue un des grands problèmes géopolitiques de la Turquie, que ravivent des événements récents, comme la construction en 2005 de l'oléoduc Bakou-Ceyhan, et, surtout, la guerre d'Irak depuis 2003. En Turquie, les Kurdes se trouvent principalement sur les hautes terres de l'est du pays, mais ils ont émigré en grand nombre vers les villes côtières, et aussi en Allemagne. Musulmans sunnites, mais de langue indo-européenne (différente du turc et de l'arabe), l'ensemble des Kurdes (plus de 25 millions de personnes) sont répartis en plusieurs États : la Turquie (15 millions environ), l'Iran (7 millions), l'Irak (5 millions), la Syrie (1 million), l'Azerbaïdjan (0,6 million). Cette division résulte du tracé d'une série de frontières : la plus ancienne (XVIIe siècle) est celle tracée entre l'Empire perse et l'Empire ottoman, puis d'autres ont séparé la Turquie, l'Irak et la Syrie au lendemain de la Première Guerre mondiale. Lors de l'effondrement de l'Empire ottoman, les

LA GESTION DE L'EAU AU MOYEN-ORIENT

Mené par le gouvernement turc, le Projet d'Anatolie du Sud-Est (G.A.P.) consiste à irriguer 1,7 million d'hectares de terres arides à partir de 22 barrages construits sur le Tigre et l'Euphrate. Le partage des eaux de ces fleuves est à la source des conflits entre Turcs, Syriens et Irakiens.

Anglais avaient laissé miroiter la création d'un Kurdistan indépendant, mais ils y renoncèrent après que Mustafa Kemal eut sauvé la Turquie de la partition (il fut d'ailleurs soutenu par Lénine pour éviter que les Français et les Anglais n'occupent Istanbul, ce qui leur aurait permis d'aller par la mer Noire soutenir les armées blanches qui continuaient de combattre les bolcheviks). Pour marquer leur mécontentement, les Kurdes de Turquie ne cessèrent de se rebeller contre les réformes laïques d'Atatürk. Leur révolte reprit dans les années 1980 avec le PKK, le parti des travailleurs du Kurdistan, qui lança des raids à partir de l'Irak et de la Syrie (cette dernière continue de réclamer la restitution d'Alexandrette – Iskanderun – que le gouvernement français chargé du mandat sur la Syrie avait donnée en 1939 à la Turquie pour mieux la convaincre de ne pas faire alliance avec l'Allemagne de Hitler).

La révolte kurde animée par le PKK est une des raisons qui ont conduit le gouvernement turc à construire des barrages dans les montagnes du Taurus et sur les cours supérieurs du Tigre et de l'Euphrate, c'est-à-dire dans des régions où les Kurdes sont nombreux. Ces travaux hydrauliques avaient été prévus pour créer au pied de la chaîne du Taurus et au nord de la frontière d'Irak et de Syrie des zones d'agriculture intensive avec une main-d'œuvre de préférence turque, pour réduire la proportion des Kurdes. Ces immenses équipements (le barrage Atatürk est un des plus grands du monde) permettent surtout de stocker de très grands volumes d'eau dont l'intérêt est considérable en bordure des déserts qui s'étendent en Syrie, en Irak et surtout en Arabie. La Syrie et l'Irak ont craint que la Turquie ne réduise considérablement le débit du Tigre et de l'Euphrate, mais celui-ci est redevenu normal depuis que les lacs de barrage sont pleins. Dès lors, il est techniquement et financièrement possible de réaliser un immense programme d'adduction de cette eau si précieuse vers Israël, la Palestine et la Jordanie, mais aussi jusqu'à Riyad et La Mecque, en Arabie saoudite.

Depuis l'intervention américaine en Irak, le problème kurde a fortement évolué, ce qui inquiète les autorités turques. Déjà après 1991, les régions kurdes du nord de l'Irak qui s'étaient révoltées contre Saddam Hussein profitaient de la protection aérienne des États-Unis et du soutien financier de leurs ONG. En 2003, à la veille de l'intervention américaine en Irak, alors qu'il était prévu que des troupes américaines opèrent aussi par le nord, à partir des bases de l'OTAN en Turquie, le gouvernement d'Ankara refusa finalement son accord, craignant que les États-Unis laissent proclamer en Irak un État kurde, ce qui aurait pour effet d'inciter les Kurdes de Turquie à s'en rapprocher. Dans la confusion sanglante qui règne depuis en Irak, où s'opposent sunnites et chiites, avec le concours d'islamistes djihadistes venus de divers pays musulmans, les régions kurdes connaissent un calme relatif, et c'est même un Kurde, Jalal Talabani, chef de l'UPK (Union patriotique du Kurdistan), un des deux grands partis kurdes avec le PDK (Parti démocratique du Kurdistan) de Massoud Barzani, qui a été élu président de la République d'Irak. Cependant, des conflits perdurent dans les régions pétrolières du Nord et les villes de Kirkuk et de Mossoul. Pour mieux les soustraire aux Kurdes qui les revendiquaient – c'était un des grands objectifs de leur insurrection –, Saddam Hussein y avait installé de nombreux Arabes. Les Kurdes aujourd'hui cherchent à faire partir ces derniers, ce dont profitent des provocateurs kurdes islamistes liés, notamment, au groupe Ansar al-Islam, proche d'al-Qaida, pour perpétrer des attentats.

III. Les pays de l'isthme « syrien » et de la péninsule arabique

L'Arabie saoudite

Le paradoxe géopolitique est que, au XXe siècle, l'État le plus vaste actuellement du monde musulman (avec 2,1 millions de km² et 22 millions d'habitants) s'est étendu, non pas à partir de La Mecque ou de Bagdad, de Damas ou du Caire, mais à partir de Riyad, une petite oasis au centre de l'Arabie aride. C'est là que s'est nouée au XVIIIe siècle, contre les Turcs qui contrôlaient la plus grande partie des côtes d'Arabie, l'alliance entre une lignée de prédicateurs ultra-intégristes – celle des wahhabites – et des chefs de la tribu guerrière des Saoud. Ceux-ci, après plusieurs échecs et autant d'exodes, ont su, au début du XXe siècle, profiter des rivalités entre l'Empire ottoman et l'Empire britannique, qui contrôlait l'Inde et l'Égypte, de part et d'autre de l'Arabie.

Au terme de la Première Guerre mondiale, la défaite de la Turquie fut l'occasion pour les Saoudiens, toujours associés à la confrérie wahhabite, d'étendre leurs pouvoirs vers le nord. Leurs guerriers, qu'ils avaient organisés en groupes ultra-intégristes (préfigurant les actuels islamistes), voulurent même prendre Koweït et atteindre la vallée de l'Euphrate, mais ils en furent empêchés par les raids aériens des forces britanniques qui occupaient l'Irak et la Jordanie. En revanche, avec l'accord des Anglais, les Saoudiens purent prendre en 1924 le contrôle de La Mecque, atout géopolitique majeur dans le monde musulman. Des dizaines de milliers de pèlerins y affluaient déjà pour le grand pèlerinage annuel du Hadj, que tout bon musulman doit faire en principe une fois dans sa vie. De nos jours, ce sont près de trois millions de pèlerins qui arrivent de très loin par avion au port de Djedda et qui, durant les trois jours du grand pèlerinage se concentrent, d'une façon souvent dangereuse, dans la grande mosquée et sur d'autres espaces sacrés fort exigus.

La grande affaire du pétrole

Les Saoudiens ont surtout eu une chance extraordinaire : en 1938, d'énormes gisements de pétrole ont été découverts en bordure du golfe Persique par les géologues de la compagnie américaine SOCAL (Standard Oil Of California), à qui Ibn Séoud, plusieurs années auparavant, avait accordé une vaste concession. Tardivement conquise par les Saoudiens, cette petite région du Hasa – où le pétrole venait d'être découvert et dont l'importance mondiale n'a toujours pas décliné – est très particulière en Arabie saoudite car elle est surtout peuplée non pas de sunnites mais de chiites, qui sont particulièrement persécutés par les religieux wahhabites. Les Américains auraient pu favoriser la sécession de cette région pour en faire un des petits émirats du golfe Persique, comme l'étaient déjà Koweït, Bahrein et le Qatar où l'on produira bientôt du pétrole, comme le seront plus tard les Émirats arabes unis (la réunion de ces sept Émirats, dont le plus important est celui d'Abu Dhabi, date de 1971). Mais ces petites principautés étaient depuis longtemps des protectorats britanniques et les Américains préférèrent jouer la carte d'un grand État saoudien. En février 1945, le président Roosevelt eut à bord d'un navire de l'US Navy, au débouché du canal de Suez, une grande entrevue avec le roi Ibn Séoud. Celui-ci reçut la garantie d'un soutien militaire permanent des États-Unis (la base de Dhahran pour l'US Air Force allait être construite dans la province du Hasa) en échange de l'assurance que la seule compagnie pétrolière à opérer en Arabie serait l'ARAMCO (Arabian American Oil Cy), qui venait d'être constituée en 1944. Ainsi fut scellée l'alliance des États-Unis et de l'Arabie saoudite, qui associa pactole et puritanisme islamique. Cette alliance qui dure encore fut menacée après les attentats du 11 septembre 2001, lorsqu'il apparut que des Saoudiens – partisans du Saoudien Ben Laden – formaient l'essentiel du groupe des terroristes kamikazes. La monarchie saoudienne payait là les contradictions récurrentes de sa politique : soutien aux éléments les plus conservateurs, voire anti-occidentaux, de la mouvance islamique sur son territoire comme dans l'ensemble du monde musulman et soutien sans faille à Washington, allant même jusqu'à accepter des bases américaines sur son sol, considéré pourtant comme terre sacrée de l'Islam. Les relations des États-Unis avec la dynastie saoudienne semblent s'être rétablies depuis, surtout lorsqu'il apparut que celle-ci était aussi menacée par al-Qaida. Mais l'Arabie saoudite risque de subir les contrecoups de l'intervention des États-Unis en Irak après le retrait prochain d'une grande partie de leurs forces. Par ailleurs, après la mort du roi Fahd, en août 2005, son frère (lui aussi fort âgé) lui a succédé (il y a également d'autres frères de mères

LES PAYS DE L'ISTHME « SYRIEN » ET DE LA PÉNINSULE ARABIQUE

On peut appeler isthme « syrien », du nom du célèbre Empire assyrien qui s'est développé deux mille ans avant notre ère en Mésopotamie, l'espace situé entre la Méditerranée et le golfe Persique, d'où les navires gagnaient ensuite les Indes. Avant même qu'il soit question de pétrole, l'importance de cet isthme était considérable en raison des caravanes qui le traversaient. Au nord des déserts, elles longeaient le verdoyant « croissant fertile » formé par la Mésopotamie et, à l'ouest, par les hauteurs bien arrosées du Liban et de la Palestine.

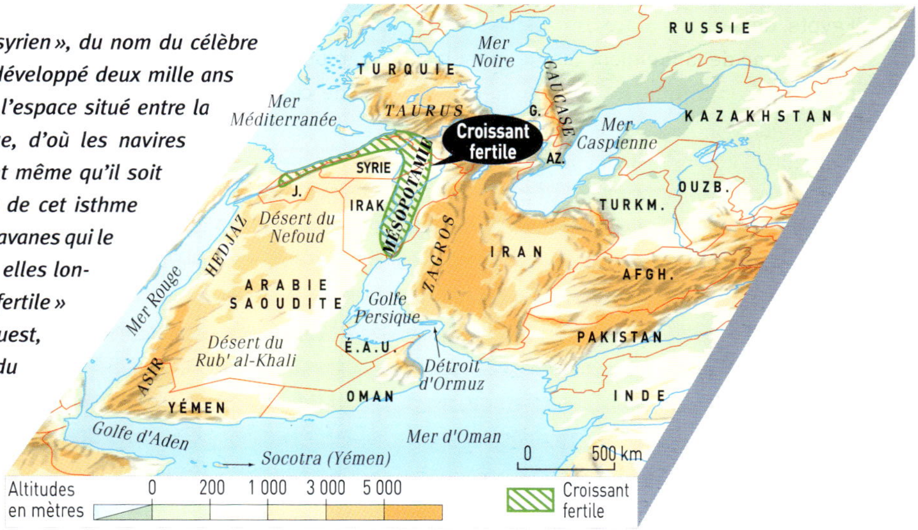

Depuis la dislocation de l'Empire ottoman, l'isthme « syrien » est la partie géopolitiquement la plus complexe du Moyen-Orient, avec, à l'ouest, six nations qui sont impliquées dans le problème israélo-palestinien et, à l'est, six ou sept entités nationales ou religieuses dont les rivalités sont accentuées par les enjeux pétroliers et par la guerre d'Irak.

Vue de près, la région apparaît encore plus compliquée, puisque les territoires de très nombreuses communautés religieuses s'y enchevêtrent. En Syrie, très majoritairement sunnite, la petite minorité alaouite (une des tendances du chiisme), originaire d'une montagne proche de la côte méditerranéenne, exerce le pouvoir depuis des décennies. Les réfugiés palestiniens (sunnites et chrétiens) se trouvent surtout en Jordanie et au Liban, mais les Israéliens ont implanté de multiples « colonies » au milieu des Palestiniens de Cisjordanie.

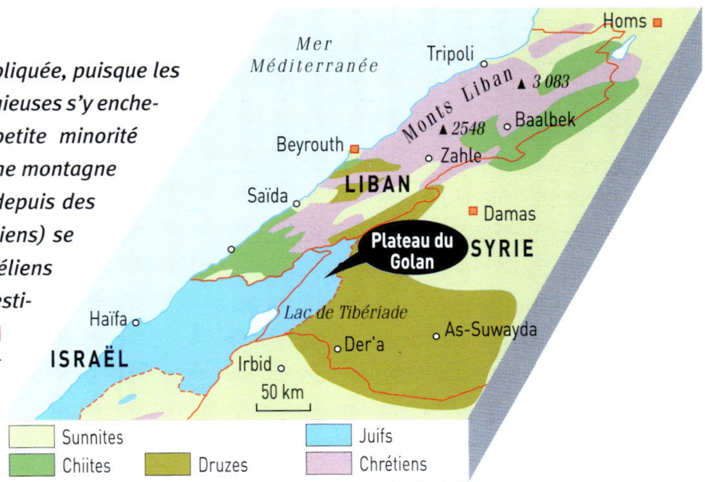

différentes, chacune issue d'une grande tribu). Les questions quant aux relations de la dynastie avec les États-Unis devraient bientôt être remises à l'ordre du jour.

Les États arabes rivaux au nord de l'Arabie

Lorsqu'en 1916 les Anglais, avec des tribus du nord de l'Arabie, lancèrent la révolte arabe sur le flanc sud de l'Empire turc, pour soulager en Mésopotamie le corps expéditionnaire britannique qu'ils avaient fait venir des Indes, leur projet, inspiré par le mythique colonel Lawrence, était de créer après la guerre un « grand royaume arabe » qui s'étendrait de La Mecque à Damas et à Bagdad. Ils envisageaient d'en confier le commandement aux fils du chérif de La Mecque, membres d'une grande famille arabe, les Hachémites. Ceux-ci étaient depuis longtemps adversaires des Saoudiens, qui, de longue date, voulaient pour des raisons religieuses conquérir La Mecque.

Toutefois, ce projet de grand royaume arabe sous protectorat britannique échoua en raison de la rivalité entre la Grande-Bretagne et la France. Celle-ci était aussi impliquée depuis longtemps au Moyen-Orient pour défendre les catholiques dans le cadre de l'Empire turc (tout comme la Russie défendait les chrétiens orthodoxes). Aussi, sous l'égide de la Société des Nations qui venait d'être constituée à Genève et qui les chargeait d'un « mandat » – mener les Arabes vers « le progrès et la civilisation » –, Français et Anglais s'étendirent tant bien que mal sur le tracé des frontières pour délimiter les territoires « sous mandat » qu'ils allaient se partager en 1921. Ce sont encore les frontières actuelles (à l'exception de celles d'Israël et de l'Arabie saoudite).

Chacune des deux grandes puissances souhaitait pouvoir contrôler des gisements pétroliers que les Turcs et les Allemands avaient découverts avant la guerre en Mésopotamie. Ce furent les Anglais qui eurent la part du lion, car leurs troupes venues des Indes occupaient autour de Bagdad la majeure partie des territoires en question. Ceux-ci furent dénommés Irak et ce protectorat fut constitué en un royaume confié à l'un des fils du chérif de La Mecque (ce dernier en sera bientôt chassé par les Saoudiens). Vers la Méditerranée, les Britanniques établirent leur « mandat » sur des territoires situés de part et d'autre du fossé du Jourdain – dénommés de ce fait Cis- et Trans-

LA PRÉSENCE MILITAIRE AMÉRICAINE DANS LA RÉGION DU GOLFE

Lors de la guerre du Golfe, en 1991, la coalition américaine comptait près de 500 000 hommes. Douze ans plus tard, le corps expéditionnaire envoyé en Irak n'était plus que de 130 000 soldats, appuyés sur des bases et des flottes dans une grande partie de la région (Arabie saoudite, émirats).
À l'été 2003, les Américains annonçaient qu'ils allaient démanteler leurs bases en Arabie saoudite (près de 7 000 hommes), la présence de celles-ci ayant justifié la colère de nombre de musulmans qui ne supportaient pas la présence de soldats non musulmans en Arabie, sur la terre sacrée de l'Islam.

jordanie –, et un royaume sous protectorat fut confié à un autre fils du chérif de La Mecque. Mais à l'ouest du Jourdain, les nombreuses implantations juives posaient déjà des problèmes et, en 1923, les Anglais les prirent directement en charge sur un territoire qu'ils dénommèrent Palestine. À l'est du Jourdain, le royaume s'appela finalement Jordanie.

YÉMEN, OMAN, ÉMIRATS ARABES UNIS

Au sud des déserts saoudiens, la partie méridionale de la péninsule arabique a la double particularité d'être formée d'ensembles montagneux et d'être assez bien arrosée : non seulement à cause de la proximité de l'océan Indien, mais surtout à cause de la mousson qui souffle de la mer d'Oman vers le nord-ouest de l'Inde. Le Yémen est un vieil État montagnard. Au Moyen Âge se sont développées sur ses côtes des cités marchandes (Moka) en contact avec l'ensemble des rivages de l'océan Indien. Au débouché de la mer Rouge, les Anglais s'emparèrent d'Aden en 1839, en firent une grande base navale et établirent leur protectorat sur les régions côtières. Après le retrait britannique en 1967, ce Yémen du Sud, avec Aden comme capitale, devint un État indépendant, bientôt allié de l'Union soviétique. La guerre contre le Yémen du Nord et de violentes luttes intestines mirent fin à ce régime marxiste. La réunification du Yémen fut proclamée en 1990, au profit du Yémen du Nord (capitale Sanaa, 485 000 km², 22 millions d'habitants).

Le sultanat d'Oman (212 000 km², 2,6 millions d'habitants), qui s'étend sur le sud-est de la péninsule arabique, dont les montagnes dominent le détroit d'Ormuz, contrôle l'accès au golfe Persique. Sur le golfe d'Oman, la capitale Mascate fut au Moyen Âge un port très célèbre en contact avec l'Inde et la Chine, qui fit même au XVIIIe siècle la conquête de Zanzibar, en Afrique orientale, pour le trafic des esclaves. Oman a la particularité d'être le seul État musulman à ne pas être sunnite ou chiite, pour pratiquer le rite ibadite. La production pétrolière y a commencé en 1970, mais cet État ne fait pas partie de l'OPEP.

Les Émirats arabes unis (82 000 km², capitale : Abu Dhabi, 4 millions d'habitants dont les 3/4 sont des travailleurs étrangers), au nombre de sept, constituent le centre du tourisme de luxe, sans que cela suscite pour le moment la moindre opposition de la part des islamistes. Ce centre d'affaires pour le Moyen-Orient et les pays de l'océan Indien est présenté dans la première partie de l'ouvrage. ■

Le Liban

Les mandats attribués à la France s'établirent sur des territoires dénommés Syrie et Liban. À la différence des Anglais qui, dans les territoires placés sous leur mandat, venaient de nommer deux souverains, le gouvernement français se refusa à cette solution commode (qui existait pourtant en Tunisie et au Maroc) et choisit de créer des assemblées représentatives des populations. Au Liban, les autorités françaises s'appuyèrent sur une partie de la population, les chrétiens maronites d'obédience catholique, et sur l'opposition existant entre sunnites et chiites et entre Druzes et Arabes. Durant la Seconde Guerre mondiale, diverses péripéties entre Anglais et Français (lesquels étaient divisés entre partisans du gouvernement de Vichy et ceux de la France libre) favorisèrent les mouvements d'indépendance : au Liban, un « pacte national » décida que désormais le président du pays serait un maronite, que le Premier ministre serait un sunnite et que le président de la Chambre des députés serait un chiite.

Au lendemain de la Seconde Guerre mondiale, la situation du Proche-Orient fut bouleversée par la création en 1948 de l'État d'Israël *(voir chapitre Israël-Palestine)* et, surtout, par l'afflux de nombreux réfugiés arabes dans les États voisins, notamment au Liban et en Jordanie. Le nombre de ces réfugiés s'accrut encore après 1967 et la victoire de l'armée israélienne sur les différentes armées arabes, et c'est à partir de cette époque que s'est développé un sentiment national palestinien, tant dans les camps de réfugiés que dans les territoires occupés par les Israéliens. En 1970, les organisations paramilitaires palestiniennes, déjà plus ou moins rivales, tentèrent de prendre le pouvoir en Jordanie, mais le roi parvint à les chasser grâce à l'efficacité de son armée (celle que les Anglais avaient constituée entre les deux guerres, en recrutant des Bédouins du désert). Chassées de Jordanie, où les réfugiés sont restés nombreux, les organisations palestiniennes passèrent au Liban où elles ont contrôlé les camps de réfugiés et tenté de prendre le pouvoir, l'État libanais étant fragilisé par les rivalités entre les diverses communautés religieuses, mais aussi dans chacune d'entre elles, par des rivalités entre grandes familles. Les Palestiniens ayant accusé les maronites d'être les complices d'Israël, la guerre civile éclata en 1975. Elle devait durer quinze ans et ses conséquences demeurent encore très grandes.

La guerre civile libanaise 1975-1990

Elle fut très confuse mais marquée par deux événements spectaculaires : en 1976, l'entrée au Liban de l'armée syrienne, d'abord pour porter secours aux maronites assiégés dans Beyrouth par les Palestiniens, puis pour s'allier successivement à différents groupes rivaux afin de s'imposer au Liban (qu'elle ne quittera qu'en 2004) ; en 1982, l'offensive-éclair que l'armée israélienne mena jusqu'à Beyrouth pour tenter d'y éliminer Yasser Arafat et l'Organisation de libération de la Palestine. Les Israéliens s'étant retirés de la majeure partie du Liban en 1983, après avoir attisé les conflits entre Druzes et maronites, les combats à Beyrouth et aux alentours entre de multiples milices rivales devaient encore durer douze ans. La guerre civile ne cessa qu'en 1990 sous la pression de l'Arabie saoudite, qui finançait jusqu'alors les différents protagonistes. Les diverses milices libanaises, de guerre lasse et moyennant finances, acceptèrent de déposer leurs armes – à l'exception du Hezbollah, l'un des deux partis chiites, soutenu par l'Iran.

La guerre de l'été 2006

En 2005, l'assassinat de l'ancien Premier ministre libanais Rafic Hariri (très lié à l'Arabie saoudite) a suscité un sursaut d'indignation dans la population libanaise qui, avec le soutien de la France, des États-Unis et de l'opinion internationale, obtient enfin le départ de l'armée syrienne et de ses services secrets, accusés de ce crime après tant d'autres. Le Liban semblait alors retrouver une vraie indé-

LE LIBAN DE LA PLAINE ET LE LIBAN DE LA MONTAGNE

Très ancien carrefour de civilisations, le Liban connut sous l'Antiquité les colonisations grecque et romaine, surtout dans la plaine côtière. Au VIIe siècle, la conquête arabe entraîna tout d'abord une chute du commerce méditerranéen et le repli vers la montagne des communautés chrétiennes et druzes. Ainsi, au Liban plus qu'ailleurs, le relief comme l'histoire expliquent pour une part les réalités du présent.

LE LIBAN EN CHIFFRES

Le Liban (10 millions de km^2, environ 4 millions d'habitants) est l'un des rares États où, depuis des décennies, aucun recensement de la population n'a été effectué afin de ne pas officialiser l'inégale croissance démographique de communautés plus ou moins rivales, certaines d'entre elles ayant de nombreux membres à l'étranger.

LES RELIGIONS AU LIBAN

Les chrétiens libanais (divisés en douze Églises, dont les maronites, francophones et relevant du Vatican, et les grecs orthodoxes, anglophones) sont majoritairement implantés dans la montagne, au nord du pays et à Beyrouth (notamment les grecs orthodoxes). Les musulmans sont divisés entre les Druzes (de rite ismaélien), bien implantés dans le Chouf, au sud de Beyrouth, les sunnites, davantage urbanisés (Beyrouth, Saïda, Tripoli) et liés aux secteurs les plus dynamiques de l'économie et les chiites, majoritaires, plus ruraux et implantés dans le sud du pays, dans la plaine de la Bekaa et dans la banlieue sud de Beyrouth.

pendance, même si le Hezbollah, mouvement islamiste chiite libanais, qui participe au gouvernement et dont la milice armée contrôle tout le sud du pays, s'opposait à une rupture des liens étroits avec Damas. En juillet 2006, au cours d'une opération commando au sud de la frontière libano-israélienne, cette milice enlève deux soldats israéliens après en avoir tué huit autres. L'armée israélienne réplique par des bombardements sur le Sud-Liban pour écraser les forces du Hezbollah, mais celles-ci ripostent en tirant sur les villes du nord d'Israël un très grand nombre de fusées fournies par l'Iran via la Syrie. Pour empêcher l'acheminement de ces engins, l'aviation israélienne étend ses bombardements sur tout le Liban, y compris sur Beyrouth, sans réduire toutefois le nombre des fusées tirées. En août 2006, le Conseil de sécurité de l'ONU parvient à imposer une cessation des combats et un renforcement de la FINUL (Force d'interposition des Nations unies). Une trêve correspondant à la résolution 1701 de l'ONU intervient le 14 août 2006 mais le Liban, dévasté par cette guerre, sombre dans une profonde crise politique où s'affrontent des factions rivales quant au partage du pouvoir au gouvernement.

La Syrie

Après avoir été le foyer du mouvement nationaliste arabe contre l'Empire ottoman, la Syrie a soutenu le mouvement pour l'unité du monde arabe. Ce fut l'objectif fondamental d'un parti arabe laïque, le parti Baath, créé à Damas en 1943 (par des chrétiens et des musulmans sunnites) ; ce parti unitaire comprit bientôt diverses tendances militaires plus ou moins rivales dans les différents pays arabes. Ce sont des baathistes qui obtinrent, entre 1958 et 1961, l'unité de la Syrie et de l'Égypte du colonel Nasser, et ce sont aussi des baathistes qui prirent le pouvoir en Irak, après que la monarchie y eut été renversée en 1958. Bientôt des conflits politiques opposèrent les baathistes de Damas à ceux de Bagdad, traduisant ainsi la rivalité historique des deux grandes capitales médiévales de l'Empire arabe. La rivalité allait devenir permanente entre la Syrie et l'Irak, celle-ci ayant l'énorme avantage d'avoir d'immenses réserves de pétrole.

En 1970, le général Hafez el-Assad, chef de la branche syrienne du parti Baath, prenait le pouvoir à Damas et il le gardera jusqu'à sa mort, en 2000, son fils Bachar devenant son successeur. En 1979, Saddam Hussein ayant pris la tête de la branche irakienne du parti Baath, devenait le maître de l'Irak et engageait dès 1980 la guerre contre l'Iran où l'imam Khomeiny avait pris le pouvoir.

La Syrie, tout au long de cette guerre (1980-1988), prit position contre l'Irak et s'appuya au Liban sur les chiites favorables au régime des mollahs iraniens. Elle participa même en 1990-1991 à la coalition contre Saddam Hussein après qu'il eut envahi le Koweït. La solidarité des pays arabes prônée par les baathistes était donc un vain mot. En revanche, c'est pour défendre l'unité arabe et sous prétexte d'empêcher une nouvelle division du monde arabe que la Syrie s'est en fait opposée à tout ce qui aurait pu favoriser le développement de l'Organisation de libération de la Palestine et la création d'un État palestinien.

Le grand projet des dirigeants syriens est l'unité arabe par la réalisation d'une « grande Syrie » qui contrôlerait le Liban, la Jordanie et la Palestine. Depuis la chute du régime de Saddam Hussein, la dislocation de l'Irak en trois entités – kurde, chiite et sunnite – *(voir chapitre Irak)* n'est finalement pas pour déplaire aux dirigeants syriens, car ils s'imaginent pouvoir contrôler les Irakiens sunnites tout en s'entendant avec les chiites par l'intermédiaire de Téhéran.

Encore faut-il que les actuels dirigeants syriens puissent se maintenir au pouvoir : en effet, sur 16 millions de Syriens (majoritairement sunnites), c'est une minorité chiite, les Alaouites, qui, depuis Hafez el-Assad, exercent le pouvoir, celle-ci comptant dans ses rangs depuis l'époque coloniale de nombreux militaires.

La Jordanie

Si elle ne disposait pas d'une étroite « fenêtre » au fond du golfe d'Akaba, entre la rive orientale de l'Arabie saoudite et la rive ouest du Sinaï égyp-tien *(voir carte page 250)*, la Jordanie (92 000 km², 5 millions d'habitants, capitale Amman) serait un État sans aucun débouché sur la mer.

Sur le côté ouest de cette « fenêtre », les Israéliens ont également une ouverture sur le golfe d'Eilat. Cette convergence de frontières au fond de ce golfe qui débouche sur la mer Rouge en démontre l'importance géopolitique pour chacun de ces quatre États rivaux. C'est par Eilat qu'Israël reçoit du pétrole non arabe qui ne passe donc pas par le canal de Suez, et c'est par Akaba que la Jordanie fait transiter toutes sortes de marchandises vers l'Irak, lorsque ses rapports avec la Syrie s'enveniment.

Comme ses frontières, l'État jordanien date des lendemains de la Première Guerre mondiale, lorsque les Anglais eurent le « mandat » de la Société des Nations sur cette portion du Proche-Orient. Ce sont eux qui ont lui donné le nom de « Jordanie », son territoire s'étendant de part et d'autre du fleuve Jourdain (avant la délimitation par les Anglais de ce qu'ils appelèrent la Palestine). Ce sont aussi les Anglais qui choisirent en 1924 son souverain, l'un des fils du Chérif hachémite de La Mecque. C'est encore son descendant qui est actuellement roi de Jordanie, grâce au soutien constant des Britanniques et à l'habileté géopolitique du roi Husayn, père de l'actuel souverain. Le roi Husayn eut d'ailleurs fort à faire car en 1948 puis en 1967, un très grand nombre de réfugiés palestiniens affluèrent en Jordanie et tentèrent à plusieurs reprises de prendre le pouvoir afin de faire la guerre à Israël. Les Palestiniens formeraient aujourd'hui près de la moitié de la population, sans avoir pour autant la nationalité jordanienne.

IV. L'Égypte, le vrai centre du monde arabe

Avec aujourd'hui 70 millions d'habitants, l'Égypte est deux fois plus peuplée que le deuxième pays arabe (l'Algérie ou le Maroc). Cet État s'étend sur 1 million de km², essentiellement sur des étendues désertiques ; la population égyptienne s'entasse dans la longue mais très étroite vallée du Nil. Comme l'a écrit Hérodote, le premier des géographes, il y a vingt-cinq siècles, l'Égypte est un don du Nil et la construction du grand barrage d'Assouan (achevé en 1970) permet de stocker l'eau de la grande crue annuelle et de la répartir dans la vallée pour les récoltes.

L'Égypte (*Misr* en arabe) est le centre du monde arabe car elle se trouve entre les États du Maghreb qui s'étendent vers l'ouest sur tout le tiers nord du continent africain, et les pays du Machrek, c'est-à-dire l'Est, qui forment un ensemble beaucoup moins vaste, malgré la taille de la péninsule arabique entre la mer Rouge et le golfe Persique. Depuis les Pharaons, les maîtres de l'Égypte ont tenté de contrôler les pays situés à l'Est de l'isthme de Suez et la péninsule escarpée du Sinaï. Mais l'Égypte a ensuite longtemps dépendu d'empires fondés plus à l'est et au nord que leur capitale – Damas, Bagdad ou Istanbul –, les dociles paysans égyptiens, malgré leur nombre, étant des soldats moins efficaces que les guerriers formés dans les tribus de pasteurs nomades.

Au tout début du XXe siècle, l'Égypte va non seulement retrouver son indépendance – elle dépendait depuis trois siècles de l'empire ottoman – mais aussi acquérir une singularité nouvelle, contrecoup d'un raid géopolitique lancé depuis l'autre côté de la Méditerranée, depuis la France plus exactement, par Bonaparte, chef d'une armée d'un type nouveau forgée dans la Révolution française.

« L'expédition d'Égypte »

Raid géopolitique de grande envergure, « l'expédition d'Égypte » (1798-1801) avait initialement pour objectif d'atteindre les Indes, la mer Rouge et l'océan Indien, afin d'y reprendre l'influence laissée aux Anglais. De courte durée, après la destruction de la flotte des Français par l'Amiral Nelson, ce raid aura malgré tout une importance capitale pour l'Égypte. En effet, parmi les troupes ottomanes acheminées par les Anglais pour contrer les Français, figure un contingent de soldats albanais. Leur chef, Mehemet Ali, a pu constater l'efficacité des Français et décida de s'en inspirer pour prendre le pouvoir. Lorsque les Français se retirèrent, il élimina la caste archaïque des mamelouks sur laquelle s'appuyait l'empire ottoman et entreprit ce que l'on peut appeler de nos jours une politique de développement.

Pour se dégager de l'empire ottoman, il fallait mettre sur pied une armée plus efficace que celle des Turcs et l'équiper de façon plus « moderne ». Mehemet Ali se rendit compte de la nécessité de développer l'économie de l'Égypte en commençant par son agriculture pour notamment produire du coton dont l'exportation procura des moyens financiers. Avec l'aide de conseillers français (restés ou revenus après le départ de Bonaparte), Mehemet Ali fit construire le premier grand barrage sur le Nil, à la tête du delta, ce qui permit d'irriguer toute l'année et d'ajouter le coton aux cultures vivrières. Pour avoir la main-d'œuvre nécessaire à ces grands travaux, notamment le creusement du canal de Suez, il conquit le Soudan et la Syrie par son armée. Mais il dut évacuer cette dernière sous la pression de l'Angleterre qui refusait un trop grand affaiblissement de l'Empire qui profiterait aux Russes dans leur poussée vers la Méditerranée.

L'Égypte est non seulement dès cette époque le plus important des pays arabes, mais c'est celui où la modernisation, dans une grande mesure endogène, non coloniale, a débuté bien avant tous les autres pays de l'Empire ottoman. Lorsque le canal de Suez sera ouvert (1869) vers les Indes et l'Extrême-Orient avec les Français, l'Égypte sera encore plus impliquée dans les

L'ÉGYPTE

rapports Nord-Sud, mais elle n'entretenait pas alors (à la différence de l'Algérie dont la conquête commence en 1830) d'étroites relations de dépendance avec un pays de la façade nord de la Méditerranée.

Le passage sous dépendance britannique de l'Égypte en 1881 est dans une grande mesure le contrecoup d'un conflit géopolitique lointain, la guerre de sécession aux États-Unis (1861-1865) entre les « sudistes », esclavagistes, et les « nordistes », partisans de l'abolition de l'esclavage. Ces derniers avaient empêché les sudistes d'exporter le coton, dont ils étaient les plus grands producteurs au monde. Il en résulta une pénurie sur les marchés mondiaux et une augmentation considérable des prix de cette fibre. Le gouvernement égyptien en profita pour développer la culture du coton, grâce aux progrès de l'irrigation. Avec les bénéfices ainsi réalisés, il contribua, parallèlement aux financements français, au capital de la compagnie internationale (créée par Ferdinand de Lesseps) qui réalisa le canal de Suez, mais il effectua aussi d'importants emprunts auprès de banques étrangères. Lorsque les cours du coton s'effondrèrent lors de la reprise des exportations américaines, l'Égypte se trouva dans de grandes difficultés financières, et lorsque le gouvernement du khédive (titre officiel des successeurs de Méhémet-Ali)

> ***Au Sahara, la simplicité des frontières de l'Égypte contraste avec le morcellement des territoires à l'Est du Sinaï.***

fut obligé en 1875 de mettre en vente ses actions de la compagnie du canal de Suez, celles-ci furent immédiatement rachetées par l'intermédiaire de l'Amirauté britannique.

Peu après, les finances du gouvernement égyptien passèrent sous le contrôle des Anglais et des Français. Le mécontentement dans l'opinion égyptienne se traduisit en 1881 par une insurrection militaire, qui fut écrasée par un débarquement des troupes anglaises. Le gouvernement égyptien passa sous tutelle britannique et cela, jusqu'au lendemain de la Seconde Guerre mondiale. Cependant, la bourgeoisie égyptienne, et, surtout les intellectuels ne renoncèrent pas aux idées d'indépendance et de modernisation économique et culturelle, et leur parti, le Wafd, connut une audience croissante. Aussi les Anglais voulurent-ils contrer celui-ci et, dans les années 1930, en s'appuyant sur les docteurs de la célèbre mosquée al-Azhar, ils favorisèrent en sous-main le mouvement politique et religieux réactionnaire des Frères musulmans (fondé en 1928), qui est (avec les wahhabites d'Arabie) l'un des courants fondateurs des différents mouvements islamistes actuels.

Un héros pour sauver l'Égypte

Au lendemain de la Seconde Guerre mondiale, malgré le contrôle du canal de Suez par les Anglais, l'Égypte retrouve son indépendance. Mais le manque de formation de son armée fait qu'elle se retrouve dans l'incapacité, en 1948, de chasser les combattants juifs de Palestine. Revenus au Caire humiliés, les « Officiers libres », avec Nasser entre autres, renversent le roi par un coup d'État et instaurent la République.

Le colonel Nasser prend le pouvoir en 1954. Jusqu'alors un condominium anglo-égyptien, le Soudan rompt l'unité de la vallée du Nil. Comme beaucoup d'Égyptiens, Nasser craint d'être un jour privé d'une partie de ses eaux du fait de grands travaux d'irrigation réalisés en amont. Il décide donc d'entreprendre à Assouan la construction d'un énorme barrage, presque au même endroit que celui que les Anglais avaient déjà fait construire.

Pour financer la construction d'un tel ouvrage, l'Égypte demande le concours de la Banque mondiale, qui lui refuse. Furieux, Nasser décide en juin 1956 que les travaux seront financés par la nationalisation du canal de Suez, dont les revenus allaient jusqu'alors à la Compagnie Universelle du Canal de Suez (où les Anglais étaient majoritaires). En octobre de la même année, les gouvernements français et britannique, associés aux Israéliens, prenant le prétexte de la nationalisation du canal, lancent sur celui-ci une opération militaire de grande envergure – le but pour les Français étant surtout de renverser Nasser et de mettre ainsi fin au soutien qu'il apportait aux combattants du FLN en Algérie. Mais cette expédition de Suez tourne au fiasco : le président des États-Unis lance un ultimatum et la VIe flotte de l'US Navy vient barrer le chemin aux convois nécessaires aux troupes françaises et britanniques, qui doivent finalement se retirer. Pour Nasser, c'est un triomphe qui retentit dans tout le monde arabe et le tiers-monde ; son prestige est tel qu'il peut se permettre, malgré la position des États-Unis, d'accepter le concours de l'URSS pour la construction du barrage d'Assouan.

Nasser lance alors la grande idée de « l'Unité arabe ». Partant du principe que des pays arabes disposent de capitaux importants grâce au pétrole mais de guère de main-d'œuvre, ceux-ci doivent, selon lui, dans l'intérêt de tous, s'associer aux autres pays arabes qui ont eux de la main-d'œuvre mais pas de capitaux. Toujours selon Nasser, c'est là le seul moyen de lutter contre Israël.

En 1958, entre l'Égypte et la Syrie, est proclamée la République arabe unie. Mais cette union ne dure pas plus de deux ans, du fait de la rivalité de ses dirigeants. Si cette idée resta forte dans les pays arabes, elle fut combattue par les Frères musulmans, soutenus par l'Arabie saoudite. Pour eux, la seule idée sainte était – et reste – l'*umma*, la communauté de tous les musulmans ; celle d'une unité arabe était quasiment sacrilège. Nasser – qui prônait un socialisme arabe – combattait les islamistes qui voulaient – et veulent encore et toujours – l'application de la *charia*.

Guerre et paix

En 1967, après la grande défaite devant l'armée israélienne, Nasser annonça sa démission à la radio ; immédiatement, un immense mouvement populaire le supplia d'y renoncer. Il mourut en 1970.

Son successeur, militaire lui aussi, Anouar el-Sadate, inaugura le barrage d'Assouan avec les Soviétiques puis les pria de bien vouloir quitter le pays, ce qu'ils firent d'ailleurs sans trop de difficultés en 1972 – peut-être persuadés qu'ils y reviendraient bientôt.

En 1973, Sadate déclencha brusquement la guerre contre les Israéliens qui occupaient depuis 1967 le Sinaï et la rive est du canal de Suez. L'armée égyptienne réussit un véritable exploit, traversant le canal sous le feu de l'ennemi pour le bousculer pendant quelques heures et retrouva ainsi son honneur perdu. Cela permit à Sadate d'aller à Jérusalem, au Parlement israélien, en novembre 1977 pour proposer la paix en échange de la restitution du Sinaï et du canal. Sous l'égide des États-Unis et sur leur territoire, les accords de Camp David furent signés en 1978 ainsi que le traité de paix en 1979 entre l'Israël et l'Égypte, à la suite duquel celle-ci fut mise au ban de tous les États arabes. Sadate fut assassiné par des militaires islamistes en 1981. Son successeur, toujours militaire, Hosni Moubarak, poursuivit la même politique extérieure avec l'appui des Américains. En 1991, à leurs côtés, l'armée égyptienne participa à la « guerre du Golfe » contre Saddam Hussein, ce qui valut à l'Égypte d'être réintégrée dans la Ligue arabe.

Pays le plus peuplé et phare intellectuel du monde arabe, mais ne disposant guère de pétrole sauf aux abords du canal de Suez, bénéficiant d'une position géostratégique mondiale, l'Égypte est à la fois nourrie et menacée par son alignement sur les États-Unis, qui lui fait parvenir un cargo de blé tous les jours et deux milliards d'aide chaque année. Mais le gouvernement égyptien se trouve en porte à faux avec son opinion, très hostile à Israël et de plus en plus sous l'influence des Frères musulmans.

V. Géopolitique du Maghreb

Au Maghreb, qui s'étend vers le Sud sur presque la moitié du Sahara, se trouvent les vastes territoires de plusieurs États : le Maroc (710,000 km², 30 millions d'habitants), l'Algérie (2,3 millions de km², 31 millions d'habitants) et la Tunisie (164,000 km², 10 millions d'habitants). Ces pays ont historiquement de fortes relations, particulièrement étroites avec l'ancienne puissance coloniale française. À ces trois États, les diplomates ajoutent la Libye (1,7 million de km², 6 millions d'habitants) qui a été colonisée par l'Italie, et au-delà du Sahara, en bordure de l'Afrique Noire, la Mauritanie (1 million de km², 3 millions d'habitants) qui du fait de son éloignement, n'a eu que peu de relations avec la France. Une grande partie du territoire de ces États est désertique et les populations se concentrent dans les régions côtières. Depuis plus vingt ans, ces cinq États forment officiellement une Union du grand Maghreb arabe, mais cette entente est théorique, du fait des rivalités entre l'Algérie et le Maroc, ou encore des visées géopolitiques assez aventuristes du colonel Kadhafi. Fort de son pétrole, celui-ci aurait l'ambition de conquérir le Tchad et de faire les États-Unis de tout le Sahara, incluant également les États d'Afrique Noire se trouvant au sud du grand désert.

Au nord du Sahara : très anciennes sont les frontières qui divisent l'unité qu'est le Maghreb

Alors qu'au Moyen-Orient les frontières qui séparent les États arabes sont relativement récentes (elles sont postérieures à la Première Guerre mondiale) et alors qu'elles ont été

LE MAGHREB, LA FAÇADE DU MONDE ARABE SUR L'ATLANTIQUE ET LA MÉDITERRANÉE

effectivement tracées par les puissances impérialistes – la France et la Grande-Bretagne, qui ont établi une domination de type colonial avec le « mandat » de la Société des Nations (même si, à la même époque, les frontières de l'Arabie saoudite résultent de la poussée des guerriers saoudiens) –, en revanche, au Maghreb, les frontières sont extrêmement anciennes, du moins dans les régions humides du Maroc, d'Algérie et de Tunisie où se concentre encore l'essentiel de la population. Ces vieilles frontières ont été reprises et précisées par les autorités coloniales qui, d'ailleurs, dans les trois pays ont été françaises. En revanche, dans les immensités sahariennes, les frontières ont été tracées à l'extrême fin du XIXe siècle ou au début du XXe, là encore par les autorités coloniales françaises.

Ces frontières sahariennes résultent d'ailleurs moins des rivalités entre puissances impérialistes (c'est seulement le cas des frontières de la Libye) que des rivalités administratives au sein de l'Empire colonial français qui contrôlait la plus grande partie du Sahara central et occidental. En effet, au sein de l'armée française, les officiers de marine et les soldats de « l'infanterie de marine » qui firent la conquête de la partie sud du Sahara, à partir des territoires qu'ils avaient déjà conquis en Afrique noire (A-OF et A-EF) ne s'entendaient guère avec les officiers de l'armée de terre qui, opérant à partir de l'Algérie, avaient étendu leur autorité sur la partie nord du Sahara. Ce sont ces frontières à travers les étendues sahariennes que le colonel Kadhafi, tout à son zèle unioniste, a voulu abolir pour créer des « États-Unis du Sahara ». Mais ce projet s'est évidemment heurté à l'opposition des Algériens qui voulaient conserver leur Sahara, ne serait-ce qu'en compensation de la guerre qu'ils avaient subie.

L'ancienneté des frontières qui partagent le Maghreb septentrional pose un singulier problème géopolitique. Elles ne correspondent ni à des barrières montagneuses (les lignes de relief

DES TRACÉS DE FRONTIÈRES EXTRÊMEMENT ANCIENS

Si les frontières méridionales de l'Algérie, de la Tunisie et du Maroc sont ainsi relativement récentes (et plus encore celles du Maroc, qui datent seulement de 1975 au Sahara occidental et demeurent contestées au plan international), par contre leurs frontières septentrionales sont extrêmement anciennes. On peut même considérer que le tracé des actuelles frontières occidentales de la Tunisie commence à s'esquisser, il y a plus de 2 500 ans, à l'époque carthaginoise puis avec la création par les Romains de la Provincia Africa (c'est alors qu'apparaît le terme Afrique, qui sera ensuite progressivement étendu à l'ensemble du continent). Ce tracé réapparaîtra du VIIIe au XIe siècle. Si au XIIe siècle, qui est véritablement au sens propre (à cause des routes caravanières de l'or qui arrivent du Soudan) l'âge d'or du Maghreb, l'empire almoravide fondé par des Berbères sahariens puis le grand empire almohade fondé par les tribus berbères du Haut-Atlas font l'unité du Maghreb septentrional et de l'Andalousie (celle-ci est alors considérée comme la partie la plus prestigieuse du Maghreb), au XIIIe siècle, le déclin de cet empire provoque (outre la perte de l'essentiel de l'Andalousie) la dissociation de trois ensembles dont les limites correspondent presque exactement aux frontières actuelles du Maroc et de la Tunisie. Au XVIe siècle, malgré l'extension au Maghreb de l'Empire ottoman, pour lutter contre la Reconquista chrétienne, ces frontières se maintiendront : l'administration ottomane sépare la Régence d'Alger, la Régence de Tunis et même celle de Tripoli selon des tracés qui correspondent aux frontières actuelles. Mais face aux Ottomans, le Maroc gardera son indépendance sur le tracé des frontières contemporaines. Ces frontières remontant au XIIIe siècle ont été conservées lors des trois étapes de la conquête coloniale française de l'Algérie (1830), de la Tunisie (1881) et du Maroc (1912). Il n'y a guère de parties du monde où les frontières actuelles soient aussi anciennes. ■

ne sont pas nord-sud, mais ouest-est), ni à de grands fleuves, ni à des lignes de discontinuités culturelles ou religieuses. Le Maghreb septentrional présente au contraire une étonnante unité : c'est un ensemble largement arabisé où le fonds culturel berbère n'a pas pour autant disparu et qui, à la différence de l'Égypte et du Moyen-Orient, dont la diversité religieuse est très grande, relève presque exclusivement depuis des siècles de l'islam sunnite et du rite malékite (issu de Malik ibn Anas, et caractérisé par son rigorisme). Il est étonnant que, malgré cette profonde unité et la conscience qu'on en avait notamment dans les villes en relations étroites les unes avec les autres, le Maghreb soit, depuis des siècles, partagé en trois pays véritablement frères, selon des limites qui n'ont guère changé. L'usage du français est venu encore renforcer leurs similitudes, mais leurs dissemblances ont surtout été causées par des processus de colonisation puis de décolonisation qui ont été très différents : l'Algérie a été profondément marquée par deux longues et terribles guerres, celle de la conquête et celle de l'indépendance ; l'établissement du protectorat en Tunisie et au Maroc a été beaucoup plus facile et la décolonisation s'est opérée plus ou moins à l'amiable.

L'interminable conflit du Sahara occidental

Au lendemain de leurs indépendances (Tunisie et Maroc, 1956 ; Algérie 1962), on pouvait penser que la fièvre unioniste qui battait son plein au Moyen-Orient gagnerait les trois États du Maghreb. Non pas qu'en Algérie, en Tunisie et au Maroc, les intellectuels aient minimisé ce que ces trois pays ont en commun, ne serait-ce que leur culture arabo-berbère, le patrimoine commun que sont les grandes mosquées de l'époque almohade et la pensée du grand penseur Ibn Khaldun, mais aussi l'héritage culturel et politique de la colonisation française. Mais au lendemain de l'indépendance, les régimes politiques des deux principaux États du Maghreb étaient trop différents. Ainsi, en Algérie, un mouvement national révolutionnaire, fier de sa victoire arrachée de haute lutte, de son prestige dans le tiers-monde et de ses richesses pétrolières au Sahara, se considérait comme le seul chef de file d'une future unité maghrébine. Au Maroc, une monarchie chérifienne, s'appuyant sur la tradition religieuse, les grands caïds chefs de tribu et les confréries maraboutiques, mais aussi sur les structures d'un État modernisé par le protectorat, redoutait la contagion des idées du socialisme algérien. Il en résulta un certain nombre de frictions.

À partir de 1975, cette rivalité politique algéro-marocaine fut renforcée par l'antagonisme géopolitique quant au Sahara occidental : invoquant ses droits historiques, le Maroc annexa ce territoire dès la fin de l'occupation

POINTS FORTS ET POINTS CHAUDS DU MAGHREB

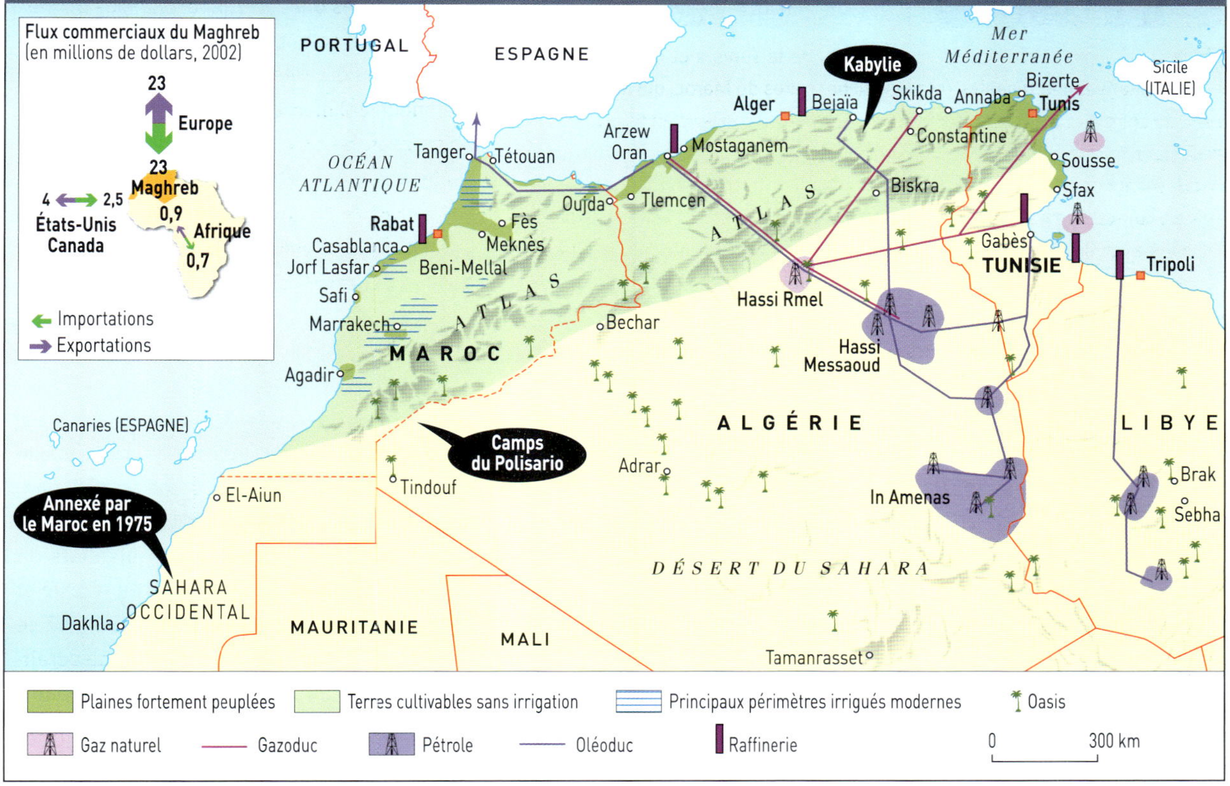

Les gisements d'hydrocarbures et les réseaux d'oléoduc et de gazoduc sont assurément les points forts de l'Algérie et de la Libye. Ne sont pas représentées sur cette carte les grandes zones balnéaires, le tourisme étant l'un des points forts du Maroc et de la Tunisie. Les points chauds se trouvent sur les frontières du Sahara occidental annexé par les Marocains et en Kabylie, en raison de son contentieux avec le pouvoir militaire algérien. La diffusion des maquis islamistes en Algérie a été très vaste durant la guerre civile (1992-2002).

espagnole et entra en conflit avec le Front Polisario (fondé en 1973) qui, avec l'actif soutien de l'Algérie, voulait la création d'un nouvel État, une République sahraouie. Les combattants du Polisario opérant principalement à partir de Tindouf, en territoire algérien, on frôla à plusieurs reprises une guerre entre le Maroc et l'Algérie. Mais depuis près de vingt ans, celle-ci n'a toujours pas eu lieu, les dirigeants algériens et marocains sachant à quel point les deux peuples se sentent frères. L'armée marocaine au Sahara se retrancha, dès 1979, derrière des « murs » fortifiés et s'abstint de poursuivre les commandos du Polisario en territoire algérien ; et l'Algérie, affaiblie par la baisse du prix du pétrole, mesura son soutien à ceux-ci. Bien que cette grave affaire du Sahara occidental n'ait toujours pas été réglée (elle reste un contentieux entre le Maroc et l'Algérie), les deux principaux États maghrébins – ne serait-ce que par leur importance démographique (avec chacun plus de 30 millions d'habitants) – ont créé une Union du Maghreb arabe, qui regroupe aussi, en dépit de diverses tensions, trois autres États dont les poids démographiques sont moindres : la Tunisie (près de 10 millions d'habitants), la Libye (6 millions d'habitants) et la Mauritanie (3 millions d'habitants). Cette Union du Maghreb arabe n'a guère eu de réalisations concrètes, le déroulement de la guerre civile en Algérie (de 1992 à 2004) ayant été un facteur défavorable qui a également freiné les projets de coopération avec l'Union européenne.

Dans cet ensemble qu'est la Méditerranée euro-arabe, le Maghreb a une situation très particulière puisque c'est la partie du monde arabe qui entretient les relations les plus nombreuses et les plus étroites avec les pays développés de l'Europe occidentale, et surtout avec la France.

LE MIRAGE PÉTROLIER

On peut comprendre la puissance qu'ont prise en Algérie les mouvements islamistes si l'on tient compte des abus d'un parti unique (le FLN) au pouvoir pendant plus de trente ans, et des sourdes rivalités entre ses dirigeants. Mais il faut aussi prendre conscience de l'importance des progrès et des transformations sociales que ce pays a connus depuis l'indépendance : durant les années 1970, quand les cours du pétrole étaient élevés, le PNB par tête de l'Algérie était presque quatre fois plus élevé que celui du Maroc, resté beaucoup plus « traditionnel » et qui n'a guère de pétrole. C'est en tablant sur des perspectives prometteuses de production pétrolière et en empruntant massivement que l'Algérie s'est lancée dans un grand programme d'industries lourdes. Mais celles-ci n'ont employé qu'un personnel restreint, alors que le chômage augmentait. L'effondrement des prix du pétrole dans les années 1985-2000 a condamné ces espérances, qui ont laissé le poids énorme de la dette à rembourser, des déceptions profondes et un mécontentement de plus en plus grand contre le gouvernement et le parti unique au pouvoir depuis l'indépendance. La très forte remontée des cours du pétrole depuis quelques années (plus de 39 milliards de recettes pour l'économie algérienne en 2004) change à nouveau la donne. ■

La guerre civile en Algérie 1992-2002

Le nombre et l'étroitesse des relations entre la France et le Maghreb expliquent l'inquiétude provoquée en Europe occidentale par les graves troubles qu'a connu l'Algérie, mais ce sont aussi ces mêmes relations qui, pour une grande part, expliquent que l'Algérie soit le pays arabe où la poussée islamiste a été la plus forte et où l'affrontement avec les forces gouvernementales a été le plus dur. En effet, en dépit de l'opinion courante, le mouvement islamiste ne traduit pas tant la résistance de milieux traditionalistes que la réaction politique de mouvements modernistes à l'encontre de la domination de ce qu'ils appellent l'Occident. Ces mouvements reprennent peu ou prou les thèses tiers-mondistes, mais ils dénoncent surtout l'entreprise de perversion du monde musulman que mènerait soi-disant cet « Occident » en diffusant les idées occidentales de démocratie ou d'émancipation des femmes. C'est en luttant contre l'« Occident » que les islamistes veulent obliger les musulmans à appliquer les règles de la charia datant de treize siècles.

Bien que financés par la dynastie saoudienne, beaucoup de ces militants islamistes sont plus ou moins des révolutionnaires, qui dénoncent la collusion des nantis avec l'Occident. Mais les islamistes sont aussi des déçus du « socialisme », qu'il soit algérien ou arabe, et nombre d'entre eux ont été victimes des régimes dictatoriaux qui se sont réclamés de ces idéologies aujourd'hui déchues. Aussi veulent-ils faire la révolution dans le monde musulman au nom de l'islam pour lutter contre ses adversaires, Israël et « l'Occident ».

Il apparaît aujourd'hui que l'erreur du parti unique et de l'armée, qui en est la force principale, a été de jouer au contraire, après les grandes émeutes d'Alger en octobre 1988 (dont l'origine reste encore obscure), la carte d'un hyper-pluripartisme en espérant ainsi rester au pouvoir, et d'accepter la constitution d'un parti d'opposition, le Front islamique du salut (FIS) se réclamant spécifiquement de l'islam dans un pays où tous les citoyens sont musulmans. Mais, en 1991, avec l'approbation de nombreux démocrates, le gouvernement « suspend » le processus électoral, après que les islamistes ont pu démontrer une puissance qu'on n'avait pas soupçonnée, et apparaître comme un contre-pouvoir légitime. Entre-temps, en 1990-1991, les énormes manifestations qui se déroulent au Maghreb contre l'intervention occidentale en Irak ont apporté de l'eau au moulin des dénonciations islamistes contre l'Occident. À partir de 1992-1993, l'Algérie entre dans le cycle infernal de la terreur : attentats islamistes et répression sanglante des forces gouvernementales. Certes, nombre d'Algériens ne sont pas favorables aux thèses du FIS (Front islamique du salut) dont ils mesurent les dangers, mais ils ne veulent pas pour autant soutenir un gouvernement qui leur paraît la continuation du parti unique dont ils ne veulent plus.

Pourquoi est-ce en Algérie que les rapports de l'État et des islamistes se sont posés en termes aussi dramatiques ? Pour beaucoup de commentateurs, c'est le chômage qui en est la cause, notamment celui des jeunes qui forment une grande partie de la population du fait d'une croissance démographique accélérée. Cependant, le chômage n'est pas moindre en Tunisie, au Maroc ou dans la plupart des pays musulmans au sud ou à l'est de la Méditerranée, et pourtant ces pays n'ont pas été plongés, pour le moment du moins, dans la tragédie politique qu'a connue l'Algérie.

Certes, l'économie algérienne a été particulièrement touchée à la fin des années 1980 par la baisse brutale des prix des hydrocarbures, qui fournissaient l'essentiel des ressources financières de l'État. À cela s'ajoute depuis le poids de la dette, contractée pour accélérer le développement économique à l'époque où l'on pouvait escompter le maintien de cours élevés pour le pétrole et le gaz. Mais bien d'autres pays subissent des difficultés économiques plus ou moins comparables, sans pour autant se trouver dans une situation de guerre civile ouverte.

Sans nul doute, ces difficultés économiques contribuent à la diffusion de l'islamisme, qui prétend y porter remède. Mais il faut tout de même se rappeler qu'en 1979 la première révolution islamiste, celle d'Iran (qui reste le modèle auquel se réfèrent implicitement ou explicitement aujourd'hui encore la plupart des révolutionnaires musulmans), s'est produite dans un pays en très forte croissance économique, et notamment industrielle, en raison de l'investissement de revenus pétroliers qui avaient atteint depuis 1973 leur niveau record, après la décision historique prise à l'initiative du Shah et du président Boumediene de quadrupler brusquement les prix du pétrole. Cette politique d'industrialisation planifiée et, à certains égards, « anti-impérialiste », explique une certaine entente tacite entre le Shah et le Parti Toudeh, proche des communistes (alors que les marxistes-léninistes restaient des opposants déterminés). Par ailleurs, les réformes sociales du Shah (« la révolution blanche »), et notamment la confiscation pour la réforme agraire des grandes propriétés foncières du clergé chiite, justifient, tout autant que les raisons idéologiques, l'hostilité des ayatollahs au pouvoir impérial.

Les islamistes et le thème de la guerre d'indépendance inachevée

Les discours islamistes ont d'abord exigé essentiellement l'application en Algérie, comme dans tout autre pays musulman, des préceptes coraniques et de la loi musulmane, mais ils ne tenaient pas spécialement compte des spécificités historiques de l'Algérie, à telle enseigne que la guerre d'indépendance était considérée par eux comme une sorte de péripétie sans portée religieuse fondamentale : ainsi le titre de *chahid* (martyr) accordé aux Algériens tués durant cette guerre était contesté par certains imams estimant qu'elle n'avait pas été une guerre pour l'islam.

À partir de la fin 1991, les islamistes qui avaient négligé jusque-là le thème de la guerre patriotique, cher au FLN, se sont mis à proclamer que la guerre d'indépendance était inachevée, et qu'elle avait été détournée par de soi-disant « mauvais musulmans » dont les relations avec la France restaient étroites. Par conséquent, pour les islamistes, c'est désormais un devoir pour tous les Algériens de reprendre la guerre contre les ennemis du peuple algérien afin d'assurer à celui-ci son indépendance totale. L'argumentation islamiste est en substance la suivante : après cent soixante ans de domination française et six ans de guerre contre les Français, il y a encore en Algérie nombre de gens qui parlent français, qui vivent comme des Français, qui ont des relations étroites avec la France, et ce sont eux qui tiennent le haut du pavé et qui oppriment les vrais Algériens, ceux qui parlent l'arabe et sont de « vrais musulmans ».

Cette idée, cette représentation géopolitique, selon laquelle les Algériens ne sont pas indépendants et qu'il faut reprendre et mener à bien la guerre inachevée, est pour une grande part à l'origine de l'hostilité entre les islamistes et l'état-major de l'armée algérienne. Cette hostilité n'était pas inéluctable, comme le prouve l'entente entre les islamistes et les généraux pakistanais ou soudanais. Il aurait pu en être de même pour les généraux algériens, mais ceux-ci avaient véritablement combattus pour l'indépendance. Il leur est inadmissible de laisser proclamer que cette indépendance arrachée avec tant de peine et de sang n'a été qu'une illusion. Bien plus, eux qui parlent couramment français, comme la plupart des cadres et dirigeants algériens, ne peuvent accepter d'être perçus comme des complices de la France, comme de nouveaux « harkis » en quelque sorte ! Aussi est-il impossible selon eux que ces islamistes prennent le pouvoir, d'autant que, en voulant démanteler l'Armée nationale et populaire – comme le réclament les fameux « Afghans » (militants islamistes ayant participé à la guerre contre les forces soviétiques en Afghanistan) – au profit de milices islamiques rappelant les pasdarans iraniens, ils mettent en danger le pays tout entier !

MAGHREB-EUROPE : LES FLUX DE POPULATIONS

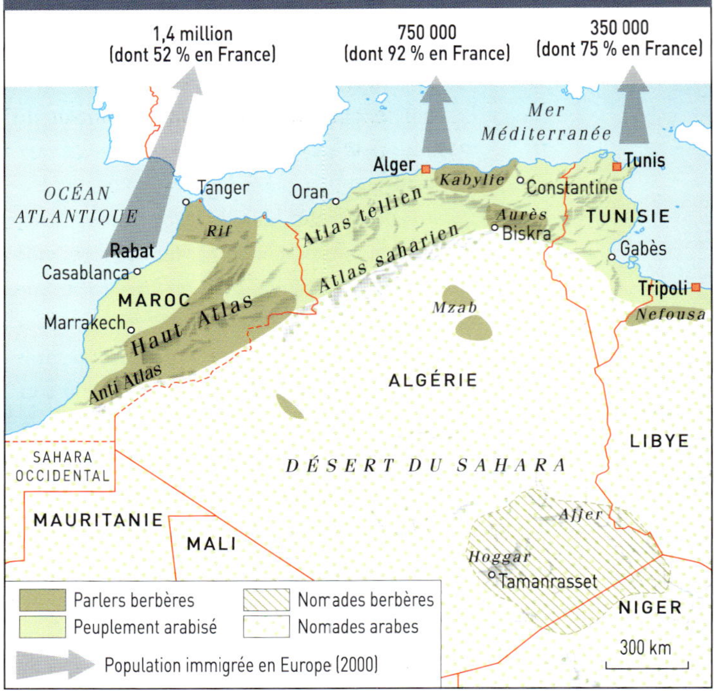

Au Maghreb, des contrastes géographiques fondamentaux s'observent entre régions sahariennes et régions côtières plus ou moins humides et, d'autre part, entre plaines et montagnes. Ces dernières correspondent aux régions où s'est surtout maintenue la langue berbère (très différente de l'arabe) et ce, davantage au Maroc qu'en Algérie. C'est aussi le cas des montagnes du Hoggar, berceau du peuplement berbère touareg.

La lutte contre les islamistes et la proclamation du djihad

Le développement des opérations policières et militaires contre les islamistes fournit à ceux-ci un argument décisif pour prouver que la guerre d'indépendance a repris : comme cela s'est passé de 1954 à 1962, des Algériens sont emprisonnés, torturés, exécutés, par une armée et une police considérées comme étant au service d'une minorité de francophones plus ou moins athées et dirigés par de faux Algériens – les dirigeants n'étant pas de véritables musulmans puisqu'ils tuent les vrais musulmans. C'est par ce genre d'arguments que les imams islamistes ont pu proclamer le *djihad*, la guerre sainte contre tous ceux – militaires ou intellectuels francophones – qui se sont donné pour but « l'éradication » des islamistes.

Il est évidemment assez facile de réfuter cette thèse fallacieuse de la « libération inachevée » et de l'assimilation des Algériens musulmans qui parlent le français, mais aussi l'arabe ou le berbère, à une minorité étrangère dominante. Toujours est-il que cette argumentation a mobilisé autour des leaders islamistes un nombre suffisamment important de combattants résolus à multiplier les actes de terrorisme et à mettre en échec des mesures de maintien de l'ordre de plus en plus considérables. Les sentiments de vengeance suscités par la brutalité de la répression suscitent de nouveaux adversaires à un pouvoir militaire qui, pour sa part, n'a guère de partisans déclarés dans l'opinion du pays, en dépit du nombre des « francophones » qui redoutent, aujourd'hui encore plus, l'arrivée au pouvoir des islamistes.

En effet, ces « francophones » ne constituent absolument pas, du moins pour le moment, un groupe politique cohérent. Les intellectuels kabyles, pour la plupart petit-fils ou arrière-petit-fils des instituteurs kabyles formés autrefois pour « l'enseignement [en français] des indigènes » de Kabylie, jouent un rôle important parmi les démocrates et les « francophones », mais leurs efforts pour la reconnaissance et le développement de la culture berbère sont souvent considérés comme des « menées séparatistes » par les autres intellectuels francophones, ceux dont la langue maternelle est l'arabe. Par ailleurs, les différentes forces politiques qui s'opposent aux projets islamistes sont rivales les unes des autres, et elles s'accusent mutuellement d'appartenir au « parti de la France » – et d'abord le FLN parce qu'il a bénéficié, depuis 1962, de la compréhension des gouvernements français successifs, tout comme d'ailleurs de très nombreux opposants au parti unique qui ont trouvé refuge en France. Quant à l'actuel pouvoir militaire – des généraux qui, nombreux, ont été sous-officiers dans l'armée française (avant 1956 ou même avant 1961) –, il est accusé par tous les autres partis, et d'abord par les islamistes, d'être soutenu par la France.

De fait, c'est parmi les Algériens dont les contacts avec la France ont été le plus étroits – et non parmi les religieux oulémas – que le mouvement national algérien a recruté ses militants les plus actifs. En effet, après le drame du 8 mai 1945 (Sétif) et les duperies de la prétendue Assemblée algérienne constituée en 1946, on a vite compris que jamais, malgré les promesses, les Algériens musulmans n'auraient les droits politiques auxquels ils aspiraient dans le cadre de la République française.

Dans ce qu'on appellera après coup « la guerre d'Algérie », le *djihad* n'a jamais été proclamé par les Algériens qui combattaient non pas la France mais l'armée française, et qui, selon toute vraisemblance, n'ont pas provoqué d'attentats contre les Français « en métropole ».

Après sept ans de guerre, des relations étonnamment étroites entre l'Algérie et la France

En dépit de l'exode des « pieds-noirs » et du nombre des victimes de cette guerre, les relations entre l'Algérie et la France ont été étonnamment bonnes. En effet, le gouvernement du général de Gaulle a voulu racheter par une coopération exemplaire ce combat d'arrière-garde d'un colonialisme qui a mis la France au ban des pays arabes et du tiers-monde. De nombreux intellectuels français de gauche ou d'extrême gauche qui ont milité « pour la paix en Algérie » ont voulu apporter leur soutien intellectuel à l'Algérie indépendante. Surtout, le premier gouvernement algérien et le président Ben Bella, à peine sorti des geôles françaises, qui auraient pu dénoncer à l'opinion internationale de nombreux crimes de guerre, ont accepté cette coopération avec la France. Pour expliquer le grand nombre d'Algériens restés en France ou qui y sont venus après l'indépendance de l'Algérie, il faut tenir compte de faits cruels longtemps passés sous silence. De fortes rivalités existaient entre deux mouvements qui luttaient pour l'indépendance de l'Algérie : le plus ancien, le MNA (Mouvement national algérien), s'était formé avant la Seconde Guerre mondiale parmi les Algériens venus travailler en France ; le FLN (Front de libération national) avait été lui créé en 1954 par scission avec le précédent avec des hommes plus jeunes, mais sans différence idéologique majeure.

En Algérie, comme parmi les immigrés en France, les luttes furent très dures ; le FLN l'ayant emporté, les Algériens qui auraient dû rentrer dans leur pays ont préféré rester en France pour ne pas se trouver sous la coupe d'un parti à prétention totalitaire. Et en Algérie, ceux du MNA qui avaient réussi à lui échapper préférèrent partir en France, où le général De Gaulle avait fait promulguer des lois d'amnistie pour tous les actes commis en Algérie.

Dans le même temps, de très nombreux Algériens arrivaient en France, non seulement les harkis qui avaient pu fuir, mais aussi des Algériens qui avaient pourtant combattu l'armée française, mais qui (bénéficiant des lois d'amnistie) avaient préféré quitter leur pays peu après l'indépendance. En effet, l'armée régulière algérienne, qui s'était constituée durant la guerre au Maroc et en Tunisie et qui avait peu combattu, a chassé d'Alger, à la veille de l'indépendance de juillet 1962, les très actifs maquis de Kabylie. Dès l'année suivante, il en résulta dans cette région une insurrection promptement écrasée. En 1965, le chef de l'armée, le colonel Boumediene, organisa un coup d'État qui devait donner le pouvoir aux militaires pour près de quatre décennies.

Ces émigrations de nombreux opposants vers la France ont certainement contribué à freiner le développement de mouvements d'opposition démocratiques en Algérie, et ceci explique aussi leurs faiblesses actuelles. Cet exode de militants politiques s'est ajouté à un fort accroissement des migrations de travail après 1962 et à la venue plus ou moins temporaire en France de nombreux jeunes cadres, techniciens, universitaires qu'il fallait former pour les besoins de l'Algérie indépendante. Les officiers de l'armée ont certes été surtout formés en URSS ou en Europe de l'Est, mais ils ont appris aussi le français. Par ailleurs, les options socialisantes du régime algérien se sont trouvées confortées par l'ardeur marxiste de nombreux universitaires français, spécialistes des sciences sociales.

Les « francophones » dénoncés comme des privilégiés

Ainsi s'est peu à peu constitué en Algérie un ensemble que l'on appelle francophone, et qui est éminemment complexe : il s'agit des cadres supérieurs et moyens de l'armée et du régime, et aujourd'hui de leurs fils et petits-fils, mais aussi des opposants à ce régime ayant séjourné en France, et surtout d'une grande partie des milieux intellectuels (universitaires, médecins, journalistes, ingénieurs et techniciens des hydrocarbures et des autres grandes sociétés d'État), sans oublier les nombreux retraités (kabyles notamment) revenus au pays après avoir passé une grande partie de leur vie en France, où est restée souvent une grande partie de leur famille.

Lorsque les islamistes dénoncent aujourd'hui les privilégiés du « parti de la France », il ne s'agit pas tellement des retraités revenus de France, même si le fait de percevoir régulièrement une pension de retraite française et d'avoir de la famille en France que l'on peut aller visiter sans trop de difficultés est considéré par beaucoup d'Algériens comme un véritable privilège historique. En effet, depuis 1975, l'émigration vers la France est devenue extrêmement difficile, en raison des mesures prises par le gouvernement français pour lutter contre le chômage.

LES FRANCOPHONES MUSULMANS DES DEUX RIVES DE LA MÉDITERRANÉE

On peut estimer que ce groupe, qui parle très couramment le français et qui utilise cette langue dans le travail et dans de multiples relations sociales, constitue de 10 à 15 % de la population algérienne (environ trois millions de personnes), ce qui correspond à peu près au nombre de personnes d'origine algérienne qui sont installées en France (plus de 800 000 personnes de nationalité algérienne, plus leurs enfants et petits-enfants nés en France). Entre « francophones » d'Algérie et « Algériens de France », il y a évidemment de nombreuses relations amicales et familiales qui s'expriment pour la plupart en français, car les enfants d'émigrés ne parlent guère l'arabe ou le kabyle.

Les immigrés marocains et tunisiens, d'abord venus seuls sans leur famille, ont ensuite fait venir femmes et enfants, à l'imitation des immigrés algériens qui ont bénéficié de l'autorisation de « regroupement familial ». Sur les six millions de musulmans qui vivent en France, plus des trois quarts sont de nationalité française (ou la double nationalité pour les Marocains) puisqu'ils sont nés en France et qu'il s'agit de la deuxième ou de la troisième génération d'immigrés. Les islamistes évitent de rappeler qu'en principe de la tradition coranique, un musulman ne doit pas aller vivre dans un pays où prévaut une autre législation que celle de l'Islam. ■

Le Maroc, un royaume stable face à la pression islamiste

Les caractéristiques géopolitiques du Maroc sont bien différentes de celles de l'Algérie. Pourtant ces deux pays arabes, peuplés chacun de 30 millions d'habitants, sont très proches par la culture : la langue berbère y garde une grande importance et ils entretiennent tous deux avec la France des relations étroites depuis la colonisation et, plus encore, depuis leur indépendance. La différence entre ces deux pays tient pour une grande part au fait que les formes de la colonisation et celles du mouvement d'indépendance n'ont pas été identiques. Alors qu'au XIXe siècle la conquête de l'Algérie (une partie de l'Empire ottoman) avait été longue et sanglante, celle du Maroc au début du XXe siècle fut beaucoup plus rapide et elle fut menée sous le prétexte de rétablir l'autorité du souverain marocain. Le royaume chérifien (sont chérifs les descendants du Prophète) devint en 1912 un protectorat français, alors que l'Algérie avait été transformée en trois départements français où l'on distribua à de petits colons européens les terres confisquées aux tribus. Cela n'exista guère au Maroc, où les colonisateurs s'intéressaient surtout aux ressources minières, la règle étant de ne pas prendre la terre des tribus (la violation de cet accord au pied des montagnes rifaines fut une des causes de la grande révolte de 1925-1926, que l'on appela la « guerre du Rif »). Une colonisation d'encadrement « moderne » fut mise en œuvre au Maroc, avec la complicité des notables et des chefs de tribus qui purent transformer en propriétés personnelles une grande partie des terres collectives. Au lendemain de la Seconde Guerre mondiale, les Marocains demandèrent la fin du protectorat et obtinrent, somme toute, assez rapidement l'indépendance en 1956. Il n'en fut pas de même pour l'Algérie.

Au Maroc, l'indépendance fut suivie par l'écrasement de la révolte du Rif, où les tribus réclamaient les terres confisquées par les autorités coloniales, mais qui étaient devenues, comme dans de nombreuses régions du royaume, propriétés de notables marocains. Ce grave problème foncier n'est toujours pas réglé au Maroc. S'il ne se posa pas en Algérie, ce fut surtout à cause du départ des colons en 1962, car le parti unique (FLN) contrôlé par les généraux fit traîner la réforme agraire durant des décennies.

Bien qu'il y ait au Maroc plusieurs partis, dont l'un est socialiste, le pouvoir royal, tel qu'il avait été remodelé par le protectorat, est puissant. De plus, le souverain est chérif, c'est-à-dire commandeur des croyants. Il bénéficie du soutien des confréries religieuses et du soutien populaire dans la mesure où Hassan II a pris, en 1975, la tête du mouvement de reconquête du Sahara occidental. Les Marocains y virent la perpétuation des grands empires marocains (almoravide et almohade) qui avaient fait un temps l'unité du Maghreb et de l'Andalousie. Au Moyen Âge, en effet, c'est par cette partie du Sahara que passaient les « routes de l'or » qui allaient du Soudan vers le Moyen-Orient. Dans ce contexte, les islamistes se manifestent, pour le moment, de façon mesurée. On a même pu croire un temps que, à la différence de l'Algérie, le Maroc resterait épargné par la vague islamiste. Mais les très nombreux Marocains émigrés en France, en Belgique, en Espagne et aux Pays-Bas sont, semble-t-il, davantage influencés par les réseaux islamistes que les immigrés algériens. Le rôle de Marocains a ainsi été important dans les attentats islamistes de Madrid en 2004.

En Tunisie, le prestige laïque du président Bourguiba (le père de l'indépendance en 1956) a été remplacé par l'autorité militaire du président Ben Ali qui justifie son totalitarisme à l'encontre de toute opposition par la nécessité de lutter contre les islamistes.

Les Balkans : passions des peuples, intérêts des empires

Les Balkans forment un ensemble géopolitique (dont le pluriel indique la diversité culturelle et géopolitique) situé entre la mer Adriatique, la Méditerranée orientale et la mer Noire. Bien que sa superficie soit comparable à celle de la France, cet ensemble comprend aujourd'hui une douzaine de peuples différents répartis officiellement en neuf États : la Grèce, la Bulgarie, l'Albanie, auxquels s'ajoutent six États créés après le tragique éclatement de la Fédération yougoslave (1991-1995) : Croatie, Macédoine, Serbie, Monténégro, Bosnie-Herzégovine, Slovénie – divisée en trois entités étatiques (avec chacune son gouvernement et son parlement) ; enfin, le Kosovo, que l'OTAN en 1999 a aidé à se séparer de la Serbie, a unilatéralement proclamé son indépendance en 2008. Dans la dernière décennie du XXe siècle, le drame yougoslave et ses prolongements jusqu'à aujourd'hui montrent que les problèmes géopolitiques sont encore très graves dans cette partie de l'Europe, au nord de la Méditerranée orientale.

La période ottomane

Cet ensemble est en grande partie montagneux et ce n'est pas sans raison qu'il porte le nom d'une chaîne de montagne de Bulgarie : le Balkan. En dépit de leurs diversités et de l'enchevêtrement de leurs territoires, les peuples balkaniques présentent des caractéristiques communes importantes. Cette partie de l'Europe qui, à l'exception de l'actuelle Croatie, a fait partie de l'Empire byzantin, et fut envahie au XIVe siècle par les Turcs, qui prennent ensuite Constantinople en 1453. L'Empire ottoman en fait sa capitale sous le nom d'Istanbul, puis ses armées continuent leur expansion vers le nord, en ravageant notamment la plaine hongroise. Au XVIe siècle, Vienne – la capitale du Saint Empire – est plusieurs fois assiégée par les Turcs qui, en 1683, en font de nouveau le siège, avant d'être finalement repoussés par une coalition de forces européennes, et notamment polonaises. À la fin du XVIIe siècle, l'armée autrichienne refoule progressivement les Turcs vers le sud et reconquiert la plaine hongroise.

CULTURE ET GÉOPOLITIQUE

Dans les régions sous domination turque, les populations sont, dans la plupart des cas, restées chrétiennes orthodoxes ou catholiques (en Hongrie). En effet, les Ottomans ne cherchent pas à les convertir à l'islam, pouvant ainsi exiger d'elles davantage d'impôts, mais la majorité des Albanais et une partie des Bosniaques se convertissent pourtant. Les fameux janissaires, corps d'élite de l'armée ottomane, sont recrutés dans divers peuples chrétiens, selon un système proche de l'esclavage, puisqu'un grand nombre de jeunes garçons chrétiens sont enlevés à leur famille, convertis à l'islam et soumis à un rigoureux entraînement militaire. Ce système incite les populations chrétiennes à se réfugier sur les pentes des montagnes et à abandonner les plaines occupées par les grands domaines des hauts fonctionnaires ottomans. Les villes sont ainsi majoritairement peuplées de musulmans – des chrétiens convertis à l'islam –, mais qui, pour la plupart, gardent leur langue natale.

Le fait que ces populations soumises aux Turcs aient conservé non seulement leur religion (pour une partie d'entre elles) mais aussi leur langue particulière et une grande partie de leurs traditions culturelles aura par la suite des conséquences géopolitiques considérables. ■

DE L'EMPIRE OTTOMAN À LA GUERRE DU KOSOVO

Au XVIe siècle, les Turcs ont fait la conquête des différents pays balkaniques mais aussi de la grande plaine hongroise. Ils établirent leur domination sur différents peuples chrétiens, sans chercher d'ailleurs à les convertir à l'islam. Les Grecs se trouvaient aussi depuis 3 000 ans sur les côtes occidentales de la Turquie actuelle. Mais ils en furent chassés au lendemain de la Première Guerre mondiale. ■

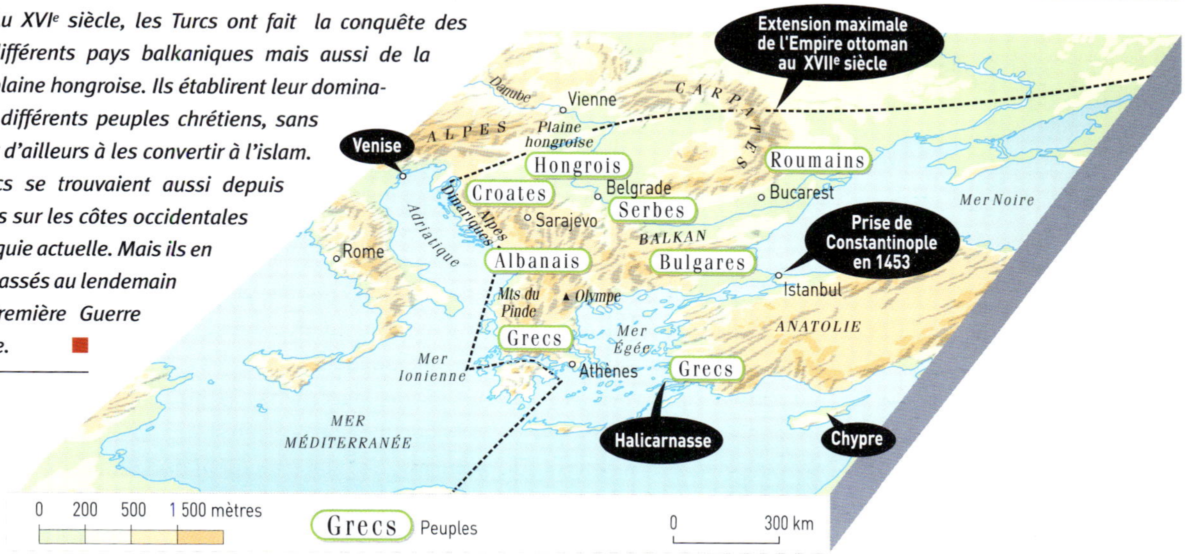

La Yougoslavie, constituée en tant que royaume en 1920, rassemblait tous les Slaves du Sud parlant plus ou moins la même langue. Mais les uns étaient catholiques (Slovènes et Croates), les autres, orthodoxes (Serbes), d'autres, enfin, musulmans. En 1945, la Yougoslavie devint une Fédération de six républiques dont les frontières furent tracées par Tito. ■

Après la guerre civile (1992-1995), l'unité de la Bosnie-Herzégovine a été théoriquement maintenue, sous l'autorité de l'OTAN. En fait, elle est divisée en trois entités géopolitiques : une république serbe de Bosnie et une Fédération croato-musulmane, elle-même divisée en une république croate de Bosnie et une république musulmane de Bosnie. Depuis, le Monténégro et le Kosovo sont devenus indépendants. ■

Avec le recul progressif de l'Empire ottoman aux XVIIIe et XIXe siècles, différents peuples réfugiés sur ses confins ou dans les montagnes réapparaissent en tant que forces nationales, soutenus par les puissances européennes plus ou moins proches.

C'est ainsi que l'Angleterre et la France appuient la révolte des Grecs contre les Turcs (1821-1829) en détruisant leur flotte à la bataille de Navarin (1829), un an avant l'indépendance de la Grèce, alors limitée à la péninsule du Péloponnèse. La Russie, pour sa part, encourage les révoltes des Bulgares. Dès que celles-ci éclatent, les armées du tsar se précipitent à la rescousse et cherchent à poursuivre leur offensive jusqu'à Istanbul. Mais l'Angleterre exige leur repli, ne voulant surtout pas que la Russie prenne pied sur la Méditerranée. C'est ainsi que l'Angleterre et la France soutiennent la Turquie contre la Russie, ce qui déclenche la guerre de Crimée (1854-1855). Après une nouvelle grande révolte des Bulgares, horriblement réprimée par les Turcs, la Russie impose l'indépendance de la Bulgarie en 1878. Elle soutient aussi l'expansion des Serbes qui veulent se dégager de la protection de l'Autriche. L'indépendance de la Serbie est reconnue par les puissances européennes au congrès de Berlin en 1878 et, dès lors, ses relations avec l'Autriche se détériorent.

À l'imitation des idées qui agitent l'Europe occidentale depuis la Révolution française, chaque peuple des Balkans prend rapidement conscience qu'il est désormais une nation et qu'il veut être complètement indépendant, avoir son propre État, c'est-à-dire être gouverné par les siens, en fait par des notables parlant sa langue. Très vite se pose à chacune de ces nations nouvelles et à leurs États naissants le problème de son territoire national. Or les conditions géographiques et les mouvements historiques font que aucun de ces peuples n'a de limites territoriales très précises et que l'espace qu'il revendique est aussi revendiqué pour partie par un peuple voisin – ou davantage –, ce qui entraîne d'innombrables polémiques et de nombreux conflits territoriaux.

Ces rivalités s'atténuent pour un temps lorsqu'il s'agit de combattre l'ennemi commun, l'Empire turc. C'est ainsi qu'en 1912 la Grèce, la Serbie, la Bulgarie et la Roumanie font alliance pour chasser celui-ci de territoires qu'elles convoitent, alors que l'Albanie, majoritairement musulmane, juge préférable de prendre son indépendance seulement sur un territoire peuplé d'Albanais. Mais, l'année suivante, les Bulgares ayant conquis un débouché sur la Méditerranée, la Thrace aux abords d'Istanbul, et, en Macédoine, une partie de l'axe de circulation Morava-Vardar vers le Danube, la Grèce et la Serbie refusent de leur laisser ces territoires stratégiques. Elles attaquent la Bulgarie, qui perd alors la Macédoine. La Turquie en profite pour récupérer la Thrace.

Ce genre de conflits est classique, mais les « guerres balkaniques » ont une gravité tout à fait exceptionnelle : non seulement à cause du grand nombre de peuples devenus des nations et des États, mais aussi parce que de grandes puissances européennes, par ailleurs plus ou moins rivales, sont impliquées dans ces conflits, en soutenant tel peuple contre tel autre soutenu par un empire rival.

De la Mitteleuropa *à la Yougoslavie*

C'est ce qui provoque le déclenchement de la Première Guerre mondiale, après l'attentat de Sarajevo en Bosnie (28 juin 1914) : l'assassinat d'un prince autrichien par un nationaliste serbe pour exiger le rattachement de la Bosnie (sous contrôle autrichien depuis 1878) à la Serbie, laquelle est soutenue par l'Empire russe et la France, alors que l'empire d'Autriche est allié de l'Empire allemand.

Les Balkans font partie de ce que l'on peut appeler la *Mitteleuropa,* à la suite des géographes allemands, ou de nos jours l'Europe médiane, c'est-à-dire la partie de l'Europe qui s'étend de la mer Baltique à la mer Méditerranée et où, durant plusieurs siècles, se sont affrontés les empires, Russe, Turc, Autrichien et, à partir de 1871, Allemand. Pour Moscou, les Balkans constituaient la partie de l'Europe médiane qui importait le plus. Située entre la Méditerranée et la mer Noire, c'était le passage par lequel l'Empire russe pouvait se projeter en Méditerranée. Mais les Anglais voulaient garder le contrôle de cette mer, surtout depuis que le canal de Suez ouvrait aux navires la route directe vers les Indes. Pour les Allemands, les reculs successifs de l'Empire ottoman dans les Balkans les convainquirent de se rapprocher de celui-ci : faire alliance avec Istanbul était un moyen de s'impliquer dans les affaires du Moyen-Orient, et notamment dans les gisements de pétrole qu'on venait de découvrir en Mésopotamie.

La Première Guerre mondiale se solde dans les Balkans par la défaite de la Turquie, qui n'y garde qu'Istanbul et la Thrace. La Serbie, alliée de la France, fait partie des vainqueurs, alors que son territoire a été presque totalement envahi par les troupes de l'Empire austro-hongrois, et notamment par des contingents croates. Le roi de Serbie profite de cette position victorieuse et de la dislocation de l'Empire austro-hongrois pour obtenir la création de la Yougoslavie, ce grand projet géopolitique visant à réunir les Slaves du Sud.

Cependant, si ces derniers parlent à peu près la même langue – le serbo-croate –, leur religion et leur niveau culturel sont différents : les Croates sont catholiques et comme ils ont échappé à la domination turque grâce à l'empire d'Autriche, leur évolution est comparable à celle des peuples de l'Europe occidentale. En revanche, les Serbes, orthodoxes, et les Bosniaques, musulmans, ont été longtemps sous la coupe d'un empire musulman plus ou moins décadent, et leur évolution culturelle est bien en retard par rapport à celle des Croates. Or lors de la constitution de la Yougoslavie, ceux-ci se sentent injustement dominés par les Serbes et cherchent à obtenir l'indépendance de la Croatie, en se rapprochant de l'Italie fasciste (de l'autre côte de l'Adriatique) et de l'Allemagne nazie. À cette opposition de nationalités s'ajoute un paradoxe politique. Les industries (créées par les Autrichiens) se trouvent surtout en Croatie et en Slovénie : la classe ouvrière yougoslave est donc majoritairement croate et slovène, ainsi que la plupart des militants communistes. En revanche, le gouvernement royal yougoslave, formé surtout de notables serbes, est très anticommuniste (à Belgrade vivent beaucoup d'anciens officiers du tsar). Après avoir tenté un rapprochement politique avec les nations bénéficiaires de la Première Guerre mondiale (Tchécoslovaquie, Roumanie, France) ainsi qu'un renforcement de la centralisation du pays, la monarchie au pouvoir à Belgrade se rapproche, dans les années 1930, des puissances de l'Axe et consent à une certaine autonomie de la Croatie.

C'est dans ce contexte qu'éclate la Seconde Guerre mondiale. Dans les Balkans, où l'Italie de Mussolini a entrepris la conquête de l'Albanie, la guerre commence au printemps 1941, car l'armée allemande doit aller soutenir les Italiens qui se sont lancés en octobre 1940 dans la conquête de la Grèce,

LE PESANT HÉRITAGE DE LA SECONDE GUERRE MONDIALE

La guerre en Yougoslavie est extrêmement dure et très compliquée du fait de la complexité géopolitique de ce pays : certains Croates ultracatholiques (les *Oustachi*) sont du côté des nazis et exterminent nombre de juifs, alors que des Croates communistes comme Tito combattent les Allemands mais aussi des *Tchetnik*, Serbes anticommunistes; des Bosniaques musulmans forment des divisions SS à l'appel du grand mufti de Jérusalem. Tito dirige un mouvement de partisans qui intègre, sous l'égide du communisme et de la patrie, des Croates, des Serbes et des Bosniaques musulmans – c'est sans doute ce qui incite Churchill (malgré son anticommunisme notoire) à lui apporter son soutien. Resté au pouvoir jusqu'à la fin de sa vie (1980), Tito interdira toute référence aux terribles conflits qui existent entre nations yougoslaves, mais il en tient compte en organisant le pays en six républiques fédérées, les unes et les autres contrôlées, selon le modèle soviétique, par le parti unique de la Ligue des communistes yougoslaves.

où ils subissent de graves revers du fait de l'action des partisans. Plusieurs divisions allemandes doivent alors traverser la Yougoslavie et y combattre ; les experts militaires estiment d'ailleurs que c'est ce qui retarde le déclenchement de l'offensive contre l'Union soviétique. Lancée seulement en juin 1941, la Wehrmacht ne parvient pas à prendre Moscou avant le début de l'hiver, ce qui favorise la résistance de l'Armée rouge.

La Yougoslavie de Tito

Après la guerre, Tito, qui refuse, dès 1948, de se soumettre aux ordres de Staline, se sépare du bloc communiste. En effet, la Yougoslavie, ainsi d'ailleurs que l'Albanie, libérées par leurs propres partisans, ne sont pas occupées par l'Armée rouge. En revanche, celle-ci impose l'ordre stalinien à tous les pays qu'elle a « libérés » en 1945, et notamment à la Hongrie, à la Roumanie et à la Bulgarie. Les pressions de l'URSS sur le « traître Tito » sont d'autant plus fortes que Staline espère qu'une Yougoslavie à sa botte offrira au « bloc soviétique » l'ouverture sur la Méditerranée que la Russie tente d'obtenir depuis plus d'un siècle. Les fameuses et profondes « bouches de Kotor » sur l'Adriatique, avec ses grottes au ras de l'eau, offrent un repère idéal pour les sous-marins. Aussi les puissances occidentales font-elles preuve de « compréhension » à l'égard « du communisme à la yougoslave » de Tito. L'Albanie stalinienne d'Enver Hodja se place sous obédience chinoise lorsque la brouille de la Chine avec l'URSS éclate au grand jour.

La Ligue des communistes yougoslaves connaît pourtant des rivalités internes d'autant plus grandes que, depuis la mort de Tito, a été instauré à la tête de la fédération un système de présidence tournante entre les présidents des différentes républiques fédérées. Mais entre les républiques du Nord, relativement développées, et celles du Sud, typiquement sous-développées – notamment les populations albanaises du Kosovo et de Macédoine –, l'écart est considérable. Aussi les Slovènes et les Croates refusent-ils de continuer à contribuer au budget commun et s'efforcent d'obtenir davantage d'autonomie, quitte à affaiblir le système fédéral. Ils veulent des réformes, à l'instar de celles que Gorbatchev tente de promouvoir en URSS. Mais alors qu'à Moscou la perestroïka s'effectue sans drame majeur, tout comme la dislocation de l'URSS en 1991, il n'en est pas de même en Yougoslavie. Les polémiques entre notables communistes font alors largement mention des atrocités produites durant la Seconde Guerre mondiale entre les différentes nationalités yougoslaves et au sein de chacune d'elles. Les Croates, les Serbes ou les Bosniaques, qui vivent depuis longtemps côte à côte, découvrent l'horreur et le désir de vengeance en apprenant que leurs pères et leurs grands-pères se sont trahis et massacrés les uns les autres.

Les choix géopolitiques faits par Tito pour organiser la Fédération yougoslave sont aussi une des causes des conflits dans lesquels elle sombrera. En effet, il a tracé les frontières entre les six républiques fédérées qu'il a créées, en favorisant notamment la Croatie qui reçoit la quasi-totalité de la côte dalmate (pour son intérêt stratégique et, aujourd'hui, touristique), alors que la Bosnie-Herzégovine n'y obtient aucun débouché. La Serbie ne rassemble qu'une partie des Serbes, lesquels restent en grande partie dispersés dans les autres républiques. Seule la Slovénie a un peuplement slovène homogène. Tito constitue une nationalité nouvelle, celle des Musulmans, qui devient plus ou moins majoritaire en Bosnie-Herzégovine, en regard des Serbes et des Croates qui vivent aussi sur ce territoire. Le problème géopolitique le plus brûlant est celui du Kosovo, dans le cadre de la Serbie. La forte croissance démographique des Albanais musulmans les rendent de plus en plus majoritaires dans cette province : ils réclament que ce territoire autonome soit transformé en république fédérée puisque le Monténégro, dont la population est pourtant

L'ÉCLATEMENT DE LA YOUGOSLAVIE

La mort de Tito, en 1980, puis la chute du communisme, en 1989, précipitent l'éclatement de la Yougoslavie, telle qu'elle avait été instituée après la Première Guerre mondiale. En 1991, après que la Croatie et la Slovénie eurent proclamé leur indépendance, des combats opposent les troupes slovènes et croates à l'armée serbe de Belgrade. L'année suivante, un cessez-le-feu est proclamé et l'indépendance de la Slovénie et de la Croatie, reconnue par la communauté internationale. Cependant, de très violents affrontements continuent en Bosnie-Herzégovine, où cohabitaient jusqu'alors des populations serbe, croate et musulmane. L'ONU, les Européens et l'OTAN finissent par imposer au président serbe Slobodan Milosevic un partage de la Bosnie entre Croates et Musulmans, d'une part, Serbes, d'autre part. Cette solution est entérinée par les accords de Dayton, en novembre 1995, et elle est mise en œuvre sous le contrôle d'une force (IFOR) composée de troupes américaines, britanniques et françaises. En 1998, le président Milosevic refuse de répondre aux aspirations de la majorité albanaise du Kosovo. Un conflit l'oppose, l'année suivante, aux forces de l'OTAN, qui l'obligent à reconnaître l'autonomie de la région. L'ensemble de ces affrontements a fait plus de 200 000 victimes. Milosevic est chassé du pouvoir en octobre 2000. La Yougoslavie est désormais réduite à la Serbie, la Macédoine ayant accédé à l'indépendance en 1991 et le Monténégro ayant opté pour la sienne en mai 2006.

moins nombreuse, a déjà ce statut. Mais les Serbes s'y opposent car ils veulent que le Kosovo, considéré comme le berceau historique de la Serbie au Moyen Âge, reste dans le cadre de la Serbie. Les Albanais s'efforcent par diverses exactions de faire partir les Serbes, lesquels réclament le soutien du gouvernement fédéral.

La « balkanisation » de la Yougoslavie

Lorsque, en 1991-1992, la Fédération se disloque, un peu à l'instar de l'URSS, ce n'est pas au Kosovo que débute le drame yougoslave, mais entre Croates et Serbes. Les diverses républiques fédérées forment des États indépendants et les Serbes vivant en Croatie et surtout en Bosnie deviennent alors des minorités et redoutent l'oppression de la majorité, notamment celle du parti majoritaire en Bosnie, celui des Musulmans, à direction intégriste. Les Serbes refusent de « retomber » sous la coupe d'un pouvoir « turc », qui leur rappelle la domination ottomane. Aussi se révoltent-ils et appellent à l'aide d'autres Serbes, organisés en milices armées. De même, en Croatie, les Serbes orthodoxes dénoncent le retour des ultracatholiques oustachis, alliés des nazis durant la Seconde Guerre mondiale.

Pour tenter d'empêcher le développement de ces guerres civiles, l'Union européenne, qui a reconnu l'indépendance de ces nouvelles républiques ex-yougoslaves, obtient que la France et le Royaume-Uni envoient sous l'égide de l'ONU quelques forces d'interposition. Celles-ci sont bientôt prises au piège entre les belligérants croates, serbes et musulmans, qui s'entretuent en Bosnie dans des sortes de guerres de religion modernes, au cours desquelles se pratique le « nettoyage ethnique ». Il faudra l'intervention aérienne de l'OTAN et, en l'occurrence, des États-Unis pour les obliger à négocier des accords, obtenus en 1995 après le massacre de Musulmans perpétré à Srebrenica sur les ordres d'un général serbe. La Bosnie, où les Musulmans ont dû faire alliance avec les Croates contre les Serbes, est en fait divisée en trois zones, que l'ONU se refuse à reconnaître comme trois États différents. L'OTAN y maintient des contingents pour assurer la sécurité et favoriser le développement de la démocratie. Cependant, en Bosnie, ce sont trois partis ultranationalistes – croate, serbe et musulman –, qui ont remporté les récentes élections dans chacune des républiques. La situation est moins tendue en Croatie, d'où les Serbes ont été chassés, et le gouvernement de Zagreb sollicite son entrée dans l'Union européenne, ce que la Slovénie a déjà obtenu.

Le problème du Kosovo éclate en 1999, lorsque les Albanais s'y insurgent contre les Serbes, qui répliquent par des opérations militaires. Celles-ci ayant provoqué un énorme exode des Albanais vers la Macédoine voisine – l'opinion internationale craignant même un génocide –, l'OTAN déclare la guerre à la Serbie et bombarde Belgrade, malgré l'opposition scandalisée de la Russie, fidèle soutien des Serbes. Ceux-ci s'étant retirés, 900 000 Albanais reviennent au Kosovo (plus nombreux, semble-t-il, qu'avant leur départ). Le Kosovo, sous contrôle de l'ONU, est divisé en

L'UNION EUROPÉENNE ET L'ÉCLATEMENT DE LA YOUGOSLAVIE

Alors qu'éclatent les affrontements dans l'ex-Yougoslavie, les pays de l'Union européenne défendent des positions différentes. L'Allemagne, qui souhaite étendre son influence économique dans la région, appuie fortement les aspirations indépendantistes de la Slovénie et de la Croatie. La France, traditionnellement alliée à la Serbie, a une position plus ambiguë. Le spectaculaire voyage de François Mitterrand en juin 1992 à Sarajevo est interprété de diverses façons. S'agit-il d'attirer ainsi l'attention mondiale sur le sort de cette ville martyre ? Ou bien s'agit-il de geler les positions acquises par les armes et largement favorables à la Serbie ? Ou bien encore s'agit-il d'éviter une intervention américaine ? L'histoire a tranché avec les accords de paix de Dayton, négociés sous l'égide du président américain, Bill Clinton.

plusieurs zones d'occupation des forces de l'OTAN pour protéger les Serbes qui refusent de partir. Les Nations unies ont finalement reconnu l'État du Kosovo dont le Parlement a proclamé unilatéralement le 17 février 2008 son indépendance, toujours non reconnue par la Russie et la Serbie.

Au Kosovo, le pouvoir a été pris par les chefs des maquis albanais (UCK) qui avaient combattu l'oppression serbe par des moyens considérés aujourd'hui comme des crimes de guerre par les organisations internationales. Pour financer leurs actions contre les Serbes, ces chefs albanais, pour la plupart mafieux, ont eu recours à l'émigration albanaise en Europe occidentale (notamment en Suisse) et à des procédés clandestins – comme le contrôle par la violence de réseaux de prostitution. Devenus les maîtres de la prostitution en Europe, les Albanais « importent » des jeunes femmes des pays de l'ex-Union soviétique pour les « faire travailler » à l'Ouest ou les revendre à d'autres réseaux mafieux, toujours très présents dans les Balkans et maintenant dans divers pays de l'Union européenne.

Les Balkans restent donc aujourd'hui une zone de fortes tensions potentielles : rien n'est réglé durablement au Kosovo entre majorité albanaise et minorité serbe, les équilibres demeurent fragiles en Bosnie et une partie de l'opinion serbe accepte mal la situation issue des années 1990. Accessoirement, les conflits découlant de l'éclatement de l'ex-Yougoslavie ont fait apparaître les faiblesses géopolitiques de l'Europe, sur son espace proche, puisqu'elle a dû appeler deux fois les Américains à la rescousse. En 1995 d'abord, pour les accords de Dayton mettant fin aux hostilités en Bosnie-Herzégovine, puis en 1999, afin de constituer au Kosovo une force militaire internationale, à dominante américaine, propre à imposer au président serbe d'alors, Slobodan Milosevic (jugé depuis pour crimes de guerre), une solution démocratique avec l'arrivée au pouvoir à Pristina du leader albanais modéré, Ibrahim Rugova. La disparition de celui-ci, en janvier 2006, et l'apparition d'ultra-nationalistes a compliqué encore un peu plus la situation.

L'indépendance du Monténégro (616 000 habitants), adoptée par référendum en mai 2006, ne manque pas également de poser quelques problèmes en raison de la présence dans le pays d'une importante minorité serbe (près de 36 % de la population) et de celle de Monténégrins en Serbie et au Kosovo. Par ailleurs, les Serbes de Bosnie profiteront probablement de l'occasion pour réclamer encore davantage leur reconnaissance en tant qu'État indépendant.

La périphérie de l'ex-Union soviétique : rivalités anciennes, nouveaux enjeux

L'URSS n'existe plus depuis 1991, et les troubles ou les conflits entre républiques que l'on pouvait craindre lors de sa dislocation n'ont pas eu jusqu'à présent une extrême gravité, sauf dans les républiques caucasiennes, aussi bien celles qui font encore partie de la Fédération de Russie, et surtout la Tchétchénie, que celles qui sont devenues indépendantes en 1991.

I. Les tensions en « Europe médiane »

La guerre cruelle qui durait depuis 1994 en Tchétchénie risquait de s'étendre dans les républiques musulmanes voisines. Les points chauds qui existent dans les républiques indépendantes d'Asie centrale peuvent s'enflammer à partir de l'Afghanistan sous l'effet du trafic de drogue et des mouvements islamistes. La CEI (Confédération des États indépendants), qui devait théoriquement remplacer l'URSS mais dont le rôle n'a jamais été clairement défini, donne des signes croissants de dissociation, notamment depuis que l'Ukraine, qui fut en importance la deuxième république soviétique, semble vouloir s'éloigner de la Russie pour s'approcher de l'Union européenne. Le statut des minorités russes dans les pays Baltes, particulièrement en Lettonie, s'est en principe amélioré sous la pression de l'UE, qui a exigé qu'elles ne soient plus l'objet de diverses formes de discrimination. Mais se pose maintenant en termes nouveaux la question de Kaliningrad *(voir chapitre Union européenne)*, car l'inclusion de la Pologne et de la Lituanie dans l'aire de « Schengen » de l'Union européenne fait que les Russes vivant dans la petite enclave côtière doivent désormais demander un visa pour aller en Russie. Le Kremlin et divers mouvements nationalistes russes dénoncent des manœuvres de l'Union européenne et de l'OTAN pour arracher Kaliningrad à la Russie, qui, depuis1945, y voit le symbole de sa victoire héroïque sur la Prusse et le militarisme allemand.

Aux abords de la mer Noire, entre les républiques désormais indépendantes d'Ukraine et de Moldavie, un autre petit territoire, lui aussi peuplé de Russes, pose un problème géopoli-

L'Ukraine et la « révolution orange » (2004)

La crise entre Kiev et Moscou a développé des tensions entre le Kremlin et la Pologne. Celle-ci, forte du soutien que lui accordent les États-Unis (ne serait-ce qu'en raison de sa participation à la guerre d'Irak), a largement orchestré les actions des leaders ukrainiens de la « révolution orange » et s'est faite le champion d'une prochaine candidature de l'Ukraine à l'Union européenne. Des mouvements nationalistes polonais ont rappelé les liens anciens de la Pologne catholique avec les uniates ukrainiens d'obédience vaticane et leurs luttes contre l'orthodoxie. À cela s'ajoutent les dénonciations dans la presse polonaise du régime prorusse quasi totalitaire qui règne en Biélorussie, comme les abus dont y est victime la minorité polonaise. Bref, la « Nouvelle Europe », comme l'appelle « affectueusement » la diplomatie américaine (pour l'opposer à la « Vieille Europe » qui s'opposait à la guerre en Irak), se sent désormais la protégée des États-Unis et s'efforce de faire obstacle aux relations qui devraient se développer entre la Russie et l'Union européenne. Toutefois, l'écart demeure encore grand entre la Russie et l'Europe occidentale pour ce qui est du respect des droits de l'homme. En ce domaine, les héritages du communisme totalitaire et les prévarications qui ont ensuite accompagné la privatisation de l'économie expliquent que la société russe n'ait pas encore connu le sursaut démocratique qu'elle continue d'espérer. ■

tique délicat. Il s'agit de la Transnistrie, qui s'allonge entre la rive orientale du Dniestr et, un peu plus à l'est, la frontière entre la Moldavie et l'Ukraine. Les quelque 800 000 russophones qui se trouvent sur quelque 5 000 km² (ils y furent autrefois regroupés par Staline lors d'un changement de frontière au profit de la Roumanie) ne veulent faire partie ni de la Moldavie, ni de l'Ukraine ; grâce à la présence de la 14e armée russe sur le terrain, ils se sont proclamés en république plus ou moins indépendante et associée à la Russie – ce qui embarrasse fort le Kremlin –, cette situation favorisant, par ailleurs, divers trafics. En Ukraine, début 2005, la victoire électorale à Kiev de la « révolution orange » au nom de la démocratie n'a pas eu pour effet de provoquer, comme on l'a craint, une rupture entre l'Ukraine et la Russie : leurs liens industriels sont fort étroits et, surtout, les Ukrainiens ont absolument besoin du gaz naturel russe. En janvier 2006, la décision de la Russie de faire désormais payer à l'Ukraine le gaz au cours mondial, c'est-à-dire d'en quadrupler le prix, s'est accompagnée d'une menace de fermeture des gazoducs, ce qui a suscité une grande inquiétude dans l'Union européenne, qui reçoit le gaz russe par les mêmes canalisations. Le président Poutine a pu ainsi faire sentir aux Européens le nouveau poids géopolitique de la Russie *(voir chapitre Russie)*.

En revanche, dans les républiques chrétiennes ou musulmanes du Caucase, comme dans celles d'Asie centrale, les sociétés sont encore fort peu démocratiques et les traditionnelles luttes de clans y sont encore très violentes. Cela explique que, entre des groupes ethniques ou nationaux qui sont de surcroît très nombreux, les conflits géopolitiques soient particulièrement graves et compliqués puisque des rivalités régionales anciennes se combinent aux nouveaux rapports de force internationaux.

II. Les enchevêtrements du Caucase

De la mer Noire à la Caspienne, la chaîne du Caucase – longue de 1 250 kilomètres et dont les sommets dépassent souvent les 5 000 mètres (l'Elbrous culmine à 5 642 mètres) – forme une barrière massive entre l'Europe et le Moyen-Orient (mieux vaut dénommer ainsi cette partie de l'Asie qui est par ailleurs un continent gigantesque). Si le versant nord du Caucase domine les immenses plaines de la Russie, le versant sud s'abaisse vers ce que les géographes appellent la Transcaucasie, des plaines et des bassins que surplombent les montagnes et les plateaux volcaniques d'Arménie. Mais le Caucase ne forme pas une limite nette entre ce qu'il est convenu de désigner aujourd'hui comme le monde européen et le monde musulman.

En effet, au sud de la chaîne, en Transcaucasie, se trouvent deux nations très anciennement chrétiennes qui rappellent les origines moyen-orientales du christianisme : la Géorgie (Sakartvelo, comme disent les Géorgiens, les Kartveli) et l'Arménie (Hayastan, comme la dénomment les Hay, c'est-à-dire les Arméniens). Ces deux nations constituèrent des enjeux des luttes entre l'Empire perse et l'Empire ottoman, si bien qu'au début du XIXe siècle elles firent appel à la protection de l'Empire russe, étendu alors jusqu'au nord du Caucase. Ayant franchi la chaîne par un des rares passages du milieu, les défilés de Darial, où elles établirent ensuite la fameuse « route de Géorgie », les armées du tsar « libérèrent » la Géorgie et le nord de l'Arménie. Elles en profitèrent pour faire la conquête de l'Azerbaïdjan, peuplé de musulmans (la majorité des Azéris, chiites turcophones, vivent actuellement dans le nord-ouest de l'Iran). Ces territoires transcaucasiens connaissent encore aujourd'hui de nombreux conflits, notamment entre les différentes composantes de la Géorgie (Abkhazes, Ossètes et Géorgiens de souche, dans le contexte d'un État faible), une telle situation traduisant l'importance des nouveaux enjeux internationaux pesant sur la région, mais aussi une vie intel-

LA GÉOGRAPHIE PHYSIQUE DU CAUCASE

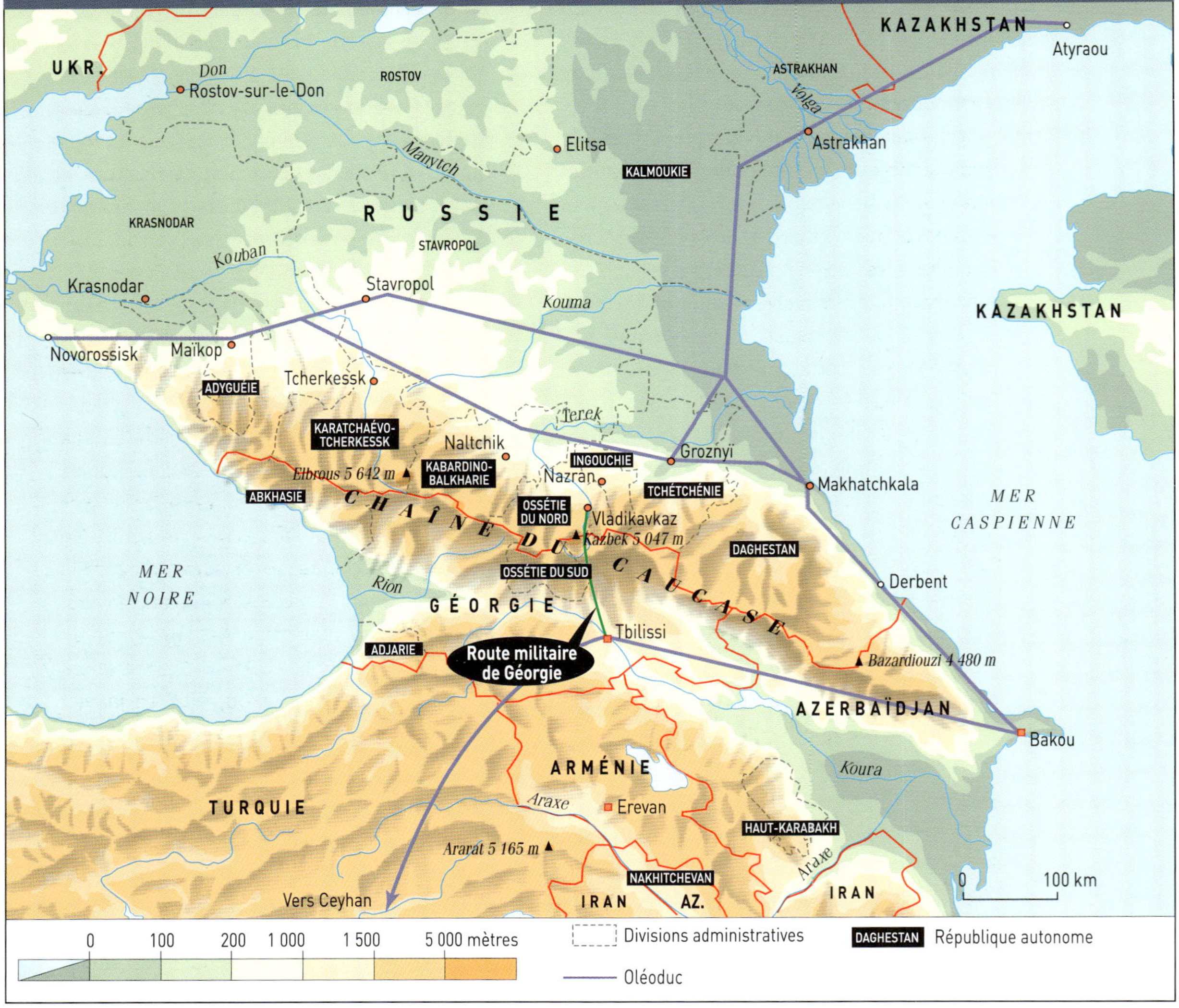

lectuelle et politique très active dans ces pays. En effet, vers 1870, on découvrit en Azerbaïdjan le pétrole de Bakou dont l'exploitation attira un grand nombre d'ouvriers russes bientôt acquis aux idées révolutionnaires, mais aussi de nombreux ingénieurs et techniciens anglais, français, allemands qui constituèrent un lien avec la vie intellectuelle d'Europe occidentale. Le pétrole de Bakou était, pour une grande part, exporté par pipe-line vers le port de Batoum, sur la mer Noire. Conséquence de cette ouverture commerciale vers l'ouest, une notable partie de la population de Transcaucasie s'inté-

La chaîne de montagnes du Caucase s'étend sur 1 250 kilomètres entre la mer Noire et la Caspienne. Culminant à 5 642 mètres, elle descend rarement au-dessous de 2 000 mètres. Difficilement pénétrable, le Caucase a été un refuge pour différentes populations et constitue ainsi une véritable mosaïque ethnique. La région comprend sept républiques autonomes de la Fédération de Russie, majoritairement musulmanes (à l'exception de l'Ossétie du Nord), qui forment le Caucase du Nord, et, au sud, les trois républiques de Transcaucasie (Arménie, Azerbaïdjan et Géorgie). Malgré le relief montagneux de la région, le tracé des frontières du Caucase, qui pose tant de problèmes aujourd'hui, a moins obéi à des impératifs géographiques qu'à des choix géopolitiques.

ressa aux idées modernes. De nombreux Arméniens notamment, dont les talents de commerçants s'étendaient depuis longtemps à la Perse, à la Russie et à la Turquie, participèrent activement aux activités pétrolières.

La Première Guerre mondiale bouleversa la Transcaucasie et les combats furent terribles entre les Russes et les Turcs. Le gouvernement d'Istanbul, pour empêcher les Arméniens de Turquie de se rallier à l'armée russe, décida leur déportation massive vers le sud, ce qui s'accompagna de massacres systématiques (1,5 million de victimes). Encore aujourd'hui, la Turquie refuse de reconnaître qu'il y a eu en 1915 un véritable génocide (ou massacre) des Arméniens. Après l'effondrement de l'Empire russe en 1917, les nationalistes géorgiens proclamèrent l'indépendance de la Géorgie avec l'aide des Allemands, qui occupèrent le sud de la Russie, puis, après 1918, avec celle des Anglais, qui visaient les pétroles de Bakou. Les bolcheviks refirent la conquête de toute la Transcaucasie en 1921, avec l'aide des ouvriers russes de Bakou et de communistes géorgiens (Staline avait été l'un d'entre eux, avant d'être déporté en 1913 et de gagner Petrograd en 1917). Dépendant d'abord d'une république soviétique fédérée de Transcaucasie, les républiques soviétiques de Géorgie, d'Arménie et d'Azerbaïdjan furent constituées en 1936, mais chacune d'elles comprenait des républiques autonomes attribuées à des groupes ethniques particuliers, selon la « politique des nationalités » décidée par Staline. La république de Géorgie regroupait ainsi les républiques autonomes d'Abkhazie, d'Adjarie (peuplées de musulmans) et d'Ossétie du Sud (des chrétiens parlant une langue de la famille iranienne), tandis que la république d'Azerbaïdjan englobait la république autonome du Haut-Karabakh, surtout peuplée d'Arméniens, ainsi que la république autonome du Nakhitchevan, peuplée d'Azéris, mais séparée du reste de l'Azerbaïdjan par le sud-est de l'Arménie.

Cet enchevêtrement se maintient tant bien que mal jusqu'au début des années 1980, puis des conflits apparaissent dès les prémisses de la dislocation de l'Union soviétique. En 1989, les Abkhazes, qui dépendaient jusqu'alors de la Géorgie pour l'enseignement supérieur, obtiennent de Moscou la création d'une université ; de très violentes manifestations éclatent à Tbilissi, la capitale géorgienne, et l'intervention de soldats soviétiques pour y mettre fin est considérée comme la perpétuation de la domination russe sur la Géorgie. En 1992, la proclamation de l'indépendance de la petite Abkhazie provoque la guerre avec la Géorgie, mais celle-ci connaît de graves revers et une véritable guerre civile entre clans rivaux, attisée par les Russes qui apportent leur soutien aux Abkhazes pour obliger les Géorgiens à entrer dans la CEI. La stratégie des Arméniens est plus cohérente. Ils réclament depuis longtemps le rattachement de l'enclave du Haut-Karabakh à l'Arménie. En 1988, en représailles des mesures frappant la population arménienne d'Azerbaïdjan, les Azéris sont chassés d'Arménie. Cela provoque un massacre d'Arméniens en Azerbaïdjan, d'abord à Soumgait, près de Bakou, puis en janvier 1990, à Bakou où l'Armée rouge va rétablir l'ordre. Les combats entre Arméniens et Azéris, qui ont déjà commencé en 1989 au Haut-Karabakh, se transforment en guerre ouverte et, en 1992, l'encerclement de l'enclave est rompu. Cette spectaculaire victoire des Arméniens sur les Azéris doit beaucoup aux soutiens internationaux de la cause arménienne qui, en souvenir du génocide de 1915, ont notamment dissuadé la Turquie d'intervenir.

En Azerbaïdjan, la situation économique s'améliore brusquement avec la découverte par des sociétés pétrolières occidentales de très importantes réserves d'hydrocarbures, alors que depuis des décennies les gisements de Bakou étaient considérés comme pratiquement épuisés. Cela va modifier les perspectives géopolitiques dans l'ensemble de la Transcaucasie, avec l'oléoduc destiné à l'exportation de ce pétrole de la Caspienne : il joint Bakou à Tbilissi, passe par l'est de la Turquie et atteint la Méditerranée à Ceyhan. C'est aussi un changement géopolitique d'importance, qui marque une sensible perte d'influence de la Russie.

Voulant que ce flux pétrolier parcoure les plaines au nord du Caucase, le gouvernement russe a tenté de s'opposer à la réalisation de cet oléoduc Bakou-Ceyhan, en faisant pression sur la Géorgie. Mais celle-ci, grâce au soutien des États-Unis, passe outre. Le président géorgien Chevarnadze, qui avait été autrefois à Moscou une grande personnalité de l'Union soviétique et qui est devenu le garant des liens de la Géorgie avec la Russie, est écarté du pouvoir fin 2003 par la « révolution des roses », ouvertement soutenue à Tbilissi par des ONG américaines. L'oléoduc Bakou-Tbilissi-Ceyhan est désormais en fonctionnement, mais Moscou conserve des partisans en Géorgie et une base de l'armée fédérale (russe).

Le jeune président géorgien, Mikheil Saakachvili, formé aux États-Unis et entouré de conseillers américains, a demandé à faire partie de l'OTAN (la France et l'Allemagne s'y opposant). Pensant que ses relations américaines lui permettraient de s'opposer aux Russes qui soutenaient l'Ossétie contre la Géorgie, il décida de lancer en août 2008 une offensive militaire géorgienne contre l'Ossétie afin de mettre fin à sa quasi-indépendance et aux attaques d'Ossètes contre des Géorgiens. Mais des troupes russes, stationnées non loin, sont intervenues aussitôt avec des moyens bien supérieurs à ceux de l'armée géorgienne. Il en est résulté une grave crise dans laquelle Nicolas Sarkozy, alors président de l'Union européenne, est intervenu pour prôner la pondération aux uns et aux autres.

LA GÉORGIE, ENTRE PRESSIONS RUSSES ET INFLUENCES AMÉRICAINES

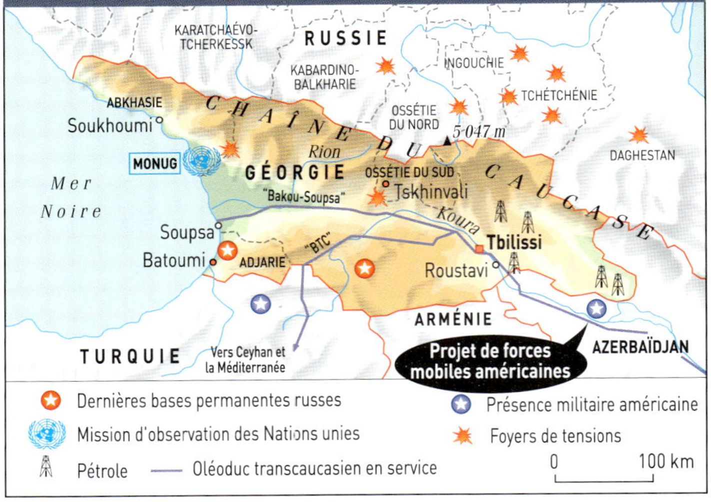

Depuis son accession à l'indépendance en 1991, la Géorgie connaît une vie politique agitée : mouvements sécessionnistes abkhaze, au nord-ouest, et ossète, au nord du pays (ce qui a entraîné le déclenchement d'une mission de l'ONU, parallèlement à la présence de forces de la CEI), renversements du gouvernement en 1993 et en 2003. L'opinion géorgienne est prompte à voir la main de Moscou derrière ces soubresauts, tandis que les autorités russes discernent l'influence américaine sur le cours des événements, notamment en 2004, lors de l'arrivée au pouvoir de Mikheil Saakachvili.

Le Caucase du Nord

Si les problèmes des États de Transcaucasie intéressent encore beaucoup la Russie – bien qu'ils soient devenus indépendants depuis près de quinze ans –, ceux du Caucase proprement dit lui importent bien davantage, car ils posent directement la question des limites de la Russie. En effet, entre mer Noire et mer Caspienne, la frontière sud de la Fédération de Russie suit la ligne des plus hauts sommets de la chaîne de montagnes. Cette ligne est relativement récente puisqu'elle date des débuts de l'Union des républiques socialistes soviétiques, lorsque la formation de la douzaine de républiques fédérées, et notamment celles de Transcaucasie, oblige de tracer les limites de la RSFSR, la République socialiste fédérative de Russie. Elle correspond sur la plus grande partie de sa longueur, jusqu'à Vladivostok sur les rivages du Pacifique, à une des limites historiques de l'expansion vers le sud de l'Empire russe, au début du XIXe siècle. À cette époque, la chaîne du Caucase n'est pas encore conquise et la ligne des stanitsas, les villages cosaques fortifiés implantés par les officiers du tsar pour contrôler la frontière, passe sur les piémonts de la montagne. Mais en 1920, le Caucase avait été conquis – non sans peine – depuis une cinquantaine d'années, et les dirigeants soviétiques décident de faire passer par la ligne de faîte la limite entre la RSFSR et les

L'ENCHEVÊTREMENT DES PEUPLES ET DES RELIGIONS

Religions: Musulmans / Chrétiens orthodoxes / Bouddhistes

Peuples: Ossètes Nom des peuples

La raison du grand nombre des peuples de langues différentes que compte le Caucase n'est pas encore clairement expliquée. Sans doute de très anciennes migrations sont-elles venues se réfugier et s'isoler dans cette grande chaîne de montagnes. À l'est, la république du Daghestan bat le record de diversité avec – disent les linguistes, qui s'en délectent – 72 langues différentes, certaines d'entre elles n'étant parlées que par quelques milliers de personnes. De surcroît, ces langues s'enchevêtrent les unes aux autres sur des territoires restreints, ce qui provoque de multiples contestations géopolitiques.

nouvelles républiques de Transcaucasie. La dislocation de l'Union soviétique fin 1991 transforme cette limite interne en une frontière externe. Ce tracé de frontière qui pose tant de problèmes aujourd'hui ne correspond pas tant à une commodité cartographique qu'à des choix géopolitiques qui furent jugés pertinents à l'époque. En effet, durant la guerre civile qui fait rage en Russie de 1917 à 1922, les cosaques qui tiennent la ligne des villages fortifiés dans la plaine prennent parti pour les « Blancs » par fidélité au tsar, alors que les montagnards caucasiens, par esprit de révolte, se rallient aux « Rouges ». Dans le cadre de la RSFSR, Staline attribue à chacun des notables de ces peuples montagnards une république autonome dont le territoire s'étend de la montagne à la plaine. D'où, sur le versant nord du Caucase, cette série d'une demi-douzaine de républiques autonomes, la plus vaste étant celle du Daghestan, qui rassemble une soixantaine de peuples aux langues différentes à l'extrémité orientale de la chaîne. À l'exception de la république d'Ossétie du Nord dont la population est chrétienne (son territoire correspond à la « route militaire de Géorgie », qui suit vers l'Ossétie du Sud, l'un des rares passages à travers la chaîne), ces républiques sont principalement peuplées de musulmans, à ceci près que les Russes forment une notable partie de la population des villes, surtout dans l'ouest du Caucase. La plus tragiquement célèbre de ces républiques autonomes est assurément la Tchétchénie, où la guerre fit rage pendant dix ans.

La guerre de Tchétchénie

Le territoire de la Tchétchénie, qui n'a qu'une centaine de kilomètres de largeur, se singularise sur le piémont du Caucase par le gisement de pétrole de Groznyï, qui eut son importance entre les deux guerres : il fut en effet un des objectifs de l'armée allemande lorsqu'elle envahit le sud de la Russie en 1942. Or, pour préparer leur avance, les Allemands nouèrent des contacts avec des réseaux caucasiens anticommunistes et Staline invoqua ce prétexte en 1944 pour supprimer la Tchétchénie et faire déporter par surprise tous les Tchétchènes au Kazakhstan. Ceux-ci, après la mort du maître du Kremlin, furent autorisés en 1957 à revenir sur les terres de plaine d'une Tchétchénie reconstituée. Ce traumatisme géopolitique est évidemment resté dans la mémoire des Tchétchènes, en dépit des compensations qui leur furent accordées, et il sera utilisé au moment de la dislocation de l'URSS par des leaders séparatistes. Ceux-ci, dès 1992, furent renforcés par la démagogie de Boris Eltsine, président de la Fédération de Russie, qui invitait toutes les républiques « à prendre le maximum de souveraineté ». Mais les

LES ENJEUX CAUCASIENS : PÉTROLE ET REVENDICATIONS NATIONALES

sociétés caucasiennes, et les Tchétchènes tout particulièrement, sont divisées en un grand nombre de clans plus ou moins rivaux les uns des autres. Ainsi, en Tchétchénie, les clans des leaders séparatistes (qui furent au début les alliés d'Eltsine) cherchèrent à s'imposer aux autres clans, qui, quant à eux, refusaient le séparatisme.

Alors commença progressivement une véritable guerre civile dans laquelle l'armée russe, en tant qu'armée fédérale, chercha à s'interposer en 1994. Elle envoya imprudemment à Groznyï une colonne de chars, qui tomba le 15 décembre 1994 dans le traquenard que lui avait tendu le leader séparatiste, le général Doudaev, ex-général soviétique (qui était en contact avec les services secrets du FSB, l'ex-KGB, pour soutenir le mouvement séparatiste abkhaze en

À l'ouest du Caucase, le gisement de Maïkop, depuis longtemps exploité, est habituellement considéré comme épuisé, mais, avec les techniques nouvelles mises en œuvre par les compagnies occidentales, des gisements qui semblaient en fin d'exploitation, comme ceux de Bakou, ont révélé des possibilités encore considérables. Sur cette carte, on voit bien le tracé du nouvel oléoduc qui contourne par le nord le territoire de la Tchétchénie. Les Russes ont voulu ainsi couper les ressources des nationalistes tchétchènes qui pompaient le pétrole dans la canalisation qui passait par Groznyï, privant du même coup la petite république de ses droits de péage. Les oléoducs venus du nord de la mer Caspienne aboutissent à Novorossisk, qui est, depuis la dislocation de l'URSS en 1991, le principal port russe sur la mer Noire.

CHRONOLOGIE TCHÉTCHÈNE

XVIIIe-XIXe siècles

Colonisation par les Russes. Résistance menée par l'imam Chamil (1834-1859).

1918-1924

Guerre civile entre Rouges et cosaques, puis mouvement d'indépendance réprimé par les Soviétiques.

1944

Déportation ordonnée par Staline d'une grande partie de la population tchétchène, accusée faussement de collaboration avec les Allemands, vers l'Asie centrale et la Sibérie. Réhabilitation et rapatriement en 1956.

1991

Le général Doudaev proclame l'indépendance de la Tchétchénie.

1994-1996

Guerre d'indépendance menée par le général Doudaev. Paix provisoire négociée par le général russe Lebed.

1997

Élection à la présidence de la Tchétchénie de l'indépendantiste modéré Aslan Maskhadov qui est bientôt débordé par les islamistes.

Signature d'un accord avec la Fédération de Russie.

1999

Deuxième guerre de Tchétchénie. Plusieurs dizaines de milliers de victimes. Absence de protestations nettes de la part des Américains et des Européens. Les indépendantistes tchétchènes sont fortement soupçonnés d'être sous influence islamiste. C'est la raison pour laquelle les Européens ne veulent pas froisser Moscou qui, par ailleurs, leur vend du gaz.

2002

Sanglante prise d'otages menée par des indépendantistes tchétchènes dans un théâtre de Moscou.

2003

Moscou fait adopter par référendum une nouvelle Constitution tchétchène.

2004

Sanglante prise d'otages menée par des indépendantistes tchétchènes dans une école de Beslan, en Ossétie du Nord.

2005

Aslan Maskhadov est tué par les forces russes.

Novembre : élections générales en Tchétchénie, sous fort contrôle russe.

Ahmad Kadirov, chef d'une milice tchétchène pro-russe, est élu président.

2009

Vladimir Poutine annonce la fin de la guerre. Les milices de Kadirov (qui semble se rallier aux thèses islamistes) pourchassent encore les opposants.

Géorgie). L'armée russe ne put venir à bout des maquis de Doudaev, qui, à partir du Caucase, lançaient des raids sur les villes de la plaine. Pour sortir de ce guêpier, le président Eltsine fit négocier en 1996, par un général disposant d'un certain prestige (A. Lebed), le retrait en bon ordre des troupes fédérales, contre une indépendance de fait moyennant un accord pour une indépendance officielle de la Tchétchénie quelques années plus tard.

Mais aux rivalités entre clans tchétchènes s'ajoute le rôle croissant de nombreux combattants islamistes, arabes, afghans et même bosniaques, financés par des Saoudiens et entraînés dans les camps d'al-Qaida en Afghanistan. En raison de leurs agissements de plus en plus provocateurs et de leur tentative d'implanter la révolution islamiste au Daghestan voisin, l'armée russe revient, fin 1999, en Tchétchénie et il lui faut trois mois de combats pour reconquérir Groznyï, sans pour autant parvenir à prendre vraiment le contrôle de la situation. On en était encore là, cinq ans plus tard. Les combattants tchétchènes commettent périodiquement de très graves attentats dans les républiques caucasiennes voisines, dans des villes russes et jusqu'à Moscou. On peut s'interroger sur les causes de l'incapacité dont a fait montre l'armée russe, malgré ses violences et ses atrocités, à venir à bout d'un conflit qui ne porte que sur un territoire, certes montagnard, mais relativement restreint et où la population, par ailleurs divisée – environ un million de personnes –, se trouve non pas dans la montagne, mais désormais dans la plaine. Cette interminable guerre est révélatrice des faiblesses de l'armée russe, que le pouvoir central laissait dans le dénuement et dont les soldats, démoralisés, en étaient réduits à vendre leurs armes et à participer – comme leurs chefs – à divers trafics. De surcroît, cette armée est divisée en corps différents, troupes du ministère de la Défense, du ministère de l'Intérieur, mercenaires, etc.

La formation par les Russes d'un gouvernement tchétchène recruté dans les clans anti-islamistes (car l'islam tchétchène a des pratiques hétérodoxes que combattent les islamistes) se solde par l'assassinat de ses membres, alors que des leaders séparatistes modérés tombent sous les balles des services secrets russes. Le conflit s'envenimant, le risque est évidemment que les islamistes parviennent à le propager dans l'ensemble du Caucase.

Aux dernières élections en Tchétchénie, fin 2005, bien qu'elles soient sujettes à caution, Kadirov, le candidat rallié à Moscou, a obtenu une large majorité. Mais il a été assassiné. Son fils a alors décidé de le venger par tous les moyens et grâce à sa milice bien armée par les Russes, il extermine tous ceux qu'il considère comme de possibles adversaires. Élu président, il semble être passé du côté des islamistes. Toutefois, la paix paraît être rétablie.

L'importance stratégique du Tatarstan et du Bachkortostan

Lâcher la Tchétchénie (ce que, à l'étranger, on conseille souvent au président Poutine) et laisser ce petit pays aux islamistes représenterait pour ceux-ci une très grande victoire, dont les effets seraient sans doute considérables, non seulement dans l'ensemble du Caucase, mais aussi dans d'autres républiques autonomes de la Fédération de Russie, le Tatarstan et le Bachkortostan.

Situées au sud de l'Oural et dans la vallée de la Volga, celles-ci sont grosses productrices de pétrole et sont présentées comme musulmanes. Certes, Tatars et Bachkirs, turcophones, y sont devenus minoritaires par rapport aux Russes, mais il sont officiellement les nationalités « titulaires » et, à ce titre, détentrices officielles de divers droits qu'elles revendiquent d'autant plus qu'elles sont depuis 1991 en voie de réislamisation. Les Tatars, le premier peuple musulman conquis par les Russes au XVIe siècle (Kazan est prise par Ivan le Terrible en 1522), ont joué ensuite un rôle important dans l'expansion de l'Empire russe, tout en restant musulmans.

LA TCHÉTCHÉNIE ET SES VOISINS

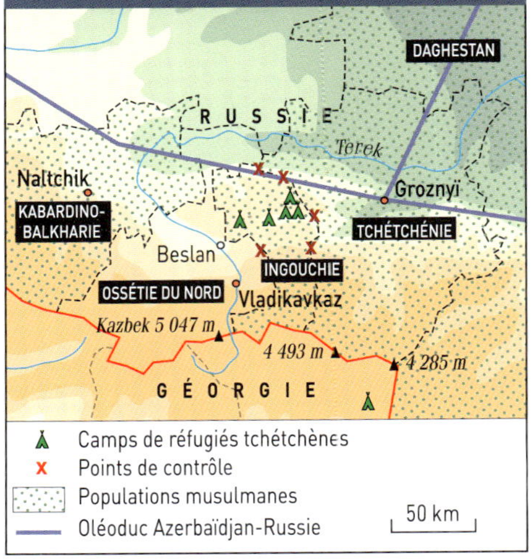

Alors qu'on estime les victimes de la guerre à près de 10 % de la population, quelque 200 000 Tchétchènes se sont réfugiés dans les républiques voisines, notamment en Ingouchie et au Daghestan. Les autorités russes justifient leur détermination par la volonté de contrecarrer l'influence des islamistes tchétchènes, mais aussi arabes, afghans ou même bosniaques qui se seraient joints aux combats. Moscou craint également les retombées de ce conflit sur les républiques caucasiennes voisines, voire sur les républiques autonomes de la Fédération de Russie, Tatarstan et Bachkortostan. Par mesure préventive, sur le trajet de l'oléoduc qui achemine le pétrole de la Caspienne, les Russes ont construit une bretelle contournant la Tchétchénie.

Les républiques du Tatarstan et du Bachkortostan (où des émeutes islamistes ont éclaté en 2005) sont stratégiquement d'autant plus importantes qu'elles sont situées au sud de l'Oural sur une des grandes voies de communication entre la Russie et la Sibérie. Entre le sud du Bachkortostan et la frontière nord du Kazakhstan, la Russie ne dispose officiellement que d'un étroit couloir, celui d'Orenbourg, qui correspond à la longue ligne que forment les villages cosaques. Ce couloir pourrait un jour être coupé par la formation d'un grand État musulman qui engloberait l'Oural et l'Asie centrale et s'étendrait jusqu'au Caucase. C'est du moins le rêve des islamistes, qui revendiquent ces terres historiques de l'islam.

III. Les nouveaux enjeux de l'Asie centrale

L'expression d'« Asie centrale », qui peut englober de façon assez floue toutes les régions situées loin des côtes à l'intérieur du continent asiatique, du Tibet à la Sibérie centrale, désigne plus précisément un ensemble moins vaste mais qui présente des caractéristiques géographiques et géopolitiques beaucoup plus précises. Il s'agit d'une grande dépression – 2 000 kilomètres d'ouest en est et du nord au sud – qui s'incline vers la mer Caspienne (28 mètres au-dessous du niveau général des océans) et qui est limitée au sud et à l'est par une sorte de grand amphithéâtre montagneux, formé par une série de chaînes de montagnes disposées en coulisses et séparées les unes des autres par une série de dépressions. À l'est, l'une de ces dépressions, dénommée la « porte de Dzoungarie » *(voir p. 280)*, eut une très grande importance dans le passé, car c'est par là que passèrent les invasions mongoles qui déferlèrent au Moyen Âge sur l'Europe et le Moyen-Orient. Aujourd'hui à la frontière de la Chine et du Kazakhstan, la Porte de Dzoungarie est devenue le passage vers la Chine des pétroles de la Russie et de la Caspienne.

L'Asie centrale fait partie de la zone aride, car elle se trouve sur la grande écharpe de déserts – qu'ils soient chauds ou froids – qui traverse le Vieux Monde, depuis le Sahara jusqu'au nord de la Chine. Les 4 millions de km² de l'Asie centrale sont surtout formés de steppes et même de terribles déserts, et la zone ne compte au total que 70 millions d'habitants. Ceux-ci se trouvent surtout au pied du grand amphithéâtre de montagnes d'où descendent de nombreux cours d'eau, bien alimentés durant l'été torride grâce à la fonte des neiges sur les sommets. Les oasis de vallée sont nombreuses sur les piémonts, mais elles se concentrent progressivement vers l'aval sur deux grands cours d'eau qui traversent le désert, l'Amou-Daria et le Syr-Daria, dont les eaux parviennent à peine à la mer d'Aral tant elles sont utilisées en amont pour l'irrigation des champs de coton. L'immense dépression (que l'on l'appelle parfois la dépression aralo-caspienne) est limitée vers le nord par les hauteurs du Kazakhstan, des plateaux qui la séparent de la Sibérie. Malheureusement, les grands cours d'eau qui prennent leur source sur ces hauteurs coulent vers le nord et leurs eaux vont inutilement s'étendre dans les immenses marais de Sibérie occidentale, alors qu'elles seraient si utiles dans les régions arides du Kazakhstan pour lutter contre l'assèchement de la mer d'Aral. Le niveau de la Caspienne, lui aussi, baisse dangereusement. Il en est de même pour le débit de la Volga, qui est, avec l'Oural, le seul grand fleuve que la Caspienne reçoit. On redoute pour l'avenir l'aggravation de l'assèchement provoqué par « l'effet de serre ». À l'époque des grands travaux soviétiques, il avait été envisagé de détourner vers le sud de grands fleuves sibériens pour éviter que leurs eaux n'aillent inutilement se perdre vers le nord. L'Union soviétique n'existant plus, l'Asie centrale est désormais partagée en cinq États de tailles très inégales, plus des deux tiers de sa superficie revenant au

LE KAZAKHSTAN EN CHIFFRES	
Superficie	2 717 000 km²
Population	16,1 millions d'habitants

LE KIRGHIZISTAN EN CHIFFRES	
Superficie	199 000 km²
Population	5 millions d'habitants

L'OUZBÉKISTAN EN CHIFFRES	
Superficie	447 000 km²
Population	25,3 millions d'habitants

LE TADJIKISTAN EN CHIFFRES	
Superficie	143 000 km²
Population	6,1 millions d'habitants

GÉOGRAPHIE DE L'ASIE CENTRALE

L'Asie centrale est la partie de l'Asie qui va de la mer Caspienne à la Chine. Elle s'étend sur le sud du Kazakhstan, l'Ouzbékistan, le Turkménistan, le Kirghizistan, le Tadjikistan et l'ouest du Xinjiang (Chine). On lui rattache parfois l'Afghanistan. Au XIXe siècle, la région fut intégrée à l'Empire russe et désignée sous le nom de Turkestan russe. Elle est bordée dans sa partie orientale et méridionale par une sorte de grand amphithéâtre montagneux. À la frontière du Kazakhstan et de la Chine, la porte de Dzoungarie fut dans le passé un très important point de passage militaire et commercial. Elle redevient une zone de transit privilégiée pour l'acheminement du pétrole de la région vers la Chine.

Kazakhstan, qui s'étend sur 2,7 millions de km^2 mais ne compte que 16 millions d'habitants, dont le tiers sont des Russes. Si dans le Caucase, les langues sont d'une extraordinaire diversité, celles d'Asie centrale relèvent de deux grandes familles linguistiques : le kazakh, l'ouzbek, le kirghiz et le turkmène sont des langues turques ou turco-mongoles ; le tadjik, beaucoup moins parlé, est une langue persane – celui du

LES ENJEUX DE L'ÉNERGIE

L'Asie centrale recèle des ressources importantes en pétrole et en gaz naturel (Kazakhstan, Kirghizistan, Ouzbékistan, mais aussi Turkménistan). Américains et Russes, mais aussi Chinois, cherchent à contrôler les voies d'acheminement de ces ressources. Ainsi, Moscou est parvenu à convaincre le Kazakhstan de renoncer aux propositions américaines de faire transiter son pétrole en évitant le territoire russe. De leur côté, les Américains, qui ont obtenu l'acheminement vers la Turquie du pétrole d'Azerbaïdjan par la Géorgie, ont suscité, en 1997, la création d'une organisation régionale (GUUAM) regroupant l'Ukraine, la Moldavie, la Géorgie, l'Azerbaïdjan et, à l'est de la mer Caspienne, l'Ouzbékistan. Même si le rôle de cette organisation reste assez faible, Moscou perçoit le GUUAM comme une sorte de cheval de Troie américain dans la région. Un projet d'oléoduc est cependant en discussion : il acheminerait vers l'ouest le pétrole d'Ouzbékistan et d'Azerbaïdjan via l'Ukraine, la Moldavie, la Roumanie et la Hongrie, contournant ainsi le territoire russe. ■

Tadjikistan (6 millions d'habitants) est très proche du tadjik que l'on parle aussi dans l'Afghanistan voisin. Le persan est d'ailleurs encore parlé dans les vieilles villes célèbres d'Asie centrale telles que Boukhara et Samarkand. Depuis l'Antiquité, les empires perses avaient en étendu effet leur influence sur l'Asie centrale, puis celle-ci fut conquise au Moyen Âge par une succession d'empires turco-mongoles qui établirent leur domination sur les populations sédentaires des oasis. À partir du XVIe siècle, la poussée des Russes se fait sentir par la vallée de la Volga ; ils conquièrent Astrakhan sur la côte nord de la Caspienne en 1556. Les cosaques, qui font la conquête de la Sibérie, construisent en bordure de steppes une longue ligne de villages fortifiés, les stanitsas, sorte de *limes* (comme celui de l'Empire romain) pour repousser les raids des nomades kazakhs. Au sud de cette ligne qui existe encore – c'est aujourd'hui la frontière de la Fédération de Russie –, l'expansion de l'Empire russe en Asie centrale a été beaucoup plus tardive et elle se prolonge pendant tout le XIXe siècle. L'Asie centrale est alors désignée sous le nom de Turkestan russe (en Chine s'étend ce que l'on appelle alors le Turkestan chinois, avec les populations turcophones ouïgours du Xinjiang). Le gouvernorat général du Turkestan a pour centre Tachkent, au pied des montagnes, près du débouché du Syr-Daria dans la plaine. Cette unité géopolitique va être divisée par les bolcheviks au début des années 1920, car il leur paraît dangereux de la maintenir. Un dirigeant local, le Tatar Sultan Galiev, proclame alors que le communisme représente la libération populaire et que la formation d'un grand Turkestan libre rassemblerait tous les peuples turcs. Ce projet de Grand Turkestan rallie nombre de tribus aux bolchéviks, mais ceux-ci veulent au plus vite s'en débarrasser une fois les « Blancs » vaincus. Sultan Galiev est accusé de déviation, comme bien d'autres révolutionnaires, et exécuté discrètement. Cependant, le « galiévisme », cette aspiration à un Grand Turkestan, est encore pourchassé durant des décennies. Pour Lénine comme pour Staline, il faut donc diviser au plus vite l'Asie centrale. La république du Turkménistan (488 000 km^{2}, 5 millions d'habitants) fut créée au sud-ouest et celle du Kirghizistan au sud-est. La république d'Ouzbékistan se voit adjuger Tachkent sur le piémont au débouché du Syr-Daria, mais aussi une bonne partie de la vallée de l'Amou-Daria jusqu'à la mer d'Aral, l'autre partie étant attribuée au Turkménistan, chacune de ces républiques voulant avoir une partie des vallées descendant des montagnes. La république du Tadjikistan correspond pour une grande part au cours supérieur de l'Amou-Daria. Dans les régions montagneuses, l'enchevêtrement de populations de langues différentes s'est traduit par des tracés de frontières extrêmement compliqués. Du temps de l'Union soviétique, cela n'avait guère d'importance pratique pour les populations, mais les conséquences sont plus graves depuis l'indépendance des républiques. C'est tout particulièrement le cas dans la dépression très peuplée du Ferghana *(voir carte ci-après)*.

La plus vaste de ces républiques, le Kazakhstan, outre la vallée du Syr-Daria, reçut surtout d'immenses steppes. Les nomades kazakhs résistèrent avec acharnement pendant près de vingt ans à la sédentarisation et à la col-

AU CŒUR DES RÉPUBLIQUES MUSULMANES, LA VALLÉE DU FERGHANA

L'immense dépression d'Asie centrale, que l'on appelait autrefois le Turkestan russe, a été divisée par les Soviétiques en plusieurs républiques de langue turque, sauf le Tadjikistan, de langue persane. Les steppes du Kazakhstan ont été, durant des décennies, des lieux d'expériences nucléaires, ce qui a laissé de dangereuses irradiations.

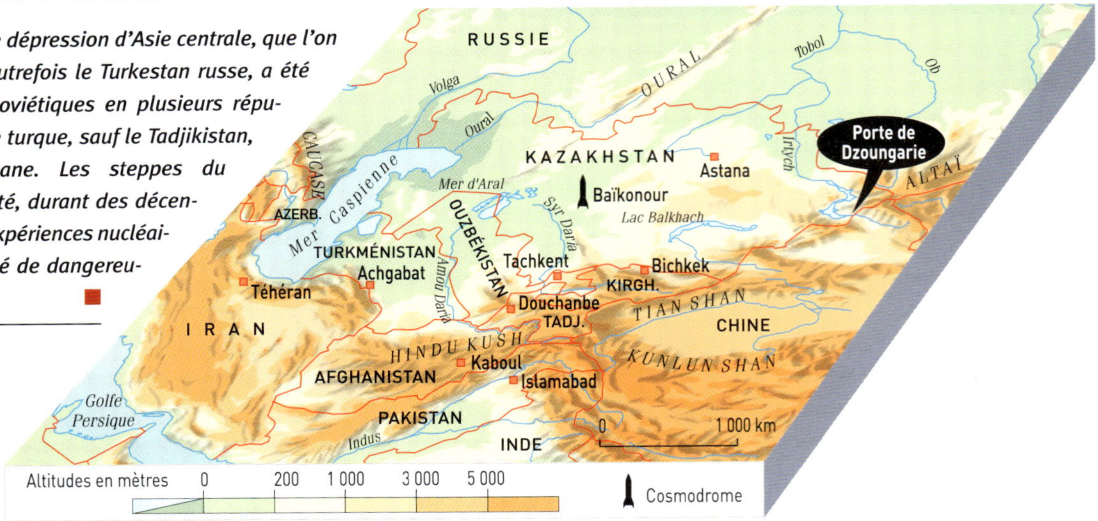

L'Ouzbékistan a la chance de bénéficier des eaux qui descendent l'été des grandes chaînes de montagnes alentour. À cause du relief, les relations sont difficiles en hiver avec la dépression du Ferghana, qui a été attribuée pour une grande part à l'Ouzbékistan.

Région la plus peuplée d'Asie centrale, la dépression du Ferghana est célèbre pour l'enchevêtrement des frontières qui la divisent. Ses sanctuaires ont sans doute été visités par Alexandre le Grand.

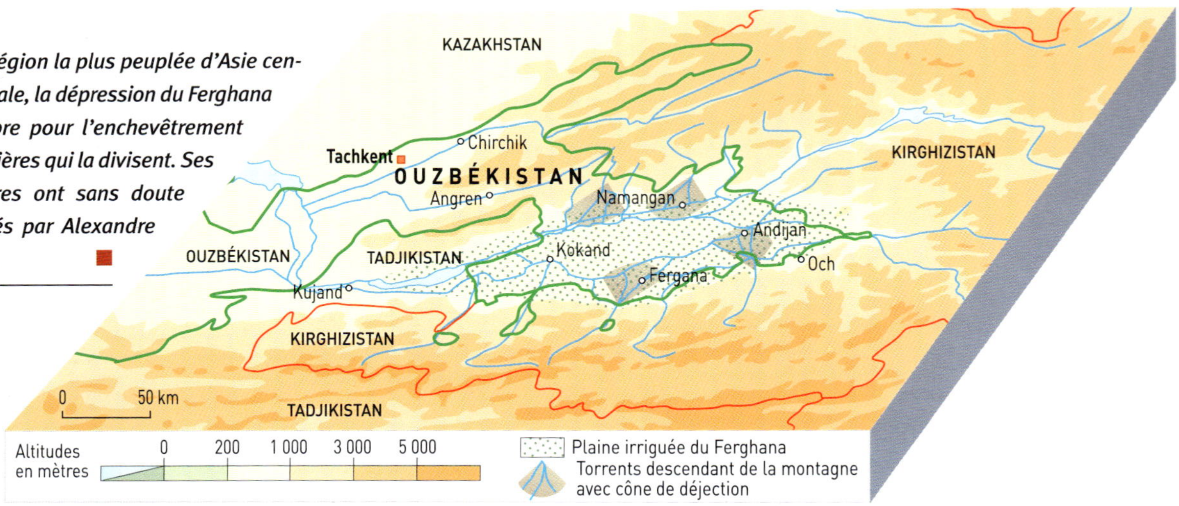

LA DÉPRESSION DU FERGHANA

LARGE d'environ 150 kilomètres, elle s'étend d'est en ouest sur environ 300 kilomètres entre de hautes montagnes. Elle est partagée entre l'Ouzbékistan, le Kirghizistan et le Tadjikistan, car la population, qui est très dense – 10 millions d'habitants, soit environ 450 habitants au km² dans la plaine – appartient à des familles linguistiques très différentes. 7 millions d'habitants relèvent de l'Ouzbékistan, 2,5 millions du Kirghizistan et 1,5 million du Tadjikistan. Non seulement le fond de la dépression est partagé entre ces trois États, mais les eaux qui descendent des montagnes et qui sont intensivement utilisées pour l'irrigation doivent elles aussi être partagées d'amont en aval, ce qui provoque de fortes tensions. De surcroît, existent dans la montagne, dans le territoire du Kirghizistan, des enclaves tadjikes et ouzbeks. C'est dans le Ferghana ouzbek que se trouve la ville d'Andijan, théâtre, en mai 2005, de graves événements : une manifestation d'opposants au président ouzbek, Islam Karimov, ayant pris d'assaut la prison, a été mitraillée. Cette répression a fait plusieurs centaines de morts, sous prétexte ou pour la raison qu'il s'agissait d'une attaque islamiste. De nombreux réfugiés ont fui au Kirghizistan, dont les rapports avec l'Ouzbékistan se sont tendus. ■

lectivisation ; la plupart de leurs troupeaux périrent. L'effectif des Kazakhs diminua de près de moitié (ils devinrent minoritaires par rapport aux Russes au sein du Kazakhstan), tant du fait des tueries et de la famine que de leur exode vers la Chine et la Mongolie.

Entre Moscou, Washington et Pékin

Depuis leur indépendance, les républiques d'Asie centrale ont conservé de bons rapports avec la Russie. La découverte au nord de la Caspienne, en territoire kazakh, des très grands gisements pétroliers de Tenguiz fournit de gros revenus au gouvernement d'Astana, la nouvelle capitale kazakh (Alma-Ata était trop loin de la frontière russe), mais ce pétrole n'est exportable pour le moment que par le territoire de la Russie. Des mouvements islamistes clandestins dénoncent les prévarications et l'autocratisme des dirigeants ex-communistes et, surtout, leur collusion avec les Russes et les Américains. Mais les musulmans d'Asie centrale, qui pratiquent encore l'islam de façon modérée (avec un certain usage de la vodka), refusent de suivre le puritanisme de ceux qu'ils appellent les « wahhabites » par allusion à des financements d'origine saoudienne. C'est surtout au Tadjikistan et au Kirghizistan que la pénétration de groupes armés islamistes est la plus forte, en raison de la proximité de l'Afghanistan. Des troupes russes sont affectées, au titre de la CEI, à la surveillance de la frontière, mais celle-ci n'est guère efficace, les trafiquants de la drogue afghane ayant largement les moyens financiers de s'assurer de multiples complicités. C'est désormais d'Asie centrale que partent les routes de l'héroïne vers la Russie, le Moyen-Orient, l'Europe occidentale et, sans doute, même vers les États-Unis. En effet, après les attentats du 11 septembre 2001, Vladimir Poutine a appelé George W. Bush pour lui dire sa solidarité et l'assurer de son aide contre le terrorisme islamiste, notamment contre le repaire de Ben Laden en Afghanistan. Les réseaux que les Russes avaient laissés dans ce pays, notamment ceux liés à la Ligue du Nord du commandant Massoud que Moscou soutenait, contribuèrent à la rapide défaite des talibans en novembre 2001. On s'étonna à l'époque que le président Poutine ait donné son accord (malgré l'opposition de son état-major) à l'implantation de plusieurs bases américaines dans les ex-républiques soviétiques d'Ouzbékistan et de Kirghizistan, dont les gouvernements étaient restés dans la mouvance post-soviétique. Il était sans doute prévu que ces bases américaines resteraient le temps des combats en Afghanistan, mais comme ceux-ci n'ont pas cessé, les bases se sont maintenues avec, autour d'elles, un réseau d'activités dans toute l'Asie centrale (l'Ouzbékistan a toutefois récemment obtenu le départ des militaires américains). Il est trop tôt pour pouvoir mesurer quelles peuvent être les conséquences durables de cette implantation américaine en Asie centrale. Aux yeux des dirigeants russes, cet « embarras » stratégique, impensable au temps de la guerre froide, a sans doute été compensé par les avantages qu'offraient les compagnies américaines pour le développement de la production pétrolière en Russie et, surtout, par l'essor des exportations par l'intermédiaire des réseaux de distribution qu'elles contrôlent dans le monde.

L'AFGHANISTAN : GRAND JEU ET LOGIQUES TRIBALES

Depuis plus de trente ans et l'invasion de l'Afghanistan par l'Armée rouge (fin 1979), ce pays est un des grands points chauds de la géopolitique mondiale, bien que, au premier abord, les raisons de cette importance ne soient pas évidentes. En effet, un peu plus vaste que la France, avec quelque 25 millions d'habitants, ce pays enclavé n'a guère de ressources minières et il n'est pas situé sur un grand axe géostratégique. C'est un raisonnement géopolitique méthodique qui permet de comprendre pourquoi, encore aujourd'hui, l'Afghanistan reste un foyer de danger d'importance mondiale. En effet, après le retrait des Soviétiques (en 1989), on a pu croire que ce point chaud allait se « refroidir », mais de violentes luttes entre Afghans – pourtant tous plus ou moins islamistes – ont entraîné en 1996 la prise de pouvoir à Kaboul par des ultra-islamistes, les talibans, qui ont constitué un émirat islamique d'Afghanistan. Celui-ci a accordé son soutien au Saoudien Oussama Ben Laden, qui a pu y créer des camps d'entraînement pour des volontaires, arabes pour la plupart, afin qu'ils aillent mener le djihad (la guerre sainte), dans d'autres pays. C'est à partir de ses bases d'Afghanistan que l'organisation terroriste al-Qaida a tissé son réseau mondial, celui qui a réalisé notamment les attentats du 11 septembre 2001 à New York et à Washington. Un mois après ces attentats, les États-Unis, avec l'accord de l'ONU, lançaient leur riposte sur l'Afghanistan. Appuyé par quelques contingents de pays alliés (notamment européens) et, surtout, par un mouvement afghan adversaire des talibans, ils provoquaient la fuite de ces derniers vers le Pakistan voisin. Toutefois, les talibans, profitant du désintérêt des Américains qui se souciaient principalement de l'Irak, retrouvaient peu à peu leur influence en Afghanistan. Ils jouent maintenant un rôle de plus en plus important au Pakistan et cherchent à y prendre le pouvoir.

I. Les multiples causes du problème afghan

Malgré la rapide victoire américaine en 2001 contre le régime des talibans, l'Afghanistan reste une zone troublée et, de surcroît, difficilement contrôlable : Ben Laden, qui a échappé aux opérations menées contre lui, et les talibans ont encore de nombreux partisans dans de vastes parties du pays. Certes, un gouvernement afghan a été mis en place avec le soutien de l'ONU, des élections générales ont eu lieu et un président, Hamid Karzai, a été élu fin 2004. Mais hors de la capitale Kaboul, l'autorité du gouvernement ne s'exerce guère, et des régions entières sont sous la coupe de « seigneurs de la guerre », plus ou moins islamistes. La plupart des mesures imposées par les talibans, notamment celles à l'encontre des femmes, sont toujours appliquées, malgré de timides tentatives de laïcisation. La production de l'opium, qui s'était développée en Afghanistan dans les deux dernières décennies pour financer les luttes politiques, est plus importante que jamais. Ce pays produit près de 80 % de la base de l'héroïne mondiale. Paradoxalement, l'ONU et les États-Unis soutiennent donc un pays de narco-trafiquants, qui alimentent, entre autres, au plan mondial les réseaux islamistes.

Depuis 2003, pourtant, on s'est bien moins soucié de l'Afghanistan que de la guerre engagée par le gouvernement américain en Irak. Mais celle-ci est, dans une large mesure, le contrecoup des attentats du 11-Septembre, qui ont été organisés à partir de l'Afghanistan. Ce pays reste un foyer de subversion, car Ben Laden et ses partisans s'y trouvent encore ou au-delà de la frontière du Pakistan, dans des

LES PEUPLES D'AFGHANISTAN

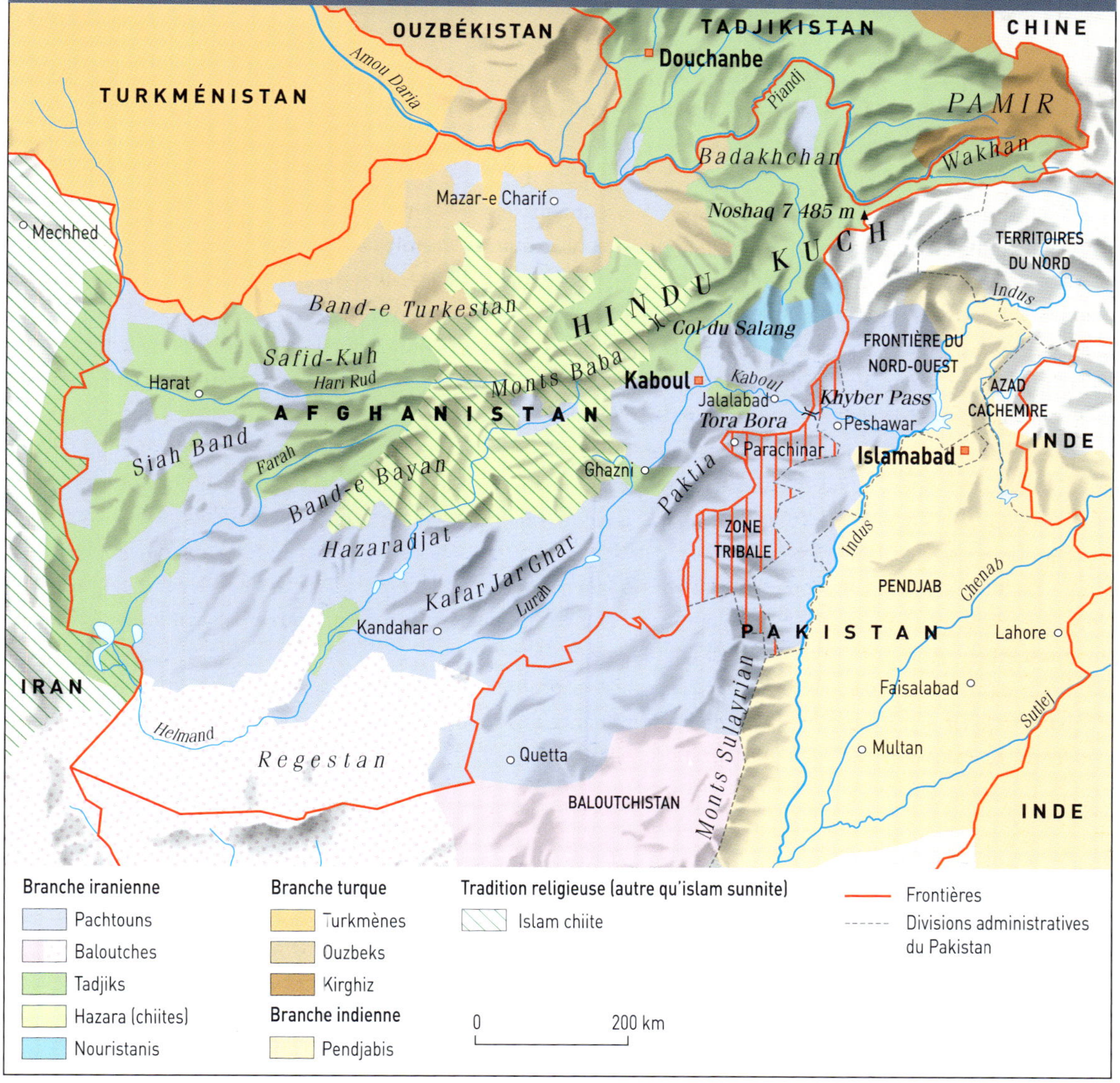

Le caractère très montagneux de l'Afghanistan et la multiplicité des tribus ou ethnies qui le peuplent se sont combinés pour faire de cette nation le théâtre d'oppositions internes récurrentes. Au Sud et à l'Est, les Pachtouns, dominants (plus de 35 % de la population), sont sunnites et de langue pachto. Contre eux se distinguent traditionnellement les peuples du Centre et du Nord, Tadjiks (sunnites, de langue iranienne), Ouzbeks et Turkmènes (sunnites et turcophones) et Hazara (chiites et de langue iranienne). Le pouvoir de Kaboul, la capitale, à la limite des zones pachtoune et tadjike, est largement rejeté par les différentes tribus qui obéissent d'abord à leurs chefs respectifs quand ce n'est pas à de véritables « seigneurs de la guerre ».

régions montagneuses difficilement contrôlables, mais en liaison occulte avec les réseaux islamistes dispersés dans diverses parties du monde. Ce ne sont pas tant les difficultés du relief qui assurent la clandestinité des forces plus ou moins proches d'al-Qaida que le fanatisme religieux et guerrier de la grande majorité des Afghans. Il s'agit d'une véritable donnée géopolitique dont l'importance a été maintes fois signalée au cours de l'histoire.

Ainsi, au XIXe siècle, les Anglais dont le savoir-faire en matière de conquêtes coloniales était pourtant considérable ont-ils dû – fait exceptionnel – renoncer à s'emparer de l'Afghanistan, après y avoir subi à plusieurs reprises de sanglants revers (deux guerres « afghanes » en 1839-1842 et en 1878).

Dans le passé, ce genre de fanatisme guerrier a aussi existé dans certains pays chrétiens, dans les Balkans notamment. De nos jours, il se manifeste encore à des degrés divers dans certains pays musulmans ou, plus précisément, dans certaines régions ; toutefois, dans aucun pays cette forme de fanatisme musulman, tout à la fois xénophobe et guerrier, ne semble aussi massif et ancien qu'en Afghanistan. Or, il n'y a pas dans ce pays l'équivalent des grandes universités religieuses comme il en existe en Égypte ou en Iran, ou les sortes de séminaires qui forment des étudiants en théologie (talibans), tels qu'ils existent depuis longtemps au Pakistan. Le fanatisme religieux afghan est surtout orchestré par d'innombrables mollahs de village, qui sont tout à la fois prédicateurs, maîtres d'école, juges de paix, meneurs politiques, etc. Certes, leur rôle a été encore renforcé durant la guerre religieuse que les Afghans ont menée de 1979 à 1989 contre les Soviétiques puisque ces derniers étaient considérés tout à la fois comme chrétiens et athées. Cette guerre a eu notamment pour conséquence le développement de plusieurs partis ou de mouvements ultra-islamistes rivaux qui n'existaient pas auparavant. Mais il s'agit d'une tradition beaucoup plus profonde, dont il importe d'examiner les causes.

Ce fanatisme religieux et guerrier ne s'explique pas seulement par le fait que la plupart des Afghans sont des montagnards – et de surcroît des montagnards armés – qui participent aux luttes que se livrent, par tradition, les tribus les unes contre les autres. Ce genre de situations a existé dans nombre de montagnes du Maghreb et du Moyen-Orient, sans pour autant se traduire par un fanatisme religieux tel qu'il existe en Afghanistan. Un tel phénomène peut être expliqué par les profondes contradictions ethniques de ce pays. Celles-ci ont d'autant plus perduré que l'Afghanistan a été complètement isolé du reste du monde et des pays voisins jusqu'au milieu du XXe siècle, non du fait des obstacles naturels, mais à cause de la rivalité de grandes puissances coloniales (russe et britannique). Résistant à celles-ci, l'Afghanistan n'a pas subi les effets sociaux et politiques d'une colonisation, même indirecte, et il n'a commencé à connaître un début de modernisation qu'au cours de la deuxième moitié du XXe siècle, sous l'effet, notamment, de l'aide internationale. Mais, à partir des années 1970, la violence des luttes politiques a été un nouveau facteur de fanatisme.

De profondes contradictions ethniques

En termes de géohistoire, l'Afghanistan, pays de hautes terres dominées par de grandes montagnes, est situé entre deux grands foyers de civilisation très anciens : la Perse conquise par les Arabes au VIIe siècle, et l'Inde, passée sous domination musulmane au XIIe siècle, après que les plaines de l'Indus et du Gange eurent été conquises par les guerriers afghans convertis à l'islam (Ghaznévides) qui étaient descendus de leurs montagnes. Dans la mesure où, en dépit des rivalités tribales, se sont établis des royaumes afghans, plus ou moins éphémères, ceux-ci ont eu des rapports d'alliance et de conflit avec les empires qui se développèrent successivement sur le plateau iranien. Les Perses étendirent leur influence civilisatrice sur une large partie de l'Afghanistan, notamment à Herat. Ces relations avec l'Empire perse se rompirent au XVIe siècle lorsque celui-ci, pour s'opposer aux Ottomans sunnites, se convertit à l'islam chiite, qu'il chercha aussi à imposer aux Afghans. Non seulement ceux-ci restèrent sunnites (du moins dans leur très grande majorité), mais ils considèrent encore aujourd'hui le chiisme comme une inadmissible hérésie. Or une grande partie des Afghans (35 % de la population), ceux que l'on appelle les Tadjiks, parlent – bien qu'ils soient sunnites – le farsi, c'est-à-dire le persan, la langue des chiites iraniens. La contradiction est d'autant plus marquée que le chiisme existe aussi en Afghanistan, où il est à la fois proche et infamant : chiites, en effet, sont les Hazara – minorité, méprisée, originaire des montagnes du Nord –, qui viennent dans les villes servir comme portefaix. Mais, paradoxalement, il y a aussi en Afghanistan, dans la ville de Mazar-e Charif, ce qui devrait être un des hauts lieux du chiisme : le tombeau d'Ali (gendre du prophète) sur lequel les sunnites veillent jalousement.

Aussi peut-on penser que c'est pour se démarquer ostensiblement du chiisme iranien que les Tadjiks persanophones, mais toujours sunnites, manifestent autant de rigueur et d'ardeur musulmanes. D'autant plus qu'ils sont considérés avec condescendance ou suspicion par les Pachtouns, qui sont l'autre grand groupe ethnique d'Afghanistan, encore de nos jours politiquement dominant. Les Pachtouns renchérissent eux aussi d'ardeur religieuse et cultivent leurs traditions guerrières et tribales pour s'affirmer contre les Tadjiks comme les seuls vrais Afghans, ceux qui ont remporté les victoires historiques sur l'armée anglaise. Ils ont leur propre langue, le pachto, mais ils ne l'écrivent guère et, dès lors qu'ils vont en ville ou qu'ils doivent écrire, ils se mettent aussi au farsi, qui est désormais la langue la plus répandue dans le pays. La crainte de paraître persan, donc chiite, est sans doute un des grands non-dits du sunnisme en Afghanistan.

L'Afghanistan a été isolé et délimité par la rivalité de deux impérialismes

Les rapports des Afghans avec l'islam et leur évolution politique auraient sans doute été différents si ce pays – cas tout à fait exceptionnel à la fin du XIXe siècle – n'avait pas été si isolé du reste du monde, et notamment de ses voisins, par l'effet paradoxal d'une rivalité géopolitique d'envergure quasi planétaire qu'on a appelée alors le « grand jeu ». C'est en effet l'époque où, en Asie centrale, la poussée de l'Empire russe vers les « mers chaudes » par l'Iran et par l'Afghanistan est considérée par les Anglais comme une menace sur leur empire des Indes. Par ailleurs, les tentatives de ces derniers de s'imposer en Afghanistan s'étaient soldées par de sanglants échecs devant l'ardeur guerrière des montagnards pachtouns. Or ceux-ci commençaient à être en contact avec des agents du tsar qui leur proposaient des alliances en leur offrant des fusils modernes. Une confrontation violente de l'impérialisme russe et de l'impérialisme britannique était de nouveau possible (après la guerre de Crimée, au milieu du XIXe siècle), mais la montée en puissance d'un nouvel impérialisme, celui de l'Allemagne, les incita à éviter l'affrontement et à trouver des bases d'accord. Pour cela, Russes et Anglais se répartirent des zones d'influence en Iran, tout en veillant au maintien d'une monarchie pour éviter un sursaut patriotique qui les aurait gênés. La situation était plus instable en Afghanistan, où les tribus pachtouns guerroyaient les unes contre les autres et où il n'y avait plus d'État depuis longtemps. Aussi les Anglais, avec l'accord des Russes, décidèrent-ils de créer un royaume d'Afghanistan, base d'un État tampon entre leurs deux empires. En 1885, ils choisirent comme roi d'Afghanistan Abdur Rahman, le chef habile d'une des plus fortes tribus pachtounes, en lui accordant des subsides, des fusils et quelques canons, afin qu'il puisse asseoir son autorité face aux autres tribus. Ce sont aussi les Anglais (auxquels, en fin de compte, les Russes reconnurent en 1907 un droit de semi-protectorat sur le pays) qui tracèrent les frontières du nouvel État, en lui imposant, au nord-est, ce long pédoncule du Wakhan, presque inaccessible, entre les chaînes du Pamir et de l'Hindou Kuch – pour bien séparer les zones d'influence russes de ce qui relevait de l'empire des Indes. L'accord des deux puissances impériales reposait ainsi sur le fait que l'Afghanistan était en quelque sorte neutralisé et isolé des pays voisins, donc à l'écart des influences extérieures.

Au lendemain de la Première Guerre mondiale, le jeune roi d'Afghanistan Amanullah, à l'imitation d'Atatürk en Turquie et de Reza Shah Pahlavi en Iran, entama la modernisation de son pays en établissant une Constitution, une monnaie, en construisant des écoles, un lycée, un début de chemin de fer, etc. Mais, en 1929, il fut renversé (fort opportunément aux yeux des Anglais) par une révolte menée par les mollahs, sous prétexte notamment qu'il était impie de prétendre apprendre aux filles à lire et à écrire. Toute modernisation fut donc abandonnée et, au début des années 1950, la plupart des Afghans continuaient de vivre en autosubsistance.

Les Anglais ayant abandonné en 1947 leur empire des Indes après avoir tracé les lignes de sa partition, l'Afghanistan devient le voisin du Pakistan. C'était aussi l'époque où, au plan international, l'on commençait à parler de la guerre froide comme de l'aide aux « pays sous-développés », et l'Afghanistan apparut comme le plus démuni d'entre eux.

Dans les années 1960, l'ONU et les organisations internationales qui en dépendaient déléguèrent à Kaboul plus de 300 experts (alors que l'Union indienne, vingt fois plus peuplée, en comptera dix fois moins). Les deux superpuissances rivalisèrent pacifiquement pour la mise en chantier des grands axes d'un réseau routier – l'URSS dans le Nord et les Américains dans le Sud, où ils construisirent de surcroît un aéroport surdimensionné à Kandahar. En revanche, les Soviétiques creusèrent dans la grande chaîne de l'Hindu Kuch, à plus de 2 600 mètres d'altitude, le grand tunnel du Salang qui permit de relier été comme hiver Kaboul aux plaines du Nord et à l'Union soviétique.

Cet équilibre entre les deux superpuissances dans le domaine de l'aide apportée à l'Afghanistan fut progressivement rompu à partir de la fin des années 1960, lorsque les États-Unis concentrèrent leur intérêt sur l'Iran, alors en pleine expansion. Ils laissèrent l'Union soviétique devenir la principale partenaire du gouvernement afghan. Moscou proposa ainsi de contribuer directement à la formation d'une armée et d'une administration afghanes. Jusqu'alors, il n'y avait guère de véritables forces militaires (hormis quelques régiments formés d'humbles Hazara), car les guerres étaient menées par l'intermédiaire des tribus – les Pachtouns – refusant par ailleurs d'être enrégimentées dans une force nationale. En fournissant un armement moderne de chars, de canons et d'avions, les Soviétiques parvinrent à former une vraie armée et à y attirer les Pachtouns, autant par le prestige que conféraient la nouveauté et la puissance de son armement que par les avantages financiers qu'elle accordait. Les officiers étaient envoyés en URSS pour des stages de perfectionnement, tout comme les cadres d'une administration civile en rapide accroissement. Nombre d'entre eux en revinrent convaincus des vertus du socialisme « scientifique » dans la lutte contre le sous-développement. De surcroît, de nombreux techniciens et coopérants soviétiques (plus ou moins persanophones, originaires notamment du Tadjikistan ou d'Ouzbékistan) vinrent travailler en Afghanistan.

LA « LIGNE DURAND »

Au sud de la fameuse passe de Khyber qu'emprunta Alexandre le Grand pour atteindre l'Inde, la frontière orientale de l'Afghanistan, telle qu'elle a été tracée en 1892 sur les instructions de lord Mortimer Durand (vice-roi des Indes), passe par le milieu des montagnes qui sont le domaine de tribus pachtouns, célèbres pour leur valeur guerrière. Les tribus qui sont situées à l'est de cette fameuse « ligne Durand », en bordure des plaines de l'Indus, ont été laissées pratiquement libres dans le cadre de l'empire des Indes. Elles ont fourni traditionnellement de bons soldats et même des officiers à l'armée britannique comme, de nos jours, à l'armée pakistanaise. Les Anglais jugèrent que, du fait même de leur indocilité, elles constituaient un écran solide pour isoler l'Afghanistan de l'Inde. De nos jours, on distingue, au sein du même groupe ethnique, les Pachtouns d'Afghanistan et les Pathans du Pakistan. Ces derniers sont concentrés dans les « territoires tribaux » qui ont conservé leur autonomie au sein du Pakistan et où se sont réfugiés les talibans après l'offensive américaine d'octobre 2001. ■

Logiques politiques et logiques tribales

Mais cette modernisation rapide du pays, financée surtout par l'aide extérieure (URSS et ONU), ne s'accompagna pas d'une augmentation ou d'une modernisation des activités économiques, ni de la création d'une industrie. En revanche, le nombre des écoles, des étudiants et des enseignants (principalement tadjiks) s'accrut notablement, ce qui provoqua, dans les villages comme dans les villes, l'hostilité des mollahs et nombre d'instituteurs furent assassinés. En 1965 fut constitué le Parti démocratique du peuple afghan (le PDPA), plus ou moins communiste, dont les membres provenaient surtout des classes moyennes, fonctionnaires ou militaires. Ce parti contribua à l'abolition en douceur de la royauté en 1973, au profit du prince Daoud, cousin du roi et ancien Premier ministre, qui devint président de l'Afghanistan. Avec le soutien diplomatique de l'Union soviétique, celui-ci défendit contre le Pakistan, allié des États-Unis, une revendication sur le Pachtounistan, c'est-à-dire sur les territoires situés à l'est de la « ligne Durand » et peuplés de Pachtouns. Cependant, en 1978, après plusieurs années de participation des communistes à son gouvernement, l'autoritaire président Daoud fut renversé (et massacré avec sa famille) par un coup de force à la fois communiste et militaire, et le PDPA prit le pouvoir.

Or, ce parti était divisé en deux branches rivales – du nom de leurs journaux respectifs, le Parcham (le « drapeau ») et le Khalq (le « peuple »). On a pu croire, en se référant aux deux principales ethnies afghanes, que le Parcham était plutôt pachtoun et le Khalq plutôt tadjik. Selon Michael Barry, l'un des meilleurs connaisseurs de l'Afghanistan, ces deux factions du PDPA étaient majoritairement pachtouns et traduisaient en réalité la rivalité bien plus ancienne des deux grandes confédérations de tribus pachtouns : les Durrani, autour de l'ex-tribu royale, et les Ghilzaï, les Pachtouns du Sud-Est. Le Khalq était surtout constitué de Pachtouns ghilzaï, le Parcharm étant lui majoritairement durrani.

Toujours est-il que ces deux partis, l'un et l'autre d'obédience soviétique, se livrèrent à une concurrence acharnée pour se faire bien voir de Moscou, chacun proclamant des mesures plus « révolutionnaires » les unes que les autres. Le Khalq, plus « radical », prit d'abord l'avantage. Mais sa prétendue réforme agraire n'avait guère de sens dans un pays où prédominaient encore les formes tribales d'appropriation collective de la terre (en fait au profit des familles les plus puissantes). Déjà les réformes décidées par le prince Daoud, notamment en matière d'enseignement, avaient suscité l'hostilité des mollahs. En 1966, un parti ultrareligieux avait été constitué pour dénoncer toute réforme, et son fondateur Gulbudin Hekmatyar (qui n'était pas mollah mais « ingénieur » et qui, près de quarante ans plus tard, joue encore un rôle politique, sur une base des plus réactionnaires) avait déjà trouvé un appui auprès des dirigeants pakistanais, trop heureux d'avoir un leader afghan pour contrer les revendications de Kaboul sur le Pachtounistan.

Dès l'été 1978, peu après la révolution qui eut lieu à Kaboul, une insurrection éclata à propos du ramadan à proximité de la frontière du Pakistan, et des garnisons rallièrent les insurgés. Beaucoup plus grave encore : en mars 1979, dans l'ouest de l'Afghanistan, la garnison d'Herat se révolta, ainsi que le reste de la ville. Une quarantaine de techniciens russes furent lynchés avec leurs familles, ce qui entraîna une intervention de l'Armée rouge pour rétablir l'ordre et sauver du massacre les Soviétiques dispersés dans d'autres villes. En août 1979, la garnison de Kaboul se souleva à son tour. Aux atrocités des insurgés répondirent celles des forces de répression, dénoncées par les mollahs comme une armée d'apostats. Tout cela s'accompagna d'une exacerbation des rivalités entre communistes dont les chefs s'accusaient mutuellement de faire la politique du pire. En septembre, le président de la République, de retour de Moscou, fut assassiné en plein conseil par le Premier ministre. Cet « ultrarévolutionnaire » sera lui-même liquidé par les parachutistes soviétiques qui, lâchés sur Kaboul le 26 décembre, prirent d'assaut l'ancien palais royal, siège du gouvernement. Un président beaucoup plus modéré (Babrak Karmal, lui aussi pachtoun) est alors installé par les Soviétiques.

II. La première guerre d'Afghanistan

Aux États-Unis et en Europe occidentale, cette « invasion soviétique de l'Afghanistan » fut considérée comme la mise en œuvre du plan que l'armée russe caressait depuis le XIXe siècle, à savoir atteindre les « mers chaudes » (l'océan Indien) à partir de l'Asie centrale. Pour les Soviétiques, la conjoncture semblait bonne puisque, quelques mois auparavant, la révolution islamique en Iran venait de chasser les Américains de leur principal point fort au Moyen-Orient. En fait, il semble bien que, en occupant l'Afghanistan, les Soviétiques ne visaient pas l'opération de très grande envergure dont on les accusait, mais tentaient plutôt de sauver du lynchage leurs compatriotes isolés au milieu de l'insurrection et d'empêcher la victoire d'une révolution islamiste qui aurait risqué de se propager dans les républiques musulmanes de l'URSS, notamment au Tadjikistan. Le sud de l'Afghanistan se situe à près de 1 000 kilomètres des rivages de l'océan Indien et l'Armée rouge ne chercha pas à dépasser les frontières afghanes ni à mener quelque attaque sur le Pakistan. Elle avait bien trop à faire en Afghanistan même.

Une résistance alimentée par les États-Unis et l'Arabie saoudite

Hors des villes et des grands axes de circulation, les tribus afghanes ne manquèrent pas de faire la preuve de leurs légendaires capacités guerrières. Leur armement fut bientôt modernisé par le matériel payé par les États-Unis et l'Arabie saoudite et acheminé clandestinement à partir du Pakistan, où s'étaient installés, près de Peshawar, la plupart des chefs des différents partis de la résistance afghane. Celle-ci ne fut jamais unifiée : outre les rivalités traditionnelles entre tribus et celles des Tadjiks et des Pachtouns, il y avait aussi celles qui opposaient de nombreux partis, tous plus ou moins islamistes, dont les chefs installés au Pakistan se disputaient l'aide financière versée par les Américains et les notables du Koweït, d'Arabie saoudite et des Émirats. La guerre d'Afghanistan ne mobilisa pas seulement des sommes considérables, mais aussi nombre de volontaires venus peu ou prou clandestinement de tous les pays arabes (et, parmi eux, un certain Oussama Ben Laden) pour s'initier auprès des moudjahidin (en arabe, combattants du djihad) afghans aux tactiques de la guérilla et à celles du trafic d'armes. En revanche, il est à noter que les centaines de milliers d'Afghans réfugiés au Pakistan (leur nombre atteignit plus de deux millions) ne furent guère mobilisés pour aller combattre chez eux.

Une situation sans issue

Tant que l'Armée rouge, grâce à ses hélicoptères de combat, garda la maîtrise du ciel, elle put contenir sans trop de pertes – avec l'aide de « seigneurs de la guerre » (comme le célèbre chef ouzbek Dostom) et de l'armée gouvernementale afghane (ou de ce qui en restait) – la poussée des différents mouvements de résistance. Mais lorsque les États-Unis acceptèrent en 1986 de vendre par l'intermédiaire des Saoudiens et des services secrets pakistanais un certain nombre de missiles air-sol portables très efficaces, les fameux Stinger (le « dard de la guêpe »), l'Armée rouge commença à subir des pertes beaucoup plus importantes. La situation paraissant sans issue, les dirigeants du Kremlin – et notamment Mikhaïl Gorbatchev, qui lança la perestroïka à partir de 1985 – décidèrent en 1988 de retirer leurs forces d'Afghanistan en bon ordre et progressivement. Ce qui fut fait début 1989. On laissa au gouvernement afghan le soin de se « débrouiller » avec ce qui lui restait de moyens militaires et une aide financière de l'Union soviétique, tout le monde s'attendant à ce qu'il s'effondre rapidement.

LE COMMANDANT MASSOUD

En plus de grandes qualités personnelles qui sont largement célébrées depuis qu'il a été traîtreusement assassiné par des islamistes d'al-Qaida, la veille des attentats du 11 septembre 2001, le commandant Ahmad Shah Massoud (né en 1953) doit peut-être une part de sa clairvoyance à la situation géopolitique de son fief du Panshir. Cette grande vallée, au fort peuplement tadjik, s'allonge d'est en ouest sur le flanc sud de l'Hindou Kuch et communique par de hautes vallées avec le Tadjikistan, ce qui offre de nombreuses voies de repli et de ravitaillement. Elle s'ouvre sur la grande route du Nord, juste au sud du tunnel du Salang. Les communications sont également aisées avec Kaboul, où sont installés de nombreux Panshiris avec lesquels Massoud a entretenu d'intenses contacts clandestins, y compris parmi les ex-communistes. ■

L'influence du Lion du Panshir

Or, à la surprise générale, le gouvernement de Kaboul, qui, depuis des années, ne se réclamait plus du communisme mais d'un islam modéré teinté de laïcité, se maintint pendant près de trois ans tant bien que mal dans les grandes villes. En revanche, les chefs des partis islamistes venus du Pakistan, tous plus ou moins apparentés à telle tribu et à tel groupe ethnique afghan, manifestèrent de plus en plus ouvertement leurs rivalités. L'armée gouvernementale ne se rallia guère à eux, dissuadée par les atrocités perpétrées sur des transfuges par certains groupes ultra-islamistes. À la différence des chefs des différents partis qui, durant la guerre contre les Soviétiques, étaient restés au Pakistan, à Peshawar, le Tadjik Ahmad Shah Mas'oud, dit le commandant Massoud, avait dirigé sur le terrain le maquis de la vallée du Panshir, au nord-est de l'Afghanistan. Il fut l'un des premiers à se rendre compte qu'il fallait discuter avec l'ensemble des parties en présence pour trouver une solution pacifique à ce conflit qui s'éternisait.

À la différence de l'islamiste réactionnaire Hekmatyar – auquel les Pakistanais avaient accordé les plus grands moyens et qui n'entendait gouverner qu'avec des Pachtouns –, Massoud, islamiste modéré, eut la sagesse de comprendre qu'il fallait s'entendre avec tous les grands groupes ethniques de l'Afghanistan et d'abord susciter des ralliements dans l'armée gouvernementale. Celle-ci, du fait de la dislocation de l'Union soviétique, fin 1991, avait perdu ses moyens techniques et financiers. Ses chefs ayant reçu l'assurance qu'ils garderaient leurs prérogatives, les troupes de Massoud purent entrer dans Kaboul le 14 avril 1992 sans tirer un coup de feu. Un gouvernement de coalition fut mis en place, avec le soutien de l'envoyé spécial des Nations unies : la présidence de la République islamique d'Afghanistan revint à un Tadjik des montagnes du Nord-Est, du même parti que Massoud, qui devint lui-même ministre de la Défense, Hekmatyar se voyant offrir le poste de Premier ministre. Malgré cela, les luttes se déchaînèrent entre les différents partis islamistes et Kaboul fut soumise durant des semaines au tir des missiles des troupes d'Hekmatyar, soutenues par des volontaires arabes et des militaires pakistanais.

Cette guerre aux multiples retournements entre les différents protagonistes dura plus de trois ans. C'est principalement durant cette période que la production d'opium, qui s'était développée durant la guerre contre les Soviétiques, prit une importance considérable. En effet, depuis le départ des troupes de Moscou, les subsides américains et saoudiens s'étaient beaucoup réduits, et l'opium – et plus encore l'héroïne – a fourni aux différents mouvements politiques les moyens d'enrichir les chefs et d'acheter des armes ou des alliances.

L'arrivée des talibans

Les luttes entre les différentes forces politiques et tribales se déroulaient depuis près de trois ans à l'avantage d'Hekmatyar, lorsque, subitement venu du Pakistan, apparut un nouveau mouvement afghan, celui des talibans. Ce terme désigne en arabe les étudiants en théologie musulmane. Les soi-disant étudiants étaient en fait de jeunes Afghans, en grande majorité Pachtouns, qui avaient été recrutés au Pakistan et endoctrinés dans des sortes de séminaires islamiques pour aller combattre dans leur pays sous la direction d'officiers des services secrets pakistanais.

Venus par les régions du Sud-Est, ces talibans, après avoir pris la ville de Kandahar puis celle de Kaboul, firent la conquête en 1996 de presque tout l'Afghanistan, sans rencontrer une grande résistance de la part des autres partis afghans, à l'exception du mouvement tadjik dirigé, depuis le Panshir, par Massoud, qui fut leur principal adversaire. Les talibans, dirigés par un mollah dénommé Omar, proclamèrent un émirat islamique d'Afghanistan qui fut reconnu par l'Arabie saoudite. Ils imposèrent à la population des règles obscurantistes : interdiction du cinéma comme de toute musique, interdiction aux filles d'aller à l'école et aux femmes d'exercer un emploi salarié, destruction des richesses antiques du musée de Kaboul et des statues géantes de Bouddha à Bamiane, etc.

Les chefs talibans laissèrent Oussama Ben Laden organiser ses camps d'entraînement, où des milliers de volontaires venus de nombreux pays arabes et du Caucase furent formés aux techniques du terrorisme pour aller mener le djihad contre les gouvernements de pays musulmans jugés défavorables aux islamistes, mais aussi aux États-Unis et en Europe. C'est depuis l'Afghanistan qu'al-Qaida, l'organisation secrète dirigée par Ben Laden, organisa en Europe et aux États-Unis le réseau qui devait réussir les attentats suicides du 11 septembre 2001 à New York et à Washington. La veille, en Afghanistan, al-Qaida réussissait à faire assassiner Massoud dans ses montagnes par des soi-disant journalistes venus de Belgique.

Les auteurs et les organisateurs des attentats du 11-Septembre furent rapidement découverts par les services secrets américains. Ceux-ci n'avaient pas pris suffisamment garde au danger pouvant venir d'Afghanistan – ils savaient pourtant que Ben Laden s'y trouvait et qu'il était le promoteur de plusieurs attentats contre des ambassades américaines en Afrique. Mais les compagnies américaines étaient en négociation avec les talibans pour la construction d'un grand gazoduc allant des gisements du Turkménistan jusqu'aux rivages de l'océan Indien, en traversant la partie ouest de l'Afghanistan. Celle-ci offre en effet un passage facile avec l'Asie centrale, car l'énorme barrière montagneuse de l'Hindou Kuch s'abaisse à l'est de la grande ville d'Herat.

LE NOUVEAU « GRAND JEU » AFGHAN

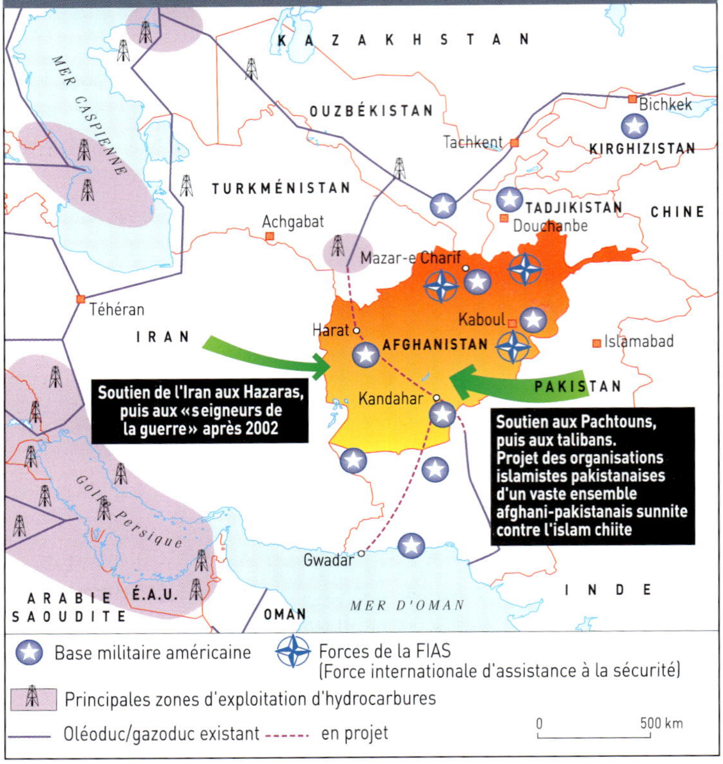

Ce qu'on appelle le « grand jeu » afghan concerne la rivalité sur le contrôle de ce pays qui opposa au XIXe siècle les empires britannique et russe. En 2009, huit ans après l'intervention militaire menée par les Américains pour chasser du pouvoir le régime des talibans, l'Afghanistan demeure sous le contrôle de plusieurs puissances étrangères. Les Américains tentent d'y installer un régime plus ou moins démocratique qui leur serait favorable (et avec lequel il serait possible de négocier l'installation d'un oléoduc acheminant le pétrole de la Caspienne vers la mer d'Oman). Les Pakistanais, du moins les militaires et les organisations islamistes, n'ont pas abandonné le projet d'une relation étroite avec l'Afghanistan. Si l'Iran joue la carte de l'ethnie Hazara chiite (de langue persane), la Russie ne néglige pas l'option tadjike pour retrouver de son influence. Quant à al-Qaida, son objectif pourrait être d'impliquer les États-Unis dans des situations de plus en plus dangereuses en Irak, en Afghanistan ou au Pakistan.

III. De l'Afghanistan au Pakistan : l'AFPAK

Peu après les attentats du 11 septembre 2001, les États-Unis lancèrent une grande opération militaire contre les talibans, après que ceux-ci eurent refusé d'expulser Ben Laden et ses partisans.

En raison de la situation géographique de l'Afghanistan et de son éloignement des bases de l'armée américaine, les talibans se sentaient en mesure de faire face aux forces américaines avec le soutien de leurs alliés, les militaires pakistanais. Mais sous la pression des États-Unis (alliés de longue date du Pakistan), le général Mucharraf, président du Pakistan, malgré la colère des islamistes, prit la décision de ne plus soutenir les talibans. Nombre de ceux-ci furent écrasés par les raids des bombardiers américains B 52. De surcroît, les combattants tadjiks qu'avait commandés Massoud lancèrent une offensive sur Kaboul, où ils entrèrent sans combat le 11 novembre 2001. Beaucoup de talibans s'étaient dispersés ; d'autres, après avoir tenté de se retrancher dans les montagnes proches du Pakistan, durent fuir les bombardements et se réfugièrent à l'est de la « ligne Durand », dans les districts pachtouns restés autonomes. Il est possible que Ben Laden et ses proches lieutenants s'y trouvent encore.

En Afghanistan sont implantées, depuis 2002, des forces militaires américaines (« Enduring Freedom », 20 000 hommes) et une force internationale de quelque 10 000 hommes, la FIAS (Force internationale d'assistance à la sécurité), elle-même chapeautée par l'OTAN, c'est-à-dire par les États-Unis. Les Américains sont parvenus, par ailleurs, à former un gouvernement avec Hamid Karzai, conforté en 2005 par des élections législatives et surtout par l'assemblée des chefs de tribus afghanes, la Loya Girga. Mais son pouvoir est limité et fragile : il se réduit maintenant à Kaboul, les talibans ayant repris le pouvoir dans les régions pachtouns. De plus, les « seigneurs de la guerre » comme les trafiquants de drogue (ce sont souvent les mêmes) entendent maintenir leur pouvoir sur leurs fiefs.

Au Pakistan, le fait que le président Mucharraf ait été contraint de démissionner devant l'opposition « libérale » et la pression des islamistes et qu'il soit remplacé par le mari de Benazir Bhutto – élu après l'assassinat de celle-ci et connu pour sa corruption – affaiblit considérablement le pouvoir central pakistanais, au plus grand profit des talibans.

Le nouveau président pakistanais, Asif Zardari, a commencé par mener des négociations avec les talibans en leur laissant la vallée du Swat. Mais ceux-ci se rapprochant dangereusement de la capitale et sous la pression des Américains, l'armée pakistanaise a mené une opération de grandeur ampleur à Swat. Les mois qui viennent seront décisifs pour cette zone stratégique, aussi appelée « AFPAK ».

L'AFGHANISTAN SOUS INFLUENCE

DEPUIS les années 1990, l'Afghanistan s'est trouvé de nouveau au centre d'une complexe partie politique, où interviennent ses voisins immédiats, Pakistan, Iran et ex-républiques soviétiques d'Asie centrale, notamment le Tadjikistan, mais également des pays plus lointains, au premier rang desquels les États-Unis et l'Arabie saoudite. Dans le long affrontement qui a opposé les différents groupes ethniques pour le pouvoir à Kaboul, l'Iran, l'Inde et la Russie ont soutenu la faction tadjike, alors que les factions islamistes pachtounes, naturellement liées au Pakistan, ont bénéficié de l'appui de celui-ci et de ses services secrets de l'ISI. Ces derniers contribuèrent ensuite à la prise du pouvoir par les talibans en 1996. Depuis 2001, après avoir chassé les talibans, les États-Unis tentent de bâtir en Afghanistan une sorte d'État démocratique qui leur serait favorable. Dans le même temps, l'Iran – comme, dans une moindre mesure, la Russie – a, semble-t-il, tenté d'appuyer de nouveau les seigneurs de guerre d'antan (notamment celui d'Harat, dans l'ouest du pays) contre le régime du président afghan Karzai. Celui-ci, constatant la réapparition des talibans dans les régions pachtounes du Sud-Est, aurait tenté, courant 2005, de faire des offres de réconciliation au mollah Omar, l'ex-dirigeant taliban. La situation de l'Afghanistan est donc encore très incertaine et reste liée dans une grande mesure à l'évolution du Pakistan, surtout si les islamistes y prennent un jour le pouvoir.

L'IRAK ET L'IRAN : DEUX POINTS CHAUDS ÉTROITEMENT LIÉS

Ces deux points chauds figurent sans doute parmi les plus graves au plan mondial. Bien que leurs causes soient différentes, ils se trouvent dans la même partie du monde. Il s'agit de deux États voisins dont les relations complexes furent, il y a vingt ans, terriblement conflictuelles (guerre de 1980 à 1988), mais qui peuvent se transformer en entente inégale contre un ennemi commun.

Des interactions complexes

Il s'agit d'abord de l'Irak, du fait de la guerre qu'y mène de nouveau l'armée des États-Unis, car il y eut d'abord la brève « guerre du Golfe » en 1991. Le conflit actuel qui a débuté en 2003 est beaucoup plus long, plus difficile. La différence avec le précédent réside dans le fait que maintenant les soldats américains n'ont plus un seul adversaire, l'armée irakienne, mais des adversaires différents et de plus en plus rivaux les uns des autres, au point qu'entre eux a en fait éclaté une guerre civile, ce qui a représenté une difficulté supplémentaire pour les Américains. Le problème géopolitique de l'Irak est particulièrement compliqué et l'on ne peut guère prévoir l'issue de ce conflit et quels peuvent en être les contrecoups à plus ou moins grande distance.

Il s'agit aussi de l'Iran. À partir des années 1950, les rapports furent très étroits avec les États-Unis *(voir chapitre les États-Unis)*, mais, depuis 1979, les relations sont brusquement devenues très mauvaises du fait de la révolution théocratique de l'iman Khomeinyn qui lança, en dépit de sa spécificité religieuse, la grande vague des mouvements révolutionnaires islamistes dans le monde musulman. Depuis la mort de Khomeiny en 1989, la révolution iranienne, qui était fort populiste, s'est « embourgeoisée » et l'on a pu penser, en Iran comme dans les pays occidentaux, que des dirigeants modérés seraient élus et qu'ils renoueraient progressivement des relations avec les États-Unis, bien que l'Iran reste une théocratie sous l'autorité d'un « guide suprême » religieux choisi parmi les dignitaires chiites. Mais lors des élections présidentielles de 2005 et 2009, ce n'est pas une personnalité modérée qui a été élue, mais Mahmoud Ahmadinejad, un laïque populiste ultra-islamiste, membre de l'armée spéciale que forment les « gardiens de la révolution ». Non seulement, le président réélu refuse toute reprise des relations avec Washington, mais il profère encore de très graves menaces envers Israël, qui, selon lui, doit être « rayé de la carte ».

Cette menace est d'autant plus grave que le président Ahmadinejad entend doter au plus vite son pays d'armes nucléaires et de fusées à grande portée (avec, sans doute, le concours de la Corée du Nord, sinon encore celui du Pakistan), en tirant parti du potentiel scientifique iranien en matière nucléaire. ce programme, initié par le Shah d'Iran (avec le concours de la France), a permis la formation de chercheurs en matière nucléaire. Cependant, l'Iran, comme bien d'autres pays, a signé le traité de non-prolifération des armes nucléaires, c'est-à-dire interdisant l'apparition de nouvelles « puissances nucléaires » (traité qu'ont seulement refusé l'Inde, le Pakistan et Israël). Mais les scientifiques et militaires iraniens sont suspectés de profiter du développement de leur programme nucléaire civil pour mettre au point secrètement des armes nucléaires avec divers concours clandestins. Or, la Russie participe activement au programme civil iranien. Les États-Unis (comme ils le firent en 2002 à l'encontre de Saddam Hussein) exigent que l'Iran laisse inspecter ses installations nucléaires et brandissent la menace, en cas de refus, d'une condamnation par le Conseil de sécurité. La France, l'Allemagne et le Royaume-Uni, instruits par les conséquences de la guerre avec l'Irak, estiment que, avant d'en arriver là, il faut négocier avec les dirigeants iraniens, mais ceux-ci se refusent, par fierté nationale disent-ils, à laisser inspecter leurs installations et, en fait, à laisser chercher celles qui seraient secrètes.

Aux États-Unis, certains affirment qu'il faut absolument empêcher l'Iran de se doter d'armes nucléaires à longue portée qui menaceraient Israël, mais aussi l'Arabie saoudite. Les chiites iraniens, qui, depuis des siècles, comme ceux d'Irak, ont des vues sur La Mecque, récusent le contrôle que les Saoudiens exercent sur les lieux saints de l'Islam. Toutefois, des frappes préventives sur les centres nucléaires iraniens (ce à quoi pensent aussi certains dirigeants israéliens) auraient des conséquences très dangereuses pour les forces américaines engagées sur le terrain en Irak, et les dirigeants iraniens le savent bien. En effet, les chiites forment en Irak près des deux tiers de la population, surtout dans la moitié sud du pays et dans une grande partie de l'agglomération de Bagdad. Depuis 2003 (à l'exception des partisans armés de certains imams), ils ont fait le calcul politique de ne pas s'opposer, pour le moment, aux Américains, mais leur attitude changerait sans doute grandement si une attaque aérienne était lancée contre l'Iran par les forces américaines. Les agents iraniens sont nombreux en Irak et l'armée iranienne pourrait même aller y combattre (Bagdad est à moins de cent kilomètres de la frontière). Encore que les relations entre chiites arabes d'Irak et chiites iraniens ne soient pas simples, comme on l'a vu durant les huit ans de guerre (1980-1988) : le conflit « ancestral » entre les Arabes et les Perses y avait largement été évoqué par la propagande de part et d'autre.

Une comparaison géopolitique Irak-Iran

L'Irak et l'Iran ne sont pas seulement des États voisins l'un de l'autre, ils présentent aussi d'importantes caractéristiques communes : outre leur climat semi-aride qui exige l'irrigation des terres cultivées, ce sont depuis longtemps de grands pays pétroliers et leurs populations sont plus ou moins chiites ; les lieux saints du chiisme se trouvent en Irak. Mais les deux pays sont à bien des égards très différents et entre eux se posent depuis longtemps d'importants problèmes géopolitiques. Quoi qu'il en soit, ces deux points chauds, différents par bien des aspects, résultent, pour l'un, d'une situation de guerre civile (Irak) et, pour l'autre, du bras de fer avec les États-Unis à propos des armes nucléaires (Iran). Ils doivent être envisagés conjointement.

L'Irak (24 millions d'habitants) est trois fois moins vaste et trois fois moins peuplé que l'Iran (72 millions). C'est un État de formation relativement récente. Cette partie du monde arabe, dont Bagdad fut même la capitale du VIIIe au XIIIe siècle, avant d'être ruinée par les Mongols, fit partie de l'Empire ottoman jusqu'au lendemain de la Première Guerre mondiale avant de passer sous le contrôle britannique. Ce sont les Anglais qui, en 1923, donnèrent son nom à l'Irak et en tracèrent les frontières. Celles-ci englobent la plus grande partie de la Mésopotamie avec les déserts qui la bordent à l'ouest, et une partie de sa bordure montagneuse au nord-est.

L'Iran est un ensemble de plateaux bordés par deux grandes chaînes montagneuses : l'une au nord, l'Elbourz, surplombe la Caspienne, l'autre, au sud, le Zagros, dominant la Mésopotamie, le golfe Persique et son prolongement par la mer d'Oman. L'Iran est un très vieil empire, la Perse (le nom d'Iran date des débuts du XXe siècle), qui n'a jamais été véritablement colonisé (bien qu'au XIXe siècle, les Russes au nord et les Anglais au sud y exercèrent une forte influence).

À la différence de l'Irak, l'Iran se caractérise par une grande unité religieuse, puisque

LES CONTRECOUPS DE L'ANNÉE 1979

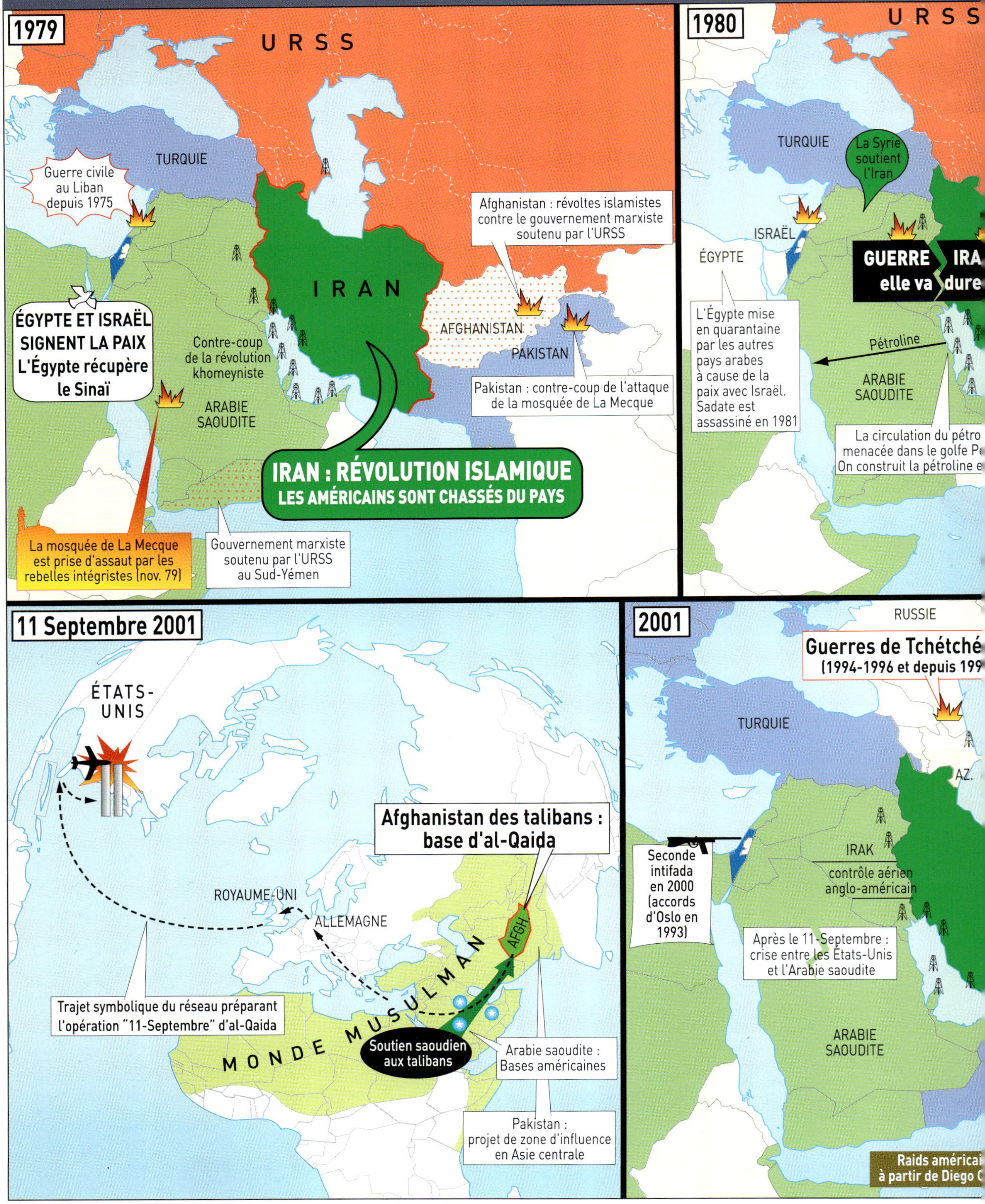

Légende commune — Pays de la Ligue arabe — Bloc communiste — Pays soutenant activement les États-Unis

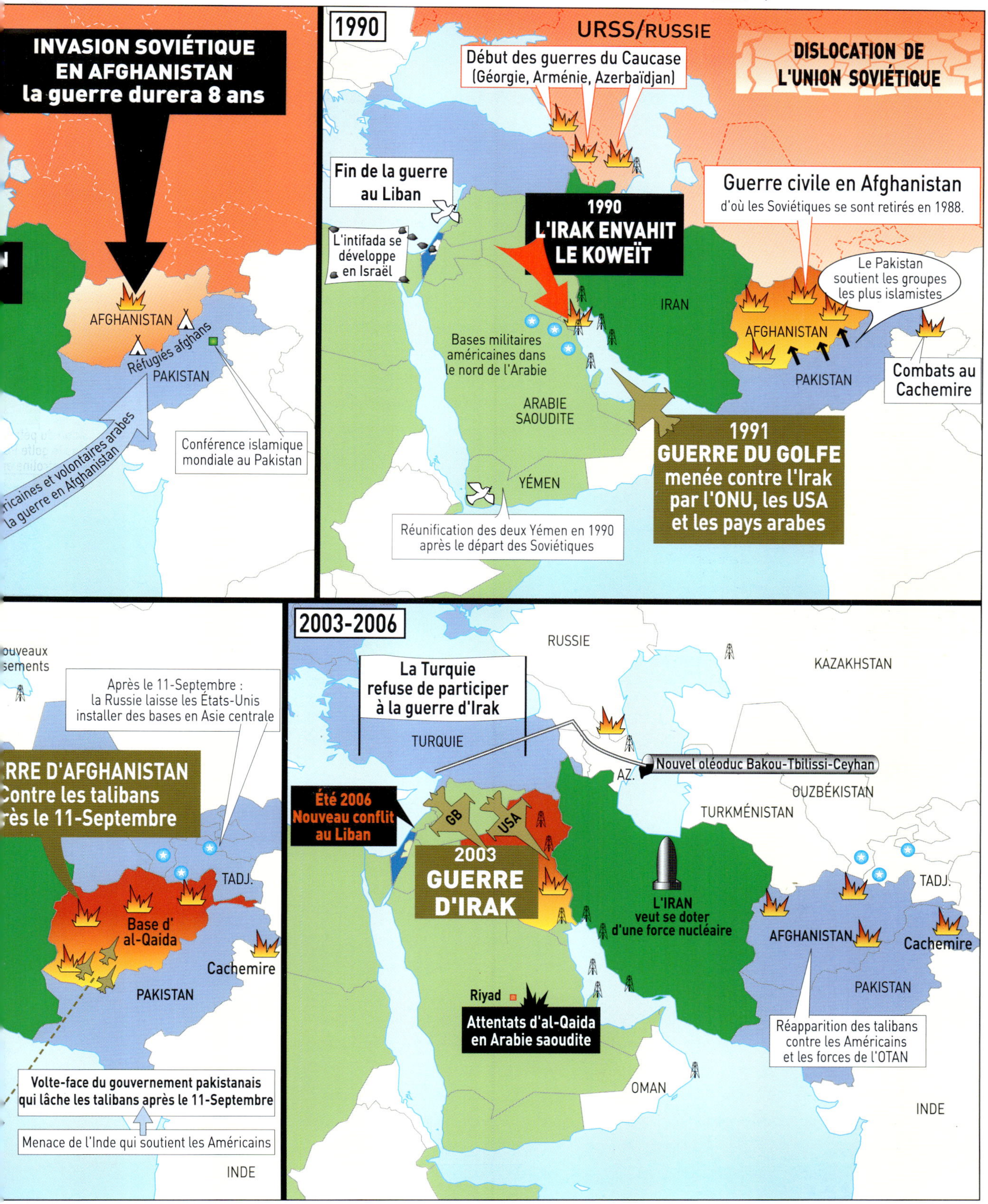

l'islam chiite, instauré au XVIe siècle, est aussi la religion de la grande majorité des Iraniens et de leurs dirigeants. Cette prépondérance du chiisme, qui s'est forgée au XVIe siècle contre l'Empire ottoman sunnite, constitue la grande originalité de l'Iran dans le monde musulman, où le chiisme est habituellement considéré sinon comme une hérésie, du moins comme le fait de minoritaires défavorisés et mécontents de l'ordre établi. En Iran, le chiisme est non seulement pratiqué par ceux dont le persan est la langue maternelle, mais aussi par les 6 millions d'Azéris turcophones au nord-ouest (soit autant que ceux de l'Azerbaïdjan, qui a été conquis par l'empire russe au XIXe siècle). Cependant, les Kurdes, au nombre de 7 millions dans l'ouest de l'Iran, sont à 80 % sunnites. En revanche, sont chiites les quelque 800 000 arabes de la région pétrolière du Khuzistan iranien, de l'autre côté du Chatt al-Arab, l'estuaire commun du Tigre et de l'Euphrate, qui marque la frontière entre l'Iran et l'Irak.

L'Irak, et c'est le grand problème géopolitique actuel, n'a pas l'unité religieuse de l'Iran. Les Arabes chiites forment environ 60 % de la population irakienne. Or, ils ont été dominés par des Arabes sunnites qui ne sont en vérité qu'une petite minorité de la population (18-20 %, prétendent certains). Cette domination sunnite remonte au VIIIe siècle au temps de la splendeur de Bagdad, lorsqu'elle était capitale de l'empire arabe des Abbassides. Cela s'est prolongé non seulement sous l'Empire ottoman, mais aussi à l'époque britannique : les Anglais, après avoir installé un roi d'Irak sunnite venu de La Mecque, se sont appuyés sur des cadres arabes, eux aussi sunnites, et il en a été de même après 1958, durant la succession des dictatures militaires et et du parti Baath, sous la domination de Saddam Hussein. Après la chute de celui-ci, les chiites sont devenus le groupe politique officiellement majoritaire dans le pays, après les élections qui se sont tenues fin 2005. Il y avait autrefois de nombreux chrétiens (assyro-chaldéens) en Irak, ils ne représentent plus que 2 % de la population, car, victimes de nombreux massacres dans les années 1930, beaucoup d'entre eux ont émigré. Il y avait aussi une importante communauté juive à Bagdad, mais elle a disparu pour les mêmes raisons après la guerre israélo-arabe de 1948.

Autre grand problème géopolitique de l'Irak, celui des cinq millions de Kurdes (soit quelque 20 % des Irakiens) dans les montagnes du nord-est et leur avant-pays, où se trouvent les grands gisements de pétrole de Mossoul et de Kirkuk exploités depuis le début du XXe siècle. Ces Kurdes d'Irak (en majorité sunnites) réclament leur indépendance, tout comme ceux de Turquie (15 millions), depuis les lendemains de la Première Guerre mondiale. Mais les gouvernements irakiens successifs ont refusé la création d'un Kurdistan, par crainte de perdre les gisements de pétrole de Kirkuk et de Mossoul, et Saddam Hussein a été jugé et exécuté à Bagdad pour avoir, pendant la guerre qu'il a menée contre les Kurdes, fait usage de gaz asphyxiants, notamment contre la population du village kurde d'Alabja.

L'enchaînement des conflits

Mais c'est contre l'Iran que Saddam Hussein a mené durant huit ans (1980-1988) la grande guerre qui devait ouvrir la succession des coups et contrecoups aboutissant à sa propre chute et à la crise internationale actuelle. Le dictateur irakien estima alors que la chute du Shah comme la désorganisation de sa puissante armée et l'hostilité des Américains à la révolution iranienne étaient une occasion à ne pas laisser passer. Le prétexte fut un désaccord sur le tracé de la frontière Iran-Irak au milieu du Chatt al-Arab et, surtout, la volonté de libérer les arabes du Khuzistan de l'oppression iranienne, afin d'annexer ainsi à l'Irak la principale région pétrolière et industrielle de l'Iran. Or les Iraniens, par fierté nationale, se défendirent beaucoup plus vigoureusement que Saddam Hussein l'avait prévu et le clergé chiite – la hiérarchie des mollahs –, se révéla bien meilleur organisateur que l'on aurait pu croire, y compris au plan militaire : elle sut ainsi galvaniser de nombreux volontaires en invoquant les martyrs d'Ali (gendre du Prophète) et de son fils Hussein.

La révolution islamiste de Khomeiny menaçant de s'étendre à l'ensemble du Moyen-Orient, les puissances occidentales, notamment les États-Unis et la France, mais aussi le Koweït et l'Arabie saoudite, apportèrent leur soutien militaire et financier à Saddam Hussein pour lui éviter une défaite dont les conséquences pouvaient être considérables.

De guerre lasse, l'Irak et l'Iran cessèrent les combats en 1988. Deux ans plus tard, Saddam Hussein, disposant des armes fournies par les Occidentaux et par l'URSS, faisait brusquement envahir le Koweït, qu'il annexait aussitôt. Devant cette violation des règles fondamentales de l'ONU, le Conseil de sécurité donna son accord à la formation d'une grande coalition autour de l'armée américaine pour faire évacuer le Koweït. Saddam Hussein espérait sans doute que tout cela serait bloqué par un veto de l'URSS, mais, en ce début de 1991, les dirigeants soviétiques avaient bien trop de problèmes internes pour prendre le risque d'une crise avec Washington. La « guerre du Golfe » eut donc lieu et l'armée irakienne, en février 1991, fut rapidement écrasée.

Le président des États-Unis d'alors, George Bush père, décida que, selon le mandat onusien, la coalition n'irait pas au-delà des frontières nord du Koweït. Pourtant, des responsables américains avaient appelé les chiites d'Irak et les Kurdes, adversaires de Saddam Hussein, à se révolter contre lui. Les chiites firent l'objet d'une violente répression de la part du maître de Bagdad lorsqu'il put reconstituer ses forces. Les Kurdes eurent plus de chance, car ils furent protégés par les aviations américaine et britannique qui exercèrent jusqu'en 2003 une surveillance continuelle de l'Irak, pour vérifier que l'armée irakienne ne s'était pas procuré des fusées à longue portée et autres armes de « destruction massive » qui lui avaient été interdites par l'ONU en 1991. L'Irak était aussi soumis à un blocus de ses importations et de ses exportations pétrolières, sauf pour acheter de la nourriture.

La guerre d'Irak et les rivalités parmi les adversaires des Américains

Les attentats du 11 septembre 2001 sur New York et Washington modifièrent complètement la situation, car les Américains estimèrent bientôt que Saddam Hussein pouvait faire alliance avec Ben Laden, qui n'avait toujours pas été capturé en Afghanistan après la chute des talibans.

Certes, le dirigeant irakien avait affiché des convictions laïques dans la tradition du parti Baath, mais pendant la guerre du Golfe, il avait fait ostensiblement référence à l'islam et sa haine, somme toute légitime, à l'encontre des Bush et de l'Amérique pouvait peut-être l'avoir rapproché d'al-Qaida. Toujours est-il que, sans l'accord du Conseil de sécurité et malgré les mises en garde de la France et de l'Allemagne, le président George W. Bush, avec le soutien du Congrès et d'une grande partie de l'opinion américaine, décida au printemps 2003 d'aller faire la guerre en Irak. Sa décision fut suivie par celle du Premier ministre britannique Tony Blair, malgré l'opposition d'une grande partie de l'opinion britannique. Celui-ci voulait ainsi marquer la solidarité indéfectible de la Grande-Bretagne à l'égard des États-Unis, et il fut imité par le gouvernement polonais, désireux de montrer que la Pologne jouait à fond la carte de l'OTAN où elle venait d'être admise.

On connaît la suite : persuadé par le lobby des néo conservateurs que la « révolution dans les affaires militaires » (rendue possible par les progrès étonnants des techniques de visée et de repérage des cibles par satellites) allait permettre de gagner rapidement la guerre, en n'engageant au sol que des effectifs relativement restreints, George W. Bush n'envoya en Irak qu'un corps expéditionnaire de 125 000 hommes, malgré l'inquiétude des chefs de l'armée de terre – au Sud-Vietnam, l'armée américaine avait engagé jusqu'à 500 000 hommes sur un territoire alors aussi peuplé que l'Irak mais bien plus petit. Certes, l'agglomération de Bagdad fut prise très rapidement, l'armée de Saddam

CHRONOLOGIE DE LA « GUERRE D'IRAK »

2003

20 mars. Les Américains, assistés de troupes britanniques, lancent l'opération « Liberté de l'Irak ».

9 avril. Chute de Bagdad.

30 mai. La mission de l'ONU sur les armes de destruction massives en Irak, dirigée par Hans Blixen, remet un rapport concluant à l'absence de preuves quant à la présence ou à l'existence de programmes de fabrication de ce type d'armes dans le pays. L'existence supposée de ces armes en Irak avait servi de prétexte au déclenchement de l'opération américaine.

13 juillet. Mise en place du conseil de gouvernement transitoire irakien.

13 décembre. Capture de Saddam Hussein dans son fief de Tikrit.

2004

Mars-avril. Publication de photos montrant des sévices exercés par des militaires américains à l'encontre de prisonniers irakiens.

11 mars. Attentats islamistes sanglants à Madrid. Le nouveau gouvernement socialiste décide de retirer d'Irak le contingent espagnol.

28 juin. Transfert officiel des pouvoirs au gouvernement provisoire irakien.

2005

30 janvier. Élection d'une Assemblée constituante. Les députés chiites remportent la majorité des sièges.

7 juillet. Attentats islamistes sanglants à Londres.

15 octobre. Référendum sur la Constitution.

15 décembre. Élections générales.

2006

23 février. Destruction de la mosquée d'Or à Samara, sanctuaire des chiites. Début de la guerre civile. Al-Qaida (avec Al-Zarqaoui) déclare la guerre aux chiites.

30 décembre. Exécution par pendaison de Saddam Hussein.

2008

2 mars. Visite du président iranien Ahmadinejad à Bagdad.

2009-2010

Retrait prévu des troupes américaines.

Hussein s'étant effondrée. Mais bientôt les forces américaines durent faire face à de multiples adversaires qu'elles n'avaient pas prévus et que les satellites ne permettaient pas de repérer.

Alors que les autorités américaines avaient prévu une reprise rapide de la production et des exportations pétrolières pour en prendre le contrôle et financer la reconstruction du pays, les pipe-lines vers le nord et vers le sud ont été sabotés en de multiples endroits et leurs stations de pompage incendiées. Si les troupes américaines ont subi depuis de multiples attentats, ceux-ci frappent surtout la population irakienne et, tout particulièrement, ceux qui participent à l'administration ou à la police dépendant d'un gouvernement provisoire irakien mis en place par les autorités américaines en 2004. Les villes kurdes de Kirkuk et de Mossoul ont également fait l'objet d'attentats, mais ces agressions meurtrières ont été encore plus graves et plus nombreuses contre la population chiite, notamment lors de ses rassemblements religieux, dans ses cimetières et ses lieux saints.

Les Kurdes et les chiites ont en effet tiré parti de la chute de Saddam Hussein et de la présence de l'armée américaine. Les premiers, dans leur très grande majorité, sont très satisfaits de l'autonomie sous protection américaine dont ils disposent depuis 2001 et dont ils espèrent qu'elle sera reconnue dans la future Constitution irakienne. Quant aux chiites, ils espèrent eux aussi que celle-ci instituera une autonomie de la moitié sud du pays et même qu'ils prendront le contrôle de l'ensemble de l'Irak, puisqu'ils y sont reconnus comme majoritaires. Certes, le bouillant imam Moqtada Sadr et sa milice ont voulu défier, en 2004, les Américains à Karbala, dans un lieu saint du chiisme, mais les grands ayatollahs ont appelé au calme et ont négocié la fin de cette tentative prématurée. Par ailleurs, les militaires britanniques qui stationnent dans le sud chiite de l'Irak et à Bassora ne sont pas l'objet d'attaques fréquentes.

Ce sont donc essentiellement des sunnites qui combattent les Américains et qui frappent les Irakiens jugés « collaborateurs » ou attentistes. Les combats qu'ont eu à mener les forces américaines se situent principalement dans la partie centrale du pays où se trouvent surtout les sunnites (ceux-ci formant environ 20 % de la population totale), dans l'agglomération de Bagdad (qui est aussi en grande par-

LES PEUPLES D'IRAK

Zone arabe sunnite (18 % de la population)
Zone kurde sunnite (18 % de la population)
Zone arabe chiite (60 % de la population)
Influences extérieures

Adoptée en octobre 2005 par 78 % des votants (pour une participation de 63 % des inscrits), la nouvelle Constitution irakienne prévoit un système fédéral garantissant l'unité du pays. Une grande partie des sunnites, autrefois dominants sous le régime de Saddam Hussein, refuse cette formule qui, selon eux, fait la part belle aux chiites, largement majoritaires dans le pays. Les Kurdes, pour leur part, voient dans ces nouvelles institutions la possibilité de pérenniser la très large autonomie dont ils jouissent depuis 2001. Cependant, demeure ouvert le problème de Kirkuk, non incluse dans la région kurde, mais considérée par eux comme un lieu historique, au centre d'une riche zone pétrolière. Les Kurdes font observer, par ailleurs, que la Turquie ne considère plus comme un casus belli l'intégration de cette ville dans la zone kurde d'Irak.

tie chiite) et dans de petites villes situées à une certaine distance de la capitale. Ce fut notamment le cas à Faludja, en 2004, que les marines renoncèrent finalement à prendre d'assaut, après la médiation d'un ex-général irakien.

Les adversaires des Américains semblent être principalement des cadres (sunnites) de l'ancienne armée de Saddam Hussein qui, en 2003, ont eu le temps de cacher beaucoup d'armes et d'explosifs, mais aussi des « djihadistes » (combattants du djihad) venus de nombreux pays arabes, soit par la frontière syrienne (de fréquents combats y ont eu lieu) et jordanienne, soit par celle du Koweït et de l'Arabie saoudite. Les plus célèbres de ces *djihadistes* sont ceux du groupe d'Abou Moussab al-Zarkaoui (né dans la ville de Zarka, en Jordanie) qui se réclament d'al-Qaida. Outre leurs attaques contre les Américains, ils revendiquent aussi certains attentats très meurtriers contre les chiites. Leur conception du djihad sunnite ne se limite donc pas à la guerre contre les chrétiens et les Juifs, mais elle a surtout visé les chiites. Les attentats dont ceux-ci sont victimes sont bien plus nombreux et ils traduisent sans doute une volonté des *djihadistes* sunnites d'al-Qaida d'en attribuer la responsabilité indirecte aux Américains, afin que se déclenche contre eux une grande insurrection chiite, ce qui aurait modifié les conditions de la guerre en Irak.

En 2007, un général américain « de terrain », David Petraeus, mit en œuvre une stratégie de contact avec les chefs de tribus sunnites afin d'obtenir d'eux, moyennant finances, qu'ils « liquident » les réseaux d'al-Qaida, formés surtout de *djihadistes* venus de l'étranger. Cette stratégie ayant entraîné une réduction substantielle du nombre d'attentats, les autorités américaines en tirèrent l'argument que la lutte contre les terroristes avait réussi et qu'il leur était désormais possible de retirer progressivement leurs troupes d'Irak. La décision fut prise dans les dernières années de la présidence de George W. Bush et orchestrée après l'élection de Barack Obama, qui a décidé de porter désormais l'effort de guerre en Afghanistan, sous le commandement du général Petraeus. Cependant, depuis le début de l'été 2009, on assiste à une flambée spectaculaire d'attentats en Irak, ce qui pourrait compromettre la stratégie de retrait américaine.

Le bras de fer avec l'Iran

À la différence de George W. Bush qui laissait envisager (suite à la demande des Israéliens) d'éventuelles frappes sur les sites nucléaires de l'Iran pour détruire ses capacités de fabriquer des armes nucléaires, Barack Obama a

LA MENACE NUCLÉAIRE IRANIENNE

Cette carte représente de façon impressionnante la menace nucléaire que pourrait constituer l'Iran, notamment par rapport à Israël. Les Occidentaux font pression pour que Téhéran, qui a signé dans le passé le traité de non-prolifération nucléaire (TNP), abandonne son programme à destination militaire, mais se heurtent à un refus catégorique. La Russie et l'UE tentent de jouer la carte de l'apaisement. Cependant, les craintes de l'équipe dirigeante à Téhéran vis-à-vis d'une implantation américaine dans la région (Irak, Afghanistan) et d'un durcissement de la communauté sunnite à son égard poussent, semble-t-il, celle-ci à l'intransigeance. La « bombe islamique » est déjà détenue par le Pakistan, et des soupçons pèsent à cet égard sur l'Arabie saoudite, voire sur l'Égypte. L'Arabie saoudite et les monarchies du golfe Persique, tout comme Israël, redoutent que l'Iran détienne un jour une force de frappe nucléaire, alors même que les fusées iraniennes à moyenne portée viennent d'être utilisées par le Hezbollah dans la récente guerre du Liban. Début 2009, le lancement réussi d'une fusée spatiale, donc à capacité terrestre à plus longue portée (3 000 km), porte les menaces militaires iraniennes jusqu'en Europe. Face à cette menace, l'OTAN a envisagé l'installation de missiles antimissiles en Europe orientale. Mais ce projet semble avoir été abandonné devant les protestations de la Russie qui s'estime menacée.

manifesté une volonté de dialogue avec les dirigeants iraniens.

Certes, dans leur majorité, ceux-ci veulent que l'Iran se dote de moyens nucléaires civils et militaires, pour démontrer la puissance de leur nation et se prémunir d'une éventuelle attaque nucléaire venant d'Israël voire même d'Arabie saoudite, qui n'entend pas renoncer, malgré les demandes des chiites, à son contrôle sur les lieux saints de La Mecque. Mais parmi les dirigeants iraniens avec lesquels Barack Obama envisage de développer un dialogue, le président Ahmadinejad est le plus hargneux et ses propos scandaleux à l'encontre Israël (qu'il faudrait selon lui « rayer de la carte ») rendent tout dialogue diplomatique quasiment impossible. Aussi escomptait-on qu'il ne soit pas réélu président en juin 2009 étant donnée la situation économique très difficile dans laquelle se trouvent un grand nombre d'Iraniens (malgré les subsides que la hausse des prix du pétrole permet d'accorder aux « déshérités »). Mais cette perspective de dialogue se trouve actuellement fortement restreinte suite à la réélection « triomphale » d'Ahmadinejad, et ce, malgré les grandes manifestations de l'opposition qui a dénoncé une fraude massive avant d'être étouffées par les *pasdarans*, les forces spéciales du régime.

Il est difficile de prévoir comment la situation peut évoluer dans l'ensemble du Moyen Orient. Le rôle de l'Iran d'Ahmadinejad pourrait ne pas se limiter à des menaces nucléaires. Il pourrait renforcer, via la Syrie, son soutien militaire à l'armée des chiites libanais du Hezbollah et aux sunnites les plus anti-israéliens du Hamas à Gaza. Mais on pourrait également envisager l'infiltration, voire même l'arrivée massive de volontaires chiites iraniens en Irak pour compliquer le départ des Américains et les y maintenir piégés ou transformer leur retraite en débâcle. Quoi qu'il en soit, le quasi-fiasco de l'expédition américaine en Irak et les efforts effectués par le président Obama pour s'en dégager (au risque d'une rupture avec Israël) sont d'ores et déjà largement exploités dans le monde entier par les islamistes révolutionnaires afin de prouver qu'il est désormais possible de faire reculer l'hyperpuissance et d'infliger une cinglante défaite au « monde judéo-chrétien ».

ISRAËL-PALESTINE : UN PROBLÈME CRUCIAL TOUJOURS SANS SOLUTION

Sur la carte du monde, ce que les uns appellent Palestine ou Cisjordanie, et les autres, Judée-Samarie, n'est évidemment qu'un point, car le territoire en question se mesure seulement en dizaines de kilomètres. Mais il s'agit bien d'un point chaud d'importance mondiale, car les luttes qui s'y déroulent depuis des années ont un retentissement médiatique sur une grande partie de la planète. Les contrecoups à distance de ce conflit peuvent être ainsi très dangereux.

I. Aux origines du sionisme

Dans ce conflit, les représentations symboliques jouent un rôle considérable, car le territoire disputé ne contient ni pétrole, ni autre richesse. Au départ de tout, on trouve un étonnant projet géopolitique, le sionisme. Le plus souvent, dans un projet national, il y a un peuple sur un territoire dépendant d'un empire et qui souhaite (ou du moins ses intellectuels) devenir indépendant et avoir son propre État, voire étendre ses frontières pour regrouper tous ceux qui parlent la même langue.

Dans le cas du sionisme, il y a, au contraire, la dispersion très ancienne à travers le monde de personnes qui ont la même religion, mais parlent des langues différentes (l'hébreu étant la langue des rabbins) et qui participent au développement culturel des différents pays où ils sont établis tout en y étant très souvent l'objet de discriminations. Il faut donc remonter à l'Empire romain, quand, au Ier siècle de notre ère, les Juifs furent, en grande majorité, chassés d'Israël (la Palestine ou terre de Canaan, la terre de leurs ancêtres, le premier royaume hébreu datant du Xe siècle avant notre ère). Ils se dispersèrent alors tout autour du bassin méditerranéen et vers Bagdad. Durant vingt siècles, les Juifs de la diaspora (de la dispersion), tout en conservant leur foi, se sont intégrés dans les cultures des pays où ils s'étaient établis : Juifs séfarades en Espagne, qui parlaient le ladino, le vieil espagnol, Juifs ashkénazes (ceux d'Allemagne), qui parlaient le yiddish, une langue proche du vieil allemand, et juifs orientaux à Bagdad, arabophones, l'hébreu restant la langue liturgique. En 1492, les juifs séfarades (du moins ceux qui avaient refusé de se convertir au catholicisme) ont été chassés d'Espagne et se sont réfugiés sur les côtes d'Afrique du Nord, d'Italie et de l'Empire ottoman. De nombreux Juifs ashkénazes, subissant de récurrentes persécutions de la part des chrétiens et accompagnant vers l'est la migration des Allemands, se sont implantés en Pologne, dans les pays Baltes et dans l'ouest de la Russie, les autres restant en Europe occidentale.

C'est parmi ces Juifs d'Autriche, d'Allemagne et d'Europe orientale qu'est apparu, à la fin du XIXe siècle, un courant d'idées, véritablement géopolitiques avant la lettre, que l'on a appelé le sionisme, du nom de la colline de Sion qui domine Jérusalem. Ce mouvement, incarné par Theodor Herzl, s'inscrit dans le contexte d'une Europe centrale – « Mitteleuropa » –, où, depuis le milieu du XIXe siècle, de nombreux peuples (hongrois, tchèque, polonais, etc.) incorporés dans l'un ou l'autre des empires ottoman, autrichien, allemand ou russe, veulent chacun devenir indépendants, c'est-à-dire dirigés par son propre État sur le territoire où s'étend sa langue.

Ce courant d'idées romantiques (au sens du romantisme comme mouvement se réclamant d'un retour aux racines historiques et nationales) se répand aussi parmi les Juifs, d'autant que ceux-ci se trouvent exposés à une recrudescence de l'antisémitisme. Nombre d'entre eux, de culture yiddish, se seraient volontiers intégrés au mouvement pangermaniste, mais certains idéologues allemands les récusèrent pour des raisons religieuses et « de sang ». Aussi décidèrent-ils d'avoir leur propre État et un territoire. Cependant, le phénomène de la diaspora posait un grand problème : nombre de Juifs avaient déjà émigré aux États-Unis, ceux de Russie et de la *Mitteleuropa* étaient dispersés, et les Juifs séfarades ne participaient pas au mouvement des nationalités puisqu'ils se référaient à une tout autre ambiance culturelle, sauf dans les Balkans.

Par ailleurs, les rabbins et les juifs les plus pieux considéraient qu'il était impie de chercher à créer un nouvel État juif tant que le Messie n'était pas venu. Ce furent donc des Juifs fort peu religieux qui, en *Mitteleuropa*, développèrent le mouvement sioniste. Divers territoires (l'Ouganda, l'Argentine, etc.) furent alors envisagés, mais ce fut la Palestine, à l'époque dépendante de l'Empire ottoman, qui fut reconnue comme la vraie terre nationale juive. Moses Hess, un communiste allemand (un moment proche de Karl Marx et membre fondateur de la Ligue des communistes) fut ainsi le premier à préconiser l'implantation de colons en Palestine. Son idée fut reprise par Theodor Herzl, Autrichien d'origine hongroise, en 1897. D'autres Juifs, souvent militants ouvriers, prirent alors position contre le sionisme, notamment en Lituanie, en Pologne ou en Russie, pour créer dans ces pays un parti social-démocrate juif, le Bund. Cependant, de nombreuses sociétés sionistes commencèrent à se créer, notamment en Russie, et, dès 1882, avait été fondée, près de Jaffa, la première colonie agricole juive de Palestine. Au début du XXe siècle, une immigration juive, plus ou moins clandestine, commença à affluer dans la région, appuyée par la diplomatie allemande et avec l'accord de l'Empire ottoman, mais désapprouvée par les Britanniques, qui voyaient dans ce mouvement une menace potentielle sur la route des Indes (via le Koweït). Cependant, en 1917, lord Balfour, ministre britannique des Affaires étrangères très favorable aux idées sionistes, apporta son soutien officiel à « l'établissement en Palestine d'un foyer national pour le peuple juif », mais sans pour autant qu'il soit porté atteinte aux droits des communautés non juives, en l'occurrence les Arabes. Après la dislocation de l'Empire ottoman, la Société des Nations confia à la Grande-Bretagne le mandat sur la Palestine. Les tensions commencèrent à monter entre Juifs et Arabes (on ne parlait pas encore de Palestiniens) ; les Britanniques, ne sachant plus comment garder l'équilibre entre les deux communautés, cherchèrent alors à réduire l'afflux des immigrés juifs. Ceux-ci s'implantaient surtout dans la plaine côtière, de nature marécageuse. Du fait du paludisme qui y sévissait, cette plaine était restée jusqu'alors fort peu peuplée, les Palestiniens se trouvant surtout sur les plateaux qui la dominaient.

L'entre-deux-guerres

Les relations triangulaires entre Britanniques, Arabes et Juifs ne cessèrent de se dégrader au fur et à mesure que le nombre de ces derniers augmentait. En 1929, commença la révolte arabe contre les Anglais, qui devait culminer en 1936. Pour se protéger d'attaques de plus en plus violentes, les sionistes fortifièrent leurs villages, organisèrent une force armée plus ou moins clandestine, la Haganah, et se dotèrent en 1935 d'un gouvernement officieux présidé par David Ben Gourion. L'aggravation de l'antisémitisme en Allemagne, mais aussi en Pologne et en divers pays d'Europe centrale après l'arrivée au pouvoir de Hitler ou d'autres régimes réactionnaires, accrut l'émigration des Juifs vers les États-Unis et aussi, bien qu'en bien moindre proportion, vers la Palestine où leur nombre passa dès 1935 à 375 000. Dans les plaines, leurs achats de terres augmentèrent d'autant. Pour freiner la colère des Arabes, les Britanniques décidèrent alors d'interdire toute nouvelle immigration. Les sionistes s'organisèrent alors de façon clandestine et des organisations secrètes juives comme l'Irgoun menèrent de graves attentats contre les Britanniques.

Ce conflit latent entre sionistes et autorités coloniales britanniques constitue une notable différence avec les autres phénomènes de colonisation, comme en Afrique du Nord, où l'essentiel des colons et des autorités coloniales avait la même nationalité. Durant la Seconde Guerre mondiale, alors que de grandes familles arabes alliées de Hitler cherchaient à relancer la révolte contre les Anglais, les sionistes soutinrent la lutte de la Grande-Bretagne contre le nazisme. Mais, dès le lendemain du conflit, les rapports entre sionistes et autorités britanniques redevinrent exécrables.

Entre 1948 et 1996, plus de 2,5 millions de Juifs du monde entier ont émigré vers Israël. Trois groupes ont constitué les contingents les plus importants : ceux d'Europe centrale (dont ceux de Pologne et de Roumanie), qui avaient survécu à l'extermination nazie ; ceux du monde arabe (Maroc et Irak, notamment), qui ont contribué à rééquilibrer au sein d'Israël la proportion des Séfarades ; ceux, enfin, issus de l'ex-Union soviétique et dont le nombre est si grand (on prétend que certains d'entre eux ne sont pas vraiment juifs) qu'ils constituent désormais un groupe à part dans le pays.

La formation d'un appareil d'État

En 1947, peu après la fin de la Seconde Guerre mondiale, les forces britanniques de Palestine s'opposèrent par la force à ce que des rescapés de l'Holocauste venus d'Europe sur le navire *Exodus* débarquent dans le port de Haïfa. En Europe et aux États-Unis, le scandale fut tel que le gouvernement de Londres décida que ses troupes évacueraient la Palestine quand une solution serait trouvée pour la partager entre les Juifs et les Arabes.

En novembre 1947, l'Organisation des Nations unies – ce fut une des toutes premières décisions – préconisa de diviser la Palestine en deux États, chacun d'eux étant constitué de trois morceaux pratiquement séparés, Jérusalem et Bethléem formant, par ailleurs, une enclave internationalisée. Ce plan fut

L'IMMIGRATION EN ISRAËL DEPUIS 1948

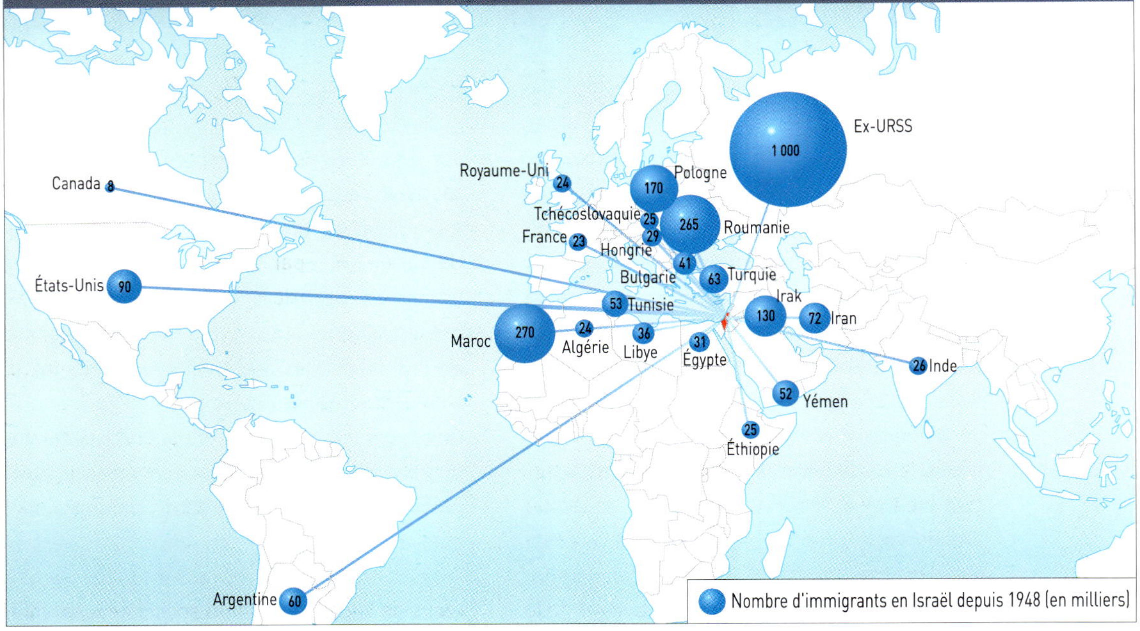

refusé par tous les États arabes du Moyen-Orient, comme par les Arabes de Palestine, qui commencèrent à attaquer les villages juifs sans attendre le départ des troupes anglaises. Peu après la fin officielle du mandat britannique, l'indépendance d'Israël était proclamée à l'ONU (avec le soutien de l'Union soviétique) le 14 mai 1948, alors que les troupes syriennes, libanaises, jordaniennes, irakiennes et égyptiennes se lançaient à l'assaut des positions israéliennes, qui résistaient difficilement. Un mois plus tard, un cessez-le-feu imposé par l'ONU permit au nouvel État juif, enfin libéré du blocus des Anglais, d'acheter des armes à l'étranger et d'appeler à l'aide de nombreux volontaires. En juillet, l'Égypte ayant violé ce cessez-le-feu, l'armée israélienne put lancer une grande contre-offensive en profitant du manque de coordination des armées arabes et de l'inexpérience de la plupart d'entre elles. Cependant, les forces israéliennes, malgré leurs efforts, ne pourront pas enlever Jérusalem à l'armée jordanienne, mais seulement ses faubourgs occidentaux, ni prendre pied sur les plateaux qui dominent la plaine côtière. En revanche, elles prirent le contrôle de la Galilée et du lac de Tibériade, l'unique grand réservoir d'eau douce du Proche-Orient et chassèrent les Arabes, qu'ils soient chrétiens ou musulmans, de l'étroite bande côtière où se trouvait leur capitale, Tel-Aviv. En novembre, l'armée israélienne, désormais dotée de quelques chars et de quelques avions, se lance vers le sud à la conquête du désert du Néguev, en direction du golfe d'Akaba et de la presqu'île du Sinaï. Cette offensive était justifiée par l'importance stratégique, mais aussi idéologique et spirituelle, de l'enjeu, puisque c'est sur le mont Sinaï que Moïse a reçu la révélation de sa mission et l'annonce de la « Terre promise ». Mais, en janvier 1949, les pressions américaines et la menace d'une contre-offensive des forces britanniques basées sur le canal de Suez, et encore alliées de l'Égypte, obligèrent l'armée d'Israël à arrêter sa marche vers le sud-ouest. Des armistices furent signés en 1949 entre Israël et ses voisins. « Tsahal », l'armée israélienne, tentera sept ans plus tard une nouvelle offensive vers Suez et dans le Sinaï, lorsqu'elle participera en 1956 à l'expédition franco-anglaise (motivée par la nationalisation du canal par Nasser et par l'appui que donnait celui-ci aux nationalistes algériens) qui tournera court du fait de l'opposition des États-Unis et de l'Union soviétique.

II. Les guerres d'Israël et des États arabes voisins

La défaite infligée en 1948 par Israël aux États arabes aura pour ceux-ci de très importantes conséquences. Humiliés par cette victoire inattendue des Juifs, dont l'image, en Europe et ailleurs, restait encore celle d'une diaspora de gens incapables de porter les armes et de cultiver la terre, les Arabes ont commencé à tenir le discours de la trahison comme de l'injustice. Ils considérèrent désormais que la revanche sur Israël, la reconquête de ces 20 000 km^2, pourtant bien petits en regard des immensités du monde arabe, était l'objectif primordial. Aussi les dépenses militaires vont-elles constituer durablement la majeure partie du budget de la quasi-totalité des États arabes et ceux-ci vont se tourner vers les pays vendeurs de matériel de guerre. En l'occurrence (à l'exception de la Jordanie soutenue par les Anglais), il s'est surtout agi de la Tchécoslovaquie et de l'Union soviétique, car celle-ci avait été dépitée de la rapide orientation pro-occidentale de la diplomatie israélienne. De son côté, Israël, dont les relations avec les États-Unis n'étaient pas encore très étroites, s'équipa d'abord en France, pays qui contribua par ailleurs au démarrage de sa recherche nucléaire.

Fiers des chars et des avions qu'ils avaient reçus de la part du « camp socialiste », les militaires et dirigeants arabes cherchent l'occasion d'une nouvelle épreuve de force avec Israël afin de se venger de leur défaite passée. En mai 1967, le président égyptien Nasser, allié de la Syrie et de la Jordanie, décide de bloquer le golfe d'Akaba, pour empêcher les livraisons de pétrole iranien au port israélien d'Eilat. Le 5 juin 1967, Israël lance une soudaine offensive, détruit au sol l'aviation égyptienne en quelques minutes et atteint deux jours plus tard le Sinaï et le canal de Suez. Le 7, l'armée israélienne repousse l'armée jordanienne hors de Cisjordanie, prend Jérusalem le 9 et occupe tout le territoire à l'ouest de la vallée du Jourdain. Enfin au nord, les forces de Tsahal escaladent, malgré la résistance des Syriens, les pentes escarpées du plateau du Golan qui domine le lac de Tibériade. L'armée israélienne, outre la valeur exceptionnelle de ses citoyens-soldats, hommes et femmes, avait su très efficacement combiner l'action des chars et de l'aviation et tirer profit de la petitesse de son territoire pour agir rapidement et concentrer successivement ses forces sur des fronts différents où des adversaires, au total bien plus nombreux, n'avaient pas coordonné leur action.

Cette « guerre des Six-Jours », qui se termina le 11 juin 1967 par un cessez-le-feu imposé par les Américains et les Soviétiques, détermine encore aujourd'hui les données stratégiques essentielles de la région. Alors qu'en 1948 les Israéliens avaient pris possession de territoires où le peuplement arabe, historiquement peu important (à cause, autrefois, du paludisme), avait fui pour une grande part, en 1967 l'armée israélienne occupe (outre la presqu'île désertique du Sinaï) des territoires où la population arabe est restée relativement dense, avec des villes nombreuses, dont Gaza. Outre le fait que l'ONU avait prescrit à Israël l'évacuation de ces « territoires occupés », les dirigeants israéliens affirmèrent ne pas vouloir les conserver – à l'exception toutefois de Jérusalem et du château d'eau du Golan – pour ne pas avoir à y gérer une population arabe nombreuse et, de surcroît, en très forte croissance démographique. Ils voulaient donc échanger ces territoires contre des traités de paix par lesquels les États arabes voisins auraient solennellement reconnu les frontières d'Israël, celles de 1949, augmentées de sa capitale historique, Jérusalem.

L'établissement d'accords entre États

Cette stratégie d'échange ne put véritablement aboutir qu'avec l'Égypte, et seulement en 1979, après que celle-ci eut brusquement déclenché en octobre 1973, de concert avec la Syrie, la guerre dite « du Kippour ». Attaquée par surprise durant des fêtes religieuses, l'armée israélienne fut d'abord mise en difficulté, faute de pouvoir utiliser son aviation aussi facilement qu'en 1967, l'armée égyptienne disposant d'un très grand nombre de missiles sol-air de fabrication soviétique. Les Égyptiens étant parvenus à traverser le canal de Suez et à prendre pied sur la rive est, alors que les troupes du général Ariel Sharon avaient pu lancer une tête de pont sur la

Le 29 novembre 1947, l'ONU décide le partage de la Palestine en deux États indépendants. Le refus des Arabes déclenche la guerre, qui s'internationalise le 14 mai 1948, quand David Ben Gourion proclame l'indépendance d'Israël. Vaincus, les cinq États arabes (Égypte, Irak, Jordanie, Liban, Syrie) signent les armistices entre février et juillet 1949 ; l'exode des Palestiniens s'accentue. Les lignes de cessez-le-feu deviennent les frontières d'Israël. En juillet 1956, le dirigeant égyptien Nasser proclame la nationalisation du canal de Suez. La France et la Grande-Bretagne, principaux actionnaires de la compagnie du canal, décident de réagir, en liaison avec Israël. Par ailleurs, Paris estime que la solution du problème algérien passe par l'élimination de Nasser qui accueille les nationalistes algériens. En octobre 1956, une opération militaire coordonnée entre troupes britanniques, françaises et israéliennes est arrêtée sur intervention de Moscou et de Washington. Les anciennes puissances européennes sont éliminées des premiers rôles au Proche-Orient, tandis que l'ONU contrôle le Sinaï et rétablit la ligne de cessez-le-feu de 1949. En mai 1967, Nasser prend l'initiative de réoccuper le Sinaï et de bloquer le golfe d'Akaba, vital pour les Israéliens. Ceux-ci réagissent du 5 au 11 juin (la « guerre des Six-Jours ») et enfoncent les forces égyptiennes, jordaniennes et syriennes. Ils s'emparent de la Cisjordanie, occupent la bande de Gaza, le Sinaï, le Golan et l'ensemble de Jérusalem. Le 6 octobre 1973 (« guerre du Kippour »), le nouveau président égyptien Anouar el-Sadate tente une nouvelle offensive, en liaison avec les Syriens. Un temps ébranlées, les forces israéliennes, puissamment aidées par les livraisons militaires américaines, renouent avec la victoire. Le 25 octobre, le Conseil de sécurité de l'ONU envoie une force de 7 000 Casques bleus pour s'interposer entre les belligérants. Le conflit israélo-arabe concerne désormais le monde entier.

LES QUATRE GUERRES ISRAÉLO-ARABES

1947 : Formation d'Israël

Frontières de la Palestine sous mandat britannique jusqu'au 15 mai 1948

Plan de partage de l'ONU

État juif

État arabe

Autres États arabes

Zone internationale

50 km

1948 : 1ère guerre israélo-arabe

Invasions des armées arabes après le retrait des Britanniques

État d'Israël après les armistices de 1949

États arabes

50 km

Octobre 1956 : crise de Suez

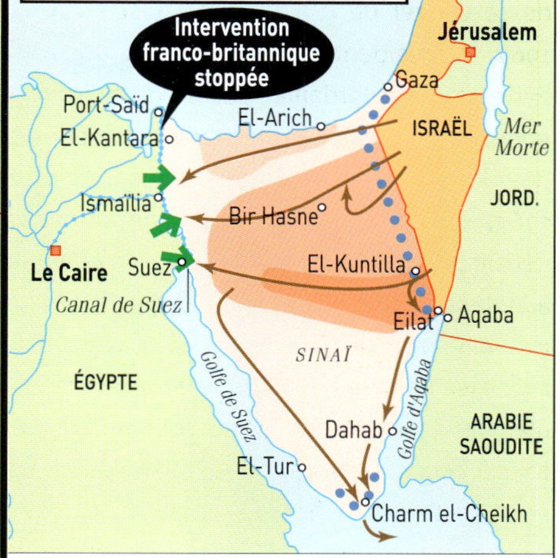

Israël

États arabes

Colonnes blindées israéliennes

Ripostes égyptiennes

Positions de l'ONU en 1957

Zones contrôlées par Israël :

du 29 au 30 octobre

du 30 au 31 octobre

du 1er au 2 novembre

contrôle complet du Sinaï, du 3 au 5 novembre

50 km

5-10 juin 1967 : guerre des Six-Jours

Israël

États arabes

Dispositif égyptien le 5 juin 1967

Opérations israéliennes

Principaux combats

Zone contrôlée par Israël après le cessez-le-feu du 8-9 juin avec la Jordanie, l'Égypte et la Syrie

50 km

Octobre 1973 : guerre du Kippour

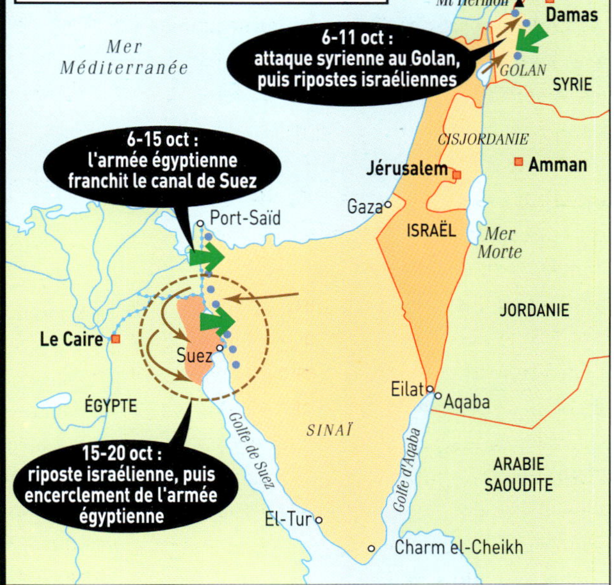

Israël

Territoires occupés par Israël depuis la fin de la guerre des Six-Jours

Positions israéliennes à l'ouest du canal de Suez à la fin des opérations

Positions de l'ONU le 25 octobre

États arabes

Attaques égyptiennes et syriennes

Ripostes israéliennes

50 km

rive ouest, il fallut bien que les combats prennent fin par une sorte de match nul. Ce sera ensuite le mérite du président égyptien Sadate, malgré l'hostilité des autres États arabes, d'ouvrir avec Israël des négociations de paix qui aboutiront, quelques années plus tard, au traité de paix de 1979, en échange de la restitution par Israël de la presqu'île du Sinaï. On peut regretter que l'Égypte n'ait pas voulu récupérer également «la bande de Gaza», historiquement égyptienne, que les Israéliens avaient occupée en 1967. Mais, sous prétexte que Gaza avait fait partie de la Palestine sous mandat britannique, les Égyptiens ne voulurent pas se charger de nouveau de cette ville turbulente qu'ils avaient pourtant occupée en 1948, mais dont ils prévoyaient, en 1979, qu'elle deviendrait sans doute un véritable guêpier islamiste. L'Égypte, après le traité de paix avec Israël, fut mise au ban de la Ligue arabe et proscrite par la plupart des États arabes (sauf le Maroc).

Avec la Syrie, les négociations de paix ne furent qu'à peine entamées, car elles achoppèrent sur le problème du Golan, auquel Damas ne veut pas renoncer et que les Israéliens ne veulent pas lâcher. Ce haut plateau, d'une soixantaine de kilomètres du nord au sud et large d'une vingtaine, domine de quelque 900 mètres le nord du long fossé d'effondrement où se trouvent la haute vallée du Jourdain et le lac de Tibériade (à – 200 mètres au-dessous du niveau de la mer). La surface de ce plateau est légèrement inclinée vers l'ouest, ce qui fait que les eaux y coulent vers le Jourdain et le lac de Tibériade, la seule grande étendue naturelle d'eau douce du Proche-Orient. Le Golan est donc un enjeu hydrogéopolitique majeur. De surcroît, il domine vers l'est la plaine qui s'étend jusqu'à Damas. En 1923, lors du partage des territoires sous mandats entre Français et Anglais, le Golan avait été

L'EAU, QUESTION CRUCIALE ENTRE ARABES ET ISRAÉLIENS

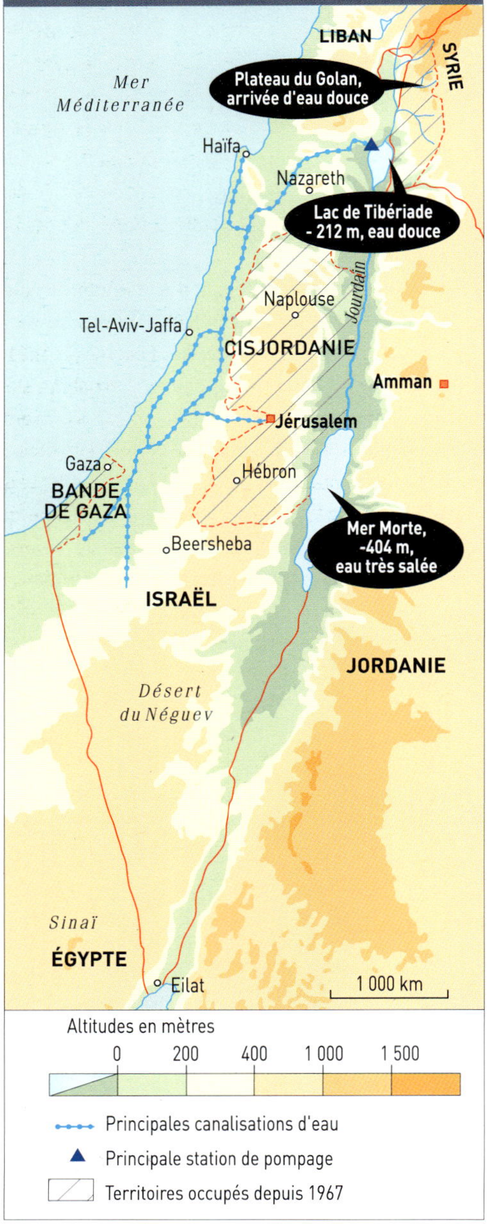

Les ressources hydrauliques étant limitées dans la région, la question de l'eau figure parmi les nombreux points de rivalités géopolitiques entre les Israéliens et leurs voisins arabes. En 1967, la conquête du plateau du Golan face à la Syrie représenta un enjeu majeur. Elle permettait à Israël de s'assurer le contrôle de l'approvisionnement du lac de Tibériade, alors que, pour des raisons politiques, il lui était impossible d'utiliser les eaux du Jourdain. Depuis, un réseau de canalisations et de stations de pompage transportent les eaux du lac de Tibériade jusque dans le désert du Néguev et le gouvernement de Jérusalem refuse de rendre le Golan à la Syrie, de peur que celle-ci ne cherche à détourner les eaux à partir des hauteurs du plateau. Aujourd'hui encore, la répartition des eaux entre Juifs et Arabes reste très favorable aux premiers.

LES ORGANISATIONS PALESTINIENNES

À proprement parler, il n'est question de « Palestiniens » que depuis le début des années 1960 (l'Organisation de libération de la Palestine date de 1964), car auparavant on parlait surtout des « Arabes de Palestine ». En effet, les différents États arabes du Proche-Orient, et notamment la Syrie qui voulait réaliser la « Grande Syrie », ne tenaient absolument pas à la formation d'un nouvel État arabe, en l'occurrence l'État palestinien. En 1948, les 940 000 Arabes chassés du territoire devenu celui d'Israël s'étaient réfugiés pour une grande part en Cisjordanie et restèrent concentrés dans des camps bénéficiant d'une aide du Commissariat des Nations unies pour les réfugiés. Cela permit aux jeunes, de plus en plus nombreux, d'y acquérir un niveau d'instruction relativement élevé. Ces jeunes subirent aussi l'influence d'organisations militantes basées dans divers pays arabes, organisations plus ou moins marxistes et néanmoins rivales, dont le Fatah, fondé en 1959 à Koweït par un Palestinien né au Caire, Yasser Arafat, ou le FPLP (Front populaire pour la libération de la Palestine), fondé en Syrie en 1966. En 1967, l'occupation de la Cisjordanie par l'armée israélienne entraîna un nouvel exode, notamment vers la Jordanie, mais une partie des réfugiés de 1948 resta sur place dans leurs camps, où les tentes avaient été progressivement remplacées par un habitat en dur. La défaite arabe de 1967 eut pour effet de fédérer en principe les différentes organisations palestiniennes en une Organisation de libération de la Palestine, l'OLP, sous la direction au Caire de Yasser Arafat. En Jordanie, où les Palestiniens étaient devenus très nombreux, le gouvernement royal s'inquiétait de leurs agissements. En septembre 1970, les organisations palestiniennes les plus radicales tentèrent de prendre le pouvoir en Jordanie, mais elles furent écrasées par l'armée royale, qui chassa, vers le Liban notamment, un grand nombre de Palestiniens. Après ce « Septembre noir », les organisations palestiniennes implantées au Liban tentèrent, là aussi , de prendre le pouvoir en profitant des rivalités entre les différentes communautés religieuses libanaises (sunnites, chiites, chrétiennes et druzes). Lors de la guerre civile qui éclata en dans ce pays en 1975 (et qui durera jusqu'en 1990), les Palestiniens furent sur le point de prendre le pouvoir, mais ils en furent empêchés par l'intervention de l'armée syrienne en 1976, puis par celle de l'armée israélienne, à Beyrouth, en 1982.

En 1994, après la signature en 1993 des accords d'Oslo avec Israël, Yasser Arafat, reconnu comme président d'une « Autorité palestinienne », s'installa enfin en Palestine, à Ramallah, près de Jérusalem. En douze ans, de grands changements s'étaient en effet produits au Proche-Orient, et particulièrement en Palestine. Des partis islamistes palestiniens, le Hamas et le Djihad islamiste, s'étaient développés et impulsèrent, avec le Fatah, les deux Intifada. Depuis 2001, les espoirs d'un règlement définitif du problème israélo-palestinien ont fait place à un conflit apparemment sans issue, mais qui doit, désormais, être envisagé dans un cadre encore plus vaste : celui du grand bouleversement géopolitique consécutif aux attentats du 11 septembre 2001, à la guerre d'Irak et à la montée massive des mouvements islamistes. En janvier 2006, 14 mois après la mort d'Arafat, aux élections législatives palestiniennes, le Hamas a obtenu les trois quarts des sièges, ce qui reporte les négociations israélo-palestiniennes à ce qu'elles étaient bien avant 1993. En effet, comme le Fatah à cette époque, le Hamas qui, lui, n'est pas laïque, mais radicalement islamiste, refuse toute négociation avec Israël. L'évacuation en 2005 de la bande de Gaza par les Israéliens a permis au Hamas d'y prendre le pouvoir après son succès électoral et d'y pourchasser ensuite les partisans du Fatah. La faiblesse du parti de Yasser Arafat s'explique essentiellement par les profits substantiels et personnels réalisés par ses dirigeants grâce aux soutiens financiers versés par différents pays arabes à la cause palestinienne. Début 2009, l'armée israélienne a mené sur Gaza une opération d'ampleur pour tenter d'y écraser le Hamas. ■

rattaché à la Syrie. Les Israéliens constatèrent ensuite que les Syriens et les Jordaniens construisaient des barrages et des canaux pour détourner les eaux du Golan vers la rive gauche du Jourdain, sur la rive jordanienne en aval du lac de Tibériade, de façon à en priver Israël. Durant la guerre de 1973, les Syriens se sont donc efforcés de reconquérir ce plateau stratégique, mais ils n'y parvinrent pas et les Israéliens, qui l'ont officiellement annexé en 1981, y ont installé une trentaine de villages.

Avec le royaume de Jordanie, Israël a signé un traité de paix en 1994 seulement, bien que les relations des deux États étaient devenues courtoises depuis deux décennies, sans pour autant que les Israéliens évacuent la Cisjordanie. Celle-ci avait été occupée en 1948 par l'armée jordanienne et officiellement annexée par le royaume hachémite en 1950. Après 1967, malgré la conquête israélienne, la Jordanie, pour bien marquer ses droits sur ce territoire, avait continué d'y payer les salaires des fonctionnaires jordaniens. Or, en 1988, le roi de Jordanie annonça qu'il renonçait officiellement à ses droits sur la Cisjordanie, en faveur d'un éventuel État palestinien ou d'une future fédération jordano-palestinienne. La modération à l'égard de la politique jordanienne s'explique par la montée en puissance des organisations palestiniennes. En effet, celles-ci avaient tenté, en 1970, de prendre par un coup de force le pouvoir en Jordanie. Le roi put, avec l'armée restée fidèle, écraser les groupes armés palestiniens et les chasser vers le Liban. Dès lors, le souverain hachémite préféra établir un rapport de coexistence pacifique avec Israël, plutôt que de continuer à revendiquer la Cisjordanie, ce qui aurait encore accru le très grand nombre des Palestiniens dans son royaume, ceux-ci y constituant déjà près des deux tiers de la population.

II. Géopolitique interne : la concentration du conflit sur des territoires de plus en plus petits

De la guerre des Six-Jours à « Oslo »

La victoire israélienne de 1967 n'entraîna pas seulement la conquête de la Cisjordanie et la nécessité pour l'État juif de contrôler une population arabe relativement nombreuse, mais aussi de grands changements, en vérité géopolitiques, au sein du mouvement sioniste. Jusqu'alors celui-ci avait été le fait de Juifs assez peu religieux, sinon même libres-penseurs, et il avait suscité les réserves, voire l'hostilité de rabbins et des plus pratiquants. Mais pour des gens, religieux ou laïcs, qui se souhaitaient chaque année, comme depuis des siècles, « l'an prochain à Jérusalem », leur façon de voir Israël changea après la conquête de cette ville et la victoire soudaine de Tsahal. La présence de soldats d'Israël au pied du mur des Lamentations est apparue alors comme un signe du destin. Aussi la religiosité de nombreux Israéliens s'accrut, notamment parmi ceux qui étaient venus du Maghreb et des pays du Moyen-Orient et de nombreux Juifs, très religieux, en provenance notamment d'Amérique ou de France. Ceux-ci s'installèrent bien plus à Jérusalem qu'à Tel-Aviv, dont ils jugeaient la population trop « moderne », sinon même de mœurs dissolues. Ces juifs religieux veulent progressivement reconquérir les plateaux actuellement appelés « de Cisjordanie », c'est-à-dire le vrai territoire d'Israël, Eretz Israël, la « Terre promise » telle que décrite dans la Bible. Venus de France, des États-Unis ou de Russie, ils se regroupent en petites communautés et vont s'installer en petites « colonies » sur des positions dominantes sur ces plateaux situés en territoire palestinien. Pour installer ces communautés, le gouvernement israélien décida de créer de nouvelles « implantations », dites aussi colonies, en Cisjordanie sur des lieux bibliques et toujours d'intérêt stratégique local. Déjà, peu après la victoire de 1967, des implantations fortifiées avaient été établies sur le Golan, sur la rive droite du Jourdain et sur les plateaux, au-delà de la « ligne verte » correspondant à la frontière de 1949, notamment sur l'emplacement de nappes aquifères. Ces colonies laïques avaient été peuplées de volontaires sionistes, donc plutôt laïques. Mais dès 1968, quelques familles religieuses s'implantèrent sous protection de l'armée dans la ville arabe de Hébron, qui fut aussi la capitale du roi David et le sanctuaire du tombeau d'Abraham. À partir de 1977, les socialistes laïques ayant perdu la majorité au Parlement, on vit se multiplier les colonies religieuses, auxquelles se sont ajoutées des colonies-lotissements construites pour loger les nombreux Juifs russes, arrivés en Israël après la dislocation de l'Union soviétique.

La multiplication des « implantations » israéliennes en Cisjordanie, mais aussi dans la bande de Gaza, en dépit du surpeuplement de ce petit territoire, a été une des causes de l'éclatement, en décembre 1987, de la révolte

LA CISJORDANIE ET LE MUR DE SÉPARATION AVEC ISRAËL

1. ISRAËL DANS LE MOYEN-ORIENT

2. LES FRONTIÈRES D'ISRAËL

3. LES IMPLANTATIONS DE CISJORDANIE

1. La situation géopolitique d'Israël et de la Palestine ne peut être dissociée de celle des États voisins (Égypte, Jordanie, Liban, Syrie), mais aussi de celle d'États plus éloignés comme l'Arabie saoudite, l'Irak et même l'Iran, dont les dirigeants menacent de rayer de la carte l'« État juif ».

2. Le territoire d'Israël, tel qu'il a été officiellement délimité par les frontières de 1948, dites « ligne verte », correspond à la plaine côtière, à laquelle s'ajoutent Jérusalem et le Golan, annexés après la guerre de 1967.

3. Les « colonies » israéliennes ont disparu de la bande de Gaza en 2005, mais elles continuent de s'accroître en Cisjordanie, notamment à l'occasion de la construction du mur de séparation entre Israël et la Cisjordanie.

que les Palestiniens appelèrent « Intifada », ou guerre des pierres, car ils veillèrent à ne pas employer d'armes à feu, pour éviter que l'armée israélienne ait le prétexte de répliquer avec un armement beaucoup plus puissant. Il en sera tout autrement dans la seconde Intifada, qui débute en septembre 2000. Cette première intifada, d'abord spontanée, éclata dans un camp de réfugiés de la bande de Gaza, après un grave accident de circulation impliquant des Israéliens dans la mort de plusieurs Palestiniens. Dans de nombreuses localités, de jeunes Palestiniens criant des slogans hostiles à Israël se mirent à lancer des pierres sur des soldats et policiers israéliens. Peu de temps après, en janvier 1988, était clandestinement constitué le Hamas, Mouvement de la résistance islamique, qui se réfère à l'islam intégriste et à la confrérie égyptienne des Frères musulmans, à la différence du Fatah et des autres mouvements de libération de la Palestine qui étaient tout à fait laïques. Les dirigeants israéliens crurent habile de laisser se développer l'influence du Hamas pour affaiblir celle du Fatah, dont l'influence fut faible dans l'extension de l'Intifada. Filmés par les télévisions étrangères, les heurts de plus en plus nombreux entre soldats israéliens et jeunes Palestiniens, souvent des enfants, suscitèrent un malaise croissant dans l'opinion internationale, où l'image d'Israël avait été jusqu'alors celle d'un petit peuple luttant pour sa survie contre la coalition des pays musulmans. Pour les dirigeants israéliens (les socialistes étant revenus au pouvoir en 1992), le contrôle des «territoires occupés» apparut de plus en plus difficile. Aussi entamèrent-ils secrètement, par l'entremise d'intermédiaires neutres et en terrain neutre près d'Oslo, des négociations avec Yasser Arafat et l'OLP. Pour celle-ci, la disparition de l'URSS privait pour longtemps les États arabes d'un possible allié de poids dans une nouvelle action contre Israël. D'où les accords d'Oslo d'août 1993 : l'OLP, jusqu'alors considérée par Israël comme organisation terroriste, était reconnue comme représentante du peuple palestinien, celle-ci, en retour, reconnaissant enfin l'existence d'Israël. Ces accords furent officialisés le 13 septembre 1993 à Washington, sous l'égide du président américain Bill Clinton, entre Yasser Arafat et le Premier ministre israélien Yitzhak Rabin. Ces accords, qui furent généralement considérés comme une étape décisive dans la solution du problème israélo-palestinien, suscitèrent toutefois l'hostilité du Hamas, mais aussi celle de la droite religieuse israélienne.

LES PALESTINIENS EN CHIFFRES

Les Palestiniens constituent un peuple d'environ 10 millions de personnes. 3,8 millions d'entre eux vivent en Palestine, dont 2,5 en Cisjordanie et 1,3 à Gaza. 5,9 millions sont en diaspora, dont 1,2 million en Israël (dont des Arabes chrétiens dans le nord, en Galilée), 2,7 millions en Jordanie, 440 000 en Syrie, 420 000 au Liban, 60 000 en Égypte, 310 000 en Arabie saoudite, 165 000 dans les Émirats, 720 000 dans le reste du monde, dont 240 000 aux États-Unis. En bloquant les accès à Israël et donc les possibilités de travail, la seconde Intifada a sérieusement aggravé les conditions de vie des Palestiniens des Territoires, dont près de 30 % sont au chômage et dont près de 40 % vivent en dessous du seuil de 1 000 dollars par an et par habitant. Toutefois, l'aide internationale est massive : les Palestiniens reçoivent ainsi plus de 1 milliard de dollars par an. Avec près de 300 millions en 2005, l'Union européenne est le plus gros donateur, contre 90 millions pour les États-Unis. ■

Des accords d'Oslo à la victoire électorale du Hamas de janvier 2006

Ces accords pourtant laissaient notamment en suspens les épineuses questions des « colonies » israéliennes et du statut de Jérusalem (sans parler de celle, insoluble, du retour des réfugiés de 1948 et de leurs descendants), dont les Israéliens avaient fait leur capitale, mais que les Palestiniens continuaient de revendiquer aussi comme leur capitale. Cette question géopolitique « capitale » était remise à plus tard, chacune des parties espérant tirer avantage de nouvelles négociations. Dans l'immédiat, la solution proposée était particulièrement complexe : une Autorité palestinienne, qui ne devait pas avoir d'armée, était reconnue pour gérer une Autonomie palestinienne qui devait s'exercer sur la Cisjordanie et la bande de Gaza, mais avec le concours d'Israël. Ce concours s'exercerait différemment selon trois zones : une zone A, en principe tout à fait autonome, sous la responsabilité exclusive de l'Autorité palestinienne, une zone B sous responsabilité partagée d'Israël et de l'Autorité palestinienne, une zone C restant sous contrôle israélien. La complexité de cet accord se traduisait, sur la carte, par une série de taches de couleurs, comme sur une peau de panthère : la zone A comprenait la plus grande partie de la bande de Gaza, Jéricho et ses environs et les villes de Hébron, Bethléem, Ramallah (siège de l'Autorité palestinienne), Naplouse, Djenin et Tulkarem, sur la frontière de 1949. La zone B « mixte », sur les plateaux, était formée d'un très grand nombre de morceaux séparés les uns des autres par des couloirs de zone C reliant les unes aux autres les multiples colonies israéliennes. Au pied des plateaux, la plaine en bordure du Jourdain et de la mer Morte et le long de la frontière jordanienne restait, sauf Jéricho, sous autorité israélienne. Les États-Unis et, surtout, l'Union européenne décidaient de verser à l'Autorité palestinienne de quoi payer ses fonctionnaires et ses forces de sécurité.

En dépit de tous ces inconvénients pour les Palestiniens, cette solution offrait l'avantage d'être le début d'un processus qui pouvait aboutir progressivement à la formation d'un véritable État palestinien disposant des différents attributs de la souveraineté. Yasser Arafat, président de l'Autorité palestinienne, s'installa à Ramallah durant l'été 1994. Cependant, une partie de la population israélienne, les dirigeants du principal parti de droite, le Likoud (alors dans l'opposition), et les Juifs religieux menèrent une campagne acharnée contre les accords d'Oslo. Le Premier ministre Yitzhak Rabin (dirigeant du parti travailliste et ancien général) fut assassiné par un de ces Juifs religieux, le 4 novembre 1995. D'autre part, une partie des Palestiniens, notamment le Hamas, s'opposaient eux aussi aux accords d'Oslo et dénonçaient la création de nouvelles colonies religieuses en Cisjordanie. En effet, les organisations de la droite religieuse avaient décidé d'occuper peu à peu tous les lieux cités dans la Bible, ce qui, pour les plus religieux de ces colons, devait assurer la venue du Messie. Des militants palestiniens qui vivaient jusqu'alors hors de Palestine revinrent plus ou moins clandestinement pour participer à la lutte contre Israël. En septembre 2000 éclatait une nouvelle Intifada, qui durait encore sporadiquement en 2006. Elle fut bien plus meurtrière que la précédente, car dès le début des armes à feu furent utilisées. Cette deuxième Intifada, qui, bien plus que la première, se référait à l'islam, fut dénommée par les Palestiniens « Intifada al-Aqsa », du nom de la célèbre mosquée de Jérusalem, qui fait, en principe, de cette ville le troisième lieu saint de l'islam. En 2001, le Hamas et un autre parti religieux, soutenu par l'Iran, le Djihad islamique, commencèrent à perpétrer une série d'attentats contre la population civile israélienne, alors que celle-ci était appelée à élire de nouveaux députés. La droite l'emporta donc largement et le général Sharon « homme à poigne » (un des vainqueurs de la guerre de 1973 et organisateur du raid sur Beyrouth en 1982) fut élu Premier ministre, après avoir promis que la sécurité serait rétablie en Israël en pratiquant une politique énergique à l'encontre de Yasser Arafat, celui-ci étant dénoncé, à tort ou à raison, comme le véritable instigateur des attentats terroristes. Ceux-ci n'ont pas cessé pendant quatre années, car la méthode des attentats-suicides les rend pratiquement imparables. L'armée israélienne riposta par une série d'opérations dans les villes palestiniennes comme Bethléem, Naplouse ou Djenin, qu'elle considère comme des repaires des organisations terroristes. En Cisjordanie, la vie des Palestiniens est rendue de plus en plus difficile depuis que leur sont interdites les routes reliant les colonies israéliennes à Tel-Aviv ou à Jérusalem.

Pour empêcher les auteurs d'attentats-suicides de pénétrer en territoire israélien, le gouvernement israélien a entrepris la construction d'un mur fortifié, haut de 8 mètres et dont la longueur devrait être de plusieurs centaines de kilomètres. Mais ce mur, au lieu de suivre la frontière officielle d'Israël, fait de nombreux détours à l'intérieur des territoires occupés pour y englober un grand nombre de colonies juives, ce qui entraîne une réduction sensible des territoires palestiniens. Cela a provoqué une indignation internationale et la Cour suprême d'Israël a même rendu un jugement condamnant le tracé du mur dans certains secteurs.

L'opinion israélienne en est venue à juger que la situation dans la bande de Gaza était de plus en plus dangereuse, notamment pour les jeunes soldats de Tsahal, et que la présence des colonies juives y était de moins en moins justifiable. Celles-ci (quelque 7 000 personnes) y occupaient près du quart du territoire, alors que les Palestiniens y sont plus d'un million, dans des conditions de plus en plus catastrophiques du fait du surpeuplement, du manque d'eau et d'un chômage massif, car ils ne peuvent plus aller travailler sur les exploitations israéliennes.

En 2004, le général Sharon, avec l'accord de la gauche israélienne, a décidé l'évacuation de la bande de Gaza. Mais auparavant, il a tenté d'y liquider le Hamas et le Djihad pour éviter qu'ils ne proclament leur victoire sur l'armée israélienne. En septembre 2005, celle-ci est enfin parvenue à obliger manu militari les colons de la bande de Gaza à partir, ce qui a renforcé le poids de l'extrême droite et des organisations religieuses dans l'opinion.

La guerre du Liban de juillet-août 2006

L'évacuation de la bande de Gaza et l'élection du modéré Mahmoud Abbas comme président de l'Autorité palestinienne en janvier 2005 (après la mort de Yasser Arafat) semblaient offrir la possibilité d'une solution négociée, d'autant qu'Ariel Sharon, bientôt victime d'un grave accident cérébral, disparaissait de la scène politique. Mais cette perspective de négociation fut compromise, en janvier 2006, par la victoire électorale du Hamas opposé à tout accord avec Israël. De surcroît, les islamistes les plus radicaux lancent à partir de la bande de Gaza une série de fusées artisanales sur le territoire israélien, l'armée israélienne répliquant par des tirs ciblés.

La situation changea brusquement, le 12 juillet, lorsque, sur la frontière nord d'Israël, un commando du Hezbollah, le parti islamiste chiite libanais, lança un raid au cours duquel huit soldats israéliens furent tués et deux autres enlevés. L'état-major israélien riposta immédiatement par une série d'attaques aériennes. Les forces du Hezbollah répondirent sur Israël par des tirs de fusées de plus en plus puissantes (venues clandestinement d'Iran via la Syrie), qui s'accentuèrent au fur et à mesure que l'aviation israélienne multipliait ses raids sur l'ensemble du Liban pour détruire les rampes de missiles et empêcher l'acheminement de nouvelles armes depuis la Syrie. Constatant l'inefficacité des frappes aériennes, l'état-major israélien se résolut à faire intervenir l'armée de terre qui se heurta à un dispositif fortifié du Hezbollah beaucoup plus important que ne l'avaient prévu les services de renseignements de Tsahal.

Entre 1968 et 2006, le nombre de colons juifs installés en Cisjordanie est passé de quelque 5 000 à plus de 230 000, auxquels s'ajoutent 180 000 implantés dans la partie arabe de la périphérie de Jérusalem. Décidée en 2002, la construction d'un mur de séparation entre les deux communautés avait officiellement pour objectif de garantir la sécurité des Israéliens contre les agressions terroristes venant des territoires palestiniens. Cependant, le tracé extrêmement sinueux du mur laisse croire que sa fonction vise aussi à pérenniser la présence des implantations juives en territoire palestinien. Si la situation se confirmait, près de 10 % de la Cisjordanie serait ainsi annexés par Israël, auxquels pourrait s'ajouter la vallée du Jourdain (soit encore 36 % de la Cisjordanie), et alors que la bande de Gaza demeure enclavée.

LES TERRITOIRES PALESTINIENS DEPUIS LES ACCORDS D'OSLO DE 1993

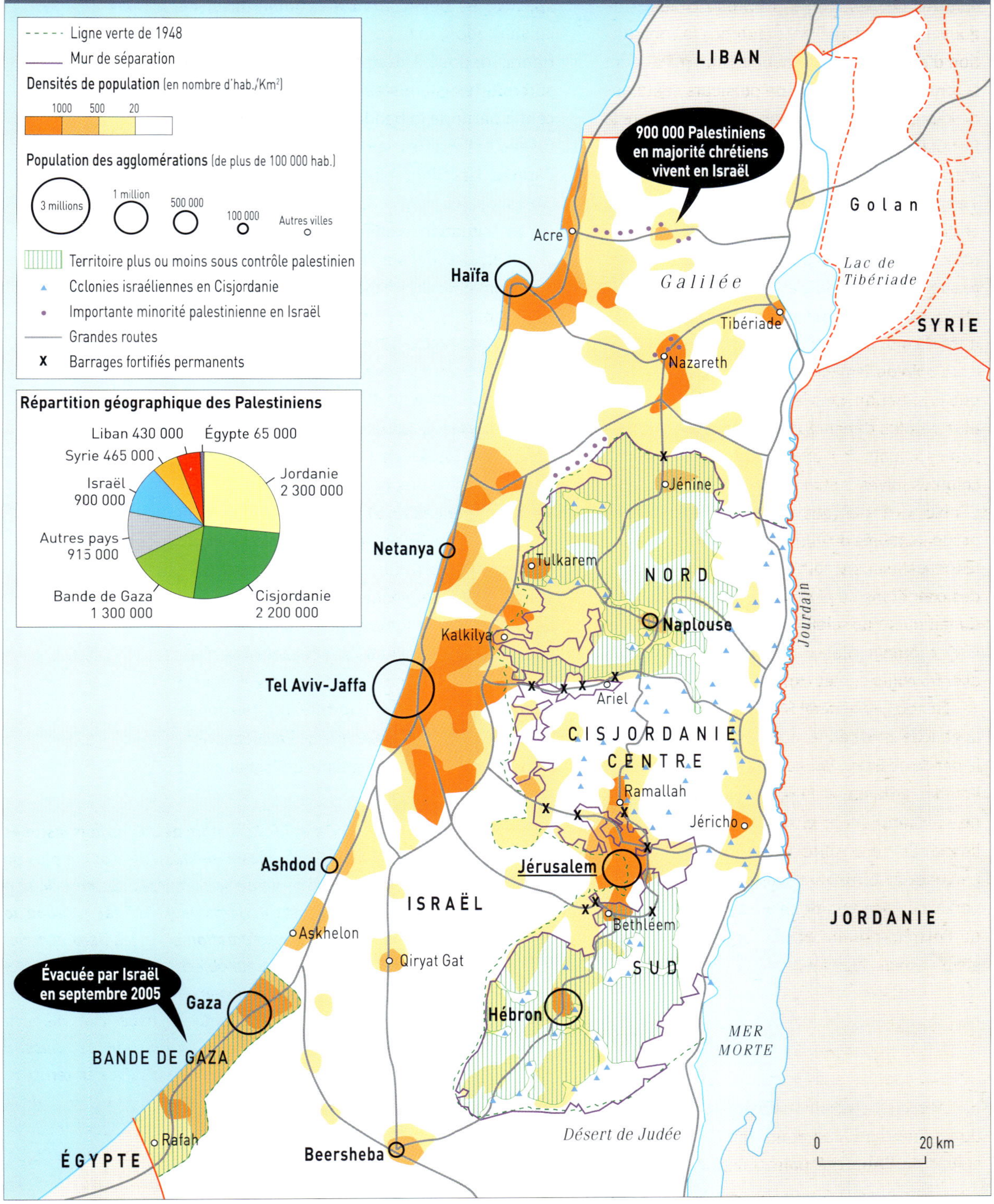

Le Conseil de sécurité de l'ONU parvint à obtenir un arrêt des combats, moyennant un renforcement de la Force d'interposition des Nations unies (FINUL) le long de la frontière libano-israélienne. Si le Hezbollah a sans doute subi de lourdes pertes, il n'a pas été vaincu pour autant et il apparaît même victorieux aux yeux des opinions arabes. L'opinion israélienne est, pour sa part, profondément déconcertée par ce revers de son armée et elle découvre qu'elle n'est plus seulement confrontée aux agissements des groupes palestiniens, mais à une puissance militaire montante, celle de l'Iran, peut être bientôt dotée de missiles nucléaires, alors même que les Américains auraient quitté l'Irak.

L'attaque israélienne sur Gaza

Depuis sa prise de pouvoir à Gaza, le Hamas a voulu manifester sa volonté de lutte armée contre Israël en multipliant les lancements de fusées dites « artisanales », à courte portée, sur le territoire israélien, plus particulièrement sur la ville de Sderot. Pour déjouer le blocus israélien, le matériel nécessaire à la fabrication de ces engins est acheminé par des tunnels creusés sous la frontière du territoire de Gaza avec l'Égypte, frontière contrôlée en surface par l'armée israélienne et égyptienne. Face à la multiplication de ces tirs de fusées – qui n'ont toutefois pas causé d'importantes pertes humaines –, les Israéliens durcissent alors leur blocus sur Gaza et multiplient les raids aériens ponctuels sur les lieux d'où sont tirés ces engins.

À l'approche d'une importante élection législative, face à l'exaspération de la population israélienne, l'armée israélienne lance une grande opération militaire sur Gaza dénommée « Plomb durci ». Celle-ci commence le 27 décembre 2008 par des bombardements massifs et de violents tirs d'artillerie. Le 5 janvier, des chars israéliens et des troupes d'élite entrent dans la ville de Gaza et les cités voisines. Le même jour, l'Union européenne – dont le Premier ministre tchèque vient de prendre la présidence – demande, en vain, l'arrêt des combats ; le président George W. Bush, encore officiellement au pouvoir, ne fait pas de déclaration, mais le représentant des États-Unis au Conseil de sécurité bloque une résolution demandant l'arrêt des combats.

La presse « occidentale » étant tenue à l'écart, c'est la télévision du Qatar, la chaîne al-Jazira, qui rend compte de la situation, dénonçant notamment l'emploi par les Israéliens de bombes et d'obus au phosphore, ce qui provoque émotion dans l'opinion internationale et fureur dans les pays arabes comme l'Iran. Israël met fin à l'opération le 18 janvier, deux jours avant l'intronisation de Barack Obama comme président des États-Unis. Le secrétaire général de l'ONU se dit scandalisé et demande une enquête. Malgré la violence des bombardements sur Gaza, quelques jours plus tard, le Hamas ne semble pas pour autant anéanti ; aux élections législatives israéliennes, le Likoud (parti de droite) est en tête et son leader Benjamin Netanyaou déclare d'entrée de jeu qu'il n'est pas question de cesser l'extension des « colonies » israéliennes en Cisjordanie et autour de Jérusalem. Le premier coup de téléphone officiel donné par Barack Obama après son intronisation est pour Mahmoud Abbas, le président de l'Autorité palestinienne dont l'impuissance a été manifeste durant la guerre de Gaza. Obama déclare vouloir ouvrir un nouveau dialogue avec tous les peuples du Moyen-Orient, sans pour autant abandonner Israël.

La reprise par le nouveau président américain du dossier Israël-Palestine laissé en l'état par George W. Bush implique une épreuve de force avec la droite israélienne opposée à tout arrêt de la « colonisation » et *a fortiori* au retrait de Cisjordanie des « colonies » israéliennes qui s'y sont multipliées depuis 1967.

Plus que jamais, la question israélo-palestinienne demeure un des points chauds du globe.

GÉOPOLITIQUE DU PÉTROLE : SPECTRE DE LA PÉNURIE, FORCE DES INTÉRÊTS

Lorsque les journalistes mettent en « une » le rôle du pétrole dans la géopolitique mondiale, c'est le plus souvent pour évoquer certains conflits qui se déroulent ou qui menacent d'éclater dans des régions de forte production pétrolière ou encore la responsabilité des firmes qui ont auparavant constitué des stocks et qui profitent ensuite de la montée des cours. En 2008, ceux-ci ont connu une augmentation extraordinaire : alors que les prix du pétrole étaient en 2004, après le début de la guerre d'Irak, entre 20 et 30 dollars le baril, ils ont dépassé les 100 dollars en mai 2008 pour atteindre les 147 dollars en juillet 2008. Certains ont alors expliqué ce phénomène par l'épuisement prochain des gisements ou/et par la constante augmentation des demandes chinoise et indienne. Mais cette énorme hausse des cours résultait surtout des spéculations financières qui sont également à l'origine de l'éclatement de la crise mondiale en août 2008. Les prix du baril sont alors tombés à 30 dollars en décembre 2008 et remontés à 60 dollars en mai 2009. Actuellement, la production mondiale de pétrole (87 millions de barils par jour) tend plutôt à se stabiliser.

I. Un enjeu déterminant

Avec des prix du pétrole qui, selon certains augures, pourraient atteindre les 100 dollars le baril (ils étaient de 10 à 20 dollars à la fin du XXe siècle), nombre de commentateurs, surtout ceux qui partagent les sentiments des écologistes, estiment que l'époque du pétrole bon marché est révolue, car les réserves s'épuisent, et qu'il convient de se tourner vers de nouvelles sources d'énergie comme celles du vent ou de la chaleur solaire. Mais ils évitent de parler d'énergie nucléaire, car celle-ci continue d'avoir assez mauvaise presse, quand elle n'est pas purement et simplement diabolisée.

D'autres commentaires s'attachent surtout au constat que la Chine, en plein essor économique, a désormais de grands besoins pétroliers, car sur son territoire, les gisements, dont elle escomptait beaucoup, n'ont pas donné grand-chose jusqu'à présent. En conséquence, les compagnies pétrolières chinoises (soutenues par le gouvernement de Pékin) sont désormais en compétition avec celles d'autres pays qui, faute de gisements pétroliers, cherchent, eux aussi, à se faire accorder ailleurs des permis d'exploitation et s'adressent aux pays exportateurs, fussent-ils fort éloignés. Aussi se développent, par le biais des compagnies pétrolières, des rivalités entre les pays demandeurs de pétrole ou, plus exactement, entre les compagnies européennes, japonaises ou américaines, qui font assaut d'offres financières allé-

LES DIX PREMIERS PRODUCTEURS DE PÉTROLE AU MONDE

Rang	Pays	Production (en millions de tonnes)	Part de la production mondiale (en %)
1	Arabie saoudite	514,6	13,1
2	Russie	480,5	12,3
3	États-Unis	311,8	8
4	Iran	209,8	5,4
5	Chine	183,7	4,7
6	Mexique	183,1	4,7
7	Canada	151,3	3,9
8	Venezuela	145,1	3,7
9	Émirats arabes unis	138,3	3,5
10	Koweït	133,2	3,4

Source : *BP Statistical Review of World Energy 2007*

LES GRANDS FLUX D'ÉCHANGES PÉTROLIERS DANS LE MONDE

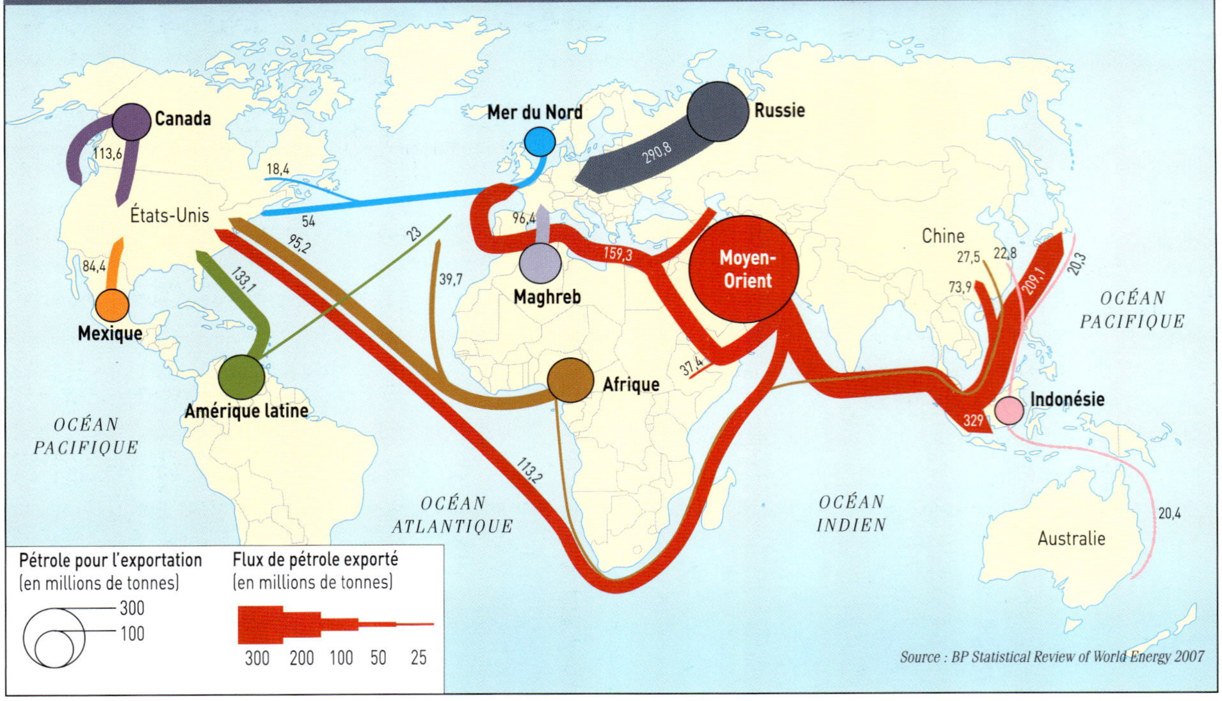

On peut voir sur cette carte que, contrairement à l'idée courante, les exportations pétrolières du Moyen-Orient vers les États-Unis ne sont pas très importantes. Ceux-ci importent surtout le pétrole dont ils ont besoin du Canada, du Mexique et du Venezuela. En revanche, ce sont bien les compagnies américaines qui réalisent, avec des gros profits, une grande part des importations européennes d'hydrocarbures en provenance du Moyen-Orient. Les pays producteurs de cette zone exportent en effet leur pétrole vers l'Europe, via les compagnies américaines (à l'exception de l'Iran qui commercialise son pétrole elle-même), mais, peu à peu, ils se tournent vers l'Inde, le Japon, l'Asie du Sud-Est et la Chine. La Russie et les pays proches de la mer Caspienne exportent surtout vers l'Europe, mais, eux aussi, ils vont le faire de plus en plus vers la Chine.

chantes aux pays exportateurs. La plupart des observateurs estiment qu'il s'agit absolument de géopolitique, à ceci près que ce ne sont pas ouvertement des États qui sont en rivalité, mais des compagnies, en principe privées pour la plupart, en concurrence financière les unes avec les autres. En revanche, leurs principaux interlocuteurs dans les négociations sont en fin de compte des chefs d'État. Quant aux plus grandes compagnies pétrolières, qu'elles soient européennes ou américaines, leurs dirigeants sont assurés du soutien diplomatique de leur gouvernement, bien que les actionnaires soient devenus internationaux (et en majorité américains ou arabes). Il n'en reste pas moins que les rapports entre pétrole et géopolitique sont fort importants au point même que, à lire ou à entendre certains, la géopolitique déterminerait tout ce qui concerne cette source d'énergie et que le marché du pétrole déciderait de la géopolitique mondiale. Selon certains, l'hyperpuissance que sont devenus les États-Unis contrôlerait en totalité le marché mondial de l'or noir, et si les Américains sont entrés en guerre contre l'Irak en mars 2003, ce serait essentiellement pour prendre le contrôle des vastes réserves pétrolières de ce pays. Les problèmes sont en vérité plus compliqués, en raison du jeu de différents facteurs et des contrecoups de divers conflits plus ou moins éloignés des zones pétrolières. Il n'en reste pas moins que, entre pétrole et géopolitique, les interactions sont de plus en plus nombreuses et que les conséquences en sont de plus en plus graves.

Le pétrole, dont l'importance dans la vie moderne est évidemment considérable, n'est pourtant pas une matière maléfique (comme certains voient l'uranium) qui, par elle-même, susciterait des conflits. Nombre d'Arabes le considèrent même comme un don de Dieu, car il les a dans l'ensemble largement pourvus. Mais il se trouve qu'à la surface du globe les plus gros gisements pétroliers, ceux où les forages débitent le plus, sont alignés le long d'une structure géologique très particulière correspondant à la Mésopotamie, au golfe Persique et à ses abords, c'est-à-dire dans une partie du Moyen-Orient où les problèmes géopolitiques entre Turcs, Perses et Arabes étaient déjà compliqués bien avant l'exploitation du pétrole. En réalité, celle-ci, avec les énormes richesses qu'elle procure et l'intervention de puissances étrangères qu'elle suscite, a exacerbé les conflits.

LES DIX PREMIERS PRODUCTEURS DE GAZ NATUREL AU MONDE

Rang	Pays	Production (en millions de tep)	Part de la production mondiale (en %)
1	Russie	550,9	21,3
2	États-Unis	479,3	18,5
3	Canada	168,3	6,5
4	Iran	94,5	3,7
5	Norvège	78,9	3,0
6	Algérie	76,0	2,9
7	Royaume-Uni	72,0	2,8
8	Indonésie	66,6	2,6
9	Arabie saoudite	66,3	2,6
10	Pays-Bas	55,7	2,2

Source : *BP Statistical Review of World Energy 2007*

II. Une histoire tumultueuse

L'extraction pétrolière débuta aux États-Unis, en Pennsylvanie. Le pétrole constitua d'abord un moyen d'éclairage (les lampes à pétrole) dans les petites localités puis, au début du XXe siècle, un carburant pour les premières automobiles. John D. Rockefeller fonda en 1862 sa première compagnie, qui allait devenir huit ans plus tard la Standard Oil of New Jersey. En 1911, poursuivi en application de la loi antitrust, il dut se résoudre à scinder la Standard Oil en plusieurs compagnies sœurs. La société mère prendra plus tard le nom d'Exxon et sera à l'origine d'autres majors comme Mobil, Chevron ou Amoco. En réalité, la réussite de Rockefeller résulta moins de la production des puits qu'il possédait que du grand réseau de pipe-lines qu'il constitua pour étendre son marché après avoir acheté le pétrole des petits producteurs dispersés dans de vastes régions. En effet, aux États-Unis, à la différence de la plupart des pays, le propriétaire du sol est également propriétaire du sous-sol, et donc du pétrole qui s'y trouve. Il y a aujourd'hui encore aux États-Unis de nombreux petits producteurs de pétrole (près de 10 000 avec 500 000 puits, contre 3 000 puits seulement au Moyen-Orient). Ceux-ci vendent le pétrole aux grandes compagnies, qui le transportent, le raffinent et le commercialisent.

Les problèmes géopolitiques liés au pétrole commencèrent à se poser au Mexique. La révolution qui éclata dans ce pays en 1911 et qui, dans ses soubresauts, durera jusqu'en 1924, entraîna une intervention de l'armée des États-Unis pour protéger les biens de ses ressortissants. Ulcérés, les Mexicains approuveront massivement en 1938 la nationalisation des compagnies pétrolières étrangères, et cette mesure fut inscrite dans la Constitution. Déjà, au XIXe siècle, le Mexique avait été dépouillé par ses voisins du Nord de la moitié de son territoire (de la Californie au Texas). Ceux-ci devaient donc cesser de s'emparer de la richesse profonde de la terre mexicaine. On voit ainsi apparaître au Mexique, à propos du pétrole, des représentations très différentes de celles qui s'appliquent à d'autres marchandises, et le

LE MARCHÉ MONDIAL DU GAZ

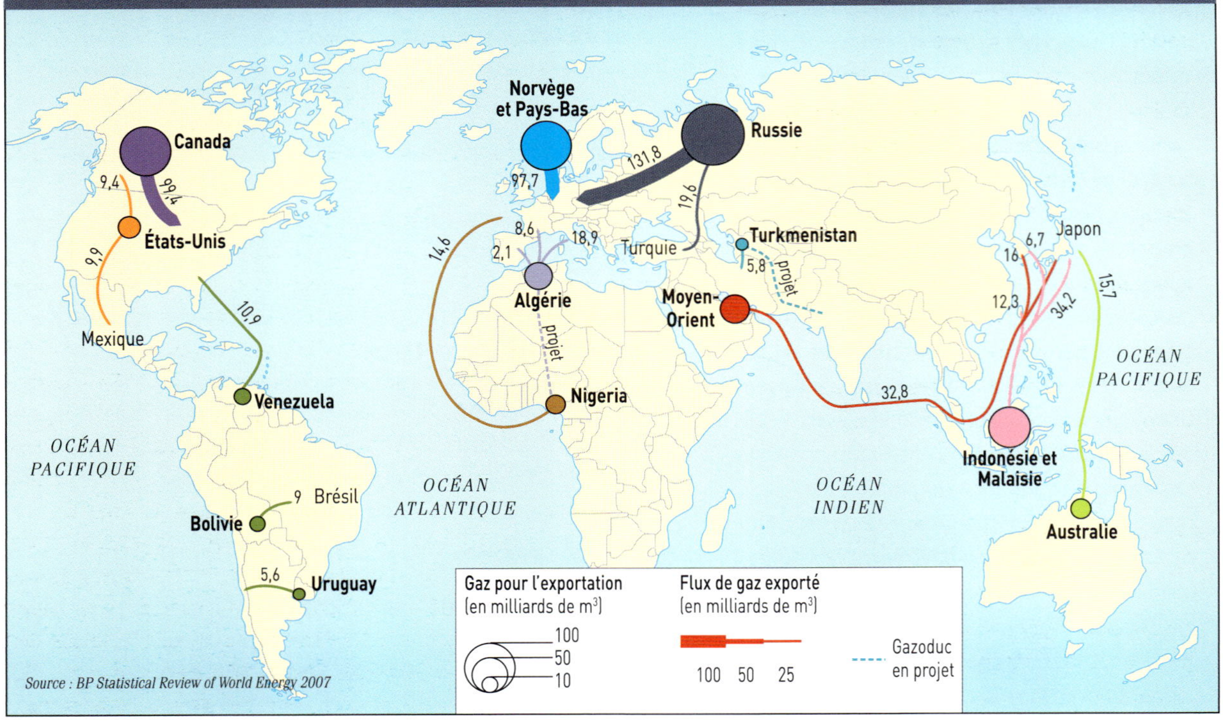

À la différence du marché pétrolier, celui du gaz est encore largement circonscrit à trois zones géographiques : l'Amérique, l'Europe, avec l'Algérie, la mer du Nord et la Russie, et enfin l'Extrême-Orient, de l'Indonésie au Japon. En effet, le transport intercontinental du gaz par navires méthaniers est relativement dangereux et onéreux, car il faut mobiliser d'importants moyens pour alimenter des réfrigérateurs géants qui maintiennent le gaz à de très basses températures afin d'éviter les explosions. Une grande partie du gaz s'échappant des puits de pétrole du Moyen-Orient ou du Nigeria est brûlé nuit et jour dans des torchères, faute de gazoducs permettant son transport à grande distance. Les besoins croissants en gaz ont, par ailleurs, révélé la nouvelle importance géopolitique de la Russie.

sentiment qu'il s'agit du patrimoine tellurique de la nation. Ce genre de sentiment se développera ensuite dans un grand nombre de pays exportateurs de pétrole, même quand la production y aura été nationalisée, et cela entraînera de grandes conséquences géopolitiques. Alors que les compagnies étrangères (appartenant à des Texans et au réseau Standard Oil) allaient être indemnisées, les États-Unis boycottèrent le pétrole mexicain (le quart de la production mondiale en 1921). On put même craindre un conflit militaire, mais l'éclatement de la Seconde Guerre mondiale en Europe incita le président Roosevelt à la prudence. Cependant, craignant que les Mexicains laissent des sous-marins allemands se cacher sur leurs côtes pour torpiller les tankers américains allant des ports du Texas à New York, l'armée américaine fit établir d'urgence des pipe-lines reliant les États du Sud-Ouest à ceux du Nord-Est. Pour répondre aux énormes besoins en pétrole de leur armée, les États-Unis se tournèrent vers le Venezuela, qui – fait nouveau dans les pratiques pétrolières – exigea bientôt la moitié des bénéfices réalisés. Cette pratique du fifty-fifty aura par la suite de grands échos au Moyen-Orient.

Contrairement aux États-Unis, les pays de l'Europe occidentale sont quasiment dépourvus de ressources pétrolières en raison des données géologiques (massifs granitiques et structures tectoniques très morcelées par les contrecoups de l'orogénie alpine). Seule exception, les gisements de la mer du Nord, découverts dans les années 1960, mais limités et riches surtout en gaz. Dès avant la Première Guerre mondiale, des sociétés allemandes, anglaises et surtout françaises, dont les rapports avec l'Empire russe étaient devenus fort étroits, obtinrent des concessions pétrolières à Bakou, au bord de la Caspienne (dans l'actuel Azerbaïdjan). La Russie fut alors pour l'Europe le principal fournisseur de pétrole via la mer Noire et la Méditerranée. Mais, en 1917, la révolution bolchevik confisqua les concessions, ce qui mit un terme aux exportations de pétrole russe vers l'Europe occidentale. Cela fit l'affaire des grandes compagnies pétrolières américaines, qui s'implantèrent ainsi sur le marché européen.

Les puits et les poudrières du Moyen-Orient

Les problèmes géopolitiques étroitement liés au pétrole et qui s'aggravent plus que jamais aujourd'hui au Moyen-Orient vont commencer à apparaître dans cette région au début du XXe siècle du fait des Européens. Les navires anglais croisaient depuis longtemps dans le golfe Persique en direction de l'Inde : c'était la fameuse route des Indes, passant par la Méditerranée vers Koweït. Des sujets britanniques apprirent ainsi que tout près des côtes de Perse, au pied de la chaîne de montagnes du Zagros, le pétrole suintait en certains endroits, et même brûlait naturellement de temps à autre. Les Anglais furent ainsi les premiers à en entreprendre l'exploitation – en 1908 – pour l'exporter vers l'Europe. Ils fondèrent alors l'Anglo-Persian Oil Company (qui deviendra l'Anglo-Iranian et, après la Seconde Guerre mondiale, la BP, British Petroleum). L'amirauté britannique fut très tôt la partenaire de cette compagnie et, en 1911, grâce à Winston Churchill, alors lord de l'Amirauté, le gouvernement décida que les navires de guerre de Sa Majesté utiliseraient désormais le fuel pour alimenter leurs chaudières.

Pour leur part, les Allemands, dans leur politique d'expansion vers les Balkans et vers l'Empire ottoman, s'intéressaient aussi au pétrole et au golfe Persique. Après avoir fait alliance avec la Turquie, ils lancèrent depuis Berlin un chemin de fer, dit « le chemin de fer de Bagdad », qu'ils poursuivirent jusqu'à Bassora, tout près du Golfe. Chemin faisant, au pied des montagnes qui dominent la plaine de Mésopotamie, les ingénieurs allemands découvrirent d'importants gisements de pétrole (ceux de Mossoul et de Kirkuk) et fondèrent avec les Turcs la Turkish Petroleum Company.

Les conséquences de la Première Guerre mondiale vont considérablement compliquer les problèmes géopolitiques. Le conflit provoqua en effet l'effondrement de l'Empire ottoman et la révolte des Arabes qui en dépendaient jusqu'alors. Ceux-ci formèrent quatre États nouveaux, le Liban et la Syrie sous contrôle français, l'Irak et la Jordanie sous contrôle britannique. Mais le

LA POLITIQUE PÉTROLIÈRE DES ÉTATS-UNIS : IMPORTER DE PRÉFÉRENCE

Dès le début du XXe siècle, les compagnies américaines acquirent des concessions pétrolières dans les pays voisins. Il y avait pourtant encore beaucoup de pétrole aux États-Unis, dans la grande gouttière de terrains sédimentaires qui s'étend entre les Appalaches à l'est et les montagnes Rocheuses à l'ouest, depuis les Grands Lacs au nord et le golfe du Mexique au sud. Certes, au Texas, après la découverte de gros gisements, de nouvelles compagnies se développèrent, notamment la Texas Oil et la Gulf Oil. Mais, d'une façon générale, les grandes compagnies préférèrent produire à l'étranger sans avoir à respecter les mesures qui protégeaient leurs concurrents de petite taille. En revanche, pour économiser le pétrole national, le gouvernement fédéral imposa aux producteurs nationaux de n'ouvrir le robinet des puits qu'une partie de la semaine. Les grandes compagnies partirent donc chercher ailleurs des gisements à gros rendement, de façon à vendre aux États-Unis un pétrole bon marché avec une très grosse marge bénéficiaire. C'est encore leur politique aujourd'hui. Déjà, en 1922, l'US Geological Survey (le Service géologique fédéral) avait évalué le volume des réserves mondiales de pétrole à 642 millions de tonnes, ce qui ne laissait pour les États-Unis que quelques décennies d'exploitation (les réserves mondiales seront évaluées à 90 milliards de tonnes en 1980). En se fondant sur cet argument, le gouvernement fédéral prit des mesures de réduction de la production américaine et encouragea l'importation de pétrole en provenance des pays étrangers. En l'occurrence, ce furent d'abord les pays les plus proches, Canada et Mexique. En effet, sur la côte est du Mexique et dans l'ouest du Canada, se prolonge la série de gisements des grandes plaines du Middle West et du Texas. ■

Royaume-Uni, la France et les États-Unis, les vainqueurs de l'Allemagne dont la Turquie avait été l'alliée, décidèrent de se partager conjointement les concessions de la Turkish Petroleum Company, en créant l'Irak Petroleum Company, dont le capital fut divisé en quatre parties (23,75 % chacune) : une pour la Compagnie française des pétroles, une pour un consortium de compagnies américaines (Esso, Gulf, Texaco, Socal, Mobil), une pour l'Anglo-Persian Oil Cy et une pour la Shell (compagnie anglo-néerlandaise ayant pris son essor grâce au pétrole de l'actuelle Indonésie) – et 5 % pour le négociateur, Calouste Gulbenkian. Les Anglais avaient ainsi deux parts, car c'est eux qui avaient conquis la Mésopotamie durant la guerre et qui contrôlaient encore l'Irak. Une partie des compagnies américaines, et notamment la Standard Oil, se retirèrent de l'Irak Petroleum pour exploiter les gisements qu'elles espéraient trouver en Arabie saoudite.

La prépondérance américaine

Jusqu'alors, les géologues estimaient que le pétrole se trouvait surtout au pied des chaînes de montagnes dominant la Mésopotamie et l'est du golfe Persique. Mais certains indices amenèrent quelques uns parmi eux à penser qu'il pouvait peut-être y en avoir aussi sur les côtes ouest du Golfe, c'est-à-dire en Arabie et à Koweït. Il fallut un certain temps pour le découvrir, car, à l'époque, les géologues ignoraient ce que l'on appelle de nos jours la théorie du déplacement des plaques géologiques et du chevauchement de certaines d'entre elles. Cependant, des agents des compagnies américaines, espérant trouver du pétrole de l'autre côté du Golfe, en Arabie, aidèrent financièrement les Saoudiens contre leurs rivaux arabes, soutenus par les services secrets anglais. Aussi en 1933, ibn Séoud concéda à la Standard Oil of California, ensuite associée à la Texas Oil (pour former le groupe CALTEX), l'exploitation du pétrole dans son royaume. La CASOC, formée à cet effet, sera récompensée de son flair et de son audace en voyant le pétrole pour la première fois jaillir en 1938. Après ces premières découvertes, déjà fort intéressantes, la CASOC deviendra l'ARAMCO (Arabian American Company) en 1944. Quatre ans plus tard, de retour de Yalta et quelques semaines avant sa mort, le président Roosevelt reçut le roi ibn Séoud à bord du navire de guerre américain *Quincy*, au large de Suez, pour conclure une alliance politique et militaire. Jusqu'alors, le Moyen-Orient avait été le domaine géopolitique quasi exclusif des Anglais. En 1947, le gouvernement américain exigea et obtint l'entrée dans l'ARAMCO à hauteur de 40 % du capital d'Esso et de Mobil, marquant ainsi la prépondérance des Américains dans la région.

Le gigantesque gisement de Ghawar (près d'al-Hufuf, à 300 kilomètres à l'est de Riyad) est découvert en 1948. Il demeure encore aujourd'hui le plus gros du monde, avec 16 milliards de tonnes de réserve. On y extrait 5 millions de barils par jour. Le deuxième gisement mondial est celui de Burgan au Koweït ; découvert en 1938 (par la Gulf et BP), il n'a que 8 milliards de tonnes de réserve, et le troisième, Safaniya, découvert en 1951 en Arabie, en a seulement 4, comme celui de Rumaïla, en Irak. Les réserves des 25 autres grands gisements s'échelonnent ensuite entre deux et trois milliards de tonnes. Ceux-ci se trouvent tous (sauf 6 d'entre eux) dans l'accident géologique très particulier qu'est l'ensemble formé par la Mésopotamie et le golfe Persique. Il s'agit de ce que les géologues appellent maintenant une zone d'obduction : le glissement de la plaque arabique (poussée vers le nord-est par l'élargissement de la cassure de la mer Rouge) sous la plaque iranienne. Dans les zones de subduction existant dans le monde, une plaque s'enfonce très profondément sous une autre (comme une plaque du Pacifique qui s'enfonce sous une autre de l'Amérique du Nord ou du Sud). Normalement, à de telles profondeurs, le pétrole est « grillé » par les très fortes températures sous l'écorce terrestre. Mais ce n'est pas le cas dans la zone d'obduction de la Mésopotamie et du golfe Persique car la mer y est peu profonde, et a même été progressivement repoussée par les alluvions du Tigre et de l'Euphrate. C'est une sorte de longue gouttière (2 000 kilomètres de long sur 500 kilomètres de large) où se sont accumulées des masses de substances organiques (d'origine marine et lagunaire), qui se sont peu à peu transformées en pétrole. Les plissements de sédiments que provoque l'enfoncement de la plaque arabique sous la plaque iranienne ont formé en profondeur une succession de dômes où le pétrole soumis à de fortes pressions est venu s'accumuler. Ces plis, qu'il faut savoir détecter sous les terrains de surface, forment une série de gros gisements peu étendus, mais que l'on peut comparer à de grosses bouteilles sous pression. Aussi les forages qui les atteignent ont des rendements très importants en comparaison de ceux des puits très nombreux qu'il faut forer pour exploiter des gisements « en assiette » (comme ceux d'une grande partie des États-Unis, sauf au Texas). Ils sont bien plus étendus en surface, mais la pression y est moins forte et les réserves bien moins importantes. Alors que le coût de production d'un baril de pétrole est en moyenne de 10 dollars aux États-Unis, il est de l'ordre de 0,5 à 2 dollars en Arabie saoudite.

Les « sept sœurs » face aux convulsions politiques

Durant les années qui ont suivi la Seconde Guerre mondiale, le marché mondial du pétrole, outre la considérable augmentation de la production, a été marqué par des changements politiques majeurs dans la principale région productrice, dont les conséquences actuelles sont très importantes.

Il y eut d'abord la crise provoquée par la nationalisation du pétrole en Iran. Depuis le début du XXe siècle, la compagnie britannique Anglo-Iranian Oil avait le monopole de cette production et ne versait au gouvernement iranien qu'un maigre pourcentage de ses bénéfices. L'exemple du Venezuela, qui avait obtenu un partage à 50 % avec les compagnies américaines, décida un nouveau gouvernement iranien à exiger un régime identique, ce que refusa l'Anglo-Iranian, qui ne versait alors que 16 % de ses bénéfices aux autorités du pays. Alors que l'Iran connaissait un fort mouvement nationaliste (contre la tutelle exercée par les Soviétiques, les Anglais et les Américains), le Shah qui se voulait l'émule d'Atatürk et ami de l'Allemagne avait été déposé durant la guerre. Il en résulta une crise politique durant laquelle le nouveau souverain Mohammed Réza Pahlévi, arrivé sur le trône en 1941, qui souhaitait temporiser, faillit être renversé par un mouvement populaire dirigé par un leader réformiste, le Dr Mossadegh. En 1951, celui-ci imposa au Shah la nationalisation du pétrole et la confiscation des biens de l'Anglo-Iranian. Le gouvernement britannique, dont les liens avec la compagnie étaient très étroits, prétendit interdire aux autres États d'acheter du pétrole iranien et dépêcha des unités de sa flotte pour empêcher l'Iran d'exporter son pétrole. En 1954, un coup de force, dans lequel les services américains jouèrent un rôle important, écarta le Dr Mossadegh et jeta les bases d'un accord selon lequel l'Iran était reconnu propriétaire des gisements. Cependant, la Compagnie nationale iranienne des pétroles (NIOC) en confiait la prospection et l'exploitation à des prestataires regroupés en un consortium formé par Esso, Mobil, Caltex, Gulf, Shell, la Compagnie française des pétroles, et pour 40 % par l'Anglo-Iranian, qui perdait dans l'affaire son monopole.

Ce consortium officialisait publiquement l'existence des liens, jusqu'alors officieux, entre ces sept grandes compagnies. De fait, en 1928, les dirigeants de ces compagnies, réunis à Achnacary, en Écosse, dans le château de l'un d'entre eux (celui de la Shell), avaient discrètement décidé de vendre partout dans le monde (sauf aux États-Unis) à un prix identique le pétrole, d'où qu'il vienne et quel que soit son prix de revient (tenu secret), de façon à laisser aux compagnies une forte marge bénéficiaire par rapport aux prix moyens pratiqués aux États-Unis. Tout le pétrole vendu dans le monde était censé venir du golfe du Mexique, prix majoré par le coût d'un transport fictif jusqu'aux divers points de vente (le tarif « Gulf + »). Cet accord officieux entre les grandes compagnies, surnommées les « sept sœurs », fut pratiqué entre elles jusque dans les années 1970.

La solution de la crise iranienne mit en évidence le rôle du cartel international du pétrole et incita un certain nombre de pays grands exportateurs à se regrouper pour tirer davantage profit du marché. En 1960, les gouvernements d'Arabie saoudite, du Venezuela, du Koweït, d'Iran et d'Irak – qui contrôlaient 80 % des exportations mondiales – décidaient de former l'OPEP (en anglais OPEC), l'Organisation des Pays Exportateurs de Pétrole. Ils furent ensuite rejoints par le Qatar, l'Indonésie, la Libye, les Émirats arabes unis, l'Algérie et le Nigeria. Ces gouvernements visèrent d'abord à maintenir les cours du pétrole, qui étaient alors assez bas du fait de l'arrivée sur le marché de nouveaux producteurs. Bien que l'organisation ait été fondée à Bagdad, son siège fut situé à Vienne. En 1967, lors de la guerre des Six-Jours entre Israël et les pays arabes, ceux-ci décidèrent de cesser leurs exportations de pétrole vers les pays occidentaux qui ne dénonçaient pas l'attaque israélienne ; ce furent surtout les pays de l'Europe occidentale qui furent touchés, car les États-Unis n'importaient guère alors de pétrole arabe. Cependant, le secrétaire d'État américain dut aller discrètement à Riyad calmer la colère du roi d'Arabie et promettre que les États-Unis s'opposeraient à l'annexion par les Israéliens des territoires qu'ils venaient de conquérir.

III. Des chocs pétroliers au scénario d'épuisement

Les bras de fer de l'OPEP

En 1971 – conséquence, du moins en partie, des énormes dépenses engagées par les États-Unis pour la guerre du Vietnam –, le dollar fut dévalué ; le pétrole étant payé en dollar, cela réduisit beaucoup les revenus des États pétroliers. L'OPEP obtint un relèvement des cours du baril et décida que ses membres ne se contenteraient plus seulement de la moitié des bénéfices.

En octobre 1973, après le déclenchement par les États arabes de la guerre dite du « Kippour » qui mit Israël en danger, l'OPEP décida non seulement l'embargo du pétrole vers les pays occidentaux, mais surtout, par diverses mesures, le quadruplement des prix du pétrole. L'un des premiers à décider cela fut le Shah d'Iran, qui n'était pourtant pas adversaire d'Israël, mais son fournisseur privilégié en pétrole (par le golfe d'Akaba). Ce fut ce qu'on appela le premier « choc pétrolier ». Les États-Unis ne s'y opposèrent pas, sans doute parce que la marge bénéficiaire des grandes compagnies ne se trouvait pas réduite. En revanche, les pays de l'Europe occidentale furent obligés de prendre de sérieuses mesures pour réduire leurs consommations d'énergie et la France, en particulier, accéléra fortement son programme de construction de centrales nucléaires. Ces mesures entraînèrent au bout de quelques années une baisse progressive des prix du pétrole.

Après leur grand succès de 1973, les pays de l'OPEP s'acheminèrent vers une nationalisation progressive de leur pétrole. Déjà, en 1972, l'Irak avait décidé la nationalisation de l'Irak Petroleum. On avait pu penser alors qu'il ne s'agissait là que d'une conséquence de la surenchère des différents partis révolutionnaires qui s'étaient disputé le pouvoir depuis la révolution antimonarchique de 1958 à Bagdad. Mais l'Arabie saoudite et le Koweït, qui étaient pourtant des monarchies, procédèrent aussi à la nationalisation progressive de leur pétrole : 60 % en 1974 et 100 % en 1976. Le Venezuela les imita la même année. La nationalisation de l'ARAMCO, loin de provoquer la chute de ses actions à la Bourse de New York, les fit monter. En effet, les bénéfices pétroliers des pétromonarchies furent, pour une grande part, placés dans les banques occidentales.

Cependant, pour suivre les rapides progrès des techniques de prospection et d'extraction pétrolières, les pays exportateurs de pétrole avaient besoin des grandes compagnies et celles-ci facturaient leurs prestations à des prix très élevés. Arrivèrent alors sur le marché des nouveaux venus, les « indépendants », italiens, japonais, mais surtout des firmes originaires du Texas. Ces « indépendants » acceptèrent des contrats de plus en plus draconiens, avec des marges bénéficiaires de plus en plus restreintes.

En 1979, la révolution islamiste en Iran, dont on craignait des contrecoups sur l'ensemble du Moyen-Orient, provoqua un second « choc pétrolier », dont les conséquences sur les prix du pétrole furent tout aussi fortes que lors du premier choc de 1973. Une crise aiguë éclata entre Washington et Téhéran. Mais lorsque l'on prit conscience que le mouvement khomeyniste, parce qu'il était chiite et iranien, ne se propageait pas dans les pays arabes sunnites – d'autant que Saddam Hussein lui faisait efficacement barrage (la guerre étant déclarée entre les deux pays depuis 1980) –, les prix du pétrole diminuèrent rapidement. Ils s'effondrèrent même en 1986, malgré les difficultés de l'Iran à exporter son pétrole par le golfe Persique, en raison des raids de l'aviation irakienne. Ce fut le « contre-choc pétrolier ». L'excès de l'offre de pétrole par rapport à la demande était dû au fait que de nouveaux producteurs étaient apparus sur le marché. La production de pétrole offshore (notamment celui de la mer du Nord) avait doublé entre les années 1970 et la fin des années 1980, alors que la part de l'OPEP passait de 80 % à 50 % des exportations mondiales, au détriment surtout des pays arabes. Les revenus de l'Arabie saoudite en 1984-1986 diminuèrent dangereusement et, en 1990, l'invasion du Koweït par l'Irak ne provoqua qu'une brève remontée des cours, malgré la quasi-disparition des productions de ces deux États. L'Arabie saoudite ouvrit alors davantage les robinets de ses puits afin d'éviter une nouvelle montée brutale des cours, suivie par une longue période de très bas prix. Après 1991, les puits du Koweït qui avaient été incendiés par les Irakiens furent assez rapidement remis en production. Mais, à la demande des États-Unis, les exportations de l'Irak restèrent soumises à l'embargo des Nations unies, pour empêcher Saddam Hussein de reconstituer son potentiel militaire.

LES 10 PREMIÈRES COMPAGNIES PÉTROLIÈRES ET GAZIÈRES AU MONDE EN 2007

Rang	Compagnies	Pays	Chiffre d'affaires consolidé* (en MUSD**)	Résultat net consolidé (en MUSD**)
1	Exxon Mobil	États-Unis	365 467	39 500
2	Royal Dutch Shell	Pays-Bas / Royaume-Uni	318 845	25 442
3	BP	Royaume-Uni	265 906	22 000
4	Chevron-Texaco	États-Unis	204 892	17 138
5	Conoco-Phillips	États-Unis	183 650	15 550
6	Total	France	176 937	15 692
7	ENI	Italie	114 818	12 291
8	Sinopec	Chine	103 242	5 287
9	Gazprom	Russie	81 560	24 223
10	Petrobras	Brésil	76 852	12 588

* hors taxes spéciales ** en millions de dollars

Malgré la chute des exportations irakiennes (très partiellement compensées par le programme de l'ONU « Pétrole contre nourriture » et par la contrebande), il n'y a pas eu pénurie de pétrole sur le marché et les cours sont restés modérés, de l'ordre de 20-30 dollars le baril jusqu'en 2004, y compris après les attentats du 11 septembre 2001.

Nouveaux acteurs, nouveaux enjeux

La politique de l'OPEP, et surtout de l'Arabie saoudite, consiste désormais à gérer l'avenir à long terme afin d'éviter que les pays importateurs ne mettent au point trop de techniques pour économiser le pétrole – en l'utilisant avec davantage d'efficacité (ce que les spécialistes appellent « l'intensité énergétique ») – et pour exploiter de nouveaux types de gisements. C'est notamment le cas de nouveaux gisements sous-marins, qui apparaissent aujourd'hui comme recelant des quantités considérables d'hydrocarbures. Malgré les prouesses techniques, l'exploitation de ces gisements revient cher et ce, d'autant plus qu'ils sont profonds ; elle devient cependant rentable et politiquement plus sûre si les cours du pétrole sont de plus en plus élevés. On pourrait donc dire que, depuis les années 1980 jusqu'en 2004, l'évolution à long terme sur le marché pétrolier a dépendu davantage qu'autrefois des facteurs techniques et financiers et a dépendu moins des conséquences des conflits géopolitiques.

Cependant, en 1991, un changement géopolitique d'envergure mondiale s'est produit : la dislocation de l'Union soviétique et la fin du régime communiste. Les grandes compagnies pétrolières n'ont pas tardé alors à se souvenir que la Russie, avant la Première Guerre mondiale et la révolution bolchevik, avait été grande exportatrice d'hydrocarbures, grâce au gisement de Bakou. Après la Seconde Guerre mondiale, ce gisement semblait presque épuisé et les Soviétiques avaient développé ce qu'ils appelèrent le « second Bakou » dans la vallée de la Volga et en Sibérie occidentale. L'effondrement du système soviétique fut immédiatement suivi par l'apparition d'hommes d'affaires d'un type nouveau (pour beaucoup ex-membres du Parti communiste) qui, mettant la main sur les industries et les ressources du pays, s'empressèrent de nouer des contacts avec de grandes firmes étrangères et – pour ce qui est du pétrole – avec les grandes compagnies anglaises et américaines. Celles-ci se rendirent compte de la vétusté des techniques laissées par l'URSS en matière de prospection et de production pétrolières, mais aussi de l'existence de nombreux gisements fort intéressants en Sibérie et autour de la mer Caspienne, dans les nouveaux États de l'Asie centrale. Les compagnies occidentales, usant de techniques nouvelles ignorées par les Soviétiques, prirent également conscience de l'importance des réserves qui existaient encore en Azerbaïdjan, près de Bakou, dans des gisements soi-disant épuisés.

Les gouvernements de ces nouveaux États (ex-soviétiques, mais qui avaient gardé les mêmes dirigeants) s'empressèrent de passer des accords avec les compagnies pétrolières anglaises et américaines, d'autant plus que le gouvernement russe, en situation financière très difficile et dans l'espoir de revenus rapides, incitait les nouveaux hommes d'affaires à s'associer à celles-ci pour créer des entreprises privées. Par ailleurs, la faillite financière de la Russie en 1998 fut évitée de justesse grâce aux prêts occidentaux gagés sur ses ressources en hydrocarbures. Les perspectives d'un très rapide essor des exportations de pétrole en provenance de Russie et des ex-républiques soviétiques s'amplifièrent après les attentats du 11 septembre 2001 et la tension qui s'ensuivit entre l'opinion américaine et l'Arabie saoudite, d'où provenaient les terroristes kamikazes.

En revanche, le nouveau président russe Vladimir Poutine avait assuré immédiatement de son soutien le président des États-Unis dans sa lutte contre les terroristes islamistes.

Si la dynastie saoudienne se préparait à se rallier aux islamistes ou si ces derniers la renversaient et prenaient le pouvoir, il fallait d'urgence trouver à remplacer l'Arabie saoudite – non pas que son pétrole soit indispensable aux États-Unis (car ils n'en importent pas tellement), mais les compagnies américaines, elles, en ont besoin pour le vendre, toujours avec grand profit, en Europe et au Japon. La Russie et les pays de la Caspienne apparurent alors comme la solution de remplacement temporaire. Certes, leurs réserves étaient jugées très inférieures à celles d'Arabie saoudite, mais le pétrole russe pouvait peut-être permettre de boycotter celle-ci pendant plusieurs années, le temps que les islamistes en soient chassés. En 2004, la Russie produisit 9,5 millions de tonnes de pétrole, soit un petit peu plus que l'Arabie, et l'on a envisagé de construire un pipeline depuis la Sibérie occidentale jusqu'à Mourmansk, sur l'océan glacial Arctique ou, plus exactement, sur la mer Blanche, qui, grâce au Gulf Stream, n'est guère prise par les glaces durant l'hiver. Pour les tankers, le trajet entre Mourmansk et le nord-est des États-Unis est bien plus court que depuis le golfe Persique.

Un autre pipe-line a été rapidement mis en chantier et achevé par les compagnies occidentales entre Bakou,Tbilissi et le port turc de Ceyhan sur la Méditerranée, pour exporter le pétrole d'Azerbaïdjan et du Kazakhstan sans avoir à passer par la mer Noire et Istanbul. Ce pipe-line à travers la Géorgie et la Turquie a beaucoup mécontenté les Russes, qui voulaient que le pétrole de la Caspienne continue de passer par la Russie, en l'occurrence au nord du Caucase, puis par la mer Noire, ce qui maintenait des liens géopolitiques avec le Kazakhstan et l'Azerbaïdjan. Le mécontentement des Russes s'est accru d'autant plus que l'inauguration du pipe-line en question a été précédée, en novembre 2003, par une révolution à Tbilissi, qui a porté au pouvoir en Géorgie un gouvernement ouvertement soutenu par les Américains.

Mais d'autres raisons contribuent à atténuer pour le moment (2009) les perspectives d'un très fort développement des exportations de pétrole russe, et ces raisons sont propres à la Russie. Les compagnies pétrolières qui, du fait de la privatisation des biens de l'État, ont été créées après 1991 avec la bénédiction du Kremlin par des hommes d'affaires particulièrement habiles, ont eu tôt fait d'imiter les procédés par lesquels les entreprises du monde capitaliste transfèrent leurs profits dans des paradis fiscaux pour échapper aux impôts et s'enrichir davantage dans diverses combinaisons financières. De surcroît, les sociétés pétrolières russes se sont étroitement associées à des firmes étrangères afin d'attirer des capitaux et de se soustraire à d'éventuels contrôles de l'État, au point de transférer leurs sièges sociaux à l'étranger et même de confier

147 $ LE BARIL : UN RECORD HISTORIQUE ?

En juillet 2008, le prix du baril de pétrole était six fois plus élevé que lorsque l'armée américaine est intervenue en Irak. Cette énorme augmentation résulte-t-elle de ce conflit ? Pas vraiment car depuis 1990 et l'invasion du Koweït par l'armée de Saddam Hussein, l'Iraq n'exportait déjà plus beaucoup de pétrole en raison des sanctions imposées par l'ONU.

La montée mondiale des prix du pétrole est surtout provoquée par l'apparition de nouveaux pays comme la Chine et l'Inde qui, en raison de leur forte croissance économique, sont devenus de grands importateurs de pétrole du Moyen-Orient.

Mais cette hausse traduit également la baisse du dollar face à la montée de l'euro (la monnaie européenne) et du yen (la monnaie japonaise). Ainsi, en mars 2008, un euro équivaut à 1,6 dollar américain. L'essentiel des transactions sur le pétrole s'effectuant en dollars, dont le cours est de plus en plus dévalué, le prix des exportations pétrolières augmente donc. La montée des prix du pétrole a favorisé des spéculations financières effrénées qui ont conduit à la crise mondiale d'août 2008. Enfin, des géologues estiment que, dans quelques années, la production mondiale de pétrole atteindra un sommet, « un pic » (le « pic de Huber », du nom d'un géologue) à partir duquel on ne trouvera plus de très grands gisements : le pétrole deviendra alors de plus en plus rare et son prix de plus en plus cher.

Par ailleurs, cette augmentation des prix du pétrole fait que l'exploitation de gisements sous-marins profonds (comme au large de l'Afrique et du Brésil), jusqu'ici jugés trop coûteux, va maintenant devenir rentable. ■

PÉTROLE ET GAZ D'EURASIE : LE GRAND BRAS DE FER DIPLOMATIQUE

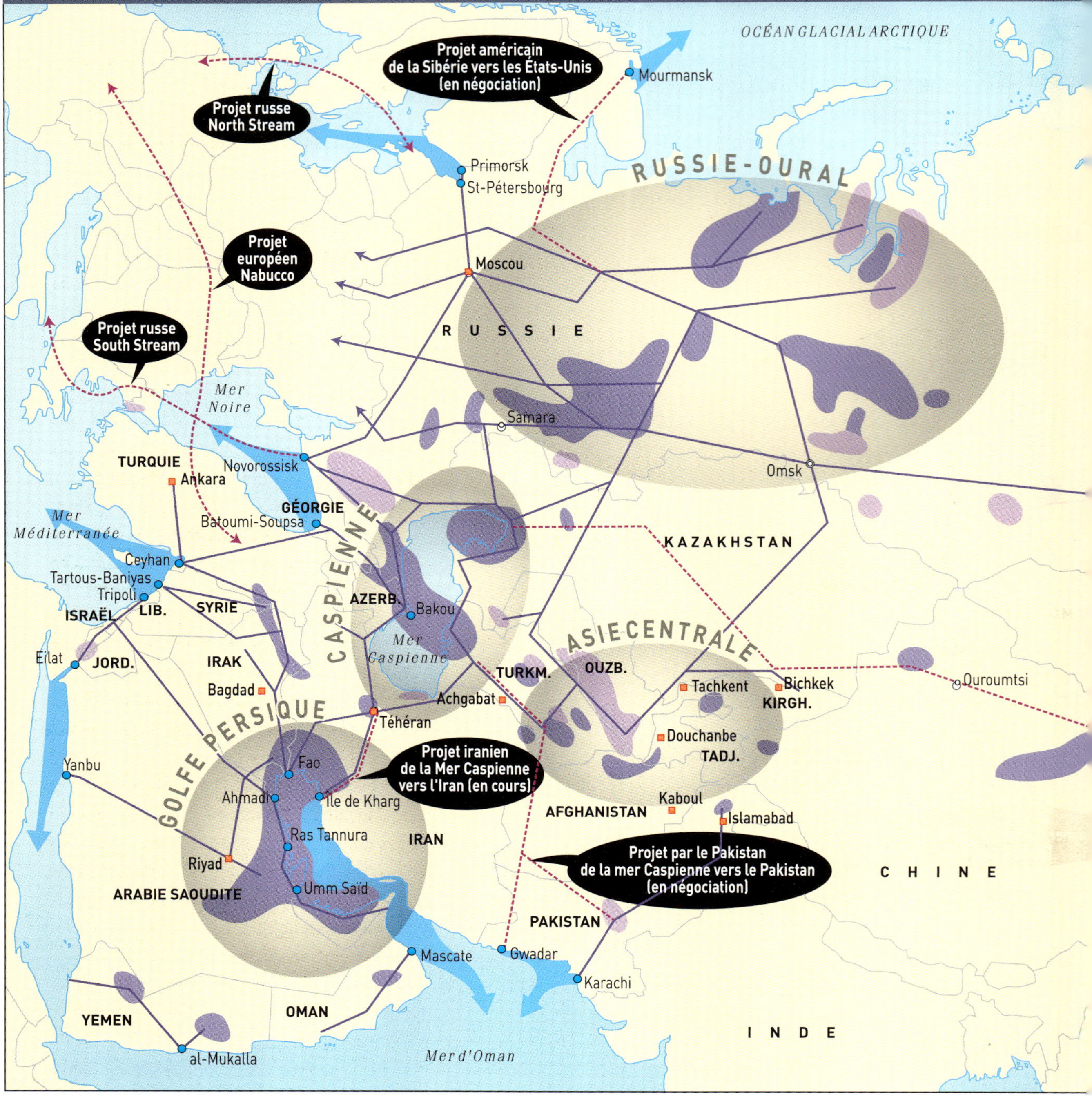

Les tailles des ellipses figurant sur cette carte sont proportionnelles à la taille des territoires où sont situés les gisements, mais pas à l'importance de la production de ceux-ci. Le Moyen-Orient, où les gisements sont concentrés autour du golfe Persique et de la Mésopotamie, est ainsi représenté par un cercle nettement plus petit que celui qui figure sur la Russie, où les gisements sont dispersés sur de vastes étendues. On peut comprendre aussi, en observant leurs tracés, que les projets de gazoducs et d'oléoducs font l'objet d'âpres négociations entre pays producteurs, pays consommateurs et compagnies pétrolières et gazières.

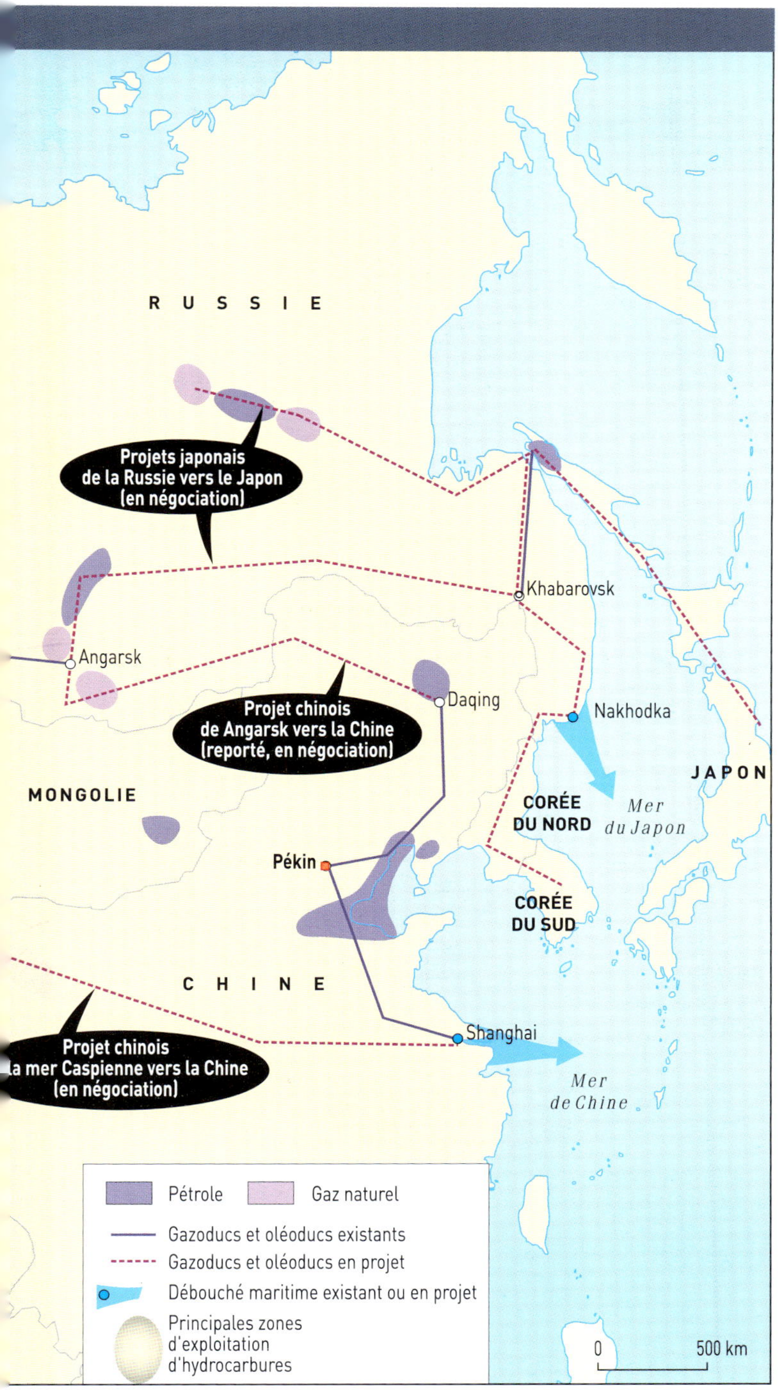

les fonctions de P-DG ou de directeur général à des Américains, à des Russes naturalisés américains ou dotés de passeport israéliens.

Ces rivalités occultes entre lobbys politiques ou groupes financiers ont conduit l'État russe (ou du moins ses dirigeants) à faire successivement inculper pour fraude fiscale certains oligarques, à saisir les biens de leurs sociétés ou à les condamner à des amendes considérables, sans tellement tenir compte du droit des affaires, tel qu'il se pratique dans les pays occidentaux. C'est ainsi que le grand groupe pétrolier Youkos a été démantelé et son P-DG condamné en 2005 à de longues années de prison. Aussi les compagnies américaines sont-elles beaucoup moins désireuses de participer à l'essor pétrolier de la Russie, d'autant que l'exploitation pétrolière s'y heurte à de multiples difficultés, liées notamment aux pratiques de corruption et de racket généralisées.

Les grands projets pétroliers des compagnies américaines en Russie et en Asie centrale semblent donc plus ou moins suspendus, d'autant que, depuis la crise consécutive au 11 septembre 2001, les relations des États-Unis avec l'Arabie saoudite se sont améliorées, la dynastie au pouvoir à Riyad menant désormais la lutte contre les islamistes. Par ailleurs, de nouveaux gisements sous-marins ont été découverts dans l'Atlantique au large des côtes d'Afrique, au Nigeria et en Angola. On parle désormais d'un « deuxième Golfe », certes avec des réserves bien moindres que celles du golfe Persique, mais bien plus proches de la côte est des États-Unis. De surcroît, ce « deuxième Golfe » est géopolitiquement beaucoup plus calme, surtout avec des sites d'extraction situés en mer. L'île de São Tomé, qui fait partie de la Guinée équatoriale (ex-colonie espagnole) et qui dispose d'importants gisements offshore, a été choisie comme base par l'armée américaine pour la surveillance des États côtiers qui s'étendent de la Côte d'Ivoire à l'Angola.

Des compagnies chinoises et indiennes s'implantent aussi en Afrique. Les Chinois, au Soudan notamment, prospectent avec ardeur, sans chercher nécessairement des profits immédiats. Sans aucun doute, l'entrée de ces deux pays sur le marché mondial aura des conséquences considérables sur les rapports de force internationaux.

Index général

11 SEPTEMBRE 2001 9, 13, 15, 18, 22, 24, 34, 35, 38, 69, 70, 74, 162, 209, 214, 284, 292

ABBAS (Mahmoud) 316, 318
Abbassides (Empire des) 298
Abkhazie 273
Abu Dhabi 28, 242
Aceh 195, 197, 199
Adjarie 273
Adriatique (mer) 132, 262, 265, 266
AELE (Association européenne de libre-échange) 88, 126, 127
Afghanistan 9, 10, 12, 13, 15, 17, 21, 22, 24, 34, 35, 36, 37, 38, 40, 41, 45, 60, 63, 64, 65, 70, 98, 99, 113, 115, 164, 172, 210, 211, 213, 214, 270, 283, 284-293, 301
Afrique 11, 17, 63, 69, 111, 122, 124, 188, 194, 218-233, 252, 254, 331
Afrique du Sud 124, 218, 222, 232, 233
Ahmadinejad (Mahmoud) 294, 300, 303
Akaba (golfe d') 248, 307, 308, 326
ALENA (Association nord-américaine de libre-échange) 144, 154
Algérie 9, 13, 24, 64, 89, 111, 220, 235, 250, 251-261, 321, 326
Algérie (guerre d') 87, 111, 113, 221, 259
Allemagne 35, 45, 47, 48, 49, 50, 87, 88, 90, 92, 94, 95, 96, 97, 98, 100, 101, 116-121, 124, 161, 164, 169, 179, 238, 239, 265, 268, 305, 324
Al-Qaida 10, 11, 15, 23, 35, 37, 38, 40, 41, 70, 137, 241, 242, 277, 284, 285, 291, 292, 299, 300, 301
Amazonie 148, 149, 154
Amérique centrale 83, 138, 141, 145, 150
Amérique latine 17, 18, 19, 58, 136, 137, 138-147, 148, 153
Amou-Daria 279, 281
Andalousie 13, 133, 137, 254, 261
Angleterre 19, 45, 47, 48, 49, 77, 78, 89, 122-128, 142, 146, 151, 169, 176, 178, 249, 264
Anglo-Iranian Oil Company 125
Angola 220, 221, 223, 226, 227, 331
Ansar al-Islam 241
Antilles 107-110
Antilles (mer des) 140
Arabie saoudite 25, 26, 34-37, 64, 67, 137, 164, 165, 241-248, 251, 253, 290, 292, 293, 295, 299, 301-303, 319, 321, 325-331
Arafat (Yasser) 246, 311, 314-316
Aral (mer d') 279, 281
ARAMCO (Arabian American Oil Company) 324, 326
Arctique (océan glacial) 17, 54, 156, 165, 329
Argentine 125, 136, 139, 141, 145, 146, 151, 152, 305
Arkhangelsk 157
Arménie 157, 234, 238, 271-273
Arusha (accords d') 226
Ascension (îles d') 126
ASEAN (Association des nations du Sud-Est asiatique) 198, 209
Asie 16, 45, 52, 63, 124, 145, 169, 195, 209, 229, 234, 271
Asie centrale 11, 34, 155, 156, 164, 165, 166, 174, 191, 192, 194, 234, 237, 270, 271, 276-283, 287, 290, 293, 328, 331
Asie du Sud-Est 62, 63, 169, 176, 187, 188, 196, 206, 209, 320
Assad (Hafez el-) 248
Atlantique (océan) 11, 47, 136, 225, 226, 253, 331
Autriche 88, 92, 95, 119, 121, 129, 138, 140, 264
Azerbaïdjan 157, 164, 165, 167, 237, 239, 271-273, 281, 298, 323, 326-328
Azov (mer d') 157

BACHKIRIE 165, 167
Bachkortostan 167, 278
Bahreïn 242
Bakou 99, 164, 165, 237, 239, 272-274, 276, 323, 328, 329
Baléares (îles) 136, 235
Bali 196
Balkans 94, 99, 131, 235, 237, 262-269, 286, 305, 323
Baloutchistan 211
Baltes (États) 50, 118
Baltique (mer) 101, 265
Bangladesh 63, 124, 200, 201, 203, 204, 207, 213, 214
Batista (Fulgencio) 55
Bassora 39, 300, 323
Bekaa (plaine de la) 247
Belgique 18, 51, 87, 88, 95, 224, 261
Ben Bella (Ahmed) 259
Ben Gourion (David) 305
Ben Laden (Oussama) 10, 23, 34, 35, 36, 38, 64, 67, 70, 72, 214, 242, 283, 284, 290, 292, 293, 299
Béring (détroit de) 157
Berlin 23, 50, 51, 90, 101, 116, 118, 121, 158, 323
Berlusconi (Silvio) 131
Bessarabie 50, 118, 157
Bhoutan 202
Biafra 220, 223, 225
Biélorussie 102, 156, 162, 163,164, 270
BJP (Parti du peuple indien) 206- 209
Blair (Tony) 38, 299
Blanche (mer) 22, 157, 329
Bolívar (Simón) 141, 147, 153
Bolivie 139, 143, 146, 147
Bornéo 195-197
Bosnie-Herzégovine 91, 262, 263, 266, 267, 269
Botswana 124
Boumediene (Hourai, colonel) 257, 260
Boxers (révolte des) 176, 178
BP (British Petroleum) 165, 323, 324, 327
Brésil 25, 110, 138-140, 145, 146, 148-154, 327, 329
BRIC 150, 200
Bulgarie 64, 92, 95, 118, 262, 264, 266
Burkina Faso 107, 220, 228, 230, 231
Burundi 107, 220, 222, 225, 226
Bush (George H.) 10, 38, 40, 67, 299
Bush (George W.) 10, 38- 40, 70-74, 99, 162, 283, 299, 301, 318

CACHEMIRE 200-202, 204, 207, 210, 212-214
Cambodge 56, 58, 61, 62, 68

Cameroun 124, 220, 221
Camp David (accords de) 252
Canada 25, 51, 54, 76- 78, 80, 82, 87, 122, 124, 144, 154, 156, 319-321, 323
Canton 176-179, 181, 182, 185, 187
Carélie 50
Carolines (îles) 169
Carter (Jimmy) 61-64, 90
Caspienne (mer) 164, 165, 167, 191, 237, 271-281, 292, 295, 320, 323, 328, 329
Castro (Fidel) 19, 55, 57, 58, 146, 147
Caucase 9, 30, 156, 158, 161, 164, 167, 234, 271, 272, 275, 278, 280, 292, 329
Caucase du Nord 274
CEDEAO (Communauté économique des États de l'Afrique de l'Ouest)223
CEE (Communauté économique européenne) 88, 94
CEI (Communauté des États indépendants) 163, 164, 270, 273, 274, 283
Célèbes (îles, Sulawezi) 196
Centrafricaine (République) 221, 228
Ceuta 137
Ceylan (Sri Lanka) 200, 214
Chávez (Hugo) 141, 146, 147
Chili 19, 55, 139, 141, 143, 145, 146
Chine 25, 28, 53, 62, 67, 100, 124, 147, 148, 150, 156, 164, 165, 168-172, 173-194, 195, 196, 198, 200, 202, 203, 204, 210, 212, 228, 237, 266, 279,280, 281, 319, 320, 327, 329
Chirac (Jacques) 38, 70, 96, 98
Churchill (Winston) 19, 49, 50, 125, 265, 323
Chypre 88, 95, 124, 126, 235
Cisjordanie 30, 31, 243, 304, 308, 311-316, 318
Clinton (Bill) 64, 67, 69, 71, 91, 268, 314
Colombie 136, 139, 140, 144, 146, 147
Commonwealth 89, 122, 124, 126, 233
Comores 11, 221
Congo 219, 220, 221, 225, 227
Congo-Brazzaville 230
Corée (guerre de) 52, 53, 170, 183, 184
Corée du Nord 38, 172, 189, 193, 294
Corée du Sud 52, 54, 171, 172, 183, 188, 190, 193
Côte d'Ivoire 219, 220, 230, 231, 331
Crimée 163
Crimée (guerre de) 264, 287
Croatie 91, 92, 94, 262, 265-268
Cuba 19, 55-58, 77, 78, 83, 136, 139-141, 145-147

DAGHESTAN 167, 275, 277, 278
Danemark 88, 95, 126
Darfour 220, 225
Dayton (accords de) 91, 267, 268, 269
Dekkan 203, 209, 210
De Klerk (Frederik) 233
Deng Xiaoping 68, 182
Deobandi (mouvement) 41
Diego Garcia (base de) 37, 126
Dien Bien Phu 58
Djibouti 64, 115, 226
Djihad islamique (parti) 315
DOM-TOM 115
Donetsk 163
Dubaï 28, 29
Durand (ligne) 213, 214, 288, 289, 293
Dzoungarie (porte de) 172, 191, 192, 194, 279, 280

ÉCOSSE 123, 128, 325
Égypte 9, 17, 22, 23, 125, 224, 235, 237, 242, 247, 249-252, 254, 286, 302, 307, 308, 310, 314, 318
Eilat 248, 308
Eisenhower (Dwight) 19, 57
Eltsine (Boris) 158-164, 275-277
Émirats arabes unis 28, 29, 242, 245, 319, 326
Empire ottoman 23, 94, 158, 200, 234, 236-239, 243, 249, 261-265, 271, 295, 298, 305, 323
Équateur 107, 110, 139, 140, 143
Érythrée 220, 222
Espagne 18, 55, 75, 78, 88, 95, 103, 110, 115, 130, 133-137, 140, 142, 143, 220, 235, 261, 304
Estonie 88, 92, 95, 101, 159
ETA (Euskadi ta Askatasuna) 133, 134, 137
États-Unis 17-19, 25, 30, 35-39, 42-83, 138-147, 151, 157, 161, 169, 170, 180, 185, 187, 193, 214, 241, 242, 244, 251, 274, 284, 290-295, 299, 305, 319-326
Éthiopie 129, 220, 222-224
Eurasie 60, 330
Europe 45, 48-51, 87-101
Europe centrale 64, 92, 304-306
Exxon 82, 321, 327

FARC (Forces armées colombiennes) 46,147
Fatah 311, 314
Ferghana (dépression du) 281-283
Finlande 88, 92, 95, 118, 157
FIS (Front islamique du salut) 256
FLN (Front de libération nationale) 112, 251, 256, 257, 259, 261
France 18, 48, 76, 86-90, 94-98, 103-115, 121, 218-221, 230, 231, 245, 246, 249, 256-261, 264, 268
Franco (général Francisco) 18, 133, 134, 137
Frères musulmans 21-23, 40, 251, 314
Front Polisario 220, 221, 255

GABON 221
Galles (Pays de) 123
Gandhi (Indira) 207, 208
Gandhi (Mahatma) 208
Gandhi (Rajiv) 214
Gaulle (Charles de) 87-89, 100, 105, 108, 111, 259
Gaz 101, 162, 164-165, 167, 257, 271, 281, 321-323, 327, 330
Gaza (bande de) 25, 30, 31, 303, 308, 310-318
Gazprom 164, 327
Gbagbo (Laurent) 230, 231
Géorgie 98-102, 157, 158, 163, 164, 166, 234, 237, 271-275, 281, 329
Gibraltar (détroit de) 137
Giscard d'Estaing (Valéry) 96
Golan (plateau du) 308, 310-313
Golfe (guerre du) 36, 66, 67, 113, 125, 235, 244, 252, 294, 299
Gorbatchev (Mikhaïl) 90, 155, 160-162, 185, 266, 298
Goulag 20, 22, 160, 180, 181
Grande-Bretagne 88, 90, 95, 97, 99, 122-128, 187, 212, 233, 244, 299, 305
Grands Lacs (région des) 219, 220, 226, 227
Grèce 19, 49-51, 87, 88, 95, 97, 115, 129, 236, 262, 264
Grenade (île de) 13, 124, 136
Groznyï 275-277
Guam (île de) 77
Guantanamo 55
Guatemala 140, 145

Guerre froide 8, 9, 17, 36, 49, 52, 70, 89, 99, 116, 119, 125, 145, 146, 154, 158, 161, 184, 209, 221, 234, 283, 288
Guevara (Ernesto « Che ») 146
Guinée-Bissau 220, 221
Guinée équatoriale 229, 331
Gulf Oil 323
Guomindang 179, 180
GUUAM (organisation) 281

HAINAN (île) 188
Hamas (parti) 12, 303, 311, 314-318
Han 173, 174
Hariri (Rafic) 246
Hazara (peuple) 285, 287, 288, 292
Hezbollah 22, 37, 246, 247, 302, 303, 316, 318
Himalaya 32, 190, 203, 207, 210
Hindou (peuple) 110, 204, 206, 207, 210
Hindou Kuch (massif) 287, 291, 292
Hitler (Adolf) 17-19, 23, 48, 49, 116, 118, 119, 121, 125, 129, 134, 41, 305, 306
Hongkong 124, 176, 177, 185-187, 191, 198
Hongrie 19, 88, 92, 95, 118, 266, 281
Houphouët-Boigny (Félix) 219, 230, 231
Hui (peuple) 194
Huntington (Samuel P.) 12, 83
Hussein (Saddam) 10, 35-40, 66, 67, 147, 239, 241, 248, 252, 295, 298-301, 327, 329
Hutu (peuple) 219, 220, 225, 226, 228

IBN SÉOUD (Abd al-Aziz ibn Saud, dit) 242, 324
Ibo (peuple) 223
Inde (Union indienne) 22, 107, 111, 124, 150, 173, 198, 208-215, 329
Indien (océan) 28, 38, 63, 107, 110, 176, 196, 198, 203, 209, 225, 245, 249, 290, 292
Indonésie 72, 168, 171, 188, 195-199, 321, 324, 326
Ingouchie 167, 278
Intifada 311, 314, 315
IRA (Irish Republican Army) 127, 128
Irak 40, 45, 234, 239-241, 244, 247, 248, 294-303, 324, 326, 328
Irak (guerre d') 10, 37, 38, 70, 99, 239, 241, 299-301
Iran 11-13, 21, 28, 36-37, 39, 40, 62, 239, 248, 257, 293, 294-303, 319, 321, 325-327
Irlande 88, 92, 95, 96, 122, 124, 127
Islande 51, 87, 97
Israël 245, 251, 294, 302, 303, 304-318
Italie 16, 51, 88, 94, 95, 129-132, 252, 265, 327
Ituri 221, 227, 228

JAPON 17, 38, 49, 54, 125, 161, 168-172, 178-180, 189, 193
Java 195-199
Jemaah Islamiya 196
Jérusalem 8, 25, 27, 30, 31, 252, 304, 308, 312, 314, 315
Johnson (Lyndon B.) 58, 59, 83
Jordanie 245, 248, 301, 307, 311
Jourdain 244, 248, 308, 311, 315

KABILA (Laurent-Désiré) 226, 227
Kabila (Joseph) 228
Kabylie 114, 255, 260
Kadhafi (Mouhamar) 131, 252, 253
Kadirov (Ahmad) 277
Kaliningrad 100, 101, 118, 119, 270
Kalmoukie 167
Karatchaïs-Tcherkesses 167
Karzai (Hamid) 284, 293
Kazakhstan 157, 165, 167, 172, 187, 191, 194, 237, 275, 279-282, 329
Kemal (Mustapha, Atatürk) 23, 94, 237, 238, 240
Kennedy (John F.) 57, 58
Khmers rouges 57, 61, 62, 68
Khrouchtchev (Nikita) 57, 163
Kim Il-sung 193
Kim Jong-il 193
Kippour (guerre du) 26, 308, 326
Kirghizistan 164, 187, 191, 194, 279, 281, 283
Kirkuk 238, 241, 298, 301, 323
Kosovo 92, 94, 235, 262, 266, 268, 269
Kouriles (îles) 172
Koweït 10, 35, 38, 66, 113, 242, 248, 290, 299, 319, 324, 326
Kubitschek (Juscelino) 152
Kurde (peuple) 10, 39, 235, 239-241, 248, 298-301

LA MECQUE 35, 238, 241, 242, 244, 245, 295, 298, 303
Laogaï 180, 181, 192
Lénine 18, 22, 158, 240, 281
Lettonie 88, 92, 95, 101, 159, 270
Liban 22, 243, 245-248, 311, 316, 318, 323
Liberia 218, 219, 220, 228
Libye 112, 129, 131, 220, 252, 253, 255
Ligne verte 30, 31, 312, 313
Likoud 315, 318
Lincoln (Abraham) 80
Lituanie 88, 92, 95, 101, 102, 159, 270, 305
Longue Marche 179, 180
Louisiane 76, 78, 79
Lula (Luiz Inacío Lula Da Silva, dit) 146, 154
Luxembourg 87, 88, 94, 95

MAASTRICHT (traité de) 88, 91, 126
MacArthur (Douglas, général) 52, 53
Macédoine 91, 92, 94, 262, 264, 266-268
Mac Mahon (ligne) 190
Mafia 16, 131, 162, 219
Maghreb 111-115, 235, 252-256, 261, 286, 312
Malacca (détroit de) 190, 195, 197, 198
Malaisie 124, 188, 195, 198
Mali 220
Malouines (Falkland, îles) 126, 146
Malouines (Falkland, guerre des) 125, 136
Malte 88, 94, 95, 97, 124, 126
Mandchourie 169, 179
Mandela (Nelson) 232, 233
Mao Zedong 53, 58, 179, 180, 182, 193, 212
Mariannes (îles) 169
Maroc 111-113, 137, 220, 252-256, 261, 310
Marshall (George C., général) 53, 88, 180, 184
Marshall (îles) 169
Marshall (plan) 50, 87
Marx (Karl) 101, 305
Massoud (Mas'oud, Ahmad Shah, dit commandant) 38, 41, 283, 291-293
Mauritanie 220, 221, 252, 255
Médine 35, 238
Méditerranée 30, 101, 102, 112, 136, 234-261, 264
Méditerranée américaine 138, 141
Méditerranée asiatique 188-190, 195
Méditerranée euro-arabe 188, 235, 256
Méhémet-Ali 224, 237, 250
Meiji (ère du) 168, 169
Melilla 137
Melting-pot 82, 83

Mercosur 153, 154
Mésopotamie 28, 238, 243, 244, 265, 295, 321, 323, 324
Mexico 78, 144, 145
Mexique 55, 75, 78, 83, 138-140, 143-145, 150, 152, 154, 319, 321
Mexique (golfe du) 140, 150, 323, 325
Mezzogiorno 129, 130
Milosevic (Slobodan) 267, 269
Minas Gerais 150-152
Missile gap 54, 55, 57
Mitteleuropa 117-119, 264, 304
Mitterrand (François) 90, 268
Mobutu (Sese Seko, maréchal) 226, 228
Moldavie 270, 271, 281
Moluques (îles) 196, 197, 199
Monde musulman 11-13, 63, 72, 191, 234, 241, 242, 256, 294, 298
Mongolie 164, 166, 179, 190
Monnet (Jean) 88
Monténégro 94, 262, 263, 266, 269
Morales (Evo) 143
Moro (Aldo) 130
Mossadegh (Mohammad Hedayat, dit) 325
Mossoul 238, 241, 298, 300, 323
Moubarak (Hosni) 252
Mourmansk 329
Moyen-Orient 36-37, 45, 235, 237, 240, 243, 252, 254, 261, 271, 299, 307, 313, 320-324
Mozambique 11, 124, 220, 221
Mussolini (Benito) 129, 131, 134, 265

NANKIN (traité de) 176
Napoléon III 129, 140, 143
Nasser (Gamal Abdel) 23, 125, 247, 251, 252, 307, 308
Natuna (île) 188, 189, 195
Néguev (désert du) 307, 310
Nehru (Jawaharlal) 208, 209
Népal 190, 202
Netanyaou (Benjamin) 318
Nicaragua 145, 147
Nigeria 63, 124, 219, 220, 223, 225, 230, 322, 326, 329, 331
Nixon (Richard) 59, 68, 185, 212
Noire (mer) 157, 163, 166, 237, 240, 262, 265, 270, 272, 323, 329
Nord (mer du) 103, 128, 322
Nordeste 148-151
Nord-Vietnam 57-59
Norvège 51, 87, 88, 93, 97, 321
Nouvelle-Guinée 124, 196, 199

OBAMA (Barack) 11, 34, 40, 45 62, 71-73, 83, 94, 99, 100, 102, 144, 146, 215, 229, 301, 303, 318
Oder-Neisse (ligne) 50, 118, 121
OECE 87
Okinawa (île) 172
OLP (Organisation de libération palestinienne) 131, 311, 314
Oman 28, 245
Oman (mer d') 245, 292, 295
Omar (mollah) 34
ONU (Organisation des nations unies) 10, 14, 38, 39, 53, 65, 67, 92, 115, 171, 186, 196, 226, 247, 268, 284, 288, 299, 307, 308, 318
OPEP (Organisation des pays exportateurs de pétrole) 147, 164, 244, 326-328
Orenbourg (couloir d') 167, 278
Oslo (accords d') 311, 314, 315, 317
Ossétie du Nord 272, 275, 277
Ossétie du Sud 273, 275
OTAN (Organisation du traité de l'Atlantique Nord) 10, 39, 51, 86, 87, 89, 91, 92, 94, 97-101, 116, 119,130, 163, 237, 241, 262, 268, 274, 293, 299
Ouganda 124, 220, 225-228, 305
Ouïgour (peuple) 191, 192, 194, 237, 281
Oural 11, 155, 166, 234, 278, 279
Ouzbek (peuple) 157, 211, 285
Ouzbékistan 164, 191, 194, 279-283

PAC (politique agricole commune) 88
Pacifique (océan) 11, 17, 49, 77, 78, 80, 156, 169, 138, 140, 171, 274, 324
Pachtoun (peuple) 40, 41, 207, 211, 213, 285, 287-291
Padanie 130
Pakistan 10, 11, 34, 36-37, 40, 41, 64, 70, 200, 203, 204, 206, 207, 209, 210-215, 284, 288-293
Palestine 30, 241, 248, 304-307, 310, 311, 314-317
Pamir (chaîne du) 287
Panamá 136, 139
Pancasila (mouvement) 199
Paracel (îles) 187-189
Paradis fiscaux 68, 327
Paraguay 140, 143, 145, 151
Pathan (peuple) 41, 207, 211, 213, 288
Pays Baltes 92, 101, 118, 136, 156, 163, 164, 270, 304
Pays-Bas 18, 45, 51, 77, 87, 88, 95, 196, 197, 199, 233, 261, 321, 327
Pearl Harbor 125, 169, 180
Pendjab 205, 206, 207, 211
Perestroïka 159, 161, 266, 290
Pérou 139-143, 146
Persique (golfe) 28-29, 35, 198, 242, 243, 245, 295, 321, 323, 324, 329, 331
Petraeus (David) 41, 301
Pétrole 28-29, 164, 165, 223, 224, 242, 256, 276, 281, 319-329
Philippines 11, 168, 188, 234
Pic de Huber 329
PKK (Parti des travailleurs du Kurdistan) 240, 241
Pologne 50, 88, 90, 92, 95, 101, 118, 121, 156, 163, 164, 270, 299, 305
Porto Rico 55, 78, 83, 139
Portugal 19, 51, 87, 88, 95, 134, 139, 196
Potsdam (conférence de) 50, 118
Poutine (Vladimir) 159, 162, 164, 166, 271, 277, 283, 328
Prague (« coup de ») 19, 50
Première Guerre mondiale 14, 39, 94, 116, 124, 157, 169, 179, 239, 242, 252, 264, 265, 273, 287, 298, 323, 328
Prusse 101, 118, 121, 270

QATAR 242, 326
Québec 122
Qutb (Sayyed) 23

RABIN (Yitzhak) 314, 315
Reagan (Ronald) 62, 64, 65-67
RDA (République démocratique allemande) 90, 116-118
République tchèque 88, 95
Révolution culturelle 182, 190, 192, 194
RFA (République fédérale d'Allemagne) 90, 116-117
Rif (guerre du) 261
Rockefeller (John D.) 82, 321
Roosevelt (Franklin D.) 35, 49, 50, 55, 72, 125, 242, 322, 324
Rouge (mer) 110, 248, 249, 324
Roumanie 92, 95, 118, 264, 266, 271
Russie 17, 18, 22, 25, 77, 89, 92, 100, 101, 150, 155-167, 264, 270-283, 295, 321, 327-330
Rwanda 219-222, 225-228, 230
Ryukyu (îles) 168, 172, 188

SADATE (Anouar el-) 23, 252, 308, 310
Sahara 87, 111, 218, 250, 252-255
Sahara occidental 220, 221, 254-255, 261
Saint Empire romain germanique 119, 120
Saint Pétersbourg 100, 101, 157, 159, 162, 164
Salvador 145
São Paulo (État de) 151
São Tomé 64, 229, 331
Sarajevo 264, 268
Sarkozy (Nicolas) 89, 94, 96, 98, 99, 102, 110, 274
Schengen (accords de) 97, 99
Schuman (Robert) 88
Sécesssion (guerre de) 45, 74, 78, 80, 140, 151, 250
Seconde Guerre mondiale 9, 14, 17, 20, 45, 49, 77, 82, 86, 115, 116, 126, 145, 154, 172, 190, 206, 233, 235, 237, 245, 251, 265, 268, 306
Sénégal 220, 230
Senkaku (îles) 171, 172, 189
Serbie 91, 94, 262-269
Shanghai 178, 179, 181, 182, 185
Shanghai (groupe de) 187, 191
Sibérie 34, 77, 155, 156, 160, 164, 166, 191, 277, 279, 281, 328
Sicile 16, 129, 131, 235
Sierra Leone 124, 126, 219, 220
Sikh (peuple) 200, 205-207, 210
Sinaï 248-250, 252, 307, 308, 310
Singapour 124, 125, 173, 188, 190, 197, 198
Singh (Manmohan) 207
Six-Jours (guerre des) 26, 30, 308, 312, 326
Slovaquie 88, 92, 95
Slovénie 88, 91, 92, 95, 262, 265-268
Soljenitsyne (Alexandre) 20, 160
Somalie 219-221
Soudan 35, 218-222, 224, 228, 249, 251, 254, 261, 331
Spratly (îles) 187-189
Srebrenica 91, 268
Sri Lanka 23, 124, 200, 203, 214
Staline 20, 50, 51, 53, 118, 158, 163, 166, 181, 193, 266, 271, 273, 275, 277, 281
Subprimes 69
Sud-Vietnam 57-59, 61, 299
Suède 88, 92, 95, 126
Suez (canal de) 22, 23, 110, 125, 224, 242, 248-252, 265, 307, 308, 324
Suharto (général) 188, 195
Sukarno 195, 198, 199
Suisse 88, 93, 126, 269
Sulawezi 195, 196
Sumatra 195-198
Sunna 12, 23
Sun Yat-sen 176, 179
Syrie 238-241, 243, 245, 247, 251, 303, 308, 310, 311, 316, 323
Syrien (isthme) 241-243

TADJIK (peuple) 38, 41, 285-287, 289-291
Tadjikistan 187, 191, 237, 279-283, 290,291, 293
Taipei 186
Taiping (révolte des) 176, 178
Taïwan 67, 169-172, 178, 181, 186-189
Takeshima (îles) 172
Talibans 10, 11, 24, 34, 36-38, 40, 41, 64, 70, 164, 209, 211, 214, 215, 283, 284, 286, 291, 293, 299
Tanzanie 124, 220, 225
Tatar (peuple) 155, 158, 166, 278
Tatarstan 165, 167, 278
Tchad 218, 220, 221, 225, 228, 252
Tchang Kaï-chek 53, 67, 179, 180, 184-186
Tchécoslovaquie 19, 51, 118, 121, 265, 307
Tchétchénie 9, 22, 156, 162, 164, 167, 270, 275-278
Tibériade (lac de) 307, 308, 310, 311
Tibet 179, 189-191, 194, 209, 279
Tito (maréchal) 51, 91, 263, 265-267
Togo 221, 229
Toudeh (parti) 62, 257
Transcaucasie 271-275
Transnistrie 271
Trotski (Léon) 18, 20
Truman (Harry) 49-53
Tunisie 111-113, 252-262
Turkestan 156-158, 191, 192, 237, 280-282
Turkmène (peuple) 211, 285
Turkménistan 237, 281, 292
Turquie 23, 39, 51, 54, 57, 87, 88, 91, 94, 96, 97, 98, 167, 235, 237-241, 264, 265, 273, 287, 298, 323
Tutsi 219-221, 225-228

UA (Union africaine) 223
Ukraine 98, 100, 156, 162, 163, 164, 166, 270, 271, 281
Ulster 123, 126, 127
Umma 12, 13, 21, 251
Union européenne 9, 86-102, 115, 119, 126, 163, 164, 237, 255, 268, 270, 315
URSS (Union des républiques socialistes soviétiques) 9, 17-19, 48-51, 53-57, 59, 64, 66-68, 90, 101, 118, 146, 156-163, 167, 223, 237, 266, 270, 275, 288, 299, 314, 328
Uruguay 140, 141

VARSOVIE (pacte de) 17, 51, 92, 164
Venezuela 139, 146, 319, 325
Versailles (traité de) 76, 119, 121, 179
Vienne (congrès de) 79, 119, 124, 218
Vietnam 174, 188-189
Vietnam (guerre du) 17, 39, 56-61, 70, 185, 326
Villa (Pancho) 144
Vladivostok 77, 274

WAFD (parti) 22, 23, 251
Wilson (Thomas Woodrow) 48, 75

XINJIANG 63, 190-192, 237, 280, 281

YALTA (conférence de) 50, 51, 193
Yémen 245
Yoruba (peuple) 223
Yougoslavie 51, 91, 118, 236, 263-269

ZAGROS (montagnes du) 295, 323
Zapata (Emiliano) 144
Zapatero (José Luis) 136
Zia (général) 213, 214
Zimbabwe 124, 220, 221, 227
ZLEA (Zone de libre-échange des Amériques) 154
Zoulou (peuple) 232, 233